Martin Hartmann, Claus Offe (Hg.)

Vertrauen

Die Grundlage des sozialen Zusammenhalts

Campus Verlag
Frankfurt/New York

Die Deutsche Bibliothek – CIP-Einheitsaufnahme
Ein Titelsatz für diese Publikation ist bei
Der Deutschen Bibliothek erhältlich.
ISBN 978-3-593-36735-4

Das Werk einschließlich aller seiner Teile ist urheberrechtlich geschützt.
Jede Verwertung ist ohne Zustimmung des Verlags unzulässig. Das gilt
insbesondere für Vervielfältigungen, Übersetzungen, Mikroverfilmungen und
die Einspeicherung und Verarbeitung in elektronischen Systemen.
Copyright © 2001 Campus Verlag GmbH, Frankfurt/Main
Umschlaggestaltung: Guido Klütsch, Köln
Satz: Letter und Grafik, Hausen/Wied
Gedruckt auf säurefreiem und chlorfrei gebleichtem Papier.
Printed in Germany

Besuchen Sie uns im Internet: www.campus.de

Inhalt

Einleitung 7
Martin Hartmann

I. Zur Philosophie des Vertrauens

Vertrauen und seine Grenzen 37
Annette Baier

Vertrauen als geistiges Phänomen 85
Olli Lagerspetz

Vertrauen als zentraler Moralbegriff? 114
Harald Köhl

II. Zur Soziologie des Vertrauens

Vertrautheit, Zuversicht, Vertrauen. Probleme und Alternativen 143
Niklas Luhmann

Vertrauen und Vertrautheit –
Phänomenologisch-anthropologische Grundlegung 161
Martin Endreß

Kann man dem Vertrauen vertrauen? 204
Diego Gambetta

III. Zur politischen Theorie des Vertrauens

Wie können wir unseren Mitbürgern vertrauen? 241
Claus Offe

Die Alltagsepistemologie von Vertrauen 295
Russell Hardin

Vertrauen, kollektive Identität und Demokratie 333
Shmuel Eisenstadt

Nachwort:
Offene Fragen und Anwendungen in der Forschung 364
Claus Offe

Autorinnen und Autoren 370

Drucknachweise 372

Bibliographie 373

Namensregister 386

Einleitung

Martin Hartmann

Die Beschäftigung mit dem Thema Vertrauen hat in den letzten Jahren eine erstaunliche Dynamik gewonnen. Insbesondere in den angelsächsischen Ländern kann man geradezu eine explosionsartige Veröffentlichungswelle beobachten, deren Ende vorerst nicht absehbar ist. Klagte Niklas Luhmann in seiner lange Zeit einsam dastehenden Monographie von 1968 noch über das »spärliche Schrifttum, das sich thematisch mit Vertrauen befasst«, so droht heute Schritt für Schritt die Übersicht verloren zu gehen.[1] Der Zeitpunkt scheint dementsprechend günstig, um einen ersten Überblick über die vorhandene Literatur in Angriff zu nehmen und in Verbindung damit die zentralen Fragestellungen zu skizzieren, die sich als besonders relevant oder hartnäckig erwiesen haben. Die Einschränkung auf philosophische, soziologische und politikwissenschaftliche Texte entspringt dabei eher den notwendigerweise begrenzten fachlichen Kompetenzen der Herausgeber als einer sachlichen Erwägung. Nichts hätte dagegen gesprochen, den Kreis der behandelten Disziplinen etwa um die Psychologie, die Theologie oder die Wirtschafts- und Organisationstheorie zu erweitern, da dem Thema auch im Spektrum dieser Disziplinen eine beständige Aufmerksamkeit zuteil wird. Die Zusammenstellung von Texten aus drei Disziplinen soll andererseits nicht suggerieren, dass sich die Beschäftigung mit Vertrauen jeweils aus identischen Gründen vollzieht oder den gleichen methodischen Vorgaben folgt. Sie soll lediglich als Vorschlag verstanden werden, die fachlich bedingten Engführungen der Diskussion aufzubrechen, um auf diese Weise den Blick für die Komplexität des untersuchten Phänomens zu schärfen. Die häufig

---

1 Niklas Luhmann, *Vertrauen. Ein Mechanismus der Reduktion sozialer Komplexität*, Stuttgart 1989 (dritte Auflage), S. 1 (Fn. 1).

vorgebrachte These, dass wir in unterschiedlichen Kontexten auf je unterschiedliche Weise vertrauen, sodass es in jedem Fall berechtigt ist, von einer Vielzahl von Vertrauenstypen zu sprechen, besitzt ein hohes Maß an Plausibilität; sie sollte aber nicht zu der Annahme verführen, dass die Akteure in ihrem alltäglichen Handeln gleichsam zwischen diesen Typen hin- und herspringen. Die Definition des Vertrauens, die den jeweiligen Diskussionen zugrundeliegt, ist, so wird sich zeigen, in starkem Maße in einen theoretischen Rahmen eingelagert, der darüber befindet, was das Vertrauen innerhalb dieses Rahmens tatsächlich leisten soll und leisten kann. Es sind diese theoretischen Vorannahmen, die häufig zu Verzerrungen oder Einseitigkeiten führen, von denen dann wiederum eine diskussionshemmende Wirkung ausgeht, da die Übersetzung des einen theoretischen Vokabulars in das andere theoretische Vokabular unmöglich zu sein scheint. Erst eine Erweiterung aller theoretischen Perspektiven kann dazu beitragen, dass die erwähnten Verzerrungen nicht ganz so extrem ausfallen.

Zu einer solchen Erweiterung möchte dieser Band beitragen, wobei nicht geleugnet werden soll, dass die meisten Beiträge die trockene Luft der theoretischen Abstraktion nur selten verlassen. Man mag diesen Umstand beklagen, aber man kann darin vielleicht auch eine Schwierigkeit erkennen, die in der Natur des untersuchten Gegenstandes liegt. Vertrauen ist bekanntermaßen ein empirisch schwer zugängliches Phänomen. Zwar gibt es schon seit längerem eine standardisierte Einstellungsforschung, häufig in Form von Fragebögen, die Jugendliche und Erwachsene nach ihrem Vertrauen in Institutionen oder in andere Menschen befragt. Aber die Antworten auf so genannte »Einstellungsfragen« können nicht einfach als eindeutiger Indikator eines Verhaltens oder einer dispositionalen Eigenschaft betrachtet werden, also einer Eigenschaft, die sich hauptsächlich im Verhalten *zeigt*, sodass verbale Äußerungen der Form »Ich vertraue der Regierung« oder »Ich vertraue der Regierung nicht« wenig Anhaltspunkte über das reale Verhalten einer Person bieten. Selbst wenn schlussfolgernde Indikatoren und Verhaltensindikatoren zu den verbalen Indikatoren hinzugenommen werden, bleibt das Problem, wie man jeweils wissen kann, dass das, was man misst, Vertrauen oder Misstrauen ist. Natürlich kann es sein, dass beispielsweise die Bereitschaft, ein Land zu verlassen oder die Sehnsucht nach einer autoritären Führung Misstrauen in die bestehenden politischen Verhältnisse anzeigt.[2] Wie überzeugend

---

2 Vgl. Piotr Sztompka, *Trust: A Sociological Theory*, Cambridge 1999, S. 160-171.

diese Deutung allerdings ist, wird in starkem Maße von der Definition des Vertrauens und des Misstrauens abhängen, die der jeweiligen Untersuchung zugrundeliegt. Die Bereitschaft, ein Land zu verlassen, kann schließlich auch Unzufriedenheit oder Enttäuschung anzeigen, und es ist vielleicht nicht gleich ersichtlich, dass diese Haltungen oder Einstellungen dem Misstrauen gleichzusetzen sind. Gehen wir andererseits davon aus, dass eine Handlung oder Einstellung schon als misstrauisch zu bezeichnen ist, wenn ein Akteur versucht, Schaden von sich abzuwenden, dann wird der Bereich des Misstrauens in einem Maße ausgedehnt, durch das seine Konturen gänzlich zu verschwimmen drohen. Luhmanns Vorwurf (in diesem Band), die empirische Vertrauensforschung verwechsle Vertrauen mit Hoffnung, Sorge oder Zuversicht ist zweifellos von der hohen Warte der Theorie aus erhoben worden und entbehrt dadurch nicht einer gewissen empiriefernen Arroganz, aber er verweist auf seine Weise auf die immense Schwierigkeit, die darin besteht, Vertrauen einer konkreten Analyse zugänglich zu machen. So gilt grundsätzlich, dass es leichter zu sein scheint, Vertrauen theoretisch zu analysieren, als diese Analysen dann im Forschungsprozess zu operationalisieren. Das mag ein Manko der Theorie sein. Andererseits kommt natürlich keine empirische Analyse ohne theoretische Vorannahmen aus, die festlegen, welche Form der Operationalisierung gewählt wird. Dieser Band kann vielleicht auch dazu beitragen, etwas genauer in den Blick zu bekommen, welche theoretischen Ansätze sich in dieser Hinsicht gegebenenfalls bewähren könnten und welche nicht.

1. Warum Vertrauen?

Das gestiegene Interesse am Vertrauen verlangt nach einer Erklärung. Dabei sollte aber nicht übersehen werden, dass alle drei hier zu behandelnden Disziplinen auf historische Vorläufertexte verweisen können, in denen das Thema auf die eine oder andere Weise bereits verhandelt wurde (mit Blick auf die Soziologie sind diese Texte freilich jüngeren Datums).[3] Es wird hilfreich sein, in knappen Zügen auf diese Texte hinzuweisen. Ins-

---

3 In explizit historischer Perspektive untersucht Ute Frevert das Vertrauen in ihrem Aufsatz »Vertrauen. Historische Annäherung an eine Gefühlshaltung«, in: Claudia Benthien et al. (Hg.), *Emotionalität. Zur Geschichte der Gefühle*, Köln 2000.

besondere auf die Philosophie trifft zu, dass die gegenwärtige Hinwendung zum Vertrauen mit einer expliziten Kritik an dem Typus des Vertrauens verbunden ist, der vor allem im Zusammenhang der politischen Philosophie eine maßgebliche Rolle gespielt hat. Autoren wie Hobbes oder Locke räumten dem Vertrauen in ihren vertragstheoretischen Entwürfen ja durchaus einen wichtigen Stellenwert ein, obgleich sie die Bedingungen des Entstehens dieses Vertrauens nicht hinreichend oder nur auf unbefriedigende Weise klären konnten. So geht Hobbes in seinem *Leviathan* davon aus, dass der Vertragsschluss zwischen zwei Parteien immer dann auf Vertrauen angewiesen ist, wenn die vertraglich vereinbarten Leistungen zeitlich versetzt ausgetauscht werden. Erbringt eine Partei ihre Leistung vor der anderen, muss sie ihr, so Hobbes »in der Zwischenzeit Vertrauen entgegenbringen«.[4] Dieses Vertrauen zwischen vertragsschließenden Parteien aber ist nur möglich, wenn sie eine von ihnen unabhängige Zwangsgewalt akzeptiert haben, die im Zweifelsfall in der Lage ist, den Bruch einer vertraglichen Vereinbarung mit Sanktionen zu belegen. Vertrauen zwischen den Akteuren ist in diesem Modell insofern nur möglich, wenn die Akteure nicht selbst darüber befinden, wann ein vertragsförmiges Versprechen als erfüllt und wann es als gebrochen zu gelten hat. Nur die Einrichtung einer mit Sanktionsvollmachten ausgestatteten dritten Instanz kann die beteiligten Parteien daran hindern, durch »den Ehrgeiz, die Habgier, den Zorn und die anderen menschlichen Leidenschaften« dazu getrieben zu werden, die jeweils andere Partei zu übervorteilen.[5] Möglich wird das vertragliche Vertrauen also nur, wenn derjenige, der Vertrauen schenkt, damit rechnen kann, dass der Empfänger des Vertrauens die Strafen fürchtet, die er im Falle eines Vertrauensbruchs von Seiten einer – staatlichen – Zwangsgewalt zu gewärtigen hätte.

Mit diesem Modell hat Hobbes die Grundlagen für eine Beschäftigung mit dem Thema des Vertrauens gelegt, die bis in die jüngsten Entwürfe rationalitätstheoretischer Natur hinein maßgeblich geblieben sind (siehe dazu Hardin und Gambetta in diesem Band). Folgt man diesem Modell, dann wird Vertrauen immer dann nötig, wenn Personen in einen gegenseitigen Austausch treten, der dadurch gekennzeichnet ist, dass die Leistungen oder Güter, um deren Tausch es geht, nicht zeitgleich übergeben werden. Maßgebliches Motiv des gegenseitigen Vertrauens ist die Wah-

---

4 Thomas Hobbes, *Leviathan*, hg. v. Iring Fetscher, Frankfurt/M. 1984, S. 102 (14. Kapitel).
5 Ebenda, S. 105.

rung oder Befriedigung der eigenen Interessen und Präferenzen. Von Anfang an aber hatte dieses Modell des Vertrauens mit einigen Problemen zu kämpfen, die in verwandelter Form auch die neueren Modelle eines vertragsförmigen Vertrauens heimsuchen. Zum einen muss unklar bleiben, wie die vertragschließenden Parteien überhaupt dazu kommen, jener souveränen Instanz zu vertrauen, in deren Hände sie die Macht einer notfalls auch gewaltförmigen Strafpraxis legen. Die Furcht vor dem strafenden Arm des Souveräns ist ja nicht gleichzusetzen mit dem Vertrauen darauf, dass die von diesem Souverän verhängten Strafen stets gerecht sind und stets diejenigen treffen, die sich tatsächlich eines Vergehens schuldig gemacht haben. Darüber hinaus bleibt undeutlich, wie genau die Subjekte sich darauf einigen, einen solchen Souverän einzusetzen. Hobbes bekannte Konstruktion eines vertragsförmigen Übergangs von einem kriegerischen Naturzustand in einen befriedeten Gesellschaftszustand muss erklären, wie die Subjekte das tiefe Misstrauen, mit dem sie sich im vorgesellschaftlichen Zustand begegnen, in ein Vertrauen verwandeln, das der Bereitschaft aller anderen Subjekte gilt, zum Zwecke einer allgemeinen Befriedung ihr ursprüngliches »Recht auf alles« an einen von allen anerkannten Souverän abzutreten. Eines der Hobbesschen Naturgesetze lautet: »Jedermann soll freiwillig, wenn andere ebenfalls dazu bereit sind, auf sein Recht auf alles verzichten« – aber diese Formulierung legt die schlichte Frage nahe, wie jeder einzelne zu der Überzeugung gelangen kann, dass die anderen tatsächlich bereit sind, auf ihre ursprünglichen Rechte zu verzichten.[6] Vertrauen kann hier offensichtlich noch keine Rolle spielen, da das Vermögen zu vertrauen in der Hobbesschen Konstruktion erst nach der Einsetzung des Souveräns möglich wird.

Es waren diese internen Probleme des neuzeitlichen Vertragsdenkens, die in der Philosophie zu einer erneuten Beschäftigung mit den Möglichkeitsbedingungen des Vertrauens führten.[7] Darüber hinaus kam in jüngster Zeit ohnehin der Verdacht auf, dass durch die ausschließliche Betonung des vertragsförmigen Vertrauens die phänomenale Reichhaltigkeit des Vertrauens aufs Äußerste reduziert wurde. Insbesondere die mittlerweile schon klassischen Aufsätze Annette Baiers aus den achtziger und neunziger Jahren des letzten Jahrhunderts bemühten sich um den Nachweis, dass die dem vertragsförmigen Vertrauensmodell zugrundeliegen-

---

6 Ebenda, S. 100.
7 Vgl. Martin Hollis, *Trust Within Reason*, Cambridge 1998; Olli Lagerspetz, *Trust: The Tacit Demand*, Dordrecht 1998.

den Annahmen nur einen begrenzten Ausschnitt aus dem wesentlich umfassenderen Bereich interpersonaler Vertrauensbeziehungen abdecken konnten (vgl. Baier in diesem Band). Problematisch an den vertragsförmigen Modellen des gegenseitigen Vertrauens erschien dabei vor allem ihr mehr oder weniger expliziter Egalitarismus, aber auch ihre Orientierung am Gütertausch. Die neuzeitlichen Vertragstheorien gehen ja davon aus, dass die Parteien in ein vertragsförmiges Verhältnis zueinander treten, um sich reziprok derjenigen Rechte und Pflichten zu versichern, durch die sie in die Lage geraten, ihren jeweiligen Interessen unter minimaler Berücksichtigung der Interessen anderer nachzugehen. Hobbes' Souverän hat gerade aufgrund seiner asymmetrischen Stellung zu seinen Untergebenen eine egalisierende Wirkung; nur weil sich die vertragschließenden Parteien in gleicher Weise seinen potenziell strafenden Maßnahmen unterwerfen, können sie überhaupt in ein Verhältnis eintreten, das ohne gegenseitige Furcht zu gegenseitigem Nutzen ausgetragen werden kann (die Furcht gilt vielmehr dem Souverän; Locke wird schließlich auch die Asymmetrie zwischen dem Souverän und seinen Untergebenen einebnen[8]). Vertrauen aber, so der Einwand, prägt nicht nur die Beziehung zwischen gleichberechtigten Partnern, die sich freiwillig auf einen gegenseitig nutzbringenden Tausch einlassen, sondern auch jene Beziehungen, in denen die beteiligten Partner über gänzlich ungleiche Machtressourcen verfügen oder nicht unbedingt aufgrund gegenseitiger Gewinnerwartungen in Kontakt treten. Das Verhältnis zwischen Liebenden und Freunden, zwischen Eltern und Kindern, Kranken und ihren Pflegern, aber auch das zwischen Ehepartnern wäre falsch beschrieben, wenn man es in eine vertragsförmige Form gießen wollte. Durch die Ausweitung des philosophischen Blicks auf diese Form intimer zwischenmenschlicher Beziehungen kann Baier nicht nur zeigen, dass die Konzentration auf vertragsförmige Verhältnisse eine ganze Reihe weiterer vertrauensvoller Beziehungsformen ausblen-

---

8 Stärker als in Hobbes' *Leviathan* werden die Amtsinhaber bei Locke zu Abgeordneten des Volkes, denen man das in sie gesetzte Vertrauen entziehen kann, wenn sie die Interessen des Volkes nicht mehr berücksichtigen. Vgl. John Locke, *Über die Regierung*, hg. v. Peter Cornelius Mayer-Tasch, Stuttgart 1974, S. 184-185 (§ 240). Mit Blick auf Lockes Begriff des Vertrauens siehe auch Peter Lasletts Einleitung zu Lockes *Two Treatises of Government* (Cambridge 1960, S. 113ff.) sowie John Dunn, »The Concept of ›Trust‹ in the Politics of John Locke«, in: Richard Rorty et al. (Hg.), *Philosophy in History: Essays on the Historiography of Philosophy*, Cambridge 1984.

det,⁹ sondern auch, dass die Annahme einer reziproken Gewinnerwartung für Verhältnisse gegenseitigen Vertrauens nicht sonderlich charakteristisch ist oder zumindest keinen ausschließlich ökonomischen Sinn haben kann. Die Güter, die in intimen oder freundschaftlichen Verhältnissen »ausgetauscht« werden, sind oftmals Güter, die von beiden Seiten geteilt werden und damit die Beziehung in ihrer Eigenart konstituieren. So beruht eine intakte Beziehung zwischen Eltern und Kindern auf dem geteilten Gut des kindlichen Wohls, ohne dass von Seiten der Eltern die Erwartung vorhanden wäre, dass die Kinder die geleistete Zuneigung zu einem späteren Zeitpunkt nach Art einer offenen Rechnung begleichen müssten (siehe wiederum Baier in diesem Band).

Dass Vertrauen vor allem in intimen Beziehungen von Gewicht ist, verweist auf eine weitere Hinsicht, in der die gegenwärtige Beschäftigung mit dem Vertrauen als eine Kritik an überkommenen philosophischen Modellen verstanden werden muss. Es ist nämlich nicht nur die Orientierung am Vertragsdenken, durch die sich die gegenwärtigen Theorien des Vertrauens herausgefordert sehen, es ist auch die mit dem Vertragsdenken verbundene und im Kantianismus dann gänzlich selbstständig gewordene Ausrichtung der Moral am Begriff der universellen Pflicht, die zu kritischen Nachfragen führte. Vor allem im Zuge der Diskussion um eine Fürsorgeethik wurde ja der Verdacht laut, dass eine ganze Reihe von moralisch relevanten Beziehungen durch eine Orientierung an universellen Pflichten gar nicht angemessen in den Blick geraten können, da viele der Pflichten, zu deren Einhaltung wir uns gegenüber anderen genötigt fühlen, im Rahmen konkreter Beziehungen überhaupt erst entstehen, ohne diesen partikularen Entstehungskontext je zu transzendieren (vgl. kritisch dazu Köhl in diesem Band). Darüber hinaus konzentrierte sich die Fürsorgeethik auf den Schutz und die Förderung jener Fähigkeiten der anderen Person, durch die diese sich als unverwechselbares Individuum konstituiert und nicht auf jene, die diese Person mit jeder anderen teilt. Die Theorie des Vertrauens schien nun geeignet, um ein moralphilosophisch relevantes Phänomen in die Diskussion einzubringen, das gleichsam zwischen vertragsförmigen oder moralisch universellen Pflichten angesiedelt werden muss, sodass es möglich wurde, die überkommenen Aufmerk-

---

9 Wenn Hollis also schreibt: »Analytically, the problem of trust seems to me to have been fully defined by the end of the eighteenth century and the options explored«, dann muss diese Aussage vor dem Hintergrund der Baierschen Thesen eine deutliche Einschränkung erfahren. Martin Hollis, *Trust Within Reason*, a.a.O., S. 29.

samkeiten der politischen Philosophie und der Moralphilosophie nicht nur zu erweitern, sondern auch in ihrer konkreten Gestalt einer Kritik zu unterziehen.

Anders als in der Philosophie stützt sich das gewachsene Interesse am Vertrauen in der Soziologie weniger auf eine kritisch analysierte Tradition der Beschäftigung mit dem Thema als auf Entwicklungen der modernen Gesellschaft, die es unausweichlich erscheinen lassen, die Kategorie des Vertrauens als Untersuchungsgegenstand aufzunehmen (siehe Endreß in diesem Band).[10] Schon Simmel bezeichnete das Vertrauen in seiner *Soziologie* als »eine der wichtigsten synthetischen Kräfte innerhalb der Gesellschaft« und deutete an, dass diese Kraft im Rahmen einer funktional differenzierten Gesellschaft einen zunehmend »versachlichten« Charakter annehmen müsse, da die Kontakte zwischen den Personen immer weniger auf persönlichen Kenntnissen beruhen können.[11] Für die Soziologie ist das Vertrauen von Anfang an eine soziale Ressource, die dazu beitragen kann, ein koordiniertes Handeln unter Bedingungen weitgehender Anonymität zu ermöglichen, sodass das Interesse der Disziplin dementsprechend nicht so sehr auf jene Formen des intimen oder dichten Vertrauens gerichtet ist, die sich in der Philosophie als zentraler Untersuchungsgegenstand herauskristallisiert haben. Es sind vielmehr die wachsenden Interdependenzen zwischen einander unbekannten Akteuren und Institutionen, durch die die Frage nach den Bedingungen aufkommen musste, unter denen diese Akteure und Institutionen überhaupt noch koordiniert miteinander interagieren können. Luhmanns These von der komplexitätsreduzierenden Natur des Vertrauens hat dabei für die Soziologie auch dort Schule gemacht, wo sie thematisch gar nicht explizit weiterverfolgt wurde. Weil wir im Rahmen einer funktional differenzierten Gesellschaft immer weniger über immer mehr andere wissen, mit denen wir gleichwohl auf die eine oder andere Weise in Kontakt treten, hilft uns das Vertrauen dabei, die unter derartigen Umständen drohenden Risiken oder Kontingenzen abzublenden und ermöglicht dementsprechend einen koordinierten und erwartbaren Fortlauf der Interaktionen. Die Soziologie behandelt das Vertrauen, so lassen sich diese An-

---

10 Ein erster Überblick über die soziologische Literatur zum Vertrauen findet sich bei David Lewis & Andrew Weigert, »Social Atomism, Holism, and Trust«, in: *The Sociological Quarterly*, 26:4, 1985, S. 455-471.
11 Georg Simmel, *Soziologie. Untersuchungen über die Formen der Vergesellschaftung*, in: ders., *Gesamtausgabe*, Band 11, hg. v. Otthein Rammstedt, Frankfurt/M. 1992, S. 393 und S. 394.

deutungen auch verstehen, als einen funktionalen Ersatz für ein Wissen über die Handlungsmotive anderer Akteure, über die wir zunehmend weniger in Erfahrung bringen können.

So ist es nur konsequent, wenn Anthony Giddens in seiner einflussreichen Theorie des Vertrauens davon ausgeht, dass die »Hauptbedingung der Vertrauenserfordernisse ... nicht das Fehlen von Macht, sondern das Fehlen vollständiger Informationen [ist]«.[12] Dieser Mangel an Informationen ist in Giddens' Augen bedingt durch das, was er als »Entbettung« der sozialen Beziehungen aus ihrem örtlichen Rahmen interpretiert. Es sind vor allem zwei Mechanismen der Entbettung, die Giddens' Aufmerksamkeit erregt haben und die verständlich machen können, was mit dem Begriff gemeint ist. Moderne Gesellschaften sind, so Giddens, in hohem Maße durch den Einfluss abstrakter Systeme gekennzeichnet, die als solche über ein Zeichensystem verfügen, dessen Geltung unabhängig von den Eigenschaften der Individuen ist, die mit diesen Zeichen umgehen. So können wir durch die Verwendung des Geldes mit anderen Individuen oder Institutionen interagieren, die uns weder bekannt sind noch jemals bekannt sein müssen. Verlässlich wird dieses Transaktionsmedium aber nur durch unser Vertrauen darauf, dass es allgemein als ein solches anerkannt wird, wobei wir als einzelne gar nicht in der Lage wären, diese allgemeine Akzeptanz jemals selbst herbeizuführen oder zu überprüfen. Ein anderes abstraktes System, das in Giddens' Augen entscheidenden Einfluss auf die Struktur moderner Gesellschaften hat, ist das System aus wissenschaftlichen Experten, deren Kenntnisse sich in der einen oder anderen Weise auch auf den Wissensfundus der nichtwissenschaftlichen Akteure auswirken. Damit verfügen diese Akteure über ein geliehenes Wissen, an dessen unmittelbarer Produktion sie nicht beteiligt waren, von dem sie aber annehmen, dass es unabhängig von seinem Entstehungskontext auf andere Handlungskontexte übertragbar ist. Diese Übertragbarkeit des wissenschaftlich generierten Wissens konstituiert dementsprechend einen weiteren Entbettungsmechanismus moderner Gesellschaften.

Giddens lässt nun keinen Zweifel daran, dass diese Entbettungsmechanismen ohne Vertrauen nicht die Rolle spielen könnten, die sie spielen, wobei das Vertrauen darauf hinausläuft, den Akteuren, die man nicht kennt und über die man gar nicht oder nur wenig informiert ist, »Redlichkeit« oder »Zuneigung« zu unterstellen.[13] Wie bereits angedeutet, wird

---

12 Anthony Giddens, *Konsequenzen der Moderne*, Frankfurt/M. 1995, S. 48.
13 Ebenda.

das Vertrauen damit im Rahmen der Soziologie zu einer aufgewerteten Residualkategorie: Überall dort, wo die handelnden Subjekte auf die Kooperation mit anderen angewiesen sind, die sie nicht kennen oder deren Motive ihnen verschlossen sind, taucht die Notwendigkeit des Vertrauens auf. Die meisten sozialwissenschaftlichen Theorien machen es sich nun zur Aufgabe die sozialstrukturellen oder evolutionären Prozesse zu beschreiben, die zu dieser Aufwertung des Vertrauens als einer sozial relevanten Kategorie geführt haben.[14] Die Frage nach den geeigneten Bedingungen der Vertrauensbildung rückt dabei entweder in den Hintergrund der Untersuchungen oder fällt, je nach theoretischem Ansatz, unterschiedlich aus. Es ist ja keineswegs ersichtlich, dass der offensichtlich gestiegenen Bedarf an interpersonellem Vertrauen in gleichsam funktionalistischer Manier die Schaffung genau der Bedingungen nach sich zieht, die gegeben sein müssen, damit dieser Bedarf gedeckt werden kann. Wie im nächsten Abschnitt noch deutlich werden wird, liegt in dieser Frage der vielleicht zentrale Konfliktpunkt der jüngeren Soziologie des Vertrauens verborgen.

Will man jenseits einzelner und verstreuter Hinweise auf das Thema überhaupt von einer systematischen sozialwissenschaftlichen Beschäftigung mit Vertrauen reden, wird man nicht umhin können, auf die sogenannten Rational-Choice-Theorien Bezug zu nehmen, die längst einen eigenständigen methodischen Status erlangt haben und konkurrierend neben anderen theoretischen Erklärungsmodellen des sozialen Handelns stehen. Mit Hobbes wurde bereits auf einen entfernten Vorläufer dieser Theorien hingewiesen, die im Kern davon ausgehen, dass menschliche Akteure darauf aus sind, unter der Menge aller möglichen Handlungsoptionen diejenige auszuwählen, die den je eigenen Nutzen zu maximieren in der Lage ist. Unschwer zu erkennen ist, dass besonders das ökonomische Gewinnstreben als Beispielfall für eine rationale Interessenverfolgung dienen kann, aber die Reichweite der Rational-Choice-Theorien geht weit über das rein ökonomische Handeln hinaus. Die Problematik des Vertrauens taucht nun vor allem dann auf, wenn sich vor dem Hintergrund eines solchen Theorieansatzes die Frage stellt, wie zwei oder auch mehrere Akteure miteinander kooperieren können, wenn sie davon ausgehen müssen, dass die interagierenden Parteien stets die Maximierung ihres je eigenen Nutzens im Auge haben. Da sich das Verhalten einer anderen Per-

---

14 Dass Vertrauen besonders in modernen Gesellschaften als Problem virulent wird, vermutet auch Adam Seligman, *The Problem of Trust*, Princeton 1997.

son kaum je eindeutig vorhersagen lässt, wird eine an Kooperation interessierte Person offenbar nur dann dem anderen vertrauen, wenn sie genügend Anhaltspunkte dafür hat, dass es *im Interesse* des anderen ist, das in ihn gesetzte Vertrauen nicht zu enttäuschen (vgl. Gambetta und Hardin in diesem Band). Es war vor allem der amerikanische Soziologe James Coleman, der in seinem Werk über die *Grundlagen der Sozialtheorie* auf einflussreiche Weise Elemente der Rational-Choice-Theorie für die Diskussion des Vertrauens fruchtbar machte. Sowohl die Vergabe des Vertrauens als auch die Entscheidung, vertrauenswürdig zu agieren, sind diesem Ansatz nach nur dann rational, wenn die Akteure damit rechnen können, dass die je andere Seite genügend Anreize hat, kooperativ zu interagieren.[15] Wird dieser Argumentationskern der Theorien des rationalen Vertrauens einmal akzeptiert, tauchen sogleich eine ganze Reihe weiterer Fragen auf, die sich um diesen Kern herum gruppieren lassen. Wir müssen nun ja in Erfahrung bringen, wie die einzelnen Akteure um die Interessen ihrer Interaktionspartner wissen können und welche Faktoren gegebenenfalls dazu beitragen, einen potenziellen Vertrauensbruch zu vermeiden. Die unterschiedlichen Antworten auf diese Fragen haben längst eine Aufspaltung der Rational-Choice-Theorie in zahlreiche Einzeltheorien nach sich gezogen, aber jenseits aller Differenzen hält sich der Gedanke durch, dass das Vertrauen in andere zu einer wahrscheinlichen oder unwahrscheinlichen, einer berechenbaren oder unberechenbaren Angelegenheit wird, bei der es in der Hauptsache darauf ankommt, in Erfahrung zu bringen, welche Motive potenzielle Kooperationspartner haben könnten, um sich kooperativ zu verhalten.

Rational-Choice-Modelle haben immer schon Widerspruch hervorgerufen. Besonders ihr Vermögen, menschliches Handeln zu erklären, ist in Zweifel gezogen worden ist.[16] Dieser Kritik zum Trotz sollte aber festgehalten werden, dass diese Modelle auf die mittlerweile zahlreichen Theorie des Vertrauens einen enormen Einfluss ausgeübt haben und oft selbst da noch in die Grunddefinition des Vertrauens eingeflossen sind, wo gar kein Anknüpfen an sie beabsichtigt ist. In hohem Maße auffällig ist dieser

---

15 Vgl. James Coleman, *Grundlagen der Sozialtheorie*, Band 1, München 1991, S. 396ff. Siehe auch Hans-Peter Müller & Michael Schmid (Hg.), *Norm, Herrschaft und Vertrauen. Beiträge zu James Colemans Grundlagen der Sozialtheorie*, Opladen 1998.

16 Vgl. stellvertretend Donald Green & Ian Shapiro (Hg.), *Rational Choice. Eine Kritik am Beispiel von Anwendungen in der Politischen Wissenschaft*, München 1999.

Sachverhalt immer dann, wenn die Kategorie des Vertrauens explizit als eine »weiche« Variable den vermeintlich harten Variablen des instrumentellen oder utilitaristischen Handelns entgegengesetzt wird. So unterscheidet der polnische Soziologe Piotr Sztompka eine Soziologie, die am »homo œconomicus« orientiert ist, von einer Soziologie, die »emotionale, traditionelle, normative und kulturelle« Aspekte in ihren Theorierahmen integriert. Die Hinwendung zum Vertrauen als einer »weichen« Variable (soft variable) des sozialen Handelns steht demgemäß für eine kulturalistisch orientierte Soziologie, die in der kulturellen Einbettung des Handelns eine Quelle normativer und kognitiver Orientierung sieht.[17] Entscheidend ist hier die Konzentration auf kollektiv geteilte Güter – ein sicherer Arbeitsplatz, religiöse Überzeugungen, familiärer Rückhalt, soziale Netzwerke etc. –, deren Inanspruchnahme das Vermögen der Handelnden erhöht, anderen Vertrauen entgegenzubringen. Wer über diese Güter verfügt, kann davon ausgehen, dass sich andere, die ebenfalls über sie verfügen, kooperativ verhalten werden, ohne dass dieses Verhalten sich gänzlich auf die Existenz externer Sanktionsmechanismen verlassen müsste. Sztompka zählt gleich sechs theoretische Strömungen und politische Bewegungen auf, die sich in seinen Augen auf das Wirken »weicher« kultureller Faktoren bezogen oder verlassen haben: die Theorie der »zivilen Kultur« (civic culture) von Gabriel Almond und Sidney Verba, die Theorie und Bewegung der Zivilgesellschaft (civil society), Bourdieus Konzeption des kulturellen Kapitals, Robert Putnams Entwurf zum sozialen Kapital, Ronald Ingleharts Theorie postmaterieller Werte sowie die Konzeption, die Sztompka selbst unter Bezugnahme auf eine »zivilisatorische« Kompetenz ausgearbeitet hat.[18] Trotz dieser Abwendung von Modellen des rationalen Handelns aber greift auch Sztompka in seiner Definition des Vertrauens auf Elemente zurück, die sich in der Regel in jenen »harten« Disziplinen finden, die durch die »weiche« Variable des Vertrauens gerade kritisiert oder gar ersetzt werden sollen. »Vertrauen«, so heißt es, »ist eine Wette, die den zukünftigen kontingenten Handlungen der ande-

---

17 Piotr Sztompka, *Trust*, a.a.O., S. 2-3. Vgl. auch Robert Bates, »Contra Contractarianism: Some Reflections on the New Institutionalism«, in: *Politics & Society*, 16:2-3, 1988, S. 387-401. Bates macht dort den Vorschlag, dass die Lösung kollektiver Handlungsdilemmata (dazu zählt auch das bekannte Gefangenendilemma) stärker auf ein »weiches Verhalten« (soft behavior) Bezug nehmen sollte als auf das »harte« Verhalten eines zweckrational seine Ziele verfolgenden Akteurs (S. 398).
18 Ebenda, S. 7-8.

ren gilt.«[19] Wer vertraut, geht Risiken ein und unterwirft sich einer Art Wahrscheinlichkeitsrechnung – eine Begrifflichkeit, die zum Standardrepertoire spieltheoretischer Bestimmungen des Vertrauens gehört. Was sich hier zeigt, ist, dass die Rational-Choice-Ansätze die wohl stringenteste und damit am leichtesten anzunehmende Theorie des Vertrauens ausgearbeitet haben. Unklar bleibt allerdings, wie die definitorische Bezugnahme auf diese Ansätze mit den konkreten Beschreibungen der kulturellen Hintergrundbedingungen des Vertrauens vereinbar ist. Es könnte ja sein, dass das »weiche« Vertrauen überhaupt nicht in dem Maße auf einem berechnenden Verhalten beruht, wie das von den Theorien unterstellt wird, die sich auf die eine oder andere Weise auf die »rationale Wahl« konzentrieren.

Der Einfluss dieser Theorien zeigt sich auch in den Texten, die sich aus politikwissenschaftlicher Perspektive mit dem Phänomen beschäftigen. Allerdings ist gerade in diesem Bereich die Vielfalt der Ansätze besonders groß, sodass es kaum möglich ist, ein einheitliches politikwissenschaftliches Deutungsmodell zu unterstellen.[20] Die Gründe für das wachsende Interesse am Vertrauen in der Politikwissenschaft sind dabei konkreter als in den anderen Disziplinen. Sztompka hat die Stichworte bereits gegeben: Im Zuge der Demokratisierung der postkommunistischen Staaten tauchte verstärkt die Frage nach den kulturellen Voraussetzungen demokratischer Institutionen auf. Regelmäßig durchgeführte Analysen und Umfragen förderten das alarmierende Ergebnis zutage, dass die Bürgerinnen und Bürger in vielen ehemaligen Ostblockstaaten den neu errichteten demokratischen Institutionen und Verfahren mit großem Misstrauen begegnen. Eine hohe Auswanderungsrate, politische Apathie, die Sehnsucht nach den alten, vermeintlich besseren Zeiten und eine tiefgreifende Skepsis gegenüber den gewählten Vertretern im Parlament – all diese Phänomene werden als Zeichen eines ausgeprägten Misstrauens in die noch jungen demokratischen Institutionen gesehen. So war es nur folgerichtig, die Vermutung anzustellen, dass der schnelle Aufbau demokratischer Einrichtungen ohne ein kulturell gewachsenes Netz demokratischer Einstellungen und Praktiken in seiner Wirkung äußerlich bleiben musste und damit

---

19 Ebenda, S. 25 (übersetzt von M.H.).
20 Vgl. die Bände von Valerie Braithwaite & Margaret Levi (Hg.), *Trust and Governance*, New York 1998 und Mark Warren (Hg.), *Democracy & Trust*, Cambridge 1999.

auch in seiner Stabilität gefährdet blieb.[21] Die Beschäftigung mit der Kategorie des Vertrauens lenkt in diesem Zusammenhang also die Aufmerksamkeit auf jene soziomoralischen Ressourcen des Handelns, ohne die die neu errichteten demokratischen Institutionen keine gesellschaftliche Tiefenwirkung entfalten können.

Unter ganz anderen Vorzeichen ergibt sich ein ähnliches Problem aber auch in den westlichen Demokratien. Zum einen wird im Zusammenhang der Diskussion um den Umbau des Wohlfahrtsstaates häufig die Vermutung geäußert, dass eine Dezentralisierung wohlfahrtsstaatlicher Steuerungsleistungen und eine entsprechende Aufwertung lokaler Solidaritätsnetzwerke das Vertrauen unter den Empfängern und Verteilern dieser Leistungen erhöhen würde. Dieser Vermutung liegt die Annahme zugrunde, dass sich Verhältnisse gegenseitigen Vertrauens eher in lokalen und überschaubaren Kontexten ausbilden, ein Sachverhalt, der besonders dann wichtig wird, wenn die Einsicht wächst, dass ein demokratisches Gemeinwesen auf das aktive Engagement seiner Bürgerinnen und Bürger angewiesen ist, um als ein solches lebendig zu bleiben, und dass die Bereitschaft zu einem solchen Engagement »vor Ort« erworben wird. Kompliziert wird diese Diskussion freilich durch die Überlagerung verschiedener (Forschungs-) Interessen; zum einen dient ja die theoretische Aufwertung der lokalen oder zivilgesellschaftlichen Netzwerke oft genug der ideologischen Bemäntelung, eines vermeintlich ökonomisch erzwungenen Abbaus des Sozialstaats. Mit anderen Worten, die Einsicht in die Relevanz zivilgesellschaftlicher Tugenden für die Stabilität demokratischer Institutionen eignet sich gut, um eine scheinbar naturwüchsig erzwungene Denzentralisierung staatlicher Steuerungsleistungen demokratietheoretisch zu legitimieren – der faktische Abbau sozialstaatlicher Leistungen wird verkauft als eine Wiederbelebung lokaler Solidaritätsnetzwerke. Andererseits lief die besonders von Robert Putnam initiierte Debatte über das sogenannte »soziale Kapital« auf die These eines *tatsächlichen* Zusammenhangs zwischen der Qualität staatlicher und politischer Lenkung und dem

---

21 Vgl. Piotr Sztompka, »Vertrauen. Die fehlende Ressource in der postkommunistischen Gesellschaft«, in: Birgitta Nedelmann (Hg.), *Politische Institutionen im Wandel* (Sonderband der *Kölner Zeitschrift für Soziologie und Sozialpsychologie*, 35), Opladen 1995. Siehe auch Martin Hartmann, »Eine soziale Ressource allerersten Ranges. Vertrauen unter Fremden: Was sind die Bedingungen einer inklusiven Kooperationsgemeinschaft?«, in: *Frankfurter Rundschau*, 20. Juli 1999, S. 7. Die vorangegangenen und die folgenden Passagen lehnen sich teilweise an diesen Artikel an.

zivilgesellschaftlichen Engagement der Bürgerinnen und Bürger hinaus. Mit dem Begriff des sozialen Kapitals beschrieb Putnam bekanntlich jene Eigenschaften sozialer Organisationen, durch deren Vorhandensein die Akteure in die Lage geraten, ohne den Einsatz von Geld, Macht oder Wissen zu gegenseitigem Vorteil miteinander zu kooperieren.[22] Putnam denkt bei diesen Eigenschaften vor allem an das, was bei ihm unter dem Titel der »Reziprozitätsnormen« und der »Netzwerke bürgerschaftlichen Engagements« firmiert, aber auch das Vertrauen zwischen den Bürgern gehört zu denjenigen Eigenschaften sozialer Organisationen, die etwa dazu führen können, dass eine zunächst einseitig erbrachte und am Gemeinwohl orientierte Leistung nicht gleich auf einer direkten Gegenleistung insistiert, sondern mit einer späteren »Entlohnung« zufrieden ist, die zum Gegenstand des Vertrauens wird.[23] Zu den Netzwerken bürgerschaftlichen Engagements zählt Putnam jene vereinsförmigen Assoziationen (Parteien, Sportvereine, Nachbarschaftshilfen, Gesangsgruppen etc.), in deren Rahmen die Mitglieder genau die Kenntnisse über andere erlangen, die dann eine vertrauensvolle Kooperation zwischen den Mitgliedern ermöglichen.[24] Dabei bedingen sich das Vertrauen und das bürgerschaftliche Engagement sowie die Reziprozitätsnormen gegenseitig. Durch die verbreitete Akzeptanz von Reziprozitätsnormen und durch das Vorhandensein von Netzwerken bürgerschaftlichen Engagements, wird Vertrauen geschaffen, zugleich aber setzen diese Instanzen sozialer Kooperation Vertrauen voraus. Darüber hinaus suggeriert Putnam, dass das im Rahmen dieser Assoziationen ausgebildete Vertrauen auch auf jene Personen ausgedehnt wird, die ihnen nicht angehören und damit für deren Mitglieder unbekannt sind; nur dadurch kann das Vertrauen, das zunächst in einem lokalen sozialen Kontext ausgebildet wird, überhaupt die Qualität der politischen Organisationen beeinflussen: Nur weil, so muss man Putnam hier wohl verstehen, die Bürgerinnen und Bürger davon ausgehen können, dass die Individuen, mit denen sie politisch interagieren müssen, ebenso wie sie selbst die Tugenden der Ehrlichkeit und Vertrauenswür-

---

22 Putnam lehnt sich mit seinem Begriff des sozialen Kapitals an die Untersuchungen James Colemans an, sodass auch hier der »gegenseitige Vorteil« der sozialen Kooperation an individueller Gewinnmaximierung gemessen wird. Dieser Aspekt der Putnamschen Theorie wird oft übersehen.
23 Beispielhaft ist hier noch immer die Blutspende; vgl. Richard Titmuss, *The Gift Relationship: From Human Blood to Social Policy*, London 1970.
24 Robert Putnam, *Making Democracy Work*, Princeton 1993, S. 167ff.

digkeit praktisch wirksam umzusetzen bereit sind, sehen sie sich in die Lage versetzt, ihnen vertrauensvoll zu begegnen.

Die Verbindung zwischen dem horizontal generierten sozialen Vertrauen und dem politischen Vertrauen erwies sich freilich schnell als die Achillesferse des Putnamschen Ansatzes, da gar nicht einzusehen war, dass das im Rahmen assoziativer Netzwerke gewonnene Vertrauen in jedem Fall zu Einstellungen führen musste, die dem Gemeinwohl zuträglich sein würden.[25] Durch die Koppelung des sozialen Kapitals an lokale soziale Kontexte kann die Möglichkeit eines gruppenbezogenen Egoismus nicht ausgeschlossen werden, sodass die Frage nach den Entstehungsbedingungen des politischen Vertrauens und eines spezifisch demokratischen Engagements nach einer Antwortstrategie zu verlangen scheint, die von vornherein den Blick stärker auf den Bereich der etablierten politischen Institutionen lenkt, die gleichsam aus sich heraus in der Lage sind, Vertrauen oder Misstrauen zu generieren (vgl. dazu Offe in diesem Band).[26] Eine Hinwendung zu diesen Institutionen lag auch deswegen nahe, weil das Vertrauen in die politischen Institutionen und ihre gewählten Vertreter zu den wenigen Gebieten der Vertrauensforschung gehört, die empirisch relativ gut untersucht worden sind.[27] So lässt sich beobachten, dass eine ganze Reihe von Untersuchungen zum Vertrauen die institutionellen Faktoren untersuchen, die dazu beitragen können, dass die Bürgerinnen und Bürger eines demokratischen Gemeinwesens einander, aber auch den

---

25 Vgl. Margaret Levi, »Social and Unsocial Capital: A Review Essay of Robert Putnams *Making Democracy Work*«, in: *Politics & Society*, 24:1, 1996, S. 45-55. Putnam selbst hat mittlerweile die Verknüpfung zwischen sozialem Vertrauen (social trust) und politischem Vertrauen (political trust) gelockert. Seine Überlegungen zum sozialen Vertrauen finden sich jetzt vor allem in seinem Buch *Bowling Alone: The Collapse and Revival of American Community*, New York 2000 (vgl. dort S. 134ff.); das politische Vertrauen ist Thema in Susan Pharr & Robert Putnam (Hg.), *Disaffected Democracies: What's Troubling the Trilateral Countries?*, Princeton 2000.
26 Putnam hat auch auf den Einwand des gruppenbezogenen Egoismus mittlerweile reagiert; vgl. *Bowling Alone*, a.a.O., S. 350ff. (»The Dark Side of Social Capital«). Ein frühes Plädoyer für eine stärkere Betonung der Autonomie politischer Institutionen findet sich bei James March & Johan Olsen, »The New Institutionalism: Organizational Factors in Political Life«, in: *The American Political Science Review*, 78, 1984, S. 734-749.
27 Vgl. dazu Hans-Dieter Klingemann & Dieter Fuchs (Hg.), *Citizens and the State*, Oxford 1995; Max Kaase & Kennth Newton (Hg.), *Beliefs in Government*, Oxford 1995; Susan Pharr & Robert Putnam (Hg.), *Disaffected Democracies*, a.a.O.

politischen Institutionen dieses Gemeinwesens Vertrauen entgegenbringen. Hinzufügen lässt sich noch, dass auch die bereits erwähnten Rational-Choice-Ansätze von sich aus auf eine verstärkte Beschäftigung mit institutionellen Lösungen kollektiver Handlungsdilemmata zusteuerten. Schon Hobbes hatte ja die These vertreten, dass die Existenz politischer Institutionen einzelne Akteure dazu befähigt, koordiniert miteinander zu handeln, da ein eventuelles Abweichen von einer Vereinbarung von Seiten eines mit einem Gewaltmonopol ausgestatteten Herrschaftsträgers Sanktionen nach sich ziehen konnte. Folglich lag es *im Interesse* der Akteure, sich selbst einem Souverän zu unterwerfen, der die Handlungen aller ihm untergebenen Subjekte mehr oder weniger berechenbar machte. Der sogenannte »Neoinstitutionalismus« widmet sich in seinen verschiedenen Varianten der Aufgabe, die handlungskoordinierenden Leistungen politischer und wirtschaftlicher Institutionen zu explizieren. Institutionen, so lautet eine der Kernthesen des Neoinstitutionalismus, reflektieren nicht nur die aggregierten Entscheidungen einzelner Akteure, sie reflektieren nicht nur die kulturellen oder die gesellschaftlichen Strömungen – sie nehmen vielmehr Einfluss auf diese Entscheidungen und Strömungen.[28] So traut Margaret Levi den politischen Institutionen zu, genau die »Sicherheiten zu bieten, durch die das Vertrauen möglich wird, das wiederum Kooperation erleichtert«.[29]

2. Zentrale Konfliktlinien – offene Fragen

Nachdem nun in einem ersten Schritt einige Gründe für die verstärkte Hinwendung zum Vertrauen erläutert wurden, sollen in einem zweiten Schritt die Fragestellungen angerissen werden, die sich dem vorliegenden Diskussionsstand entnehmen lassen. Dabei soll zunächst noch einmal auf ein Phänomen hingewiesen werden, das am Anfang dieser Einleitung bereits erwähnt worden ist. Wir begegnen in fast allen wissenschaftlichen Disziplinen sehr häufig dem Phänomen einer Unterbestimmung der verwendeten Begriffe. Die Autoren setzen entweder vor-

---

28 Vgl. Robert Bates, »Contra Contractarianism: Some Reflections on the New Institutionalism«, a.a.O.; Margaret Levi, »A State of Trust«, in: Valerie Braithwaite & Margaret Levi (Hg.), *Trust and Governance*, a.a.O.
29 Ebenda, S. 83 (übersetzt von M.H.).

aus, dass die ihrem Ansatz zugrundeliegende Begrifflichkeit wenn schon nicht allgemein, dann wenigstens unter den einschlägigen Fachwissenschaftlern bekannt ist, oder sie spekulieren darauf, dass ihre eigene Unsicherheit hinsichtlich der Bedeutung der von ihnen verwendeten Begriffe unbemerkt bleibt. Nimmt man diese Situation als Ausgangspunkt, dann überrascht die Hingabe, mit der fast alle Theorien des Vertrauens darum bemüht sind, ihren Kernbegriff einer definitorischen Analyse zu unterziehen. Das gilt auch für die in diesem Band versammelten Aufsätze (sieht man einmal von Olli Lagerspetz' Versuch ab, die in der Philosophie besonders einflussreiche Definition Annette Baiers einer Kritik zu unterziehen – eine Kritik, die letztlich in eine Definition ex negativo mündet). Man kann über die Gründe dieses Definitionsüberflusses nur spekulieren; offensichtlich scheinen sich um den Begriff des Vertrauens herum einige Kernbedeutungen abgelagert zu haben, die in ihrem Gehalt so klar sind, dass eine Scheu vor definitorischer Explikation gar nicht erst aufkommt. Man könnte an Luhmann und Endreß anknüpfen (in diesem Band) und sagen: das Vertrauen scheint für die meisten Autoren, die sich dem Thema zuwenden, ein äußerst vertrautes Phänomen zu sein und kann trotzdem auf eine genügend große Distanz gebracht werden, durch die der analytische Blick auf das Phänomen erst möglich wird. Allerdings ist am Beispiel Sztompkas auch darauf hingewiesen worden, dass die Präzision der Definition des Vertrauens keine Garantie für eine schlüssige Kontextualisierung des Phänomens in der Fülle intersubjektiver oder sozialer Praktiken gewähren kann. Es scheint, mit anderen Worten, wesentlich leichter zu sein, zunächst relativ abstrakt zu definieren, was Vertrauen ist, als dann auch nachzuweisen, dass es genau die in der Definition enthaltenen Elemente sind, die sich beispielsweise einer Analyse derjenigen Bedingungen aufdrängen, unter denen Vertrauen entsteht.

Wie vertraut das Phänomen des Vertrauens aber auch zu sein scheint, seine Definition steht doch nicht in einem luftleeren Raum. Wie die Darstellung der Gründe für die Hinwendung zu dem Thema belegen konnte, verbindet jeder theoretische Ansatz mit dem Vertrauen eine besondere Leistungsfähigkeit, deren Charakter und Reichweite aus den theoretischen Vorannahmen hervorgeht. Für Luhmann etwa besteht die zentrale Funktion des Vertrauens darin, soziale Komplexität zu reduzieren. Wer vertraut, nimmt eine Zukunft vorweg, die, wie es heißt, »mehr Möglichkeiten zulässt, als Wirklichkeit werden können« und gerät dadurch in die Lage, sich gleichsam für nur einer dieser Möglichkeiten zu entscheiden, deren Eintreten dann zum Gegenstand des Vertrauens wird.³⁰ Mit Blick auf alter ego bedingt das Vertrauen ein Ausblenden der Freiheit des anderen, die letztlich mit einer prinzipiellen Unberechenbarkeit des andern einhergehen könnte. Der Vertrauende setzt auch hier darauf, dass der andere erwartbar agiert und muss dementsprechend nicht sämtliche Handlungsmöglichkeiten antizipierend durchspielen, um sich selbst angemessen gegenüber alter ego zu positionieren. Weil das Vertrauen in dieser Konzeption Komplexität reduzieren soll, ist es nur folgerichtig, dass Luhmann das Phänomen für weitgehend präreflexiv hält: Vertrauen wird zu einer Sache »fraglose[r] Selbstverständlichkeit«, die durch Reflexion eher »gebrochen« wird.³¹ Luhmann fängt mit dieser Überlegung zweifellos eine Intuition ein, die eine gewisse Plausibilität für sich beanspruchen kann. Um es philosophisch überhöht auszudrücken: Das Vertrauen ist gerade dann ganz zu sich gekommen, wenn es als ein solches nicht bewusst ist, wenn es ohne einen Akt expliziter Reflexion anderen entgegengebracht werden kann. Man könnte sogar soweit gehen zu behaupten, dass ein reflexiv gewordenes Vertrauen (»Kann ich ihm, kann ich ihr vertrauen oder nicht?) kein Vertrauen ist (siehe Lagerspetz in diesem Band). Wie aber gehen wir dann mit der Definition um, die sich bei Margaret Levi findet und die stellvertretend für all jene Ansätze stehen kann, die sich dem Vertrauen aus einer Rational-Choice-Perspektive nähern: »Der Akt des Vertrauens ist das *Wissen* oder die *Überzeugung*, dass der Vertrauensempfänger einen Anreiz haben wird, das zu tun, was er zu tun beabsichtigt« (siehe auch Offe in diesem Band).³² Vertrauen wird hier ausdrücklich als ein kognitives Phänomen beschrieben; zwar können wir niemals absolut gewiss sein, wie andere sich tatsächlich verhalten werden, sodass ein Risiko unvermeidbar bestehen bleibt, aber es bleibt auch dabei, dass das, was wir über andere kognitiv in Erfahrung bringen, die Basis unseres Vertrauens (oder Misstrauens) ist. Aus der Perspektive der Rational-Choice-Theorie scheint ein derart kognitivistischer Ansatz durchaus sinnvoll zu sein, können wir doch in vielen gesellschaftlichen Bereichen längst nicht mehr von »fraglosen Selbstverständlichkeiten« ausgehen, die unser Handeln anderen gegenüber zu leiten in der Lage sind. Der kognitivistische Einschlag der Theorien des Vertrauens wäre dann der konsequente

---

30 Niklas Luhmann, *Vertrauen*, a.a.O., S. 5.
31 Ebenda, S. 34.
32 Margaret Levi, »A State of Trust«, a.a.O., S. 78, meine Hervorhebung und Übersetzung.

theoretische Reflex einer gesellschaftlichen Dynamik, die den Raum des immer schon Vertrauten zunehmend reduziert. Doch selbst wenn man diese Deutung akzeptiert, tauchen einige unangenehme Fragen auf: Für Luhmann schien festzustehen, dass das Vertrauen seine komplexitätsreduzierende Wirkung nur entfalten kann, wenn es von übermäßigen Reflexionsakten befreit; mit der fortschreitenden funktionalen Differenzierung moderner Gesellschaften müsste dementsprechend der Raum des »fraglos Selbstverständlichen« wachsen, wenn das Vertrauen leisten soll, was ihm die Theorie zu leisten aufträgt. Die Theorien der rationalen Wahl dagegen setzen von Anfang an einen eher kognitivistisch verstandenen Vertrauensbegriff voraus, müssen sich dann aber mit der Frage konfrontieren, ob die handelnden Subjekte unter Bedingungen komplexer Gesellschaften nicht mit dem ständig wachsenden Bedarf an Vertrauen überfordert sind. Von beiden Seiten her müsste sich eine gewisse Skepsis in die Untersuchungen einschleichen: Wenn der Raum des immer schon Vertrauten kleiner wird, dann verliert das Vertrauen seine handlungskoordinierende Kraft; wenn andererseits Vertrauen auf Wissen oder Überzeugungen basiert, wird ebenfalls fragwürdig, wie breit gestreut es noch sein kann. Überzeugungen, so lässt sich dieser Sachverhalt auch formulieren, können nicht gut als funktionales Äquivalent jener lebensweltlichen Selbstverständlichkeiten fungieren, die von reflexiven Vergewisserungsmechanismen gerade entlasten (sollen).

An dieser Stelle zeigt sich, dass die Bestimmung des Vertrauens, die den unterschiedlichen Ansätzen zugrundeliegt, mitunter einen theoriegeleiteten Zuschnitt erhält, der zwar im Rahmen des jeweiligen Ansatzes plausibel sein mag, deswegen aber nicht unbedingt Auskunft darüber gibt, ob die derart generierten Ergebnisse tatsächlich empirisch fruchtbar sind. Die theoretische Beschäftigung mit dem Vertrauen zeichnet sich durch eine bisweilen beträchtliche Distanz zwischen der Beobachtungs- oder Analyseebene und der Teilnehmerperspektive aus. Man mag einen solchen Vorwurf gegen jede Theorie erheben, sodass dieser Punkt nicht übertrieben werden muss. Es geht hier aber um die These, dass diese Distanz bei der Beschäftigung mit dem Vertrauen besonders groß ist und ihre eigenen Schwierigkeiten bedingt. Geht man zum Beispiel tatsächlich davon aus, dass das Vertrauen ein präreflexives Phänomen ist, stellt sich die Frage, wie es sich zur theoretischen Reflexion verhält. Vertraut der Vertrauende unbewusst? Ist das Vertrauen präreflexiv oder sogar präkognitiv? Können wir also sagen, dass wir zwar als Vertrauende nicht über das Vertrauen nachdenken, aber nach Unterbrechung oder Störung des Vertrauens sehr wohl darüber zu berichten wissen, welche Gründe wir für unser Vertrauen hatten? Das Vertrauen hätte dann einen kognitiven Gehalt, der als solcher erst ex post zu Bewusstsein gelangt. Ohnehin stellt sich natürlich die Frage, ob das Vertrauen nicht eher ein emotionales als ein kognitives Phänomen ist.[33] Natürlich bietet sich hier der Ausweg an, die Beantwortung dieser Fragen von den Typen des Vertrauens abhängig zu machen, die sich sinnvoll unterscheiden lassen. Vielleicht gibt es Zusammenhänge, in denen wir sehr wohl bewusst und mit Überlegung Vertrauen können (siehe Baier in diesem Band). In anderen Zusammenhängen (etwa in Freundschaften oder Liebesbeziehungen) mag das Vertrauen eine viel stärker emotionale Dimension annehmen. Dieser Ausweg ist zunächst einmal sehr vielversprechend, da er darum bemüht ist, die theoretischen Abstraktionen an konkreten sozialen Kontexten zu brechen und damit empirisch zugänglicher zu machen. Andererseits sollte man nicht vorschnell davon ausgehen, dass wir in unserem alltäglichen Handeln willkürlich zwischen verschiedenen Typen des Vertrauens hin- und herspringen. Giddens geht beispielsweise davon aus, dass das frühe »Urvertrauen« zwischen Eltern und Kindern ein Bedürfnis nach Vertrauen schafft, »das in der einen oder anderen Form sicher das ganze Leben lang bestehen bleibt«.[34] Wir sollten also nicht davon ausgehen, so lassen sich diese Worte verstehen, dass das Vermögen, anderen zu vertrauen, in einem bestimmten sozialen Rahmen erworben wird, dann aber in anderen Zusammenhängen in der ursprünglichen Form keine Rolle mehr spielt. Das Vermögen zu vertrauen beruht häufig gerade auf einer Vertrauens*disposition*, die als solche über verschiedene soziale Kontexte hinweg ihre Wirkung entfalten kann. Man muss also nicht abstreiten, dass es verschiedene Ausprägungen oder sogar Intensitäten des Vertrauens gibt, aber man muss sie auch nicht reifizieren und so tun, als entspräche jedem theoretischen Ansatz ein tatsächliches Handlungsfeld.

Mit diesen Worten im Hinterkopf lässt sich ein weiterer umstrittener Punkt benennen, der in der Literatur zum Vertrauen häufig auftaucht. Bei Baier heißt es: »Wenn ich einer anderen Person vertraue, dann bin ich von ihrem Wohlwollen abhängig« (in diesem Band, S. 43). Dass sich der Vertrauensempfänger aus Wohlwollen als vertrauenswürdig erweist, ist keineswegs selbstverständlich. Wir haben schon gesehen, dass viele Theorien unterstellen, ein wohlverstandenes Eigeninteresse reiche aus, um ver-

---

33 Vgl. Karen Jones, »Trust as an Affective Attitude«, in: *Ethics*, 107, 1996, S. 4-25.
34 Anthony Giddens, *Konsequenzen der Moderne*, a.a.O., S. 143.

trauenswürdig zu sein. Wenn wir etwa davon ausgehen, dass eine Person aus Furcht vor Sanktionen ein Versprechen oder einen Vertrag einhält, dann liegen die Bedingungen vor, so eine verbreitete Annahme, die ein Vertrauensverhältnis etablieren können. Mit anderen Worten, aus welchen Motiven eine Person vertrauenswürdig agiert, ist letztlich für das Vertrauensverhältnis selbst nicht bedeutsam. Um nun aber dennoch zwischen einem altruistischen Vertrauen und einem egozentrischen Vertrauen zu unterschieden, haben manche Autoren vorgeschlagen, den Begriff des Vertrauens (trust) von dem Begriff des Sich-Verlassens-auf (reliance) zu unterscheiden (so auch Baier in diesem Band).[35] »Egozentrisch« heißt hier nicht notwendigerweise »ohne Rücksicht auf andere«, es heißt vielmehr »den eigenen Interessen dienend«, und das kann auch geschehen, wenn man die Interessen anderer berücksichtigt. Was aber, so lautet nun die Frage, hat einige Autoren bewogen, an dieser Stelle überhaupt einen Unterschied zu sehen? Glaubt man den Anhängern der Rational-Choice-Theorien, dann ist dieser Unterschied für unser Reden vom Vertrauen im Grunde unerheblich. Man könnte höchstens sagen, dass ein Vertrauen, das im anderen ein Wohlwollen voraussetzen kann, gegen Risiken und Ungewissheiten besonders gut geschützt ist, während ein Vertrauen, das auf die Furcht vor Sanktionen oder andere egozentrische Motive setzt, in sich labiler bleiben muss. Im Übrigen bietet sich ja erneut die Strategie an, zwischen Kontexten des Vertrauens zu unterscheiden; wir verlassen uns vertrauensvoll auf die Kooperationsbereitschaft anderer, wenn sie uns nicht oder nur wenig bekannt sind, wir vertrauen ihnen im starken Sinne des Wortes, wenn wir um ihr Wohlwollen uns gegenüber wissen, was besonders in intimen oder »dichten« Beziehungen der Fall sein wird.

Sind dies aber unerhebliche Unterschiede? Die erwähnten Punkte lassen die Vermutung aufkommen, dass es sich bei Vertrauensverhältnissen, die auf einem gegenseitigen Wohlwollen basieren, und bei jenen, die auf einem rationalen Eigeninteresse beruhen, sehr wohl um unterschiedliche Formen des Vertrauens handelt, die damit auch ein qualitativ unterschied-

---

35 Vgl. auch Jane J. Mansbridge, »Altruistic Trust«, in: Mark Warren (Hg.), *Democracy & Trust*, a.a.O.; Anne Sa'adah, *Germany's Second Chance: Trust, Justice, and Democratization*, Cambridge/Mass. 1998 (Sa'adah unterscheidet zwischen »trust-as-reliability« und »trust-as-trustworthiness«, S. 4); Adam Seligman, *The Problem of Trust*, a.a.O., S. 43: »We may ... assume that trust is some sort of belief in the goodwill of the other.« Für Seligman wird Vertrauen gerade da virulent, wo wir uns *nicht* mehr darauf *verlassen* können, dass andere etwa einem konventionellen Rollenverständnis folgen.

liches Verhältnis anzeigen. Vertrauensverhältnisse, die auf dem rationalen Eigeninteresse der Akteure beruhen, bleiben in dem Maße fragil, in dem sie damit rechnen müssen, dass die beteiligten Akteure eine Möglichkeit sehen, ohne Sanktionen auf gewinnbringende Weise das Vertrauen des je anderen zu brechen. Manche Autoren folgern daraus, dass die »instrumentelle, ›ökonomische‹ Rationalität Vertrauen zerstören kann« und suchen einen Ausweg in jenen Formen des Vertrauens, die an einer am Gemeinwohl orientierten Reziprozität orientiert sind.[36] Man muss sich kurz klarmachen, was hier gemeint ist: Unser Vermögen, anderen zu vertrauen, nimmt in dem Maße ab, in dem wir davon ausgehen müssen, dass sie nur dann vertrauenswürdig sein werden, wenn es in ihrem Interesse liegt. Mit anderen Worten, die ausschließliche Orientierung am Eigeninteresse untergräbt die Bedingungen, die für das Entstehen eines gegenseitigen Vertrauens förderlich sind. Damit ist dann auch gesagt, dass die Motive, die wir anderen unterstellen, sehr wohl darüber entscheiden oder zumindest beeinflussen, ob wir ihnen vertrauen oder nicht. So verweisen andere Autoren auf die Möglichkeit einer *moralischen* Verpflichtung zur Vertrauenswürdigkeit, die gleichsam als Appell mit jedem Akt des Vertrauens einhergeht, sodass die Bindung des Vertrauensempfängers an den Vertrauensakt fester ist als im Falle der Konzentration auf das Eigeninteresse (vgl. Offe in diesem Band). Aber wie immer man die erwähnten Alternativen – Reziprozität, moralische Verpflichtung – beurteilt, sie machen deutlich, dass intakte Vertrauensverhältnisse womöglich auf anderen Motiven beruhen müssen als auf dem bloßen Eigeninteresse.

Mit dem Begriff der Moral ist ein weiteres Problem benannt worden, das in der vorhandenen Literatur noch keiner Lösung zugeführt werden konnte. Gambetta (in diesem Band) betont, dass nicht alle Vertrauensverhältnisse unsere volle Unterstützung verdienen, da das innerhalb einer Gruppe oder zwischen zwei Personen vorhandene Vertrauen unmoralischen Zwecken dienen mag. Das gilt nicht nur für das Verhältnis zwischen den Mitgliedern der Gruppe und anderen Personen, die der Gruppe nicht zugehören, sondern auch innerhalb der Gruppe selbst. Eine Person, A, kann die Naivität einer anderen Person, B, ausnutzen und auf ihre Vertrauenswürdigkeit setzen, ohne dass B wirklich weiß, worauf er oder sie sich einlässt oder welche Gründe A für das in B gesetzte Vertrauen hat. Aus einer externen Perspektive mag man in einem solchen Fall vielleicht gar nicht von Vertrauen sprechen, aber es ist an-

---

36 Martin Hollis, *Trust Within Reason*, a.a.O., S. 159.

gedeutet worden, dass sich aus der Binnenperspektive der Handelnden die Qualität der Vertrauensbeziehung häufig erst ex post erweist. Folgt man Baier (in diesem Band), dann ist Vertrauen nur dann moralisch legitim, wenn die am Vertrauensverhältnis beteiligten Personen die Gründe, die die jeweils andere Seite hat, um an dem Vertrauensverhältnis teilzunehmen, akzeptieren könnten (vorausgesetzt, die Gründe werden explizit gemacht). Baier lässt weitgehend offen, welche Gründe das jeweils sein könnten, aber es wird für die moralische Qualität einer Vertrauensbeziehung nicht unerheblich sein, ob eine andere Person sich als vertrauenswürdig erweist, weil das ihrem Eigeninteresse entgegenkommt oder ob sie aus einem Wohlwollen heraus das in sie gesetzte Vertrauen nicht enttäuscht. Der Unterschied mag deutlich werden, wenn man die Empfindungen berücksichtigt, die im Falle eines unerwiderten oder gebrochenen Vertrauens auftreten. Wenn wir uns im oben spezifizierten Sinne auf eine andere Person verlassen, dann werden wir uns im Falle einer gebrochenen Erwartung vermutlich fragen, wie wir so »dumm« sein konnten, uns einer solchen Person anzunähern, wir werden verärgert darauf reagieren, dass die Sanktionsmechanismen, auf deren Wirkung wir in unserem »Vertrauen« gesetzt hatten, offenbar nicht bedrohlich genug waren etc., aber wir reagieren in der Regel nicht mit moralischer Enttäuschung. Gehen wir dagegen davon aus, dass wir von der anderen Person Wohlwollen erwarten können, reagieren wir auf das Fehlen eines solchen Wohlwollens mit moralischer Enttäuschung.[37] So hätte man uns nicht behandeln dürfen.

Dass der Unterschied zwischen einem Vertrauen und einem Sich-Verlassen-auf nicht unerheblich ist, zeigt sich auch in politischer Perspektive. Wir sahen, dass Institutionen mit der Macht ausgestattet werden können, das Verhalten kooperationswilliger Akteure in dem Sinne erwartbar zu machen, dass sie »versprechen«, auf Kooperationsbrüche mit Sanktionen zu reagieren. Sofern man den Institutionen und ihrem Wirken Vertrauen entgegenbringen kann, werden sie eine handlungsstabilisierende Verlässlichkeit etablieren, die auch im Kontext eines demokratischen Rechtsstaates von großer Wichtigkeit ist. Andererseits sollten wir nicht davon ausgehen, dass Institutionen allein ausreichen, um so

---

37 Vgl. Peter Strawson, »Freiheit und Übelnehmen«, in: Ulrich Pothast (Hg.), *Seminar freies Handeln und Determinismus*, Frankfurt/M. 1978, S. 207, wo es heißt, dass wir im Allgemeinen »einen gewissen Grad von Wohlwollen oder Rücksicht auf Seiten derer [fordern], die mit uns in ... Beziehungen stehen«.

etwas wie demokratische Lebensformen einzurichten. Anne Sa'adah hat mit Blick auf das Ende der DDR gezeigt, dass die Einrichtung demokratische Institutionen nur ein erster, wenn auch sehr wichtiger Schritt auf dem Wege zur Überwindung des totalitären Regimes war.[38] Nicht anders verhielt es sich im Jahre 1945 nach der Niederschlagung des Dritten Reichs. Trotz der Einrichtung einer rechtsstaatlich gestützten Demokratie blieben manche Zeitgenossen skeptisch, was die Verankerung dieser Institutionen in den »Herzen« der Bürgerinnen und Bürger anging. Stellvertretend sei Karl Jaspers zitiert: »Wir haben in der Tat noch kein in den Herzen gegründetes politisches Ziel, kein Bewusstsein, auf einem selbstgeschaffenen Grunde zu stehen ... Unser Volk ist nicht demokratisch gesinnt. Wir haben eine parlamentarische Regierungsform, die man Demokratie nennt, die sich jedoch so eingespielt hat, dass sie das demokratische Bewusstsein eher verdunkelt als fördert.«[39] Diese geschichtlichen Beispiele verweisen auf die Notwendigkeit, die Bedingungen zu spezifizieren, durch die sich eine bloß formal bleibende Anerkennung demokratischer Institutionen in eine »authentische« und wahrhaftige Anerkennung umwandeln kann. Die Stabilität eines demokratischen Regimes ist solange nicht sichergestellt, wie man nicht mit Gewissheit sagen kann, dass die Institutionen dieses Regimes auch in Krisenzeiten oder in Zeiten einer Schwächung staatlicher Sanktionsmechanismen (das kann auch auf die Korrumpierbarkeit, Unehrlichkeit, Unaufmerksamkeit etc. der politischen Führungsschicht zielen) geschützt oder verteidigt werden. Die Unterscheidung zwischen einem »Vertrauen als Verlässlichkeit« und einem »Vertrauen als Vertrauenswürdigkeit« (Sa'adah) hält insofern die Einsicht wach, dass sich die sanktionsfähigen Institutionen letztlich auf eine informelle demokratische Kultur stützen, um als solche von Dauer zu sein. Darüber hinaus hat sich in den postkommunistischen Staaten (und nicht nur dort) auch gezeigt, dass das Errichten demokratischer Institutionen das Misstrauen in die neuen Amtsträger dann nicht verhindern kann, wenn die in der Vergangenheit liegenden politischen Verstrickungen dieser Personen nicht offengelegt werden. Die Erinnerung an Unrecht kann durch neue, gerechte Institu-

---

38 Anne Sa'adah, *Germany's Second Chance*, a.a.O. Vgl. auch Claus Offe, »Demokratie und Vertrauen«, in: *Transit*, 18, 1999, S. 118-131.
39 Karl Jaspers, *Wohin treibt die Bundesrepublik? Tatsachen – Gefahren – Chancen*, München 1966, S. 177-178.

tionen nicht beseitigt werden und damit auch nicht das Misstrauen, das diese Erinnerungen in sich bergen.[40]

So spricht also manches dafür, auch im Bereich des politischen Handelns einen anspruchsvollen Begriff des Vertrauens zugrundezulegen, einen Begriff, der die Bereitschaft umfasst, Versprechen und Verträge einzuhalten, die Interessen der Wahlbürgerinnen und -bürger zu berücksichtigen, Sanktionsmechanismen gerecht zu implementieren, begangenes Unrecht erinnernd einzugestehen etc. Freilich bleibt das Problem bestehen, wie wir jeweils wissen können, dass andere über derartige Einstellungen verfügen. Es ist relativ leicht, die Entstehung des Vertrauens in den bereits erwähnten »dichten« Interaktionskontexten zu beschreiben, aber wie kann das Problem der Verallgemeinerbarkeit des so entstandenen Vertrauens gelöst werden (siehe Eisenstadt in diesem Band)? Die Hinwendung zu Institutionen oder, wie bei Giddens, zu abstrakten Systemen steht sicherlich immer auch für die Suche nach symbolisch gestützten Bündelungsinstanzen, die in der Lage sind, gleichsam »von oben« Vertrauen zu generieren. Aber woran erkennen wir, dass jemand das »Ethos« (Offe) einer Institution verinnerlicht hat? Man mag an dieser Stelle erneut den Kognitivismus vieler Theorien des Vertrauens in Zweifel ziehen, da wir in der Regel sehr wenig über andere, uns unbekannte Personen »wissen«. Andererseits sollte man nicht unterschätzen, wie schnell wir gelegentlich die Vertrauenswürdigkeit einer anderen Person beurteilen oder – sei es emotional – erfassen oder zu erfassen meinen. Was sich uns da am anderen tatsächlich oder auch nur vermeintlich erschließt, wird nicht willkürlich sein; Vorurteile, Erfahrungen, Verallgemeinerungen, Ängste etc. werden diesen Prozess beeinflussen. Sollte das aber so sein, muss sich eine Theorie des Vertrauens mindestens ebenso sehr mit den gesellschaftlichen und persönlichen Prozessen beschäftigen, die zu derartigen Haltungen oder Einstellungen führen, wie mit jenen Prozessen, durch die sie in ein breit gestreutes Vertrauen übergehen können. So wie Baier (in diesem Band) vermutet, dass Verbrecher eventuell die wahren Experten des Vertrauens sind, so ließe sich auch vermuten, dass eine Analyse der Entstehungsbedingungen des Misstrauens dazu geeignet ist, die angemessenen Bedin-

---

40 Vgl. dazu auch Melissa Williams, *Voice, Trust, and Memory: Marginalized Groups and the Failings of Liberal Representation*, Princeton 1998. Ich versuche einen Begriff des Vertrauens zu erarbeiten, der an spezifisch demokratischen Erfahrungen hängt, in Martin Hartmann, »Vertrauen als demokratische Erfahrung«, in: Rainer Schmalz-Bruns & Reinhard Zintl (Hg.), Politisches Vertrauen, Baden-Baden, im Erscheinen.

gungen für die Entstehung des Vertrauens besser in den Blick zu bekommen.

Wenn gesagt wurde, der Bedarf an Vertrauen nehme zu, ohne dass wir davon ausgehen sollten, dass dieser Bedarf tatsächlich gedeckt werden kann, dann muss aus dieser Überlegung keine pessimistische Schlussfolgerung gezogen werden. Die Klagen über das schwindende Vertrauen sind Legion.[41] Aber man sollte unterscheiden zwischen dem Verlust des Vertrauens in die überkommenen Institutionen, die Mitbürger, die öffentlichen Sicherheit etc., einem tatsächlich anwachsenden Misstrauen und einem steigenden Bedarf nach Vertrauen aufgrund wachsender sozialer Interdependenzen. So müssen Vertrauensverluste nicht notwendigerweise in Misstrauen münden, sondern können Gleichgültigkeit oder Indifferenz nach sich ziehen, Haltungen, die nicht mit Misstrauen verwechselt werden sollten.[42] Wie Vertrauen ist Misstrauen eine Haltung des Engagements, sodass Hobbes schreiben konnte: »Vertrauen ist eine Empfindung, die aus dem Glauben an jemand entsteht, von dem wir Gutes erwarten oder erhoffen und die so frei von Zweifel ist, dass wir keinen anderen Weg verfolgen, um es zu erreichen. Und Misstrauen ist der Zweifel, der uns veranlasst, uns nach anderen Mitteln umzusehen.«[43] Ein gestiegener Bedarf nach Vertrauen könnte ferner ein Anwachsen von Freiheitsräumen implizieren, durch die das Verhalten der davon betroffenen Individuen nur noch schwer vorhergesagt werden kann. Eine solche Entwicklung wird nur dann mit Bedauern begleitet werden, wenn man eine Sehnsucht nach Strukturen empfindet, die eine gewisse Erwartbarkeit des Verhaltens

---

41 Besonders einflussreich war hierbei natürlich Robert Putnams These über die Abnahme des sozialen Kapitals, die trotz ihres amerikanischen Hintergrundes auch in Deutschland auf großes Interesse gestoßen ist; vgl. Robert D. Putnam, »Bowling Alone: America's Declining Social Capital«, in: *Journal of Democracy*, 6:1, 1995, S. 65-78.
42 So heißt es in der Schell-Jugendstudie 2000 mit Blick auf die gewandelten Einstellungen der Jugendlichen zu staatlichen und nichtstaatlichen Organisationen: »In den neuen Bundesländern haben sie [die nichtstaatlichen Organisationen] erdrutschartig an Vertrauen verloren. Die Jugendlichen lassen sie links liegen, weil sie meinen, sie hätten nichts mit ihrem gegenwärtigen und zukünftigen Leben zu tun.« Siehe: Deutsche Schell (Hg.), *Jugend 2000*, Band 1, Opladen 2000, S. 16. Das schwindende Vertrauen geht in Gleichgültigkeit über, nicht in Misstrauen.
43 Thomas Hobbes, *Naturrecht und allgemeines Staatsrecht in den Anfangsgründen*, Darmstadt 1983, S. 70.

nach sich ziehen. Der gegenwärtig überall zu hörende Ruf nach mehr Vertrauen könnte demgegenüber anzeigen, dass auch die »befreiten« Individuen als Kooperationspartner benötigt werden und selbst auf die Kooperation anderer angewiesen sind. Andererseits gilt, was Richard Sennett wie folgt formuliert hat: »Emotional tiefergehende Erfahrungen von Vertrauen ... brauchen Zeit, um sich zu entwickeln und in den Nischen und Spalten von Institutionen Wurzeln zu schlagen.«[44] Vertrauen kann nicht gekauft werden, es kann nicht befohlen werden und es kann auch nicht gelernt oder gelehrt werden; wie wir es auch drehen und wenden, es braucht Zeit zum Entstehen und verlangt in der Regel nach wiederholter Begegnung. Dass wir mehr Vertrauen benötigen, mag ein positives Zeichen sein; es ist aber nicht ausgemacht, dass die gegenwärtigen gesellschaftlichen Entwicklungen – nennen wir sie Flexibilisierung, Globalisierung, Beschleunigung oder Prekarisierung – tatsächlich die Bedingungen schaffen, die nötig sind, damit das verlangte Vertrauen entstehen kann. Vertrauen entsteht eben nicht überall da, wo wir unter Ungewissheit handeln, wie manchmal im Zusammenhang mit dem Theorem der »Risikogesellschaft« vermutet wird. Unter Ungewissheit handeln wir schließlich auch, wenn wir keine andere Wahl haben und handeln müssen. Vertrauen dagegen setzt ein »vorangegangenes Engagement« voraus (Luhmann, in diesem Band, S. 148) oder, wie wir auch sagen können, es muss für den Vertrauenden in gewisser Weise freiwillig sein, ohne dass wir deswegen sagen sollten, es sei eine entscheidbare Angelegenheit. Das mag paradox klingen, aber diese Einleitung hat vielleicht deutlich gemacht, dass das Vertrauen von einer ganzen Reihe schwieriger Paradoxa umgeben ist. Die Verletzbarkeit, die mit dem Vertrauen einhergeht, ist nicht unbeträchtlich, und es würde uns vermutlich beunruhigen, wenn wir diesbezüglich gar keine Wahlmöglichkeiten hätten. Dass unser Vertrauen häufig erst enttäuscht werden muss, damit wir auf die Idee kommen, nach Alternativen zu suchen, zeigt, dass eine gewisse Naivität und Unüberlegtheit für jedes Vertrauensverhältnis konstitutiv zu sein scheint. Für manche ist dies ein hoher Preis, und sie wollen lieber weniger als mehr Vertrauen. Andererseits sollte man die Gefahren nicht geringschätzen, die entstehen, wenn man Vertrauen tatsächlich überall durch Kontrolle ersetzt. Der Freiheitsverlust, der damit einherginge, könnte tiefer sein, als man auf den ersten Blick anzunehmen geneigt wäre.

---

44 Richard Sennett, *Der flexible Mensch. Die Kultur des Neuen Kapitalismus*, Berlin 1998, S. 28.

Teil I
Zur Philosophie des Vertrauens

Vertrauen und seine Grenzen*

Annette Baier

> »*Was immer* dem Menschen wichtig ist,
> es gedeiht in einer Atmosphäre des Vertrauens.«
> *(Sissela Bok)*

Unabhängig davon, ob wirklich alles, was uns wichtig ist, gedeihen oder kränkeln kann (vielleicht liegt mir meine Briefmarkensammlung besonders am Herzen), und auch unabhängig davon, ob all die Dinge, die möglicherweise gedeihen können und die uns am Herzen liegen, Vertrauen benötigen, um zu gedeihen (wie steht es mit meinem Gummibaum?) – Bok hat mit ihrer Behauptung auf einer ganz grundsätzlichen Ebene sicherlich recht.¹ Da ich meine Briefmarkensammlung nicht immer selbst bewachen kann und da ich auch meinen Gummibaum auf meinen Reisen nicht mitnehmen kann, muss ich die Aufsicht über die Dinge, die mir

---

* Die zweite Hälfte meines Titels verdanke ich der heilsamen Reaktion von Alexander Nehamas auf eine frühere und zuversichtlichere Version dieses Artikels, die ich im Oktober 1984 beim Chapel Hill Colloquium präsentiert habe. Ferner verdanke ich eine ganze Reihe von wichtigen Hinweisen, die ich in diese überarbeitete Fassung aufzunehmen versucht habe, John Cooper, der meinen Artikel bei dieser Gelegenheit mit hilfreichen Kommentaren versah, sowie vielen weiteren konstruktiven Kommentaren bei späteren Präsentationen einer Version dieses Artikels im CUNY Graduate Center, im Brooklyn College, an der Columbia University und der University of Pennsylvania; weitere Hinweise erhielt ich durch Leser der Zeitschrift *Ethics*, in der dieser Artikel ursprünglich erschienen ist. Da ich eine so große Flut von hilfreichen und enthusiastischen Hinweisen erhielt, wurde mir klar, dass viele Philosophen und Philosophinnen über dieses Thema nachgedacht haben, auch wenn nur wenige direkt darüber geschrieben haben. Nur weil ich meine potenziell endlosen Revisionen und meine Ausflüge in eine mir unbekannte juristische, soziologische, psychologische und ökonomische Literatur abrupt beendete, kam es überhaupt dazu, dass aus meinen Reaktionen auf diese dankenswerten und wohlwollenden Antworten ein Artikel hervorging.

1 Sissela Bok, *Lying*, New York 1978, S. 31 (Fn.). Bok gehört zu den wenigen in der Philosophie, die sich mehr oder weniger direkt mit der Ethik des Vertrauens beschäftigt haben. Der Titel des Kapitels, dem dieses Zitat entnommen ist, lautet »Wahrhaftigkeit, Täuschung und Vertrauen«.

wichtig sind, häufig anderen überlassen, und zwar jenen anderen, denen ich vermutlich vertrauen kann. Ohne Vertrauen wäre das, was mir wichtig ist, ungeschützt, es sei denn ich wäre wie ein Stoiker, der sich nur an das bindet, was gedeihen oder vor Schaden geschützt werden kann, *egal* wie andere handeln. Wenn es niemanden gibt, dem ich irgendwie vertrauen kann, wäre es wahrlich besser für mich, wenn die einzigen Dinge, die mir am Herzen liegen, der gestirnte Himmel über oder das moralische Gesetz in mir wären. Selbst meine stoische Tugend gedeiht sicherlich besser, wenn sie in anderen ein Vertrauen mir gegenüber weckt, wenn sie Vertrauenswürdigkeit in ihnen auslöst oder einfach nur von ihrer Seite akzeptiert und imitiert wird.

Boks These aber muss durch eine andere ergänzt werden, die besagt, dass nicht alle Dinge, die gedeihen, wenn zwischen den Menschen Vertrauen herrscht und die ihnen wichtig sind, in ihrem Gedeihen unterstützt werden sollten. Ausbeutung und Verschwörung ebenso wie Gerechtigkeit und Kameradschaft gedeihen besser in einer Atmosphäre des Vertrauens. Es gibt unmoralische, aber auch moralische Vertrauensverhältnisse, und es kann moralisch anständig sein, Vertrauen zu zerstören. Wenn wir wissen wollen, wann die Moral ein Bewahren des Vertrauens erfordert und wann die Zerstörung des Vertrauens, müssen wir offensichtlich verschiedene Formen des Vertrauens unterscheiden, um dann nach moralisch relevanten Eigenschaften zu suchen, die ihnen zukommen könnten. In diesem Artikel möchte ich mit Blick auf dieses große Unterfangen einen Anfang machen.

Es ist ein Anfang, keine Fortsetzung, da die moralphilosophische Tradition, mit der ich vertraut bin, ein eigenartiges Schweigen über dieses Thema kennzeichnet. Psychologen und Soziologen haben das Thema diskutiert, Juristen haben die Billigkeitsbedingungen bei rechtlichen Treuhandverhältnissen spezifiziert, die politische Philosophie hat das Vertrauen in Regierungen thematisiert, und es hat eine Beschäftigung mit Vertrauen bei jenen Philosophen gegeben, die sich der Gewissheitsproblematik im Gefangenendilemma gewidmet haben. Aber wir, oder zumindest ich, suchen vergeblich nach einer allgemeinen Darstellung der Moralität von Vertrauensverhältnissen. Die Frage: »Wem soll ich in welcher Art vertrauen, und warum?« ist in der uns bekannten Moralphilosophie nicht zentral gewesen. Wenn ich aber recht habe mit der Behauptung, dass die Moral, sofern sie mehr ist als ein Gesetz in mir, selbst des Vertrauens bedarf, um zu gedeihen, dann scheint es ganz offensichtlich nötig zu sein, dass wir uns im Rahmen der Moralphilosophie sowohl mit den Formen des Vertrauens beschäftigen, die für das Gedeihen der von uns favorisierten Moral unverzichtbar sind, als auch mit der Frage nach der Moralität dieser und anderer Formen des Vertrauens. Eine Minimalbedingung für die Adäquatheit einer jeden Version der wahren Moral, jedenfalls wenn Wahrheit irgend etwas mit der Wirklichkeit zu tun hat, liegt darin, dass diese Moral nicht die Bedingungen verurteilen muss, die ihr eigenes Gedeihen sicherstellen. Wir können einen solchen Test aber nicht auf jenes Vertrauen anwenden, das gegeben sein muss, damit die Moral gedeihen kann, solange wir nicht wenigstens provisorisch den moralischen Standpunkt erarbeitet haben, der uns erlaubt, ein Vertrauensverhältnis zu beurteilen.

Moralphilosophen haben sich immer schon für die Kooperation zwischen Menschen interessiert, weswegen es überrascht, dass sich nicht mehr über das Vertrauen gesagt haben als das, was bisher vorliegt. Dabei ist es doch ziemlich offensichtlich, dass jede kooperative Aktivität, auch die Arbeitsteilung, von den kooperierenden Parteien ein Vertrauen darauf verlangt, dass die jeweils anderen ihren Anteil leisten oder zumindest darauf, dass der Aufseher mit seiner Peitsche seinen Anteil leistet, wenn sich die Teilnehmer auf Zwang verlassen können. So würde man von Vertragstheoretikern eine Untersuchung des Vertrauens oder Misstrauens erwarten, das die am Vertrag beteiligten Parteien kennzeichnet. Auch die Utilitaristen sollten sich mit dem Beitrag beschäftigen, den ein Vertrauensklima (oder verschiedene Varianten davon) zur allgemeinen Glückseligkeit leistet, sich also um ein Verständnis der Natur, der Quellen und der Varianten des Vertrauens bemühen. Und schließlich hätte man von denen, deren Moraltheorie auf Tugenden beruht, einen Blick auf die Vertrauenswürdigkeit oder die Bereitschaft, Vertrauen zu schenken, erwartet. Aber wenn wir uns den großen Moralphilosophen unserer Tradition zuwenden, finden wir im Grunde nichts, was auch nur dem Entwurf einer Moraltheorie des Vertrauens nahe käme. Wir finden höchstens ein paar Hinweise auf die Richtung, die wir einschlagen könnten.

So erwartet Platon in seinem *Staat* von den Bürgern vermutlich ein Vertrauen darauf, dass die Philosophenkönige weise regieren; von dieser Elite erwartet er wiederum ein Vertrauen darauf, dass die Untergebenen ihren Wein nicht vergiften und ihre Bibliotheken nicht anzünden. Weder das angemessene Vertrauen noch die angemessene Vertrauenswürdigkeit allerdings werden von ihm zu den Tugenden gezählt, die für die kooperierenden Parteien in seiner guten Gesellschaft notwendig sind. Seine Beschreibung der Gerechtigkeit und der »Freundschaft«, die angeblich zwischen dem Herrscher und den Beherrschten besteht, scheint die Tugenden des Vertrauens zu *implizieren*, aber diese Implikationen werden von ihm nicht ausbuchstabiert. In den *Gesetzen* erwähnt er Misstrauen als ein Übel, das durch die Verbindung mit seefahrenden Händlern verursacht wird, aber es bleibt bei einer Erwähnung.² Die gleiche Beobachtung trifft auch auf Aristoteles zu, dessen tugendhafte Person wie bei Platon ihr Vertrauen jenem hypothetischen Weisen schenken soll, der ihr beibringen wird, wieviel Wut, Stolz und Furcht sie aus welchen Gründen wann empfinden soll und welchen Objekten gegenüber. Zusätzlich zu der Frage, wer wem Vertrauen entgegenbringen soll, weiß so ein Weiser vermutlich auch, wieviel Vertrauen und Vertrauenswürdigkeit man gegenüber wem und mit Blick auf welche Gegenstände kultivieren soll, aber eine derart zentrale Weisheit und derart wichtige Tugenden werden von Aristoteles, nach meinem Wissen, nicht diskutiert. (Er verurteilt in der *Politik* die Tyrannen, die Misstrauen sähen, und auch seine Diskussion der Freundschaft könnte als eine Stelle herangezogen werden, an der er implizit die Wichtigkeit des Vertrauens anerkennt. Könnte man schließlich eine Person, der man misstraut, als ein zweites Selbst betrachten? Aber auch das bleibt lediglich implizit und würde ohnehin nur das Vertrauen unter Freunden abdecken.) Spätere Moralphilosophen heben sich allerdings mit Blick auf dieses Thema ebenfalls nicht sonderlich hervor.³

---

2 Platon, *Gesetze*, in: ders., *Sämtliche Dialoge*, Band VII, hg. v. Otto Apelt, Hamburg 1988. S. 115. Diesen Hinweis verdanke ich John Cooper, der meinen Vorwurf, Platon und Aristoteles hätten das Thema des Vertrauens vernachlässigt, für kleinlich hält, wenn man berücksichtige, wie selbstverständlich für sie der Wert und die Wichtigkeit des Vertrauens gewesen seien. (Etwas für selbstverständlich halten, ist allerdings eine Form der Vernachlässigung.)
3 Neben Bok und Locke, auf die ich eingehe, haben folgende Autoren und Autorinnen etwas zum Vertrauen gesagt: Nicolai Hartmann, *Ethik*, Berlin 1962, S. 468ff.; Virginia Held, *Rights and Goods*, New York 1984, insbesondere Kap. 5, »The Grounds for Social Trust«; David O. Thomas, »The Duty to Trust«, in: *Aristotelian Society Proceedings*, 1970, S. 89-101. Es kommt am Rande vor bei Aurel Kolnai, »Forgiveness«, in: Bernard Williams & David Wiggins (Hg.), *Ethics, Value and Reality*, Indianapolis 1978, S. 223: »Das Weltvertrauen, wenn es nicht gerade durch einen hirnlosen Optimismus oder eine gefährliche Unverantwortlichkeit beeinträchtigt wird, kann zwar nicht als sicherer Anfangspunkt oder als Basis der Moral betrachtet werden, wohl aber als ihr eigentlicher Bündelungs- und Höhepunkt.« Siehe schließlich auch John R. Wilson, »In One Another's Power«, in: *Ethics* 88, 1978, S. 299-315, hier S. 303.

Es gibt aber einige Formen des Vertrauens, auf die die großen Philosophen explizit ihre Aufmerksamkeit gelenkt haben. Der heilige Thomas von Aquin und andere christliche Moralisten haben die Tugend des Glaubens und, noch wichtiger, der Hoffnung gepriesen und haben insofern etwas über das Vertrauen in Gott gesagt. In der modernen Zeit haben schließlich einige der großen Moralphilosophen und politischen Philosophen, vor allem John Locke, das Vertrauen in Regierungen und Amtsinhaber untersucht; einige bekundeten dabei das, was man ein exzessives Vertrauen in Verträge und die Vertragsparteien nennen könnte, auch wenn sie sich, nachdem Hobbes in dieser Hinsicht das Vorbild abgegeben hatte, nicht in ebenso exzessiver Weise mit den Gründen für dieses Vertrauen beschäftigt haben. Es ist also weniger eine völlige Unaufmerksamkeit als vielmehr eine selektive Aufmerksamkeit für das hier diskutierte philosophische Phänomen, die ich untersuchen, ansatzweise erklären und beenden oder wenigstens unterbrechen möchte.

Wir erweisen unser Vertrauen und reagieren auf Vertrauen, also auf das Phänomen, mit dem wir so vertraut sind, dass wir seine Gegenwart und seine Varianten kaum bemerken, nicht nur denen gegenüber, die uns nahe stehen, sondern auch gegenüber Fremden, ja sogar gegenüber erklärten Feinden. Wir vertrauen darauf, dass unsere Feinde nicht auf uns schießen, wenn wir die Waffen niederlegen und eine weiße Flagge hissen. In Großbritannien vertrauten Einbrecher und Polizisten einmal darauf, dass keine der beiden Seiten tödliche Waffen bei sich trug. Häufig vertrauen wir auch darauf, dass uns völlig Fremde, wenn wir sie etwa in einer ausländischen Stadt nach dem Weg fragen, in die richtige und nicht in die falsche Richtung weisen oder dass sie uns zumindest mitteilen, wenn sie nicht das wissen, was wir von ihnen erfragen; und jenen, die von uns auf die gleiche Weise Hilfe erbitten, sollten wir, so glauben wir, ebenso helfen. Natürlich werden wir häufig enttäuscht und zurückgestoßen oder fühlen uns schlecht behandelt und verraten, wenn wir anderen auf diese Weise Vertrauen entgegenbringen, so wie wir oft ausgenutzt werden, wenn wir die gewünschte Vertrauenswürdigkeit zeigen. Ohne Zweifel erweisen wir unser Vertrauen auf unterschiedliche Weise, mal auf kluge, mal auf dumme Weise, mal tugendhaft, mal bösartig, und wir kennen verschiedene Formen der Vertrauenswürdigkeit sowohl Nahestehenden als auch Fremden gegenüber. Wir vertrauen darauf, dass jene, die uns zwischen den Regalen einer Bibliothek begegnen, nach Büchern suchen, nicht nach Opfern. Wir lassen uns gelegentlich in Zügen oder Flugzeugen in den Schlaf fallen, darauf vertrauend, dass unsere Sitznachbarn aus unserer Verwundbarkeit keinen Vorteil ziehen. Wir legen die Sicherheit unseres Körpers in die Hände von Flugkapitänen, Fahrern oder Ärzten, ohne uns deswegen sonderlich verwegen vorzukommen. Und es gab eine Zeit, da wir niemanden auch nur verdächtigten, die von uns gekaufte Nahrung vorsätzlich zu vergiften, so wie wir unsere Kinder ohne Verdacht einer Kindertagesstätte anvertraut haben.

Es mag sein, dass wir noch immer keine andere Möglichkeit haben, als unsere Nahrung zu kaufen und unsere Kinder einer Kindertagesstätte zu überlassen, aber jetzt tun wir es mit Misstrauen und voller Angst. Das Vertrauen lädt nicht nur Heiratsschwindler ein, sondern auch Terroristen, die ein Gespür für seine am leichtesten zu zerstörenden und doch sozial zentralsten Formen haben. Es waren die Kriminellen, nicht die Philosophen, die eine Expertise für die verschiedenen Formen des Vertrauens entwickelt haben. Die meisten von uns erkennen eine gegebene Form des Vertrauens am leichtesten, nachdem sie plötzlich zerstört oder zumindest erheblich verletzt worden ist. Wir bewohnen ein Klima des Vertrauens, so wie wir in der Atmosphäre leben; wir nehmen es wahr wie die Luft, nämlich erst dann, wenn es knapp wird oder verschmutzt ist.

Vielleicht haben wir keine Wahl und müssen uns auch dann auf die Nahrung in unserem örtlichen Krämerladen verlassen, wenn man in den Regalen dieses Ladens Nahrung gefunden hat, die vorsätzlich vergiftet worden ist. Wir können uns noch auf etwas verlassen, wenn wir schon nicht mehr vertrauen können. Aber worin genau liegt der Unterschied zwischen diesem Vertrauen und diesem Sich-Verlassen-auf? Beim Vertrauen, so scheint es, verlassen wir uns auf das Wohlwollen der anderen uns gegenüber; von diesem unterscheiden wir verlässliche Gewohnheiten oder eine berechenbar an den Tag tretenden Furcht, eine Wut oder andere Motive, die schlechte Absichten uns gegenüber verraten; schließlich kennen wir noch Motive, die überhaupt nicht auf uns gerichtet sind. Wir können uns auf die Furcht unserer Mitmenschen vor dem neu eingestellten Überwachungspersonal verlassen, das sie davon abhalten wird, die Nahrung in den Regalen zu vergiften, wenn wir ihnen schon nicht mehr vertrauen. Oder wir verlassen uns darauf, dass die Aussicht auf Gewinn für den Ladenbesitzer ein hinreichendes Motiv ist, um wirksame Vorsichtsmaßnahmen gegen Erpresser zu ergreifen, und vertrauen gleichzeitig darauf, dass er seine Kunden vor möglichen Schäden durch seine Produkte schützen *will*, jedenfalls solange, wie er diesen Willen befriedigen kann, ohne seinen Wunsch nach Steigerung seines Gewinns zu enttäuschen. Vertrauen tritt häufig in einer Mischung mit anderen Arten auf, sich auf Personen zu verlassen. Das Vertrauen, das sich auf das Wohlwollen einer anderen Person verlässt, auch wenn es möglicherweise ein minimales Wohlwollen ist, kontrastiert mit den Arten, sich auf die Reaktionen oder Einstellungen anderer zu verlassen, die vom Komiker, vom Inserenten, vom Erpresser, vom erpresserischen Entführer und vom Terroristen zur Schau gestellt werden, die ja alle von den Einstellungen und Reaktionen anderer abhängig sind, um bei ihren Handlungen Erfolg zu haben. Wir hängen alle in zahllosen Weisen von der Psychologie anderer ab, aber damit vertrauen wir ihnen noch nicht. Der Vertrauende kann verraten werden, man kann ihn zumindest hängen lassen, und das heißt, dass er nicht nur enttäuscht sein wird. Die Nachbarn Kants, die seine regelmäßigen Gewohnheiten wie eine Ersatzuhr für ihre weniger präzisen Uhren behandelten, wären vielleicht zu einer gewissen Enttäuschung berechtigt gewesen, wenn er an einem Tag länger geschlafen hätte, aber er hätte sie damit nicht hängen gelassen und noch weniger ihr Vertrauen verraten. Wenn ich einer anderen Person vertraue, dann bin ich von dem Wohlwollen abhängig, das sie mir entgegenbringt. Ich muss dieses Angewiesensein weder anerkennen, noch muss ich glauben, dass sie dieses Vertrauen erbeten oder selbst anerkannt hat, da es so etwas wie unbewusstes und ungewolltes Vertrauen gibt oder auch ein erzwungenes Entgegennehmen des Vertrauens; ferner kann für die Empfängerin des Vertrauens das in sie gesetzte Vertrauen unbemerkt bleiben. (Zu den angemessenen Bedingungen eines intakten Vertrauens gehört, so ist zu vermuten, dass es am Leben bleibt, wenn sich die beiden beteiligten Seiten des Vertrauens bewusst werden; außerdem muss der Vertrauensempfänger die Gelegenheit haben, seine Ablehnung oder Annahme des Vertrauens zu signalisieren, um etwa die Vertrauensgeber zu warnen, wenn ihr Vertrauen inakzeptabel ist.)

Hängt man vom Wohlwollen eines anderen ab, dann ist man notwendigerweise verletzbar mit Blick auf die Grenzen dieses Wohlwollens. Vertraut man anderen, dann räumt man ihnen die Gelegenheit der Verletzung ein und zeigt sich sogleich zuversichtlich, dass sie diese Gelegenheit nicht nutzen werden. Ein vernünftiges Vertrauen muss nach guten Gründen für eine solche Zuversicht suchen oder darf zumindest nicht über gute Gründe verfügen, die schlechte Absichten oder Gleichgültigkeit auf Seiten der anderen anzeigen. In dieser ersten Annäherung steht das Vertrauen also für die akzeptierte Verletzbarkeit durch die möglichen, aber nicht erwarteten schlechten Absichten (oder die Abwesenheit wohlwollender Absichten), deren Ziel man ist.

Um nun ein Gespür für die vielfältigen Varianten des Vertrauens zu gewinnen, müssen wir einen Blick auf die Varianten der Verletzbarkeit werfen und auf die vielfältigen Gründe, die wir haben können, um von anderen nicht zu erwarten, Vorteile aus dieser Verletzbarkeit zu ziehen. Einen Weg, den man einschlagen kann, und den ich auch einschlagen werde, um ersteres zu tun, besteht darin, auf die zahlreichen Güter oder Dinge hinzuweisen, denen wir Wertschätzung entgegenbringen, um die wir uns sorgen und die wir im Einflussbereich eines anderen belassen oder hinterlassen können. Schließlich gilt der Blick auch den vielfältigen Weisen, andere so nah an das heranzulassen, was uns wichtig ist, dass sie ihm Schaden zufügen können. Wir können dann die verschiedenen Gründe untersuchen, die uns einerseits dazu bringen, die Nähe derjenigen zu suchen oder zu dulden, die die Macht besitzen, uns zu verletzen, und die andererseits unsere Zuversicht leiten, dass sie diese Macht nicht nutzen werden. Auf diese Weise können wir darauf hoffen, die vagen Termini des »Wohlwollens« oder der »bösen Absicht« zu explizieren. Fragt man, warum am Anfang die Verletzbarkeit des Vertrauenden betont wird und nicht die Früchte und Vorteile, die das Vertrauen bringt, dann ist die Antwort teilweise schon gegeben worden – worum es beim Vertrauen geht, sehen wir erst im Rückblick ein oder nach jemandes Tod, wenn wir durch reale Wunden an unsere Verletzbarkeit gemahnt werden. Der andere Teil der Antwort wäre, dass wir selbst dann, wenn wir uns in einem besonderen Fall des Vertrauens bewusst werden und es mit Absicht weiterführen, nicht unbedingt auf irgendeinen Gewinn aus sein müssen – wir müssen einer Person nicht nur dann vertrauen, wenn wir einen Gewinn von ihr erhoffen, selbst wenn wir tatsächlich gewinnen. Als ein beabsichtigtes geistiges Phänomen muss das Vertrauen nicht zweckhaft sein. Aber ein beabsichtigtes Vertrauen muss ein Bewusstsein davon haben, dass die, denen man vertraut, nicht verletzen wollen, obwohl sie das könnten. Die von mir vorgelegte Form der Analyse wird nicht von einer obsessiven Hobbesschen Konzentration auf die Schlagkraft eines anderen diktiert, sondern von der natürlichen Entwicklung des Vertrauensbewusstseins und -selbstbewusstseins, die über mehrere Stadien fortschreitet. Sie beginnt mit einem dem Selbst anfänglich unbewussten Vertrauen, schreitet fort zu einem Bewusstsein vom Risiko des Vertrauens, das einhergeht mit der Zuversicht, dass es sich um ein vertretbares Risiko handelt, und erkennt dann auf einer nächsten Stufe, warum wir dieses besondere Risiko auf uns nehmen. Sie führt schließlich zu einer Bewertung, die Auskunft darüber gibt, was wir grundsätzlich durch die Bereitschaft, solche Risiken auf uns zu nehmen, gewinnen oder verlieren. Die präziseste Auskunft darüber, was wir tun, wenn wir vertrauen, steht meistens ganz am Ende.

Als nächstes müssen wir uns der Frage zuwenden, warum wir andere so nah an Dinge heranlassen, die wir wertschätzen, sodass sie ihnen Schaden zufügen können. Die schlichte Antwort ist, dass wir der Hilfe anderer bedürfen, nicht nur um die Dinge, die uns besonders am Herzen liegen, zu schaffen, sondern auch um sie dann zu bewachen und zu pflegen. Mit anderen Worten, wir haben gar keine andere Wahl, als einigen anderen eine Position einzuräumen, in der sie diesen Dingen Schaden zufügen können. Am besten kann derjenige einer Sache Schaden zufügen, der sie geschaffen hat oder der zu ihr in der Rolle einer fürsorgenden Krankenschwester steht. Da zu den Dingen, die uns typischerweise am Herzen liegen, solche Dinge gehören, die wir weder alleine schaffen können, noch alleine am Leben erhalten können (unser eigenes Leben, unsere Gesundheit, unseren Ruf, unsere Nachkommen und ihr Wohlbefinden, außerdem eine Reihe intrinsisch geteilter Güter, also etwa eine Konversation oder ihr schriftliches Äquivalent, das Theater und andere Formen des Spiels, Kammermusik, marktförmige Tauschprozesse, das politische Leben etc.), müssen wir vielen anderen Menschen eine Position einräumen, durch die sie, wenn sie das wollen, den von uns geschätzten Dingen Schaden zufügen können, da dies auch die Positionen sind, die sie einnehmen müssen, um uns bei der Sorge um die Dinge behilflich zu sein, um die wir uns sorgen. Die einfache Sokratische Wahrheit, dass sich niemand gänzlich alleine versorgen kann, verwandelt sich, wenn wir sie verbinden mit der anderen Sokratischen Wahrheit, nach der die Tätigkeit der Seele in der *Sorge* um Dinge besteht, in die umfassendere Wahrheit, dass sich niemand ganz allein um all die Dinge kümmern kann, um die er sich kümmern möchte, nicht einmal um die »privaten« Güter wie die Gesundheit und die körperliche Sicherheit. Wenn wir uns darum bemühen, verschiedene Formen des Vertrauens anhand der jeweils wertgeschätzten Dinge zu unterscheiden, die wir in zuversichtlicher Haltung einer sei es minimalen Kontrolle anderer überlassen, dann folgen wir Lockes Analyse, die Vertrauen am Modell des *An*vertrauens entlangführt. Dementsprechend gibt es nicht nur eine Antwort auf die Frage: »Wem vertraust du?«, sondern auch auf die Frage: »*Was* vertraust du ihm oder ihr an – welches Gut können sie dir wegnehmen oder beschädigen?« Einer Analyse zuzustimmen, die das Vertrauen als ein dreistelliges Prädikat behandelt (A vertraut B ein wertgeschätztes Gut C an), wird zwar in den Fällen, in denen wir möglicherweise nur mit etwas Anstrengung einen definitiven Kandidaten für C finden, zu Verzerrungen und etwas gewaltsamen Interpretationen führen, aber ich denke, die Analyse wird sich insgesamt eher als hilfreich denn als hinderlich erweisen.

Eine Art und Weise, in der eine Person, der Vertrauen entgegengebracht wird, dieses Vertrauen enttäuschen kann, tritt auf, wenn diese Person sich um mehr sorgt als um das, was ihr anvertraut worden ist – wir könnten an einen Babysitter denken, der meint, es wäre an der Zeit, dass das Kinderzimmer lila gestrichen wird und der entsprechende Maßnahmen ergreift. Als Babysitter hat diese Person nicht vertrauenswürdig gehandelt, egal, wie groß ihr Wohlwollen gewesen ist. Wenn man uns vertraut, verlässt man sich darauf, dass wir uns genau um die Sache kümmern, über die man uns ein wenig verfügende Verantwortung eingeräumt hat, und tatsächlich ist es so, dass normale Personen die Hinweise aufnehmen, die die Grenzen dessen anzeigen, was ihnen anvertraut worden ist. Offenbare ich etwa meine Sorgen und Nöte einer Freundin, dann vertraue ich darauf, dass sie mehr oder weniger mitfühlend zuhört und Diskretion bewahrt, aber ich vertraue normalerweise nicht darauf, dass sie Schritte unternimmt, um die Ursachen meiner Sorgen zu beseitigen, jedenfalls nicht, ohne dass sie vorher meine Meinung erfragt. Ein solcher Aktionismus liefe auf eine dreiste Einmischung hinaus, nicht auf die Vertrauenswürdigkeit einer Vertrauensperson. Dennoch verfügt sie in dem begrenzten Rahmen dessen, was ihr anvertraut worden ist (eine Kenntnis meiner persönlichen Belange, nicht ihr Management) über einen gewissen Spielraum, was einerseits die Art der Annahme des Zutrauens angeht und andererseits, wenn ich sie nicht gerade auf absolute Geheimhaltung verpflichte, mit Blick auf die Frage, wann sie das ihr Anvertraute anderen mitteilen kann. Die Relativierung des Vertrauens auf einzelne Dinge hin, die dem, der vertraut, am Herzen liegen, geht einher mit dem Ermessensspielraum, den die Vertrauensempfängerin normalerweise hat, um darüber zu urteilen, was genau nötig ist, um sich um die jeweilige Sache zu kümmern, deren Sorge ihr anvertraut worden ist. Hinzuzufügen ist nur, dass dieser Ermessensspielraum (discretionary power) natürlich durch die Grenzen der Sache, die einem anvertraut worden ist, eingeschränkt wird und häufig auch noch durch einige andere Zwänge.

Können wir wirklich alle Fälle, in denen man uns vertraut, als Fälle konstruieren, in denen uns nicht nur jemand einen vertrauensvollen Zugang zu einer Sache gewährt, die ihm oder ihr wichtig ist, sondern auch ein wenig Kontrolle über diese Sache – in der Erwartung, dass wir diese Kontrolle nutzen, um uns um die Sache zu kümmern, und so, dass mit diesem Sich-Kümmern ein Ermessensspielraum gegeben ist?⁴ Und können wir das Vertrauensverhältnis darüber hinaus als eines bestimmen, in dem A einer Person B ein C anvertraut, um das B sich ein wenig kümmern soll, wobei B mit Blick auf dieses Sich-Kümmern einen gewissen Ermessensspielraum besitzt? Zugegeben, es gibt viele Fälle, in denen das »Sich-Kümmern-um-C« schon viel mehr ist als das, was A von B erwartet, selbst wenn es nicht schwierig ist, für C einen ziemlich genau umschriebenen Wert zu finden. Nehmen wir an, ich blicke kurz um mich, bevor ich auf einer dunklen Straße oder zwischen den Bücherregalen einer Bibliothek weitergehe, wo ich mich aus beruflichen Gründen aufhalte; ich urteile, dass die wenigen Leute, die ich dort ausmache, ungefährlich sind und gehe also weiter. Man kann nun sagen, meine körperliche Sicherheit und vielleicht auch meine Brieftasche zählten zu den Gütern, deren Bedrohung ich diesen Leuten einräume. Ich vertraue nur darauf, so scheint es, dass sie mich in Ruhe lassen. Doch das stimmt nicht ganz, denn wenn ein fallender Dachziegel oder umkippende Bücher meinen Kopf bedrohen und mich deswegen einer unter diesen Leuten durch seinen Einsatz aus der Gefahrenzone schubst, dann wäre das mit Blick auf das, worauf ich gegenüber diesen Fremden vertraut hatte, eher mehr als weniger, und ich müsste dankbar sein und nicht wegen Körperverletzung klagen, trotz der plötzlichen, ganz profanen, möglicherweise schmerzhaften oder sogar mit Verletzungen verbundenen intimen Begegnung mit diesem Retter. Auf *was* für ein Tun der Fremden zielt also mein Vertrauen unter solchen Umständen? Es zielt sicherlich nicht auf irgendein Tun, solange es nur mit Wohlwollen verrichtet wird, nicht einmal auf ein Tun, das meiner körperlichen Sicherheit oder der Sicherheit meines Eigentums gilt, selbst wenn auch dieses Tun von Wohlwollen begleitet sein mag. So könnte man sich vorstellen, dass mich eine Frau, die ich nicht für gefährlich gehalten habe,

---

4 Ein Leser der Zeitschrift *Ethics*, in der dieser Artikel ursprünglich erschienen ist, meint, dass man seinem Kind, wenn man darauf vertraut, dass es einen wichtigen Brief in den Briefkasten an der Ecke wirft, keinen Ermessensspielraum einräumt, obgleich man ja darauf vertraut, dass der Brief sicher und schnell zum Briefkasten gelangt. Aber das Leben steckt voller Überraschungen – so wurden in Washington am Tag des Amtsantritts des Präsidenten die Briefkästen aus Sicherheitsgründen versiegelt, und in Manhattan werden noch immer regelmäßig Briefkästen nach Einbruch der Dunkelheit versiegelt. Tritt ein derart unvorhergesehenes Problem auf, vertraut man darauf, dass das Kind angemessen reagiert, indem es etwa den Brief zurückbringt, ihn nicht auf dem versiegelten Briefkasten liegen lässt oder sich nicht zu weit fortbewegt, um einen anderen Briefkasten zu finden.

als ich zwischen den Regalen weiterschritt, von hinten packt, mir Angst einjagt, aber ohne mich zu verletzen, und dann mit offensichtlicher Aufrichtigkeit bekennt, sie hätte nur in meinem besten Interesse gehandelt, um mir nämlich eine Lektion zu erteilen, sodass ich in Zukunft vorsichtiger sein werde. Ich würde nicht mit Dankbarkeit reagieren, sondern fragen, warum sie glaube, sich um die langfristige Sicherheit meines Lebens kümmern zu müssen, und sich die Freiheit nehme, mich derart unangenehmen erzieherischen Maßnahmen zu unterwerfen. Um in den Termini meiner Analyse zu sprechen: Ich habe ihr meine Ruhe und meine Sicherheit anvertraut, und zwar hier und jetzt, habe darauf vertraut, dass sie sich genau darum »kümmert«, nicht aber um meine langfristige Sicherheit. Wir brauchen einen ziemlich positiven Ausdruck, der auch einen Ermessensspielraum gewährt, wie etwa »Sich-Kümmern-um« oder »Sich-Sorgen-um«, damit wir die Verhaltensweisen erfassen können, durch die das Vertrauen der Bibliotheksbenutzerin in die anderen Benutzerinnen nicht enttäuscht wird. Wir müssen auch spezifizieren, welches Gut jeweils im Spiel ist, damit wir verstehen können, warum ein aufdringliches, vermessenes und paternalistisches Verhalten eher das Vertrauen enttäuscht als bestätigt, das wir unter solchen Umständen haben. »Sich-Kümmern-um« und »Sich-Sorgen-um« werden in einigen Vertrauensfällen einen sehr schwachen Sinn annehmen; aber es ist besser, so zu verfahren, als den Versuch zu unternehmen, die Fälle, in denen eine stärkere Zuwendung erwartet wird, als Fälle zu konstruieren, in denen man darauf vertraut, dass jemand eine wertgeschätzte anvertraute Sache in Ruhe lässt oder bloß bewacht. Wenn wir darauf vertrauen, dass ein Fremder uns in Ruhe lässt, dann sollten wir sagen, dass wir ihm die »Sorge« um unsere wertgeschätzte Autonomie anvertrauen. Vertraut man sein Kind dem geschiedenen Ehepartner an, dann vertraut man der Sorge der anderen Elternhälfte das ganze Wohl des Kindes als eines sich entwickelnden Wesens an. Wenn wir also ihm oder ihr unser Kind anvertrauen, können wir nicht sagen, dass es hier um ein Vertrauen geht, das darin besteht, sich nicht in die befriedigende Entwicklung des Kindes »einzumischen«. Die wichtigsten Dinge, die wir anderen anvertrauen, sind Dinge, die mehr brauchen um zu gedeihen als Nichteinmischung.

Je größer der Ermessensspielraum des Vertrauensempfängers ist, desto unpräziser fällt die Antwort auf die Frage aus, wann Vertrauen enttäuscht wird. Aber auch der Vertrauende, der ja ohnehin über eine gute Urteilskraft verfügen muss, um zu wissen, wem er vertrauen und wieviel Ermessensspielraum er zugestehen kann, wird einen gewissen Spielraum haben, wenn er darüber urteilen muss, wann das Vertrauen nicht erfüllt wird, sei es aus Inkompetenz, aus Nachlässigkeit oder aus Bösartigkeit. Wann immer die Ausübung des Ermessensspielraums Zweifel hervorruft, gibt es sowohl Raum für das Vergeben eines unglücklichen Resultats als auch für eine taktvolle Behandlung der Frage, ob es überhaupt etwas zu vergeben gibt. Anders ausgedrückt: Eine Vertrauensbeziehung kann ziemlich schnell durch die Kombination einer rigoros unversöhnlichen Haltung auf Seiten des Vertrauenden und einer übersensiblen Reaktion gegenüber jedweder Kritik am Vertrauensempfänger zerstört werden. Soll eine Vertrauensbeziehung Dauer haben, scheint auf Seiten des Vertrauenden ein wenig Takt und die Bereitschaft zu vergeben ebenso notwendig zu sein, wie auf Seiten des Vertrauensempfängers die Bereitschaft, die Vergebung anzunehmen und selbst einer unfairen Kritik zu vergeben.[5] Je größer der Ermessensspielraum des Vertrauensempfängers ist, desto größer ist diese Notwendigkeit.

Wenn der Vertrauende dem Vertrauensempfänger zumindest teilweise einen gewissen Ermessensspielraum anvertraut, dann riskiert er einen

---

5 Diesen Punkt entnehme ich der faszinierenden soziologischen Analyse des Vertrauens, die Niklas Luhmann vorgelegt hat (*Vertrauen. Ein Mechanismus der Reduktion von Komplexität*, Stuttgart 1989, dritte Auflage), und die ich während der Überarbeitung dieses Textes entdeckt habe. In vielen Hinsichten stimmt meine Analyse mit der seinen überein, jedenfalls soweit ich die Implikationen seiner Deutung des Vertrauens als einer »Komplexitätsreduktion« verstehe, wobei es besonders um komplexe zukünftige Kontingenzen geht. Er betont sehr stark den Unterschied zwischen abwesendem Vertrauen und Misstrauen und unterscheidet das Vertrauen von dem, was es voraussetzt, nämlich eine bloße »Vertrautheit«, eine Art, etwas für selbstverständlich zu halten. Ich habe diese Unterscheidungen verwischt. Er behandelt persönliches Vertrauen wie eine riskante Investition und untersucht die Mechanismen, die ein Initiieren und Aufrechterhalten des Vertrauens ermöglichen. Takt soll für beide Phänomene wichtig sein. Durch Takt können vertrauenseröffnende Gesten ohne Gefahr einer nachfolgenden Feindseligkeit zurückgewiesen werden; außerdem können die, die in ihrem Bemühen, das Vertrauen aufrechtzuerhalten, einen falschen Zug gemacht haben, ihre Position durch Takt ohne allzu großen Gesichtsverlust zurückgewinnen: »Ein soziales Klima ... institutionalisiert [Takt] und [kennt] für Störungsfälle genug Auswege der Selbstdarstellung« (S. 94). Ich denke, es ist wichtig, Takt als eine Tugend zu sehen, die hinzuzuzählen ist zur Feinheit des Unterscheidungsvermögens, das dabei hilft zu erkennen, *was* einem anvertraut worden ist, zur guten Urteilskraft mit Blick auf die Frage, wem man was anvertrauen kann und zur Bereitschaft, Fehler zuzulassen und zu vergeben. All das sind funktionale Tugenden, diejenigen brauchen, die Vertrauen aufrechterhalten wollen.

Missbrauch dieses Spielraums und ein erfolgreiches Vertuschen dieses Missbrauchs. Die spezifische Verletzbarkeit, die beim Vertrauen eine Rolle spielt, ist eine Verletzbarkeit durch einen noch nicht bemerkten Schaden oder durch vertuschte böse Absichten. Was man also einem anderen vergibt oder was man taktvoll übersieht, muss nicht unbedingt der wohlgemeinte, aber schlecht eingeschätzte oder inkompetente Versuche der Sorge um ein anvertrautes Gut sein, sondern kann auch der böswillige und geschickt vertuschte Missbrauch des Ermessensspielraums sein. Für das Verständnis der moralischen Risiken des Vertrauens ist es wichtig, diese spezifische Form der Verletzbarkeit wahrzunehmen. Andererseits ist das Element des Spielraums, durch das diese spezifische Gefahr entsteht, gleichzeitig wesentlich für das, was durch ein erfolgreiches Vertrauen erst möglich wird. Um an dieser Stelle Hume etwas abzuwandeln: »Man kann [die Möglichkeit] des Guten unmöglich vom [Risiko] des Übels trennen.«[6]

Es ist ziemlich leicht zu sehen, sobald wir einmal die Augen offenhalten, wie diese spezifische Verletzbarkeit in vielen gewöhnlichen Formen des Vertrauens eine Rolle spielt. Wir vertrauen darauf, dass der Briefträger die Post zustellt und nicht indiskret mit ihr umgeht, und wir vertrauen seiner Fähigkeit, gut genug interpretieren zu können, was alles zum Bereich der »Indiskretion« gehört. Normalerweise erwarten wir von ihm, unsere Post nicht zu lesen, sondern sie ungelesen zuzustellen, selbst wenn die Nachricht offen ist wie auf einer Postkarte. Gelegentlich aber kann es angemessen sein, oder zumindest nicht falsch, wenn er sie liest. Ich kannte freundliche Briefträger (in griechischen Dörfern und in österreichischen Kleinstädten), die mir bei der Briefübergabe die Ankündigungen mitteilten, die auf diesen Briefen zu lesen waren: »Ihre Verwandten haben sich erholt und können wieder reisen, sodass sie bald ankommen werden!« Ein solches Interesse an unseren Angelegenheiten gehört nicht zu unserer normalen Idee der Rolle des Briefträgers und könnte sehr wohl die Möglichkeit der Erpressbarkeit nach sich ziehen, aber aufgrund dieses Interesses konnten meine Briefträger eine wesentlich klügere und intelligentere Dienstleistung erbringen – in dem erwähnten Fall wussten sie, da sie unsere Pläne kannten, wann wir wohin gezogen waren und stellten die Post ohne weitere Anweisungen an die neue Adresse zu. Welchem Tun gilt also

---

6 David Hume, *Ein Traktat über die menschliche Natur*, 2 Bände, hg. v. Reinhard Brand, Hamburg 1978, S. 241 (Band 2, Buch III, Teil 2, Abschnitt 2). Die Übersetzung wurde Baiers Abwandlung angepasst (Anm. d. Übers.).

unser Vertrauen in die Briefträger? Es gilt ihrer Fähigkeit, unsere Post an uns zuzustellen und ihrem ausreichenden Interesse an uns und an der Art unserer Post (das aus ihrer totalen Verantwortung hervorgeht und mit ihr vereinbar sein muss), sodass sie intelligent entscheiden, was mit der Post zu tun ist, wenn eine solche Entscheidung nötig wird. Ganz ähnlich verhält es sich mit unseren Ärzten oder Klempnern – *was genau* sie tun sollten, um einen Schaden zu beheben, müssen wir ihnen überlassen. Handeln sie inkompetent, fahrlässig oder gar absichtlich gegen unsere Interessen, können sie diesen Zug ihres Handelns vor uns verbergen, indem sie vorgeben, dass das, was geschehen ist, der ehrlichen und wohlgemeinten Ausübung des ihnen übertragenen Ermessensspielraums entsprungen ist. Dann behalten sie unser Vertrauen und können uns weiteren Schaden zufügen. Wenn wir ihnen vertrauen, dann vertrauen wir darauf, dass sie ihren Ermessensspielraum kompetent und ohne böse Absichten nutzen, wobei zum letzteren eben gehört, dass sie uns nicht darüber täuschen, wie sie diesen Spielraum genutzt haben.

Meiner Analyse nach heißt Vertrauen, anderen Personen (natürlichen und juristischen, also etwa Firmen, Nationen etc.) die Sorge um eine Sache zu überlassen, die dem Vertrauenden am Herzen liegt, wobei dieses »Sich-Sorgen-um« die Ausübung eines Ermessensspielraums impliziert. Damit sind allerdings noch nicht alle Variablen genannt, die beim Vertrauen wichtig sind. So wird beispielsweise das Ausmaß an Ausdrücklichkeit durch das Modell des Anvertrauens eher verdunkelt als erhellt. Vertrauen wir jemandem etwas an, dann überlassen wir ihm oder ihr ganz absichtlich und normalerweise auch ganz formal die Sorge um eine Sache. Das Vertrauen aber besteht selten daraus, sich zum Vertrauen zu entschließen, und es hat oft auch keinen irgendwie bestimmbaren Anfang, sondern wächst langsam und unmerklich an. Was ich am Modell des Anvertrauens hervorheben möchte, ist nicht sein voluntaristischer und formaler Charakter, sondern die Bestimmtheit und Begrenztheit dessen, *was* anvertraut wird, zusammen mit dem Ermessensspielraum, den der Vertrauensempfänger erhält, wenn er sich um das kümmert, was ihm anvertraut worden ist. Vertrauen kann ohne Anfang sein, es kann Schritt für Schritt, aber auch plötzlich beginnen, und es verträgt sich mit verschiedenen Abstufungen an Selbstbewusstsein, Freiwilligkeit und Ausdrücklichkeit. Meine vorangegangene Diskussion des Feingefühls und Takts, die der Vertrauende benötigt, um darüber zu urteilen, wie gut der Vertrauensempfänger sich verhalten hat, bezog sich nur auf Fälle, in denen der Vertrauende nicht nur bemerkt, dass er vertraut, sondern auch eine bewusste Kontrolle hinsichtlich der Fortsetzung des Vertrauensverhältnisses ausübt. Die Diskussion des Missbrauchs des Ermessensspielraums bezog sich wiederum nur auf Fälle, in denen die Vertrauensempfängerin bemerkt, dass ihr vertraut wird und dass dieses Vertrauen ihr einen Ermessensspielraum einräumt. Vertrauensverhältnisse aber müssen nicht immer so ausdrücklich sein, und es gibt einige wichtige Formen unter ihnen, die von den beteiligten Personen nicht so ausdrücklich zugestanden werden können. Das Vertrauen zwischen einem Elternteil und einem Kind ist ein solcher Fall, der uns im Übrigen auch an eine andere Variable von Vertrauensverhältnissen erinnert, auf die ich bis jetzt nur indirekt angespielt habe. Gemeint ist die relative Macht des Vertrauenden und des Vertrauensempfängers und die relativen Kosten, die ein Zusammenbruch des Vertrauensverhältnisses für beide nach sich zieht. Als ich dem Vertrauenden eine Toleranz seiner Verletzbarkeit zuschrieb, behandelte ich die Einstellung zur relativen Macht und Machtlosigkeit als wesentliches Element des Vertrauens und des Misstrauens; damit habe ich aber noch nicht die Varianten des Vertrauens erörtert, die wir wahrnehmen können, wenn wir die Macht des Vertrauenden mit Blick auf die Macht des Vertrauensempfängers variieren, und zwar sowohl wenn das Vertrauen andauert, als auch, wenn es abwesend ist. Vertrauen verändert Machtpositionen, und bevor wir darüber urteilen können, ob ein Vertrauen vernünftig und moralisch anständig ist, müssen wir zum einen die Position berücksichtigen, in der man sich ohne Vertrauen befindet, und zum anderen die Position, die man innerhalb eines Vertrauensverhältnisses einnimmt. Das kindliche Vertrauen erinnert uns nicht nur an ein unartikuliertes, unkritisches oder blindes Vertrauen, sondern auch an ein Vertrauen von Seiten jener, die extrem verletzbar sind, ob sie nun vertrauen oder nicht.

1. Vertrauen und relative Macht

Es ist offensichtlich, dass ich mich bis jetzt vor allem mit den Dimensionen des Vertrauens beschäftigt habe, die besonders klar in Vertrauensbeziehungen zwischen Erwachsenen zutage treten, die in der Lage sind, das gegenseitig Geleistete zu beurteilen, und die eine gewisse Kontrolle über das Ausmaß ihrer Verletzbarkeit gegenüber anderen ausüben. Diese Sicht ist allerdings typisch für eine Kurzsichtigkeit, die, wenn man sie einmal bemerkt, die »leider spärlichen« Versuche erklärt, das Vertrauen als ein moralisch relevantes Phänomen zu verstehen.⁷ Je mehr wir die Abhängigkeitsbeziehungen zwischen jenen ignorieren, deren Macht absolut ungleich verteilt ist, und je mehr wir auch das ignorieren, was nicht in einer ausdrücklichen Vereinbarung ausbuchstabiert werden kann, desto leichter neigen wir zu der Auffassung, dass alles, was wir über Vertrauen und Vertrauenswürdigkeit verstehen müssen, verstanden werden kann, wenn wir nur die Moral des Vertragsschlusses untersuchen. Um einen Vertrag abzuschließen, bedarf es nämlich eines Erwachsenen, der in einer bürgerlichen Gesellschaft nach Art Hegels lebt, in der ja alle mehr oder weniger gleich sind, sodass Verträge auch wirklich ihren Nutzen haben. Man muss das Vertragsmodell aber schon gehörig strapazieren, will man Eltern-Kind-Beziehungen als wesentlich vertragsförmig verstehen, zum einen wegen des nicht-expliziten Charakters der kindlichen Einstellung und zum anderen wegen der völligen Machtlosigkeit des Kindes. Nur wer kein Auge hat für die Kooperation zwischen Ungleichen und zwischen denen, die keine gemeinsame Sprache sprechen, bleibt mit dem Vertrag zufrieden. Da ich an dieser Stelle nicht zufrieden sein will, muss ich zeigen, wie das kindliche Vertrauen, aber auch andere Varianten des Vertrauens, die sich irgendwo auf der Achse der relativen Macht befinden, in meine Deutung integriert werden können, so wie ich im Übrigen auch zeigen muss, wo genau das Vertragsvertrauen in das dann entstehende Bild hineinpasst.

Das kindliche Vertrauen ähnelt dabei der einen Form des nichtvertraglichen Vertrauens, die in der philosophischen Tradition Aufmerksamkeit auf sich gezogen hat, nämlich dem Gottesvertrauen. Das Gottesvertrauen ist in dem Sinne total, dass einem wichtig sein kann, was will – wenn Gott

---

7 Niklas Luhmann, *Vertrauen*, a.a.O., S. 1, Fn. 1. Es ist auffällig, dass Bernard Barber am Anfang seiner soziologischen Untersuchung des Vertrauens *The Logic and Limits of Trust* (New Brunswick/N.J. 1983) nicht, wie Luhmann und ich, die Vernachlässigung des Themas konstatiert, sondern behauptet: »Heute spricht fast jeder über ›Vertrauen‹« (S. 1). In der Liste derjenigen, die soviel über das Vertrauen reden, tauchen »Moralphilosophen« neben »Präsidentschaftskandidaten, Zeitungskommentatoren, Meinungsforschern, Sozialkritikern und den einfachen Leuten von der Straße« auf, aber er erwähnt letztlich nur zwei Philosophen, nämlich Bok und Rawls (der, wenn man ihm selbst glaubt, *nicht* immer darüber redet). Zwischen Luhmanns Untersuchung über das Vertrauen, die in Deutschland zuerst 1968 erschienen ist, und Barbers eigener Arbeit, hatte die Soziologie zehn Jahre Zeit, um das Gespräch über Vertrauen in Gang zu bringen, aber die Mehrzahl der Moralphilosophen, die ich kenne, sind noch nicht von diesem Gespräch berührt worden.

nicht will, dass es gedeiht, dann gedeiht es nicht. Auch ein kleines Kind ist vollständig abhängig vom Wohlwollen seiner Eltern, ist völlig unfähig, sich ohne elterliche Hilfe oder sogar gegen den elterlichen Willen um irgend etwas zu kümmern, was ihm oder ihr wichtig ist. Eine solche totale Abhängigkeit ruft nicht schon an sich notwendigerweise Vertrauen hervor – einige Theisten etwa fluchen auf Gott und stellen eher ein unnützes Misstrauen oder eine unnütze Verzweiflung zur Schau als Vertrauen. Auch Kinder können sich durch argwöhnische, unnütze, dem Selbstschutz dienende Züge gegen die mächtigen Erwachsenen ihrer Welt wehren oder sich in einen Autismus zurückziehen. Kinder aber, die diese Zeit überstanden haben, haben für gewöhnlich ein wenig Vertrauen gezeigt, genug jedenfalls, um die ihnen angebotene Nahrung anzunehmen, und genug auch, um nicht den Versuch zu unternehmen, eine derartige Nähe zu vermeiden. Das ultra-Hobbessche Kind, das die Brust der Mutter zurückweist oder fürchtet, als könne diese Quelle vergiftet sein, zeigt zweifellos ein angeborenes Misstrauen an sich, aber solche Neugeborenen müssen eine Ausnahme bleiben, wenn eine Gattung überleben will. Hobbes sagt vom Naturzustand: »Da sich ferner das Kind zuerst in der Gewalt der Mutter befindet, sodass sie es entweder aufziehen oder aussetzen kann, so verdankt das Kind der Mutter sein Leben, wenn sie es aufzieht, und ist ihr deshalb vor allen anderen zum Gehorsam verpflichtet, und folglich steht ihr das Herrschaftsrecht darüber zu« (*Leviathan*, Kapitel 20).* Selbst er also, Kind der Furcht, ist offensichtlich willens, die Muttermilch vertrauensvoll aufzunehmen. Ein gewisses Maß an angeborenem, und sei es selektivem Vertrauen scheint also notwendig zu sein in einem überlebenswilligen Wesen, dessen erste Nahrung (wenn es nicht ausgesetzt wird) von einem anderen kommt, und es ist dieses angeborene, zerbrechliche Vertrauen, das als Erklärung dienen kann für die Möglichkeit und Zerbrechlichkeit anderer Formen des Vertrauens.

Dass das kindliche Vertrauen normalerweise nicht gewonnen werden muss, sondern da ist, wenn es und solange es nicht zerstört wird, ist wichtig für ein Verständnis der Möglichkeit des Vertrauens. Vertrauen kann viel leichter aufrechterhalten als aufgebaut werden, und es ist nie schwer, es zu zerstören. Wäre nicht irgendeine seiner Formen angeboren und ebnete den Weg für neue Formen, dann wäre es ein Wunder, dass Vertrauen überhaupt je entsteht. Dass das Misstrauen nur verzögert einsetzt, ist we-

---

* Zitiert nach Thomas Hobbes, *Leviathan*, hg. v. Iring Fetscher, Frankfurt/M. 1984, S. 157.

sentlich leichter zu erklären als die hypothetische Hobbessche Konversion von einem Zustand des totalen Misstrauens in einen Zustand des begrenzten Vertrauens. Die hartnäckige Neigung der Erwachsenen, ihr Vertrauen in einen Schöpfergott zu bekennen, kann auch als ein kindlicher Rest jener elementaren angeborenen Bereitschaft der Kinder aufgefasst werden, den mächtigen Personen, von denen sie abhängig sind, anfänglich Wohlwollen zuzuschreiben. So gesehen, sollten wir vielleicht das religiöse Vertrauen begrüßen, oder zumindest tolerieren, wenn uns Vertrauen an sich wichtig ist. Gleichwohl hilft uns die theologische Literatur über das Gottesvertrauen wenig, wenn wir das Vertrauen zwischen Menschen verstehen wollen, was auch für ein Verständnis des Vertrauens in die Eltern gilt, dessen nostalgische Phantasie und Erinnerung es doch ist. Das Kind lernt nämlich bald, dass die Eltern nicht, wie Gott, unverletzbar sind und auch nicht, wie in anderen Versionen von Gott, offen für Vorwürfe und Beleidigungen, aber nicht für Verletzungen. Das kindliche Vertrauen ist trotz des großen Machtungleichgewichts zwischen dem Vertrauenden und dem Vertrauensempfänger in gewissem Umfang eine Angelegenheit des gegenseitigen Vertrauens und der gegenseitigen, sei es auch ungleichen, Verletzbarkeit. Die enorme Macht der Eltern, ihre Kinder zu verletzen und ihr Vertrauen zu enttäuschen, ist nur die Macht jener, die ebenfalls verletzbar sind gegenüber der zunächst unbedeutenden, dann aber ständig wachsenden Macht der Kinder, die auch die Macht derjenigen ist, denen die Eltern vertrauen. So entnehmen wir der theologischen Literatur über die Tugenden des Vertrauens in Gott, des Glaubens an Gott und des Hoffens auf Gott nicht eben viel und kehren dementsprechend nicht bereichert zu den menschlichen Zusammenhängen zurück, nicht einmal zu dem Vertrauen zwischen Eltern und Kindern. Ja, wir könnten sogar die theologische Kontaminierung des Vertrauensbegriffs als eine Teilerklärung für das weitverbreitete Vermeiden des Themas im Rahmen der modernen Moralphilosophie heranziehen. Wenn das Vertrauen nur als eine Variante der beargwöhnten Tugend des Glaubens an die Kompetenz der höheren Mächte betrachtet wird, dann wird die Bereitschaft zu vertrauen nicht nur als eine Tugend der Schwachen, sondern selbst als eine moralische Schwäche gesehen, die man besser durch Wachsamkeit und Selbstbehauptung, durch Selbstsicherheit oder durch ein vorsichtiges, minimales und sorgfältig kontrolliertes Vertrauen ersetzt. Die Psychologie der Jugendlichen und nicht die der Kinder wird dann als moralisches Ideal glorifiziert. Eine derartige Reaktion auf die religiöse Version der Ethik des Vertrauens ist ein ebenso gesundes, verständliches und, so ist zu hoffen, vorübergehendes Phänomen wie der geltungsbedürftige jugendliche Individualismus im Leben einer normalen Person.

Zu den Gütern, um die sich vertrauenswürdige Eltern kümmern, solange das Kind sich nicht allein um sie kümmern kann oder solange es die Hilfe der Eltern dankbar entgegennimmt, gehören solche Dinge wie Nahrung, Unterkunft, Kleidung, Gesundheit, Erziehung, Privatheit und die liebevolle Bindung an andere. Warum nun aber sollte das Kind, wenn ihm sein Vertrauen darauf, dass seine Eltern sich um diese Güter kümmern werden, überhaupt je zu Bewusstsein kommt, zuversichtlich sein, dass Eltern tatsächlich verlässliche Hüter solcher Güter sind? Vermutlich deswegen, weil viele dieser Güter auch Güter für die Eltern sind, und zwar gerade dadurch, dass sie Güter für die Kinder sind. Das gilt natürlich besonders dann, wenn die Eltern das Kind lieben. Diese Güter werden gemeinsame Güter sein, sodass der Vertrauensempfänger sich selbst und dem Kind Schaden zufügt, wenn er sie schädigt. Der beste Grund, um zuversichtlich zu sein, dass ein anderer sich gut um das kümmern wird, was einem selbst am Herzen liegt, ist gegeben, wenn es sich um ein gemeinsames Gut handelt; in gleicher Weise besteht der beste Grund für die Annahme, dass das eigene Gut ein gemeinsames Gut ist, darin, geliebt zu werden. Damit kann vermutlich (meistens sogar ganz sicher) keine Übereinstimmung gewährleistet werden, die darüber Auskunft gibt, was man am besten tun sollte, um sich des Gutes anzunehmen, aber zumindest der Verdacht auf bösartige Absichten kann ausgeschlossen werden. Und selbst wenn ein Kind sich von den Eltern nicht so geliebt fühlt, wie es das gerne hätte, oder wenn es meint, seine Geschwister oder Freunde werden so geliebt, kann es noch immer vollkommen zuversichtlich sein, dass es viele der Güter, die ihm am Herzen liegen, den Eltern anvertrauen kann. Es verfügt über genügend Anhaltspunkte dafür, dass den Eltern, aus Gründen des Stolzes, aufgrund des Bedürfnisses, den eigenen Namen fortzusetzen, oder aus sonst welchen Gründen, seine Gesundheit, sein Erfolg und seine Bindung zu ihnen ebenso am Herzen liegen wie ihm selbst. Es kann also gut begründet der fortgesetzten Vertrauenswürdigkeit seiner Eltern, die sich auf eine ganze Reihe von Punkten erstreckt, zuversichtlich entgegenblicken, da es weiß, was ihm selbst wichtig ist.

In dem Maße, in dem das Kind sich dem Erwachsenenalter annähert und in dem die Eltern auf die Abhängigkeit des Alters zuschreiten, mag das Vertrauen zwischen ihnen viel stärker ein gegenseitiges Vertrauen sein und eine gegenseitige Verletzbarkeit unter Gleichen, was dann dazu führen kann, dass es nun zu expliziten oder sogar formalen Vereinbarungen kommt, in denen festgelegt wird, wer was im Gegenzug wofür zu tun hat. Aber keine derartige vertragliche oder quasi-vertragliche Vereinbarung kann das Vertrauen des kleinen Kindes und die Vertrauenswürdigkeit der Eltern rückblickend zum Bestandteil eines vertraglich geregelten gegenseitigen Austauschs machen. Es kann allerhöchstens dazu kommen, dass das, was eine fortgesetzte Beziehung gegenseitigen Vertrauens war, in die vertraglich geregelte Pflicht verwandelt wird, den Eltern einen bestimmten Dienst zu erweisen. Die vorangegangene Fürsorge der Eltern könnte ein moralischer *Grund* werden, um nun einen Vertrag mit ihnen zu schließen, nicht aber das, was man in einem solchen Vertrag als »Gegenleistung« erwarten kann. Diese »Gegenleistung« kann bestenfalls virtuell sein, symbolisiert etwa durch die Bereitschaft der Eltern, sämtliche noch ausstehenden »Dankesschulden« formal zu streichen, in Erwiderung der Rechte, die ihnen durch den Vertrag zuteil werden. Was man aber normalerweise einem anderen dankbar zurückgibt, erfolgt nicht im Austausch für eine »Quittung«, die belegt, das keine »Schulden« mehr ausstehen. Nur diejenigen, die wild entschlossen sind, in allen echten moralischen Transaktionen einen Tausch zu sehen, deuten jedes Geschenk als Reaktion auf einen Schuldenstand und jedes Erwiderungsgeschenk als eines, das auf ein empfangenes Geschenk antwortet. Es sind diese Tauschfetischisten, die einen Grund dafür sehen, die angemessene Antwort eines Erwachsenen auf die frühere Fürsorge der Eltern als Teil eines virtuellen Vertrags zu deuten oder zumindest als angemessenen Gegenstand eines wirklichen Vertrags. Wie allerdings Hume schon sagt, ein Vertrag sollte nicht »den großmütigeren und edleren Austausch der Freundschaft und Freundschaftsdienste« ersetzen, die er als spontane Dienste versteht und auf die man »ganz in derselben Weise« reagiert.[8] Wir können dieser Reduktion der edleren Dankesbekundungen auf ein Erfüllen vertraglicher Pflichten entgehen, wenn wir unsere moralische Aufmerksamkeit anderen Arten des Vertrauens als dem vertraglichen Vertrauen zuwenden. Ein Blick auf das kindliche Vertrauen hilft uns dabei. Dem Kind fehlt nicht nur die Vorstellung eines virtuellen Vertrags, während es vertraut, wir können auch davon ausgehen, dass die Pflicht der Eltern gegenüber dem Kind in keiner Weise an der Erwartung zu hängen scheint, dass das Kind später etwas dafür zurückgibt. Das Kind oder die Eltern könnten schließlich sterben, bevor die Umkehrung der Abhängigkeit eintritt. Außerdem verändert sich

---

8 David Hume, *Ein Traktat über die menschliche Natur*, a.a.O., S. 269 (Band 2, Buch III, Teil 2, Abschnitt 5).

die Verantwortung der Eltern während ihrer Lebenszeit (so, wie wir die normalerweise verstehen) nicht, wenn sie wissen, dass entweder sie oder das Kind oder alle zusammen im Laufe der nächsten zehn Jahre sterben werden (die Möglichkeit der Behinderung lassen wir hier beiseite). Die elterliche und die kindliche Verantwortung beruht nicht auf Abmachungen, echten oder virtuellen, zwischen den Eltern und dem Kind.

2. Kann man sich entscheiden zu vertrauen?

Das Kind vertraut, solange es dazu ermutigt wird und solange das Vertrauen nicht in eindeutiger Weise verraten wird. Wir bedürfen schon der Unschuld der Kindheit, um nur auf der Basis einer Ermutigung zu vertrauen. »Vertrau' mir!« – das ist für die meisten von uns eine Aufforderung, der wir nicht willentlich nachkommen können, da wir entweder dem, der uns so auffordert, schon vertrauen, sodass diese Aufforderung bestenfalls als zusätzliche Versicherung erscheint,[9] oder da wir auf sie richtigerweise wie folgt antworten: »Warum sollte ich und wie kann ich, solange ich keinen Grund dazu habe?«[10] Das Kind kann natürlich ebenso wenig wie erfahrene Erwachsene durch einen Willensakt vertrauen – die Ermutigung ist eine Bedingung, um Misstrauen zu vermeiden, und nicht, um vom Misstrauen zum Vertrauen zu gelangen. Eine Einschränkung, die man beachten sollte, wenn man in seiner Beschreibung des Vertrauens das kindliche Vertrauen als einen wesentlichen Keim ansetzt, besteht darin, nicht solche Begriffe oder Fähigkeiten zum wesentlichen Bestandteil des

---

9 Meine Überlegungen zu den Worten »Vertrau' mir!« sind beeinflusst von Thomas Scanlons »Promises and Practices«, in: *Philosophy and Public Affairs*, 19, 1990, S. 199-226. Ja, Scanlons Vortrag über dieses Thema, den er im April 1984 am Fachbereich Philosophie der University of Pittsburgh hielt, bildete, zusammen mit einigen Anmerkungen Humes zu diesem Thema, einen ersten Ausgangspunkt für meine Gedanken über das Vertrauen innerhalb und außerhalb von Beziehungen des freiwilligen Austauschs.

10 Luhmann schreibt (*Vertrauen*, a.a.O., S. 46): »Man kann Vertrauen nicht verlangen. Es will geschenkt und angenommen sein.« Ich gehe hier weiter und behaupte, man kann Vertrauen solange nicht durch einen Willensakt schenken oder annehmen und solange nicht von sich selbst oder von anderen verlangen, bis man durch einen vertrauenssichernden sozialen Kunstgriff so etwas wie Versprechen geschaffen hat, von denen wir ja sagen können, dass man sie durch einen Willensakt geben und annehmen *kann*.

Vertrauens zu machen, die man einem Kind noch nicht sinnvoll zuschreiben kann. Es ist einfach nicht plausibel, einem Kind Willensakte, wie immer sie nun aussehen mögen, zuzuschreiben; es wäre also unvernünftig, davon auszugehen, dass sie durch einen Entschluss des Willens tun können, was Erwachsene auch nicht tun können, nämlich einer Vertrauensaufforderung zu gehorchen, ob sie nun von anderen kommt oder von ihnen selbst.

Die Annahme, dass Kinder, wenn sie aus dem Mutterleib kommen, mit einem Urvertrauen in all das ausgestattet sind, was ihnen unterstützend entgegenkommt, sodass sie solange nicht entscheiden müssen, diese Haltung beizubehalten, wie nichts geschieht, was diese Zuversicht erschüttern oder zerstören könnte, ist durchaus plausibel. Meine Beschreibung des Vertrauens ist so angelegt, dass sie folgende Varianten zulässt: Ein unbewusstes Vertrauen, ein bewusstes, aber nicht gewähltes Vertrauen und ein bewusstes Vertrauen, zu dessen Bekräftigung und Kultivierung sich der Vertrauende entschlossen hat. Der Begriff der Übereinkunft wird arg strapaziert, wenn wir von einer unbewussten oder nicht-gewählten Übereinkunft reden; der Begriff des Vertrags wird sogar noch stärker überfordert, wenn wir von unbewussten und nicht-gewählten Verträgen reden; keine Überforderung liegt vor, wenn wir von einem automatischen und unbewussten oder von einem nicht-gewählten, gegenseitigen Vertrauen reden. Das Vertrauen zwischen dem Kind und den Eltern offenbart im günstigsten Fall ein derart primitives und grundlegendes Vertrauen. Ist dieses Vertrauen erst einmal vorhanden, dann ist es leicht, nachzuerzählen, wie dieses Vertrauen selbstbewusst, kontrolliert, überwacht, kritisch, vorgetäuscht und schließlich entweder vorsichtig und sich selbst gegenüber misstrauisch oder aber unterscheidend und reflexiv wird, sodass wir uns selbst als Vertrauenden vertrauen. Was erklärt werden muss, sind eher die Arten, wie das Vertrauen beendet wird, wie es übertragen wird, wie sich das Feld dessen, was wem wann anvertraut wird, zusammenzieht oder ausdehnt als die abrupten Übergänge vom Misstrauen zum Vertrauen. Selbst wenn diese Übergänge existieren (für jemanden, der sich plötzlich erotisch oder verliebt zu einem Fremden oder einem ehemaligen Feind hingezogen fühlt, oder für jemanden, der eine religiöse Konversion durchlebt), sie brauchen mehr als nur die Aufforderung »Vertrau' mir!«

In seiner berühmten Darstellung des Versprechens (und des Vertrags) suggeriert Hume eindringlich, dass es sich beim Versprechen um einen künstlich ersonnenen und gesicherten Fall des gegenseitigen Vertrauens handelt. Die Strafe, die denjenigen bedroht, der ein Versprechen abgegeben hat, besteht darin, dass man ihm nie mehr vertraut, »wenn er sich weigert, das zu tun, was er versprochen hat«.[11] Das Problem, das durch die künstliche Einrichtung des Versprechens gelöst wird, ist der allgemein nachteilige Mangel »an gegenseitigem Vertrauen und [die] Unmöglichkeit, uns einer auf den anderen zu verlassen«.[12] Es ist gut möglich, das Angebot, dessen Annahme als Annahme eines Vertrags oder eines Versprechens gilt, so zu verstehen, dass damit zumindest implizit eine Aufforderung zu vertrauen verbunden ist. Ein Grund, weswegen Versprechen den besonderen Status haben, den sie haben, und weswegen sie auch philosophisch so spannend und verwirrend sind, besteht eben darin, dass wir eine *solche* Aufforderung zu vertrauen durch einen Willensentschluss annehmen *können*, während wir sonst gerade nicht willentlich vertrauen können. Versprechen sind verwirrend, weil ihnen die Macht zuzukommen scheint, durch sprachliche Magie echte, freiwillige und kurzfristige Vertrauensverhältnisse zu initiieren. Sie schaffen nicht nur Verpflichtungen, weil der, der sich verpflichtet, es so will, sie schaffen auch Vertrauen, weil der Vertrauende es so will. So beschreiben sie einen äußerst faszinierenden Fall des Vertrauens und der Vertrauenswürdigkeit, der sich allerdings, gerade wegen jener spannenden Merkmale, nicht dazu eignet, die Rolle eines Paradigmas zu spielen. Sofern sich nun moderne Moralphilosophen überhaupt des Phänomens der Moral des Vertrauens angenommen haben, haben sie sich auf das Vertrauen konzentriert, das die an einer Übereinkunft beteiligten Parteien zueinander einnehmen, sodass sie auch andere Fälle des Vertrauens, wenn die überhaupt ihre Wahrnehmung gestriffen haben, eher gewaltsam in diese sehr spezielle und künstliche Form gegossen haben.

Egal, welche Form das Vertrauen annimmt, es gewinnt, bei Erwachsenen, an Wahrscheinlichkeit, wenn ein Klima des künstlich gestützten Vertrauens vorherrscht. Ein Bewusstsein des Gewohnten sowie vergangene Erfahrungen, die man selbst gemacht hat, beeinflussen das Vermögen zu vertrauen. So gehen wir ganz selbstverständlich davon aus, dass die Menschen ihre rollenspezifischen Pflichten erfüllen, vertrauen etwa darauf, dass jede Angestellte sich um das kümmert, was ihr durch ihre Arbeit auferlegt wird. Schon die bloße Existenz dieser Arbeit, wenn sie eine reguläre Beschäftigung ist, schafft ein gewisses Vertrauensklima, das jenen gilt, die

---

11 David Hume, *Ein Traktat über die menschliche Natur*, a.a.O., S. 270 (Band 2, Buch III, Teil 2, Abschnitt 5).
12 Ebenda, S. 268.

dieser Arbeit nachgehen. Soziale Einrichtungen wie das Eigentum, die Rechte und Pflichten so verteilen, wie das im Rahmen einer regulären Beschäftigung geschieht, schaffen im Allgemeinen ebenfalls ein Vertrauensklima, also einen gewissen Vorgriff auf Vertrauenswürdigkeit. In Humes Beschreibung des Versprechens und der Verträge, die ich im Großen und Ganzen für richtig halte,[13] impliziert ihre Einrichtung in Form einer gewohnheitsmäßigen Prozedur auch die Rücknahme des Vorgriffs auf Vertrauenswürdigkeit, allerdings nur unter bestimmten Bedingungen. Zu diesen zählt ein besonderer, freiwilliger Akt der Person, die das Versprechen abgibt, ein Akt, mit dem sie verständlich macht, dass das, was sie gibt, ein Versprechen ist, und ein anderer freiwilliger Akt der Person, die das Versprechen annimmt. Ein Versprechen hat »verbindende Kraft ... und [gewährt] Sicherheit«,[14] es ist die »Sanktion des eigennützigen Austausches von Leistungen zwischen den Menschen«.[15] Versteht man die Versprechen, dann weiß man, welche Sanktionen mit ihnen verbunden sind, welche Sicherheiten sie gewähren und welche sozialen Bedingungen für diese Sanktionen und Sicherheiten gegeben sein müssen. Und man versteht dann auch, wie der Vorgriff auf die Vertrauenswürdigkeit eines eigennützigen Fremden rückgängig gemacht werden kann, so wie man versteht, wie die Fähigkeit, ihnen zu vertrauen (für eine begrenzte Zeit, mit Blick auf eine begrenzte Materie) zu einer freiwilligen Leistung wird. Um wiederum Hume abzuwandeln: »Auf diese Weise nun lerne ich, von jemandem einen Dienst entgegenzunehmen, ohne dass er mir gegenüber eine freundliche Gesinnung besäße.«[16] Versprechen sind eine äußerst kunstvolle soziale Einrichtung, und das Vertrauen in diejenigen, die uns ein Versprechen gegeben haben, ist eine komplexe und anspruchsvolle moralische Leistung. Sind die sozialen Bedingungen dafür gegeben, ist das nötige Vertrauensklima gegenüber denen, die etwas versprechen, vorhanden, dann mag man dazu neigen, Versprechen für einfachere Phänomene halten, als sie tatsächlich sind, und ihre Hintergrundbedingungen zu übersehen. Dazu gehören nicht nur die variablen sozialen Konventionen und

---

13 Ich habe Humes Beschreibung in »Promises, Promises, Promises« diskutiert und verteidigt. Der Essay findet sich in meinem Buch *Postures of the Mind: Essays on Mind and Morals*, Minneapolis/Minn. 1985.
14 David Hume, *Ein Traktat über die menschliche Natur*, a.a.O., S. 292 (Band 2, Buch III, Teil 2, Abschnitt 8).
15 Ebenda, S. 269 (Band 2, Buch III, Teil 2, Abschnitt 5).
16 Ebenda. Die Übersetzung wurde erneut Baiers Abwandlung des Originalzitats angepasst (Anm. d. Übers.).

Strafpraktiken, auf die Hume verweist, sondern auch vorgängige, weniger künstliche und weniger freiwillige Formen des Vertrauens, etwa das Vertrauen in Freunde oder Familienmitglieder, sowie ein ausreichendes Vertrauen in unsere Mitmenschen, um mit ihnen in einen mehr oder weniger simultan strukturierten konsensuellen Austausch zu treten – man denke an einen Handel oder einen Handschlag –, der nicht verlangt, wie das beim Tausch eines Versprechens normalerweise der Fall ist, dass man sich über einen längeren Zeitraum hinweg auf einen Fremden verlässt.

Zu denen, die von dieser anspruchsvollen sozialen Einrichtung profitieren, gehören vor allem Erwachsene, die nicht in einem gegenseitigen Intimverhältnis stehen und die einander mehr oder weniger die gleiche Macht zusprechen, um die Regeln des Vertragsspiels auch wirklich durchzusetzen (um also Schadensersatz für einen gebrochenen Vertrag zu erlangen, um die akzeptierte Strafe für ein falsches Versprechen zu fordern usw.). Wie besonders Nietzsche hervorgehoben hat, besitzt nicht jeder gegenüber jedem das Recht, ein Versprechen auszusprechen und auch nicht die Macht, die Annahme des Versprechens zu erwirken. Nicht nur kann das Recht jederzeit entzogen werden, es ist ohnehin das Recht einer Elite, wird mithin also nur von jenen besessen, die über einen bestimmten sozialen Status verfügen. Sklaven, kleine Kinder, die Kranken und die geistig Zurückgebliebenen besitzen es nicht in vollem Ausmaß. Bei jenen wiederum, die dieses Recht besitzen, deren Angebot oder Annahme eines Versprechens also moralisches Gewicht besitzt, variiert das Ausmaß, in dem ihr Gebrauch dieses Rechts ihre Beziehungen zu anderen reguliert, mit ihren sonstigen sozialen Befugnissen. Frauen, deren Eigentum, deren Arbeit und deren sexuelle Dienste nach der Heirat in die Hände ihres Ehemannes übergingen, hatten nicht mehr viel, was sie versprechen konnten, und das, was sie noch hatten, konnte ihnen in der Regel ohne ihre Zustimmung genommen werden und damit ohne die Formalität eines Austauschs von Versprechen. Ihr Recht, ein bedeutsames Versprechen zu machen, zog sich zusammen auf das Recht, nur ein festes und nicht weiter verhandelbares Versprechen abzugeben, das Eheversprechen, das allerdings auch oft unter Zwang abgegeben wurde. Die zentralen Beziehungen und Vertrauensbeziehungen, die das Leben der Frauen in fast der gesamten uns bekannten Geschichte der Gattung bestimmt haben, die Beziehung zum Mann, zu den Kindern, zu Kolleginnen entstanden nicht durch eine freie Wahl und auch nicht durch das freie Geben und Annehmen eines Versprechens. Zu den wichtigeren unter ihnen zählten in der Regel Intimbeziehungen, Beziehungen zu jenen, die an Macht über- oder unterlegen waren, Beziehungen, die nicht im starken Sinne des Wortes frei gewählt waren und die auch nicht frei gewählten anderen galten. Frauen sahen sich wie Kinder anderen gegenüber, denen sie vertrauen oder Misstrauen konnten, ihnen wurde durch diese anderen, die einfach da waren, vertraut oder nicht vertraut. Der Bereich der Versprechen, die sie voller Ernst und aus freien Stücken geben konnten, blieb inhaltlich auf Triviales beschränkt. Der Vertrag ist ein Mittel für Händler, Unternehmer und Kapitalisten, nicht für Kinder, Bedienstete, ehelich gebundene Frauen und Sklaven. Mit ihnen wurde gehandelt, sie waren nicht Händler, und wann immer sie am Spiel des Versprechens teilnahmen, konnte es nicht ernst gemeint sein. So ist es nur angemessen, wenn Nietzsche, der Moralphilosoph, der das Versprechen noch mehr als die zeitgenössischen Vertragstheoretiker lobpreist, auch derjenige ist, der seinen männlichen Mitstreitern beim Spiel des Gebens und Annehmens eines Versprechens folgenden Rat gibt: »Er muss das Weib als Besitz, als verschließbares Eigentum, als etwas zur Dienstbarkeit Vorbestimmtes und in ihr sich Vollendendes fassen.«[17] Nietzsche geht ganz direkt an, was Hume nur indirekt angegangen ist und was die meisten Moralphilosophen überhaupt nicht angehen: Die liberale Moral, die die freiwillige Übereinkunft als paradigmatische Quelle der moralischen Verpflichtung betrachtet, muss die Frauen, von denen sie erwartet, dass sie in ihrer traditionellen Rolle fortfahren, entweder aus der Klasse moralischer Subjekte ausschließen, oder sie muss interne Widersprüche in den moralischen Überzeugungen der Frauen zulassen. Diese Widersprüche verschwinden auch nicht dann, wenn die Frauen die gleichen Rechte erhalten wie die Männer, jedenfalls solange nicht, wie man von ihnen erwartet, für jedes Kind, mit dem sie freiwillig oder unfreiwillig schwanger gehen, die Verantwortung zu übernehmen, indem sie dieses Kind abtreiben oder zur Welt bringen, indem sie sich um es kümmern oder dafür sorgen, dass andere sich darum kümmern. Da die liberale Moral den Frauen diese Verantwortung einerseits überlassen muss, andererseits aber gar nicht davon ausgehen kann, dass sie diese Verantwortung aus freien Stücken annehmen, wird die zentrale Rolle der freiwilligen Übereinkunft in der liberalen und vertragstheoretischen Moral erschüttert, sobald Frauen als gleichwertige moralische Wesen behandelt werden. Die freiwillige Übereinkunft und das Vertrauen darauf, dass an-

---

[17] Friedrich Nietzsche, *Jenseits von Gut und Böse*, in: ders., *Kritische Studienausgabe*, Band 5, hg. v. Giorgio Colli & Mazzino Montinari, München 1988 (zweite Auflage), Abschnitt 7, § 238.

dere sich an diese Übereinkunft halten, müssen aus dem Zentrum an die moralische Peripherie gedrängt werden, wenn Bedienstete, Ex-Sklaven und Frauen als moralische Subjekte und Akteure ernst genommen werden.

3. Die männliche Fixierung auf den Vertrag

Die großen Moraltheoretiker unserer Zeit waren nicht nur alle Männer, sie waren zumeist auch Männer, die wenig mit Frauen zu tun hatten (und dementsprechend nur minimal von ihnen beeinflusst waren). Von wenigen Ausnahmen abgesehen (Hume, Hegel, J. S. Mill, Sidgwick, vielleicht Bradley) handelte es sich bei ihnen um eine Ansammlung von Klerikern, Frauenverächtern und puritanischen Junggesellen. So kann es nicht überraschen, dass es ihnen vor allem in der modernen Zeit gelungen ist, das Vertrauensnetz, durch das die meisten moralischen Akteure miteinander verbunden sind, in den geistigen Hintergrund zu drängen und ihre philosophische Aufmerksamkeit fast ganz auf die kühl-distanzierten Beziehungen zwischen mehr oder weniger freien und gleichen erwachsenen Fremden zu richten, die wir etwa einem Männerclub zuordnen können, in dem es Regeln für die Mitglieder gibt und Regeln, die bestimmen, wie mit denen zu verfahren ist, die sich nicht an die Regeln halten; die Kooperation, die in einem solchen Club gepflegt wird, läuft am Ende darauf hinaus, dass man seine *Times* in Ruhe lesen kann, ohne dass einem jemand auf die gichtigen Zehen trampelt. Explizit angenommene und anerkannte Verpflichtungen gegenüber anderen, die wiederum die gleichen Verpflichtungen haben und auch die gleiche Macht, um Regelverletzungen gerecht zu bestrafen – das gilt als die moralische Norm.

Nichtintime Beziehungen zwischen Gleichen *sind* die moralische Norm für erwachsene Männer, wenn ihr Kontakt zu anderen hauptsächlich geschäftlich ist oder wenn es sich um anderweitig reduzierte Sozialkontakte zu Männern in ähnlicher Lage handelt. Für Liebende aber, für Ehemänner, Väter, Kranke, kleine Kinder und für die Älteren werden andere Beziehungen, mit ihren eigenen moralischen Möglichkeiten und Gefahren, eine viel größere Rolle spielen. Für Hume, der in seinem erwachsenen Leben mit einigen willensstarken und manipulativen Frauen kooperierte und kämpfte, für Mill, der es mit Harriet Taylor zu tun hatte, für Hegel, dessen häusliches Leben von den üblichen Kompliziertheiten geprägt war – für sie alle konnten die Rechte und Pflichten, die Gleiche zu Gleichen in einer bürgerlichen Gesellschaft gegeneinander ausübten, in der zudem nur männliche Wahlbürger anerkannt waren, nicht die ganze moralische Wahrheit sein. Sie konnten das Wohl und Wehe der Familienbeziehungen, der Beziehungen zwischen Männern und Frauen, Herren und Knechten, Vorgesetzten und Untergebenen nicht so leicht übergehen wie Hobbes, Butler, Bentham oder Kant. Und sie konnten auch nicht so leicht die üblichen Kompensationsstrategien derjenigen Moralphilosophen annehmen, die ihre ganze Aufmerksamkeit auf die Rechte und Pflichten richten, die freie und gleiche Erwachsene gegeneinander ausüben – die Strategie nämlich, insistierenden Nachfragen mit der Behauptung entgegenzutreten, dass diese Rechte den *Kern* aller moralischen Beziehungen ausmachen. Dem fügen sie dann vielleicht noch die weitergehende Behauptung hinzu, dass andere Beziehungen, in denen zusätzliche oder andere Rechte und Pflichten entstehen, nur durch das Ausüben einer jener Kernpflichten zustande kommen, nämlich durch das Recht zu versprechen. Philosophen, die sich daran erinnern, wie es war, ein abhängiges Kind zu sein, die wissen, was es heißt, selbst Kinder oder abhängige Eltern zu haben, alte oder behinderte Verwandte, Freunde oder Nachbarn, diese Philosophen werden es unplausibel finden, solche Beziehungen als Fälle der gemeinsamen Mitgliedschaft in einem Reich der Zwecke zu behandeln, da hier temporäre Bedingungen einseitiger Abhängigkeit vorliegen.

In dem Maße, in dem diese Behauptungen richtig sind (mir ist klar, dass sie ausführlicher verteidigt werden müssten, als das hier geschehen kann[18]), können wir relativ leicht erklären, warum die westliche Moralphilosophie die vielfältigen Formen des Vertrauens vernachlässigt hat. Sowohl vor dem Aufstieg der Gesellschaft, in der der Vertrag als ein kommerzielles Mittel nötig wurde, als auch nach diesem Aufstieg, hatten die Frauen der Erwartung nach ihren Männern zu dienen, ihre Kinder aufzuziehen und überhaupt ihre Rolle zu erfüllen; außerdem sollten sie ihre Männer nicht über die wahre Vaterschaft der Kinder täuschen. Was die Männer voneinander erwarteten, bei der Arbeit und im Krieg, setzte diesen Hintergrund des häuslichen Vertrauens schon voraus, also das Vertrauen darauf, dass die Frauen sie nicht nur nicht vergiften (Nietzsche

---

18 Darum habe ich mich in dem Essay »What Do Women Want in a Moral Theory?« bemüht, der in meinem Buch *Moral Prejudices: Essays on Ethics* (Cambridge/Mass. 1994) enthalten ist.

macht sich lustig darüber, dass sie in der Küche nicht so viel gelernt haben, wie möglich gewesen wäre), sondern auch darauf, dass sie Söhne gebären, die den traditionellen männlichen Rollen vertrauen können und denen man in diesen Rollen vertrauen kann, und auch Töchter, die die Fähigkeiten der Mütter zu vertrauen und vertrauenswürdig zu sein, in sich wiederholen. Da die Rolle der Frauen nicht das Verfassen von Abhandlungen zur Moral vorsah, blieben ihre Gedanken über das Vertrauen, erworben durch eigene Erfahrungen, unserer Tradition verschlossen (oder hat Diotima Sokrates außer der Liebe auch etwas über das Vertrauen gelehrt?). Die mächtigen Männer schließlich, zu denen auch die gehören, die die Abhandlungen zur Moral verfasst haben, befanden sich in der merkwürdigen – kollektiv geteilten – moralischen Position, Unterdrücker der Frauen zu sein, Ausbeuter der weiblichen Fähigkeit, in ungleichen, unfreiwilligen und nicht vertraglich geregelten Beziehungen vertrauenswürdig zu sein. Da ist es nur verständlich, dass sie ihre Aufmerksamkeit nicht auf die unterschiedlichen Formen des Vertrauens und die Forderungen nach Vertrauenswürdigkeit gerichtet haben – es musste schon ein Nietzsche kommen, um diese Formen ohne Scham zu erkennen. Die Menschheit hält die Wirklichkeit nur in kleinen Dosen aus.

Die jüngsten Untersuchungen von Carol Gilligan haben uns gezeigt, wie intelligente und reflektierte Frauen im 20. Jahrhundert über die Moral denken und wie unterschiedlich ihr Bild von dem der Männer ist, insbesondere von dem Bild derjenigen Männer, die verbissen den Behauptungen der gegenwärtigen kantischen Orthodoxie im Vertragsdenken der Moraltheorie folgen.[19] Die Frauen können heute ebenso wenig wie zu der Zeit, als sie unterdrückt waren, den Teil der Moral und die Formen des Vertrauens ignorieren, die sich nicht leicht in die liberale und vor allem in die vertragstheoretische Form gießen lassen. Vielleicht gelingt es den Männern, aber die Frauen können die Moral nicht als etwas betrachten, das wesentlich eine Sache minimaler Verkehrsregeln ist, die entworfen werden, um die nahen Begegnungen zwischen autonomen Personen auf solche zu reduzieren, die man selbst gewählt hat. Eine derartige Konzeption setzt sowohl eine Gleichheit der Macht als auch eine natürliche Getrenntheit von den anderen voraus, beides Elemente, die der Erfahrung fremd sind, die Frauen von der Moral und vom Leben haben. Für die, die es in ihrem täglichen Handeln entweder mit weniger mächtigen oder mit

---

19 Carol Gilligan, *Die andere Stimme. Lebenskonflikte und Moral der Frau*, München 1984.

machtvolleren Personen zu tun haben, wird ein moralischer Code, entworfen für ein Gleichgewicht der Macht, bestenfalls nichtfunktional sein, schlimmstenfalls aber wird er einen beleidigenden Anschein von Gleichheit produzieren, der als Substitut ihrer Wirklichkeit fungiert. Dabei ist Gleichheit nicht einmal ein wünschenswertes Ideal für alle Beziehungen – Kinder sind nicht nur, sie sollten auch nicht den Erwachsenen mit gleicher Macht gegenübertreten –, und so brauchen wir eine Moral, die uns im Umgang mit jenen hilft, die entweder nicht die gleiche Macht erlangen können oder sollen (Tiere, Kranke, Sterbende, ganz junge Kinder) wie diejenigen, mit denen sie in unvermeidbaren und oft auch intimen Beziehungen stehen.

Die moderne Moralphilosophie konzentriert sich auf die Moral der kühlen Beziehungen zwischen zwei Seiten, von denen man annimmt, dass sie ungefähr die gleiche Macht haben, um die Regeln zu bestimmen und um Sanktionen gegenüber Regelbrechern zu veranlassen. So kann es nicht überraschen, dass die zentralen Formen des Vertrauens, denen man Aufmerksamkeit widmet, das Vertrauen in die Regierung und das Vertrauen unter Vertragspartnern ist, die beide darauf setzen, dass sie jeweils das tun werden, worauf sie sich geeinigt haben. Man versucht dann, soviel wie möglich in die letztere Kategorie zu stopfen, und schon steht das Bezahlen für das, was wir aus einem Geschäft mitnehmen, das Verrichten der Arbeit, für die wir angestellt worden sind, das Zurückgeben der Sache, die wir geliehen hatten, oder das Unterstützen des Ehepartners – schon stehen alle diese Fälle für eine Treue zu verbindlichen und freiwilligen Vereinbarungen, für eine Treue zu Verträgen irgendeiner Art. (Für Hume wäre keiner dieser Fälle eine Pflicht, die aus einem Vertrag oder einem Versprechen hervorgeht.) Wenn ich aber an das Vertrauen denke, das ich dem Klempner entgegenbringe, der von den städtischen Wasserwerken kommt, nachdem ich ihm mitgeteilt habe, dass meine Rohre verstopft sind, dann ist das nicht gerade ein Vertrauen darauf, dass er seine vertraglichen Pflichten mir gegenüber oder auch seinem Arbeitgeber gegenüber erfüllt. Vertraue ich darauf, dass er das tut, was notwendig ist, um die Rohre zu reinigen, dann setze ich seine Expertise und die Abwesenheit böser Absichten ganz selbstverständlich voraus. Sollte er eine Bombe verstecken, um einem unvermuteten privaten oder sozialen Groll gegen mich Befriedigung zu verschaffen, dann könnte ich ihn (wenn ich überlebe) nicht wegen Vertragsbrüchigkeit verklagen. Der Schaden, wenn es ein Schaden ist, läge nicht im Vertragsbruch, sodass das Vertrauen, das er enttäuscht hat, nicht diese spezielle Form des Vertrauens wäre.

Verträge versetzen uns in die Lage, ganz explizit zu bestimmen, welche Handlungen wir im Gegenzug für welche Leistungen von einer anderen Person erwarten dürfen, und sie geben an, welche Entschädigungen wir von dieser Person erhalten, wenn sie nicht genau das tut, was der Vertrag angibt. Die Schönheit eines Vertrags und eines Versprechens liegt in seiner Ausdrücklichkeit.[20] Wir können aber nur für die Kontingenzen vorsorgende Maßnahmen ergreifen, deren mögliches Auftreten wir vorhersehen. Solange ich nicht Opfer eines terroristischen Klempners werde, werde ich vermutlich nicht – selbst wenn ich auf einem Vertrag bestehe, bevor ich Klempnern Zutritt zu meinen Abflussrohren gewähre – ein feierliches Gelübde von ihm verlangen, in dem er mir verspricht, mich nicht in die Luft zu jagen. Ich werde auch nicht die alternativen Mittel spezifizieren, die er benutzen *darf*, um meine Abflussrohre zu reinigen, denn wenn ich in der Lage wäre, eine solche Liste zu erstellen, wüsste ich im Grunde genug, um selbst eine fähige Klempnerin zu sein. Solche detaillierteren Anweisungen müssen von seinen Vorgesetzten kommen; ich selbst weiß wenig oder gar nichts darüber, wenn ich den Klempner voller Zuversicht in die Innereien meines Kellers geleite. Ich vertraue darauf, dass er ohne subversive Absichten seiner Klempnertätigkeit nachgeht, so wie er darauf vertraut, dass ich ohne subversive Absichten meiner Lehrtätigkeit nachgehe, sollte er seinen Sohn in meinen Kurs über die Geschichte der Ethik schicken. Keiner von uns beiden verlässt sich auf einen Vertrag, und keiner von uns muss etwas von einem Vertrag wissen (oder von dessen Inhalt), den einer von uns beiden mit einer dritten koordinierenden Partei geschlossen hat.

---

20 Norbert Hornstein hat mich auf einen unpublizierten Text des Ökonomen Peter Murrell hingewiesen, »Commitment and Cooperation: A Theory of Contract Applied to Franchising«, in dem Murrell die nichtstandardisierte Natur von Franchiseverträgen hervorhebt, die typischerweise sehr vage Bestimmungen über das enthalten, was vom Franchisenehmer erwartet wird. Dass die Franchisegeber dementsprechend nur selten die Verträge aufkündigen, erklärt Murrell mit der langen Vertragsdauer und mit dem Vorteil auf Seiten der mächtigeren Markeninhaber, die sich des Vertrauens der weniger mächtigen und örtlich zerstreuten Franchisenehmer sicher sein können und außerdem in der Lage sind, eine Qualitätskontrolle der Produkte auf anderem Wege als durch eine strafende Vertragsaufkündigung zu erreichen. In diesem Fall, so sähe ich es jedenfalls gerne, bekräftigt die Ausnahme die Regel, da die nichtstandardisierte Natur dieser nicht-expliziten und vertrauensgestützten Verträge auf die explizite Natur und das minimale Vertrauen verweisen, durch das sich Standardverträge auszeichnen.

So scheint es ganz und gar nicht plausibel zu sein, sobald wir uns reale moralische Beziehungen in all ihrer glänzenden oder traurigen Vielfalt vorstellen, alle diese Beziehungen nur entlang einer einzigen, eher speziellen zu modellieren, nämlich entlang der Beziehung zwischen dem, der ein Versprechen abgibt, und dem, der es entgegennimmt. Wir setzen wegen ganz unterschiedlicher lebenswichtiger Dinge auf ganz unterschiedliche Leute, ohne, explizit oder implizit, mit ihnen oder mit einer dritten koordinierenden Partei einen Vertrag zu schließen. Denn diese Fälle, in denen wir darauf vertrauen, dass die Leute ihre Arbeit gewissenhaft verrichten, ohne die Gelegenheit zu nutzen, uns Schaden zuzufügen, sobald wir etwas von uns Wertgeschätztes in ihre Hände legen, diese Fälle unterscheiden sich zum Teil deswegen von dem Vertrauen darauf, dass jemand sein Versprechen hält, weil sehr unbestimmt bleibt, was genau wir von diesen Leuten erwarten oder auch nicht erwarten. Die Raffinesse und der eigentliche Punkt des Versprechens liegt ja gerade darin, dass genau angegeben wird, *was* man vom anderen erwartet, und wie wir am Beispiel von Shylock und Bassanio sehen können, ist diese Bestimmtheit einerseits die Grenze, andererseits aber auch der Grund für die funktionale Güte einer expliziten Abmachung.

Eine weitere funktionale Güte des Vertrags, die eng verbunden ist mit der Ausdrücklichkeit, durch die ein Vertragsbruch leicht beweisbar ist und durch die sich Schäden oder das Strafmaß auf relativ gerechte Weise feststellen lassen, ist die *Sicherheit*, die er der vertrauenden Partei gewährt. Ein Vertrag versetzt uns nicht nur in die Lage, durch einen Willensakt zu vertrauen, er tut das unter Bedingungen minimaler Verletzbarkeit. Er ist ein Mittel, um anderen mit Blick auf einen gegenseitig profitablen, zukunftsgerichteten Tausch zu vertrauen, ohne die Risiken nach sich zu ziehen, die Vertrauende normalerweise auf sich nehmen. Verträge sollen die Kooperation zwischen beidseitig misstrauischen und risikoscheuen Fremden ermöglichen, und die Verletzbarkeit, die mit ihnen verbunden ist, verhält sich als das andere Extrem zur Verletzbarkeit eines vertrauensvollen Kindes. Verträge sorgen für eine Verteilung und Umverteilung der Risiken, sodass sie für beide Parteien minimal sind, während das Vertrauen auf die mächtigen Personen, die vorgeben, einen zu lieben, das Risiko erhöht, gleichzeitig aber auch das Gut steigert, das man sich durch dieses Vertrauen sichern kann. Das Vertrauen auf die anderen Vertragsparteien ist ein Grenzfall des Vertrauens, bei dem wir weniger Risiken eingehen, um uns Güter zu sichern, die nicht ganz so bedeutend sind.

Versprechen beinhalten aber ein reales Vertrauen in das Wohlwollen des anderen und in einen angemessenen Umgang mit dem Ermessensspielraum. Bei Hume heißt es: »Versprechungen zu halten ist notwendig, damit gegenseitiges Vertrauen und Zuversicht bei den gewöhnlichen Angelegenheiten des Lebens bestehen« können.[21] Das Geben und Halten eines Versprechens ist aber nicht die einzige Leistung, die an dieser Stelle notwendig ist. Shylock hat sich nicht aus einer Vereinbarung herausgestohlen und war trotzdem keine vertrauenswürdige Person. Wer nämlich auf dem Wortlaut einer Vereinbarung beharrt und damit die vagen, allgemein verständlichen, ungeschriebenen Hintergrundbedingungen und Ausnahmeregelungen ignoriert, zeigt nicht jenes Ermessen und jenes Wohlwollen, durch das sich eine vertrauenswürdige Person auszeichnet. Um jemand zu sein, dem ein Versprechen anvertraut wird, muss man nicht in der Lage sein, genau einzuschätzen, wann das Versprechen als eingehalten zu gelten hat, man muss vielmehr wissen, wann man auf dem Einhalten des Versprechens beharren oder wann man eine Strafe für den Bruch eines Versprechens fordern sollte. Will man andererseits selbst Vertrauen für sein Versprechen erhalten, muss man ein Gespür dafür haben, wann das Versprechen einzuhalten ist und wann man es brechen kann. Ich wäre moralisch enttäuscht, wenn jemand, der mir versprochen hat, an meinem Umzug teilzunehmen, kommt und verkündet: »Um herzukommen, musste ich meine plötzlich erkrankte Mutter zurücklassen, die sich nun um sich selbst kümmern muss, aber ich konnte mein Versprechen dir gegenüber einfach nicht brechen.« Von einer solchen Person würde ich kein Versprechen mehr annehmen, da sie sich in den stets relevanten Hinsichten des Urteilsvermögens und der Bereitschaft, den gegebenen Ermessensspielraum angemessen zu nutzen, als nicht vertrauenswürdig erwiesen hat. Versprechen *sind* moralisch interessant, und die Art und Weise, wie man sich als Partner in einem Versprechen verhält, verrät etwas über den moralischen Charakter einer Person, aber das geschieht nicht aus den Gründen, die die Vertragstheoretiker annehmen.

Dass die gegenwärtige Moralphilosophie durch das sogenannte Gefangenendilemma beherrscht wird, ist ein besonders deutlicher Beweis für die Obsession mit moralischen Beziehungen zwischen minimal vertrauenden und minimal vertrauenswürdigen Erwachsenen, die über die gleiche Macht verfügen. So wie das einzige Vertrauen, das der Hobbessche Mensch kennt, das Vertrauen in Versprechen ist – vorausgesetzt, die Stra-

---

21 David Hume, *Ein Traktat über die menschliche Natur*, a.a.O., S. 295 (Band 2, Buch III, Teil 2, Abschnitt 8).

fe für den Bruch des Versprechens ist gewährleistet –, so haben wir es hier mit dem einzigen Vertrauen zu tun, mit dem sich nichttheologische moderne Moralphilosophen überhaupt beschäftigt haben, gerade so, als ob die Loslösung von der degenerierten Form des absoluten und nichtreziproken Gottesvertrauens nun in die gleichermaßen degenerierte Form eines formalen, freiwilligen und reziproken Vertrauens unter Gleichen übergeleitet werden müsste. Aber eine solche Begrenzung des Vertrauens auf ein minimales und gesichertes Vertrauen wird uns nicht gelingen, und wenn wir dennoch glauben, dass das möglich sei, dann nur, weil wir unseren philosophischen Blick von jenen alltäglichen Formen des Vertrauens abwenden, auf die ich hingewiesen habe. Es ist schlicht nicht so, dass die Leute, nach Hobbes, ihre Körper und ihre Besitztümer gegen fremde Eingriffe verbarrikadiert hätten, bevor sie es wagten, sich Schlafen zu legen. Es gab immer noch einige, die weiterhin auf ihren Kutschböcken eingeschlafen sind, die unbewaffnet ins Ausland reisten, die in geschäftlichen Dingen Kredite vergeben haben, die sich darauf verließen, dass andere bei Verabredungen pünktlich kommen würden, die darauf vertrauten, dass die Eltern, die Kinder, die Freunde, die Geliebten die entstandene Intimität nicht dazu nutzten, einen Raub oder einen Anschlag zu begehen. Auch die übliche Palette der bösartigen Formen eines solchen Vertrauens und einer solchen Vertrauenswürdigkeit, sowie der Bedarf nach ihr, gedieh ohne Unterlass. Man vertraute darauf, dass die Sklaven weiterhin für die Sklavenhalter kochen würden; den Frauen, ob mit oder ohne Ehevertrag, vertraute man das Eigentum ihrer Männer an, vertraute ferner darauf, dass sie ihre Männer nicht über die Vaterschaft ihrer Kinder belogen und ihre Söhne zu Patriarchen, ihre Töchter aber zu passenden Ehegattinnen oder zu Mätressen der Patriarchen erzogen. Das Leben lief weiter, aber die Moralphilosophen, zumindest die, die wir als die großen unter ihnen bezeichnen, entschieden sich, ihre Aufmerksamkeit nur einigen wenigen der moralischen Beziehungen zu widmen, die das normale Leben bietet. Sobald Filmer erledigt war, konzentrierten sie sich *nicht* primär auf jene Beziehungen, in denen die beiden Seiten in ungleichem Verhältnis zueinander stehen – die Eltern zu den Kindern, der Ehemann zu seiner Frau, der Erwachsene zu seinen älteren Eltern, der Sklavenhalter zu den Sklaven, der Regierungsbeamte zu den Bürgern, der Arbeitgeber zu den Arbeitnehmern –, sondern auf Beziehungen zwischen mehr oder weniger gleichen Partnern oder zwischen den Partnern, die sich in gewissen Hinsichten als gleich betrachten können.

Natürlich sind solche Beziehungen des gleichen Respekts von großer moralischer Wichtigkeit. Hobbes, Locke, Hume, Kant, Sidgwick, Rawls – sie alle haben uns dabei geholfen, besser zu verstehen, in welchem Verhältnis wir zu anonymen Anderen stehen, die die gleichen Bedürfnisse, die gleiche Macht und die gleichen Fähigkeiten haben wie wir. Man muss die Relevanz dieser Arbeiten für die Moralphilosophie nicht leugnen, wenn man ihre Vollständigkeit in Zweifel zieht. Eine vollständige Moralphilosophie würde uns allerdings verraten, wie wir anderen gegenüber, die zu uns in Beziehungen sich wandelnder und variierender Machtasymmetrien und sich wandelnder und variierender Intimität stehen, wie wir diesen anderen handelnd und empfindend begegnen sollten. Mir scheint, dass wir Philosophinnen und Philosophen diese Aufgabe größtenteils den Priestern und Revolutionären überlassen haben, den selbsternannten Kennern der angemessenen Einstellung also, die die Machtlosen gegenüber den Mächtigen einzunehmen haben. Aber diese Beziehungen der Ungleichheit – und zwar, wie im Verhältnis zwischen Eltern und Kindern, einer unausweichlichen Ungleichheit – machen einen großen Teil unseres Lebens aus; sie bestimmen, im gleichen Maße wie unsere Beziehungen zu denjenigen, die uns gleich sind, den Zustand der moralischen Gesundheit oder Verdorbenheit, mit dem wir uns bescheiden. Ich denke, es ist höchste Zeit, dass wir uns mit der Moral und der Unmoral von Beziehungen zwischen Mächtigen und weniger Mächtigen beschäftigen, besonders mit jenen Beziehungen, in denen es Vertrauen zwischen ihnen gibt.

4. Ein moralischer Vertrauenstest

Die wenigen Diskussionen zum Vertrauen, die ich in der moralphilosophischen Literatur gefunden habe, gehen davon aus, dass Vertrauen ein Gut ist und dass die Enttäuschung eines bewussten Vertrauens prima facie immer schlecht ist, während die Erfüllung des Vertrauens prima facie immer richtig ist. Was aber ist eine durch Vertrauen verbundene Gemeinschaft ohne Gerechtigkeit, wenn nicht eine Gruppe von gegenseitigen Erpressern und Ausbeutern? Wenn eine Vertrauensbeziehung in sich korrupt ist und die Brutalität, Tyrannei oder Ungerechtigkeit fortsetzt, dann kann das Vertrauen eine alberne Selbstgefährdung sein, und das Enttäuschen oder Verraten des Vertrauens, auch des einladend angenommenen Vertrauens, wird dann nicht nur moralisch erlaubt, es wird sogar moralisch lobenswert sein. Frauen, Proletarier und ehemalige Sklaven können die Tugend des wachsamen Misstrauens und der wohlüberlegten Abwesenheit der Vertrauenswürdigkeit nicht außer acht lassen. Nur wenn wir Anlass zu der Annahme hätten, dass die meisten bekannten Typen der Vertrauensbeziehung moralisch intakt sind, müsste der Vertrauensbruch prima facie problematischer sein als etwa das Brechen des Schweigens. Ich wende mich nun der Frage zu, wann eine gegebene Vertrauensbeziehung moralisch anständig ist, sodass es angemessen ist, sie durch Vertrauen und Vertrauenswürdigkeit aufrechtzuerhalten, und wann es ihr an moralischer Anständigkeit gebricht. Was ich in diesem Zusammenhang sagen werde, ist skizzenhaft und übermäßig vereinfacht. Das Vertrauen, das ich auf seine moralische Anständigkeit hin überprüfen möchte, ist das Vertrauen, das ein Ehepartner in den anderen hat, insbesondere mit Blick auf die Sorge um die Kinder.

Als ich weiter oben das kindliche Vertrauen diskutierte, sagte ich, das Kind hätte dann einen Grund, seinen Eltern zu vertrauen, wenn sowohl die Eltern als auch das Kind sich um dasselbe Gut sorgen – das Glück des Kindes –, obgleich das Kind nicht in der Lage sein mag, genauso gut wie seine Eltern zu bestimmen, wie diese Sorge am besten auszusehen hat. Vertraut ein Elternteil, sagen wir, der traditionelle Vater, die Hauptsorge um die Bedürfnisse seines Kindes der ebenso traditionellen Mutter an, dann kann es auch dort eine Übereinstimmung geben, was das Gut angeht, um das sich die Sorge drehen soll, aber auch dort kann umstritten sein, wie diese Sorge auszusehen hat. Der Herr und Meister, der seiner guten Frau, der Mutter, diese Sorge anvertraut, sodass sie über einen Ermessensspielraum verfügt, um je spontan zu entscheiden, was zu tun ist, dieser Herr und Meister wird vernünftig gehandelt haben, wenn der Streit unerheblich bleibt oder wenn er mit guten Gründen annehmen kann, dass seine Frau sich in diesen Dingen besser auskennt als er. Er sollte ihrem Urteil so nachgeben, wie man es dem Kind mit Blick auf die Eltern empfiehlt oder wie ich es meinem Klempner gegenüber tue. Sein Vertrauen ist vernünftig, wenn er davon ausgehen kann, dass der eingeräumte Ermessensspielraum der Sorge um die Güter gilt, die ihm am Herzen liegen, selbst wenn er nicht immer versteht oder akzeptiert, wie er genutzt wird. Sein Vertrauen wäre töricht, wenn er Beweise hätte, dass seine Frau bei ihrer Behandlung des Kindes andere Ziele im Blick hat oder wenn sie gänzlich andere Vorstellungen darüber hat, worin etwa die gesunde Entwicklung des Kindes und die richtige Beziehung zum Vater besteht. Hegt er einmal den Verdacht, dass sie, die Pflegerin seiner Söhne und Töchter, der er Vertrauen entgegenbringt, aus den Töchtern vorsätzlich patriarchatsfeindliche Amazonen macht und aus den Söhnen Verneiner der väterlichen Werte, dann wird er vernünftigerweise sein Vertrauen entziehen und seine Kinder in die Obhut sorgfältig ausgewählter weiblicher Verwandter oder eines Internats geben. Sein Vertrauen wäre zu Recht durch Überzeugungen zerstört, die die Person betreffen, der er sein Vertrauen entgegengebracht hat, und die etwas über die Motive und Absichten verraten, mit denen sie sich um das ihr anvertraute Gut kümmert. Der störende und vertrauenszersetzende Verdacht bestünde nicht notwendigerweise darin, dass sie sich nicht um das Wohl der Kinder sorgt oder dass sie nur ihr eigenes Wohl im Blick hat – er bestünde vielmehr darin, dass das, worum sie sich sorgt, mit dem kollidiert, worum er sich sorgt, und dass sie bereit ist, seine Belange zugunsten der ihrigen und derjenigen der Kinder zu opfern. Das Vertrauen ist dann rational, wenn nichts dafür spricht, in der Person, der Vertrauen entgegengebracht wird, starke und wirksame Motive zu vermuten, die mit der Forderung nach Vertrauenswürdigkeit kollidieren, so wie der Vertrauende diese Forderung versteht.

Aber auch im Falle eines solchen unliebsamen Verdachts kann das Vertrauen überleben, wenn der Vertrauende zuversichtlich sein kann, dass in dem Motivkonflikt, der die Empfängerin des Vertrauens heimsucht, die subversiven Motive gegenüber den konformistischen unterliegen. Muss die Ehefrau finanzielle Not oder sogar den Verlust ihrer Kinder für den Fall befürchten, dass sie das Vertrauen ihres Mannes enttäuscht oder zuviel Misstrauen von seiner Seite auf sich zieht, dann wird sie vernünftigerweise solange die gehorsame Ehefrau bleiben, bis sich ihre Machtposition ändert – vernünftigerweise jedenfalls, wenn man im Blick hat, worum sich ihre Sorge dreht. Der Ehemann dagegen, der sich aufgrund seiner Position sicher sein kann, dass seine Frau durch die Kosten einer verlorenen Vertrauenswürdigkeit abgeschreckt ist, wird, wenn er klug ist, in seinem Vertrauen fortfahren und lediglich seine Wachsamkeit ein wenig verstärken. Es wäre auch nicht richtig zu meinen, er verlasse sich nur auf ihre Furcht, da sich ja, unserer Hypothese nach, ihre Motive in einem Konflikt befinden und sie damit nicht gänzlich ohne Wohlwollen und Sympathie für seine Ziele ist. Kommt er zu dem Schluss, dass sie ihre ehelichen Pflichten *nur* aus Furcht vor Sanktionen einhält, dann hätte sich die Situation verändert: Er würde nicht mehr vertrauen, sondern sich nur noch auf sein stärkeres Drohpotenzial verlassen. In einem solchen Fall müsste er, wenn er nur irgendwie bei Verstand wäre, ihren Ermessensspielraum auf ein absolutes Minimum absenken, da sie diesen Spielraum dazu nutzen könnte, nicht nur die Absichten zu vereiteln, die er seinen Kindern gegenüber hegt, sondern auch dazu, die zwischen ihnen bestehende Machtrelation zu ihren Gunsten zu verändern. Solange er ihr einen Ermessensspielraum einräumt, um sich um das zu kümmern, was er ihr anvertraut hat, muss er ihr vertrauen und sich nicht bloß auf ihre Furcht vor angedrohten Strafen für ein Enttäuschen seiner Erwartungen verlassen.

Die Ehefrau, der er vertraut (und die normalerweise natürlich auch ihrem Mann eine ganze Menge Dinge anvertraut, die ihr am Herzen liegen), versichert sich vernünftigerweise solange seines Vertrauens, wie sie davon ausgeht, dass die Güter, die gefährdet wären, wenn sie sein Vertrauen verlöre, für sie wichtiger sind als die, um die sie sich viel besser kümmern könnte, wenn sie sein Vertrauen bricht oder missbraucht. Zu den Gütern, deren Gedeihen sie verständlicherweise dazu brächten, vertrauenswürdig zu bleiben, könnte etwa die liebevolle Beziehung zwischen ihnen selbst gehören und das damit verbundene wechselseitige Vertrauen, das einen intrinsischen Wert hat, aber auch ihre übereinstimmende Auffassung mit Blick auf das, was gut für ihre Kinder ist; es könnte aber auch sein, dass dazu einige Bestandteile aus diesen Elementen gehören, zu denen dann noch ihre ökonomische Unterstützung oder gar ihre körperliche Sicherheit gehören, die ja beide der Gefährdung durch seine strafenden Wut unterliegen, sollte sie sich eines Vertrauensbruchs schuldig machen. Sie kommt also seinem Vertrauen solange mit guten Gründen entgegen – selbst wenn das Gut, dessen Sorge ihr anvertraut worden ist, ganz eindeutig kein gemeinsames Gut mehr ist –, wie ihr das am Herzen liegt, was durch seinen strafenden Zorn gefährdet werden könnte.

Das Vertrauen kann folglich auch dann vernünftig fortgeführt werden, wenn der Vertrauende und die Empfängerin des Vertrauens sich gegenseitig die Bereitschaft unterstellen, dem anderen Schaden zuzufügen, wenn sie nur beide damit rechnen können, ungescholten davonzukommen (wobei der eine Schaden zufügt durch den Bruch des Vertrauens, der andere aber durch die strafende Reaktion darauf). Die Stabilität der Beziehung wird dann entweder von der Fähigkeit der Vertrauensempfängerin abhängen, ihre Absichten gut zu verdecken, oder von dem starken Drohpotenzial des Vertrauenden oder von einer Mischung aus beidem. Sollte die Vertrauensempfängerin, die nicht vertrauenswürdig ist, nicht nur die Fähigkeit haben, ihre Vertrauensbrüche zu vertuschen, sondern auch die weitergehende Fähigkeit, diese Brüche so zu lenken, dass sie zu einem Anwachsen ihrer Macht und zu einem Anwachsen ihres Vermögens führt, sich vor der versuchten Rache des Vertrauenden zu schützen, dann wird die Beziehung dadurch destabilisiert, was im Übrigen auch der Fall wäre, wenn der Vertrauende die Person, der er vertraut, regelmäßig mit Strafmaßnahmen überziehen würde.

Wo der Vertrauende sich auf sein stärkeres Drohpotenzial verlässt, um die Vertrauensbeziehung am Laufen zu halten, oder wo sich der, dem Vertrauen entgegengebracht wird, auf seine Vertuschungskünste verlässt, da ist die Vertrauensbeziehung moralisch verdorben. Der Vertrauende, der sich teilweise auf seine Peitsche oder auf die Kontrolle über sein Portemonnaie verlässt, mag zwar gute Gründe haben, um weiterhin Vertrauenswürdigkeit zu erwarten, aber er hat nicht notwendigerweise das moralische Recht auf seiner Seite. Das gilt auch für die Person, der Vertrauen entgegengebracht wird, und die sich auch mit guten Gründen darauf verlässt, dass sie durch ihre Verheimlichungskünste der Strafe für ein nicht vorhandenes Vertrauen entgeht – das moralische Recht mag auf ihrer Seite sein, es mag aber auch nicht auf ihrer Seite sein. Ich möchte hier mit aller Vorsicht einen Test für die moralische Anständigkeit einer Vertrauensbeziehung vorschlagen: Eine Vertrauensbeziehung ist moralisch anständig, wenn ihre Fortsetzung nicht auf erfolgreichen Drohungen gegenüber dem Empfänger des Vertrauens beruht oder auf dem erfolgreichen Verheimlichen eines Vertrauensbruchs. Wir könnten diesen Test ausarbeiten und verallgemeinern, um dann eine Art Publizitätstest (expressibility test) zu bekommen, wenn wir festhalten, dass die Kenntnis davon, worauf die jeweils andere Seite sich verlässt, um die Vertrauensbeziehung fortzusetzen, in den obigen Fällen des Verheimlichens und des stärkeren Drohpotenzials die Beziehung destabilisiert. Weiß jemand, dass der andere sich auf ein Verheimlichen verlässt, geschieht das ziemlich automatisch; weiß jemand, dass die andere Seite sich zum Teil auf die eigene Furcht vor Rache verlässt, wird sich die Person, die mit einem normalen Maß an Stolz und Selbstbehauptungswillen ausgestattet ist, aufgefordert fühlen, nach Wegen zu suchen, um ihren Ermessensspielraum so auszubauen, dass sie ihre Verletzbarkeit gegenüber der Bedrohung minimiert. Um es allgemeiner zu formulieren: In dem Maße, in dem das, was den Vertrauenden dazu bringt, die Beziehung fortzusetzen, etwas ist, was genau dann, wenn es dem Vertrauenden bewusst wird, mit großer Wahrscheinlichkeit zu einem (gesteigerten) Missbrauch des Vertrauens und schließlich zu einer Destabilisierung und Zerstörung der Beziehung führt, in dem Maße ist das Vertrauen moralisch verdorben. Wenn die Ehefrau begreift, dass sich ihr Mann, um sich ihre Vertrauenswürdigkeit zu sichern, auf ihre Furcht vor seiner Rache verlässt oder auf ihr dummes Unvermögen, ihre Unterdrückung als solche wahrzunehmen, oder auf ihre unterwürfige Hingabe für ihn, dann sollte dieses Wissen den Beginn der Heilung dieser Schwächen möglich machen und das Verschwinden der Vertrauenswürdigkeit motivieren. Ganz ähnlich verhält es sich mit dem Vertrauenden – bemerkt er, dass sich die, die sein Vertrauen genießt, auf ihre Vertuschungskünste verlässt oder auf ihr Vermögen, ihn durch ihren Charme dazu zu bringen, Vertrauensbrüche zu verzeihen, bemerkt er also, dass sie sich auf seine Blindheit und Leichtgläubigkeit verlässt, dann wird diese Einsicht dazu beitragen, sowohl die Blindheit als auch die Leichtgläubigkeit zu heilen. Eine Vertrauensbeziehung ist in dem Maße moralisch schlecht, wie sich einer der beteiligten Partner auf Eigenschaften im anderen verlässt, die durch das Wissen, dass sich dieser Partner auf sie verlässt, geschwächt würden. Wo sich beide auf die Liebe des anderen verlassen, auf die Sorge um ein gemeinsames Gut oder auf einen Berufsstolz, der nach einem kompetenten Umgang mit der eigenen Verantwortung verlangt, da wird das Wissen darüber, worauf sich der andere verlässt, die Merkmale, auf die man sich verlässt, vermutlich nicht schwächen, sondern stärken. Sie können als das offengelegt werden, worauf sich ein anderer verlässt, und bleiben dennoch in einer Weise am Leben, in der einige Formen der Dummheit, Furcht, Blindheit, Ignoranz oder Gutgläubigkeit normalerweise nicht am Leben bleiben würden. Es gibt andere Zustände des Geistes, deren Sensibilität für ein solches Offenlegen variabler ist: die Gutmütigkeit, die Zurückgezogenheit, die Unaufmerksamkeit, die Großzügigkeit, die Nachsichtigkeit und das sexuelle Gefesseltsein an den anderen Vertrauenspartner – sie alle müssen durch ein Wissen darum, dass andere mit ihrem Vorhandensein rechnen, um eine gewünschte Beziehung aufrechtzuerhalten, nicht geschwächt werden, was besonders dann gilt, wenn sie sich gleichmäßig auf beide Partner verteilen. Aber das Wissen darum, dass andere sich auf meine einseitige Großzügigkeit oder auf meine Gutmütigkeit oder auf meine Nachsichtigkeit verlassen, dieses Wissen kann die Kraft des Negativen besitzen und das Vertrauen zerstören.

Ich gehe davon aus, dass einige Formen des Vertrauens dann den angemessenen und gewünschten Zustand erreicht haben, wenn sie stabil bleiben, während andere nach Wandel und Wachstum verlangen. Die Veränderung einer Vertrauensbeziehung muss nicht mit der Zerstörung der alten und ihrem Ersetzen durch eine neue einhergehen, sondern kann auch in einem kontinuierlichen Wachstum, in kleinen Verschiebungen des Ermessensspielraums, in einem Vermehren oder Ändern der Menge der anvertrauten Güter usw. bestehen. Natürlich mag es einige erlebnissüchtige Personen geben, die einen bestimmten Typ des Vertrauens nur kultivieren, um die Gelegenheit zu dramatischen Erschütterungen dieses Vertrauens zu erhalten. Eine Atmosphäre des Vertrauens ist notwendig für ein aufregendes Erschüttern oder einen spektakulären Transfer des Vertrauens, so wie sie auch für andere von uns geschätzten Güter wichtig ist. Für Personen mit einem solchen Geschmack können unmoralische Formen des Vertrauens denen vorzuziehen sein, die nach meinem Testverfahren moralische Formen sind.

An dieser Stelle ist der Hinweis wichtig, dass mein vorgeschlagener Test für die moralische Anständigkeit des Vertrauens nicht vorschreibt, welche Fälle eines Sich-Verlassens auf die Psychologie eines anderen für diesen anderen akzeptabel sind. Ich bin davon ausgegangen, dass die meisten Leute in den meisten Vertrauenssituationen nicht damit einverstanden sein werden, wenn andere sich auf ihre Furcht, auf ihre Ignoranz oder auf ihr mangelndes Rückgrat verlassen. In manchen Fällen allerdings muss eine gewisse Furcht im Spiel sein – etwa, wenn wir darauf vertrauen, dass die Polizei ihre Arbeit effektiv verrichtet oder dass andere davon Abstand nehmen, offene Verbrechen zu begehen; in diesen Fällen wäre es die Abwesenheit der Furcht und nicht ihre Anwesenheit, durch die das Vertrauen destabilisiert würde. In anderen Fällen – denken wir an das Vertrauen darauf, dass der nationale Geheimdienst und seine Mitarbeiter die nationale Sicherheit überwachen – ist eine gewisse Unkenntnis auf Seiten des Vertrauenden angemessen, und das Vertrauen in die Bereitschaft dieser Mitarbeiter, die ihnen anvertraute Aufgabe zu erfüllen, wird nicht destabilisiert, wenn wir ihre Strategie durchschauen – sich nämlich darauf zu verlassen, dass wir nicht wissen, was sie wissen. Welche Formen des Sich-Verlassens auf einen psychologischen Zustand jemanden beleidigen, das variiert von Kontext zu Kontext, je nachdem, um welche anvertrauten Güter es geht und welche anderen Beziehungen zwischen dem Vertrauenden und dem Empfänger des Vertrauens bestehen. Unterschiede der individuellen Psychologie werden sicherlich auch eine Rolle spielen. Manche reagieren wesentlich toleranter als andere auf ein Ausnutzen ihrer Gutmütigkeit, und zwar nicht nur, weil sie länger brauchen, bis sie überhaupt bemerken, dass sie auf diese Weise zu Opfern werden, sondern auch, weil die Erkenntnis, in einer Vertrauensbeziehung getäuscht, erpresst oder ausgenutzt zu werden, keine große Wut und kein großes Ressentiment in ihnen auslöst. Als ich bei der Formulierung meines moralischen Anständigkeitstests davon sprach, dass das Vertrauen zerstört werden »könne«, setzte ich eine normale Psychologie voraus, in die ein ausreichend kräftiger Streifen des Platonischen *thymos* eingetragen ist. Sollte das nicht so sein, dann könnten alle möglichen schrecklichen Formen des Vertrauens meinen Test bestehen. Ich will allerdings auch nicht behaupten, dass es sich hier um den einzigen Test handelt, sondern nur, dass es ein angemessener Test ist. Dieser Test prüft den Willen und das Wohlwollen des Vertrauenden und desjenigen, der das Vertrauen empfängt, ein Test, der gleichsam schaut, wie wohlwollend sich die beiden vor dem Hintergrund ihres Wissens über die Psychologie des anderen gegenüberstehen.

Man könnte hier einwenden, der von mir vorgeschlagene Publizitätstest impliziere eine Rückkehr zur vertragstheoretischen Haltung, die ich ja bedauert habe.[22] Habe ich am Ende nicht doch zugegeben, dass wir Vertrauensbeziehungen wie hypothetische Verträge behandeln müssen, in denen alle Bedingungen voll ausbuchstabiert sind, um ihren moralischen Status zu bestimmen? Um die Antwort knapp zu halten: Vertragstheoretiker besitzen nicht das Monopol über Publizitätstests. Wie auch immer es sich hiermit verhält, ich habe den Test an einer Stelle angewendet, an der kein Vertragstheoretiker ihn anwenden würde, und ihn dort *nicht* angewendet, wo er ihn anwenden würde. Dort, wo er das Eigeninteresse als Motiv vermutet und wo er explizit macht, welche Güter und Leistungen jede der beteiligten Parteien von der jeweils anderen erwarten kann, da habe ich offen gelassen, welche Motive der Vertrauensgeber und der Vertrauensnehmer haben, um die Beziehung aufrechtzuerhalten, und habe nur vorausgesetzt, dass diese Motive, in dem Maße, wie sie sich auf die Reaktion des anderen verlassen, bestehen bleiben, wenn der andere die Gründe dieses Sich-Verlassen-auf kennt – und ich bin nicht davon ausgegangen, dass explizit ausgesprochen wird, auf welche Dienste oder Leistungen vom anderen man sich verlässt. Der Vetragstheoretiker beschreibt die Explizitheit einer freiwilligen gegenseitigen Bindung und die Dienste, die jeder dem anderen erbringen muss. Ich dagegen habe nicht nur behauptet, dass eine solche Explizitheit in Vertrauensbeziehungen selten ist, ich habe auch behauptet, dass viele Vertrauensbeziehungen unausgesprochen und unfreiwillig anfangen müssen und dass sie ihre moralische und soziale Arbeit nicht leisten könnten, wenn sie sich nur auf Vertragliches beziehen ließen – also auf Dienste, die ziemlich genau ausbuchstabiert werden können. Mein moralischer Test verlangt nicht, dass diese unausgesprochenen Elemente des Vertrauens explizit ausgesprochen werden müssen, sondern eher, dass etwas anderes überlebt, wenn es explizit ausgesprochen wird: nämlich das Sich-Verlassen auf Tatsachen, die diejeni-

---

22 Dieser Einwand wurde von einem Leser der Zeitschrift *Ethics* erhoben.

gen psychologischen Zustände der anderen betreffen, die für ihre Bereitschaft maßgeblich sind, weiterhin Dienste zu leisten oder entgegenzunehmen. Zu diesen Zuständen gehören Liebe, Furcht, Unkenntnis, das Gefühl der Machtlosigkeit, Gutmütigkeit, Unaufmerksamkeit, kurz, Zustände, die man für seine eigenen geheimen Absichten nutzen kann. Es gehört nicht zu Verträgen oder auch zu Gesellschaftsverträgen, genau zu spezifizieren, welche Annahmen jede der beteiligten Parteien gegenüber der je anderen Partei hinsichtlich dieser psychologischen Faktoren zugrundelegen muss. Vielleicht lassen sich einige Einschränkungen, die sich auf Nötigung und Betrug beziehen, mit der Beleidigung verbinden, die grundsätzlich dann gegeben ist, wenn andere sich auf die Unkenntnis, die Furcht oder das Gefühl der Machtlosigkeit einer Person verlassen, eine Möglichkeit, die besonders dann gelten könnte, wenn diese Zustände von demjenigen herbeigeführt werden, der sich auf sie verlässt; aber Verträge formulieren nicht, was genau am geistigen Zustand des anderen es ist, worauf sich beide Parteien jeweils verlassen, um das aus dem Geschäft herauszuholen, was in ihrem Interesse liegt. Was ich als allgemeinen moralischen Test vorgeschlagen habe, ist tatsächlich die Verallgemeinerung eines einzelnen Aspekts der Vertragsmoral, nämlich derjenigen Annahmen, die aus der Begrenzung gültiger Verträge auf solche, die keinen Betrug oder keine Nötigung enthalten, hervorgehen. Während Verträge die Dienste (oder ihre Äquivalente) ausdrücklich benennen, die ausgetauscht werden, lässt sich das explizit gemachte Vertrauen als eine Art Austausch der Reaktionen auf die Motive und Geisteshaltungen des anderen auffassen. Vertragstheoretiker und andere Tauschfetischisten mögen hierin einen geistigen Tausch sehen, wenn ihnen das etwas bringt, aber dieser Tausch ist nicht in der Art freiwillig, in der das von Verträgen gilt, und er setzt auch keine Gleichheit der Bedürfnisse oder der Macht unter den »Tauschpartnern« voraus. Die Beziehung, in der meine Darstellung der Moral des Vertrauens zur typischen Vertragsmoral steht, scheint mir so nah zu sein, wie das nötig ist, und zwar an den richtigen Stellen, sofern, wie ich ja behauptet habe, das Vertrauen in Vertragspartner ein Grenzfall des Vertrauens ist.

Dennoch gibt es zwei Aspekte meines Tests, die mich beunruhigen, da sie anzeigen, dass er eventuell doch nicht ausreichend von vertragstheoretischen Vorurteilen befreit worden ist. Eine Schwierigkeit besteht darin, dass er das *Netzwerk* des Vertrauens ignoriert und nur Vertrauensverhältnisse zwischen zwei Personen abdeckt. Das aber ist ganz unrealistisch, da die Einstellung der einen Person gegenüber der anderen Person in einer Vertrauensbeziehung durch all die anderen Vertrauens- und Misstrauensbeziehungen eingeschränkt wird, in die sie eingebunden ist. Obgleich ich angedeutet habe, dass solche gesellschaftsweiten Phänomene wie das Vertrauensklima in die Möglichkeit individueller Vertrauensbeziehungen hineinspielen, eignet sich mein Test nicht gut, um auf das gesamte Netzwerk angewendet zu werden und muss dementsprechend stückweise eingesetzt werden. Das aber ist ein Defekt, der die gleichen individualistischen Begrenzungen aufweist, die ich im Vertragsdenken gefunden habe. Die andere Sache, die mich beunruhigt, ist, dass sich der Test kaum auf kurze Vertrauensbegegnungen beziehen lässt, wie etwa die Begegnung mit einem anderen Benutzer einer Bibliothek. So wie der Vertragstheoretiker eine Beziehung als Paradigma heranzieht, die durch eine gewisse, aber nicht sehr komplexe zeitliche Tiefe geprägt ist – er gleicht den simultanen Austausch an den verzögerten Leistungsnachweis an, durch den Verträge so nützlich werden, und behandelt ein lebenslanges gegenseitiges Vertrauen als eine Kette gegenseitig verzögerter Leistungsnachweise –, so habe ich den Vertrauensbeziehungen von mittlerer zeitlicher Dauer den Vorzug gegeben und damit weder über kurze Begegnungen noch über generationenübergreifendes Vertrauen viel Hilfreiches gesagt oder auch nur angedeutet. Diese beiden Fehler sind vermutlich miteinander verknüpft. Hätte man einen Test für das gesamte Vertrauensnetzwerk, der alle Abhängigkeiten zwischen den intimen und den unpersönlicheren Formen berücksichtigt und auch die richtigen zeitlichen Dimensionen erfasst, dann fielen einem die Moral kurzer Vertrauensbegegnungen und die Moral generationenübergreifender Begegnungen, die sich sonst nicht treffen, von selbst zu.

Da ich das Problem der moralischen Beurteilung der Vertrauensbeziehungen also übermäßig vereinfacht habe, indem ich meine Aufmerksamkeit den Beziehungen von Person zu Person gewidmet habe, wird meine Darstellung des Vertrauens als einer Akzeptanz des Anvertrauens und meine damit verbundene Ausweitung des Vertrauens von einem zweistelligen zu einem dreistelligen Prädikat gewaltsam und falsch erscheinen. Denn es gibt Leute, denen man absolut nichts anvertrauen würde, und zwar nicht, weil man jedes einzelne Gut, das man diesen Leuten anvertrauen könnte, geprüft hätte, um dann die jeweils erwogene Möglichkeit abzulehnen. Wir müssen dann aber sagen, dass wir ihnen *absolut nichts* anvertrauen werden, es sei denn, wir vertrauen ihnen schon. Ich denke, an diesem Satz ist etwas Wahres, das durch meine Darstellung nicht eingefangen wird. Einigen Feinden (dem Klassenfeind vielleicht?) wird man nicht einmal seine körperliche Sicherheit anvertrauen, wenn man die weiße Flagge hisst, da man es »sicherer« findet, bis zum Tode zu kämpfen. Mit einigen Feinden wird man keinen Vertrag schließen wollen, weil Vertragsverhältnisse eine zu große Intimität besitzen. Wenn das Vertrauensnetzwerk auf systematische Weise ungerecht oder zwanghaft ist, dann kann es sein, dass es unklug wäre, mit Blick auf den Status, den man in diesem Netzwerk innehat, jenen etwas anzuvertrauen, deren Interessen aufgrund ihres Status im Gegensatz zu den eigenen stehen. In den meisten korrupten Systemen dieser Art, wird es nur wenige Gelegenheiten für die derart belagerten Personen geben, ihre Güter vor dem Zugriff ihrer Feinde zu »retten« – meistens haben sie keine Wahl, lassen diese Güter ungeschützt und tun so, als vertrauten sie, obwohl sie ein angemessenes Misstrauen empfinden. Unter solchen Umständen bedarf man wohl der Standhaftigkeit, um Misstrauen zu zeigen, und muss ein Held sein, um das Vertrauen der Mächtigen zu enttäuschen. Eine mutige (wenn auch nicht gerade weise) Abwesenheit der Vertrauenswürdigkeit und eine stoische Verweigerung des Vertrauens mögen dann moralisch lobenswert sein. Da es aber unter normalen Umständen schon solcher heldenhafter Abbrüche eines ererbten Vertrauens bedarf, um sich von jenen zu distanzieren, die durch das System zu Feinden werden, wird mein Test wenigstens solche Abbrüche rechtfertigen können. In einer früheren Fassung dieses Artikels sagte ich, dass das Gespenst des schlichten Vertrauens und des schlichten Misstrauens meine Darstellung des güterrelativen oder des »anspruchsvollen« Vertrauens heimsucht. Jetzt sehe ich genauer, so scheint mir, was dieses Gespenst genau ist und warum seine Heimsuchungen weitergehen werden. Aber es bleibt dabei, solche totalen Interessengegensätze sind selten, sodass ein positiver Aspekt meiner Darstellung in ihrem Vermögen besteht, uns zu zeigen, wie wir einige Hinsichten retten können, in denen wir sogar noch denen vertrauen können, deren Interessen in bestimmten Ausmaßen den unsrigen entgegengesetzt sind.

Gleichwohl, meine Darstellung des Vertrauens und meine teilweise Darstellung der Frage, wann es unmoralisch ist, Vertrauen zu erwarten oder zu erfüllen, muss als ein bloßer Anfang behandelt werden (manche werden darin eine Wiederaufnahme sehen, da es zweifellos andere Bearbeitungen dieses Themas gegeben hat, die meiner Aufmerksamkeit entgangen sind). Vertrauen, so habe ich behauptet, ist das Sich-Verlassen auf die Fähigkeit und Bereitschaft eines anderen, sich um die Dinge zu kümmern – anstatt ihnen Schaden zuzufügen –, die einem wichtig sind und die man der Sorge des anderen anvertraut hat. Der von mir skizzierte moralische Test für solche Vertrauensbeziehungen besteht darin, dass sie am

Leben bleiben, auch wenn die an der Beziehung beteiligten Partner sich vor Augen führen, worauf der eine sich im anderen verlässt, um dessen Vertrauenswürdigkeit oder dessen Vertrauen sicherzustellen. Dieser Test hebt eine bestimmte Form des Vertrauens in spezieller Weise hervor, nämlich ein Vertrauen, das anderen eine Kenntnis davon anvertraut, durch was an ihnen man in die Lage gerät, ihnen so zu vertrauen, wie man ihnen vertraut, oder durch was an ihnen man von ihnen Vertrauenswürdigkeit erwartet. Man könnte den Test so reformulieren: Das Vertrauen ist nur dann moralisch anständig, wenn man einander, zusätzlich zu den sonstigen Dingen, die anvertraut werden, prinzipiell auch das Wissen um die Gründe anvertrauen kann, die beide Partner zuversichtlich davon ausgehen lassen, dass der andere die Beziehung fortführt – da ein solches beidseitiges Wissen selbst ein Gut und keine Bedrohung für andere Güter wäre. In dem Maße, in dem das gegenseitige Sich-Verlassen-auf von einer beidseitigen Kenntnis der Bedingungen dieses Sich-Verlassens-auf begleitet werden kann, in dem Maße ist das Vertrauen über jeden Zweifel erhaben und die Vertrauenswürdigkeit eine unverdächtige Tugend: »Rara temporum felicitas ... quae sentias dicere licet.«[23]

Dieser Artikel hat einen mahnenden Titel, sodass eine letzte Gegenstimme angebracht scheint. Obgleich ich diesen Test für einen angemessenen moralischen Test halte, ist die Entscheidung, ob und wann man ihn auf einen aktuellen Fall des Vertrauens anwendet, eine andere Angelegenheit. In einigen Fällen, wie dem kindlichen Vertrauen und dem Vertrauen der Eltern, die den Test als solche prinzipiell bestehen würden, kann er klarerweise nicht ernsthaft von beiden Seiten auf die Beziehung angewendet werden. Das muss uns nicht über Gebühr beunruhigen. In anderen Fällen aber kann es sehr wohl sein, dass der Versuch, den Test anzuwenden, zu seinem Scheitern beiträgt. Das Vertrauen ist eine empfindliche Pflanze, die eine Untersuchung ihrer Wurzeln möglicherweise auch dann nicht aushält, wenn diese Wurzeln vor der Untersuchung noch ziemlich gesund waren. Obgleich also einige Formen des Vertrauens ein plötzlich eintretendes gegenseitiges Bewusstsein ihrer selbst aushalten könnten, mag es sein, dass sie den schrittweisen und möglicherweise schmerzvollen Pro-

---

23 Hume hat auf die Titelseite seines *Traktats über die menschliche Natur* diesen Spruch von Tacitus gesetzt: »Rara temporum felicitas, ubi sentire, quae velis; et quae sentias, dicere licet« (Seltenes Glück der Zeiten, in denen es erlaubt ist zu meinen, was du willst, und zu sagen, was du meinst).

zess nicht überstehen, in dessen Verlauf ein solches Bewusstsein de facto entsteht. So mag es klüger sein, trotz der Existenz eines akzeptablen Vertrauenstests diesen Test nicht anzuwenden, es sei denn, es liegt schon Misstrauen vor, so wie es klüger sein mag, einem unverdächtigen Vertrauen zu vertrauen. Luhmann schreibt, es sei »ein Stilmerkmal zivilisatorischen Vertrauens, dass es ein Moment der Reflexivität einschließt«.[24] Wer aber seinem Vertrauen und seinem Misstrauen genug vertraut, um solange davon Abstand zu nehmen, einen moralischen Test anzuwenden, bis er durch ein entstandenes Misstrauen dazu veranlasst wird, der setzt in sehr riskanter Weise auf die Gerechtigkeit, wenn nicht gar die »Zivilisiertheit« des Vertrauenssystems, dessen Bewohner er ist. Vielleicht müssen wir im Namen der Gerechtigkeit Abstriche an der Zivilisiertheit machen, es sei denn, wir können nicht nur unserem Vertrauen vertrauen, sondern, wichtiger noch, unserem Misstrauen.

Aus dem Englischen von Martin Hartmann

---

[24] Niklas Luhmann, *Vertrauen*, a.a.O., S. 76.

Vertrauen als geistiges Phänomen

Olli Lagerspetz

> Ist die Flamme nicht rätselhaft, weil sie ungreifbar ist?
> Wohl – aber warum macht sie das rätselhaft?
> Warum soll das Ungreifbare rätselhafter sein als das Greifbare?
> Außer, weil wir es greifen *wollen*. – Wittgenstein[1]

1. Einleitung

Das Vertrauen lässt sich nicht umstandslos den traditionellen Kategorien der Philosophie des Geistes zuordnen. Ebenso wenig wäre es aber angemessen, Vertrauen bloß als Verhaltensweise eines Individuums zu beschreiben. Es sind vermutlich diese Schwierigkeiten, die dazu geführt haben, dass das Vertrauen kein beliebtes Thema der professionellen Philosophie geworden ist. Natürlich ist dies auch ein guter Grund, warum man sich für Vertrauen interessieren *sollte*. Und in der Tat: die Zeiten ändern sich;[2] dennoch herrscht noch immer keine Klarheit darüber, wie sich Vertrauen in eine allgemeine Beschreibung des menschlichen Verhaltens einbetten lässt.

Angenommen, ich finde heraus, dass jemand mein Vertrauen missbraucht hat; sagen wir, meine Frau hat einen Liebhaber gehabt. Man könnte hier die philosophische Frage stellen, worin mein vorheriges Vertrauen

---

[1] Ludwig Wittgenstein, Zettel, in: ders., *Werkausgabe*, Band 8, Frankfurt/M. 1984, S. 296 (§126), Hervorhebung im Original.
[2] Für neuere Diskussionen vgl. Annette Baier, »Vertrauen und seine Grenzen«, in diesem Band; dies., *Moral Prejudices*, Cambridge/Mass. 1994; Judith Baker, »Trust and Rationality«, in: *Pacific Philosophical Quarterly*, 68, 1987, S. 1-13; Bernard Barber, *The Logic and Limits of Trust*, New Brunswick/N.J. 1983; Francis Fukuyama, *Trust: The Social Virtue and the Creation of Prosperity*, New York 1995; Trudy Govier, *Social Trust and Human Communities*, Montreal 1997; Lars Hertzberg, »On the Attitude of Trust«, in: *Inquiry*, 31, 1988, S. 307-322; Martin Hollis, *Trust Within Reason*, Cambridge 1998; Peter Johnson, *Frames of Deceit: A Study of the Loss and the Recovery of Public and Private Trust*, Cambridge 1993; Niklas Luhmann, *Vertrauen. Ein Mechanismus der Reduktion sozialer Komplexität*, Stuttgart 1989; Diego Gambetta (Hg.), *Trust: Making and Breaking Cooperative Relations*, Oxford 1988.

in sie bestanden hatte. Was genau hatte ich einst besessen? Was habe ich nun verloren?

In der Philosophie des Geistes könnte man nun nach einem mentalen Zustand suchen, der sich als Vertrauen identifizieren ließe. Dabei gäbe es jedoch offensichtliche Schwierigkeiten. Die erste Schwierigkeit wäre folgende: Das Vertrauen in meine Frau kann nicht nur durch den (impliziten oder expliziten) *Glauben* charakterisiert werden, dass eine bestimmte Frau keinen Liebhaber hat. Von meiner Nachbarin könnte ich das Gleiche annehmen, ohne dass dies notwendigerweise ein Vertrauen ihr gegenüber implizierte. Es ist sicher wichtig, dass es meine Frau ist, der gegenüber ich diesen Glauben hege; man muss dann aber klären, in welchem relevanten Sinne sie »meine« Frau ist. Die Tatsache, dass sie »*meine* Frau« ist, besteht dabei zum Teil gerade aus einer Voraussetzung wie der, dass sie durch einen Liebhaber mein Vertrauen verletzen könnte. Ich *vertraue* ihr also. Damit habe ich aber einen kompletten Zirkel beschrieben, und die Ausgangsfrage bleibt bestehen.

Vielleicht wird man nun vorschlagen, dass das Vertrauen ein *Gefühl* ist. Es ist jedoch unmöglich, ein genaues Gefühl zu bestimmen, das mit Vertrauen gleichzusetzen wäre. Nehmen wir einmal an, ich hätte meiner Frau seit Jahren vertraut. Vermutlich war ich mir die meiste Zeit über dieses konstanten Gefühls des Vertrauens nicht bewusst. Normalerweise bestimmt sich Vertrauen eher durch die Tatsache, dass keine *anderen* Geisteszustände (wie etwa Misstrauen) auftreten.

Annette Baier gibt in einem ihrer Beiträge zu diesem Thema ein Beispiel dafür, wie sich Vertrauen anfühlt. Vertrauen, sagt sie, »geht einher mit einem bestimmten ›Gefühl‹, das man am ehesten wahrnimmt, wenn es fehlt, beispielsweise wenn man von einer freundlichen und ›sicheren‹ Umgebung in eine angespannte und unsichere zieht.«[3] Auch diese Beschreibung trifft nur das gegenteilige Gefühl und nicht das eigentliche Gefühl des Vertrauens, das wir suchen. Mögliche Kandidaten eines positiven »Vertrauensgefühls« gehen vielleicht in Gefühle wie Liebe, Erleichterung etc. über.

Ich werde zu zeigen versuchen, dass es nicht sonderlich hilfreich ist, Vertrauen als etwas zu bestimmen, das immer dann *in meinem Geiste vorgeht*, wenn ich jemanden vertraue. Dies gilt auch für den Ansatz, diesen Geisteszustand als etwas Unbewusstes oder Unterbewusstes zu beschrei-

---

3 Annette Baier, »Trust and Its Vulnerabilities«, in: dies., *Moral Prejudices*, a.a.O., S. 132.

ben. Deutlich werden diese Verirrungen, wenn man uns etwa sagt, manchmal »*fühlten* wir ... unbewusstes oder unreflektiertes Vertrauen«.[4] Statt dessen möchten ich fragen: Was fangen wir mit dem Begriff des Vertrauens an, was *tun* wir mit ihm? Wie dringt er in zwischenmenschliche Beziehungen ein? Einige der Antworten lassen sich auch auf andere Begriffe übertragen, die in Diskussionen um menschliches Denken und Handeln häufig gebraucht werden.

Meine These wird weiterhin sein, dass sich der Begriff des Vertrauens durch die Asymmetrie zweier Perspektiven bestimmen lässt, die ich, in Ermangelung einer genaueren Beschreibung, die Perspektiven der *ersten* und der *dritten Person* nennen werde.

2. Echte Dauer

Im alltäglichen Sprachgebrauch deckt der Ausdruck »Geisteszustand« Fälle ab, zwischen denen wichtige logische Differenzen bestehen. In seinen *Philosophischen Untersuchungen* nimmt sich Ludwig Wittgenstein einiger solcher Zweideutigkeiten an. Um nur ein Beispiel zu geben: »Wir sagen ›Ich erwarte ihn‹, wenn wir glauben, er werde kommen, sein Kommen uns aber nicht *beschäftigt*. (›Ich erwarte ihn‹ hieße hier ›Ich wäre erstaunt, wenn er nicht käme‹ – und das wird man nicht die Beschreibung eines Seelenzustandes nennen.) Wir sagen aber auch ›Ich erwarte ihn‹, wenn dies heißen soll: Ich harre auf ihn. Wir könnten uns eine Sprache denken, die in diesen Fällen konsequent verschiedene Verben benützt. Und ebenso mehr als ein Verbum dort, wo wir von ›glauben‹, ›hoffen‹, usw. reden. Die Begriffe dieser Sprache wären für ein Verständnis der Psychologie vielleicht geeigneter als die Begriffe unserer Sprache.«[5]

Vielleicht ist mein Warten sehr intensiv. Meine Erwartung erreicht einen Höhepunkt: Alles andere verschwindet; mein Blick ist auf die Tür

---

4 Trudy Govier, »An Epistemology of Trust«, in: *International Journal of Moral and Social Studies*, 8, 1993, S. 155-174, hier S. 156, Hervorhebung von mir.
5 Ludwig Wittgenstein, *Philosophische Untersuchungen*, in: ders., *Werkausgabe*, Band 1, Frankfurt/M. 1984, S. 454 (§577). [Wittgenstein gebraucht hier den Begriff »Seelenzustand«, was in der englischen Ausgabe als »state of mind« übersetzt wird. Dieser Begriff, an den Lagerspetz sich anlehnt, wird im Folgenden wiederum mit »Geisteszustand« rückübersetzt, da der Begriff des »Seelenzustandes« im heutigen Alltagsdeutsch ungewöhnlich ist. Anm. d. Übers.]

oder auf die Uhr gerichtet. Vielleicht ist aber auch das Gegenteil der Fall und meine Erwartung beschränkt sich darauf, dass ich, wenn man mich fragt, sage: »Ich wäre erstaunt, wenn er nicht käme.« Ich plane meine Zeit in einer bestimmten Weise. Ich unterhalte mich sitzend an einem Ort, an dem bald jemand ankommen soll; in diesem Fall besteht meine Erwartung lediglich darin, dass ich dort sitze. Dort zu sitzen ist »Warten« in Anbetracht der gesamten Situation. Meine Erwartung wird durch das Erwartete »bestimmt«. Sie erreicht ihren Höhepunkt beim Eintreffen des Erwarteten: Da kommt er ja! Was ich jetzt beschrieben habe, war natürlich nur eine Anzahl von *Situationen* und nichts, was sich in meinem Geist abspielte.

Wenn mich die Ankunft meines Freundes gedanklich beschäftigt, beinhaltet meine Erwartung das, was Wittgenstein *echte Dauer* nennt.[6] Ein psychologisches Phänomen hat echte Dauer, wenn seine Anwesenheit durch punktuelle Überprüfung nachgewiesen werden könnte oder wenn es theoretisch unterbrochen werden könnte. Dies gilt beispielsweise für Schlaf oder für Schmerz. Für jeden Augenblick lässt sich bestimmen, ob ich schlafe oder nicht und ob ich Schmerz verspüre oder nicht. Es wäre unsinnig zu sagen, dass ich über diese Zustände wie über eine Disposition verfüge. Ihre Dauer könnte mit einer Stoppuhr gemessen werden (zumindest schlägt Wittgenstein dies vor; worauf es ankommt, ist, dass sich von diesen Zuständen sagen lässt, sie beschäftigen mich eine bestimmte Zeit lang).

Das Wissen, eine Fähigkeit oder das Verstehen haben keine echte Dauer.[7] Das Gleiche gilt für Absichten.[8] Wir könnten keine unterbrochene Absicht haben, außer in dem Sinne, dass wir sie haben, sie dann wieder in Frage stellen und so weiter. Die Absicht wird weder durch Schlaf noch durch Ohnmacht unterbrochen. Umgekehrt reicht das, was uns zu einem bestimmten Zeitpunkt beschäftigt, nicht aus, um unabhängig vom Kontext auf eine bestimmte Absicht zu schließen.

Wittgenstein würde nur solche Fälle als »Geisteszustände« bezeichnen, in denen echte Dauer im Spiel ist. Seine Entscheidung ist jedoch in gewis-

---

6 Wittgenstein beschreibt »echte Dauer« in *Zettel*, in: ders., *Werkausgabe*, Band 8, a.a.O., §§ 45, 78, 81. Vgl. dort auch §§ 46-47, 50, 76-78, 82-83, 85.
7 Ebenda, § 82.
8 Ebenda, § 45. »Man kann Einen im Denken stören, – aber im Beabsichtigen? – Im Planen wohl. Auch im Festhalten einer Absicht, nämlich im Denken oder Handeln« (ebenda, S. 278, § 50).

sem Sinne unglücklich.⁹ *Empfindungen* wie etwa Zahnschmerz entsprechen seinen Beschreibungen viel eher als zahlreiche der Phänomene, die wir für gewöhnlich Geisteszustände nennen. Wenn wir hier aber den Terminus »Zustand« gebrauchen wollen, klingt es natürlicher, Zahnschmerz als einen Zustand der Zähne und nicht als einen des Geistes zu bezeichnen. Vielleicht hat Wittgenstein seinen Wortgebrauch zu lange an einer Perspektive orientiert, die er im Grunde zutiefst ablehnte. Dies ist die Annahme, dass psychologische Phänomene aus Prozessen bestehen, die sich im Individuum abspielen. Sie können entdeckt werden, indem man Prozesse im Geist oder im Gehirn beobachtet. *Wenn* man diese Art, über »Geisteszustände« zu reden akzeptiert (wie dies zu großen Teilen in der Psychologie und der Kognitionswissenschaft der Fall ist), *dann* hätte Wittgenstein Recht mit seiner Behauptung, dass die meisten relevanten psychologischen Phänomene überhaupt keine Geisteszustände wären.

Oftmals ist es fruchtbarer, Phänomene wie eine Erwartung – eine Absicht, das Denken, das Hoffen, das Lieben – als Weisen zu betrachten, in denen man mit seiner Situation »umgeht«. Und das kann etwas anderes bedeuten. Zweifelsohne spielen Geisteszustände eine Rolle. Ein Geisteszustand hängt jedoch vom entsprechenden Kontext ab, um zu dem Zustand zu werden, der er ist. »Könnte Einer eine Sekunde lang innige Liebe oder Hoffnung empfinden, – *was immer* dieser Sekunde voranging oder ihr folgt? – Was jetzt geschieht, hat Bedeutung – in dieser Umgebung. Die Umgebung gibt ihm die Wichtigkeit. Und das Wort ›hoffen‹ bezieht sich auf ein Phänomen des menschlichen Lebens. (Ein lächelnder Mund *lächelt* nur in einem menschlichen Gesicht.)«¹⁰

Wenn wir bei jemandem Liebe oder Hoffnung erkennen, so nicht deswegen, weil wir seinen Geisteszustand als einen der Liebe oder der Hoffnung identifiziert hätten.¹¹ Das gilt nicht nur für unseren Blick auf ande-

---

9 Auf diesen Punkt machte mich David Cockburn aufmerksam. Baier hat dies ebenfalls richtigerweise in ihrer Antwort auf mich festgestellt. Vgl. Annette Baier, »Reply to Olli Lagerspetz«, in: Lilli Alanen et al. (Hg.), *Commonality and Particularity in Ethics*, Houndmills 1997.
10 Ludwig Wittgenstein, *Philosophische Untersuchungen*, in: ders., Werkausgabe Band 1, a.a.O., S. 455 (§583), zweite Hervorhebung von mir.
11 Vgl. Jon Elster, *Nuts and Bolts for the Social Sciences*, Cambridge 1989. Elster beschreibt Hoffnung als ein Gefühl, das gewissermaßen parasitär von einem angenehmen Grundgefühl lebt: »Hoffnung ist ein positives Erlebnis, weil sie die Hoffnung auf ein anderes positives Erlebnis darstellt« (S. 62). Elsters psychologische Charakterisierung des Menschen erinnert an diejenige von Hobbes im *Leviathan*.

re, sondern auch für uns selber. Die Liebe und die Hoffnung zeigen sich im Leben eines Menschen, wer immer dieser Mensch auch sein mag: in seiner Beziehung zu anderen, zu seiner eigenen Vergangenheit, Gegenwart und Zukunft; vielleicht im Mut oder in der Bereitschaft, Verpflichtungen einzugehen oder Verantwortung zu übernehmen. Vielleicht zeigen sie sich auch darin, dass er keine Verpflichtungen eingehen will. Auch seine Gefühle haben eine bestimmte Rolle als *Teil* des Ganzen.

Es ist nicht von Bedeutung, ob wir Wittgensteins Sprachgebrauch zustimmen. Was aber wichtig ist, ist die Unterscheidung, die ins Blickfeld gerückt ist, eine Nuance, die verloren geht, wenn man das Wort »Zustand« undifferenziert auf eine ganze Reihe von psychologischen Konzepten legt.[12] Dieser Punkt ist eigentlich recht einfach und muss nicht mystifiziert werden.

Ist also Vertrauen in diesem Sinne ein »Zustand«? Beinhaltet es echte Dauer? Wenn wir anderen vertrauen, scheinen sehr unterschiedliche Geisteszustände im Spiel zu sein; manchmal vielleicht auch überhaupt keine. Wir verfügen über keine unabhängige Beschreibung dessen, was ihr gemeinsames Merkmal sein könnte – außer dass, wenn man so will, alle Vertrauen beinhalten. Zumindest so viel lässt sich sagen: Das Auftreten bestimmter Geisteszustände ist kein allgemeines Kriterium für die korrekte Verwendung des Wortes »Vertrauen«. Deswegen will ich mich lieber einer anderen Fragestellung zuwenden: Wie entstehen Fragen nach dem Vertrauen?

3. Ex Post-Vertrauen

Ich nehme einen Freund über Nacht auf. Er schläft in der Küche – wo die Messer sind! Vertraue ich nun darauf, dass er keines nimmt und mich damit im Schlaf erstickt?

Der Leser wird vielleicht antworten: »Natürlich!«. Es ist jedoch wichtig, dass wir nicht »Natürlich!« antworten, sondern eher: »Was soll das heißen?«, wenn uns die entsprechende Frage in einer alltäglichen Umgebung gestellt wird. Wir wären uns nicht sicher, ob wir die Frage auch wirk-

---

12 Etwa auf »Wissen und Unwissenheit, Intention und Motiv, Erwartung und Fehlen der Erwartung (!), Aufmerksamkeit und Ignoranz, Hoffnung und Bedürfniss« (Annette Baier, »Reply to Olli Lagerspetz«, a.a.O., S. 120).

lich verstanden hätten. Eine Frage kommt nicht einfach dadurch zustande, dass man einen Fragesatz bildet. Mein Gesprächspartner schuldet mir noch eine Erklärung. Stimmt mit meinem Freund etwas nicht, etwas, das ich wissen sollte? Am Ende würde mir die Erklärung mehr über die Person verraten, die die Frage gestellt hat.

Es ist selbstverständlich, dass ich meinen Freund in der Küche übernachten lasse. Ich würde meine Haltung ihm gegenüber in diesem Augenblick aber nicht als eine des Vertrauens bezeichnen. Ich handle, ohne nachzudenken – was nicht heißt, dass ich unüberlegt handle. Es gibt nichts, über das man nachdenken müsste. Das ist unsere normale Verhaltensweise. Bestimmte Verdachtsmomente nicht ernst zu nehmen ist Teil dessen, was wir unter Gesundheit verstehen.[13] Dies ist im Übrigen keine empirische Feststellung, sondern eine Behauptung über das, was es heißt, eine Situation »normal« zu nennen. Natürlich *mis*traue ich meinem Freund auch nicht: Die Frage des Vertrauens *stand schlicht und ergreifend nicht im Raum*.

Sollten wir nun aber nicht sagen, dass ich meinem Freund *zu sehr* vertraue, als dass sich mir solche Fragen überhaupt erst stellen würden? Es wäre irreführend, wenn damit gemeint wäre, ich würde wahrscheinlich einfach nicht *sagen*, dass er mich nicht töten wolle. Wir sind Freunde. Unter normalen Umständen macht es aber keinen Sinn zu sagen, ich würde darauf vertrauen, dass er mich *nicht tötet*. Dies wäre genauso missverständlich wie der Vorschlag, mein Vertrauen sei darauf gerichtet, dass er sich nicht selbst töten werde; oder darauf, dass ich *ihn* nicht töten werde oder etwa mich selbst in einem Anflug von Wahnsinn. Für keine dieser Aussagen existiert ein glaubwürdiger Kontext.

Ich will das Beispiel etwas verändern, um mir den Gedanken anzueignen, ich würde darauf vertrauen, dass mein Gast mich nicht umbringt. Nehmen wir an, der Mann in der Küche ist ein Unbekannter von der Straße. Jetzt könnte ich mich um meine Sicherheit sorgen (auch wenn ich nicht sage, dass dies so sein muss). Vielleicht verdränge ich diese Sorgen. Vielleicht könnte ich sogar sagen, *mein Gast* hätte viel Vertrauen bewiesen, als er die Einladung eines Unbekannten annahm. Gut möglich, dass man mir nun Geschichten von Unbekannten erzählen, die ihre Gastgeber umbringen und mit dem Geld durchbrennen. Vielleicht denke ich an so etwas, entschließe mich aber dann doch, meinem Gast zu *vertrauen*.

---

13 Raimond Gaita, *Good and Evil: An Absolute Conception*, Houndmills 1991, S. 314.

Die Situation ist jetzt eine andere. Die unreflektierte Selbstverständlichkeit ist dahin. Ein neuer Gedanke ist entstanden, neue Fragen haben sich gestellt. Ist es vernünftig, diesem Mann zu vertrauen? Ist er wohlgesonnen? Ist er gesund? Das Wort »Vertrauen« ist nun gefordert. So wird deutlich, dass der Begriff des Vertrauens an vorstellbare Gründe des Misstrauens gekoppelt ist. (Die Frage was »vorstellbar« hier heißt, werde ich später behandeln.) Dies zielt in beide Richtungen. Wer die Möglichkeit eines Verrats in Erwägung zieht, fordert die Frage des Vertrauens heraus. Über Vertrauen zu *sprechen* heißt, die Möglichkeit des Verrats in Erwägung zu ziehen.

Wenn ich meinen Freund zum Übernachten einlade, treffe ich für gewöhnlich keine Sicherheitsvorkehrungen, um ihn daran zu hindern, Wertgegenstände zu entwenden. Man könnte sagen, ich würde der Ehrlichkeit meines Freundes vertrauen. Aber das sollte man meinem Freund besser nicht erzählen, weil er dann ernsthaft beleidigt wäre. Eine solche Beschreibung würde implizieren, dass ernsthafte Zweifel an seiner Ehrlichkeit bestehen könnten.[14]

Mit diesen Beispielen will ich nicht darauf hinaus, dass unser Vertrauen sich in Luft auflöst, wenn es explizit gemacht wird. Meine Thesen sollten mit einer grammatikalischen und nicht mit einer psychologischen Brille gelesen werden. Das *Wort* »Vertrauen« verlangt einen Kontrast.

Ein ähnlicher Hauch von Paradoxie durchzieht Wittgensteins Diskussion der Bedeutung solcher Ausdrücke wie »Ich weiß, ..« oder »Ich bin mir sicher ...«. Wittgenstein, Moore und Malcolm befassten sich mit der Frage, wovon wir mit völliger Sicherheit sagen könnten, dass wir es wüssten.[15] Denken wir an etwas so offensichtlich Wahres, dass wir gar nicht erst auf die Idee kämen, es anzuzweifeln: Was ich an einem klaren Sommertag in ein paar Meter Entfernung vor mir stehen sehe, ist ein Baum. Aber sobald ich sage, dass ich dies weiß oder dass ich mir dessen sicher bin, ist es nur natürlich zu fragen, wie ich dazu komme, dies zu wissen und wie sicher ich mir wirklich sein kann. Die Skepsis hält Einzug. Wir

---

14 Damit entsteht ein Problem für Baiers »Publizitätstest« (in diesem Band, S. 76). Der Test kann nicht auf eine Reihe wichtiger (moralisch akzeptabler) Beziehungen angewendet werden, die wir mit dem Wort »Vertrauen« verbinden können.

15 Vgl. Norman Malcolm, »Wittgenstein and Moore on the Sense of ›I know‹«, in: ders. (Hg.), *Thought and Knowledge*, London 1977; George E. Moore, »A Proof of the External World«, in: *Proceedings of the British Academy*, XXV, 1939; Ludwig Wittgenstein, *Über Gewißheit*, in: ders., *Werkausgabe*, Band 8, a.a.O.; Elizabeth Wolgast, *Paradoxes of Knowledge*, Ithaca 1977.

könnten das Beispiel so zurechtschneiden, dass jeder Zweifel beseitigt wäre; aber dann wäre es sinnlos, *diese* Tatsache als etwas hinzustellen, das ich weiß. Warum »Ich weiß« sagen, anstatt bloß die Fakten zu nennen? Warum überhaupt feststellen, was doch eh offensichtlich ist?

Auch dies war keine Beschreibung dessen, was wahrscheinlich passiert, wenn wir Fragen nach der Gewissheit stellen. Statt dessen machen Ausdrücke wie »Ich weiß...« oder »Ich bin mir sicher...« nur dann einen Sinn, wenn es einen Kontrast gibt. Ich will nicht darauf hinaus, dass wir uns niemals irgendeiner Sache sicher sein können. Unhinterfragte Gewissheit ist stumm; die *Sprache* der Gewissheit gehört aber zu einer Situation, in der unsere Gewissheit in Frage gestellt ist und in der wir sie gegen mögliche Zweifel *verteidigen*.

Wir handeln – und dann geschieht etwas. Plötzlich dämmert es uns, dass wir jemandem die ganze Zeit über vertraut haben. Bei Annette Baier heißt es: »Worum es beim Vertrauen geht, sehen wir erst im Rückblick ein oder nach jemandes Tod, wenn wir durch reale Wunden an unsere Verletzbarkeit gemahnt werden«.[16] Vielleicht hat man uns verraten, vielleicht führt uns aber auch ein ganz unzusammenhängendes Ereignis vor Augen, dass etwas *hätte passieren können*.

4. Die Berufung auf das Unbewusste

Man könnte dieses Argument folgendermaßen verstehen: Vertrauen ist ein Zustand, *in* dem wir uns irgendwie befinden; wir sind uns jedoch die meiste Zeit unseres eigenen Vertrauens nicht bewusst. »Wir bewohnen ein Klima des Vertrauens, so wie wir in der Atmosphäre leben; wir nehmen es wahr wie die Luft, nämlich dann, wenn es knapp wird oder verschmutzt ist.«[17] Baier folgert daraus, »dass Kinder, wenn sie aus dem Mutterleib kommen, mit einem Urvertrauen in all das ausgestattet sind, was ihnen unterstützend entgegenkommt, sodass sie solange nicht ent-

---

16 Annette Baier, »Vertrauen und seine Grenzen«, in diesem Band, S. 44.
17 Ebenda, S. 42. Vgl. auch Niklas Luhmann, »Vertrautheit, Zuversicht, Vertrauen. Probleme und Alternativen«, in diesem Band; siehe auch Niklas Luhmann, *Vertrauen*, a.a.O., S. 17ff. Luhmann gebraucht »Vertrauen« ausschließlich für Fälle, in denen man sich seines eigenes Vertrauens bewusst ist. In den Fällen, in denen man keine ernstlichen Alternativen erwägt, spricht er von »Zuversicht«.

scheiden müssen, diese Haltung beizubehalten, wie nichts geschieht, was diese Zuversicht erschüttern oder zerstören könnte«.[18]

Ihre romantische Beschreibung ist aber irreführend, ebenso wie das entsprechende Bild des Psychoanalytikers Erik H. Erikson. Er geht wie Baier davon aus, dass das menschliche Leben durch ein durchdringendes und allgemeines, wenngleich unbewusstes Vertrauen charakterisiert ist. »Bei der Beschreibung des Wachstums und der Krisen der menschlichen Person als einer Reihe von alternativen Grundhaltungen, wie Vertrauen *versus* Misstrauen, nehmen wir Zuflucht zu dem Begriff ›ein Gefühl von‹, obgleich derartige ›Gefühle‹ (wie etwa ein Gefühl der Gesundheit oder des Wohlseins) Oberfläche und Tiefe durchdringen, Bewusstes und Unbewusstes. Sie sind also gleichzeitig Weisen des *Erfahrens*, die der Introspektion zugänglich sind, Weisen des *Verhaltens*, die von anderen beobachtet werden können und unbewusste *innere Zustände*, die durch Tests und Analyse bestimmbar sind.«[19]

Es scheint so, dass wir die unbewussten inneren Zustände entweder durch die Gedanken und Gefühle des Patienten bestimmen können oder durch sein Verhalten. Die Kriterien für innere Zustände gehen in denen der Erfahrung und des Verhaltens auf. Was ist also die Funktion des inneren Zustandes? Er ist da, weil wohl nur ein *Zustand* das leisten kann, was wir vom Vertrauen verlangen. Sowohl Erikson als auch Baier haben das Bedürfnis, ein unbewiesenes und unbeweisbares »Urvertrauen« zu postulieren. In letzter Konsequenz heißt dies, einen grammatikalischen Punkt mit einer apriorischen Psychologie zu verwechseln. Den Autoren ist klar, dass wir niemals eine Liste all der möglichen Weisen aufstellen könnten, in denen jemand zukünftig unser Vertrauen missbrauchen könnte. Daher gehen sie von einem allgemeinen unbewussten Zustand des Vertrauens aus.

Diese Idee könnte folgendermaßen entstehen: Angenommen, mein Gast entwendet wider Erwarten das Familiensilber. Wir können nun wirklich sagen, dass er mein Vertrauen ausgenutzt hat. Wie genau aber hat sich mein Vertrauen geäussert, *bevor* ich den Diebstahl bemerkte? Zu diesem Zeitpunkt hätte ich nicht *gesagt*, ich würde »darauf Vertrauen, dass er das Silber nicht entwendet«. Angenommen, ich hätte diese Aussage als unsinnig verworfen. Wenn aber Vertrauen heißt, sich in einem bestimmten Zu-

---

18 Annette Baier, »Vertrauen und seine Grenzen«, in diesem Band, S. 59.
19 Erik H. Erikson, *Kindheit und Gesellschaft*, Stuttgart 1971 (vierte Auflage), S. 245, Hervorhebungen im Original.

stand (einer bestimmten Disposition etc.) zu befinden, scheint es so, als ob dieser Zustand unabhängig davon existierte, was danach passiert ist. Das hieße, ich hätte mich über den Zustand *geirrt*, in dem ich mich befand, was doch überraschend wäre, da wir für gewöhnlich annehmen, wir selber seien die besten Experten in Fragen unser eigenen Geisteszustände. Weiterhin scheint es merkwürdigerweise so zu sein, dass ich mir meines Vertrauens um so *weniger* bewusst bin, je stärker es ist.

Die offensichtliche Antwort *scheint* zu sein, dass mein Vertrauen *unbewusst* war. Die grammatikalische Form des Satzes »Ich vertraute N« lenkt vermutlich die Analyse in diese Richtung. Mit einem Verb in der Vergangenheitsform sieht es so aus, als ob eine vergangene Handlung beschrieben werden würde – etwas, was ich damals zusätzlich zu meinem sonstigen Verhalten tat. Irgendwo in meinem Hinterkopf geschah etwas, und das erscheint unvermeidbar, wenn wir die Wahrheit der Aussage »Ich vertraute N« retten wollen.

Aber vielleicht gab es gar keinen Überlegungsprozess, vielleicht habe ich überhaupt nicht an die Vertrauenswürdigkeit meines Gastes gedacht? Ich habe also zu dem entsprechenden Zeitpunkt nicht gedacht, dass er vertrauenswürdig sei. Erst nach dem Ereignis sage ich, ich hätte ihm vertraut. Habe ich ihm also vertraut oder nicht? Es muss doch das eine oder das andere der Fall sein? Hier scheinen sich zwei Beschreibungen gegenüberzustehen wie zwei empirische Theorien. Das Gesetz des ausgeschlossenen Dritten scheint uns eine Entscheidung aufzudrängen. Beide Entscheidungen scheinen jedoch falsch zu sein.

An dieser Stelle ist es hilfreich, sich nach analogen Beispielen umzuschauen. Nehmen wir das *Denken*. Denken ist etwas, von dem wir üblicherweise annehmen, es finde in unserem Kopf statt.

Ich setze mich; plötzlich bricht der Stuhl unter meinem Gewicht zusammen. Jemand sagt: »Er dachte, der Stuhl würde sein Gewicht aushalten.« Das sieht nach einer einfachen Beschreibung dessen aus, was vor dem Zusammenbruch in meinem Kopf vor sich ging. Wäre es aber so, wäre es mit ziemlicher Sicherheit falsch. Wahrscheinlich habe ich mich nicht hingesetzt und mir beispielsweise gesagt »Der Stuhl wird nicht zusammenbrechen.« Das könnte sogar der Grund sein, weswegen ich anfangs nicht vorsichtiger war. Die Frage, ob der Stuhl halten würde oder nicht, hatte sich noch gar nicht gestellt. Sollten wir daher nicht sagen, ich hätte nicht *wirklich* gedacht, dass der Stuhl halten würde? Gleichwohl wirkt es ganz natürlich zu sagen, ich hätte genau das getan. Lassen Sie mich nebenbei erwähnen, dass dar gleiche Konflikt sogar dann entstehen könnte, wenn ich von mir *selbst* sagte, ich »hatte gedacht, dass der Stuhl halten würde«.

An dieser Weggabelung kommt einem die Idee unbewusster geistiger Zustände ganz von selbst in den Sinn. Man könnte meinen, mein Geisteszustand sei im Prinzip der gleiche gewesen wie der, der meinen Satz »Der Stuhl wird halten« begleitet hätte. Nur dass er jetzt *unbewusst* (oder unterbewusst) wäre. An dieser Stelle ist natürlich der einzig mögliche Beweis meines Geisteszustandes die Tatsache, dass ich mich hinsetze. Wir müssten schlussfolgern, dass der gleiche unbewusste Geisteszustand vorhanden ist, unabhängig davon, ob der Stuhl zusammenbricht oder nicht.

Diese Überlegungen führen uns auf einen glatten Abhang (slippery slope). Wir müssen uns selbst und anderen eine unendliche Anzahl der bizarrsten unbewussten Geisteszustände zuschreiben. Das Leben eines jeden beinhaltet Routinen. Zu jedem Zeitpunkt *könnte* irgend etwas schiefgehen, und unser Verhalten ließe sich korrekterweise mit »Er dachte...« beschreiben. Wenn eine Zugschaffner ruft »*Alle* Fahrkarten bitte«, würde ich nicht anfangen, meine Taschen nach Flugtickets oder nach gebrauchten Busfahrscheinen von Swansea nach Cwmrhydyceirw zu durchsuchen. *Dachte* ich also, der Zugschaffner hätte sich nicht auf Flugtickets bezogen? Normalerweise stellt sich diese Frage nicht. Aber im unwahrscheinlichen Fall, dass er fortfahren würde »Ich meinte alle Fahrscheine, die Sie haben, auch gebrauchte Busfahrscheine und Flugtickets« – ja, natürlich würden wir dann sagen, wir dachten, er hätte bloß die Zugfahrscheine gemeint. Habe ich dann im Normalfall auch so gedacht? Mein Geisteszustand war doch wohl der gleiche? Hier ist jede Antwort recht, solange klar ist, dass der Satz »Was ich dachte ...« eine Weise bezeichnet, das Befolgen einer Routine zum Ausdruck zu bringen.

Es ist, als ob mein Gedanke daran, dass der Stuhl mich halten würde, im Denken von nichts bestünde! In gewissem Sinne ist dies paradox – oder *würde* es zumindest sein, wenn man davon ausginge, dass das Wort »Denken« sich immer auf Zustände oder Erscheinungen bezieht, die im Geist stattfinden.[20] Aber mein Verhalten ist, wenn man so will, nicht aus einem Gedanken hervorgegangen; es hat einen Gedanken *ausgedrückt*. Mein Verhalten wird verständlich im Lichte dieses Gedankens.

Es werden hier keine generellen Einwände gegen die Möglichkeit unbewusster Gedanken erhoben. Wenn jedoch jemand im vorliegenden Fall

---

20 Siehe auch Ludwig Wittgenstein, *Bemerkungen über die Philosophie der Psychologie*, in: ders., *Werkausgabe*, Band 7, Frankfurt/M. 1984, §§ 248-258.

vorschlagen würde, dass mein Geisteszustand ein unbewusster gewesen sein muss, so geschähe dies nicht aus jenem Grund, der Freud ursprünglich vom Unbewussten sprechen ließ. Sein Ziel war es, dass ungewöhnliche Verhalten von Patienten zu erklären. Im vorliegenden Beispiel gibt es aber nichts *Bestimmtes*, das dem Beobachter ungewöhnlich erscheinen müsste. Es handelt sich eher um ein allgemeines philosophisches Erstaunen darüber, wie eine bestimmte Gleichförmigkeit im menschlichen Verhalten möglich ist. Ein unbewusster Geisteszustand soll erklären, wie diese Gleichförmigkeit zustande kommt und warum wir in beiden Fällen *berechtigterweise* sagen »Er dachte ...«. Ein grammatikalischer Unterschied zwischen diesen beiden Verwendungsweisen des Wortes tarnt sich als ein Unterschied zwischen verschiedenen Graden des Bewusstseins.[21]

Hier offenbart sich ein Bedürfnis nach etwas Greifbarem, ein Bestreben, das Wittgenstein mit einem grundlegenden philosophischen Glauben oder Wunsch verbindet. Es geht um die Vorstellung, dass Worte nur dann Bedeutung haben können, wenn sie für isoliert wahrnehmbare »Wirklichkeitsklumpen« stehen. Zuletzt hat Daniel Dennett dieser uralten Idee das Wort geredet.[22] Er behauptet, es sei dann und nur dann gerechtfertigt, das menschliche Leben anhand von Intentionen und Überzeugungen zu beschreiben, wenn diese Begriffe mit unabhängig feststellbaren »echten Mustern« der Anordnung physischer Gegenstände übereinstimmen (etwa in neurophysiologischen Prozessen oder in Verhaltensweisen). Wittgenstein weist jedoch zu recht drauf hin, dass unsere psychologische Sprache über eine größere Feinheit verfügt. Wenn mein Stuhl zusammenbricht und jemand anderen meine Gedanken mitteilt, handelt es sich nicht um eine Beschreibung des geistigen Zustandes, in dem ich mich befunden habe. Normalerweise geht es um eine Erklärung oder Rechtfertigung meines Verhaltens; vielleicht auch darum, jemanden zu beschuldigen, den Stuhl nicht repariert zu haben. Damit ist nicht gesagt, es ginge um eine Rationalisierung, die fälschlicherweise meinem vorangegangenen Verhalten angedichtet würde. Es wäre sogar falsch zu sagen, der Ausdruck »Er dachte ...« wäre »streng genommen« metaphorisch. Wir haben es mit zwei verwandten und gleichermaßen wörtlichen Verwendungsweisen dieses Ausdrucks zu tun.

---

21 Vgl. Ludwig Wittgenstein, *Philosophische Untersuchungen*, in: ders., *Werkausgabe*, Band 1, a.a.O., § 149. Siehe auch § 36: »Wo unsere Sprache uns einen Körper vermuten lässt, und kein Körper ist, dort, *möchten* wir sagen, sei ein *Geist*« (S. 259, erste Hervorhebung von mir).
22 Daniel Dennett, »Real Patterns«, in: *Journal of Philosophy*, 88, 1991, S. 27-51.

Eben wegen dieser Wittgensteinschen Überlegungen war es eigentlich irreführend von Wittgenstein, in dem oben zitierten Abschnitt anzunehmen, dass eine Sprache, die zwischen echter Dauer und anderen psychologischen Phänomenen unterscheidet, angemessener wäre als unser gegenwärtiger Sprachgebrauch. Tatsächlich sind diese Unterscheidungen außerhalb eines begrenzten Kontextes – etwa in der Neurologie – für uns nicht von Interesse. Das ist schon an sich ein wichtiger Punkt mit Blick auf das Verhältnis zwischen der Neurologie und unseren Versuchen, die Psychologie des Menschen zu verstehen.

In diesem Abschnitt habe ich vorgeschlagen, Vertrauen, Gewissheit, Gedanken etc. nur mit Vorsicht als »Zustände« zu bezeichnen. Vielleicht sind sie für einen Menschen in dem Sinne »Zustände«, in dem Reichtum oder Armut Zustände sind, in denen sich eine Person befinden kann. Aus dem, was in uns vorgeht, wenn wir einander vertrauen, lässt sich in philosophischer Hinsicht nichts Bedeutendes ableiten.

5. Die Bedeutung der Reflexion

Bislang habe ich nur Beispiele gewählt, in denen ich nicht davon ausgehe, dass die Möglichkeit des Betrugs überhaupt gegeben ist. Wenn sich alles normal verhält, dann handle ich einfach. Diese Abwesenheit der Reflexion charakterisiert den größten Teil unseres Umgangs mit anderen. Wir nehmen ihre Worte und Gesten für bare Münze; ja, wir können diese Dinge nur für »bare Münze« nehmen, weil sich normalerweise gar nicht die Frage stellt, wie wir sie auffassen sollen. Fairerweise sollte jedoch erläutert werden, warum Vertrauen oftmals doch ein wesentlich bewussteres Unterfangen ist.

Allerdings entspringt meine Auszeichnung des unreflektierten Falls nicht bloß einer persönlichen Vorliebe für unreflektiertes Vertrauen. Ich will auch kein Werturteil[23] implizieren oder die relative Häufigkeit der

---

23 Vgl. Annette Baier, »Reply to Olli Lagerspetz«, a.a.O., S. 121. Baiers Einwand gegen mich gleicht Goviers Missverstehen von Hertzberg (Trudy Govier, »An Epistemology of Trust«, a.a.O.). Govier nimmt an, dass Hertzberg eine allgemeine Haltung »schwachen Vertrauens« empfiehlt und führt dies auf seinen nordeuropäischen Hintergrund zurück.

verschiedenen Fälle beurteilen.[24] Ich schlage lediglich vor, dass wir das Paradigma des Vertrauens in jenen Fällen aufsuchen, in denen wir ganz normal und ohne Verdacht vorgehen. Vielleicht hilft eine Analogie weiter. Menschliches Ausdrucksverhalten – wie etwa Lachen oder Weinen – kann entweder spontan geschehen oder aber das Ergebnis bewussten Denkens sein. Man sollte nicht meinen, das letztere sei weniger echt als das erstere. Es wäre ein großer Verlust, wenn es keinen Platz für das wohlplatzierte, ermutigende Lächeln geben würde. Gleichwohl verstehen wir das absichtliche Lächeln vor dem Hintergrund des spontanen Ausdrucks, nicht anders herum.

In der Literatur zum Thema Vertrauen weichen die Überlegungen zumeist von dem hier vorgetragenen Grundgedanken ab. Annette Baier vernachlässigt beispielsweise das Fehlen von Bewusstsein und Reflektiertheit, das Vertrauen oftmals kennzeichnet. Sie räumt solche Fälle zwar ein; problematisch ist aber der Stellenwert, den sie ihnen zuschreibt. Eine direkte Konsequenz der Struktur ihrer Überlegungen ist, dass sie dieses Fehlen von Bewusstsein nur als mehr oder weniger zufällige Tatsache in den Blick bekommt. Mehr noch, sie stellt es sogar als Schwäche dar. Sie verkennt, dass dieses Fehlen von Bewusstsein unseren Begriff des Vertrauens überhaupt erst konstituiert. Es ist nicht so, dass »wir *uns* gelegentlich in Zügen ... in den Schlaf *fallen [lassen]* ..., ohne uns deswegen sonderlich verwegen vorzukommen«;[25] für viele von uns ist es ganz normal, so in den Schlaf zu fallen. Wir machen uns über unsere Mitreisenden keine Gedanken – und eben dies heißt, ihnen zu vertrauen.

Eine Art und Weise, mit diesem Fehlen des Bewusstseins umzugehen, besteht darin, das Vertrauen als eine Zustand zu kennzeichnen, in dem wir weitgehend ohne Bewusstsein unseres Selbst sind.[26] Unabhängig von unserer Einschätzung der zugrundeliegenden Geisteszustände führt die Verwendung von Wörtern wie »unbewusst« oder »ohne Bewusstsein unseres Selbst« die hier angestellten Überlegungen aber schon durch ihr bloßes Eigengewicht in Richtungen, die mir unfruchtbar erscheinen. Das Verhalten eines Menschen, der sich seines Selbst nicht bewusst ist, lässt

---

24 Es ist in der Tat unmöglich, die relative Häufigkeit von bewusstem *versus* unreflektiertem Vertrauen festzustellen. Es ist prinzipiell unmöglich, eine Liste all derjenigen Möglichkeiten anzufertigen, die das Vertrauen einer Person verletzen könnten.
25 Annette Baier, »Vertrauen und seine Grenzen«, in diesem Band, S. 41-42, meine Hervorhebung.
26 Ebenda, S. 44-45.

sich am besten durch die Analogie mit dem entsprechenden bewussten Verhalten erhellen. Wir verstehen »unbewusste Eifersucht« sofort im Hinblick auf die unmittelbar verständliche und alltägliche Idee der (bewussten) Eifersucht.

Baier, deren Behandlung des Themas enorm einflussreich ist, schlägt konsequenterweise vor, dass wir Vertrauen gemäß dem Modell des Anvertrauens analysieren sollen. Ihr zufolge ist es ganz natürlich, ein Verhalten, in dem sich ein Akteur seines Selbst nicht bewusst ist, mit Blick auf die entsprechenden bewussten Aktivitäten zu analysieren. Auf dem Wege der Reflexion erwächst uns ein allmähliches Verständnis des eigentlich unbewussten Vorgehens, das immer schon da war. Genau genommen handelt es sich also nur um eine ausgereifte Variante derselben Sache. »Richtiges Vertrauen« impliziert auf Seiten der vertrauenden Partei Bewusstsein,[27] und zwar ein Bewusstsein »vom Risiko des Vertrauens, das einhergeht mit der Zuversicht, dass es sich um ein vertretbares Risiko handelt«.[28]

Wenn sich jemand eines Risikos bewusst ist, es aber trotzdem eingeht, fragen wir uns natürlicherweise, wie er zu diesem Urteil kommt. Warum sollte sich jemand freiwillig einer Gefahr aussetzen? Ein weiterführender Gedanke hierzu wäre die Frage: *Lohnt* es sich? Baier wählt diesen Weg und schlägt vor, »die verschiedenen Gründe [zu] untersuchen, die uns einerseits dazu bringen, die Nähe derjenigen zu suchen oder zu akzeptieren, die die Macht besitzen, uns zu verletzen, und die andererseits unsere Zuversicht leiten, dass sie diese Macht nicht nutzen werden«.[29] Baier hat ein normatives Interesse; sie will die Kriterien für ein moralisch und rational akzeptables Vertrauen erarbeiten.

Eine Schlussfolgerung könnte nun sein: Wenn wir vertrauen wollen, sollte sich die Summe unserer guten Gründe für dieses Vertrauen proportional zu dem Wert der Sache verhalten, die auf dem Spiel steht. Zu diesen Schluss kommt Trudy Govier, fügt aber hinzu, dass dieses Kalkül »in einigen Fällen« aus »ethischen Erwägungen oder Klugheitsüberlegungen« heraus modifiziert werden sollte, die dieses Kalkül irgendwie überlagern.[30] Vertrauen kann schwach, mäßig oder vollständig sein.[31] So muss etwa eine »Frau, um die Hilfe eines Mannes zu akzeptieren, der ihr dabei helfen will, ihre Pakete über eine vielbefahrene Straße zu tragen, diesem

---

27 Ebenda, S. 44.
28 Ebenda, S. 43.
29 Ebenda, S. 44.
30 Trudy Govier, »An Epistemology of Trust«, a.a.O., S. 167-168.
31 Ebenda, S. 157.

Mann vertrauen; aber dieses Vertrauen kann schwach sein – sofern das Gepäck nicht besondere Wertgegenstände enthält«.[32]

Meines Erachtens ist die Suche nach einer normativen Theorie des Vertrauens an dieser Stelle eine Quelle der Verwirrung. Sie verführt implizit zu der Annahme, dass man sich in ein Verhältnis des Vertrauens oder Misstrauens hineinvernünfteln kann. Da wir aber unsere Annahmen über die relevanten Risiken nicht frei *wählen* können, stößt unser Vermögen, zu entscheiden, ob wir anderen vertrauen oder nicht, an eine grundlegende Grenze. Das Problem ist ein begriffliches und nicht eines der geistigen Beweglichkeit. Vertrauen heißt, bestimmte Möglichkeiten oder Risiken aus unseren Überlegungen zu streichen. Eine Entscheidung zu fällen, heißt hingegen, diese Möglichkeiten und Risiken in seinen Überlegungen zu *berücksichtigen*. Dieses Thema führe ich im nächsten Abschnitt aus.

6. Vertrauen als »akzeptierte Verletzbarkeit«

In einem Artikel, der das Thema zweifellos entscheidend geprägt hat, schlägt Annette Baier eine Definition des Vertrauens vor. Seitdem sind eine ganze Reihe weiterer Autoren und Autorinnen mit ähnlichen Analysen aufgetreten.[33] »Wenn ich einer anderen Person vertraue, dann bin ich von dem Wohlwollen abhängig, das sie mir entgegenbringt. ... Hängt man vom Wohlwollen eines anderen ab, dann ist man notwendigerweise verletzbar mit Blick auf die Grenzen dieses Wohlwollens. Vertraut man anderen, dann räumt man ihnen die Gelegenheit zur Verletzung ein und zeigt sich sogleich zuversichtlich, dass sie diese Gelegenheit nicht nutzen werden. ... In dieser ersten Annäherung steht das Vertrauen also für *die akzeptierte Verletzbarkeit durch die möglichen, aber nicht erwarteten*

---

32 Ebenda, S. 167.
33 Vgl. Niklas Luhmann, »Vertrautheit, Zuversicht, Vertrauen. Probleme und Alternativen«, in diesem Band, S. 147-148; Keith Hart, »Kinship, Contract, and Trust: The Economic Organization of Migrants in an African City Slum«, in: Diego Gambetta (Hg.), *Trust: Making and Breaking Cooperative Relations*, a.a.O., S. 188; Diego Gambetta, »Können wir dem Vertrauen vertrauen?«, in diesem Band, S. 213; Siehe auch Trudy Govier, »An Epistemology of Trust«, a.a.O., S. 157; Peter Johnson, *Frames of Deceit*, a.a.O., S. 15. Govier und Johnson beziehen sich auf Baier und akzeptieren ihre Definition mehr oder weniger ohne Abstriche. Luhmann kommt in dieser Hinsicht Baiers Analyse ebenfalls nahe, vgl. *Vertrauen*, a.a.O., S. 40-43.

schlechten Absichten (oder die Abwesenheit wohlwollender Absichten), deren Ziel man ist.«[34]

Diese Passage wird im Folgenden von der Autorin genauer ausgearbeitet, aber der wesentliche Punkt bleibt: Vertrauen ist akzeptierte Verletzbarkeit. Es beinhaltet das Eingehen eines Risikos. Es heißt Anvertrauen: Wir geben einige Güter, die uns wichtig sind – entweder uns selbst oder Gegenstände oder andere Menschen – in die Hände einer Person, über deren Verhalten wir keine Kontrolle haben. Baiers Definition entwickelte sich schnell zu einem neuen Paradigma. Sie ist aber klarerweise falsch.

Erstens ist das Leben voller Situationen, in denen wir anderen vertrauen, ohne viel oder überhaupt etwas zu riskieren. Wir gehen spazieren und vertrauen Fremden, uns den Weg zu zeigen. Das Risiko ist minimal. Baier würde vielleicht antworten, dass man bei solch einem trivialen oder nicht vorhandenen Risiko auch nicht wirklich von Vertrauen sprechen könne.[35] Die Charakterisierung des Vertrauens als eines eingegangenen Risikos ist jedoch in Fällen problematisch, die nicht einfach als marginal abgetan werden können.

Ein junger Ehemann gibt seiner Frau einen Abschiedskuss. Er verspürt keine Unsicherheit: Er weiß, dass sie ihm treu bleiben wird. Er hat Vertrauen in sie – aber in welchem Sinne ist er nun verwundbar? Welches Risiko geht er ein? Ein Vorschlag: Seine Frau schläft mit jemand anderem. Nehmen wir diesen Fall einmal an. Was heißt es nun zu sagen, dass der junge Ehemann *verletzt* wird? Natürlich könnte seine Frau ihn mit etwas anstecken. Oder sie könnte – um dem Argument einen regelutilitaristischen Dreh zu geben – in die Angewohnheit verfallen, auch bei anderen Gelegenheiten ihre Versprechen zu brechen (Gelegenheiten, die aus einem bestimmten Grunde *wirklich* wichtig wären ...). Aber die bloße Tatsache an sich, dass eine Frau mit einem anderen Mann ins Bett steigt, könnte für den Ehemann bereits einen Vertrauensbruch markieren. Wir ziehen diese Möglichkeit in Betracht, ohne annehmen zu müssen, dass ihre Untreue zu weiteren Verlusten führt. Auf gewisse Weise wird jemand bereits dadurch verletzt, dass er belogen wird, auch wenn ihm die falsche Information zu keinem weiteren Schaden gereicht. Belogen zu werden beinhal-

---

34 Annette Baier, »Vertrauen und seine Grenzen«, in diesem Band, S. 43, Hervorhebung von mir.
35 Johnson sagt (*Frames of Deceit*, a.a.O., S. 90): »Vertrauen setzt den Wert dessen, was anvertraut wird, voraus ..., sonst könnte man kaum sehen, wie überhaupt Vertrauen im Spiel sein soll.«

tet eine Verletzung, die unabhängig von möglichen materiellen Schäden als solche erkannt werden kann. Vielleicht ist nichts weiter verloren gegangen außer der Treue selbst.

Wieso also kommt hier das Wort »Risiko« ins Spiel? Treue ist kein materielles Gut. Man kann sie weder gebrauchen noch verkaufen.

Baier, der ich diesen Einwand vortragen konnte, reagierte durch den Hinweis darauf, dass in diesem Fall das wertvolle »Gut« die Vertrauensbeziehung *selbst* ist. Auf diese Weise verteidigt sie ihre ursprüngliche Behauptung, dass Vertrauen *immer* als das Eingehen eines Risikos im Hinblick auf bestimmte »Güter« definiert werden kann. Ob wir dies nun hilfreich finden oder nicht (ich tue es nicht) – wir sollten doch auf eine wichtige Veränderung hinweisen. Während wir weiterhin von Risiken und Verletzbarkeiten sprechen können, beziehen sich diese Begriffe nun auf eine Ehe und nicht mehr auf unabhängig erkennbare Güter. Es ist nicht mehr so, dass wir zunächst bei einem angestrebten Gut (nicht mit anderen zu schlafen) und dem entsprechenden Risiko des Verlusts dieses Gutes (Ehebruch) beginnen und dann mit der Überlegung fortfahren, wie in diesem Fall das Eingehen eines Risikos aussähe (seinen Ehepartner aus den Augen zu lassen). Der entscheidende Gedankengang verläuft nun anders herum. »Risiko« und »Verletzbarkeit« werden mit Bezug auf den *Betrug* definiert. Das Vertrauen, das diese Beziehung trägt, bestimmt die Bedeutung, die »Risiko« und »Verletzbarkeit« in diesem Kontext haben. Und da eine Definition kein Vorwissen über das zu Definierende voraussetzen sollte, können *diese* Begriffe für eine Definition von »Vertrauen« nicht herangezogen werden.

Der Ansatz, Vertrauen als das Eingehen eines Risikos zu bestimmen, führt noch zu einer weiteren, grundlegenderen Schwierigkeit. Der Vertrauende ist, Baier zufolge, verwundbar durch die *»möglichen, aber nicht erwarteten* schlechten Absichten« dessen, dem vertraut wird. Was heißt hier »nicht erwartet«? Wenn ich jemandem vertraue, muss ich, nach dieser Analyse, die Möglichkeit des Betrugs *gänzlich* ausschließen oder sie für *unwahrscheinlich* halten. Ersteres hieße, einen Betrug für unmöglich zu halten, da er per definitionem ausgeschlossen wird. Bleibt die zweite Alternative: Ich halte einen Betrug zwar für unwahrscheinlich, aber nicht für ausgeschlossen. Ich schreibe ihm eine (geringe) Wahrscheinlichkeit zu.[36] Diese Analyse wird in der Literatur zum Thema zumeist akzeptiert.

---

36 Glauben wir Gambetta, dann ist der Wert $p < 0.50$. Siehe Diego Gambetta, »Können wir dem Vertrauen vertrauen?«, in diesem Band, S. 213.

Vertrauen steht für die Mitte eines Kontinuums von Möglichkeiten, an dessen einem Ende das Wissen steht, am anderen Ende aber das bloße Raten. Dieser Sichtweise zufolge beinhaltet Vertrauen ein Moment der Unsicherheit.[37]

Auf diese Weise wird Vertrauen aber auf eine Art Selbstbetrug reduziert. Wir wissen zwar, dass ein Betrug möglich ist, verhalten uns aber so, als ob er nicht möglich wäre.[38] Vertrauen ist nicht davon zu unterscheiden, sich auf jemanden in riskanter Weise zu verlassen. Vermutlich sollten wir nicht allzu genau damit sein, wo sich das Wort »Vertrauen« berechtigterweise verwenden lässt. Dennoch gibt es wichtige Fälle von Vertrauen, auf die sich dieses Modell nicht anwenden lässt. Wir vertrauen unseren Freunden, aber die Behauptung, wir gingen dabei ein Risiko ein, wäre eine merkwürdige Art, Freundschaft zu beschreiben. – Natürlich ist das Eingehen eines Risikos wichtiges Element einer Freundschaft, und ähnliches gilt für Vertrauen. Wir sollten bereit sein, für die von uns Geliebten Risiken einzugehen und ihnen auch in schweren Zeiten beiseite zu stehen. Das ist aber etwas ganz anderes als zu sagen, dass die Freunde, denen wir vertrauen, selber einen Risikofaktor für unsere Sicherheit darstellen.

Ich habe vorhin absichtlich erwähnt, dass der junge Ehemann »weiß«, dass seine Frau treu bleiben wird. Er geht also *nicht* davon aus, dass sie ihn verlässt. Wenn er uns aber sagen würde, dass er damit ein Risiko einginge, bekämen wir den Eindruck, dass er ihr *misstraut*. Etwas als »*akzeptierte* Verletzbarkeit« zu beschreiben verweist auf das Bewusstsein eines Risikos – aber in diesem Fall gibt es nichts, was der Ehemann »akzeptiert« hätte. Aus seiner Sicht wird die Treue seiner Frau gar nicht erst zum Thema.

Zurück zu meinem vorigen Beispiel: Angenommen, ich vertraue meinem Gast. *Aus eben diesem Grunde* nehme ich meine eigene Situation nicht als gefährlich oder verletzbar wahr. Daher »gehe ich kein Risiko ein«. Ich begebe mich höchstens unwissentlich in Gefahr. Das gilt auch dann, wenn mein Freund mich schließlich mit dem Messer angreift. Sich willentlich einem Risiko auszusetzen, kann alles Mögliche bedeuten, von Mut über Tollkühnheit bis hin zu Neugier – aber nicht Vertrauen. Und hier

---

37 Ebenda. Siehe auch Edwin DuBose, *The Illusion of Trust*, Dordrecht 1995, S. 43; Partha Dasgupta, »Trust as a Commodity«, in: Diego Gambetta (Hg.), *Trust: Making and Breaking Cooperative Relations*, a.a.O., S. 51-52; Keith Hart, »Kinship, Contract, and Trust«, a.a.O., S. 88.

38 So äußert sich auch Gambetta; vgl. »Können wir dem Vertrauen vertrauen?«, in diesem Band, S. 235f.

von einem »unbewussten Eingehen eines Risikos« zu sprechen deutet eher auf geistige Verwirrung hin als auf Vertrauen.

Man könnte nun einwenden, dass meine Beschreibung etwas Offensichtliches auslässt. Es mag ja sein, dass *ich* die Möglichkeit gar nicht erst in Erwägung ziehe, dass mein Freund mich ersticht. Aber sollten wir nicht dennoch einräumen, dass diese Möglichkeit besteht? Zumindest in physischer Hinsicht hätte er die Möglichkeit, sich ein Küchenmesser zu schnappen und – ...

Es ergibt sich die Frage, was es heißt, ein Ereignis als »möglich« zu bezeichnen. Eine sehr grundlegende (Humesche) Perspektive wäre diejenige, all das für möglich zu halten, was »im Prinzip« vorstellbar wäre, wenn es also nicht durch logische Widersprüche ausgeschlossen werden kann. Man nimmt dann an, dass solche (oder andere) Kriterien auf die Szenarien angewendet werden, die einem vorliegen, um sie entweder als mögliche oder aber als unmögliche zu klassifizieren. Insbesondere hieße es, dass dies *ein für alle Mal* und unabhängig vom Kontext geschehen könnte. Es scheint mir jedoch nicht der Fall zu sein, dass sich die Möglichkeiten auf eine solche Weise einzementieren lassen. Nichts ist einfach nur möglich – und Punkt! Es ist zweifelhaft, ob es überhaupt Sinn macht, aus heiterem Himmel von einer »physischen Möglichkeit« zu sprechen. Eine physische Situation existiert oder auch nicht, aber die *Möglichkeit* einer physischen Situation ist nicht selber eine physische Situation.

Eine Möglichkeit anzunehmen heißt, sich eine Veränderung im Rahmen eines Gesamtzusammenhanges vorzustellen, der unverändert bleibt oder nur hinsichtlich bestimmter Aspekte verändert wird. Was uns sinnvollerweise als möglich erscheint, hängt von den anderen Veränderungen des Gesamtzusammenhanges ab, die wir in unsere Überlegungen einbeziehen. Welches Verhältnis zwischen Variablen und Fixpunkten wir aber berücksichtigen *werden,* ist keineswegs festgelegt. Das hängt davon ab, welche Ereignisse wir als vernünftig, akzeptabel oder wünschenswert einschätzen. Kurz, die Idee der Möglichkeit gehört grundsätzlich in den Bereich der *praktischen Vernunft*. Sie spiegelt die Tatsache wider, dass wir bestimmte Hindernisse oder Verbote so sehen, dass sie uns potenziell beim Handeln »im Weg stehen«.

Zurück zu meinem Beispiel. Zu sagen, dem Gast sei es in physischer Hinsicht möglich, mich zu erstechen, beinhaltet die Vermutung, dass er dies wollen könne. Zu sagen, es sei ihm *nicht* möglich, mich zu erstechen, klingt noch seltsamer.[39] Dennoch gibt es unter den professionellen Den-

---

39 Diesen Punkt verdanke ich einer Diskussion mit Ieuan Lloyd.

kern eine Art Standardmeinung, nach der hier nichts seltsam klingen sollte: Wenn etwas der Fall ist, dann ist es auch *a fortiori* möglich.

Eine Frau könnte es für ausgeschlossen halten, dass ihr Mann in eine Vergewaltigung verwickelt ist.[40] Natürlich könnten wir uns den Fall vorstellen, dass ein Mann eine Vergewaltigung begeht und dies vor seiner Frau verheimlicht. Diese spezielle Frau aber hält es nun einmal für unmöglich, dass ihr Mann so etwas tun könne. Bei einer Befragung durch die Polizei würde sie sagen, sie *wisse*, es sei unmöglich. Jemand könnte einwenden, dass sie sich schlicht weigert, alle Möglichkeiten in Betracht zu ziehen. Aus ihrer Sicht gibt es aber keine weiteren Möglichkeiten, die in Betracht zu ziehen sind. Sie könnte ebenso die Möglichkeit in Betracht ziehen, dass *sie* selbst es im Schlaf getan hätte.

Wenn wir sagen, in »physischer Hinsicht« wäre es dem Mann möglich, eine Vergewaltigung zu begehen, meinen wir etwa Folgendes: Das Verbrechen wurde von jemandem begangen; die Schuld des Mannes widerspräche nicht den Zeugenberichten, und er besitzt kein Alibi. Von der Polizei wird erwartet, dass sie alle Möglichkeiten unabhängig von ihrer eigenen Einschätzung bedenkt. Im vorliegenden Fall ergibt sich der Begriff der physischen Möglichkeit durch die Pflicht der Polizei, eine Untersuchung einzuleiten. Die Ehefrau hingegen sieht dort keine Möglichkeit, wo die Polizei eine sehen sollte.

Was ist, wenn sich die Frau täuscht? Was ist, wenn sie sich nicht täuscht? Wir können uns eine Geschichte vorstellen, in der dies *tatsächlich* so ist. Die entgegengesetzte Geschichte könnte aber ebenso plausibel sein. Die Polizei ist möglicherweise verwirrt und weigert sich, weitere unerwartete Möglichkeiten in Erwägung zu ziehen. Aus unserem bisherigen Kenntnisstand lässt sich keine Begründung ableiten, die eine Variante der anderen vorzuziehen. Am Ende mag es sich erweisen, dass eine der beiden Parteien Recht hatte oder auch nicht. Das Risiko aber, einen Fehler zu begehen, ist nicht schon an sich ein Zeichen von Naivität oder von Sorglosigkeit; es gehört zu dem, was wir »ein Urteil fällen« nennen. Keine Beschreibung der Vernunft kann uns vor sämtlichen Fehlern bewahren.

Die beiden genannten Positionen sind sicherlich nicht symmetrisch. Im Gegensatz zur Frau ist die Polizei nicht auf eine bestimmte Sichtweise des Verhaltens des Mannes *festgelegt*. Die Polizei möchte einfach nur eine bestimmte Möglichkeit in Erwägung ziehen. Wir sollten aber nicht davon

---

40 Dieses Beispiel stammt aus einem unveröffentlichten Manuskript von Lars Hertzberg.

ausgehen, dass diese Asymmetrie eine normative Schlussfolgerung rechtfertigt. Allgemein lässt sich sagen, dass wir im Falle eines Zweifels alle vernünftigen Möglichkeiten berücksichtigen und alle unvernünftigen ausschließen sollten. Es liegt jedoch an *unserem* Standpunkt, wie wir die Möglichkeiten sortieren. Es liefe nicht auf geistige Offenheit oder Reife hinaus, darauf zu bestehen, dass es *immer* eine vernünftige Möglichkeit gibt, bloß weil man sich eine Variante vorstellen kann, wo diese »Möglichkeit« realisiert ist. Jede Geschichte eröffnet einige Möglichkeiten und verschließt andere.

Schließlich könnte man einwenden, ich hätte Vertrauen mit Naivität gleichgesetzt oder mit der sturen Weigerung, über Risiken des Betrugs nachzudenken. Was habe ich über diejenigen Fälle zu sagen, in denen ich mir ein Risiko vorstellen kann, nach reiflicher Überlegung aber zu dem Schluss komme, dass mein Freund vertrauenswürdig ist? – Erstens sind die Zuschreibungen von Naivität oder Paranoia selbst umstritten. Sämtliche meiner Handlungen beinhalten die Konzentration auf bestimmte Möglichkeiten und das Vernachlässigen anderer. Dies gilt auch für Szenarien, die jemand anders für betrachtenswert hält. Man kann also immer eine Perspektive konstruieren, aus der ich als bemitleidenswert naiv erscheine.

Weiterhin habe ich bereits gezeigt, wenn man meiner Darstellung folgt, dass wohlüberlegtes Vertrauen nicht als das Eingehen eines Risikos verstanden werden kann. Die Trennlinie verläuft nicht zwischen der Reflexion und dem Fehlen der Reflexion, sondern zwischen Glauben und Nicht-Glauben an das Vorhandensein eines Risikos. Angenommen, ich halte meinen Freund – entweder direkt *oder* nach einigen Überlegungen – für vertrauenswürdig. Ich setze mich dann per definitionem *nicht* freiwillig seinen bösen Absichten aus. Das Wort »freiwillig« würde implizieren, dass ich in Erwartung seiner schlechten Absichten bin. Wie auch immer ich zu meinem Vertrauen gekommen bin – es handelt sich nicht um »akzeptierte Verletzbarkeit«.

7. Asymmetrie

Ich habe zu zeigen versucht, dass Vertrauen in gewissem Sinne nicht etwas ist, das ich *tue*. Es ist weder eine geistige Aktivität (wie etwa ein Gefühl), noch ist es ein Vorhaben (wie etwa das Eingehen eines Risikos). Wir sollten unser Augenmerk eher auf den Gesamtzusammenhang richten. Das Wort »Vertrauen« taucht als Reaktion auf bestimmte Situationen auf, die uns problematisch erscheinen. Man kann sagen, dass ich bei meinen unterschiedlichen Aktivitäten eine Reihe von Dingen als *selbstverständlich* voraussetze. Für gewöhnlich werden diese nicht in Frage gestellt. Unter bestimmten Umständen kann es aber sinnvoll sein, meine Haltung als vertrauensvoll zu charakterisieren.

Wir haben gesehen, dass der Begriff des Vertrauens zumeist durch den *Verrat* zum Leben erweckt wird. Vertrauen heißt aber nicht, Verrat in Erwägung zu ziehen. Aus diesem Grunde benutze ich den Begriff des Vertrauens nicht, wenn ich *mich selbst* beschreibe, auch wenn ein *Beobachter* mich so beschreiben könnte. In anderen Kontexten wäre dies verwirrend. Wir gehen davon aus, dass jeder einzelne selbst am besten in der Lage ist, über seine eigenen Gedanken und Gefühle Auskunft zu geben. Abweichungen hiervon schreiben wir der Unwissenheit des Beobachters oder der Unehrlichkeit des Berichtenden zu. Im Falle des Vertrauens wird eine solche Ungleichheit jedoch toleriert oder sogar erwartet. Durch das, was *ich* sage, wird die Angelegenheit nicht entschieden. Mein Vertrauen zeigt sich oftmals gerade darin, dass ich mir dieses Vertrauens nicht bewusst bin. Andererseits kann man sich fragen, ob überhaupt viel Vertrauen zwischen uns ist, wenn ich mir meines Vertrauens sehr bewusst bin und es dauernd erwähne.

Kurz, unsere Verwendung des Wortes »Vertrauen« toleriert nicht nur eine *Ungleichheit zwischen den Perspektiven der dritten und der ersten Person* (oder des Handelnden und des Betrachters), sondern gründet sogar in ihr. Ähnliches gilt auch für die Art, wie wir etwa über unsere Großzügigkeit, unsere Spontaneität und über viele andere Charaktereigenschaften des Menschen reden. Das Paradigma solcher Beschreibungen sieht so aus: Zwei Menschen unterhalten sich über einen dritten Abwesenden, wobei es von Bedeutung ist, dass die Sprecher eine bestimmte Idee davon haben, wie der Dritte sich selber einschätzt. Ihr Gebrauch dieses Konzepts geht davon aus, dass das, was die beiden sagen, sich von dem unterscheidet, was *der Dritte* sagen würde.

Betrachten wir einen Begriff, der eine Übereinstimmung zwischen den Perspektiven der ersten und der dritten Person unbedingt benötigt: den der *Gerechtigkeit*. Eine Person »gerecht« zu nennen lässt vermuten, dass sie selbst auch genau dies sein will: gerecht. Die Idee der Gerechtigkeit bestimmt ihre Überlegungen ebenso wie unsere; wenn nicht explizit, dann doch zumindest implizit. Es mag unterschiedliche Einschätzungen des

Grades an Gerechtigkeit geben, aber alle Beteiligten denken an Gerechtigkeit. Man geht davon aus, dass unsere Urteile übereinstimmen – wenn nicht, dann gibt es eine echte Meinungsverschiedenheit. Vergleichen wir Gerechtigkeit mit *Unschuld*. Das Verhalten von jemandem als unschuldig zu bezeichnen, macht nur aus einer Beobachterperspektive Sinn, nicht aber als Beschreibung des Handelnden von seinem eigenen Verhalten. Wir können jemanden als »unschuldig« bezeichnen; vielleicht möchten wir so sein wie sie oder er; auf jeden Fall bewundern wir die Tatsache, dass dieser Mensch über sein eigenes Verhalten nicht in solchen Kategorien denkt, im Gegenteil: Wenn er verschiedene Verhaltensweisen nur hinsichtlich der Frage bedenken würde, welche denn die *unschuldigste* wäre, dann hätte er seine Unschuld bereits verloren.

Es stimmt, dass sich »Vertrauen« im Gegensatz zu »Unschuld« auch zur Beschreibung meiner eigenen Haltung verwenden lässt. Mir könnte beispielsweise klar sein, dass jemand anders, der meinen Freund nicht so gut kennt wie ich, vermeintliche Gründe *sieht*, ihm zu Misstrauen. Ich bürge dann für meinen Freund, indem ich sage, ich hätte Vertrauen in ihn. In gewisser Hinsicht schlüpfe ich in diesem Fall in die Rolle eines Beobachters.

Die Unterscheidung zwischen den Perspektiven der ersten und der dritten Person stimmt insgesamt nicht völlig mit unserem üblichen Gebrauch dieser Pronomina überein. Eher spiegelt sie einen Unterschied zwischen einem handelnden Subjekt und einem von anderen beobachteten Objekt wider. Diese Unterscheidung ähnelt derjenigen Kants zwischen dem Menschen als natürlichem Objekt einerseits und als Subjekt mit (freiem) Gebrauch der praktischen Vernunft anderseits.[41] Kant zufolge wäre es durchaus möglich, mein eigenes Leben als eine Reihe kausal bestimmter natürlicher Ereignisse zu beschreiben; jedoch ist dies zumeist meine Sichtweise auf andere Dinge und nicht auf mich selbst. Die Art und Weise wie ich meine praktische Vernunft anwende, muss eine andere sein. Bestimmte Ideen, die in einer deskriptiven Charakterisierung meiner Haltung sinnvoll sind, können nicht die Prämissen meiner praktischen Überlegungen darstellen. Ich kann nicht ernsthaft denken: »Ich bin ein unschuldiger, gedankenloser, jähzorniger oder großzügiger Mensch, und *aus eben die-*

---

41 Vgl. Immanuel Kant, *Kritik der reinen Vernunft*, Akademie-Ausgabe (AA) IV, Berlin 1968, A549-550. Siehe auch Thomas Nagel, »Subjective and Objective«, in: ders., *Mortal Questions*, Cambridge 1991 (dt. »Subjektiv und Objektiv«, in: Thomas Nagel, *Letzte Fragen*, Bodenheim 1996).

sem Grunde sollte ich mein Verhalten nach eben diesen Charaktereigenschaften ausrichten.«[42]

Deswegen hat Kant auch der Gerechtigkeit in seiner Beschreibung der moralischen Reflexion so viel Aufmerksamkeit geschenkt und weniger der Sympathie oder dem Vertrauen. Wenn es darum geht, *vernünftig* darüber nachzudenken, was moralisch geboten ist, dann muss dies anhand von Begriffen geschehen, die als Prämissen in meine praktischen Überlegungen eingehen können.

Vertrauen als bewusstes Unterfangen (wie beispielsweise das Anvertrauen) ist dem unreflektierten Vertrauen logisch nachgeordnet. Normalerweise äußern, bedenken oder planen wir unser Vertrauen nicht. Auch dies ist keine These darüber, was wir gewöhnlich machen. »Vertrauen« wäre etwas anderes, wenn es die Regel wäre, dass die Leute »vertrauensvoll« sind, weil sie es sich bewusst vorgenommen haben. Dies würde eher dem entsprechen, was das Wort in der technischen Sprache der Ökonomie oftmals bedeutet.

Die Inkohärenz von Baiers Behandlung des Vertrauens resultiert aus ihrer fehlenden Unterscheidung zwischen der Perspektiven des Handelnden und der des Beobachters. Man beachte ihren Wechsel des Pronomens in dem von mir diskutierten Zitat: »Wenn *ich* einer anderen Person vertraue ...«; »vertraut *man* anderen, dann räumt man ihnen die Gelegenheit der Verletzung ein.« Baier lässt offen, aus welcher Perspektive sie die Situation diskutiert. Dies gibt dem Vertrauensbegriff einen paradoxen Zug. Baier zufolge weiß der Vertrauende um die Möglichkeit des Verrats, handelt aber so, als ob es sie nicht gäbe. Vertrauen wird somit zu einem mutigen, aber rätselhaften Sprung ins Unbekannte. Die einzige Erklärung, die Baier für unsere grundlegende Bereitschaft, anderen zu vertrauen, angeben kann, ist die, sie für angeboren zu halten. Ansonsten erschiene es ihr als »ein Wunder, dass Vertrauen überhaupt je entsteht«.[43] Statt dessen habe ich vorgeschlagen, dass man ohne Baiers Annahme vertrauensvoller Kleinkinder auskommt. Das hat nichts Geheimnisvolles: Wenn wir jemandem vertrauen, gehen *wir* nicht davon aus, dass wir uns seinen oder ihren bösen Absichten aussetzen.

Wie auch Baier erwähnt, beinhalten Verträge und Versprechen eine weitere Ausdifferenzierung des Vertrauensbegriffs.[44] Die Asymmetrie der Per-

---

42 Andererseits könnte ich auch denken: Im Allgemeinen bin ich vertrauensvoll; aus diesem Grunde sollte ich *jetzt* etwas vorsichtiger sein.
43 Annette Baier, »Vertrauen und seine Grenzen«, in diesem Band, S. 54.
44 Ebenda, S. 68. In Verträgen, so Luhmann,«wird das Vertrauensprinzip juristischgriffig reformuliert und so verselbständigt, dass es weder als Tatbestand noch als Geltungsgrundlage eine Rolle mehr spielt« (*Vertrauen*, a.a.O, S. 36).

spektiven verschwindet hier. Kraft ihrer Explizitheit haben Versprechen und Verträge ein perspektivenunabhängiges Dasein. Selbst wenn die Vertragsparteien unterschiedliche Meinungen über den eingegangenen Vertrag haben, so können sie doch immer auf den expliziten Wortlaut Bezug nehmen.

Können wir uns entscheiden, jemandem zu vertrauen, dem wir Misstrauen? Es gibt innere Wandlungen. Oder wir sind unsicher und entscheiden zugunsten des anderen (das kommt aber noch nicht einem Vertrauen gleich; außerdem scheinen wir selbst in diesem Fall annehmen zu müssen, dass der andere es verdient hat). Wie auch immer, die »Entscheidung zu vertrauen« unterscheidet sich von der Entscheidung, spazieren zu gehen. Wir können die Furcht oder den Zynismus in uns bekämpfen und werden dann vielleicht zu vertrauensvolleren Personen. Dafür müssen wir uns aber *verändern*.

8. Schlussfolgerungen

Um zusammenzufassen: Vertrauen liegt im Auge des Betrachters. Vertrauen ist nicht »da« wie ein neutral erkennbarer Zustand. Aus diesem Grunde war es nicht meine Absicht, im Wettstreit mit Baier oder mit anderen ein als »Vertrauen« bezeichnetes Phänomen zu bestimmen. So oder so entstehen Fragen zum Vertrauen. Das geschieht insbesondere, wenn eine Ungleichheit zwischen zwei Perspektiven vorliegt. Der Beobachter hält mein Verhalten für vertrauensvoll, weil ich dies nicht tue. Er räumt dem Verdacht einen Platz ein, aber dennoch ist dieser Verdacht selber kein Bestandteil des Verhaltens, der Haltung oder des Geisteszustandes, den mein Beobachter in dieser Situation als »Vertrauen« charakterisiert.

Wir können vertrauensvoll sein und wir können sozusagen einfach nur leben – die Unterscheidung zwischen beiden Haltungen liegt nicht darin, Ereignissen verschiedene Wahrscheinlichkeiten zuzuordnen. Nehmen wir noch einmal die verzweifelte Frau, deren Mann der Vergewaltigung beschuldigt wird. Vor diesem Ereignis hätte niemand gesagt, sie »vertraue« darauf, dass ihr Mann solche Dinge nicht tue – sie vertraut genauso wenig darauf, dass ihre Kinder nicht nachts zu ihr kommen, um ihr die Augen auszustechen. Auf einmal ist sie aber mit Menschen konfrontiert, die ihren Mann in einem anderen Licht sehen. An dieser Stelle gewinnt der Vertrauensbegriff an Kontur. Sie vertraut ihrem Mann, wenn die Polizei zu ihr kommt, um sie zu befragen. Auf ähnliche Weise bürge ich angesichts eines aufkommenden

Verdachts für meinen Freund. Ich könnte sagen, dass ich ihm jetzt im Gegensatz zu vorher vertraue, ich könnte ihn aber auch mit anderen vergleichen, denen man nicht vertrauen kann. Von Vertrauen zu sprechen heißt, das Verhalten in einem ganz bestimmten *Licht* zu sehen.

Was für ein Licht? Es sei daran erinnert: »Ich wäre überrascht, wenn er nicht käme.« – Wir sollten uns die Art dieser Überraschtheit anschauen. Im Unterschied zu einer Theorie oder einer Erwartung kann man Vertrauen *brechen*. Der Satz »Ich habe Dir vertraut« kann auf eine Art ermahnen, wie es der Satz »Meiner Theorie zufolge würdest Du ...« prima facie niemals könnte. Ihn zu gebrauchen heißt, sein früheres Verhalten als Ausdruck einer Beziehung zu sehen, die vielleicht zerstört worden ist oder zumindest mit Schwierigkeiten und Versuchungen zu kämpfen hat. Eine zwischenmenschliche Beziehung als vertrauensvoll zu charakterisieren heißt, sie vor dem Hintergrund eines solchen Risikos zu betrachten. Man mag hier durchaus von »Verletzbarkeit« reden wollen, eine Neigung, die auf der verführerischen Kraft jener Idee beruht, nach der Vertrauen heißt, »sich der Macht eines anderen auszusetzen«.

Die Idee des Risikos spielt also doch eine Rolle. Das heißt, sie kommt als *ethische* Kategorie ins Spiel. Baier ist aufgrund ihres theoretischen Ausgangspunkts nicht in der Lage, »Risiko« auf diese Weise zu analysieren. Von Verletzbarkeit zu sprechen könnte eine Weise sein, die Bedeutung des Vertrauens im menschlichen Leben zu betonen. Eine Beziehung als vertrauensvoll zu charakterisieren ist vor allem eine Aufforderung, sie aus einer moralischen Perspektive zu betrachten; man erinnert damit an einen Kontext, in dem Begriffe wie Verrat, Treue oder Gewissenhaftigkeit einen Sinn ergeben. Andererseits gehe ich davon aus, dass eine ganze Reihe moralischer Angelegenheiten ohne Bezug auf die Tatsache, dass menschliches Leben Vertrauen beinhaltet, nicht verstanden werden können.

Philosophen, die sich mit diesem Thema beschäftigen, haben zumeist erkannt, dass das Vertrauen eine moralische Dimension hat. Meistens haben sie diese Verbindung jedoch als eine externe gesehen: Sie ist dem, was »Vertrauen« bedeutet, hinzugefügt, anstatt konstitutiv für Vertrauen zu sein. Die von ihnen gewählten Beispiele stehen einer selbstinteressierten Klugheit nahe, die lediglich durch eine moralische »Beurteilung« gemildert wird.[45] Dieser Ansatz mag in Kontexten wie etwa der Ökonomie

---

45 Knud Løgstrup gehört zu den seltenen Ausnahmen; er hat ein ganzes Buch über das Thema geschrieben (*Die Ethische Forderung*, Tübingen 1959). Ich habe mich mit dem Thema in meinem Buch *Trust: The Tacit Demand* (Dordrecht 1998) beschäftigt.

oder in Teilen der politischen Theorie halbwegs funktionieren, aber sicherlich nicht in so wichtigen Feldern wie der Freundschaft.

Die beiden zentralen Aspekte meines Vortrages – die Unmöglichkeit, einen als »Vertrauen« zu bezeichnenden geistigen Zustand ausfindig zu machen, und die Relevanz der Unterscheidung zwischen zwei Perspektiven des menschlichen Handelns – hängen folgendermaßen zusammen: Die Tatsache, dass ein »geistiger Zustand des Vertrauens« nicht genau bestimmt werden kann, ist die Voraussetzung der Tatsache, dass Vertrauen nur dank der Unterscheidung zwischen der Perspektive eines Handelnden und der eines Beobachters existiert. Anderseits gibt es wegen dieser Abhängigkeit von der Perspektive nichts »Objektives«, das man als »Vertrauen« bezeichnen könnte. Der Handelnde nimmt typischerweise seine Haltung nicht als eine des Vertrauens wahr. Etwas als Vertrauen wahrzunehmen heißt, die Möglichkeit eines Verrats in Erwägung zu ziehen; tatsächlich zu vertrauen heißt aber gerade, von der Möglichkeit eines Verrats abzusehen. Somit fallen meine beiden Thesen zusammen.[46]

Aus dem Englischen von Patrick Neubauer

---

46 Der vorliegende Artikel verdankt den Vorschlägen und Kommentaren von Lars Hertzberg und David Cockburn sehr viel. Ursprünglich geht er zurück auf Olli Lagerspetz; »The Notion of Trust in Philosophical Psychology«, in: Lilli Alanen et al. (Hg.), *Commonality and Particularity in Ethics*, a.a.O. Der frühere Text wurde vollständig revidiert, nicht zuletzt angeregt durch Annette Baiers Antwort im gleichen Sammelband.

Vertrauen als zentraler Moralbegriff?[1]

Harald Köhl

> Dedicated to
> Hannelore Sommer
> and Ernst Tugendhat

Vertrauen hat Konjunktur. Nie war es so wertvoll wie heute. In einer hessischen Gemeinde an der schönen Bergstraße erschießt sich der Leiter des Sozialamtes im Dienstzimmer des Bürgermeisters. Dieser hatte eine »unziemliche Beziehung« (Bill Clinton) zur Ehefrau seines Amtsleiters unterhalten, auch sie eine Mitarbeiterin im Rathaus. Öffentlicher Druck zwingt den Bürgermeister zum Rücktritt. Er hatte nicht nur jeden Respekt, ja sein Gesicht verloren, sondern auch das *Vertrauen* seiner Mitbürger und seiner Mitarbeiter verspielt, welches für die Ausübung eines solchen Amtes erforderlich ist.

Auch mit der Spendenaffäre um den früheren Bundeskanzler Helmut Kohl und seine Partei hat man die Gefahr einer anhaltenden *Vertrauenskrise* verbunden. Dahingeschwunden war nicht nur das Vertrauen in einen bis dahin hochangesehenen »Staatsmann«, der, wie man erkennen musste, Gesetz und Verfassung gebrochen hat. Auch das Vertrauen in dessen Partei, in seine Gefolgsleute und in seinen Nachfolger hatte gelitten, ob deren halbherzigen Versuchen, den Skandal »aufzuklären« und sich von ihrem Vorbild zu lösen. Verfestigt hat sich durch das ganze Ausmaß der »Affäre« das Bild von Politikern als gewohnheitsmäßigen Lügnern, die kein *Vertrauen* verdienen. Da das gesetzeswidrige Finanzgebaren führender Parteifunktionäre mit ihrer Ausübung staatlicher Ämter verflochten war, wurde auch die Erschütterung des *Bürgervertrauens* in die staatlichen Institutionen, ja in das demokratische System befürchtet: zumal in Ostdeutschland, wo der *Vertrauensvorschuss* in die Segnungen des demo-

---

[1] Wertvolle Hinweise für die Überarbeitung einer früheren Fassung dieses Aufsatzes verdanke ich Martin Hartmann und Bernd Meisenbach.

kratischen Kapitalismus schon vor der Spendenaffäre weitgehend aufgezehrt war.²

Annette Baier und ihren philosophischen Helden *David Hume*³ hätte es nicht gewundert, dass man sich, in beiden beschriebenen Fällen, die Behebung der Krise von der *vertrauensstiftenden* Kraft einer Frau erhofft hat. Die mütterlich wirkende Lehrerin, die von der Partei des abgestürzten Bürgermeisters erfolgreich ins Rennen um dessen Nachfolge geschickt wurde, warb nicht zufällig für eine neue »*Kultur des Vertrauens*«. In der Partei des Patriarchen traute man den ersehnten Neubeginn und die Schaffung »*neuen Vertrauens*« nur einer Frau aus dem Osten zu, also einer *Vertrauensperson* mit gleich zwei Stigmata, die in der Vertrauenskrise offenbar zu Tugenden werden können.

Das bis hierher ausschnittsweise vorgeführte *Sprachspiel des Vertrauens* erinnert an das Unbestreitbare. Vertrauen ist eine wichtige zwischenmenschliche, psychische, soziale, politische und sogar ökonomische⁴ Qualität. Für rein alles, was Menschen am Herzen liegt, ist Vertrauen die Atmosphäre, in der es allein gedeiht.⁵ Menschliches Leben ist, wenn es nicht von Vertrauen getragen ist, schwer zu ertragen und kaum zu meistern. Man wird auch nicht bezweifeln, dass es sich beim Vertrauen um eine *moralische* Qualität handelt. Dies zeigte sich wiederum eindrücklich in der in Erinnerung gerufenen Parteispendenaffäre. Mit routinierter »Falschheit« versuchten die ertappten Politiker ihre Verfehlungen in einer moralisch neutralen Sprache zu »entschuldigen«: als »handwerkliche Fehler« oder als »Dummheiten«. In offenbarer Unkenntnis anderer Kate-

---

2 Wird man darauf »vertrauen« dürfen, dass beim Erscheinen dieses Aufsatzes, der mitten in der beschriebenen Staatskrise geschrieben wurde, noch eine Erinnerung an jene Spendenaffäre besteht?

3 Baiers Kompliment zufolge ist Hume »der Moralphilosoph für die Frau«. Vgl. Annette Baier, »Hume, the Women's Moral Theorist?«, in: dies., *Moral Prejudices: Essays on Ethics*, Cambridge/Mass. 1994. Übersetzungen aus Baiers Arbeiten (mit Ausnahme von »Trust and Antitrust«): HK.

4 »Elster und Moene geben zu, dass ›ein gewisses Maß an Vertrauen in jedem komplexen Wirtschaftssystem vorhanden sein muss.‹ Auch die am stärksten konkurrenzstimulierenden Systeme beruhen auf einem gewissen Vertrauen in Verträge, die am stärksten kontrollierten Wirtschaftsordnungen beruhen auf einem gewissen Vertrauen in jene, welche die Kontrollen durchführen.« Vgl. Annette Baier, »Trust-ing People«, in dies., *Moral Prejudices*, a.a.O., S.185. – Baier bezieht sich dabei auf Jon Elster & Karl Ove Moene (Hg.), *Alternatives to Capitalism*, New York 1988, Einleitung.

5 Vgl. Sissela Bok, *Lying*, New York 1978, S.31, Fn.

gorien als denen des Rechts und der Cleverness verfehlten sie gar zu offenkundig die Dimension – die *moralische* Dimension –, in der sie Vertrauen zerstört haben und in der allein Vertrauen wiederzugewinnen gewesen wäre.

Dass es sich beim »Vertrauen« auch und vielleicht zuvörderst um einen *moralischen* Begriff, ja um einen *wichtigen* Moralbegriff handelt, ist demnach klar. Ob »Vertrauen« aber auch ein wichtiger moral*philosophischer* Begriff ist, steht erst neuerdings zur Debatte. *Kant* zum Beispiel wäre darüber bass erstaunt gewesen. Der Begriff des »Vertrauens« ist ihm keine besondere Beachtung und keine moralphilosophische Betrachtung wert gewesen.[6] Vor allem die Arbeiten von *Annette Baier* haben aber inzwischen der Idee einer »Vertrauens*ethik*« eine philosophische Vertrauensbasis verschafft. *Richard Rorty*, der es in der Ethik ganz generell lieber mit *Hume* als mit Kant hält,[7] erklärt die Hume-begeisterte Baier deshalb zur »besten Ratgeberin« unter den zeitgenössischen Moralphilosophen.[8] Er preist sie dafür, den Begriff eines »angemessenen Vertrauens« als »*fundamentalen*«[9] oder »*zentralen*«[10] moralischen Begriff ausgerufen zu haben. Der Vertrauensbegriff ist demnach für Baier nicht nur ein wichtiger, sondern *der* moralische Begriff, der ins Zentrum der Ethik gestellt gehört. Vertrauen ist für Baier das »zentrale Problem«, dem eine Moraltheorie auf jeden Fall Rechnung zu tragen habe.[11] Sie möchte »plausibel machen, dass der vernachlässigte Begriff angemessenen Vertrauens sich gut dazu eignet,

---

6 Vgl. dazu unten die Fn. 50.
7 Vgl. Richard Rorty, »Ethics Without Principles« (= EWP), in: ders., *Philosophy and Social Hope*, London 1999, S. 87. Dieser Text entspricht der dritten von Rortys Wiener IWM-Vorlesungen von 1993, »Hope in Place of Knowledge: A Version of Pragmatism« (dt. *Hoffnung statt Erkenntnis*, Wien 1994). – Neuübersetzung der Zitate aus EWP: HK.
8 Vgl. Richard Rorty, »Human Rights, Rationality, and Sentimentality«, in: ders., *Truth and Progress*, Cambridge 1998, S.180; dt. »Menschenrechte, Rationalität und Gefühl«, in: Stephen Shute & Susan Hurley (Hg.), *Die Idee der Menschenrechte*, Frankfurt/M. 1996, S. 161.
9 Ebenda, S.181; dt. S. 180.
10 Vgl. Richard Rorty, »Sind Aussagen universelle Geltungsansprüche?«, in: *Deutsche Zeitschrift für Philosophie*, 42:6, 1994, 975-988, hier S. 987; vgl. ders., EWP, S.76.
11 Annette Baier, »What Do Woman Want in a Moral Theory?« (= W), in: dies., *Moral Prejudices*, a.a.O., S.17.

von aufgeklärten Moraltheoretikern in den Mittelpunkt gestellt zu werden«.¹²

Genau genommen lobt Rorty seine Favoritin dafür, dass sie den Vertrauensbegriff »an Stelle des Begriffs einer moralischen *Verpflichtung*« ins Zentrum der Moralphilosophie zu stellen versucht (EWP: S. 76). »*Vertrauen aufs Vertrauen* statt kantische Pflichtversessenheit« könnte als Motto über Baiers Ethik stehen. In der Tat sieht Baier in der »männlichen« (W: S. 4 u. S. 10) Pflichtethik, die nicht nur bei Kant mit einer »Gesetzeskonzeption der Ethik«¹³ verbunden ist, ihren Hauptgegner: »Der Schurke ... ist die rationalistische, gesetzesfixierte Tradition in der Moralphilosophie«.¹⁴

Für den Fall, dass eine Pflichtethik überzeugend kritisiert werden kann, ist dies allein natürlich kein Argument für eine »Ethik des Vertrauens«. Schliesslich gibt es weitere Kandidatinnen, etwa eine Mitleidsethik,¹⁵ eine

---

12 Ebenda, S. 10. – Baier nennt den Begriff des »Vertrauens« nicht nur einen Kandidaten für die Funktion eines *zentralen* Moralbegriffs. Sie spricht im gleichen Sinne von ihm als einem »Schlüsselbegriff« (»key concept«), als einem »Leitmotiv« (»guiding motif«) und einem »zentralen Prinzip« (»central ... principle«); ebenda, S. 4.

13 Elisabeth Anscombes Ausdruck. Vgl. dies., »Modern Moral Philosophy«, in: dies., *Ethics, Religion, and Politics: Collected Papers 3*, Oxford 1981, S. 30; dt. »Moderne Moralphilosophie«, in: Günther Grewendorf & Georg Meggle (Hg.), *Seminar: Sprache und Ethik*, Frankfurt/M. 1974, S. 223. In diesem »klassischen« Aufsatz hat Anscombe die Auffassung vertreten, dass der Begriff einer moralischen »Verpflichtung« nur im Kontext der Rede von »Gesetzen« funktioniere (vgl. ebenda, S. 41; dt. S. 240). Erst durch die christliche »*Gesetzes*konzeption der Ethik« (ebenda, S. 30; dt. S. 223) sei der Ausdruck »Sollen« moralisch aufgeladen worden. – Jerome B. Schneewind hat daran erinnert, dass schon im vor-Kantischen Naturrechtsdenken der Gesetzes- und der Pflichtbegriff verschwistert waren: »Die Naturrechtsdenker hielten nur eine solche Moral für brauchbar, die um einen spezifischen Gesetzes- und Pflichtbegriff herum errichtet war. Bei dem Versuch, ihre Begriffe zu erklären, gerieten sie in Schwierigkeiten. Kant ging es mit seiner eigenen Theorie darum, diese Schwierigkeiten aufzulösen.« Vgl. ders., *The Invention of Autonomy*, Cambridge 1998, S. 518.

14 Vgl. Annette Baier, »Doing Without Moral Theory?«, in: dies., *Postures of the Mind*, Minneapolis 1985, S. 236.

15 Eine zeitgenössische Mitleidskonzeption vertritt Ursula Wolf, in: *Das Tier in der Moral*, Frankfurt/M. 1990. – Zur Kritik an Mitleidsethiken (auch an Wolf) vgl. Ernst Tugendhat, *Vorlesungen über Ethik* (=VüE), Frankfurt/M. 1993, die 9. Vorlesung. Vgl. auch Harald Köhl, »Die Theorie des moralischen Gefühls bei Kant und Schopenhauer«, in: Hinrich Fink-Eitel & Georg Lohmann (Hg.), *Zur Philosophie der Gefühle*, Frankfurt/M. 1993.

Tugendethik[16] oder eine kombinierte Pflicht-und-Tugend-Konzeption.[17] Jedenfalls aber würde durch die Erosion des Pflichtkonzepts das moralphilosophische Zentrum freigeräumt und Platz geschaffen für moralphilosophische Neubauten. Insoweit überhaupt das Bedürfnis vorhanden ist – und begründet werden kann –, die vakante Stelle eines zentralen Moralkonzepts neu zu besetzen, muss man der Bewerbung einer Vertrauensethik gewisse Chancen einräumen. Mit einem solchen Gegenentwurf zu einer Pflichtethik wird jedenfalls der sich aufdrängende Eindruck ernst genommen, dass wir beileibe noch nicht über den logischen Raum für ein angemessenes moralisches Nachdenken verfügen.[18]

Die geschilderte Theoriesituation legt es nahe, im Fortgang dieses Aufsatzes einige neuere *Kritiken an einer Pflichtethik* Revue passieren zu lassen – zur Unterstützung der Einwände, die Baier gegen sie vorträgt. Da in diesem Aufsatz die Frage nach einem »zentralen« Moralbegriff im Vordergrund steht, ist davor jedoch zu klären, was mit der »zentralen« Stellung eines solchen Begriffs *gemeint* sein kann bzw. wie man diese verstehen *sollte*. Die zu betrachtenden Kritiken der Pflichtethik sind dann auf die Bedingungen zu beziehen, die ein Begriff erfüllen muss, um als moralischer »Zentralbegriff« zu taugen. Im systematischen Hauptteil des Auf-

---

16 Vgl. zum Beispiel Michael Slote, *From Morality to Virtue*, Oxford 1992. Eine Tugendethik stellt die Analyse vortrefflicher, lobenswerter Charaktereigenschaften in den Vordergrund. Gewöhnlich wird sie eher einer »Regel-« oder »Prinzipienmoral« als einer Pflichtmoral gegenübergestellt. Allerdings geht eine Prinzipien- und eine Pflichtmoral öfters Hand in Hand, nicht nur bei Kant. – Vgl. das Schneewind-Zitat in Fn 13.
17 Tugendhat hält es zwar »nicht für aussichtsreich, wie MacIntyre eine Tugendmoral gegen die modernen Regelmoralen stark machen zu wollen«. (Tugendhat bezieht sich damit auf Alasdair MacIntyres *After Virtue*, London 1981; vgl. seine Kritik an MacIntyre in VüE: 10. Vorlesung.) Er will damit aber nicht »die grundsätzliche Intention von MacIntyre, die auch bei ... anderen zeitgenössischen Ethikern festzustellen ist, den in der modernen Ethik lange vernachlässigten Tugendbegriff wiederaufzugreifen, diskreditieren.« Hingegen erscheint es Tugendhat »sinnvoll und ... sogar notwendig, die Regelmoral durch eine Tugendmoral zu ergänzen« (VüE: S. 227). Dies bewerkstelligt er, indem er die wenig beachtete Ethik von Adam Smith für sich fruchtbar macht: »Das Entscheidende ist, dass die Moral der Pflichten zu Unterlassungen und Handlungen ... durch ... [Smiths] Moral der Schicklichkeit ergänzt worden ist, die eine Moral der Haltung ist, wie wir uns zu anderen affektiv verhalten sollen« (VüE: S. 300 – Einf. HK).
18 Vgl. Richard Rorty, »Feminism and Pragmatism«, in: ders., *Truth and Progress*, a.a.O., S. 206.

satzes werde ich dann Baiers Ethik daraufhin prüfen, ob der Begriff des »Vertrauens« tatsächlich das Zeug dazu hat, zum *zentralen* Moralkonzept auserkoren zu werden. Dabei wird sich zeigen, dass gerade in der eigentlichen Domäne des Vertrauens »der Platz auf dem Treppchen« eher dem Begriff der *Achtung* gebührt: *wenn* man denn überhaupt meint, eine Antwort auf eine Frage geben zu müssen, die vielleicht besser gar nicht gestellt würde. Wirklich schlüssig könnte das Ergebnis meiner Abwägungen indes nur sein, wenn ich auch alle anderen Kandidaten für einen zentralen Moralbegriff kritisch betrachten würde. Als da wären die Begriffe der »Tugend« (Aristoteles & Co.), des »Mitleids« (Schopenhauer), der »Sympathie« (Hume, Adam Smith), der »Anerkennung« (der frühe Hegel, Andreas Wildt, Axel Honneth), der »allgemeinen Nützlichkeit« (diverse Spielarten des Utilitarismus) oder der »Rechte« (Paine; Nozick; Rawls: in Dworkins Interpretation[19]). Natürlich ist eine solche Betrachtung im gegenwärtigen Rahmen nicht durchführbar.

Bei der Fixierung des Qualifikationsprofils, welches von einem »zentralen« Moralbegriff zu erwarten ist, liegt es nahe, sich zunächst an Baier zu halten. Denn von ihr habe ich die Problematik eines moralischen Zentralbegriffs übernommen. An Baiers Texten ist ablesbar,[20] dass ein »zentraler« Moralbegriff und die von ihm bestimmte Theorie vor allen Dingen »umfassend« zu sein hat. *Erstens* soll eine Moraltheorie in dem Sinne umfassend sein, dass sie, *dank* ihres begrifflichen Hauptinstruments, möglichst viele moralische Phänomene, Lebenskontexte und Fragestellungen mit einbeziehen kann. Dieser *Komprehensivitäts-Bedingung* gemäß soll ein moralisches Leitmotiv es ermöglichen, einen Großteil, am besten den ganzen Umfang des moralischen Territoriums abzuschreiten und theoretisch »abzudecken«.[21] Ein zentraler Moralbegriff sollte ein gemeinsames moralisches Räsonnement aller wesentlichen moralischen Fragen erlauben und erleichtern, statt den Fragehorizont einzuschränken (W: S. 3). *Zweitens* ist eine Moraltheorie dann umfassend, wenn sie konkurrierende, zueinander womöglich konträre ethische Ansätze zu integrieren vermag. Im Sinne dieser *Integrationsbedingung* besteht eines von Baiers Hauptanliegen darin, durch den Vertrauensbegriff eine angeblich »weib-

---

19 Vgl. Ronald Dworkin, *Taking Rights Seriously*, London 1977, Kapitel 6 (dt. *Bürgerrechte ernstgenommen*, Frankfurt/M. 1984).
20 Man kann sich dafür an Baiers Aufsatz »What Do Woman Want in a Moral Theory?« halten.
21 Baier formuliert ihr Anliegen häufig mit Hilfe des Verbs »to cover« (»abdecken«). Vgl. W: S. 3 u. S. 10 u. S. 11.

liche« *Liebesethik* mit der eminent »männlichen« *Pflichtethik* zu verbinden (W: S. 4). Einer *dritten*, einer *Kohärenzbedingung* gemäß soll die von einem bestimmten Begriff dominierte Moraltheorie natürlich »kohärent« sein (W: S. 10). *Viertens* soll sie, gemäß einer *Unschädlichkeitsbedingung*, *wegen* ihres Leitbegriff keine unannehmbaren Konsequenzen haben (W: S. 6ff.).

Man sollte dem, *fünftens*, das Desiderat hinzufügen, dass ein vorgeschlagener moralischer Kernbegriff in dem Sinne unproblematisch sein sollte, dass seine Explikation keine Probleme aufwirft. Zur Erfüllung dieser *Explikationsbedingung* gehört es, dass ein solcher Begriff nicht auf Voraussetzungen aufruht, die allgemein als obsolet gelten. *Sechstens* sollte ein moralischer Schlüsselbegriff einer *Relevanzbedingung* genügen. Alle moralischen Hauptbegriffe haben eine Domäne: ein Terrain, auf dem sie »zu Hause« sind und wo sie eine unbestrittene Operationskompetenz besitzen. Um auf die Aufgaben eines »zentralen« Moralkonzepts vorbereitet zu sein, sollte ein Moralbegriff wenigstens und jedenfalls in seiner eigenen Domäne der *wichtigste*, der *entscheidende*, der *beherrschende* moralische Begriff sein. »Morality begins at home«, das gilt erst recht für Moralbegriffe, die für »auswärtige« und »höhere Aufgaben« gerüstet sein sollen. – Später in diesem Aufsatz möchte ich plausibel machen, dass Baiers Vertrauenskonzept zumindest diese wesentliche sechste Bedingung *nicht* erfüllt.

Die zunehmenden *Reserven gegen eine Pflichtmoral* sind nicht etwa nur das Teufelswerk jener postmodernen Kameraden an der Vergnügungsfront, die »diese Kärrnerattitüde ..., dieses Pflichtgetue« leid sind und das Leben »nicht ... als Fron, sondern ... als Fun« erleben wollen.[22] Auch solidere Denker trugen und tragen »pflichtschuldige« Bedenken. So könnte sich etwa das Blatt, das zwischen Kant und Schiller passt, gut und gerne noch zugunsten des Dichterphilosophen wenden.[23]

Heutigentags teilt zum Beispiel der alles andere als leichtfertige *Richard Rorty* mit seinem Idol John Dewey »dasselbe Misstrauen gegen *den Begriff* einer ›moralischen Verpflichtung‹«.[24] Nun gibt es freilich nicht *den*

---

22 Vgl. das »Streiflicht« in der *Süddeutschen Zeitung* vom 22. März 2000.
23 Vgl. die Diskussion des leider »schillernden« Textes »Über Anmut und Würde« in: Harald Köhl, *Kants Gesinnungsethik*, Berlin 1990, S. 84-111.
24 Vgl. Richard Rorty, EWP: S. 76 – Hervorhebung von mir.

Begriff der »Pflicht«,[25] so wenig wie es *den* Begriff der »Freiheit« gibt. Eine Misstrauensbekundung kann sich deshalb höchstens gegen bestimmte Fassungen des Pflichtkonzepts in bestimmten Ethiken richten. Dabei wird die Rolle des »bad guy« gewöhnlich mit dem *kantischen* Pflichtbegriff besetzt. *Pflicht* ist für Kant die »praktisch-unbedingte Notwendigkeit« einer geforderten Handlung.[26] Dass die so verstandene »Pflicht« ein weites Feld zu bestellen hat, rührt unter anderem daher, dass nach Kantischer Lehrmeinung jene »unbedingte Notwendigkeit« von einer *jeden* moralischen Forderung zum Ausdruck gebracht wird.[27] Das sehen heutige Kantianer nicht anders. Für *Jürgen Habermas* sind »Sollsätze ... die zentralen Elemente der Sprache, in denen sich die Moral zu Wort meldet. Diese Sätze [für Habermas allemal *kategorische* Imperative] bringen Verpflichtungen zum Ausdruck.«[28] *Ernst Tugendhat* möchte »die unbedingte Verwendung von ›muss‹ ... erklären. ... Die Klärung des ›muss‹ oder ›soll‹, das in moralischen Urteilen enthalten ist, ist identisch mit der Klärung des eigentümlichen *Verpflichtungs*charakters ..., der im Moralischen gemeint ist«.[29]

Ungeachtet seiner illustren Anhängerschaft kann man, wie im Folgenden skizziert, an Kants Pflichtbegriff sämtliche Komponenten in Frage stellen. Neben dem Kantischen *Begriff* einer »Verpflichtung« gelten die meisten Bedenken dessen *dominanter Stellung* in kantianischen Ethiken und im moralphilosophischen und moralischen Diskurs überhaupt, sowie der Art und Weise, in der die *Wichtigkeit* dieses Pflichtbegriffs be-

---

25 Ich verwende die Ausdrücke »Verpflichtung« und »Pflicht« im selben Sinne. Kontexte, in denen sich deren Verwendungsweise nicht deckt (vgl. zum Beispiel Harald Köhl, *Kants Gesinnungsethik*, a.a.O., S. 122), sind für das Anliegen dieses Aufsatzes ohne Belang.
26 Vgl. Immanuel Kant, *Grundlegung zur Metaphysik der Sitten*, Akademie-Ausgabe (AA) IV, Berlin 1968, S. 425.
27 Ebenda, S. 414.
28 Vgl. Jürgen Habermas, »Erläuterungen zur Diskursethik«, in: ders., *Erläuterungen zur Diskursethik*, Frankfurt/M. 1991, S. 143 – Einf. HK. – Der »*kategorische* Sinn moralischer Verpflichtungen« steht für Habermas nicht in Frage, er »will dem *kategorischen* Geltungsanspruch von moralischen Verpflichtungen gerecht werden«. Vgl. Jürgen Habermas, »Eine genealogische Betrachtung zum kognitiven Gehalt der Moral«, in: ders., *Die Einbeziehung des Anderen*, Frankfurt/M. 1996, S. 35 bzw. S. 15 – Hervorhebung von mir.
29 Vgl. Ernst Tugendhat, VüE: S. 40 – Hervorhebung von mir. Zu moralischen »Urteilen« zählt Tugendhat auch moralische *Normen*, das sind: allgemeine gegenseitige moralische Forderungen.

gründet wird. Zweifel an der Dominanz des Pflichtbegriffs werden oft als Einwände gegen den *unbescheidenen Gebietsanspruch* formuliert, der für das Pflichtkonzept reklamiert wird.

Hingegen wird kaum behauptet, dass der Pflichtbegriff in seiner »eigentlichen« Domäne seinen Verpflichtungen nicht gewachsen sei. Als dessen »Heimstatt« kann man mit Hume die »Sphären der *Gerechtigkeit*« betrachten, das Reich des Rechts, vertraglicher Vereinbarungen und von Versprechen.[30] Auch *Baier* bezweifelt nicht, dass Pflichten »bei sich zu Hause« ihren Job ganz ordentlich verrichten (W: S. 5). – Ich führe nun im einzelnen einige der bekannteren unter den neueren Pflichtkritiken vor.

(1) *Rortys* Kritik gilt, wie schon erwähnt, dem kantischen *Begriff* der Pflicht, und daran der angeblichen »Unbedingtheit« der zur Pflicht gemachten Handlungen. Er attackiert den Kantischen Versuch, den Unterschied zwischen »Moral« und »Klugheit« durch die Unterscheidung zwischen »unbedingten« und »bedingten« Handlungsvorschriften zu markieren (EWP: S. 73). Damit hat Kant, in Rortys Augen, die Unterscheidung von »Moral« und »Klugheit« zu einer »metaphysischen Gattungsdifferenz« erhoben (EWP: S. 75). Rortyanische Pragmatisten haben aber »Zweifel an der Annahme, dass irgend etwas unbedingt ist« (EWP: S. 73). Denn »die kantianische Vorstellung von »unbedingter Verpflichtung«, wie die Vorstellung von Unbedingtheit selbst« sowie die »Idee ... der unbedingten Notwendigkeit«,[31] »setzen die Existenz von etwas Nichtrelationalem voraus« (EWP: S. 82). Pragmatisten aber »bezweifeln, dass es etwas Nichtrelationales gibt«.[32] – Rorty zufolge verstößt also die kantianische

---

30 Vgl. Annette Baier, W: S. 5 u. S. 13, sowie dies., »Vertrauen und seine Grenzen« (in diesem Band). – Vgl. auch Baiers »Promises, Promises, Promises«, in: dies., *Postures of the Mind*, a.a.O.
31 Richard Rorty, »Sind Aussagen universelle Geltungsansprüche?«, a.a.O., S.986f.
32 Richard Rorty, EWP: S. 73. – Andernorts habe ich Rortys Kant-Kritik einer kritischen Prüfung unterzogen. Vgl. Harald Köhl, »Moral und Klugheit. Rortys Kritik an einer kantischen Unterscheidung«, *Deutsche Zeitschrift für Philosophie*, 49:1, 2001. Wie mir scheint, ist Rortys Kritik letztlich triftig. Auch wenn sich gegen ihn und zugunsten Kants zeigen lässt, dass sich die »Unbedingtheit« moralischer *Gebote* – und damit auch der korrespondierende Pflichtbegriff – ganz harmlos explizieren lässt, gilt dies *nicht* für einen zweiten und anspruchsvolleren, »metaphysischen« Begriff der »Unbedingtheit«, den Kant für sein *oberstes* Moralprinzip in Anspruch nimmt. Da Kant die »Unbedingtheit« einfacher Moralgebote im Rekurs auf sein oberstes Moralgebot expliziert, wird dadurch auch der »unbedingte« Charakter der ersteren metaphysisch infiziert.

Pflichtethik durch ihren Pflichtbegriff gegen die *Explikationsbedingung* für einen zentralen Moralbegriff. Wie er selber den Pflichtbegriff gefasst sehen möchte, verrät er zwar nirgends. Jedenfalls aber hat er eine Verwendung für ihn, wie sich später in dieser Abhandlung zeigen wird.

(2) Damit verglichen ist *Elisabeth Anscombe* eine Radikale im öffentlichen Wahrheitsdienst der Pflichtkritik.[33] Denn sie steht nicht an zu fordern, dass wir »die Begriffe der Pflicht (duty) und der Verpflichtung (obligation) – im Sinne der *moralischen* Pflicht und der *moralischen* Verpflichtung – über Bord werfen sollten ..., ebenso ... den *moralischen* Sinn von »sollte« (ought)«.[34] Diese Vorstellungen seien in einer obsoleten Ethik zu Hause – und nach deren Absterben nur noch schädlich.[35] Mit der Ethik, die sich angeblich überlebt hat, meint Anscombe die schon erwähnte »*Gesetzes*konzeption der Ethik«.[36] Innerhalb dieser seien die moralischen Gebote als die Gesetze eines göttlichen Gesetzgebers aufgefasst worden. Da eine solche Konzeption nicht ohne den *Glauben* an einen gesetzgebenden Gott möglich sei,[37] entfalle zusammen mit dieser Glaubensvoraussetzung auch die Gesetzeskonzeption der Ethik samt deren Ausgeburt: das spezifisch moralische »Sollen« – und ein kantianischer Begriff der »Pflicht«. – Auch Anscombe moniert also einen Verstoss der Pflichtethik gegen die *Explikationsbedingung* für einen akzeptablen moralischen Zentralbegriff. An die Stelle der kritisierten Pflichtkonzeption setzt sie ein Konzept moralischer Forderungen, wonach diese sich aus sog. »aristotelischen Notwendigkeiten« ergeben, die ihrerseits auf dem beruhen, was ein soziales Lebewesen wie der Mensch für sein (Über-) Leben und Gedeihen »braucht«.[38]

---

33 Anscombe hat mit ihrer Radikalität allerdings in Schopenhauer einen prominenten Vorläufer. Auch ihm zufolge ist das »moralische Sollen« – samt dem moralischen Pflichtbegriff –, nach dem Entfallen seiner angeblichen theologischen Voraussetzungen, ohne »Kraft und Bedeutung«. Vgl. dessen *Preisschrift über die Grundlage der Moral*, in: ders., *Zürcher Ausgabe*, Band VI, Zürich 1977, S. 173. – Schopenhauers Art, den »unbedingten« Charakter kantischer Moralgebote zu kritisieren, habe ich zurückgewiesen in: Harald Köhl, »Schopenhauers Kritik am moralischen Sollen«, *Schopenhauer-Jahrbuch* 1997.
34 Vgl. Elizabeth Anscombe, »Modern Moral Philosophy«, a.a.O., S. 26; dt. S. 217.
35 Ebenda.
36 Ebenda, S. 30; dt. S. 223.
37 Ebenda, S. 30; dt. S. 224
38 Ebenda, S. 41f.; dt. S. 240f.

(3) *Bernard Williams* wendet sich vor allem gegen die *imperialistische Ausbreitungstendenz* der Pflicht in kantianischen Ethiken. Diese Tendenz macht er für ein moralphilosophisches »Meinungsklima« verantwortlich, in dem alle, noch so verschiedenen ethischen Erwägungen über den Kamm von »Verpflichtungen« geschoren werden.[39] Wo sie mit ihrem pflichtenfixierten Monopolanspruch in die Bredouille komme, suche die Pflichtethik Zuflucht bei der Konstruktion von »*prima-facie*-Pflichten« (David Ross), »unvollkommenen« Pflichten, »generellen« Pflichten oder »Pflichten gegen sich selbst«. Sie sehe nicht, dass die Annahme, es bestehe im gegebenen Fall eine »Verpflichtung«, nur *einen* unter anderen moralischen Gesichtspunkten darstelle.[40] Es *gebe* aber moralisch qualifizierte Handlungen »above and below the line of duty«.[41] Williams nennt dafür als Beispiele einerseits bewundernswerte, »heroische« Handlungen, und andererseits Handlungen, die ein Mensch mit einem guten Charakter einfach tut.[42] Man könnte zu solchen »moralischen Selbstverständlichkeiten« noch »Freundlichkeiten« und »Nettigkeiten« hinzufügen: »moralisches Kleingeld«, sozusagen, das man ausgibt, ohne den Druck einer *Verpflichtung* zu verspüren. Die Gleichung zwischen Pflicht und Moral geht demnach, Williams zufolge, nicht auf. Er beklagt also bei der Pflichtethik die Nichterfüllung der *Komprehensivitätsbedingung* für ein zentrales Moralkonzept.

Das Fragwürdige an der kantianischen Auffassung, dass alle moralischen Gebote *Verpflichtungen* formulieren, kann man sich im Anschluss an Williams auch noch anders klarmachen. Dieser stellt fest, dass »Sollen« sich zu »Müssen« verhalte wie »das Beste« zum »Einzigen«.[43] Im Sinne dieses Diktums gibt es auch *moralische* Entscheidungssituationen, die nicht durch das »Müssen« einer Pflichterkenntnis aufgelöst werden, son-

---

39 Meine Williams-Darstellung stützt sich auf das 10. Kapitel von dessen *Ethics and the Limits of Philosophy*, London 1985. – Vgl. auch die knappe und pointierte Williams-Darstellung von Christine Korsgaard in »Kant's Analysis of Obligation: The Argument of *Groundwork I*«, in: dies., *Creating the Kingdom of Ends*, Cambridge 1996, S. 70, Fn 23.
40 Vgl. Bernard Williams, *Ethics and the Limits of Philosophy*, a.a.O., S. 196.
41 »Above and Below the Line of Duty« lautet der Titel eines Aufsatzes von Susan Wolf, in: *Philosophical Topics*, XIV, 1986, S. 131-148.
42 Vgl. Bernard Williams, *Ethics and the Limits of Philosophy*, a.a.O., S. 179.
43 »*Ought* is related to *must* as *best* is related to *only*.« Vgl. Bernard Williams, »Practical Necessity«, in: ders., *Moral Luck. Philosophical Papers 1973-1980*, Cambridge 1981, S. 125.

dern in das »Sollen« oder »Sollte« eines *moralischen Ratschlags* münden. Wenn in einer Handlungssituation mehrere Optionen moralisch akzeptabel sind und schließlich eine zu ergreifen ist, ohne »durchschlagende« Gründe für sich zu haben: dann wäre es künstlich und dogmatisch, die Ausführung dieser Handlungsalternative, die – alles in allem – ergriffen werden »sollte«, zur *Pflicht* zu erklären. Der Begriff eines »moralischen Rates« aber ist für Kant ein begriffliches Unding; denn die Vorstellung eines »Rates« hat er mit dem Begriff der »Klugheit« verheiratet. Deshalb ist die Einführung des Begriffs eines »moralischen Rates« in den pflichtgestählten Körper der kantianischen Moralphilosophie möglicherweise ein Therapeutikum mit erfreulichem Auflockerungspotenzial – und vielleicht sogar ein nützlicher Sprengsatz.[44]

(4) Ein weiterer Kritikpunkt *Rortys* berührt sich ebenfalls mit der Kant-Kritik von Bernard Williams – und betrifft gleichfalls die *Komprehensivitätsbedingung* für einen zentralen moralischen Begriff. Kants Pflichtkonzeption der Ethik stellt in Rortys Augen eine Art moralische »Kolonialisierung der Lebenswelt« dar. Mit diesem Punkt argumentiert er zugleich *gegen* die beanspruchte Reichweite der »Pflicht« und *für* Baiers ethisches Vertrauenskonzept. Im Zusammenhang intakter Familien, im Verhältnis zwischen einander liebenden Eheleuten und zwischen einander wohlgesonnenen Eltern und Kindern findet Rorty die Rede von »Verpflichtungen« und überhaupt von »Moral« fehl am Platz. Insofern »sich die meisten von uns, wenigstens zum Teil, durch ihre Beziehungen zu den Mitgliedern ihrer Familie definieren«, ist für sie »das Eingehen auf die Bedürfnisse anderer Familienmitglieder die natürlichste Sache von der Welt«. Wo aber gegenseitiges Wohlwollen und Wohlverhalten »natürlich« sind, da braucht es, Rorty zufolge, keinen »moralischen Zwang« durch Verpflichtungen (EWP: S. 78). Ironiker, nicht nur Rortys »liberale Ironiker«, mögen dabei einen Kantischen Teilsatz mithören, demzufolge »das *Sollen* hier am unrechten Orte [sei], weil das *Wollen* schon von selbst mit

---

44 Auf der kantischen Begriffsfolie betrachtet ist der Begriff eines *moralischen Rates* ein »nützlicher Missbrauch« der Sprache. *Rorty* spricht in diesem Sinne manchmal von »creative misuses of language« und von einer »neuen Sprache«, die erforderlich sein kann, um gedankliche Verkrustungen aufzubrechen. Nur durch eine neue Sprache sei es gegebenenfalls möglich, Dinge zur Sprache zu springen, die durch das Raster einer dominierenden Denkweise fallen. Dadurch wird der logische Raum so erweitert, dass Dinge sagbar werden, die zuvor unsagbar waren – oder als »unsäglich« galten. Vgl. Richard Rorty, »Feminism and Pragmatism«, a.a.O., S. 204.

dem Gesetz notwendig einstimmig ist«.⁴⁵ Bloß dass Kant dieses Kompliment nur auf einen »*göttlichen*« bzw. »*heiligen* Willen« gemünzt hat,⁴⁶ den Rorty für die Protagonisten seiner moralischen Familienidylle nicht beanspruchen würde.⁴⁷

(5) *Die Wichtigkeit von Verpflichtungen* ergibt sich für Kant aus der Unvollkommenheit des »empirischen Moralsubjekts«. Als Lebewesen mit einem »Willen, der nicht immer darum etwas tut, weil ... es zu tun gut sei«, muss unsereins zur Vernunft gezwungen und zur Moral »genötigt« werden: eben durch *Verpflichtungen*.⁴⁸ Die »Nötigungs-Notwendigkeit« und der Vorrang von Pflichten ergibt sich für Kant also aus der Korrumpierbarkeit, aus der »Gebrechlichkeit ... der menschlichen Natur«.⁴⁹ Um dieser diätetisch abzuhelfen, fallen ihm Alternativen zum sauren Brot der Pflicht nicht ein. Ein Schelm, wer an dieser Stelle etwa an die Entwicklung, Aufrechterhaltung und Vertiefung zwischenmenschlicher *Vertrauens*verhältnisse dächte.⁵⁰ Statt die Bedingungen zu reflektieren, die ein zwischenmenschliches Vertrauensklima begünstigen, schürt die kantische Pflichtmoral ein Klima des Misstrauens. Ein optimistischerer Aussichtspunkt, der einen Blick für die schöneren Möglichkeiten der Menschengattung hätte und sich, statt an unsere unleugbaren *Unfähigkeiten*, lieber an unsere *Fähigkeiten* hielte, würde gewiss *andere* Moralvorkehrungen

---

45 Immanuel Kant, *Grundlegung zur Metaphysik der Sitten*, a.a.O., S. 414 – Klammereinf. HK.
46 Ebenda.
47 Diesen Kritikpunkt Rortys an der Pflichtethik werde ich unten seinerseits auf Korn nehmen, bei der kritischen Beleuchtung von Baiers Vertrauensethik.
48 Immanuel Kant, *Grundlegung zur Metaphysik der Sitten*, a.a.O., S. 413.
49 Ebenda, S. 406.
50 *Laurence Thomas* hat Kants moralisches Ideal »versuchungsresistenter« Vernunftwesen dafür verantwortlich gemacht, dass in dessen Ethik kein Platz sei für »Vertrauen«. Letzteres sei nur nötig und sinnvollerweise nur möglich im Umgang mit Wesen, bei denen man sich *un*sicher sein kann, wie sie sich verhalten werden. Bei Kants vollkommenen Vernunftwesen, die sich *notwendigerweise* moralisch verhalten, *weiss* man ihr Verhalten im vorhinein. Kein Spielraum also für Vertrauen. Dadurch, dass solche Wesen vertrauensvoller Beziehungen weder bedürftig noch fähig seien, entgehe ihnen aber (meint Thomas) etwas so Wichtiges, dass sich die Frage stelle, ob sie plausiblerweise ein moralisches *Ideal* darstellten. Ihre Gemeinsamkeiten stifteten keine Gemeinschaft, in welcher allein sich moralische Subjekte – und zwar in Vertrauensbeziehungen – ihren moralischen Wert gegenseitig bestätigen könnten. Vgl. Laurence Thomas, »Trust, Affirmation, and Moral Character: A Critique of Kantian Morality«, in: Owen Flanagan & Amélie Oksenberg

an die Stelle »einer Art Zwangsapparat aus Kalkül«⁵¹ im Zentrum der Ethik ansiedeln. Statt die Moral auf ein »Leider« zu gründen, das Zurechtweisungen nötig macht, würde eine menschenfreundlichere Perspektive den Blick freigeben auf menschliche *Tugenden* wie die menschliche Liebesfähigkeit; sie würde das Zutrauen stärken in »die sanfte Macht der Menschlichkeit«.⁵² So würde auch die Hoffnung auf *moralischen Fortschritt*, der Pragmatisten wie Dewey und Rorty so am Herzen liegt, eher ermutigt als durch die preussische »Utopie«, dass immer mehr Menschen immer getreulicher ihre Pflicht tun.

Annette Baier ist also in guter Gesellschaft mit *ihrer* Kritik an einer »Ethik von Verpflichtungen«. Mit den beiden zuletzt dargestellten Kritiken an einer solchen Pflichtmoral ist bereits einiges von dem vorweggenommen, was zugunsten ihrer *Ethik des Vertrauens* gesagt werden kann. Auch in die *Darstellung* von Baiers Kritik an der Pflichtethik lasse ich Aspekte ihres Vertrauenskonzepts mit einfließen, sodass dieses nicht noch gesondert präsentiert werden muss.⁵³

Verglichen mit manch anderer Kritik, die eben dargestellt wurde, ist Baiers Pflichtkritik moderat. Sie wirbt, wie schon erwähnt, für ihren

---

Rorty (Hg.), *Identity, Character, and Morality: Essay in Moral Psychology*, Cambridge/Mass. 1990.

Was soll der Witz einer solchen Betrachtung sein? Die Kosten moralischer Vollkommenheit, die Thomas den Kantischen »Idealtypen« vorrechnen möchte, müssen uns »unsichere Kantonisten« nicht interessieren. Über »das krumme Holz der Humanität« wusste niemand besser Bescheid als Kant. Deshalb nehmen seine Notwendigkeiten der reinen praktischen Vernunft für unsereins die Gestalt nötigender Verpflichtungen an. Kants Ethik ist eine *Pflicht*moral, *weil* sie eine Moral für uns »versuchungsanfällige« Wesen ist. Diese Wesen *können* Vertrauensbeziehungen unterhalten, die in derselben Welt zu Hause sind wie Verpflichtungen – und wie »*Mitfreude* und *Mitleid*«, die Kant immerhin behandelt. Vgl. ders., *Metaphysik der Sitten*, Tugendlehre, § 34: AA VI, S. 456. – Dass Kant die moralische Signifikanz des *Vertrauens* nicht zu würdigen wusste und dieses unauffällig-allgegenwärtige moralische Phänomen nicht in seine Ethik einbezogen hat, ist also in keiner ersichtlichen Weise dem Kantischen Faible für moralisch-vernünftige Vollkommenheit und Reinheit geschuldet.

51 Vgl. Theodor Fontanes *Effi Briest*. Fontane spricht von »einer Art *Angst*apparat aus Kalkül« (Hervorhebung von mir).

52 »... the soft power of humanity«: vgl. Adam Smith, *The Theory of Moral Sentiments*, hg. v. David D. Raphael & Alec L. MacFie, Oxford 1976, S. 137.

53 Die folgende Darstellung stützt sich vor allem auf Baiers »What Do Women Want in a Moral Theory?«

Theorievorschlag, indem sie ihn als eine Art Kompromissbildung zwischen der inkriminierten *Pflichtethik* und einer *Liebesethik* anpreist. Der Pflichtethik, als deren Exponenten sie *John Rawls* kritisch betrachtet, macht sie vor allem den Vorwurf der *Inkohärenz* und der *Unvollständigkeit*. Sie ist ihr nicht umfassend genug, verstoße also gegen die Komprehensivitätsbedingung für einen moralischen Hauptbegriff. Gebe es doch eine Menge über die Moral zu sagen, was nicht in Termini von »Pflichten« sagbar sei, sogar auf deren ureigenstem Terrain (W: S. 5). So verlasse sich die Pflichtethik stillschweigend auf familiäre moralische Ressourcen, ohne sie zum Thema zu machen und in Pflichtbegriffen zu rekonstruieren. Deren *Thematisierung*, so Baiers Verdacht, würde zeigen, dass sie in Pflichtbegriffen nicht zu erfassen sind. Baier meint damit zum Beispiel die von Rawls als selbstverständlich vorausgesetzte Elternliebe – vor allem die Mutterliebe –, durch die allererst kompetente Pflichtsubjekte herausgebildet würden (W: S. 6). Jedoch eine *Pflicht*, seine Kinder zu lieben, findet sie ein Unding. Das Bereitstellen gewisser »Liebesressourcen« hat aus ihrer Sicht also keinen Pflicht-Status, obwohl es von immenser moralischer Bedeutung ist. Somit sei nicht alles Pflicht, was Moral ist. Statt von elterlichen Liebes*pflichten* spricht Baier von der *Tugend* der Elternliebe. Diese Tugend müsse die Prinzipien der Gerechtigkeit *ergänzen*, damit eine gerechte Gesellschaft über die Generationen hinweg Bestand haben könne: hält sie Rawls entgegen (W: S. 6). Hier wird an einem Punkt sichtbar, wie eine Verbindung von Pflicht- und Liebesethik vorstellbar ist.

Darüber hinaus hätte ein konsequentes Zu-Ende-Denken der Elternproblematik *in Pflichtbegriffen*, Baier zufolge, unhaltbare Konsequenzen – und wäre also ein Verstoß gegen die *Unschädlichkeitsbedingung* für einen zentralen Moralbegriff. Dass diese unliebsamen Konsequenzen von der Pflichtethik durch stillschweigendes Übergehen der entsprechenden Fragen vermieden würden, kreidet Baier ihr als Verstoß gegen die *Kohärenzbedingung* für ein basales Moralkonzept an. So müsste, wenn man Baier folgt, eine »Pflicht«, eine gute Mutter zu sein, in einer stringent durchgeführten Pflichtethik gegebenenfalls eine Pflicht, sich sterilisieren zu lassen oder abzutreiben nach sich ziehen. Das gibt es »in China, hinter der Mauer«, erinnert sich Baier – und erklärt derlei für indiskutabel (W: S. 7).

Die Pflichtethik vernachlässigt, folgt man Baier, die moralphilosophische Würdigung wichtiger persönlicher, insbesondere auch asymmetrischer Beziehungen: zwischen Lehrern und Schülern, zwischen Arzt und Patient, zwischen Therapeut und Klient, zwischen Kooperierenden (W:

S. 11). Sie würde also auch damit gegen die *Komprehensivitätsbedingung* verstoßen. »Liberale« Moraltheorien beachteten kaum einmal das Verhältnis von Eltern und Kindern, von Jung und Alt; unser Verhältnis zu Verwandten, Freunden und Geliebten, zu Kranken und Schwachen (W: S. 3). Die moralische Dimension dieser Beziehungen sei schwerlich *allein* in Pflichtbegriffen zu beschreiben; und vermutlich sind die Verpflichtungen, die zu solchen Beziehungen *gehören*, auch in *moralischer* Hinsicht nicht das Wichtigste. Eher schon sind diese Beziehungen »ein Fall für *Vertrauen*«.⁵⁴

Pflichttheoretiker sind, Baier zufolge, gewöhnlich Kontraktualisten.⁵⁵ Als solche nehmen sie vertragliche Verpflichtungen samt den damit verbundenen Erzwingungsmöglichkeiten gern als Modell für Verpflichtungen *überhaupt*. Dies (ver)führe sie dazu, nachgerade *alle* moralischen Erwartungen an Menschen ihrem sehr speziellen Vertragsmodell anzugleichen (W: S. 13). Die Moral wird so, aus Baiers Sicht, zu einem bitterernsten Spiel mit gegenseitigen Sanktionsandrohungen. Reduziere man sie auf diese »Zwangsstruktur«, dann bedeute dies, beklagt Baier, eine schlimme Verarmung (W: S. 14).

Pflichten, jedenfalls die wohlbegründeten, bedeuten auch jenseits ihrer juristischen Modellierung gerechtfertigte Freiheitseinschränkungen, welche eine Pflichtethik zu begründen versucht (W: 4/5). Da auch moralische Pflichten mit »Zwangsmitteln« durchgesetzt werden – dies ist Baiers drastische Beschreibung der Funktionsweise moralischer Reaktionen –, ist eine Pflichtethik für sie wesentlich eine »Zwangsmoral« (W: S. 12). Diese *ist* ein Teil unserer Moral, gesteht Baier zu. Aber eben nur ein Teil.

Durch diese Reduktion entgeht der Pflichtmoral, so Baiers Vorhaltung, dass das Recht anderer, unser eigenes Wohl- oder Fehlverhalten moralisch zu *sanktionieren*, diese in eine Machtposition bringe, die nur unter gewissen *Vertrauens*voraussetzungen akzeptabel sei. Wegen dieser übersehenen Vertrauensdimension von Verpflichtungen meint Baier die

---

54 Vgl. dazu Annette Baier, »Vertrauen und seine Grenzen« (in diesem Band), darin den Abschnitt »Vertrauen und relative Macht«.
55 Vgl. ebenda den Abschnitt »Die männliche Fixierung auf den Vertrag«. – Nicht jede Pflichtmoral ist notwendigerweise auch kontraktualistisch. *Tugendhat* zum Beispiel, der wenigstens »zur Hälfte« der Vertreter einer Pflichtethik ist (die er tugendethisch anreichert), glaubt nicht, dass das spezifisch »Moralische« an moralischen Verpflichtungen allein auf einer kontraktualistischen Basis verstanden werden kann. Vgl. seine VüE, die 4. Vorlesung. Er findet es deshalb »naheliegend, den Kontraktualismus gar nicht als eine Moral zu bezeichnen« (ebenda, S. 76).

Pflichtethik mit unter die Fittiche ihrer Vertrauensethik nehmen zu können. Die Frage, wann von wem gegen wen moralischer Druck ausgeübt werden darf bzw. ausgeübt werden sollte, läuft für sie auf die Frage hinaus, wem unter welchen Umständen, in welcher Hinsicht und aus welchen »guten Gründen« Vertrauen geschenkt werden sollte (W: S. 13).

Tatsächlich ist *Vertrauen* ein *Geschenk*. Ein Geschenk zu machen besteht im Allgemeinen keine Verpflichtung. Aber jemandem etwas zu schenken *ist*, häufig jedenfalls, *moralisch* wertvoll. So ist auch die Liebe ein – gegebenenfalls moralisch wertvolles – Geschenk, man kann sie nicht »einfordern«, wenn sie fehlt oder zerronnen ist. Es ist eine *Gunst*, die einem damit erwiesen wird. Angesichts der hier – glücklicherweise – fehlenden Forderbarkeit ist es nur zu »natürlich«, dass einer *Pflichtethik* die Existenz moralisch signifikanter Gunsterweise und moralisch wertvoller Geschenke – und Schenkungen – entgeht. Und dass sie von Liebe und Vertrauen überhaupt wenig wissen will und nicht viel davon versteht.

Dass eine Vertrauensethik sich nicht nur die *Pflicht*ethik einverleiben kann, sondern auch die *Liebes*ethik mit im Gepäck hat, leuchtet leichter ein. Zwar muss wohl die Liebe als solche *nicht immer* Vertrauen beinhalten, wie Baier freilich meint (W: S. 11). Aber für die wünschenswerten Formen der Liebe, die sie im Auge hat, ist dies mehr als plausibel (W: S. 12). Die Integration einer Pflicht- und einer Liebesethik unter dem Dach ihrer Vertrauenskonzeption bewerkstelligt Baier demnach dadurch, dass sie auf Vertrauensvoraussetzungen bei den beiden anderen aufmerksam macht.

In die vorherige Darstellung von Baiers Kritik an der *Pflichtethik* sind Stücke ihrer alternativen Vertrauenskonzeption mit eingeflossen. Weitere Einzelheiten ihrer Konzeption kann ich für meine Zwecke übergehen. Die Tugenden einer am Vertrauen orientierten Ethik sind offenkundig, und das Verdienst Baiers, den moralphilosophischen Blick aufs Vertrauen gelenkt zu haben, ist unbestreitbar. Die eingangs formulierten *Kriterien* für einen »zentralen« Moralbegriff scheint das Vertrauenskonzept weitgehend zu erfüllen. *Umfassend* ist eine Vertrauensethik allemal. Die Nutzpflanze des Vertrauens ist in der moralischen Landschaft schier überall anzutreffen. Entsprechend weit ist der Horizont erörterungsbedürftiger »Vertrauensfragen«. Das Vertrauenskonzept ist auch nicht offenkundig *inkohärent*. Die *Explikation* des Vertrauensbegriffs dürfte keine grundsätzlichen Probleme aufwerfen, auch wenn dessen Definition strittig ist. Für Baier zum Beispiel kann dann von »Vertrauen« die Rede sein, wenn man sich darauf verlassen kann, dass jemand willens und fähig ist, für die

Vertrauen als zentraler Moralbegriff? 131

Dinge angemessen zu sorgen, die man ihm anvertraut hat.[56] Und sie nennt als »moralischen Test« für eine Vertrauensbeziehung eine Art »Publizitätsbedingung«, dass sie nämlich ihr Transparentsein für alle Beteiligten verträgt.[57] Dass eine Ethik mit dem Begriff des »Vertrauens« in ihrer Mitte unannehmbare Konsequenzen nach sich ziehen würde, ist *prima facie* auch nicht zu erkennen.

Bleibt die Frage, ob eine Vertrauensethik auch unsere *Relevanzbedingung* erfüllt. Dafür reicht es nicht, dass ein vorgeschlagener moralischer Zentralbegriff ubiquitär anwendbar ist. Wir wollten von einem solchen Begriff darüber hinaus erwarten, dass er in seinem Anwendungsbereich – oder wenigstens in ausgezeichneten Bereichen – der *wichtigste* ist. Gefordert ist, dass *er* es ist, mittels dessen die zentralen Aspekte des jeweiligen moralischen Geschehens erfasst werden können. Dies erwarten wir allemal für seine »eigentliche« Domäne. Sollten sich hier Bedenken gegen das Vertrauenskonzept ergeben, die etwa den Begriff der *Liebe* mitbetreffen, könnte dies auch Zweifel daran wecken, ob eine Vertrauensethik eine Liebesethik mit umfassen kann – und in der Folge, ob sie eine Pflicht- und eine Liebesethik zusammenzubringen vermag. Ob sie also der oben formulierten *Integrationsbedingung* genügt.

Die eigentliche Domäne einer Ethik des Vertrauens sind die vielen Spielarten persönlicher Beziehungen und insbesondere die engen Beziehungen zwischen nahen Verwandten, Freunden und Liebenden. Wie Rorty richtig bemerkt, »betont Baier die Rolle der Familie und insbesondere der Mutterliebe dabei, Nichtpsychopathen hervorzubringen, also Menschen, die es vollkommen natürlich finden, sich um andere zu kümmern« (EWP: S. 78). Dass das Vertrauen in solchen Nahbeziehungen ein »Zuhause« hat, ist nachvollziehbar. Dass es in diesen Beziehungen aber auch die *wichtigste moralische* Qualität darstellt, deren Fehlen deshalb am schädlichsten ist, möchte ich im Folgenden in Frage stellen.

Zu diesem Zweck werde ich das Modell vorstellen und danach kritisieren, mit dem man in der empiristischen Ethiktradition die Moral überhaupt eingeführt, ihre Funktion bestimmt und ihre Funktionsweise erklärt hat.

---

56 Vgl. Annette Baier, »Vertrauen und seine Grenzen«, in diesem Band, S. 43. – Für andere Vertrauens-Definitionen vgl. Bernard Williams, »Formal Structures and Social Reality«, in: Diego Gambetta (Hg.), *Trust: Making and Breaking Cooperative Relations*, Oxford 1988, sowie Laurence Thomas, »Trust, Affirmation, and Moral Character«, a.a.O., S. 238.
57 Vgl. Annette Baier, »Vertrauen und seine Grenzen«, in diesem Band, S.76.

Nennen wir diese Konstruktion das *Humesche Modell*.[58] Es geht von der Beobachtung aus, dass enge persönliche Beziehungen im »gesunden« Fall von gegenseitiger *Sympathie* getragen werden. Damit wird von vornherein die menschliche (oder bloss hobbesianische?) Tendenz transzendiert, allein oder hauptsächlich Sorge für sich selbst zu tragen. Die beschworene Sympathie ist eine leider nur beschränkt vorhandene Ressource. Sie schließt die meisten derer aus, die wir nicht oder nicht näher persönlich kennen. Diese »Anderen« oder »Fremden« sind uns nicht nur häufig gleichgültig; oft sind wir ihnen gegenüber misstrauisch, böswillig, gehässig, brutal. Unsere beschränkte Sympathie bedeutet für die davon Ausgeschlossenen, dass sie zunächst einmal nichts vor uns zu schützen scheint und sie auf unsere Hilfs- und Kooperationsbereitschaft nicht zählen dürfen.

Hier nun, angesichts dieser »misslichen Lage«[59], wirft das Humesche Modell die *Moral* als Rettungsanker aus. In diesem Sinne bestimmt zum Beispiel *Geoffrey J. Warnock* Funktion und »Gegenstand« der Moral. Er beschreibt sie als Instrument, die menschliche Notlage dadurch zu verbessern, dass sie der Limitiertheit unserer Sympathien und den zerstörerischen Wirkungen unserer Borniertheiten entgegenwirkt.[60] Die Moral wäre demnach ein Mittel, unser mangelhaftes Mitgefühl zu *kompensieren* und zu *korrigieren*.

Das Ziel moralischer Korrekturmaßnahmen ist, im Humeschen Modell, die schrittweise *Erweiterung* der Sympathie. Moralischer Fortschritt besteht demnach in der »Weiterentwicklung unseres Gefühls«, in der »weiterentwickelten Empfänglichkeit für die Bedürfnisse« und das »Leid« von immer mehr, möglichst allen Menschen – unter anderem durch das »Wachsen unserer Vorstellungskraft«.[61]

---

58 Vgl. zum Folgenden Geoffrey J. Warnock, *The Object of Morality*, London 1971, S. 21ff.
59 Vgl. ebenda, Warnock nennt das entsprechende Kapitel seines Buches »The Human Predicament«.
60 Vgl. ebenda, S. 26. – In diesem Sinne lobt *Baier* ihr Vorbild David Hume dafür, dass er »die (manchmal durch Regeln) korrigierte Sympathie und nicht die Gesetze aufspürende Vernunft als die fundamentale moralische Fähigkeit« ansah. Vgl. Annette Baier, »Hume, the Women's Moral Theorist?«, a.a.O., S. 40.
61 Richard Rorty, EWP: S. 76 u.S. 82 u. S. 87. – Bei Rortys *Universalismus* handelt es sich um eine ganz andere Art desselben als bei Kant oder Habermas. Diese wollen universalistische Implikationen einer reinen praktischen oder einer kommunikativen Vernunft »aufgedeckt« haben. In *diesem* Sinne lehnt Rorty den Universalismus ab. In dem pragmatistischen Verständnis, in dem Rorty selber gern dessen Vertreter sein

Wäre das Humesche Modell überzeugend, könnte man dies einerseits als Argument *gegen* eine *Vertrauensethik* verstehen. Denn in diesem Modell, das immerhin und prima facie sehr plausibel die Funktion und die Funktionsweise der Moral im ganzen beschreibt, ist von »Vertrauen« nicht die Rede. Andererseits aber könnten Vertrauensethikerinnen dem Humeschen Modell »fehlendes Vertrauen« zum *Vorwurf* machen.

Nun *könnte* das Vertrauen im Humeschen Modell durchaus vorkommen. Statt von »Sympathie« könnte darin von »Vertrauen« (oder auch von »Liebe«, »Wohlwollen« oder »Mitleid«) die Rede sein. An dem vorgeführten Gedanken müsste sich dadurch nichts ändern. Diese Beobachtung lässt sich aber wiederum *gegen* das Vertrauen, als angeblich zentralem Moralbegriff, wenden. Denn ebenso wie die Humesche »Sympathie« wäre es dann das *Vertrauen*, was angesichts seiner Begrenztheit moralisch »korrigiert« werden müsste und für dessen Erweiterung moralische Vorkehrungen zu treffen wären. Es wäre, als das *zu Korrigierende*, nicht der moralische Korrekturmechanismus – und also nicht derjenige Moralbegriff, auf dem die moralische Hoffnung ruhen könnte. Der Vertrauensbegriff steht, im Kontext des Humeschen Modells, an *derselben* Stelle wie die Begriffe der Sympathie, des Wohlwollens, der Liebe oder des Mitleids – und muss sich deshalb dieselbe Kritik gefallen lassen wie Konzeptionen, die auf diesen Begriffen aufbauen. – Dazu, dass das *Vertrauen* nicht als Vorkehrung gegen die Begrenztheit unserer moralischen Ressourcen taugt, passt es, dass *Baier* bei der Benennung der »Werkzeuge der Moral« nicht vom »Vertrauen« spricht, sondern von Humes »künstlicher« Tugend der *Gerechtigkeit* (W: S. 11). Und auch *Rorty* redet von »moralischen *Verpflichtungen*«, auf deren Wirksamkeit wir uns verlassen müssen, wo unsere »natürliche« Gutmütigkeit versagt.[62]

Einleuchtend am Humeschen Modell ist das Ausgehen von der Begrenztheit unserer »ursprünglichen« moralischen Ressourcen. Unsere Engher-

---

möchte, ist der Universalismus keine philosophische *Entdeckung*, sondern ein moralisch-politisches *Projekt*. Vgl. ders., »Human Rights, Rationality, and Sentimentality«, a.a.O., sowie ders., »Sind Aussagen universelle Geltungsansprüche?«, a.a.O.

62 Richard Rorty, EWP: S. 78ff. – Rortys Rekurs auf Verpflichtungen ist insofern erstaunlich, als er durch seine Argumentation Baiers *vertrauens*ethischen Vorschlag plausibilisieren möchte. Der Ausdruck »Vertrauen« kommt in seinem *Argument* jedoch nicht vor.

zigkeit macht einen Korrekturmechanismus erforderlich, der diese aufbricht und ihre nachteiligen Folgen wettzumachen versucht. Darüber hinaus aber liegt mit dem Modell selber einiges im Argen. Es könnte deshalb immerhin sein, dass sich bei dessen *Kritik* Gesichtspunkte ergeben, die dann doch für eine moralische Schlüsselrolle des *Vertrauens* sprechen. Wie wir sehen werden, ist das Gegenteil der Fall.

Was am Humeschen Modells als unglaubwürdig erscheint, ist zunächst die Annahme von persönlichen Beziehungen, die, auf der Basis gegenseitiger *Sympathie* beruhend, selber keiner Moral bedürftig wären. Dies ist eine lebensfremde *Konstruktion*. Das selbst in solchen Sympathiebeziehungen *benötigte* moralische Element ist jedoch nicht das *Vertrauen* (1.). Allein schon wegen dieser unsoliden Ausgangsbasis ist es mehr als problematisch, die moralische »Einbeziehung der Anderen« durch die schrittweise *Erweiterung* von Verhältnissen persönlicher Sympathie bewerkstelligen zu wollen. Dies gilt auch, wenn man im vorigen Satz »Sympathie« durch »Vertrauen« ersetzt (2.). Es kommt ein Grund gegen eine tragende moralische Rolle des Vertrauens hinzu, der unabhängig vom Humeschen Modells und der Kritik daran ist und der, wie schon die beiden genannten Gründe gegen das Modell, eher für eine tragende moralische Rolle der moralischen *Achtung* spricht. Dieser Punkt betrifft die erforderliche Forderbarkeit des benötigten moralischen Korrekturmechanismus (3.). – Diese Thesen gilt es nun zu plausibilisieren.

1. Derjenige Begriff, der die moralische Dimension persönlicher Beziehungen am treffendsten erfasst, ist nicht das Vertrauen, sondern die moralische Achtung. Das zeigt sich deutlich bei der Betrachtung symmetrischer Liebesbeziehungen.

Im Humeschen Modell wird die Begrenztheit der Sympathie so verstanden, dass der Kreis von Menschen, mit denen jeder von uns sympathisiert, eingeschränkt ist. Aber auch *innerhalb* von Sympathiebeziehungen können wir uns nicht *allein* auf die gegenseitige Zuneigung verlassen.[63] Warum nicht? Dafür gibt es eine Reihe von Gründen. Die affektive Nähe macht uns *noch* verletzbarer, als wir dies ohnehin sind, also auch noch schutzbedürftiger. Sympathien schwanken. Gerade in einer »Beziehung« sind die Gefühle füreinander häufig ambivalent; denn die gegenseitige Abhängigkeit von Liebenden irritiert die Selbstbestimmungsambitionen der aneinander Gebundenen und schürt deshalb Aggressionen. Die sogenannte Liebe ist der Nähr-

---

63 Vgl., auch für das Folgende: Ernst Tugendhat, VüE: S. 276.

boden für Konflikte und für Beziehungsdelikte aller Arten. Sympathie und Liebe allein geben einer Beziehung keine Beständigkeit und Verlässlichkeit, mithin nicht die Stabilität, die wir uns gewöhnlich wünschen. In engen Beziehungen sind, weil man sich gegenseitig so gut kennt und sich regelmäßig trifft, auch die Reibungsflächen grösser und die Gelegenheiten, sich aneinander zu reiben (und gegebenenfalls aufzureiben) häufiger. In Liebesbeziehungen wird gelogen und betrogen, das ist offenbar mit der Sympathie füreinander vereinbar. Auch in so genannten symmetrischen Liebesbeziehungen herrscht nur ein prekäres Gleichgewicht, das immer wieder austariert werden muss. Gelingt das nicht, drohen die Gefahren der Asymmetrie: des Vereinnahmens und Vereinnahmtwerdens, der Erniedrigung des andern und des Sich-Unterwerfens, also des Missbrauchs jener Abhängigkeit voneinander, welche eine enge affektive Beziehung mit sich bringt. Hinzu kommt die Angst, sich selber und einander zu verlieren, verschlungen oder erdrückt oder verlassen zu werden. Nicht ohne Grund spricht man vom »Terror der Intimität«. Dies ist wohl kaum die Idylle, die *Rorty* vorgeschwebt hat, als er Moral in engen persönlichen Beziehungen für unnötig befand. Moralische Schutzvorkehrungen sind nicht nur dann nötig, wenn zum Beispiel Eltern »pathologische Egoisten« sind (EWP: S. 78). Wir Allerwelts- und Alltagsneurotiker sind ihrer in unseren Liebes-, Freundschafts- und familiären Beziehungen genauso bedürftig.

Was aber nun vermag uns in Nahbeziehungen voreinander zu schützen, uns vor den Gefahren der Nähe zu bewahren und die Zuverlässigkeit und Stabilität des Beziehungsrahmens halbwegs zu gewährleisten? Ist es etwa gegenseitiges *Vertrauen*? – Missbraucht wird ja in engen Beziehungen nicht nur die Macht, die man durch das affektive Miteinanderverbundensein gegeneinander ausspielen kann, sondern ebenso oft das *Vertrauen*, das zueinander besteht. Das mit der Liebe verbundene Vertrauen macht den Missbrauch der Beziehung oft erst möglich und, wenn er geschieht, besonders schmerzlich. Also wird es nicht das Vertrauen sein können, das uns den moralischen Dienst tut, den Gefahren der Liebe zu wehren. Was dagegen allenfalls hilft, ist eine gefestigte Haltung gegenseitiger *Achtung*, eines eingeübten Respekts vor der Autonomie, dem Eigenwert und der anerkennungswürdigen Andersheit der Anderen und des Ande-

---

64 Verschiedene *Autonomie*begriffe bzw. -aspekte unterscheidet Tugendhat, VüE: S. 306f. – Analoge Unterscheidungen trifft *Axel Honneth* beim Begriff der Anerkennung. Vgl. dessen programmatischen Aufsatz »Anerkennung und moralische Verpflichtung«, in: *Zeitschrift für philosophische Forschung*, 51, 1997, S. 25-41.

ren.⁶⁴ – Dass nicht *Vertrauen* die moralische Regulierung persönlicher Beziehungen leisten kann, mag gerade an dem von Baier betonten Punkt liegen, dass es so eng mit Sympathie und Liebe verbandelt ist. Es ist *zu* eng damit verknüpft, als dass es im moralischen Ernstfall der Liebesschwäche einspringen könnte. So dass das Vertrauen ausgerechnet auf seiner »Hausbühne« die moralische Hauptrolle nicht zu spielen vermag.

1.1 Dass in persönlichen Nahbeziehungen die Achtung das vorrangige moralische Konzept ist, zeigt sich erst recht bei asymmetrischen Beziehungen.
Neben degenerierten Liebes-, Freundschafts- und Verwandtschaftsverhältnissen gibt es auch ungleiche Beziehungen, bei denen die Asymmetrie »in der Natur der Sache liegt«. Man denke nur an pädagogische Kontexte. Zu diesen Beziehungen gehört ein Gefälle, das zu Missbrauch einlädt, etwa zu risikofreien Ungerechtigkeiten. Tugendhat konstatiert »hier eine natürliche Tendenz zur Missachtung, nicht nur aus Lust an der Macht, sondern schon aus Gleichgültigkeit« (VüE: S. 308). Beziehungen zwischen Lehrern und Schüler(innen), in denen das bestehende Beziehungsgefälle ausgenutzt wird, sind klassische Fälle für solchen Machtmissbrauch, gar zu oft auch in Form sexuellen Missbrauchs.

Ermöglicht und erleichtert wird solcher Abusus gerade durch das *Vertrauen*, das Erziehern ganz selbstverständlich entgegengebracht wird. Gegen den Missbrauch von Vertrauen aber hilft natürlich, als moralische Schranke, kein Vertrauen. Die moralische Vorkehrung dagegen ist allenfalls eine strapazierfähige Haltung der *Achtung* – gerade gegenüber Unterlegenen und »Untergebenen«. Ähnliches gilt für das Verhältnis von Ärzten zu Patienten, von Psychotherapeuten zu Klienten, für unseren Umgang mit Alten, Kranken, Behinderten, ob in der Familie oder in Heimen. Gerade also in asymmetrischen Beziehungen, von denen Baier denkt, sie seien eine ausgezeichnete Domäne des Vertrauens, ist nicht das *Vertrauen* die moralische Vorkehrung gegen begrenzte (oder auch ausschweifende) »Sympathien«, sondern die Achtung vor dem Menschen in jedem Gegenüber.

1.2 Die Achtung ist auch der wesentliche Begriff bei der Beschreibung der frühkindlichen Moralentwicklung.
Auch beim Betrachten der Mutter-Kleinkind-Beziehung bestätigt sich die moralische Primärrolle der Achtung – und nicht des Vertrauens. »Eine nahe affektive Beziehung ist, sobald das Kind der Phase der vollständigen

einseitigen Geborgenheit entwachsen ist, nur mittels dieser zweiten intersubjektiven Grundbeziehung, der moralischen Achtung, aufrechtzuerhalten«, meint Tugendhat (VüE: S. 277). Denn um die zeitweise Abwesenheit der Mutter in »gesunder« Weise verkraften zu können, muss das Kind ihr eine eigenständige Existenz zugestehen, sie mithin respektieren. Damit das Kind *lernen* kann, die Abwesenheit der Mutter zu ertragen, muss es gewiss darauf *vertrauen* können, dass die Mutter wiederkommt. In der *Genese* des »primären« Achtungskonzepts spielt das Vertrauen also eine wichtige Rolle.[65] Es scheint dies aber ein vor-moralisches, eine Art Ur-Vertrauen zu sein, das überhaupt vorausgesetzt werden muss, damit in den primären Interaktionsprozessen die wünschenswerte Art sozialen Lernens möglich ist.

2. Bei der Erweiterung des moralischen Gehaltes persönlicher Beziehungen auf Aussenstehende ist es die Achtung, die erweitert wird, und nicht das Vertrauen.
Die wünschenswerte schrittweise Ausbreitung des menschenfreundlichen Gehalts persönlicher Beziehungen darf »nicht in dem Sinne missverstanden werden, dass die exklusiven Beziehungen der Liebe und Freundschaft einfach *entschränkt* würden.«[66] Warum nicht? Weil man gar nicht alle lieben und jedermanns Freund sein *kann*. Mitunter gibt es auch gute Gründe, keinesfalls mit jemandem befreundet sein zu *wollen*. Und man *möchte* gar nicht von allen geliebt werden.

In derselben Weise ist auch unsere *Vertrauens*fähigkeit begrenzt – und unsere Vertrauens*bereitschaft*. Manchmal möchte man gar nicht, dass einem vertraut wird, wenn man etwa die eigene Unzuverlässigkeit kennt und andern wohlgesonnen ist. Und schon gar nicht möchte man selber so töricht sein, jedem Vertrauen zu schenken. Vielmehr gibt es Fälle gerechtfertigten Misstrauens, über die Baier selber handelt. Die Begrenztheit des Vertrauens ist selber Teil des moralischen Problems. Deshalb ist es auch nicht möglich, möglichst viele in die Moral dadurch mit einzubeziehen, dass wir vorhandene Vertrauensbeziehungen universalistisch entschrän-

---

65 Dies gilt auch und erst recht für ein *Versprechen* der sich entfernenden Mutter, wiederzukommen: »[e]in fundamentaler Mechanismus, mit Hilfe dessen das Kind lernt, die Abwesenheit der Mutter zu ertragen«. »Die affektive Verlässlichkeit der Mutter wird ergänzt durch das *Vertrauen* zur Verlässlichkeit ihres Versprechens, wiederzukommen, und d.h. zu ihrer moralischen Verlässlichkeit.« Vgl. Ernst Tugendhat, VüE: S. 277 – Hervorhebung von mir.
66 Ernst Tugendhat, VüE: S. 279 – Hervorhebung von mir.

ken. Vertrauen ist kein vertrauenswürdiges Vehikel für einen moralischen Erweiterungsprozess.

Was aber schützt diejenigen vor uns, denen wir *nicht* vertrauen und die uns *nicht* vertrauenswürdig vorkommen? Und was schützt *uns* vor solchen, denen *wir* nicht vertrauenswürdig sind? Allenfalls *Achtung*. – Nur die Achtung ist auch ein brauchbares Vehikel für den moralischen Universalismus. Denn zwar wollen wir nicht von allen geliebt werden, allen Vertrauen schenken und von allen Vertrauen geschenkt bekommen. Aber wir wollen von allen *geachtet* werden[67] – und haben von daher auch einen Grund, diejenigen zu achten, von denen wir Achtung erwarten. Demnach wäre also nicht das Vertrauen, sondern jener Aspekt persönlicher Beziehungen, der bereits *in ihnen* als geeignet erschien, die Unsicherheiten der Sympathie und des Vertrauens auszugleichen, auch die am ehesten in Frage kommende »künstliche« Moralvorkehrung, die uns dabei hilft, das Visier gegenüber »Fremden« zu öffnen und sie in den Bereich unserer Rücksichtnahme und Fürsorge einzubeziehen.[68]

3. Der primäre moralische Korrekturmechanismus sollte etwas sein, das man fordern kann.
Um Vertrauen kann man »bitten« und »werben«, und es wird einem hoffentlich »geschenkt«. Aber Vertrauen kann man kaum sinnvoll *fordern*, wo jemand uns nicht vertraut. Er muss es uns »von sich aus« entgegenbringen können, oder er *hat* es eben nicht. Das primäre moralische Werkzeug sollte aber eines sein, dessen Einsatz man fordern kann. Dies sollte *deshalb* so sein, weil das zu schützende Gut: wir verletzliche, ruinierbare und zerstörbare Lebewesen, zu wichtig ist, um es einer so säumigen Instanz wie dem Vertrauen anzuvertrauen – oder der Sympathie, dem Wohlwollen, dem Mitleid. *Achtung* hingegen, im Sinne der Rücksicht auf unsere Eigenständigkeit, Verletzlichkeit, Hilfs- und Kooperationsbedürftigkeit, können wir voneinander *verlangen*.

---

67 Vgl. ebenda, S. 279f.
68 »... ist die moralische Haltung [der Achtung] einmal [nämlich im Kontext von Liebesbeziehungen] eingenommen [worden], so reicht das ›Müssen‹ zwangsläufig über die affektiven Beziehungen hinaus«. »... wenn die moralische Bejahung eine von der affektiven Beziehung verschiedene [nämlich eine achtungsmäßige] ist, die die affektive lediglich, wenn sie eine befriedigende sein soll, in sich aufnehmen muss, verliert die Erweiterung auf alle die Paradoxie«. Ebenda, S. 279.

Man wird sicher wissen wollen, ob meine Betonung einer moralischen Hauptrolle der »Achtung« auf eine Achtungs*ethik* hinausläuft – und ob das nicht wieder die schlechte alte *Pflicht*ethik ist, nur unter anderem Namen. Denn geachtet so könnte jemand sagen – werde ja wohl genau genommen nicht nur die Eigenständigkeit anderer, sondern deren *Recht* darauf, das zu respektieren wir *verpflichtet* sind.

Gegen den Verdacht, ich würde die Pflichtethik durch die Hintertür wieder einschmuggeln, nehme ich ein letztes Mal Zuflucht zu *Tugendhat*. Im Fall von »Tugendhats Baby« klingt es für mein Ohr überhaupt nicht künstlich, wenn er davon spricht, dass das Kind das Eigenleben seiner Mutter zu »respektieren« lernt. Die beiden »üben, wenn es gut geht, ein nichtinstrumentalisierendes Verhalten zueinander ein.« (VüE: S. 277.) Dieses erste Eintreten in die moralische Welt konnte man beschreiben, ohne davon zu sprechen, dass das Kind ein *Recht* der Mutter respektiert und sich dazu *verpflichtet* weiss.[69] So weit ist das Kind noch nicht. Ob die Achtung bei uns (oft im Doppelsinne) »grösseren Kindern« allemal die Anerkennung von *Rechten* beinhaltet, die *Verpflichtungen* implizieren, das hängt unter anderem von unserer Auffassung moralischer Forderungen ab. Darüber, dass diese nicht immer Pflichtcharakter haben, ist oben das Nötige gesagt worden.

Was die Frage angeht, ob ich die »Achtung« zum *zentralen* Moralbegriff machen und an die Stelle von »Pflicht« oder »Vertrauen« usw. setzen

---

69 *Avishai Margalit* ist ebenfalls der Auffassung, dass für die Anwendung des Achtungsbegriffs ein Begriff von »Rechten« nicht vorausgesetzt werden muss. Vgl. ders., *The Decent Society*, Cambridge/Mass. 1996, Teil I, 2 (dt. *Politik der Würde*, Frankfurt/M. 1999).
Auch *Tugendhat* spricht weder von einer *Verpflichtung* des Kindes gegenüber seiner Mutter, noch von einem *Recht* der Mutter, von ihrem Kind in ihrer Selbständigkeit geachtet zu werden. Er spricht nur davon, dass das Kind lernen müsse, »seine Mutter und andere Bezugspersonen als autonome Wesen ... zu respektieren«. VüE: S. 277.
Aber bei Tugendhat gibt es einen begrifflichen Druck hin zur Rede von »Verpflichtungen« und »Rechten«. Dieser Druck ergibt sich aus seiner Analyse des »Achtungs«-Begriffs. Tugendhat unterscheidet zwischen drei Achtungsbegriffen – oder drei »Ebenen« (S. 306) oder »Schattierungen« (S. 307) des Achtungs-Verständnisses: 1. der Achtung einer Person als Rechtssubjekt / als Besitzer von (*moralischen*) Rechten überhaupt, 2. der Achtung eines andern, verstanden »als Anerkennen seiner Autonomie« bzw. als »Anerkennung des *Rechts* des anderen auf Freiheit«, und 3. der Achtung im Sinne der Anerkennung der »Leistungen bzw. ... Leistungsfähigkeiten« anderer, der Anerkennung des anderen »in seinem Selbstwert« oder »wenigstens in seinem Selbstwertbedürfnis« (S. 306f. – Hervorhebung von mir).

möchte, so war mein Ziel in diesem Aufsatz jedenfalls ein geringeres. Ich wollte nur demonstrieren, dass der achtbare, aber irrige Versuch, *Vertrauen* zum moralischen Kernbegriff zu machen, schnell bei der Achtung endet. Zu prüfen, ob die Achtung selber das Zeug zum »zentralen« Moralkonzept hat, erforderte eine eigene Untersuchung.

Warum aber meint man eigentlich, es *müsse* einen und nur einen moralischen Hauptdarsteller geben? Selbst auf den Brettern, die die Welt bedeuten, ist ja gewöhnlich für mehrere Protagonisten Platz. Die moralische Welt ist vielleicht doch zu vielgestaltig und vielleicht auch zu wichtig, um hauptsächlich *einem* Begriff überantwortet zu werden. Dieser kann von seiner Solistenrolle eigentlich nur überfordert werden. Statt unserer Reduktionstendenz und unserem monistischen Theoriebedürfnis nachzugeben – einer bei Philosophen häufigen Art von intellektueller Willensschwäche –, sollten wir uns meines Erachtens besser um eine *integrative* Ethikkonzeption bemühen. Diese würde die wichtigsten Moralbegriffe mit Gründen als wichtigste auszeichnen und jedem von ihnen einen Platz zuweisen, als Hauptknotenpunkte in dem Netz unserer moralischen Überzeugungen. Wäre es nicht wirklich besser, wir setzten unsere moralphilosophischen Hoffnungen auf einen solchen *holistischen Begriffspluralismus*, statt immerfort nach neuen ethischen *Star*begriffen Ausschau zu halten – deren Absturz nur eine Frage der Zeit sein kann?

Wenn Tugendhat nun sagt, das Kind müsse lernen, »seine Mutter und andere Bezugspersonen *als autonome Wesen* ... zu *respektieren*« (S. 277 – Hervorhebung von mir), dann entspricht der gemeinte Respekt dem zweiten der von Tugendhat unterschiedenen Achtungsbegriffe. Insoweit dieser im Sinne des Respekts vor dem *Recht* anderer auf Selbstbestimmung aufgefasst wird, *impliziert* der vom Kind verlangte Respekt ein *Recht* der Mutter, geachtet zu werden. Und es liegt dann die noch absurdere Annahme nahe, das Kleinkind müsse ein Pflichtbewusstsein gegenüber seiner Mutter erwerben. – Der begriffliche Druck in diese Richtung entsteht auch dadurch, dass Tugendhat meint: »Die drei genannten Schattierung im Verständnis von Achtung hängen ... *analytisch* zusammen« (S. 307 – Hervorhebung von mir). Wenn es tatsächlich einen bedeutungsmäßigen Zusammenhang zwischen den unterschiedlichen Verwendungsweisen von »Achtung« geben würde, dann *gehörte* zu jeder von ihnen die Implikation von *Rechten* – und vermutlich auch von *Pflichten*. – Man kann diese unplausiblen Konsequenzen von Tugendhats Achtungs-Analyse vermeiden, indem man sich weigert, die Anerkennung der Selbstständigkeit der Mutter durch das Kind als die Anerkennung eines *Rechts* der Mutter auf Selbstständigkeit aufzufassen – und indem man den Zusammenhang von Tugendhats drei Achtungsbegriffen als weniger eng betrachtet.

Teil II
Zur Soziologie des Vertrauens

Vertrautheit, Zuversicht, Vertrauen: Probleme und Alternativen

Niklas Luhmann

1.

Vertrauen ist nie ein Thema des soziologischen Mainstream gewesen. Weder die klassischen Autoren noch moderne Soziologen verwenden den Terminus in einem theoretischen Zusammenhang. Aus diesem Grunde ist die Ausarbeitung theoretischer Rahmenstrukturen – eine der Hauptquellen begrifflicher Klarstellung – relativ vernachlässigt geblieben. Darüber hinaus hat sich die empirische Forschung – zum Beispiel die Forschung über das Vertrauen oder Misstrauen in die Politik – bisher auf eher allgemeine und nicht eben genau umrissene Vorstellungen verlassen, wobei sie Probleme des Vertrauens mit positiven oder negativen Einstellungen gegenüber der politischen Führung oder den politischen Institutionen, mit Entfremdung (selbst ein vielschichtiger Begriff), mit Hoffnungen und Sorgen oder mit Zuversicht verwechselte. In ihrer Monographie über Förderer, Protegés und Freunde, *patrons, clients, and friends*, verwenden Shmuel Eisenstadt und Luis Roniger den Begriff des Vertrauens dagegen als ungefähres Synonym für Solidarität, Sinn und Partizipation.[1] Dadurch kann gezeigt werden, dass sich vorbehaltloses Vertrauen in Familien und Gesellschaften geringeren Umfangs entwickelt und nicht automatisch auf komplexe arbeitsteilige Gesellschaften übertragen werden kann. Um zu entstehen, ist das Vertrauen somit auf spezielle gesellschaftliche Institutionen angewiesen; Freundschaftsnetzwerke und die Beziehung zwischen Förderern und Protegés sind Beispiele für eine solche Anpassungsleistung. Mit diesen Worten aber wiederholt man bloß wohlbekannte Thesen über die Arbeitsteilung und die Notwendigkeit einer funktionalen Solidarität, über *Gesellschaft* und *Ge-*

---

1 Shmuel N. Eisenstadt & Luis Roniger, *Patrons, Clients and Friends: Interpersonal Relations and the Structure of Trust in Society*, Cambridge 1985.

meinschaft*. Ein solcher Ansatz bietet keine neuen Einsichten in die Besonderheiten vertrauensvoller Beziehungen. Zur Erlangung solcher Einsichten bedarf es weiterer begrifflicher Klärung.

Bernard Barber nimmt einen solchen Bedarf immerhin wahr. In seiner Monographie *The Logic and Limits of Trust* versucht er zum ersten Mal, eine gewisse Systematik zu schaffen.[2] Er schlägt vor, drei verschiedene Dimensionen zu unterscheiden, in welchen vertrauensvolle Erwartungen fehlschlagen können: die Kontinuität der natürlichen und der moralischen Ordnung, die technische Kompetenz der Akteure in ihren Rollen und die treuhänderischen Verpflichtungen der Akteure, das heißt, ihre Pflicht und ihre Motive, die Interessen anderer vor ihre eigenen zu stellen. Diese Unterscheidung bezieht sich auf Erwartungsinhalte und – indirekt – auf bestimmte Ursachen von Enttäuschung. Sie lässt jedoch jene sozialen Mechanismen außer Acht, die trotz einer möglichen Enttäuschung Vertrauen entstehen lassen. Diese Frage ist es – und in einem weiteren Sinne das Problem der Funktion von Vertrauen – der mein Hauptinteresse gilt.[3] Sie führt zu einer anderen Annäherungsweise an begriffliche Probleme.

Zunächst müssen wir eine Verwechslung der Begriffe *Vertrautheit* und *Vertrauen* vermeiden. Vertrautheit ist eine unvermeidbare Tatsache des Lebens; Vertrauen ist eine Lösung für spezifische Risikoprobleme. Jedoch muss Vertrauen in einer vertrauten Welt erlangt werden, und in den vertrauten Zügen der Welt können sich Veränderungen ergeben, die sich auf die Möglichkeit auswirken, Vertrauen in zwischenmenschlichen Beziehungen zu entwickeln. Daher dürfen wir, wenn wir daran gehen, die Voraussetzungen des Vertrauens zu erkunden, die Voraussetzungen und Grenzen der Vertrautheit nicht vernachlässigen.

Bereits kurz nach der Geburt beginnen wir, Unterscheidungen zu treffen. Ein Beobachter könnte denken, dass wir dabei die schöne Logik George Spencer-Browns anwenden.[4] Wir kommen in einem zeichenlosen, unmarkierten Raum an – und finden uns darin enthalten. Wir führen den ersten Befehl aus: Triff eine Unterscheidung! Indem wir dies tun, sind wir gezwungen anzuzeigen, welche Seite der Unterscheidung wir meinen. Indem wir anzeigen, was wir meinen (vielleicht unseren eigenen Körper),

---

* Im Original deutsch.
2 Bernard Barber, *The Logic and Limits of Trust*, New Brunswick/N.J. 1983; vgl. auch ders., »Trust in Science: A Paper in Honor of Professor Ben-David«, unpubliziert.
3 Niklas Luhmann, *Vertrauen. Ein Mechanismus der Reduktion sozialer Komplexität*, Stuttgart 1989 (dritte Auflage).
4 George Spencer-Brown, *Laws of Form*, London 1971.

führen wir die Unterscheidung näher aus. Wir neigen dazu, diesen Bezeichnungsvorgang zu wiederholen. Dies verdichtet die Form (der Bezeichnung, Anm. d. Ü.). Durch die Verdichtung nimmt die bezeichnete Seite nicht nur die logische Eigenschaft der Gleichheit, sondern darüber hinaus auch die metalogische Eigenschaft der Vertrautheit an. Die Unterscheidung entwickelt sich und reift zur Unterscheidung zwischen Vertrautem und Unvertrautem heran. Es bleibt möglich, die Unterscheidung zu überschreiten; andernfalls wäre es keine Unterscheidung. Wir können die entgegengesetzte Seite (welche die entgegengesetzte Seite bleibt, das *Un*vertraute) verwenden, um zur bevorzugten Seite, der vertrauten Seite, zurückzukehren. Sobald eine Seite von Verdichtungen zu strotzen beginnt, verstärkt die Unterscheidung ihre eigene asymmetrische Struktur. So beginnen wir in einer uns vertrauten Welt mit vertrauten Gefahren zu leben – innerhalb bestimmter Grenzen, die den Bereich des Unvertrauten markieren. Und wir – oder zumindest unsere Vorfahren – haben Mythen erfunden, um die Unterscheidung wieder ins Unterschiedene, in den bezeichneten und markierten Raum einzuführen. Dies folgt erneut dem Ansatz Spencer-Browns: Die Unterscheidung »betritt wieder« ihren eigenen Raum.

Ist dies der operative Ansatz, so beschreibt die Phänomenologie seine Resultate. Tatsächlich habe ich begonnen, den berühmten Begriff der »Lebenswelt« neu zu formulieren.[5] Wir können in einer vertrauten Welt leben, weil wir das Unvertraute wieder ins Vertraute einführen können, indem wir Symbole verwenden. Wir müssen niemals die vertraute Welt verlassen. Sie bleibt unsere Lebenswelt. Wir überschreiten nie die Grenze. Sie bleibt ein Horizont, der sich mit uns mitbewegt. Aber wir wissen auf vertraute Weise um das Unvertraute. Vertrautheit gebiert Unvertrautheit. Wir entwickeln Formen, um die andere, verborgene Seite der Dinge, die Geheimnisse der Natur, die unerwartete Überraschung, das Unzugängliche oder (in moderner Terminologie) die Komplexität zu erklären. Wir können nur in vertrauten Begriffen agieren, aber wenn wir unsere Aktionen beobachten und beschreiben, verfahren wir paradox. Wir verwenden die vertraute Unterscheidung zwischen dem Vertrauten und dem Unvertrauten.

Ich kann hier nicht weiter auf eine operationale Theorie der Vertrautheit eingehen. Dennoch ist ein weiterer Punkt für die folgende

---

5 Niklas Luhmann, »Die Lebenswelt – nach Rücksprache mit Phänomenologen«, in: *Archiv für Rechts- und Sozialphilosophie*, 72, 1986, S. 176-194.

Diskussion der Begriffe Zuversicht und Vertrauen entscheidend. Ich werde den Begriff *Symbol* auf bestimmte Art und Weise gebrauchen, indem ich auf seine ursprüngliche Bedeutung zurückgehe: *sýmbolon* im Unterschied zu *diábolon*.[6] Symbole sind nicht Zeichen, die auf etwas anderes weisen. Sie setzen die Differenz zwischen Vertrautem und Unvertrautem voraus, und sie funktionieren in der Weise, dass sie den Wiedereintritt dieser Differenz in das Vertraute ermöglichen. Mit anderen Worten: Symbole repräsentieren die Unterscheidung zwischen Vertrautem und Unvertrautem in der vertrauten Welt. Sie sind Formen der Selbstreferenz, die die Selbstreferenz der Form nutzen. Tatsächlich haben Symbole sich zu Nachfolgern des Mythos entwickelt, indem sie diesen erst durch symbolische Deutung und später durch reinen Symbolismus ersetzten.[7]

Die symbolische Funktion, vertraute Begriffe zu verwenden, um das Unvertraute (Unbekannte) zu bewältigen, war von jeher das traditionelle Hoheitsgebiet der Religion.[8] Erst in der frühen Moderne erschien ein neuer Terminus (*riesgo, rischio*, Risiko), um anzudeuten, dass unerwartete Ergebnisse die Konsequenz unserer Entscheidungen sein könnten – und nicht einfach ein Aspekt der Kosmologie, ein Ausdruck der verborgenen Bedeutungen der Natur oder der verborgenen Absichten Gottes. Diese Entdeckung des »Risikos« als eines allgemeinen Charakteristikums des Lebens – es ersetzte in etwa den früheren Begriff der *fortuna* – macht die Aufgabe der Religion nicht einfacher. Sie ergänzt die menschliche Erfahrung jedoch um eine weitere Dimension. Es wird immer typischer und verständlicher, dass Entscheidungen Risiken unvermeidlich einschliessen. Ein solches Risikobewusstsein – das Risiko der technologischen Entwicklung oder das Risiko von Investitionen, einer Ehe oder langer Ausbildungszeiten – ist heute ein sehr vertrauter Aspekt unseres Alltags, aber es vermittelt nicht notwendigerweise einen kosmologischen oder religiösen Sinn. Geheimnistuerei – und somit Heuchelei und Misstrauen – sind nicht mehr die Essenz des Lebens und

---

6 Vgl. Walter Müri, *Symbolon. Wort- und sachgeschichtliche Studie*, Bern 1931.
7 Jan Assmann (*Ägypten. Theologie und Frömmigkeit einer frühen Hochkultur*, Stuttgart 1984) ist sich der ursprünglich nicht-symbolischen oder prä-symbolischen Bedeutung der Mythen besonders bewusst.
8 Niklas Luhmann, *Religious Dogmatics and the Evolution of Societies*, New York 1984; siehe auch Niklas Luhmann, »Society, Meaning, Religion – Based on Self-Reference«, in: *Sociological Analysis*, 46, 1985, S. 5-20.

der Klugheit,⁹ sondern man schenkt Vertrauen auf eigenes Risiko.¹⁰
Dieser Wandel der historischen Semantik, diese Verschiebung von der Kosmologie zur Technologie – stark vereinfacht ausgedrückt – muss vorausgesetzt werden, wenn wir die Funktion der Symbole im Allgemeinen und die Differenzierung zwischen Zuversicht und Vertrauen im Besonderen zu verstehen versuchen. Vertrauen und Zuversicht werden durch symbolische Repräsentation in eine vertraute Welt eingeführt und bleiben daher sensibel für symbolische Ereignisse, die die Grundlage ihrer Existenz plötzlich zerstören könnten. Ereignisse zu beobachten, die früheren Vertrauensbeziehungen widersprechen – zum Beispiel, indem man sich bewusst wird, dass wissenschaftliche Daten in der Absicht, spektakuläre Ergebnisse zu veröffentlichen, gefälscht wurden – kann zu einem plötzlichen Zusammenbruch der Zuversicht oder des Vertrauens führen. Eine symbolische Basis für Zuversicht oder Vertrauen entsteht also, nur um wieder zu verschwinden und eine Position unbezeichnet zu lassen, die (wie im Rückblick vielleicht deutlich wird) kurze Zeit für die Einheit des Vertrauten und des Unvertrauten innerhalb der vertrauten Lebenswelt sorgte.

2.

All dies war Präludium für mein Hauptthema. Ich möchte eine Unterscheidung zwischen Zuversicht (confidence) und Vertrauen (trust) vorschlagen. Beide Begriffe beziehen sich auf Erwartungen, die in Enttäuschung umschlagen können. Der Normalfall ist jener der Zuversicht. Der Mensch ist zuversichtlich, dass seine Erwartungen nicht enttäuscht werden: dass Politiker versuchen, Krieg zu vermeiden, dass Autos keine Panne haben oder plötzlich die Straße verlassen, sodass man beim Spazier-

---
9 »El secreto es vida de las determinaciones saludables« (L. Ramírez de Prado, *Consejo y consejero de príncipes*, Madrid 1958, S. 25 – der Text stammt ursprünglich aus dem Jahre 1617) war eine häufige Ansicht in jener Zeit. Vgl. auch Francis Bacon, »Über Verstellung und Heuchelei«, in: ders., *Essays oder praktische und moralische Ratschläge*, hg. v. Levin L. Schücking, Stuttgart 1993. Siehe auch Torquato Accetto, »Della dissimulazione onesta«, in: Benedetto Croce & Santino Caramella (Hg.), *Politici e moralisti del seicento*, Bari 1930 (1641).
10 Siehe James F. Short, »The Social Fabric of Risk«, in: *American Sociological Review*, 49, 1984, S. 711-725.

gang am Sonntagnachmittag überfahren wird. Man kann nicht leben, ohne Erwartungen in Bezug auf kontingente Ereignisse zu entwickeln, und man muss die Möglichkeit der Enttäuschung dabei mehr oder minder vernachlässigen. Man vernachlässigt diese, da sie eine sehr selten eintretende Möglichkeit ist, aber auch, weil man nicht weiss, was man sonst tun könnte. Die Alternative ist, in einer Welt permanenter Ungewissheit zu leben und seine Erwartungen zurückzuziehen, ohne irgend etwas zu haben, das sie ersetzen könnte.

Auf der anderen Seite erfordert Vertrauen ein vorangegangenes Engagement. Es setzt eine Risikosituation voraus.[11] Man könnte einen Gebrauchtwagen kaufen, der sich als »Flop« erweist – man könnte aber auch auf den Kauf verzichten. Man könnte einen Babysitter für den Abend engagieren, der allein in der Wohnung zurückbleibt, aber auch hier könnte man auf diese Entscheidung verzichten und auch hier könnten er oder sie ein »Flop« sein. Man kann vermeiden, ein Risiko einzugehen, aber nur, wenn man gewillt ist, auf die damit verbundenen Vorteile zu verzichten. Man ist von Vertrauensbeziehungen nicht in der gleichen Weise abhängig wie von der Zuversicht, aber Vertrauen kann wie diese eine Sache der Routine und des normalen Verhaltens sein.

Die Unterscheidung zwischen Zuversicht und Vertrauen hängt also von Wahrnehmung und Zuschreibung ab. Wenn man keine Alternativen in Betracht zieht (jeden Morgen verlassen fast alle von uns das Haus ohne Waffe!), ist man in einer Situation der Zuversicht. Wenn man die eine Handlungsweise der anderen vorzieht, obwohl die Möglichkeit besteht, durch die Handlungsweise anderer Menschen enttäuscht zu werden, definiert man die Situation als eine des Vertrauens. Im Falle der Zuversicht reagiert man auf Enttäuschung, indem man sie den äußeren Umständen zuschreibt. Im Falle des Vertrauens wird man die Zuschreibung interner Faktoren in Betracht ziehen müssen und schliesslich die vertrauensvolle Wahl bereuen.

Darüber hinaus ist Vertrauen nur in einer Situation möglich, in der der mögliche Schaden größer wäre als der erstrebte Vorteil.[12] Andernfalls wäre es einfach eine Frage rationaler Berechnung, und wir würden uns in je-

---

11 Dies ist eine Argumentation innerhalb der psychologischen Forschung. Vgl. dazu Franz Petermann, *Psychologie des Vertrauens*, Salzburg 1985.
12 Siehe dazu Morton Deutsch, »Trust and Suspicion«, in: *The Journal of Conflict Resolution*, 2, 1958, 265-279, und ders., »Cooperation and Trust: Some Theoretical Notes«, in: *Nebraska Symposion on Motivation*, 1962, S. 275-319.

dem Fall für unsere Handlung entscheiden, weil die Risiken in akzeptablen Grenzen blieben. Vertrauen ist nur dann erforderlich, wenn ein schlechtes Ergebnis uns unsere Handlung bedauern ließe.

Die Unterscheidung zwischen Zuversicht und Vertrauen hängt von unserer Fähigkeit ab, zwischen Gefahren und Risiken zu unterscheiden, seien diese entfernt oder von unmittelbarer Bedeutung. Die Unterscheidung bezieht sich nicht auf Fragen der Wahrscheinlichkeit oder Unwahrscheinlichkeit. Es handelt sich vielmehr um die Frage, ob die Möglichkeit der Enttäuschung von unserem eigenen früheren Verhalten abhängt oder nicht. »Risiko« ist ein relativ neues Wort, das sich aus ungeklärten Quellen über Italien und Spanien erst im Zuge der Erfindung des Buchdrucks in den europäischen Sprachen ausbreitete. Daher können wir vermuten, dass die Möglichkeit, diese Unterscheidung vorzunehmen, gleichermaßen ein Ergebnis sozialer und kultureller Entwicklung ist. Annahmen darüber, in welchem Maße unser eigenes Verhalten trotz gesellschaftlicher Abhängigkeiten eine Auswirkung auf unseren zukünftigen Daseinszustand hat, haben sich im Laufe der Geschichte immer wieder beträchtlich verändert. Während zum Beispiel in der Bibel das Jüngste Gericht überraschend hereinbricht, begann man es im späten Mittelalter – unter dem Einfluss des Beichtstuhls –, als das vorhergesagte Ergebnis riskanten Verhaltens darzustellen. Indem man Sünden begeht, riskiert man sein Seelenheil, das damit nicht länger Sache der kirchlichen Praxis ist, sondern zu der des individuellen Lebensstils und individueller Bemühungen wird.[13]

Trifft dies zu, so wird aus der Beziehung zwischen Zuversicht und Vertrauen ein höchst komplexer Forschungsgegenstand. Es geht nicht einfach darum, Erwartungen bestimmten Typen zuzuordnen und sie entsprechend der Frage zu sortieren, ob sie jeweils auf Zuversicht oder auf Vertrauen basieren. Eine Beziehung der Zuversicht kann zu einer Vertrauensbeziehung werden, wenn es möglich wird (oder möglich erscheint), jene Beziehung zu vermeiden. Somit können Wahlen politische Zuversicht in gewissem Maße in politisches Vertrauen verwandeln, zumindest, wenn die eigene Partei gewinnt. Umgekehrt kann Vertrauen wie-

---

13 Eine Art empirischer Beweis könnte die Tatsache sein, dass diese Veränderung keineswegs das Resultat der protestantischen Bewegung ist, sondern auch in katholischen Kreisen beobachtet werden kann; vgl. dazu Alois Hahn, »Religiöse Wurzeln des Zivilisationsprozesses«, in: Hans Braun & Alois Hahn (Hg.), *Kultur im Zeitalter der Sozialwissenschaften. Friedrich H. Tenbruck zum 65. Geburtstag*, Berlin 1984. Wir haben es hier mit dem Ergebnis eines zunehmenden Risikobewusstseins zu tun, das traditionell in religiösen Begriffen definiert wird.

der in bloße Zuversicht umschlagen, wenn die Meinung um sich greift, dass man politische Entscheidungen durch Wahlen nicht wirklich beeinflussen kann. Als Teilhaber an der Ökonomie muss man dem Faktor Geld notwendigerweise zuversichtlich gegenüberstehen. Andernfalls würde man es nicht als Teil des täglichen Lebens akzeptieren, ohne zu entscheiden, ob man es akzeptieren solle oder nicht. In diesem Sinne wurde dem Geld schon immer zugeschrieben, auf einem »Gesellschaftsvertrag« zu basieren.[14] Aber man braucht auch Vertrauen, um Geld zu behalten und nicht auszugeben, oder um es auf eine bestimmte Art und Weise – die andere ausschließt – zu investieren.

Aus diesem Blickwinkel betrachtet, versucht der politische und ökonomische Liberalismus, Erwartungen von einer Haltung der Zuversicht zum Vertrauen hin zu verschieben. Indem er auf der Freiheit der Wahl besteht, konzentriert sich der Liberalimus auf die individuelle Verantwortung, die impliziert, sich mit Bezug auf Politiker, Parteien, Waren, Firmen, Angestellte, Kredite und so weiter zwischen Vertrauen und Misstrauen zu entscheiden. Und er vernachlässigt die Probleme der Zuschreibung und die bedeutende Menge an Zuversicht, die erforderlich ist, um am System teilzunehmen. Vertrauen zu mobilisieren bedeutet, Engagement und Aktivität zu mobilisieren und dabei den Umfang und Grad an Partizipation auszudehnen. Aber was bedeutet das, wenn die Menschen nicht einen Zustand des Vertrauens oder Misstrauens wahrnehmen, sondern einen Zustand unvermeidbarer Zuversicht? Sie werden nicht sparen und investieren, wenn ihnen das Vertrauen fehlt; sie werden sich entfremdet fühlen, wenn ihnen Zuversicht fehlt.

Darüber hinaus muss eingeräumt werden, dass die Relation zwischen Zuversicht und Vertrauen nicht ein einfaches Nullsummenspiel ist, in dem umso weniger Vertrauen notwendig ist, je mehr Zuversicht besteht – und umgekehrt. Eine solche Theorie würde die strukturelle Komplexität sozialer Systeme als intervenierende Variable vernachlässigen. Aber eine soziale Entwicklung, die zunehmend komplexe Gesellschaftssysteme schafft, könnte in der Tat Systeme erzeugen, die mehr Zuversicht als Voraussetzung von Partizipation und mehr Vertrauen als Bedingung der besten Nutzung von Chancen und Möglichkeiten erfordern. Zuversicht in das System und Vertrauen zu Partnern sind unterschiedliche Haltungen in Bezug auf Alternativen, aber sie könnten einander beeinflussen. Insbe-

---

14 Vgl. als aktuelles Beispiel Eerik Lagerspetz, »Money as Social Contract«, in: *Theory and Decision*, 17, 1984, S. 1-9.

sondere kann eine Abnahme an Zuversicht oder die zunehmende Schwierigkeit, vertrauenerweckende Situationen und Partner zu finden, nachteilige Effekte auslösen, welche den Umfang der dem System verfügbaren Aktivität verringern.

3.

Vertrautheit, Zuversicht und Vertrauen sind verschiedene Modi, Erwartungen zu behaupten – verschiedene Typen der Selbstvergewisserung sozusagen. Jedoch verwenden sie Selbstbezüglichkeit auf unterschiedliche Art und Weise.

Vertrautheit und Zuversicht setzen asymmetrische Beziehungen zwischen System und Umwelt voraus.[15] Vertrautheit trifft die (asymmetrische) Unterscheidung zwischen vertrauten und unvertrauten Bereichen und gibt sich mit dem Vertrauten zufrieden. Das Unvertraute bleibt undurchsichtig. Bewusste Selbstreflexion ist unnötig: man ist sich selbst vertraut, nicht unvertraut. Zuversicht erscheint demgegenüber in Situationen, die sich durch Kontingenz und Gefahr auszeichnen, wodurch es sinnvoll wird, über vorbeugende und schützende Maßnahmen nachzudenken. Die Quelle von Enttäuschung könnte gesellschaftliches Handeln sein. Unsere Erwartung differenziert daher zwischen sozialen Akteuren. Während der Unterschied zwischen dem Vertrauten und dem Unvertrauten durch Religion bestimmt wird, wird jener zwischen sozialen Akteuren als Quellen und Opfern enttäuschenden Verhaltens durch Politik und Gesetze kontrolliert.[16] Das Ausmaß, in dem in antiken Gesellschaften Religion einerseits und Politik und Recht andererseits voneinander unterschieden werden, kann als Indikator dafür dienen, dass Kontingenz steigt und dass verschiedene Kontrolltechniken notwendig sind, um Probleme der Vertrautheit und Probleme der Zuversicht zu bewältigen.[17] Im Hinblick auf die Unterscheidung zwischen dem Vertrauten und dem Unvertrauten rei-

---

15 Vgl. dazu Niklas Luhmann, *Soziale Systeme. Grundriss einer allgemeinen Theorie*, Frankfurt/M. 1984, S. 35ff. u. S. 242ff.
16 Ein frühes soziologisches Pamphlet über die neuen Verbrechen des Missbrauchs von Zuversicht und Vertrauen verwendet jedoch den Terminus »Sünde« in seinem Titel: Edward A. Ross, *Sin and Society: An Analysis of Latter-Day Iniquity*, Boston 1907.
17 Zur Kontingenzsteigerung siehe John G. Gunnel, *Political Philosophy and Time*, Middletown 1968.

chen religiöse Techniken der Symbolisierung aus. Die politische Unterscheidung zwischen Feinden und Freunden, zwischen potenziell gefährlichen und verlässlichen Personen, läuft im Großen und Ganzen auf die Frage hinaus, innerhalb territorialer Grenzen den Frieden zu erhalten. In beiden Fällen entwickelt sich ein selbstbewusster Individualismus. Es ist ausreichend, seine eigene Position im Angesicht eines undurchsichtigen, zufallsbestimmten Schicksals und sichtbarer Quellen der Gefahr zu behaupten: Der Held ist das angemessene Symbol dieser Forderung.

Der Fall des Vertrauens ist ganz anders gelagert und erfordert einen ganz anderen Typus der Selbstbezüglichkeit. Es ist nicht von inhärenten Gefahren abhängig, sondern von Risiken. Risiken jedoch entstehen nur als Komponenten von Entscheidungen und Handlungen. Sie existieren nicht für sich allein. Wenn man sich allen Handelns enthält, geht man kein Risiko ein. Es ist eine rein *interne* Abwägung *externer* Umstände, die ein Risiko hervorbringt. Obgleich offensichtlich sein kann, dass es sich lohnen würde oder sogar unvermeidbar ist, einen riskanten Weg einzuschlagen – zum Beispiel einen Arzt aufzusuchen anstatt allein vor sich hin zu leiden – bleibt es dennoch unserer eigene Entscheidung. So scheint es jedenfalls für den Fall, dass eine Situation als Vertrauenssituation definiert werden kann. Mit anderen Worten: Vertrauen basiert auf einer zirkulären Beziehung zwischen Risiko und Handlung, wobei beide komplementäre Voraussetzungen sind. Handlung bestimmt sich im Verhältnis zu einem bestimmten Risiko als externer (zukünftiger) Möglichkeit, obwohl Risiko zugleich der Handlung inhärent ist und nur existiert, falls der Akteur sich entscheidet, die Möglichkeit ungünstiger Konsequenzen auf sich zu nehmen und zu vertrauen. Risiko ist einer Aktion zugleich inhärent und äusserlich: Es ist eine Art und Weise, wie Handlungen sich auf sich selbst beziehen, eine paradoxe Art, Handlungen zu erzeugen. Man könnte sagen, dass in der selben Weise, wie Symbole eine Wiederkunft des Unterschieds zwischen Vertrautem und Unvertrautem ins Vertraute repräsentieren, auch das Risiko eine Wiederkunft des Unterschieds zwischen Kontrollierbarem und Unkontrollierbarem ins Kontrollierbare repräsentiert.

Ob man Vertrauen in zukünftige Ereignisse setzt oder nicht: Die Wahrnehmung und Bewertung des Risikos ist eine höchst subjektive Angelegenheit.[18] Sie unterscheidet die Menschen voneinander und befördert un-

---

18 Siehe Nathan Kogan & Michael Wallach, »Risk Taking as a Function of the Situation, the Person, and the Group«, in: *New Directions in Psychology III*, New York 1967; siehe auch Baruch Fischhoff et al., *Acceptable Risk*, Cambridge 1981.

terschiedliche Typen risikofreudiger und risikovermeidender, vertrauensvoller oder misstrauischer Individualität. Unter den zahlreichen Quellen des modernen Individualismus könnte dies von beträchtlicher Bedeutung gewesen sein. Der Individualismus von Kaufleuten, welche Risiken einkalkulieren, aus Erfahrung lernen, wach für Neues sind und Entscheidungen auf der Basis einer gut abgewogenen Mischung aus Vertrauen und Misstrauen treffen, ersetzt den Individualismus des Helden, der allen möglichen Gefahren trotzt und jeder Art unglücklicher Überraschung gewachsen ist. Da er beide Typen in sich vereinte, faszinierte Robinson Crusoe die Periode des Übergangs.

Natürlich wird die relative Betonung von Vertrautheit, Zuversicht oder Vertrauen nicht einfach durch soziale Strukturen oder kulturelle Imperative vorgeschrieben. Dies bleibt in hohem Maße eine Frage der Definition. Besonders im Hinblick auf Zuversicht und Vertrauen kann man die Beziehung – die Entscheidung, zum Arzt zu gehen – entweder als unvermeidliche Zuversicht in das Gesundheitssystem oder als eine Sache riskanter Wahl betrachten. Da sie zu der selben Familie der Selbstvergewisserung gehören, hängen Vertrautheit, Zuversicht und Vertrauen offenbar voneinander ab, und sie sind zugleich in der Lage, sich gegenseitig in gewissem Maße zu ersetzen. Natürlich ist es nicht möglich, etwas vollständig zu ersetzen, von dem man auch abhängt. Daher müssen wir von einer komplizierten Beziehung zwischen Abhängigkeit und Ersetzung ausgehen, die ihrerseits von weiteren Bedingungen abhängig ist. Diese Bedingungen sind nicht *a priori* gegeben, sondern ändern sich im Laufe der sozialen Evolution, und das beeinflusst das Maß, in dem Vertrautheit, Zuversicht und Vertrauen im gesellschaftlichen Leben unterschiedlich bedeutsam werden.

4.

Die Bedingungen der Vertrautheit sind über die Jahrhunderte hinweg durch die Erfindung der Schrift, der Alphabetisierung und besonders des Buchdrucks dramatischen Veränderungen unterworfen gewesen.[19] Nun kann eine riesige Wissensmenge gespeichert werden, mit der der einzelne

---

19 Vgl. auch (aus einer anderen Perspektive) R. Horton, »African Traditional Thought and Western Science«, in: *Africa*, 31, 1967, S. 50-71 u. 155-187, hier S. 64ff.

vielleicht unvertraut ist und für immer bleiben wird, während andere womöglich davon Kenntnis haben und diese nutzen. Zunächst müssen diese Entwicklungen zu zunehmenden sozialen Spannungen geführt haben. Schon die hochverfeinerte Kunst der Rhetorik mit ihrer Betonung des topologischen Erinnerns, ihrem Erfinden (und das bedeutete: Finden) von Ideen und ihren übertreibenden Effekten war eine Reaktion auf diese neue Situation. Sie fordert den Sprecher heraus, da die Zuhörerschaft nicht länger vom geheimen Wissen ausgeschlossen ist: Sie kennt vielleicht die Texte und kennt vielleicht sogar mehr Texte und andere und bessere. Der Buchdruck ließ die Rhetorik obsolet werden, indem er das Problem ausweitete.[20] Die Welt selbst konnte mit einem Buch verglichen werden, das von Gott in teilweise unleserlichen Buchstaben geschrieben worden war; und sofort begannen Protestanten, Philosophen und Wissenschaftler, es auf unterschiedliche Arten zu lesen. Das Unvertraute schirmt nicht länger von möglichem Dissens, von Spannungen und Konflikten ab. Die gesellschaftliche Welt wird, entlang von »Interessen« neu ausgerichtet.[21] Nun kann man versuchen, Interessen zu kalkulieren und zu überlisten; man sieht vielleicht Mittel und Wege, die Interessen anderer zu nutzen. Diese sind verlässlich präzise aus dem Grund, *weil* sie Interessen sind.[22]

Diese Überlegungen führen zu der Hypothese, dass die Erfindung des Buchdrucks unsere Art und Weise, das Unvertraute zu bewältigen, völlig verändert hat. Die Unterscheidung zwischen Vertrautem und Unvertrautem wird unscharf; die religiöse Technik der Wiedereinführung des Unvertrauten ins Vertraute durch Symbolisation verliert ihre frühere Macht. Es gibt keine Notwendigkeit mehr, auf einer kosmologischen Ebene zwi-

---

20 Wie wir sehr genau wissen, dauerte es mehrere Jahrhunderte, bis dieser Effekt Wirkung zeitigte. Die lateinische Rhetorik war institutionalisiert und wurde an den Schulen gelehrt, und trotz der Betonung des Prinzips der »Selbst-Verbesserung« durch Lesen im sechzehnten Jahrhundert war es gewiss unmöglich, den Unterricht zu unterbinden. Vgl. dazu Walter Ong, *The Presence of the Word: Some Prolegomena for Cultural and Religious History*, New Haven 1967; ders., *Rhetoric, Romance, and Technology: Studies in the Interaction of Expression and Culture*, Ithaca 1971; ders., *Interfaces of the Word: Studies in the Evolution of Consciousness and Culture*, Ithaca 1977.
21 Siehe Felix Raab, *The English Face of Machiavelli: A Changing Interpretation 1500-1700*, London 1965, S. 157ff. und S. 246ff.; siehe auch John A. W. Gunn, *Politics and the Public Interest in the Seventeenth Century*, London 1969 und Albert Hirschman, *Leidenschaften und Interessen*, Frankfurt/M. 1987.
22 John A. W. Gunn, »Interest Will Not Lie: A Seventeenth-Century Political Maxim«, in: *Journal of the History of Ideas*, 19, 1968, 551-564.

schen *sýmbolon* und *diábolon*, zwischen guten und schlechten Kräften zu unterscheiden. Diese Schemata werden durch die Frage ersetzt, ob Wissen und Macht angesichts bestimmter Interessen in positiver oder negativer Weise verwendet werden. Somit sind Zuversicht und schließlich Vertrauen die entscheidenden Themen, und Vertrautheit überlebt als rein privates Milieu[23] ohne Funktion für die Gesellschaft als ganze. Unterschiede in vertrauten Milieus können nun allenfalls kulturelle und nationale Differenzierung erklären; sie beschreiben nicht mehr die menschliche Verfassung.

Eine zweite bedeutsame Veränderung geschieht, wenn der vorherrschende Typus gesellschaftlicher Differenzierung sich von der Stratifikation zu einer funktionellen Differenzierung hin verschiebt. Die Menschen[24] sind nicht mehr in einen festen gesellschaftlichen Rahmen eingebunden, sondern müssen zu allen funktionellen Subsystemen der Gesellschaft Zugang haben, auf die sie gleichzeitig angewiesen sind. Die Strukturen werden kontingent; das Gesetz kann geändert werden, wenn nicht durch Statut, so durch gerichtliches Vorgehen.[25] Wirtschaftliche Fluktuationen werden nun nicht mehr auf eine Begrenzung durch »angemessene Preise« zurückgeführt. Die Wissenschaft überrascht die Öffentlichkeit routinemäßig mit neuen Entdeckungen und Theorien.[26] Wesenhafte Strukturen und territorial begrenzte kulturelle Identitäten werden weitgehend durch zeitlich begrenzte Grössen wie Mode und Stil verdrängt.[27] Diese neuen Bedingun-

---

23 In der Tat verändert der Begriff »Milieu« im achtzehnten Jahrhundert seine Bedeutung entsprechend. Es bezeichnet nun nicht mehr eine vermittelnde Position, eine Mitte zwischen Extremen, sondern eine konkrete Umgebung, etwas, für das das neunzehnte Jahrhundert den Terminus »Umwelt« erfunden hat.

24 Sogar das Wort »people« (»Menschen«, »Leute«) verändert seine Bedeutung: Es verliert die im achtzehnten Jahrhundert übliche Konnotation »Eigentümer von (Grund-)Besitz«.

25 Morton J. Horwitz, *The Transformation of American Law 1780-1860*, Cambridge/Mass. 1977.

26 Friedrich H. Tenbruck spricht von einer »Trivialisierung der Wissenschaft« und meint damit, dass es nie wieder einen Newton geben wird: »Wissenschaft als Trivialisierungsprozess«, in: Nico Stehr & René König (Hg.), *Wissenschaftssoziologie. Studien und Materialien* (Sonderband der *Kölner Zeitschrift für Soziologie und Sozialpsychologie*, 18), Opladen 1975.

27 Die semantische Karriere der Mode beginnt mit der terminologischen Spaltung von *le mode* und *la mode* am Ende des sechzehnten Jahrhunderts. Das Konzept eines »Stils« nimmt erst in der zweiten Hälfte des achtzehnten Jahrhunderts eine zeitliche Bedeutung an.

gen²⁸ des Zugangs und des zeitlichen Drucks, der Chance und der Abhängigkeit, sowie der Offenheit und des Mangels an Integration verändern das Verhältnis zwischen Zuversicht und Vertrauen. Vertrauen bleibt unerlässlich in zwischenmenschlichen Beziehungen, aber die Partizipation an funktionellen Systemen wie Wirtschaft oder Politik ist nicht mehr eine Sache persönlicher Beziehungen. Sie erfordert Zuversicht, aber kein Vertrauen.

Die inkludierende Aufnahme von Personen in wichtige gesellschaftliche Systeme ist somit weder eine Sache der Natur, noch eine Sache des Vertrauens, des Eingehens eines Risikos oder einer rationalen Entscheidung. Die Formen der Exklusion haben sich gleichermaßen gewandelt. Sie bestehen nicht länger darin, dass jemand keinen Wohnsitz hat oder im Zustand der Todsünde lebt (indem er/sie den *Habitus* des Glaubens verloren hat), noch sind sie ein Ergebnis rationalen Misstrauens. Auf der Ebene der sozialen Inklusion gibt es keine Wahl zwischen einem Ein- oder Austritt, noch ist dies eine Frage der Geburt oder des »Gewähltwerdens«.²⁹ Diese beiden Grundlagen der Ausformung gesellschaftlichen Vertrauens sind verschwunden. Das moderne Leben hängt von kontingenten Strukturen und veränderbaren Bedingungen ab. Man kann Partizipation nicht vermeiden, weil »das Leben nun einmal so ist«, aber es gibt keine rationale Basis dafür, Unvermeidbares zu akzeptieren. Es besteht weder das Bedürfnis noch gar der Anlass, die Zuversicht in das System einer Entscheidung anheimzustellen. Man kann sich nur unglücklich fühlen und sich darüber beschweren.

Unter diesen Bedingungen ist noch einmal das Verhältnis zwischen Zuversicht und Vertrauen bedeutsam. Die grossen funktionalen Systeme sind nicht nur an Zuversicht sondern auch an Vertrauen gebunden. Wo es an Zuversicht mangelt, gibt es ein diffuses Gefühl der Unbefriedigtheit und Entfremdung oder sogar der Anomie. Dies muss keine unmittelbare Auswirkung auf das System haben. Wo jedoch das Vertrauen fehlt, verändert sich die Art und Weise, wie die Menschen über wichtige Fragen entscheiden. Vertrauen ist, wie man sich erinnern wird, eine Haltung, die risikobereite Entscheidungen zulässt. Die Entwicklung des Vertrauens und

---

28 Das Wort »condition« (von lateinisch *condicio,* nicht *conditio*) verändert ebenfalls seine Bedeutung, da es nicht mehr auf durch Geburt Gegebenes Bezug nimmt.

29 Ausser, wie es scheint, in Südafrika; vgl. dazu J. J. Loubser, »Calvinism, Equality, and Inclusion: The Case of Africaner Calvinism«, in: Shmuel N. Eisenstadt (Hg.), *The Protestant Ethic and Modernization: A Comparative View,* New York 1968. Man beachte auch die Korrelation dieses Typs der Inklusion/Exklusion mit einer beinahe ausschliesslich familialen Sozialisation.

Misstrauens hängt vom lokalen Umfeld und persönlicher Erfahrung ab. Diese Bedingungen können durch die Fernsehkultur ausgedehnt werden, etwa im Falle politischer Führungspersonen. Die Prüfung und Kontrolle von Vertrauen und die anhaltende Wahrnehmung jener symbolischen Ereignisse, die es mit der Zeit zerstören, erfordern einen relativ konkreten Rahmen. Sie hängen von einer früheren strukturellen Verminderung der Komplexität ab. Darüber hinaus erfordern sie eine sichtbare Bezugnahme auf die je eigenen Entscheidungen hinsichtlich des Eingehens eines Risikos. Unter modernen Bedingungen hängen sie zudem von Zuversicht ab. Ein Mangel an Zuversicht kann – ohne weitere Reflexion – einen Mangel an Vertrauen bedeuten, und ein Mangel an Vertrauen heißt, dass jedes Verhalten, das Vertrauen voraussetzt, ausgeschlossen wird. So investieren wohlhabende Brasilianer in überflüssige Apartmentanlagen für wohlhabende Brasilianer, aber nicht in die Industrie. Ganze Verhaltenskategorien können wirkungsvoll ausgeschlossen werden, und dies verstärkt noch weiter eine Sitation, in der man keine Zuversicht in das System haben kann.

Demnach können ein Mangel an Zuversicht und das Bedürfnis nach Vertrauen einen Teufelskreis bilden. Ein System – ökonomisch, legal oder politisch – erfordert Vertrauen als Eingangsbedingung. Ohne Vertrauen kann es in ungewissen oder riskanten Situationen keine unterstützenden Handlungen stimulieren. Gleichzeitig können die strukturellen und operationalen Eigenschaften eines solchen Systems Zuversicht zur Erosion bringen und dadurch eine der wesentlichen Bedingungen des Vertrauens untergraben.

Dies führt jedoch nicht zu dem Schluss, dass die Unterscheidung zwischen Zuversicht und Vertrauen hinfällig geworden ist. Im Gegenteil: Wenn komplexe Gesellschaften einen Mangel an Zuversicht und Vertrauen zeigen, wird die Unterscheidung wichtiger, weil Verneinung und Rückzug in beiden Fällen unterschiedliche Konsequenzen haben. Der *Mangel an Zuversicht* wird zu Gefühlen der Entfremdung und mit der Zeit zum Rückzug in kleinere Welten rein lokaler Bedeutsamkeit führen: zu neuen Formen der »Ethnogenese«, zu einer modischen Sehnsucht nach einem unabhängigen, wenn auch bescheidenen Leben, zu fundamentalistischen Haltungen oder zu anderen Formen der Retotalisierung der Milieus und »Lebenswelten«. Dies könnte indirekte Auswirkungen auf das politische System und die Wirtschaft haben, je nach Zustand dieser Systeme, und auch auf den unvorhersagbaren Zusammenfall mit anderen Faktoren innerhalb dessen, was Michel de Certeau *le temps accidenté* genannt hat.[30] Der *Mangel an Vertrauen* vermindert andererseits schlicht das aktive Handeln. Er reduziert den Umfang der Möglichkeiten rationalen Handelns. Er verhindert zum Beispiel frühe medizinische Behandlung. Er verhindert vor allem Kapitalinvestitionen unter den Bedingungen der Unsicherheit und des Risikos. Er kann zu einem im moralischen Sinne schlechten Leben führen, weil man nicht mehr erwartet, nach dem Tode belohnt zu werden. Er kann das öffentliche Interesse an innovativer Kunst vermindern, welche noch nicht durch das Establishment der Experten entdeckt und bestätigt ist.[31] Durch Mangel an Vertrauen kann ein System an Größe einbüßen; es kann sogar unter eine kritische Schwelle zusammenschrumpfen, die für seine eigene Reproduktion auf einem bestimmten Entwicklungsstand notwendig ist. Die Unterscheidung zwischen Zuversicht und Vertrauen erhellt jedoch die Tatsache, dass die Rücknahme des Vertrauens kein unmittelbares und notwendiges Ergebnis des Mangels an Zuversicht ist.

Eine begriffliche Unterscheidung ist natürlich noch keine empirische Theorie. Wir müssen darüber hinaus Hypothesen aufstellen und Forschungen durchführen, die jenen besonderen Bedingungen in bestimmten Systemen gelten, die den Teufelskreis eines Vertrauensverlusts durch den Verlust an Zuversicht, der wiederum einem Vertrauensverlust entspringt, der durch einen Verlust an Zuversicht bedingt ist ... unterbrechen können. Die Wirtschaft etwa kann sich vielleicht an Phasen erfreuen, in denen es möglich ist, berechtigtes Vertrauen in Investitionen zu haben, und stabile politische Verhältnisse könnten dies unterstützen. Die Ergebnisse könnten somit die Zuversicht in die monetäre Stabilität – also in das System – stärken. Das Gesetz kann Bürgerrechte, Freiheit und Besitz sogar angesichts des Drucks politischer Opportunität schützen. Dadurch kann es eine Zuversicht in das Rechtssystem und in Sicherheitspositionen erzeugen, die es dann leichter macht, Vertrauen in andere Beziehungen zu setzen.[32] Ferner wissen wir aus vielen empirischen Studien, dass ein negatives Stereotyp des Systems, der Bürokratie, des ›kapitalistischen‹ Unternehmens und der internationalen Körperschaften nicht inkompatibel mit positiven Einzelerfahrungen ist. *Ihre* Bank leistet gute Dienste; *Ihr* Arzt

---

30 Michel de Certeau, *L'invention du quotidien*, Paris 1980, S. 337f.
31 Vgl. Bourdieus Studie über die »feinen« Unterschiede, die natürlich »sichere« Unterschiede sein müssen: Pierre Bourdieu, *Die feinen Unterschiede*, Frankfurt/M. 1987.
32 Bernard Barber, *The Logic and Limits of Trust*, a.a.O., stellt dies im Zusammenhang der Kooperation von Gesetz(gebung) und Vertrauensbildung ebenfalls fest.

hat sich als sehr sorgsam und rücksichtsvoll erwiesen, obgleich er im Dienste des Staates tätig ist. Somit kann es möglich sein, Vertrauen auf der Mikroebene aufzubauen und Systeme auf der Makroebene gegen Zuversichtsverlust(e) zu schützen.

Aus diesem Blickwinkel verleiht die Unterscheidung zwischen Zuversicht und Vertrauen der berüchtigten Mikro-/Makro-Unterscheidung, die in der empirischen Forschung so schwer handzuhaben ist, einen neuen Beigeschmack. Wir wissen sehr genau, wie von der Makroebene auf die Mikroebene zurückgegangen werden kann, indem die Auswirkung der gesellschaftlichen Strukturen und Veränderungen auf individuelle Haltungen betrachtet wird. Es ist sehr viel schwieriger, wieder aufzusteigen und über die Effekte einer Akkumulation individueller Haltungen auf Makrophänomene zu spekulieren. Hat Weber wirklich Beweise für seine These geliefert, dass neue Typen einer asketischen und sparsamen Motivation den Übergang von der traditionellen zur kapitalistischen Gesellschaft herbeigeführt haben? Man könnte dieses Problem erneut in Erwägung ziehen, indem man danach fragt, ob besondere Bedingungen für die Hervorbringung von Zuversicht dadurch vorlagen, dass Anlässe für ein Vertrauensengagement geliefert wurden. Vor allem gibt es die schwindende Bedeutung der Unterscheidung zwischen vertrauten und unvertrauten Handlungsbereichen und den Übergang von einem Abendteurerkapitalismus zu einem Kapitalismus, der Risiken einkalkuliert;[33] aber es gibt auch die gestiegene Zuverlässigkeit des Rechtsystems, den Schutz des Privateigentums gegen politische Enteignung, sowie die erhöhte Sichtbarkeit der wechselseitigen Abhängigkeit innerhalb der Marktwirtschaft. Beunruhigende Ereignisse könnten identifiziert werden, und spezifizierbare Möglichkeiten der Zuweisung könnten es möglich machen, sich den nächsten Fall anders vorzustellen.

Wir sollten natürlich vermeiden, einen einzigen Erklärungsansatz zu überlasten. Der Begriff des Vertrauens kann den Begriff der *Gemeinschaft* oder der Solidarität nicht ersetzen. Vertrauen oder Misstrauen: Dies ist sicher nicht die Unterscheidung, die wir verwenden sollten, um die moderne Gesellschaft zu charakterisieren. In der Beschreibung der modernen Gesellschaft könnte es wichtiger sein, zwei voneinander abhängige strukturelle Veränderungen zu akzeptieren: erstens die zunehmende Di-

---

33 Dies war zum Teil ein Effekt der jüngsten Entdeckungen unbekannten Territoriums und letztlich der »Globalisierung« der Erde, aber auch ein Effekt verbesserter Nachrichtendienste.

versifikation und Partikularisierung von Vertrautheiten und Unvertrautheiten; und zweitens die zunehmende Ersetzung von Gefahr durch Risiko, also durch die Möglichkeit zukünftiger Schäden, die wir als Konsequenz unserer eigenen Handlungen oder Unterlassungen werden betrachten müssen. Wenn dies zutrifft, wird unsere Rationalität selbstverständlich das Eingehen von Risiken erfordern; und das Eingehen von Risiken wird, soweit andere involviert sind, Vertrauen erfordern. Und sollte dies wiederum zutreffen, ist es wahrscheinlich, dass wir uns früher oder später in den Teufelskreis hineinbewegen, kein Vertrauen zu riskieren, die Möglichkeiten rationalen Handelns zu verlieren, Zuversicht in das System zu verlieren und so weiter, sodass wir wiederum sehr viel weniger bereit sind, Vertrauen überhaupt zu riskieren. Wir könnten dann fortfahren, mit einem neuen Typus der Sorge um das zukünftige Ergebnis gegenwärtiger Entscheidungen zu leben, sowie mit einem allgemeinen Argwohn, der überall Unehrlichkeit wittert.

Ich nehme nicht in Anspruch, dass begriffliche Klärungen und die Entwicklung von Theorien uns mit einem effektiven Instrument ausstatten, um ein solches Schicksal zu vermeiden. Aber sie könnten uns helfen, klar und deutlich zu sehen, was geschieht.

Aus dem Englischen von Christine Rospert

Vertrauen und Vertrautheit – Phänomenologisch-anthropologische Grundlegung

Martin Endreß

Der Begriff des »Vertrauens« ist in der jüngeren soziologischen Diskussion zu einiger Prominenz gelangt. Im Zuge dieser Karriere wurde er im Kontext der anhaltenden Debatten um die Bedingungen von Modernität und die »Funktionsfähigkeit« moderner Gesellschaften zunehmend aus seiner Bindung an interpersonale unmittelbare Beziehungen gelöst und als öffentliche Ressource ins Blickfeld gerückt. Wesentliche Bezugspunkte dafür bilden ein zugespitztes Verständnis der Lebensbedingungen in hochtechnisierten Gesellschaften als ein solches auf Dauer gestellter selbstproduzierter Unsicherheiten, das Ungenügen ausschließlich vertraglich oder bürokratisch abgestützter (ökonomischer) Kooperationsbeziehungen, die Pluralisierung und damit strukturelle Entwertung von Expertenwissen sowie die Vermittlung von individuellen und allgemeinwohl-orientierten Interessen im Rahmen einer revitalisierten Bürgergesellschaft. In diesen Hinsichten wird auf mehr oder weniger ausgearbeitete Vertrauenskonzepte zur Charakterisierung der Bedingungen des Erhalts oder der Konsolidierung von (professionellen) Kooperationsbeziehungen, institutionellen Arrangements und gesellschaftlichen Funktionskreisläufen zurückgegriffen. Das neu erwachte Interesse am Phänomen des Vertrauens hat damit wesentlich die als beschleunigt wahrgenommenen Veränderungsprozesse gegenwärtiger Sozialverhältnisse, ihren transitorischen Charakter und die damit einhergehende Dezentrierung menschlicher Weltverhältnisse zur Grundlage.

Der sich bei aller Unterschiedlichkeit der theoretischen und methodischen Zugänge durchhaltende Zugriff auf das Vertrauensphänomen besteht von Seiten der Soziologie somit im Bezug auf die Problematik der sozialen Integration moderner Gesellschaften und der diesen »Zusammenhalt« ermöglichenden kooperativen Handlungszusammenhänge. Wenn es die Soziologie wesentlich mit Fragen nach der Genese, den Stabilisierungsbedingungen und Veränderungsprozessen sozialer Ordnungen, also mit den Bedingungen der Möglichkeit intersubjektiven, wechselseitigen Handelns zu tun hat, dann ist der Analyse des Vertrauens – als einer »der wichtigsten synthetischen Kräfte innerhalb der Gesellschaft«[1] – ein zentraler Stellenwert für ihren analytischen Zugriff einzuräumen. Und zwar insofern, als die Verlässlichkeit von Handlungszusammenhängen, die relativ stabilisierte Anschlussfähigkeit des Handelns an und seine Abhängigkeit vom nicht nur zukünftigen, sondern ganz ebenso vergangenen Handeln anderer, an dem (und dessen unter Umständen institutionell verdichteten Formen) es sich orientiert, als Grundprinzip sozialer Ordnungen anzusehen ist. Mit der Thematisierung des Vertrauensphänomens geht es für die Soziologie demnach um die Frage nach der Möglichkeit und den Typen der intersubjektiven Strukturierung menschlicher Weltbezüge.

Von soziologischer Seite sind im Anschluss an verschiedene klassische Beiträge[2] insbesondere die Anstöße von Luhmann,[3] Barber,[4] Giddens[5] und Coleman[6] auf größere Resonanz gestoßen. Die durch diese ausgelö-

---

1 Georg Simmel, *Soziologie. Untersuchungen über die Formen der Vergesellschaftung*, in: ders., *Gesamtausgabe Band 11*, hg. v. Otthein Rammstedt, Frankfurt/M. 1992, S. 393.
2 Vgl. beispielsweise die Rekapitulationen bei Allan Silver, »'Trust in Social and Political Theory«, in: Gerald D. Suttles & Mayer N. Zald (Hg.), *The Challenge of Social Control: Citizenship and Institution Building in Modern Society*, Norwood/NJ 1985; David J. Lewis & Andrew J. Weigert, »Social Atomism, Holism, and Trust«, in: *The Sociological Quarterly*, 26, 1985, S. 455-471, hier S. 457ff.; Barbara Misztal, *Trust in Modern Societies: The Search for the Bases of Social Order*, Cambridge 1996, S. 33ff. u. S. 65ff.
3 Niklas Luhmann, *Vertrauen. Ein Mechanismus der Reduktion sozialer Komplexität*, Stuttgart 1989 (dritte Auflage). Siehe auch Niklas Luhmann, »Vertrautheit, Zuversicht, Vertrauen. Probleme und Alternativen«, in diesem Band.
4 Bernard Barber, *The Logic and Limits of Trust*, New Brunswick/N.J. 1983.
5 Anthony Giddens, *Konsequenzen der Moderne*, Frankfurt/M. 1995.
6 James S. Coleman, *Foundations of Social Theory*, Cambridge/Mass. 1990 (dt. *Grundlagen der Sozialtheorie*, 3 Bände, München 1991). Zur Analyse und Kritik des Beitrages von Coleman (S. 91ff. u. S. 175ff. u. S. 747ff.; dt Bd.1, S. 115ff. u. S.225ff. sowie Bd.3, S. 105ff.) vgl. Norman Braun, »Altruismus, Moralität und Vertrauen«, in: *Analyse und Kritik*, 14, 1992, S. 177-186; Peter Preisendörfer, »Vertrauen als soziologische Kategorie. Möglichkeiten und Grenzen einer entscheidungstheoretischen Fundierung des Vertrauenskonzepts«, in: *Zeitschrift für Soziologie*, 24, 1995, S. 263-272, und besonders Kay Junge, »Vertrauen und die Grundlagen der Sozialtheorie – Ein Kommentar zu James S. Coleman«, in: Hans-Peter Müller & Michael Schmid (Hg.), *Norm, Herrschaft und Vertrauen. Beiträge zu James S. Colemans Grundlagen der Sozialtheorie*, Opladen 1998, S. 26-63.

ste Diskussion ist gegenwärtig von zwei Schwerpunktsetzungen gekennzeichnet: Einerseits wird das Thema »Vertrauen« in gesellschaftstheoretischer Hinsicht aufgegriffen und in entwicklungsgeschichtlich (modernisierungstheoretisch) angelegte Reflexionen eingebunden;[7] andererseits liegen vornehmlich spiel- und entscheidungstheoretische Modellierungen mit Bezug auf die Analyse von Mikrokonstellationen vor.[8] In erstgenannten Analysen dominieren drei Perspektivierungen des Themas: einmal die These, dass der Übergang von vormodernen zu modernen Gesellschaften als Wechsel von personalen Vertrauensverhältnissen zu depersonalisierten, generalisierten Vertrauenskonstellationen, das heißt zum Typus des Systemvertrauens, zu betrachten sei; sodann die Annahme, dass Vertrauen in modernen im Unterschied zu vormodernen Gesellschaften nicht mehr auf Vertrautheit beruhe; und schließlich die These, dass Vertrauen in modernen Gesellschaften zwar problematischer, für deren Funktionieren aber ebenso in gesteigertem Maß, unter anderem aufgrund ihrer Technisierung, erforderlich sei. Entscheidungstheoretisch ansetzende Argumentationen tendieren demgegenüber dazu, Vertrauen kontextfrei, also weder hinsichtlich seiner konkreten interaktionsgeschichtlichen noch seiner institutionellen Einbettung zu thematisieren und den Vertrauensbegriff als Form einer rational-kalkulierten Entscheidung unter Risiko zu konzeptualisieren.

In der hier vorgelegten grundlagentheoretischen Erörterung des Vertrauensphänomens wird ein diesen Konzeptualisierungen gegenüber alternativer Theorievorschlag entwickelt. In seinem Rahmen werden sich die entwicklungsgeschichtlichen, dekontextualistischen und risikotheoretischen Zuspitzungen als Verengungen des Themas erweisen. Dabei wird mit der angezielten Grundlegung des Vertrauensphänomens in phä-

---

7 So Bernard Barber, *The Logic and Limits of Trust*, a.a.O.; Shmuel N. Eisenstadt & Luis Roniger, *Patrons, Clients and Friends: Interpersonal Relations and the Structure of Trust in Society*, Cambridge 1984; Anthony Giddens, *Konsequenzen der Moderne*, a.a.O.; Niklas Luhmann, *Vertrauen*, a.a.O.; Barbara Misztal, *Trust in Modern Societies*, a.a.O.; Ann-Mari Sellerberg, »On Modern Confidence«, in: *Acta Sociologica*, 25, 1982, S. 39-48.

8 Norman Braun, »Altruismus, Moralität und Vertrauen«, a.a.O.; James S. Coleman, *Foundations of Social Theory*, a.a.O.; Diego Gambetta (Hg.), *Trust: Making and Breaking Cooperative Relations*, Oxford 1988; Peter Preisendörfer, »Vertrauen als soziologische Kategorie«, a.a.O.; Werner Raub, »Eine Notiz über die Stabilisierung von Vertrauen durch eine Mischung von wiederholten Interaktionen und glaubwürdigen Festlegungen«, in: *Analyse und Kritik*, 14, 1992, S. 187-194.

nomenologisch-anthropologischer Perspektive ein Zugang gewählt, der in den gegenwärtigen Diskussionen nur sehr mittelbar präsent ist. Ausgehend von alltagssprachlichen Beobachtungen, die eine Zuspitzung des Vertrauensphänomens auf ein Sozialverhältnis nahe legen, seinen wesentlich pragmatisch impliziten Modus im Sinne fungierenden Vertrauens belegen und – exemplarisch – eine Kritik am Konzeptualisierungsvorschlag Luhmanns motivieren (1), wird der Bogen zu einer anthropologischen Grundlegung geschlagen, der den Charakter von Vertrauen und Vertrautheit anhand der in Helmuth Plessners Entwurf explizierten »anthropologischen Grundgesetze« zu vertiefen gestattet (2). Auf dieser Basis lässt sich die Unterscheidung unvertraut-vertraut als die für die Struktur der Lebenswelt grundlegende Spannung freilegen und Vertrauen im Zuge einer am Werk von Alfred Schütz orientierten wissenssoziologischen Reflexion als Resultat einer partiellen Stillstellung von Transformationsmöglichkeiten im Rahmen eines Typus pragmatischer Reflexivität verstehen (3). Der Beitrag schließt mit einigen Überlegungen in gegenwartsanalytischer Hinsicht, die in zentralen Hinsichten gegenüber dem angeführten Konsens der Disziplin abweichende Schlussfolgerungen nahe legen (4).

1.

Jede Annäherung an das Thema »Vertrauen« führt vor dem Hintergrund des Alltagsverständnisses dieses Begriffs zunächst in ein Dilemma: Wir sehen uns mit einem erheblich äquivoken Gebrauch konfrontiert, sodass in einem ersten Schritt zunächst genauer zu fragen ist, unter welchen Bedingungen wir »wem« »warum« vertrauen und von »was« wir in welcher Hinsicht aussagen, dass »es« uns vertraut ist.

Alltäglich sprechen wir weitgehend ungeschieden davon, dass uns bestimmte Menschen und ihre Handlungsformen und Verhaltensweisen vertraut sind; bestimmte gesellschaftliche Einrichtungen und Organisationen (Systeme) mit ihren Verfahren und Regeln; bestimmte Gedanken, Denkweisen oder Einstellungen; bestimmte Milieus, Orte oder Situationen oder bestimmte Techniken der Handhabung von Dingen oder Gegenständen. Ebenso mehrdeutig sagen wir von einer uns nahe stehenden Person, von bestimmten Funktionsgegenständen oder im Hinblick auf bestimmte Konstellationen und Umstände, dass wir ihr bzw. ihnen vertrauen. Trägt man so Aspekte einer Alltagssemantik von »Vertrauen« und

»Vertrautheit« zusammen, dann stößt man unmittelbar auf das Erfordernis einer begrifflichen Differenzierung. Denn offenkundig sagen wir von einem uns nahe stehenden Menschen in anderer Weise aus, dass er oder sie uns vertraut ist oder dass wir ihm vertrauen, als wir es beispielsweise von unserem Auto tun; und ganz offensichtlich meinen wir etwas anderes, wenn wir von der Vertrautheit unserer näheren Lebensumwelt sprechen oder von der Vertrautheit einer uns wiederholt begegnenden Überlegung oder einer unseres Erachtens für uns selbst typischen Reaktion; und ebenso augenscheinlich reden wir von verschiedenen Dingen, wenn wir uns um das Vertrauen in die Demokratie sorgen oder uns fragen, ob wir weiterhin auf unsere bisherigen Techniken der Pflege unserer Gartenbepflanzung vertrauen können. Auf den ersten Blick könnte man zu dem Schluss kommen, dass wir im Rahmen der Alltagssprache unterscheiden zwischen: auf »jemanden« vertrauen und mit »etwas« vertraut sein. Die Differenz läge demnach zwischen einem Personal- und einem Sachbezug. Aber der alltägliche Sprachgebrauch verwischt auch hier die Grenzen: So sprechen wir sowohl davon, dass wir auf unsere Kenntnis eines anderen, des Computers oder der Wohnumgebung »vertrauen«, als auch davon, mit anderen, dem Computer oder der Wohnumgebung »vertraut« zu sein. Es sind deshalb einführend zunächst drei Begriffe genauer zu betrachten: Vertrauen, Vertrautheit und Vertraulichkeit.

1.1.

Mit dem Begriff *Vertrauen* meinen wir prinzipiell zweierlei: Einerseits vertrauen wir selbst anderen, wir haben bzw. schenken ihnen Vertrauen, das heißt wir glauben jemandem, wir vertrauen uns jemandem an oder wir verlassen uns auf jemanden. Andererseits sprechen wir davon, selbst Vertrauen zu genießen, also unsererseits für andere vertrauenswürdig zu sein. Der Sprachgebrauch hält hier eine Reihe weiterer Umschreibungen parat, wie etwa jemanden für glaubwürdig, verlässlich und zuverlässig oder integer (wahrhaftig, aufrichtig) zu halten. So geht jedwedes Vertrauen pragmatisch immer schon von der Verlässlichkeit des anderen aus. Charakteristisch für Vertrauen dürfte dabei sein, dass es sich keinem reflexiven, also explizit vollzogenem Entschluss verdankt, sondern dass es wirksam ist, und dass man sich erst nachträglich bewusst machen kann, jemandem oder einer Sache vertraut zu haben, also auf die Verlässlichkeit des oder der anderen oder auch einer Maschine gesetzt zu haben. Vertrauen also ist fungierendes Vertrauen. In der Regel sind wir immer schon davon ausgegangen bzw. wird mit Blick auf uns von anderen davon ausgegangen, dass die jeweils interaktionsleitenden Erwartungen an andere nicht enttäuscht werden. Vertrauen stützt sich auf Annahmen über die Handlungen, Haltungen, Habitualitäten anderer, vorzugsweise derjenigen, mit denen wir in unmittelbaren Kontakt treten. So wird in beiden Hinsichten aufgrund gemachter Erfahrungen einem selbst oder von einem selbst anderen Vertrauenswürdigkeit zugeschrieben, also eine Form »sozialen Kapitals« zugesprochen, das einen »Kredit«, einen Vertrauensvorschuss (mehr oder weniger bis auf Widerruf) für die (unmittelbare) Zukunft impliziert. Vertrauen gründet auf Konstellationen der Vertrautheit, auf einem Fundus die Geachtetheit der eigenen Person bestätigender Erfahrungen. Wobei sich diese Erfahrungen nicht grundsätzlich stets denselben Personen verdanken müssen, sondern einen allgemeinen Erfahrungsbestand unserer vielfältigen alltäglichen Interaktionen darstellen. Dieser Umstand verweist auf ein Strukturmerkmal unserer Erfahrung, das Schütz im Anschluss an Husserl mit den Idealisierungen des »und so weiter« und des »ich kann immer wieder« herausgearbeitet hat: Wir generalisieren unsere Erfahrungen nicht nur zeitlich, also zum Beispiel mit Bezug auf eine konkrete Person von den gegenwärtigen auf potenzielle zukünftige Situationen mit dieser, sondern auch räumlich – was hier für etwas gilt, wird auch dort für es gelten. Vor allem aber generalisieren wir auch sozial: Wir gehen – bis auf Widerruf – davon aus, dass sich unsere Erfahrungen mit bestimmten Personen in bestimmten Situationen auf entsprechende Situationen mit anderen Personen zumindest im Prinzip übertragen lassen. Wir gehen also davon aus, bei prinzipiell ähnlich gelagerten Umständen auf grundsätzlich in unserer sozialen Umwelt als selbstverständlich angesehene und praktizierte Muster rekurrieren zu können bzw. mit diesen im Verhalten anderer konfrontiert zu werden. Das mit dem Vertrauensbegriff verbundene Kernphänomen ist eine interaktive Konstellation. Erst von diesem her versteht sich ein abgeleiteter Sprachgebrauch, der diesen Begriff auch auf Situationen oder Sachverhalte bezieht.[9] Auf dieser Grundlage kann sich ein Verhältnis der Vertrautheit entwickeln, das potenziell auch die Form der Vertraulichkeit annehmen kann.

Mit dem Begriff *Vertrautheit* umschreiben wir demgegenüber entweder ein Verhältnis zu Menschen, mit denen wir ein enges, über die Zeit bewährtes Verhältnis pflegen, mit denen wir länger zusammenleben oder befreundet sind, ggf. auch zu solchen, die uns familiär verbunden sind;

der Begriff stellt die Charakterisierung des »Zustands« einer sozialen Beziehung dar. Oder aber wir zielen mit diesem Begriff auf Umstände, Situationen, Gegebenheiten oder Sachverhalte, mit denen wir (sehr gut) bekannt, über die wir hinreichend orientiert sind, also Bescheid wissen; die wir als uns vertraut typisieren. Schließlich beziehen wir diesen Begriff auch auf Zeichen, Symbole, Rituale und Handlungsformen, die uns wohlbekannt und in ihrer Verwendung geläufig sind. Auch an dieser Stelle ist festzuhalten, dass wir nicht etwa Handlungsroutinen oder Ritualen »vertrauen«, sondern dass wir mit Routinen und Ritualen »vertraut« sind und in Interaktionen darauf »vertrauen«, dass dies für andere ebenso gilt, sodass beispielsweise bestimmten Praxisformen der Charakter des Selbstverständlichen zukommt. Der Zustand des »Vertrautseins« umschreibt ein Verhältnis unterstellter gesicherter Orientierung, er bringt die Annahme hinreichend abgestützten, gesicherten Wissens über andere oder über »etwas« auf den Begriff. In dieser Hinsicht fungiert Vertrautheit als Grundlage von Vertrauen: Ist man mit jemandem vertraut, so geht man regelmäßig davon aus, sein Vertrauen zu genießen wie auch dieser anderen Person selbst Vertrauen entgegenbringen zu können und entsprechend mit ihm oder ihr Vertraulichkeiten pflegen bzw. austauschen zu können. Gleichwohl muss man, wenn man mit jemandem vertraut ist, ihm oder ihr nicht zugleich vertrauen. Umgekehrt kann man zwar auch jemandem vertrauen, ohne mit ihm vertraut zu sein, aber dieser Fall bildet nicht nur empirisch eine Ausnahme, sondern gründet strukturell in der zuvor angesprochenen Generalisierungspraxis, das heißt auch dieses Vertrauen vollzieht sich letztlich auf einer Vertrautheitsbasis.

Mit dem Begriff *Vertraulichkeit* bezeichnen wir ein – stets situatives und thematisch spezifisches – Verhältnis zu einem oder mehreren anderen Men-

---

9 Die alltagssprachlich changierenden Verwendungen von Begriffen lassen sich wesentlich auf pragmatische Abkürzungsstrategien des Alltags zurückführen. So sagen wir alltäglich aufgrund sich wiederholender Erfahrungen zu Recht, dass wir bestimmten Gegenständen vertrauen; aber dem reflexiven Blick zeigt sich, dass wir streng genommen zum Beispiel nicht dem Computer oder dem Motor unseres Autos vertrauen, sondern unser Vertrauen bezieht sich über diese Gegenstände vermittelt auf die Konstrukteure, Techniker und Monteure, die diese Geräte hergestellt haben. Unser Vertrauen gilt der Qualität ihrer Arbeit, ihrer an technischen Normen orientierten Professionalität. Wobei wir dieses Vertrauen gerahmt und damit abgestützt wissen durch ein engmaschiges Netz verschiedenster, insbesondere rechtlicher Vorschriften. So kann man sagen, dass das alltäglich »vorprädikative« Vertrauen in den Gegenwartsgesellschaften in einem hohen Maße die Form institutionell vermittelten Vertrauens aufweist.

schen, insofern dieses den Charakter des Geheimen, des Inoffiziellen, des strikt Persönlichen, des ausnahmslos Privaten trägt; das also eine Situation des »unter uns« meint, in der man sich jemandem anvertraut oder von jemandem ins Vertrauen gezogen wird bzw. Vertraulichkeiten (»Geheimnisse«) austauscht, insofern (wechselseitig) davon ausgegangen wird, dass die gemachte Mitteilung »in guten Händen« liegt.[10] Solchermaßen hat der primär pragmatisch vollzogene »Entschluss«, jemanden »ins Vertrauen zu ziehen«, eine (zumeist implizit bleibende) Einschätzung bzw. Annahme darüber zur Voraussetzung, ob und inwieweit diese oder dieser andere für vertrauenswürdig zu halten ist, also ihm oder ihr Vertrauen geschenkt werden kann.

So zeigen die alltagssprachlichen Verwendungsformen, dass sich die angesprochenen Begriffe notwendig wechselseitig aufeinander beziehen. Deutlich ist dies, wie angedeutet, insbesondere für das Verhältnis von Vertrautheit und Vertrauen. Vertrauen fungiert in entsprechenden sozialen Beziehungen als grundlegender Modus des Sich-wechselseitig-Begegnens auf der Basis gewachsener Vertrautheit. Vertrauen zu anderen hat die Vertrautheit mit ihnen prinzipiell zur Voraussetzung; wobei klar ist, dass diese Vertrautheit nur ausgebildet werden kann, wenn dem, der oder den anderen gegenüber nicht weitgehendes Misstrauen dominiert. Allerdings ist die Abwesenheit eines solchen Misstrauens noch nicht positiv als Vertrauen zu qualifizieren; Formen des Sich-zunächst-einmal-Einlassens-auf, also des grundsätzlichen Kredit-Gewährens bilden die vom ausgeprägten Vertrauen zu unterscheidenden interaktiven Auftakthaltungen. Darüber hinaus wird vor allem deutlich, dass der Vertrauensbegriff auf die Charakterisierung von Sozialverhältnissen als seinem Kernphänomen bzw. zentralen Bezugsproblem verweist.[11] Eine von dieser Grundbestimmung ausgehende weitergehende Binnendifferenzierung ließe sich im freien Anschluss an Luhmanns Unterscheidung von »Sinndimensionen« vornehmen: Danach verweist der Vertrauensbegriff auf die Sozialdimension (Personen wird soziales Kapital zugeschrieben), der Vertrautheitsbegriff auf die Zeitdimension (Verhältnis längerfristiger Bewährtheit) und der Begriff der Vertraulichkeit auf die Sachdimension (Thematisierung von etwas als Geheimnis) von Sinn. Aus diesen, auf ein Kernphänomen zugespitzten Formen der Begriffsverwendung ergeben sich einige weitere Gesichtspunkte für eine Vertiefung des Vertrauensverständnisses:

---

10 Vgl. dazu auch Simmels Ausführungen zu jenem »ganz spezifischen Vertrauen«, das auf der »Fähigkeit des Schweigen-Könnens« beruht (*Soziologie*, a.a.O., S. 424f.).
11 Vgl. ebenda, S. 393.

(1) Jenseits der alltagssprachlich nicht durchgehaltenen Unterscheidung, ist es ein Unterschied, ob wir mit jemandem *vertraut* sind – also mit einem besonderen Menschen oder dem persönlichen Freundeskreis –, oder ob wir an etwas *gewöhnt* sind – beispielsweise daran, regelmäßig zum Friseur zu gehen oder eine Frau zu haben, die nachts schnarcht –, oder ob uns schließlich etwas als *selbstverständlich* gilt – nicht zu stehlen, die Nachbarn zu grüßen oder bei Rot an der Ampel zu halten. Diese Begriffe können hinsichtlich ihrer Kernreferenzen voneinander abgegrenzt werden: Während wir mit der Verwendung des Begriffs *Vertrauen* im engeren Sinne auf ein Verhältnis zwischen Personen zielen, verweisen wir mit dem Begriff der *Gewohnheit* primär auf eine routinemäßig vollzogene, also eingelebte Praxis, wohingegen die Verwendung des Begriffs *Selbstverständlichkeit* eher den Bezug auf eine kognitive oder normative (moralische oder rechtliche institutionalisierte) Standardisierung bzw. Legitimierung des Verhaltens anzeigt.[12]

(2) Ebenso ist der Begriff *vertraut* nicht als äquivalent zum Begriff *bekannt* zu setzen. Denn auch wenn ein sehr gutes wechselseitiges Kennen regelmäßig dazu führt, voneinander als miteinander vertraut zu sprechen, so lässt sich hier doch hinsichtlich der Typik von Sozialverhältnissen unterscheiden: Wir differenzieren im Alltag zwischen Bekannten und Vertrauten bzw. Freunden und bezeichnen damit ein Verhältnis größerer Nähe und intensiverer persönlicher Zugewandtheit zu letzteren: Denn,

---

12 Um dies an einem Beispiel zu verdeutlichen: Streng genommen vertraue ich nicht dem Busfahrplan, sondern ich orientiere mein Handeln an meiner als selbstverständlich erachteten, fraglos hingenommenen Unterstellung seiner Gültigkeit (Verbindlichkeit) und Genauigkeit (Verlässlichkeit). Schütz' Beispiel der Briefbeförderung stellt eine vergleichbare Form des »Vertrauens« in das Funktionieren gesellschaftlicher Einrichtungen dar (Alfred Schütz, *Der sinnhafte Aufbau der sozialen Welt. Eine Einleitung in die verstehende Soziologie* (=SAW), Frankfurt/ M. 1974, § 39, S. 277). Ebenso bin ich es gewohnt, Bus zu fahren; dies ist mir zur routinemäßigen Praxis geworden, und zwar nicht zuletzt deshalb, weil ich es aufgrund der institutionellen Rahmung des Dienstleistungsangebots »Busnetz« als selbstverständlich gegeben ansetze, dass der Busfahrer die angezeigte Strecke auch wirklich abfährt, Haltestellen berücksichtigt und nicht gegen die nächste Hauswand zu fahren beabsichtigt. Meine Erfahrungen mit diesem Dienstleistungsangebot haben mich eine Gewohnheit ausbilden und diesem – nicht seiner konkreten Existenz, sondern seiner Typik – gegenüber eine Haltung der Selbstverständlichkeit entwickeln lassen, sodass mir Busfahren vertraut geworden ist, da ich weiß, dass man in der Regel den Busfahrern insoweit vertrauen kann, als sie ihre berufliche Aufgabe adäquat erfüllen.

so Simmel, »die Kenntnis des ›Dass‹, nicht des ›Was‹ der Persönlichkeit bedingt die ›Bekanntschaft‹«.[13] Diese Überlegungen verweisen insgesamt auf eine aus der jeweiligen subjektiven Perspektive sich ausbildende konzentrische Anlage von Vertrautheitsstufen: Wir typisieren die sozialen Beziehungen, in denen wir stehen, *empirisch* nach den Graden ihrer Nähe und Ferne – auch wenn für diese jeweils die gleiche *Reziprozitätsstruktur* konstitutiv ist.[14] Wir sind mit Menschen, Umständen und Dingen stets mehr oder weniger vertraut. Ebenso lässt sich für den Modus des Vertrauens eine Graduierung ausmachen: Jenseits des holistischen Ur-Vertrauens ist Vertrauen stets spezifisch gerichtet (intentional); wir vertrauen jemandem jeweils im Hinblick auf bestimmte Aspekte und Situationen. Es lässt sich eine Unterscheidung hinsichtlich der »Reichweite« des Vertrauens treffen: Typischerweise bezieht sich unser Vertrauen beispielsweise zu einem Lebenspartner auf weit mehr Lebensbereiche als dies zum Beispiel für eine professionelle Interaktion gilt – wie bereits Parsons mit seinem Hinweis auf die funktionale Spezifität der Arzt-Patienten-Beziehung klarstellte.

(3) Auch wenn es eine Vielzahl von Situationen gibt, in denen wir davon sprechen, auf jemanden im Sinne eines Von-ihm-abhängig-Seins vertrauen zu müssen, so folgt aus den bisherigen Überlegungen, dass ein *Vertrauensverhältnis* keineswegs mit einem *Abhängigkeitsverhältnis* gleichzusetzen ist. Denn ein solches ließe nicht nur die für ein Vertrauensverhältnis konstitutive wechselseitige, reziprok auszutarierende Varianz und Toleranzbreite vermissen und würde dem Charakter eines »frei« gewählten sozialen Bezuges aufgrund eigener Relevanzkriterien widersprechen. So ist Vertrauen nicht mit »blinder« bzw. »naiver« Zutraulichkeit gleichzusetzen; das heißt die Form des Vorbehaltlos-jemandem-Vertrauens – beispielsweise einem Lebenspartner – ist zu unterscheiden von einer Situation des nicht reflexiv verfügbaren Ausgeliefertseins ebenso wie auch von der Form des Sich-jemandem-gedankenlos-Näherns. Für solche Verhältnisse kämen zudem auch nicht die für ein Vertrauensverhältnis ange-

---

13 Georg Simmel, *Soziologie*, a.a.O., S. 395.
14 Eine vergleichbare Differenzierung ist für die Unterscheidung von Graden der Verlässlichkeit von Informationen typisch: So ist beispielsweise die Haltung des Sich-Verlassens-auf institutionalisierte Routinen, zum Beispiel auf Busfahrpläne oder Öffnungszeiten, abzugrenzen von der Form des zunächst Vorbehaltlich-widerstreitender-Erfahrungen-Hinnehmens zum Beispiel von erteilten Auskünften oder Zusagen über Liefertermine von Möbeln.

führten Umschreibungen in Betracht, den jeweils anderen als glaubwürdig, verlässlich oder zuverlässig einzuschätzen.

(4) Ungeachtet dieser begrifflichen Präzisierungen bleibt jedoch festzuhalten: Vertrauen ist nicht im mathematischen Sinne eineindeutig in der Form, dass es beispielsweise als erwartete bzw. erwartbare Reaktionsform nur eine mikroskopisch präzis detaillierte Handlung und nur diese zuließe, sondern konstitutiv für Vertrauen ist eine spezifische Toleranz für Varianzen. Dies ergibt sich bereits aus dem historischen (interaktionsgeschichtlichen), Vertrauen begründenden Erfahrungswissen, das als solches notwendig Schattierungen, Nuancen, als akzeptabel angesehene Repertoires und das heißt ein Bündel von anerkannten Alternativen bzw. Varianten kennt. Vertrauen markiert somit jeweils einen Horizont des Tragbaren, des dem jeweils in Frage stehenden Verhältnis reziprok als angemessen Erachtbaren; wie eben ein wechselseitig eingespielter Horizont des Akzeptablen (der Vertrautheit) Vertrauen zu begründen vermag.

Insgesamt ergibt sich als zentraler Gesichtspunkt dieser einführenden Überlegungen zur Bestimmung des Vertrauensphänomens, dass es sich bei diesem um einen vorprädikativen Modus des menschlichen Weltverhältnisses handelt. Vertrauen ist wesentlich eine implizit bleibende Einstellung, eine präreflexive Form der interpersonalen Zuwendung, die bis auf Widerruf, also bis zum Auftreten einer Enttäuschung sozial sozusagen »mitschwingt« und erst dann reflexiv »aufgedeckt« werden kann. Vertrauen ist wesentlich fungierendes Vertrauen, nicht Reflexivitätsprodukt: Wir vertrauten stets schon, wenn uns deutlich wird, dass wir vertraut haben. Ein sich ex post vollziehendes »Sich-Klarmachen, dass man vertraut hat«, dieses Thematisieren wird regelmäßig aufgrund weiterer Erfahrungen wieder aus dem Modus des Expliziten in den des Impliziten überführt werden. Diese Konzeptualisierung des Vertrauensbegriffs wird sich nachfolgend bei seiner Abgrenzung von einer risikotheoretischen Deutung ebenso wie auch im Zuge seiner Differenzierung von einer Sicherheitskalkulation (mit dem Hinweis auf den Wagnischarakter des Vertrauens) bestätigen. Die erörterten Nuancen des Vertrauens- wie des Vertrautheitsbegriffs sind in der jüngeren Diskussion wiederholt zum Anlass genommen worden, Vorschläge zur begrifflichen Klarstellung zu unterbreiten. Insbesondere Luhmanns Ansätze für eine begriffliche Differenzierung sind stets erneut zum Ausgangspunkt weitergehender Reflexionen herangezogen worden, weshalb diese vor dem Hintergrund der erreichten Klarstellungen zunächst einer knappen Kritik unterzogen werden sollen. Diese kann zugleich einer weiteren Präzisierung der vorgeschlagenen Fassung des Vertrauensbegriffs dienen.

1.2.

Um die offenkundige Konfusion zwischen den Begriffen Vertrautheit (»familiarity«) und Vertrauen (»trust«) auszuräumen, fasst Luhmann »Vertrautheit« zunächst als Grundlage der Unterscheidung des Vertrauten und Unvertrauten, des Fremden.[15] Davon ausgehend unterscheidet er zwei Formen von Vertrauen als Selbstversicherungsstrategien: »Vertrauen« und »Zuversicht« (confidence). »Zuversicht« steht für (subjektiv alternativlos angesehenes) Vertrauen in die Bestätigung bzw. Nicht-Enttäuschung eigener Erwartungen (S. 147), was die Gefahr einer den eigenen Erwartungen zuwiderlaufenden zukünftigen Entwicklung einem äußeren Einfluss zuzuschreiben nötigt (systemexterner Bezug: Umwelt). Dagegen definiert Luhmann »Vertrauen« als »eine Lösung für spezifische Risikoprobleme«, das heißt als die Wahl eines Handelns unter (bewusster) Inrechnungstellung möglicher Enttäuschungen aufgrund der Reaktionen anderer, die deshalb der eigenen Wahl zuzuschreiben sind (systeminterner Bezug, S. 148). »Vertrauen« ist nur in einer Situation möglich, so Luhmann, »in der der mögliche Schaden größer wäre als der erstrebte Vorteil« (ebenda). Sowohl die systematischen wie auch die modernisierungstheoretischen Implikationen dieser Begriffsfassung sind offenkundig: Systematisch bezieht Luhmann die vorgenommene Unterscheidung auf diejenige von Gefahr und Risiko (S. 149) als den beiden Modi der entweder systeminternen oder systemexternen Zurechnung bzw. Nichtzurechnung von Entscheidungsfolgen; gesellschaftstheoretisch nimmt er Bezug auf seine These der mit dem Übergang von vormodernen (stratifizierten) zu modernen (funktional-differenzierten) Gesellschaften generell einhergehenden Umstellung von personalen Vertrauenskonstellationen (»trust«) auf entpersonalisiertes Systemvertrauen (»confidence«).[16]

Die Grenzen dieses Zugriffs sind offenkundig:

---

15 Niklas Luhmann, »Vertrautheit, Zuversicht, Vertrauen«, in diesem Band, die Seitenzahlen in den Klammern beziehen sich auf diesen Text.
16 Ebenda, S. 150; ders., *Vertrauen*, a.a.O., S. 23 u. S. 40ff.

(1) Zunächst fallen einige Unklarheiten der gewählten Begrifflichkeit und des analytischen Zuschnitts auf: So artikuliert Luhmann mit der Unterscheidung von »Vertrauen« und »Zuversicht« offenkundig nicht nur eine Differenz von Zurechnungsmodi, sondern ihr liegt ebenso eine Unterscheidung von Vertrauensgraden (personales *versus* Systemvertrauen) zugrunde, die mit der ersteren Differenz nicht gleichzusetzen ist. Zudem ist in Luhmanns Ansatz die Risiko-Gefahr-Differenz zwar für moderne Gesellschaften konstitutiv, zugleich aber wird bei ihm »Vertrauen«, also die Risikovariante des Vertrauens, als vormodernes Auslaufmodell gehandelt. Die Systematik der Begriffsbildung und der evolutionstheoretische Zuschnitt der Analyse stehen hier ersichtlich in einem Spannungsverhältnis. Bei der Begriffsbestimmung von »Zuversicht« bleibt sodann völlig unklar, was unter »Systemvertrauen« eigentlich zu verstehen ist jenseits einer mehr oder weniger diffus adressierten Annahme, dass ein bestimmtes Medium, eine bestimmte Organisation etc. funktionieren wird.[17] Weiterhin arbeitet Luhmanns Konzeption auf der Basis der System-Umwelt-Differenzierung mit einer derart schlichten Opposition, dass entsprechend leicht zuzuordnende Fälle der Zurechnung dazu tendieren, trivial bzw. soziologisch uninteressant zu werden. Sind es doch gerade die Ambiguitäten, die die soziologische Analyse angesichts des Vertrauensphänomens herausfordern. Aufschlussreich sind danach besonders Fälle, in denen die wechselseitigen Verschränkungen von Eigen- und Fremdzurechnungen die Problematik der Kontinuierung von Vertrauensbeziehungen ausmachen.[18]

(2) Der Charakter des »jemandem Vertrauens« besteht subjektiv nicht primär darin, dass dieses als Risiko definiert wird, und es kann auch objektiv so nicht angemessen verstanden werden. Das in der gegenwärtigen Diskussion dominierende Verständnis von Vertrauen als einer Entscheidung unter Risiko bzw. Unsicherheit erweist sich zumindest als zu offen. Denn was soll diese Bestimmung, die sowohl für Luhmanns[19] als auch für

---

17 Niklas Luhmann, *Vertrauen*, a.a.O., S. 50ff.
18 So ist es die häufig unentwirrbare Verschränkung beispielsweise der Gefühle von Scham oder Schuld angesichts der verantwortlichen Selbstzurechnung von Handlungen, die selbst zugleich in unklarer Weise Gründe in ihrer biografischen bzw. interaktionsgeschichtlichen Einbettung haben und somit Fremdzurechnungen mobilisieren.
19 Niklas Luhmann, *Vertrauen*, a.a.O., S. 23; ders., »Vertrautheit, Zuversicht, Vertrauen«, in diesem Band, S. 149.

Colemans[20] Fassung des Vertrauensbegriffs konstitutiv ist, eigentlich genau besagen, wenn aufgrund des für den Menschen konstitutiv begrenzten Wissensvorrats im Prinzip jedwedes Handeln ein Handeln unter bzw. jedwede Gestaltung einer sozialen Beziehung ein »Risiko« ist?! Wenn also Luhmann davon ausgeht, dass Vertrauen ausschließlich in einer Situation möglich ist, in der der mögliche Schaden größer sein kann als der angestrebte Vorteil,[21] dann ist mit dieser Situation der kalkulierten Unkalkulierbarkeit keineswegs ein Spezifikum von Vertrauenskonstellationen umschrieben. Vertrauen als Risikohandeln zu fassen ist in dieser pointierten Fassung zu stark und unter systematischen Gesichtspunkten zu unspezifisch.[22]

(3) Risikotheoretische Deutungen des Vertrauens können sich meines Erachtens auch nicht auf Simmels Bestimmung dieses Begriffs berufen, derzufolge »Vertrauen ... als Hypothese ein mittlerer Zustand zwischen Wissen und Nichtwissen um den Menschen« sei, weshalb »der völlig Wissende ... nicht zu *vertrauen*« brauche, »der völlig *Nicht*wissende ... vernünftigerweise nicht einmal vertrauen« könne.[23] Diese Bestimmung lässt sich in einer zeittheoretischen Deutung als Umschreibung einer gegenwärtigen Situation vor dem Hintergrund einer Vergangenheit und im Hinblick auf eine Zukunft interpretieren, wobei für beide Zeitdimensionen ein Spannungsverhältnis zwischen »Wissen« und »Nichtwissen« konstitutiv ist. Mit der solchermaßen für Vertrauen charakteristischen Bezogenheit auf vergangene Erfahrungen schränkt sie gerade den Charakter der Risikoförmigkeit dieses Aktes ein. Vertrauen ist ein Modus der Ver-

---

20 James S. Coleman, *Foundations of Social Theory*, a.a.O., S. 91; (dt. Bd.1, S. 115).
21 Niklas Luhmann, »Vertrautheit, Zuversicht, Vertrauen«, in diesem Band, S. 148.
22 In handlungstheoretischer Perspektive ist ganz im Gegenteil gegen eine zu pointierte Fassung des Vertrauensgebens als eines Handelns unter Risiko darauf hinzuweisen, dass es seinerseits gerade ein Risiko sein kann, zu signalisieren, dass Vertrauen in den Gegenüber nicht als selbstverständlich genommen bzw. vorausgesetzt und die Situation damit als eine der Unsicherheit und damit als potenziell riskant angezeigt wird! In den meisten Fällen gilt dies als eine Verletzung der »routine grounds« des Alltagslebens (dazu Harold Garfinkel, »Studies of the Routine Grounds of Everyday Activities«, in: ders., *Studies in Ethnomethodology*, Cambridge 1967; Peter Berger & Thomas Luckmann, *Die gesellschaftliche Konstruktion der Wirklichkeit. Eine Theorie der Wissenssoziologie*, Frankfurt/M. 1969.
23 Georg Simmel, *Soziologie*, a.a.O., S. 393.

mittlung von Vergangenheit und Zukunft zur Orientierung in einer Gegenwart.²⁴

Es ist demgegenüber charakteristisch, dass Luhmann²⁵ Vertrauen auf den Zukunftsbezug reduziert. So ist zwar seiner Überlegung zuzustimmen, dass »Vertrauen ... nur in der Gegenwart gewonnen und erhalten werden kann«, nicht aber der daraus von ihm gezogenen Konsequenz, dass »nicht die Vergangenheit ... Vertrauen erwecken [könne], da auch das Gewesene nicht vor der Möglichkeit künftiger Entdeckung einer anderen Vergangenheit sicher ist«.²⁶ Denn so richtig letzterer Hinweis ist, die eigene Vergangenheit also unvoraussagbar bleibt, so ist es doch gerade die bis in eine Gegenwart hinein nicht negierte Erfahrung beispielsweise der Vertrauenswürdigkeit einer Person, die erneut dazu motivieren kann, dieser zu vertrauen. Dies gilt, auch wenn selbstverständlich im strengen Sinne Vertrauen, wie Luhmann sagt, »keine Folgerung aus der Vergangenheit« ist,²⁷ sondern diesen interpersonalen Bezug lediglich als Option zur Verfügung stellen kann. Und aus dieser Überlegung folgt selbstverständlich umgekehrt keineswegs, dass für das mit dem Begriff des Vertrauens angesprochene Phänomen nun prinzipiell Risikolosigkeit konstitutiv wäre. Zu vertrauen ist immer auch insofern ein Wagnis, als mit ihm stets die Möglichkeit der Enttäuschung und entsprechender negativer Folgen einhergeht: Vertrauen ist ein solches nur, solange es nicht auf definitiv kalkulierbaren Sicherheiten basiert.²⁸

(4) Vertrauen zu können wie Vertrauen zu haben basiert auf vergangenen Erfahrungen, auf spezifischen Wissensbeständen, die (zumindest) einen Menschen als vertrauenswürdig erwiesen, eine Technik als funktionierend bzw. erprobt oder bewährt präsentiert oder einen Experten als kompetent ausgewiesen haben. Und allererst dieses Vorverständnis motiviert dazu, Menschen, Begebenheiten, Vorkommnissen oder auch Sachzusammenhängen vertraut zu begegnen bzw. sie in diesem Sinne pragmatisch einzustufen. Vertrauen-haben wie Vertrauen-können stehen somit in Kontex-

---

24 Dieser doppelte Zeitbezug spiegelt sich auf der Ebene unserer Alltagssprache in der Unterscheidung von »blindem Vertrauen« bzw. »Vertrauensseligkeit« (ohne Vergangenheitsbezug) und (begründetem, gesättigtem) »Vertrauen« (mit implizitem oder explizitem Vergangenheitsbezug).
25 Niklas Luhmann, *Vertrauen*, a.a.O., S. 8 u. S. 20.
26 Ebenda, S. 12.
27 Ebenda, S. 20.
28 Vgl. ebenda, S. 27 u. S. 32; siehe auch Niklas Luhmann, »Vertrautheit, Zuversicht, Vertrauen«, in diesem Band, S. 148.

ten: Vertrauen entsteht stets im Horizont einer Interaktionsgeschichte und zurückliegender Erfahrungszusammenhänge. Das bestätigt erneut, dass Vertrauen auf einem Horizont der Vertrautheit basiert.

Dem sich hier womöglich aufdrängenden Einwand, ob nicht mit dem Begriff des »Ur-Vertrauens« eine Basisdisposition angezeigt sei, die als solche jeder Interaktionsgeschichte vorangehe und die entscheidende Ressource bilde, Vertrauen »vorschießen« zu können, also dieses als einseitige Vorleistung zu erbringen, ist dahingehend zu begegnen, dass die damit aufscheinende Verbindung mit Prozessen und Typen der Identitätsbildung eben gerade auf die lebensgeschichtliche Einbettung des Vertrauen-Könnens verweist. Denn entwicklungspsychologische wie sozialisationstheoretische Studien belegen, dass dieses sog. »Ur-Vertrauen« wesentlich in den ersten sechs Lebensmonaten aufgebaut wird und als Resultat der interaktiven Primärerfahrungen des Kleinkindes anzusehen ist.[29] Strukturell Analoges gilt für den Kontrastfall des (prinzipiellen) Misstrauens. Der Verlust von Vertrauensfähigkeit ist das Resultat von Interaktionserfahrungen und Interaktionsgeschichten, die in elementarer Form jedwede Stabilitätspole des Weltverhältnisses grundlegend erschüttert oder gänzlich zerstört haben, sodass die betreffende Person strukturell gezwungen ist, ihren Weltbezug in der Weise zu definieren, dass sie es sich nicht leisten kann, sich auf jemanden zu verlassen, sich auf jemanden einzulassen oder auf jemanden zu bauen. Entsprechend ist ein derart fundamentaler Verlust der Vertrauensfähigkeit, des Vertrauen-Könnens, regelmäßig als Resultat grundlegender Verletzungen im Zuge interaktiver Primärerfahrungen (Bindungslosigkeit) oder innerfamiliärer Beziehungen (Kindesmissbrauch) zu beobachten.

(5) Behält man den Hinweis auf die prinzipielle sowohl lebenslaufbezogene als auch situative, interaktionsgeschichtliche Verankerung von Vertrauen im Blick, dann wird zudem deutlich, dass es zu kurz gegriffen ist, die aufgrund bzw. als Folge eines Vertrauensvollzuges potenziell eintretende Enttäuschung *ausschließlich* der Entscheidung zur Vertrauensgabe (nämlich als Risiko dem Vertrauen-Schenkenden) zuzuordnen. Auch hier erweist sich die Entkopplung des Phänomens des Vertrauens vom Kontext als theoretisch fehlgeleitet. Denn ein entsprechender wechselseitiger Vertrautheitskontext konstituiert reziproke Verpflichtungen bzw. Verant-

---

29 Vgl. zum Beispiel Erik H. Erikson, *Identität und Lebenszyklus. Drei Aufsätze*, Frankfurt/M. 1973.

wortlichkeiten[30], die gleichsam »legitimerweise« als verhaltensleitend unterstellt werden können und somit wechselseitig erwartbar sind. Diese Reziprozitätsstruktur wird in Luhmanns Konzeptualisierung aufgelöst. Ihre Bedeutung verweist auf die Frage nach den Voraussetzungen der Ausbildung von Vertrauensbeziehungen und Vertrautheitsverhältnissen und führt das Problem auf eine konstitutionstheoretische Ebene, die nachfolgend im Anschluss an die Fundamentalanthropologie Plessners und die Strukturanalyse der Lebenswelt von Schütz eingeführt wird.

So ergibt sich aus dem dargelegten konstitutiven Vergangenheitsbezug des Vertrauens erneut, dass dieses stets fungierendes Vertrauen ist, wir also aufgrund unserer Erfahrungen über pragmatisch eingespielte, eingeschliffene, selbstverständlich gewordene Repertoires des Vertrauens in der Form einer wesentlich implizit bleibenden pragmatischen Reflexivität verfügen. Diese implizit bleibenden, habitualisierten Muster des Einander-Vertrauens verdanken sich (in formaler Hinsicht) gelingenden Formen reziproker Perspektivenverschränkungen. Diese Muster bewahren ihren impliziten Status, also ihren unbefragten, für selbstverständlich genommenen Gültigkeitscharakter bis zu der aufgrund von Enttäuschungen reflexiv explizit werdenden Entdeckung, dass man jemandem, einer Sache oder einer Nachricht vertraut hat. Wichtig ist, dass sich auch diese vorprädikativen Formen eines primordialen Vertrauens *konstitutionstheoretisch* Reziprozitätsstrukturen und *genetisch* konkreten Interaktionsgeschichten verdanken, die – graduell gestuft – die Generalisierungen der in ihrem Rahmen erworbenen Erfahrungen und damit deren Übertragbarkeit auf zukünftige Situationen ermöglichen: Das Phänomen des Vertrauens verweist in seinem Kern auf eine Dimension sozialer Beziehungen und ist als vorprädikativer Modus wesentlich fungierendes Vertrauen. Die Thematisierung des Vertrauens bzw. des Vertrauen-Schenkens ist demgegenüber stets schon (latent) ein Krisenindikator.

---

30 Vertrauen wird sozial als ein »Sich-Einlassen-auf« ohne definitive Sicherheiten gedeutet, sodass seine Gewährung eine besondere Verpflichtung für den Vertrauensempfänger impliziert, dieses nicht zu enttäuschen. Umgekehrt hat man zugleich »Anspruch« darauf, Vertrauen auch als solches zu nehmen und sich beispielsweise nicht ständiger Kontrolle ausgesetzt zu sehen mit Rücksicht auf die Hinsichten, für die einem Vertrauen geschenkt wurde. Vgl. dazu Simmel: »In dem Vertrauen des Menschen auf den anderen liegt ein ebenso hoher moralischer Wert, wie darin, dass diesem Vertrauen entsprochen wird« (*Soziologie*, a.a.O., S. 425; ergänzend: Bernard Barber, *The Logic and Limits of Trust*, a.a.O, S. 7).

2.

Die vorstehenden Überlegungen, die auf eine den gegenwärtigen soziologischen Debatten gegenüber alternative Bestimmung des Vertrauensbegriffs hinauslaufen, sollen nunmehr eine systematische Begründung erfahren. Diese wird im Anschluss an die Ansätze von Helmuth Plessner und Alfred Schütz entwickelt, da sich im Zuge dieser phänomenologisch-anthropologischen Grundlegung sowohl die strukturellen Bedingungen des menschlichen Weltzugangs und damit zugleich die strukturellen Bedingungen der Ausbildung von Vertrauen in den Blick bekommen als auch die Formen des Weltbezuges typologisch beschreiben lassen, die für die Verwendung des Begriffs »Vertrauen« relevant sind.

2.1.

Helmuth Plessner geht es im Rahmen seiner naturphilosophisch begründeten philosophischen Anthropologie in einer transzendental angelegten Fragestellung nach den Bedingungen der Möglichkeit der menschlichen Lebensform um die Aufklärung der *formalen* Struktur menschlichen Weltverhältnisses. Dieser Zugriff ist hier von besonderer Relevanz, weil das Vertrauensphänomen in seiner Kernstruktur auf ein Sozialverhältnis, auf eine interpersonale Konstellation verweist und seine Spezifik daher von einer Reflexion auf das für Menschen konstitutive Weltverhältnis abzuleiten ist.

Die mit dem Konzept der »exzentrischen Positionalität« von Plessner exemplarisch auf den Begriff gebrachte Struktur des menschlichen Weltverhältnisses zielt auf die für Menschen charakteristische Form des Gestelltseins, ihre »*Exzentrizität*«.[31] Für den menschlichen Weltbezug heißt das, »zwar wesentlich im Hier-Jetzt gebunden« zu sein, aber zugleich »sich von sich ... distanzieren, zwischen sich und seine Erlebnisse eine Kluft ... setzen« zu können. In diesem Zwischen von Nähe und Distanz sind Menschen »diesseits und jenseits der Kluft, ... ortlos außer aller Bindung in Raum und Zeit« und so erst, Plessner zufolge, »Mensch« (SdO:

---

31 Helmuth Plessner, *Die Stufen des Organischen und der Mensch. Einleitung in die Philosophische Anthropologie* (=SdO), dritte Auflage, Berlin/New York 1975, S. 292.

S. 291).³² Entsprechend dieser ortlosen Positionierung bzw. positionalen Ortlosigkeit bedeutet die Exzentrizität für den Menschen »einen in sich unlösbaren Widerspruch«: »Exzentrisch steht er da, wo er steht, und zugleich nicht da, wo er steht. ... Das absolute, das nicht relativierbare Hier-Jetzt seiner Position, nimmt er zugleich ein und nicht ein. ... Exzentrische Mitte bleibt ... ein Widersinn, auch wenn sie verwirklicht ist« (SdO: S. 342f.).

Der menschliche Weltbezug zeichnet sich aufgrund dieser Konzeptualisierung durch ein prinzipielles In-der-Schwebe-Sein aus: »Weil der Mensch exzentrisch organisiert und damit hinter sich gekommen ist, lebt er in Abhebung von allem, was er und was um ihn ist« (SdO: S. 328), sodass sich selbst die »wirkliche Innenwelt« zu erkennen gibt als »die Zerfallenheit mit sich selbst, aus der es keinen Ausweg, für die es keinen Ausgleich gibt« (SdO: S. 299). Menschen verfügen damit, so können wir sagen, über keine apriori vertraute Welt, über keine gesicherte Zone der Vertrautheit, noch nicht einmal die des eigenen »Innen«; sondern jeder Mensch »erobert« sich »seine Umwelt aus der Welt ... in beständigen Umbrüchen ... *zwischen* der heimischen Zone vertrauter Verweisungen und Bedeutungsbezüge ... und der unheimlichen Wirklichkeit der bodenlosen Welt«.³³ Für Plessner leben Menschen damit unaufhebbar in einer ständigen Bewegung zwischen dem stets neu fremd werdenden Vertrauten und dem stets neu vertraut werdenden Fremden. Es ist diesem Ansatz zufolge von einem gleichursprünglichen Konstitutionsverhältnis von Vertrautheit und Fremdheit auszugehen,³⁴ und den Zusammenhang dieser wechselseitig aufeinander bezogenen Transformationsprozesse deckt Plessner als das grundlegende Konstitutionsprinzip menschlichen Weltverhältnisses auf. Die Differenz des Vertrauten und des Unvertrauten bleibt prinzipiell unaufhebbar, also weder zur Seite der Vertrautheit hin abschließend auflösbar noch zur Seite der Unvertrautheit hin einseitig

---

32 Dem Menschen »ist der Umschlag vom Sein innerhalb des eigenen Leibes zum Sein außerhalb des Leibes ein unaufhebbarer Doppelaspekt der Existenz, ein wirklicher Bruch seiner Natur. Er lebt diesseits und jenseits des Bruches. ... Die Einheit ... ist der Bruch, der Hiatus, das leere Hindurch der Vermittlung« (ebenda, S. 292).
33 Helmuth Plessner, *Macht und menschliche Natur. Ein Versuch zur Anthropologie der geschichtlichen Weltansicht*, in: ders., *Gesammelte Schriften V*, hg. v. Günter Dux et al., Frankfurt/M. 1981, S. 197f.
34 Klassisch könnte man von einer »Dialektik« bzw. einer »dialektischen Struktur« sprechen, insofern hier ein gleichrangiges, gleichzeitiges und wechselseitig notwendiges Bedingungsverhältnis angesprochen ist.

zuspitzbar: »Jede Sicherheit ist einer Unsicherheit abgekämpft und schafft neue Unsicherheit«.[35] Vertrautheit und Fremdheit bzw. Unvertrautheit bilden die unaufhebbar verwobenen Aspekte der Konstitution menschlicher Erfahrung: »Keine von beiden ist primär. Sondern sie sind ineinander verschränkt, das Heimische und Vertraute und das Unvertraut-Unheimliche, Drohende und Abgründige«.[36] Gleichrangig und gleichzeitig wird der Transformationsprozess des Unvertrauten ins Vertraute von der Überführung des Vertrauten ins Unvertraute begleitet. Das spezifische »Können« dieser jeweiligen Transformationen müssen Menschen sich stets kulturell erarbeiten; die entsprechenden soziokulturellen Praktiken, das Weltbilden wie ihr Fraglichmachen, sind zu erlernen, und auf diesem Wege können sich Menschen als »Meister« der Handhabung der Differenz vertraut-unvertraut erweisen.[37]

Nimmt man diese konstitutive Verschränkung der Prozesse des Vertrautmachens und Fremdwerdens ernst, dann folgt daraus, dass es systematisch weniger fruchtbar und angemessen ist, von einer strikten Differenz des Vertrauten und Unvertrauten (Fremden) zu sprechen, sondern viel eher ein Spannungsverhältnis zu konstatieren ist, insofern hier mit changierenden Verhältnissen, mit Ambivalenzen, Dynamiken und Wandlungen zu rechnen ist. Entsprechende Prozesse führen dann zur mehrfachen Überlagerung von Vertrautheits-Fremdheits-Spannungen. Es ist strukturell jederzeit möglich – und in modernen Gesellschaften typischerweise regelmäßig der Fall –, dass im Horizont des als vertraut Angesehenen Fremdes auftaucht, wie auch, dass ehedem Vertrautes aufgrund neuer Erfahrungen fremd wird. Die angesprochene Struktur unseres Weltverhältnisses spiegelt sich entsprechend in für Menschen konstitutiven Praxisformen: wir bilden Routinisierungen, Typisierungen und Normalisierungen aus, mit denen das Neue oder bisher Unbekannte stets in Modi des bereits Bekannten und Vertrauten umgeformt wird. Das heißt zunächst als »neu« Typisiertes wird aufgrund der verfügbaren Deutungsmuster und Problemlösungsschemata zu einem nach dem gegenwärtigen praktischen Wissensstand Verstandenen umdefiniert. Nicht also die Differenz, sondern die Spannung oder auch »Dialektik« von Vertrautheit und Fremdheit ist es, der wir empirisch mit der Ausbildung von Normalisierungsprozessen und -praktiken begegnen.

---

35 Ebenda, S. 198.
36 Ebenda, S. 197.
37 Ebenda, S. 198.

Die Struktur ebenso wie die Aspekte dieses Könnens lassen sich im Gefolge der von Plessner unterschiedenen drei »anthropologischen Grundgesetze« entfalten, die er unter den Titeln »natürliche Künstlichkeit«, »vermittelte Unmittelbarkeit« und »utopischer Standort« erörtert (SdO: S. 309ff.). Jedes dieser Grundgesetze expliziert in einer jeweils anderen Hinsicht die Struktur der für Menschen konstitutiven Unausgleichbarkeit ihres Weltverhältnisses zwischen Vertrautheit und Unvertrautheit:

So bringt das *erste* »Gesetz der natürlichen Künstlichkeit« den Umstand auf den Begriff, dass, wer in die exzentrische Positionsform gestellt ist, sich der »absoluten Antinomie« gegenüber sieht, »sich zu dem, was er *schon ist, erst machen*« zu müssen (SdO: S.309f.). Aus der »exzentrischen Lebensstruktur« des Menschen folgt also, dass »die Künstlichkeit wesensentsprechender Ausdruck seiner Natur« ist (SdO: S. 316): Der Mensch hat, so Plessner, »um seiner lebendigen Persönlichkeit, um seiner unvertretbaren Wirklichkeit willen ... den Preis der Irrealisierung, Maskierung, Funktionalisierung« zu zahlen und somit »die ganze Sphäre der Künstlichkeit« auf sich zu nehmen.[38] Er hat die Gesellschaftlichkeit als Konstitutivum seines Weltverhältnisses zu realisieren. Das *zweite* »Gesetz der vermittelten Unmittelbarkeit« bringt zum Ausdruck, dass der Mensch »mit allem in indirekt-direkter Beziehung« steht, dass ihm »jede Unmittelbarkeit nur in einer Vermittlung« gegeben ist,[39] insofern »das Lebendige als solches die Struktur der vermittelten Unmittelbarkeit besitzt« (SdO: S. 324). Denn da die Situation des Menschen in der Welt die der »*Bewusstseinsimmanenz*« ist, er also alles als Bewusstseinsinhalt erlebt, »lebt er in Abhebung von allem, was er und was um ihn ist« (SdO: S. 327f.). Zugleich aber ist es gerade diese »große Distanz«, die überhaupt erst den Kontakt zwischen Mensch und Lebensumwelt stiftet: »Nur die Indirektheit schafft die Direktheit, nur die Trennung bringt die Berührung« (SdO: S. 332). Das heißt, als soziale ist die menschliche Existenzform konstitutiv auf Formgebung, auf Rahmungen angewiesen. Schließlich artikuliert sich im *dritten* »Gesetz des utopischen Standorts« die Einsicht, dass für Menschen aufgrund der Exzentrizität ihres Weltverhältnisses ein »Stehen im Nirgendwo« konstitutiv ist (SdO: S. 346): »Wie die Exzentrizität keine eindeutige Fixierung der eigenen Stellung erlaubt ..., so ist es dem Menschen nicht gegeben, zu wissen, ›wo‹ er und die seiner Exzentrizität entsprechende Wirklichkeit steht« (SdO:

---

38 Helmuth Plessner, *Grenzen der Gemeinschaft. Eine Kritik des sozialen Radikalismus*, in: ders., *Gesammelte Werke V*, a.a.O., S. 120.
39 Helmuth Plessner, *Macht und menschliche Natur*, a.a.O., S. 199.

S. 342). Denn obwohl er, da seine Existenz »für ihn einen realisierten Widersinn birgt«, einen »Halt« braucht, der ihn aus dieser Situation befreit (SdO: S. 343), und den er potenziell in einer wie auch immer ausgeprägten »Idee des Weltgrundes« finden könnte, ist der Mensch aufgrund seines utopischen Standorts gezwungen, diese Annahme eines Weltgrundes selbst zugleich auch wieder in Frage zu stellen. Ineins also ist für Menschen der Ausgriff auf das Absolute wie auch die »Leugnung des Absoluten« zu vollziehen (SdO: S. 346).

Plessner entfaltet mit diesen drei Grundgesetzen einen »dialektischen« Verweisungszusammenhang als Grundlage jeder anthropologisch angelegten Explikation: Mit dem ersten Gesetz der natürlichen Künstlichkeit ist »die Einsicht in den Wesenszusammenhang zwischen exzentrischer Positionsform und Ausdrücklichkeit als Lebensmodus des Menschen« (SdO: S. 323) erbracht, dass es sich dabei also um einen Aspekt der *Struktur* seines Weltverhältnisses und keineswegs bloß um ein kulturell und situativ variables »Bedürfnis« handelt (SdO: S. 324).[40] Mit dem zweiten Gesetz der vermittelten Unmittelbarkeit wird der Umstand auf den Begriff gebracht, dass dieses »Ausdrucks*verhältnis* des Menschen ... zum Gegenstand von Ausdrücken« wird, dass der Mensch »durch eben seine Exzentrizität die *Wirklichkeit ... auszudrücken*« vermag (SdO: S. 340); wobei der »Sinn« dieses Prozesses des Sich-Ausdrückens lediglich »im Fortschritt zur nächsten Etappe besteht« (SdO: S. 339).[41] Mit dem dritten Gesetz des utopischen Standorts kommt schließlich die Einsicht zum Ausdruck, dass die Ortlosigkeit der exzentrischen Lebensform sich auch nicht im absoluten Transzendenzbezug als der »Relation des vollkommenen Gleichgewichts« prinzipiell aufheben (SdO: S. 346), die konstitutive »Zweideutigkeit« sich nicht in einem Absoluten vollends stillstellen lässt (SdO: S. 344).[42]

---

40 Womit – im Sinne des hier für Plessner behaupteten »dialektischen« Strukturzusammenhanges – das dritte Gesetz seinen Bezugspunkt findet, insofern die Form dieses Verhältnisses als einer Struktur und eben nicht als einer lediglich ad hoc gegebenen Interessenkonstellation die Frage nach dem (letzten) Grund dieser existentiellen Notwendigkeit nach sich zieht.

41 Es gibt demnach keine vollendete Wirklichkeit für ein Wesen, das immer schon über sein je konkretes Dasein hinaus ist. Eine Bestätigung des ersten Gesetzes des menschlichen Weltbezuges, »sich zu dem erst machen zu müssen, was er schon ist« (SdO: S. 310).

42 Womit sich wiederum das zweite Gesetz bestätigt, demzufolge für die exzentrische Positionalität des Menschen das grundsätzliche, nicht stillstellbare »Darüberstehen« konstitutiv ist (SdO: S. 327).

Zusammenfassend heißt das: Die für die menschliche Lebensform konstitutive *Ausdrücklichkeit* (sein »Ausdrucksverhältnis«), der für dieses Wirklichkeitsverhältnis konstitutive *Ausdruckscharakter* und die für die Expressivität konstitutive *Unvollendbarkeit des Ausdrucks* markieren in Plessners Fundamentalanthropologie die Koordinaten des menschlichen Weltverhältnisses. Mit der Entfaltung des allgemeinen Spannungsverhältnisses zwischen Nähe und Distanz knüpft Plessner für die Deutung des Menschen somit zwar an das Nietzsche-Wort an, dass »wir ... uns eben nothwendig fremd« bleiben, sodass »der Satz in alle Ewigkeit« gelte: »›Jeder ist sich selbst der Fernste‹«.[43] Er modifiziert diese Einsicht jedoch dahingehend, dass es für den Menschen charakteristisch ist, sich selbst zugleich »weder der Nächste noch der Fernste zu sein« (SdO: S. V).

2.2.

Von diesem anthropologischen Befund ausgehend, stellt sich nunmehr die Frage, wie aufgrund dieser für das menschliche Weltverhältnis als konstitutiv aufgewiesenen »Ortlosigkeit« und Offenheit überhaupt Vertrauen möglich ist bzw. wie auf dieser Basis ein Verständnis der Phänomene »Vertrauen« und »Vertrautheit« konzeptualisiert werden kann. Drei Gesichtspunkte sollen hier erörtert werden:

(1) Hält man sich diese drei grundgesetzlichen Bestimmungen vor Augen, dann heißt das für das Phänomen des Vertrauens, dass der Mensch prinzipiell »kein klares Verhältnis zu seinen Mitmenschen finden« kann (SdO: S. 344), insofern jede Form »sozialer Gestaltung« unaufhebbar an die »antithetische Spannung von ... Vertrautheitssphäre und Nichtvertrautheitssphäre« gebunden bleibt.[44] Der die vorstehenden Überlegungen zusammenfassende und im Hinblick auf eine Präzisierung des Vertrauensbegriffs entscheidende Gesichtspunkt ist somit der, dass Vertrauen keine Sicherheit im Sinne einer erwerbbaren Versicherungsgarantie begründet, sondern eine grundlegend geschenkte Sicherheit meint: »Vertrauen ... ›schenkt‹ man«.[45] Denn in dem Moment, in dem ein Kalkül der Sicherheit

---

43 Friedrich Nietzsche, *Zur Genealogie der Moral. Eine Streitschrift*, in: ders., *Kritische Studienausgabe*, Band 5, hg. v. Giorgio Colli & Mazzino Montinari, München 1988 (zweite Auflage), S. 247f.
44 Helmuth Plessner, *Grenzen der Gemeinschaft*, a.a.O., S. 55f.; ders., SdO: S. 344; ders., *Macht und menschliche Natur*, a.a.O., S. 192.
45 Georg Simmel, *Soziologie*, a.a.O., S. 425.

in dieses Verhältnis einzieht, ist der originäre Charakter des Vertrauens zerstört, der darin besteht, dass ein Vertrauensverhältnis ebenso objektiv ein *Weniger als* Sicherheit wie auch subjektiv ein *Mehr als* Sicherheit bedeutet.[46] Dieses Zugleich von Weniger und Mehr reflektiert die für die menschliche Situation als konstitutiv herausgestellte »Dialektik«, die durch keinen sozialen Organisationsprozess aufhebbar ist, insofern dieser stets an die für jedwedes Ausdruckshandeln unaufhebbare und im Gesetz des utopischen Standorts auf den Begriff gebrachte Unvollendbarkeit des Ausdrucks gebunden bleibt.

(2) Mit Bezugnahme auf dieses Gesetz des utopischen Standorts wird zudem deutlich, dass Vertrauen grundsätzlich auf einer Erfahrung der Negation beruht, das heißt auf der Erfahrung, dass nicht alles möglich ist. Unter Berücksichtigung der interaktiven Einbettung formuliert: Vertrauen beruht auf der Erfahrung, dass gerade aufgrund dessen, dass *alles* möglich ist, eben nicht alles *möglich* ist. Bedingung der Möglichkeit dieser Erfahrung ist das aufgewiesene unaufhebbare wechselseitige Bedingungsverhältnis von Vertrautheit und Unvertrautheit und die damit stets einhergehende Einschränkung des objektiven Möglichkeitsraums sozialen Handelns. Dabei verdeutlicht der Hinweis auf die Intersubjektivität dieses Prozesses, dass sich diese handlungsrelevante Zuspitzung auf einen Horizont, in dem man beispielsweise »auf jemanden zählen kann«, nicht einem einseitigen (systemisch oder individualistisch begriffenen) Selektionsvorgang (Wahl) verdankt, sondern systematisch auf den auch hier strukturell unhintergehbaren wechselseitigen Anerkennungsprozess verweist.

Wesentlich ist in diesem Zusammenhang insbesondere, dass sich Vertrauen nach dem Gesagten als die adäquate, *strukturell* unhintergehbare Antwort auf diese ursprüngliche Erfahrung der Negation dar-

---

46 Bringt das »Weniger als« den Wagnischarakter des Vertrauens auf den Begriff, so kommt das »Mehr als« beispielsweise in Situationen zum Ausdruck, in denen wir uns auf Andere stützen können unter Zugrundelegung der Annahme, dass diese (moralisch) voll zurechnungsfähige Personen sind, die unter anderem über einen hinreichend ausgeprägten Sinn für die im Rahmen bestimmter sozialer Beziehungen etwa »geschuldeten« Verantwortlichkeiten jenseits des womöglich rechtlich Einklagbaren verfügen. Ebenso artikuliert es sich im Vertrauen auf Nahestehende, von denen wir »unwissend wissen«, dass wir jenseits oder sogar im offenen Gegensatz zu nutzenkalkulatorischem Sicherheitsdenken auf sie »zählen« können.

stellt. Da sich diese Erfahrung, die in den Formulierungen des »Stehens im Nirgendwo«, des »realisierten Widersinn« oder auch der konstitutiven »Ortlosigkeit« bei Plessner ihren prägnanten (wenn auch metaphorischen) Niederschlag findet, nur über den Aufbau intersubjektiver Vertrautheitskontexte, die sich einem (partiellen) Einklammern eines Zweifels oder Misstrauens verdanken, *pragmatisch* aufheben lässt, stellt sich Vertrauen auf der Grundlage von Vertrautheitskonstellationen als die dem menschlichen Weltverhältnis entsprechende Form des Weltbezuges dar. Dies festzuhalten bedeutet keineswegs, normativ die Parole »Vertraue!« auszugeben. Gemeint ist vielmehr, dass die für das menschliche Weltverhältnis charakteristische Uneindeutigkeit, Vermitteltheit – in einem Ausdrucksverhältnis zu stehen, Ausdrucksformen wählen zu müssen und mit deren Vorläufigkeit konfrontiert zu sein – ihm Vertrauen als eine Form seines Sich-stellens-zur-Welt *strukturell* auferlegt.

(3) Nach dem Gesagten ist Vertrauen als ein Relationsbegriff zu verstehen. Vertrauen weist eine relationale Struktur insofern auf, als wir es hier nicht mit einer (genetisch bedingten) Disposition oder einer (instinktiven) Grundausstattung des Menschen zu tun haben, sondern mit einer Form primärer Bezüglichkeit. Vertrauen ist immer schon »ein Verhältnis zu«. Und dies in zweifacher Hinsicht: Zunächst aufgrund des aus der exzentrischen Positionierung des Menschen folgenden Gesetzes der natürlichen Künstlichkeit, demzufolge für ihn jedwede Form des Vertrauens in einem unaufhebbaren Spannungsverhältnis zwischen Vertrautheit und Fremdheit bzw. Unvertrautheit steht. Darüber hinaus verdeutlicht das Gesetz der vermittelten Unmittelbarkeit, dass der Vertrauensbegriff stets auf eine Beziehung zwischen (mindestens) zwei Akteuren verweist und die Qualität der zwischen ihnen aufgrund ihres Ausdruckshandelns realisierten Beziehung bzw. Anerkennungsprozesse artikuliert. Vertrauen kann solchermaßen nicht angemessen als eine einseitige Beziehung bzw. als »einseitige Vorleistung« gedeutet werden.[47] Vielmehr verweist der Vertrauensbegriff auf ein wechselseitiges Verhältnis: Vertrauen ist ein Interaktionsprodukt und keine prinzipiell vorgängig zu erbringende Leistung; ein solches Verständnis überführte seinen primär fungierenden Charakter verkürzend in ein Thematisierungsverhältnis. Insofern Vertrauen auf Ver-

---

47 So unter anderem James S. Coleman, *Foundations of Social Theory*, a.a.O., und Peter Preisendörfer, »Vertrauen als soziologische Kategorie«, a.a.O., S. 264.

trautheit basiert, ist keine »Vorleistung« kontextfrei.[48] Vertrauen verweist stets entweder – situativ – auf eine konkrete Interaktionsgeschichte oder – prinzipiell – auf bisherige allgemeine und damit generalisierbare Interaktionserfahrungen. Ein Vertrauensvollzug ist damit strukturell auf den jeweiligen Selbstdeutungshorizont verwiesen, der sich entweder im Laufe der Geschichte einer konkreten sozialen Beziehung oder kumulativ als nicht direkt beziehungsbezogener Erfahrungswert aufgebaut hat.

(4) Unterscheidet man aufgrund der für den Menschen konstitutiven dreifachen Positionierung qua exzentrischer Positionalität wie Plessner (SdO: S. 293) eine dreifache Gliederung des menschlichen Weltbezuges sowohl selbst Körper als auch im Körper sowie außerhalb seines Körpers zu sein, dann lässt sich für den daraus resultierenden dreifachen Bezug zur Außenwelt, zur Innenwelt und zur Mitwelt festhalten, dass mit dem für die Außenwelt charakteristischen Gegenstandsbezug ein *Sachverhältnis*, mit dem für die Innenwelt charakteristischen Erlebensbezug ein *Selbstverhältnis* und mit dem für die Mitwelt charakteristischen Bezug auf andere ein *Sozialverhältnis* angezeigt ist. Eine entsprechende Gliederung für menschliche Weltbezüge lag implizit bereits den eingangs angeführten Verwendungsfällen des Vertrauensbegriffs im Alltag zugrunde: Hier wurde neben Situationen und organisationsbezogenen Regelungsroutinen (Sachverhältnis) auf Denkweisen und Techniken der Handhabung von Dingen (Selbstverhältnis) sowie auf andere Menschen (Sozialverhältnis) verwiesen. Diese Aufgliederung eröffnet nun die Möglichkeit, phänomenal aufweisbare Vertrauenskonstellationen zu unterscheiden: So können wir für das Vertrauensphänomen analog von einem *Weltvertrauen*, einem *Selbstvertrauen* und schließlich einem Vertrauen zu anderen, einem *Sozialvertrauen*, sprechen. In letzterem kommt die für das Vertrauensphänomen als Kernstruktur ausgemachte Sozialität zum Ausdruck, da ebensowohl Weltvertrauen und Selbstvertrauen sozial vermittelt sind.

---

48 Entsprechend zählt Esser (Hartmut Esser, *Soziologie. Allgemeine Grundlagen*, zweite Auflage, Frankfurt/M. 1993, S. 428) das Vertrauen zu den »relationale[n] Eigenschaften« von Akteuren und sozialen Gebilden im Zuge des Aufbaus sozialer Strukturen. Dazu auch David L. Lewis & Andrew J. Weigert, »Trust as a Social Reality«, in: *Social Forces*, 63, 1985, S. 967-985, hier S. 968: »From a sociological perspective, trust must be conceived as a property of *collective* units (ongoing dyads, groups, and collectivities), not of isolated individuals.« Das gilt wohl selbst im Grenzfall der »Vertrauensseligkeit«.

Damit ermöglicht der Rekurs auf Plessners Fundamentalanthropologie sowohl eine grundlagentheoretische Explikation und Klärung der für das menschliche Weltverhältnis konstitutiven, das heißt strukturell gegebenen Gratwanderung zwischen Vertrautheits- und Fremdheitssphären als auch eine Einsicht in die diesem Verhältnis strukturell entsprechende Form der Vermittlung von Vergangenheit und Zukunft zur Orientierung in einer Gegenwart im Zuge fungierenden Vertrauens.

3.

Erweist sich mittels Plessners anthropologischer Reflexionen Vertrauen als für den menschlichen Weltbezug unverzichtbar, ist also die Notwendigkeit zu vertrauen in der Struktur des menschlichen Weltverhältnisses angelegt, dann ermöglicht die damit erreichte Präzisierung der Bestimmung des Vertrauensphänomens in ebenfalls konstitutionstheoretischer Perspektive eine Klärung des Vertrautheitsbegriffs. Diese kann unter Rekurs auf die einschlägigen Analysen der Lebenswelttheorie von Alfred Schütz erfolgen.

Schütz zufolge ist »die jeweils als ›fraglos gegeben‹ hingenommene Sinnstruktur ... als zentrales Gegenstandsgebiet der Soziologie« zu betrachten (SAW: S. 19), der demzufolge die Aufgabe zukommt, »das ›Selbstverständliche‹ in Frage zu stellen« (SAW: S. 17). Entsprechend dieser phänomenologischen Perspektive ist eine Epoché, eine Einklammerung dessen zu vollziehen, was wir alltäglich für »natürlich« halten.[49] Schütz hat dabei vorrangig eine Form des Selbstverständlichen, des Vertrauten im Blick, die sich durch eine Typik pragmatischer Reflexivität auszeichnet, also durch eine Form nicht rein kognitiver oder gar szientistischer Reflexivität: »Fraglos gegeben ist jeweils diejenige Tiefenschicht, welche sich in einem bestimmten Jetzt und So der reflexiven Blickzuwendung (infolge deren pragmatischer Bedingtheit) als nicht weiter auflösungsbedürftig darbietet« (SAW: S. 99). Diese Positionsbestimmung lenkt den Blick auf Fragen nach dem »Vertrautheitscharakter« der Lebenswelt und den Konstitutionsbedingungen dieser »Vertrautheit«.

---

49 Alfred Schütz, »Über die mannigfaltigen Wirklichkeiten« (=MW), in: ders., *Gesammelte Aufsätze I*, hg. v. Maurice Natanson, Den Haag 1971, S. 286.

3.1.

Wenn für das menschliche Weltverhältnis eine Form der unaufhebbaren Wechselseitigkeit von Vertrautheit und Fremdheit aufweisbar ist, was heißt das dann für das Konzept der »Lebenswelt«? Ist die Lebenswelt, deren Selbstverständlichkeitscharakter geradezu sprichwörtlich ist, kein vertrauter Ort? Ist sie nicht, wie Luhmann in seiner Auseinandersetzung mit diesem Begriff schreibt, ein »Verweisungszusammenhang aller vertrauten Sinnkondensate«, eine »Kondensation von Vertrautheit«?[50] Wie kann es in der so charakterisierten Lebenswelt einen Prozess der Überführung des Unvertrauten ins Vertraute geben?

Ausgehend von Husserls Bestimmung, dass »unsere alltägliche Lebenswelt« »die einzig wirkliche, die wirklich wahrnehmungsmäßig gegebene, die je erfahrene und erfahrbare Welt« ist, die »beständig als Untergrund fungiert« und »ein Reich ursprünglicher Evidenzen« darstellt,[51] differenziert Schütz den Begriff der Lebenswelt von dem der »Welt des Alltags« als der Gegebenheitsweise der »Lebens(um)welt in natürlicher Einstellung«.[52] Dieser Alltag stellt Schütz zufolge den »Kern« der Lebenswelt dar und bildet ihren pragmatisch primär relevanten Bereich (MW: S. 238f.), für den er – als der »ausgezeichneten Wirklichkeit« (MW: S. 260 u. S. 264ff.) – den Begriff der »Wirkwelt« reserviert (MW: S. 238ff., besonders S. 260f.). Lediglich in dieser Welt des Alltags, also für den »Menschen unter Mitmenschen in natürlicher Einstellung ist die Existenz der Lebenswelt und die Typik ihrer Inhalte als bis auf Widerruf fraglos gegeben hingenommen«.[53] Schütz schließt sich hier an den bereits im *Sinnhaften Aufbau* verwendeten Typus der pragmatischen Reflexivität an und klärt Husserls »Reich ursprünglicher Evidenzen« damit – im Interesse einer soziologischen Transformation des Lebensweltkonzepts – seinen prä-reflexiven Charakter.

Die für die Wirkwelt, das heißt »für die Konstitution der Wirklichkeit der alltäglichen Welt wichtigste [der] Formen der Spontaneität« ist Schütz

---

50 Niklas Luhmann, »Die Lebenswelt – nach Rücksprache mit Phänomenologen«, in: *Archiv für Rechts- und Sozialphilosophie*, 72, 1986, S. 176-194, hier S. 182f.
51 Edmund Husserl, *Die Krisis der europäischen Wissenschaften und die transzendentale Phänomenologie*, in: *Husserliana VI*, hg. v. Walter Biemel, Den Haag 1954, S. 49 u. S. 127 u. S. 153.
52 Etwa in Alfred Schütz, »Strukturen der Lebenswelt«, in: ders., *Gesammelte Aufsätze III*, hg. v. Ilse Schütz, Den Haag 1971, S. 153.
53 Ebenda.

zufolge das Wirken, als »einer körperlichen Leistung in der Außenwelt« (MW: S. 243 u. ö.), die darauf gerichtet ist, »bestimmte Bewusstseinserlebnisse Anderer herbeizuführen« (SAW: S. 208). Dieses Wirken vollzieht sich stets in der Wechselwirkung von immer schon bestehender, historisch verfestigter und somit objektivierter Sozialwelt einerseits und ihrer strukturell je erneut erforderlichen subjektiven Interpretation, Umsetzung in neue Handlungsvollzüge und Ausdrucksformen, also ihrer gleichursprünglichen Veränderung andererseits.[54] Damit ist bereits an dieser Stelle eine erste Hinsicht zu benennen, in der für diesen Kernbereich der Lebenswelt eine unaufhebbare Spannung von Vertrautheit und Unvertrautheit konstitutiv ist: Insofern Plessner zufolge »in der Expressivität ... der eigentliche Motor für die spezifisch historische Dynamik menschlichen Lebens« liegt (SdO: S. 339), der Mensch also »durch seine Expressivität ... selbst bei kontinuierlich sich erhaltender Intention nach immer *anderer* Verwirklichung drängt und so eine *Geschichte* hinter sich lässt« (SdO: S. 338) und sich damit in jeder Gegenwart eine je neue Vergangenheit wie neue Zukunft schafft, insofern sind die Handlungsform des Wirkens und die dadurch begründete »Wirkensbeziehung« (SAW: S. 222f.) als *der* Modus der kontinuierlichen Überführung des Unvertrauten in das Vertraute wie auch des Vertrauten ins Unvertraute zu verstehen. Es ist dieser Prozesscharakter menschlicher Lebensführung, den Schütz aufgrund seines vorrangigen Interesses an einer allgemeinen Strukturanalyse nicht ausdrücklich genug in den Vordergrund rückt, um die im Alltag sich prinzipiell stets (bei unterschiedlichen Temporalstrukturen)[55] verschiebenden Horizonte des als »fraglos Hingenommenen« einholen zu können. Die der Expressivität entspringende Dynamik des menschlichen Lebens ist es, die sich in jeweils partikularen kulturellen Kontexten realisiert und so Gestalt gewinnt und die die Spannung des Vertrauten und Unvertrauten in den vertrauten Horizont des Alltags hineinträgt.

Von dieser alltäglichen Perspektive des Wirkens ausgehend unterscheidet Schütz noch andere Perspektivierungen auf die soziale Wirklichkeit, die diese Reflexivitätsperspektive des alltäglichen Kernbereichs der Lebenswelt

---

54 Diese Zusammenhänge unter dem Stichwort der »fundamentale[n] Dialektik zwischen der gesellschaftlichen Produktion und jener objektivierten Welt, die ihr Produkt ist«, herausgearbeitet zu haben, ist das Verdienst der inzwischen klassischen Arbeit von Peter L. Berger und Thomas Luckmann über die »gesellschaftliche Konstruktion der Wirklichkeit«, a.a.O., S. 92f.; auch S. 65 u. S. 70f. u. S. 83.
55 Der Alltag ist sozusagen ein Erkenntnisstil der unterschiedlichen Geschwindigkeiten.

transzendieren; in denen die Sinngebungsprozesse also eine mehr oder weniger ausgeprägte Distanz zur dominierenden pragmatischen Orientierung im Alltag aufweisen. Zu diesen alternativen Wirklichkeitsperspektivierungen gehören unter anderem die Phantasiewelt, die Traumwelt und die Welt der Wissenschaft (MW: S. 269ff.). Solchermaßen weist der Lebensweltbegriff in seiner Verwendung bei Schütz eine interne Gliederung in mehrere »geschlossene Sinnprovinzen« auf, die als wirklichkeitskonstituierende Weltzugänge in einer weiteren Hinsicht eine unaufhebbare Spannung zwischen Vertrautheit und Unvertrautheit eröffnen: Denn auch wenn wir in natürlicher Einstellung mehr oder weniger darum wissen, dass die eine Lebenswelt ein plurales Gefüge unterschiedlicher Wirklichkeitsperspektiven darstellt, die jeweils von unterschiedlicher Relevanz für die eigene Lebensführung sind, so sind diese Perspektivierungen selbst jedoch keineswegs aus der Perspektive des für den Alltag, also für die Welt der natürlichen Einstellung eigentümlichen Erkenntnisstils ihrerseits vertraut, insofern für die verschiedenen Sinnprovinzen eben jeweils unterschiedliche »Erkenntnisstile« konstitutiv sind (MW: S. 265). Die Lebenswelt, die für ein Ego zu einem bestimmten Zeitpunkt jeweils nur aus der Perspektive eines für eine der Sinnprovinzen konstitutiven Erkenntnisstils »zugänglich« ist, erweist sich somit gerade als die eine und einzige *zugleich* als ein komplexes Feld von Wirklichkeitsperspektivierungen, die wechselseitig konstitutiv in einem unaufhebbaren Spannungsverhältnis von Vertrautheit und Unvertrautheit stehen. Als perspektivisches Universum ist die Lebenswelt durchzogen von Vertrautheits-Unvertrautheits-Spannungen. Denn diese sich im Perspektivenwechsel gegenüber der »natürlichen Einstellung der ausgezeichneten Wirklichkeit des alltäglichen Lebens« zu eigen zu machen ist jeweils gerade mit einem spezifischen »Schock« verbunden (MW: S. 265). Damit bringt Schütz einen weiteren Aspekt der spezifischen Problematik der Überführung des Unvertrauten in das Vertraute auf den Begriff.

Um dies nochmals zu verdeutlichen: Im Sinne der von Schütz für seine Differenzierung von Husserls Lebensweltbegriff angezielten Unterscheidung verschiedener kognitiver Stile als den Formen unseres Weltzugangs ist stets das alltäglich, also im Modus der relativ natürlichen Einstellung (Max Scheler) verfügbar, was wir als fraglos gegeben, das heißt in Gestalt pragmatischer Reflexivitätsanforderungen hinnehmen. Jedes Auftauchen von Möglichkeiten der Befragbarkeit transportiert die Bezugspunkte des Befragten aus der Alltagswelt heraus in den Bereich des Außeralltäglichen, des nicht mehr für selbstverständlich Hingenommenen. Problematisierung (pragmatisch) und Thematisierung (kognitiv) bilden gleichsam die »Schneisen«, die ehedem Vertrautes fragwürdig und bezweifelbar machen und es damit seines Wirklichkeitsstatus des Vertrautseins berauben.[56] Die alltäglich zu praktischen Zwecken erfolgende reflexive Durchdringung des Horizonts oder »Hintergrundes« der Vertrautheit bzw. die Aufmerksamkeit, bestimmte, bisher als fraglos hingenommene oder nicht realisierte Phänomene nicht mehr umstandslos den vertrauten Perspektivierungen einzufügen, führt zum Auftreten von Unvertrautem (»Neuem«) und zur Mobilisierung von für die natürliche Einstellung des Alltags relevanten Deutungsmustern, dieses Unvertraute in den Horizont des (noch) Vertrauten nach Maßgabe der aktualisierten Relevanzstrukturen (wieder) einzugliedern: »Der Begriff Vertrautheit gibt die Bedingungen an, unter denen die Aufgabe, das Unvertraute in vertraute Begriffe zu übersetzen, als gelöst betrachtet werden kann«.[57] Der Begriff der Vertrautheit umschreibt also einen Horizont von Kriterien, die erfüllt sein müssen, um »etwas« als aus dem Status des Unvertrauten ins Vertraute überführt ansehen zu können.

Schütz' Analyse ist damit zweistufig angelegt. Denn auch wenn die Sinnprovinzen den Alltag transzendieren, ist das Gegebensein anderer kognitiver Weltzugänge im Rahmen des für den Alltag typischen Erkenntnisstils seiner Typik nach (mehr oder weniger) bekannt. Dem Alltag ist damit das Faktum der Differenz zwischen der natürlichen Einstellung und anderen Modi des Weltbezuges vertraut, also die Differenz von Alltag und Außeralltäglichkeit und die mit der Pluralität von Sinnprovinzen einhergehende konstitutive Perspektivität. Gegenstand des alltäglichen Modus der Transformation des Unvertrauten ins Vertraute werden, im Sinne von Schütz, jedoch stets nur diejenigen Aspekte, die für das im alltäglichen Kernbereich der Lebenswelt dominierende »pragmatische Motiv« (Scheler) zur Frage oder zum Problem werden. Gegen einen undifferenziert gebrauchten Lebensweltbegriff wie auch in Abgrenzung zu seiner Engführung bei Luhmann ist demnach festzuhalten, dass nicht nur für die Lebenswelt in ihrer soziologisch gewendeten Fassung im Rahmen der phänomenologisch fundierten Sozialtheorie von Schütz deutlich ist, dass »Fraglosigkeit und Vertrautheit dieser Welt ... keineswegs homogen« sind,[58] sondern dass auch die Lebenswelt selbst in mehrfacher Hinsicht unter der Spannung des Vertrauten und Unvertrauten steht.

---

56 Alfred Schütz, *Das Problem der Relevanz*, hg. v. Richard M. Zaner, Frankfurt/M. 1971, S. 56f. Vgl. das zuvor (S. 177) für die Thematisierung des Vertrauens Gesagte.
57 Ebenda, S. 57f.
58 Alfred Schütz, »Strukturen der Lebenswelt«, a.a.O., S. 154.

Mit dem von Plessner dargelegten strukturellen Zwang zur »Weltbildung«, der, wie Schütz (MW: S. 260ff.) später in kritischer Wendung gegen Heidegger[59] sagen wird, in der »Fundamentalangst« als Ausgangspunkt bzw. Motor jedweden pragmas, das heißt des Wirkens, seine Verlängerung findet (MW: S. 262), ist für beide Autoren der Grund der Ausbildung intersubjektiv geteilter Handlungszusammenhänge benannt. Denn »das Interesse an möglichster Minderung sozialen Risikos ist ... eine beständige Kraftquelle sozialer Gestaltung, die an die antithetische Spannung von ... Vertrautheitssphäre und Nichtvertrautheitssphäre gebunden bleibt«.[60] Wirken und die für dieses angeführte konstitutive »Dialektik« wird damit als das Prinzip des kommunikativen und interaktiven Aufbaus, des Erhalts und der Veränderung menschlicher Weltverhältnisse offenkundig (MW: S. 269f.). Es ist das Prinzip des Aufbaus intersubjektiv geteilter Handlungsmuster – was sowohl die Sozial- als auch die Selbst- und die Sachverhältnisse einschließt. Konstellationen des Vertrauens und der Vertrautheit sind somit mögliche Resultate sozialer Wirkensbeziehungen, also von Interaktionsprozessen (vgl. SAW: §§ 31-32).

In der Literatur werden unter der Leitfrage nach den Bedingungen, Quellen oder Voraussetzungen von Vertrauensbeziehungen verschiedenartige Aspekte angeführt, die sich nach fünf Dimensionen ordnen lassen: Genannt werden *Handlungsroutinen*, wiederholte Handlungsformen und dauerhafte Beziehungen[61] – Luhmann spricht auch vom »Gesetz des Wiedersehens«;[62] *Handlungsverdichtungen* in Form von intensiven sozialen Beziehungen sowie »sozialer Dichte« beispielsweise auf Gruppenebene – verbunden mit dem entsprechenden Wissen über die Akteure;[63] *Handlungsprofessionalisierungen* und -differenzierungen durch die gesellschaftlich etablierte Wissensverteilung mit einander zugeordneten Laien- und Expertenrollen;[64] *Handlungsrahmungen* beispielsweise in Form von

---

59 Martin Heidegger, *Sein und Zeit*, Tübingen 1976 (§§ 40-41).
60 Helmuth Plessner, *Grenzen der Gemeinschaft*, a.a.O., S. 55f; ders., *Macht und menschliche Natur*, a.a.O., S. 192.
61 Etwa Peter Preisendörfer, »Vertrauen als soziologische Kategorie«, a.a.O., S. 266; Niklas Luhmann, »Die Lebenswelt«, a.a.O., S. 181; Werner Raub, »Eine Notiz«, a.a.O., S. 188f.
62 Niklas Luhmann, *Vertrauen*, a.a.O., S. 39.
63 So Preisendörfer, »Vertrauen als soziologische Kategorie«, a.a.O., S. 267; Norman Braun, »Altruismus, Moralität und Vertrauen«, a.a.O.
64 Siehe unter anderem Gerald Wagner, »Vertrauen in Technik«, in: *Zeitschrift für Soziologie*, 23, 1994, S. 145-157, v. a. S. 151f.

glaubwürdigen Festlegungen durch Garantien bzw. Sicherheiten[65] wie Produkthaftungsrecht oder technischen Normungen;[66] schließlich *Handlungsstrategien* wie die von Goffman skizzierte Politik der kleinen Schritte[67] oder die von Henslin am Beispiel des Taxifahrers erläuterten Orientierungswerte wie Informationen über den Rufort, den Zielort und die Frage, ob der Fahrgast versucht, sein Gesicht zu verbergen.[68] Alle genannten Aspekte stellen Orientierungsindikatoren dar für Beziehungen zu Personen oder gesellschaftlichen Einrichtungen, für eigenes Denken und Handeln und für den Umgang mit Dingen oder Zeichen – also für die Perspektivierung menschlichen Weltbezuges in Sozial-, Selbst- und Sachverhältnissen. Sie umschreiben Momente eines allgemeinen Musters menschlichen Weltbezuges und menschlicher Weltorientierung zur kontinuierlich erforderlichen Transformation von Unvertrautem in Vertrautes und bilden empirische Voraussetzungen für die Genese von Vertrauensbeziehungen aufgrund von Vertrautheitskonstellationen.

In diesem Zusammenhang wird eine weitere Hinsicht deutlich, in der die Spannung vertraut-unvertraut für die Lebenswelt konstitutiv ist: Insofern der Aufbau von Vertrautheitskonstellationen in Interaktionen sowie in das Beziehungsgeflecht von Klein- und Großgruppen eingebettet ist, erfolgt dieser stets notwendig in spezifisch sozio-kultureller Perspektivierung und Akzentuierung.[69] Soziale Beziehungen und soziale Gruppierungen weisen an ihre eigenen Deutungshorizonte gebundene Formen der Ausprägung von Handlungsorientierungen auf, die stets kulturell variable Bedingungen der Ausbildung von Vertrauensbeziehungen darstellen. Damit ist auf der Ebene sozialer Kulturwelten ausschließlich im Plural von entsprechenden Mustern, Horizonten oder Orientierungformen, das heißt von Relevanzstrukturen und

---

65 So James S. Coleman, *Foundations of Social Theory*, a.a.O., S. 91ff. (dt. Bd.1, S. 115ff.), Werner Raub, »Eine Notiz«, a.a.O., S. 189f.
66 Vgl. Gerald Wagner, »Vertrauen in Technik«, a.a.O., S. 153ff. Sellerberg führt am Beispiel des Einzelhandels beispielsweise rechtswirksamen Konsumentenschutz, präzise Etikettierung des Inhalts der Produkte und das Selbstbedienungssystem mit seinen handlungsrelevanten Komponenten der eigenständigen Wahl zwischen Produkten und ihrer Sichtbarkeit an (»On Modern Confidence«, a.a.O., S. 42f.).
67 Erving Goffman, »Strategic Interaction«, in: ders., *Strategic Interaction*, New York, zweite Auflage, 1975, S. 107ff.
68 James M. Henslin, »Trust and the Cab Driver«, in: Marcello Truzzi (Hg.), *Sociology and Everyday Life*, Englewood Cliffs/NJ 1968, S. 140ff.
69 Alfred Schütz, »Die Gleichheit und die Sinnstruktur der sozialen Welt«, in: ders., *Gesammelte Aufsätze I*, a.a.O.

Typiken, zu sprechen. Es ist diese Partikularität der jeweiligen Formen einer Transformation des Unvertrauten ins Vertraute, die der Alltagswelt ihren strukturell konfliktuösen Charakter verleiht. Denn diese konstitutiv partikularen Deutungsmuster sind nicht nur wechselseitig geeignet, sich in Frage zu stellen, also wechselseitig Unsicherheiten zu produzieren, sondern sie müssen zugleich aufgrund ihrer Funktion, umfassende Weltorientierungen zu formieren, notwendig universelle – also partikular-umfassende, nicht universale – Geltung für die jeweiligen Interagierenden beanspruchen. Und in dieser Hinsicht stehen sie dann notwendig konfliktuös zueinander, denn die jeweiligen Deutungen und die für sie erhobenen Geltungsansprüche werden nur im Grenzfall vollständig oder zu großen Teilen kompatibel sein. In diesem Sinne gilt, dass die »Lebenswelt« – soweit sie aus der Perspektive der relativ natürlichen Einstellung des Alltags oder aus der der Wissenschaft in den Blick kommt – keineswegs ein »harmloser Ort« ist.[70]

3.2.

Was folgt aus diesem Ansatz für die Frage nach den Bedingungen der Genese von Vertrautheit und Vertrauen? Diese Frage stellt sich wesentlich als eine solche nach den verfügbaren handlungspraktischen Wissensbeständen über die soziale Welt und nach den in diese (impliziten) Wissensbestände eingehenden Relevanzen hinsichtlich der Erfüllung von Rahmenbedingungen zur Generierung und Abstützung von Vertrauenswürdigkeit. Diese können für Akteure die Selbstdefinitionen der Vertrautheit mit einer Situation und des Vertrauens zu anderen nach sich ziehen. Damit führt die vorliegende Analyse des Vertrauensphänomens konsequent von der anthropologischen Grundlegung über die Strukturanalyse der Lebenswelt auf das Feld der Wissenssoziologie. Die Frage nach der Genese von Vertrauensbeziehungen und Vertrautheitsbereichen zielt somit auf Normalisierungs-, also auf Typisierungsprozesse, das heißt auf Prozesse der gruppenbezogenen Generierung von Weltorientierungen und Weltbildern, auf ein interaktives »Welt-Bilden«, insofern unser »Alltagswissen von vornherein in vielerlei Hinsicht sozialisiert« ist.[71] Es ist

---

70 Ilja Srubar, »Ist die Lebenswelt ein harmloser Ort? – Zur Genese und Bedeutung des Lebensweltbegriffs«, in: Michael Wicke (Hg.), *Konfigurationen lebensweltlicher Strukturphänomene*, Opladen 1997, S. 55ff.
71 Alfred Schütz, »Begriffs- und Theoriebildung in den Sozialwissenschaften«, in: ders., *Gesammelte Aufsätze I*, a.a.O., S. 64 u. S. 70f.

die im Zuge von – sequentiellen, seriellen oder parallelen – Interaktionsgeschichten erfolgende Eingliederung vormals unbekannter, fremder, unvertrauter oder als fraglos gültig hingenommener Wissenselemente in das eigene Handlungswissen, also ihr Einbau in vertraute Relevanzstrukturen und Typisierungsformen im Rahmen der eigenen Deutungsmuster, die Vertrautheit schaffen und Vertrauen ermöglichen können.[72]

Unsere vergangenen Erfahrungen sind in mehr oder weniger anonymen Typenbegriffen im alltäglichen Wissensvorrat abgelagert. Schütz zufolge werden Gegenstände prinzipiell in ihren typischen Aspekten erfahren, sodass die Vertrautheit mit einem Erfahrungsgegenstand generell eine typische ist, »weil jeder vertraute Gegenstand einen offenen Horizont bisher unbekannter und fremder (unvertrauter) Implikationen und Aspekte mit sich führt, welche nur im weiteren Verlauf der Erfahrung, die aber selbst wieder neue, offene Horizonte bereithält, entdeckt werden können«.[73] Insofern ist unser Wissensvorrat ein Bereich typischer Erwartungen, die unter typischen Umständen deutungs- und/oder handlungsrelevant werden und zu typischen Reaktionen führen. Entsprechend wird mit dem Begriff Vertrautheit ein Verhältnis bezeichnet der »Wahrscheinlichkeit der Beziehung neuer Erfahrungen hinsichtlich ihrer Typen auf den habituellen Vorrat des schon erworbenen Wissens«.[74]

---

[72] Um an dieser Stelle keiner kognitivistischen Fehlinterpretation Vorschub zu leisten, sei nochmals an die zuvor für die hier angesprochenen Wissensformen herausgestellte Typik der pragmatischen Reflexivität erinnert. Für Vertrauen und Vertrautheit ist ein Modus des Wissens konstitutiv, den beispielsweise Merleau-Ponty an der Typik des praktischen Wissens des Fußballspielers veranschaulicht: Diesem ist »der Spielplatz ... nicht gegeben«, er ist kein »Objekt, das heißt der ideelle Zielpunkt«, sondern er ist »gegenwärtig als der immanente Zielpunkt seiner praktischen Intentionen. ... Jedes Manöver, das der Spieler vollführt, verändert den Aspekt des Spielfeldes und zeichnet darin neue Kraftlinien ein, wo dann ihrerseits die Handlung verläuft und sich realisiert, indem sie das phänomenale Feld erneut verändert« (*Die Struktur des Verhaltens*, Berlin 1976, S. 193). Entsprechend auch Heideggers berühmtes Beispiel des Hammers zur Veranschaulichung des »Zeugcharakters«: Da für ihn die »Seinsart von Zeug« in seiner »Zuhandenheit« besteht und der »nur ›theoretisch‹ hinsehende Blick auf Dinge ... des Verstehens der Zuhandenheit« entbehrt, »unterstellt sich«, Heidegger zufolge, nur im »gebrauchenden Umgang ... das Besorgen dem für das jeweilige Zeug konstitutiven Um-zu« (*Sein und Zeit*, a.a.O, § 15, S. 69). Denn »das Besorgen ist je schon, wie es ist, auf dem Grunde einer Vertrautheit mit Welt« (§ 16, S. 76).
[73] Alfred Schütz, *Das Problem der Relevanz*, a.a.O., S. 94.
[74] Ebenda, S. 93.

Das stets in Typisierungen abgelagerte Wissen von der Lebenswelt ist so zugleich Grund der je spezifischen Vertrautheit mit dieser Welt, das heißt, dass das in unserem alltäglichen Wissen verfügbare Reservoir an Typisierungen sowohl die Grenzen als auch den jeweiligen Horizont der Vertrautheit mit der Lebenswelt markiert. Insofern dabei in Typisierungsprozessen einerseits eine Generalisierung von erfahrener Realität aufgrund der Ausblendung fallspezifischer Erfahrungselemente, andererseits eine Verdichtung von Realität aufgrund des jeweils relevanzbezogenen Zuschnitts der Typenbildung erfolgt,[75] lässt sich eine strukturelle Analogie zwischen den Phänomenen des »Vertrauens« und des »Typisierens« benennen: Ist für Vertrauen eine Zwischenlage zwischen einem Weniger und einem Mehr *als* (nicht: an) Sicherheit konstitutiv, so für den Charakter von Typenbegriffen eine Zwischenlage zwischen einem Weniger und einem Mehr *als* Eindeutigkeit: Einerseits »unterlaufen« sie die Form konkreter eindeutiger Bestimmtheit aufgrund ihres typisch-offenen, nicht klassifikatorischen Charakters, andererseits »überschreiten« sie die Zuspitzung punktueller Eindeutigkeit aufgrund ihres Horizontcharakters, der einen Orientierungsrahmen in bestimmter Variationsbreite markiert: So ist Neues stets Neues vor dem Hintergrund des bisher typisch als gültig Erachteten. Damit erweist sich, wie schon für den Vertrauensbegriff, auch für Typenbegriffe aufgrund des für sie konstitutiven Problem- bzw. Relevanzindex sowie ihres methodischen Bildungsprinzips ihr relationaler Charakter: »Alle Typen sind relationale Begriffe«.[76]

Diese prinzipiellen Überlegungen zum Zusammenhang von Vertrautheit und Typik hat Schütz in seinen Analysen der »Vertrautheitsgrade« des »Wissensvorrats« ausgeführt.[77] Dabei ist zwischen einem subjektiven und einem objektiven Problemzugriff zu unterscheiden: In *subjektiver* Hinsicht bezieht sich die Unterscheidung von Vertrautheitsgraden auf die Typik des Für-gewiss-Haltens, in *objektiver* Hinsicht auf die »Grade, die sich auf die Gliederung der Lebenswelt in besondere Regionen beziehen«,[78] das heißt auf die Analyse der Vertrautheits- und Fremdheitszonen der »Lebenswelt« (SAW: S. 227ff.).[79] Geht es hier unter pragmatischen Gesichtspunkten um die Aufschichtung der Lebenswelt in die Zonen der

---

75 Alfred Schütz, »Die Gleichheit und die Sinnstruktur der sozialen Welt«, a.a.O., S. 212f. u. S. 217.
76 Ebenda, S. 213.
77 Alfred Schütz, *Das Problem der Relevanz*, a.a.O., S. 56ff. u. S. 90ff. u. S. 187ff.
78 Ebenda, S. 182f. u. S. 218ff.; ders., MW: S. 255ff.
79 Siehe auch Alfred Schütz, »Strukturen der Lebenswelt«, a.a.O.

aktuellen und potenziellen Reichweite, so unterscheidet Schütz für die Formen des Für-gewiss-Haltens vielfältige Sphären vom blinden Glauben (»animal faith« im Anschluss an George Santayana) über ein vorbehaltliches Sich-daran-Orientieren bis zur »vollen Ignoranz«.[80] Im Anschluss an eine von William James eingeführte Unterscheidung sieht er diese Formen angeordnet um die beiden Kernbereiche unseres »Vertrautheitswissen« (»knowledge about«) und bloßen »Bekanntheitswissen« (»knowledge of acquaintance«).[81] Alle diese Wissenssphären gehören zu der aus der Perspektive der relativ natürlichen Einstellung des Alltags betrachteten Lebenswelt und ihrem »Selbstverständlichkeitscharakter« und markieren die komplexe »Differenzierung des Wissens von ihr«.

Insgesamt wird damit auch für die als phänomenologische Fundierung der verstehenden Soziologie angelegte Lebenswelttheorie von Schütz die konstitutive Bedeutung des Spannungsverhältnisses von Vertrautheit und Unvertrautheit deutlich. Schütz' Überlegungen lassen sich also als sowohl sozialtheoretische wie soziologische Verlängerung der anthropologischen Grundlegung Plessners lesen. Wie dargelegt, sind es primär vier Hinsichten, in denen sich dieses Spannungsverhältnis artikuliert: Die Lebenswelt durchzieht (i) auf der Ebene des Alltags die Spannung des Vertrauten und Unvertrauten aufgrund des prozessualen Charakters des menschlichen Weltbezuges; sie ist (ii) als die eine und einzige ein komplexes perspektivisches Universum und solchermaßen durchzogen von Vertrautheits-Unvertrautheits-Spannungen; in ihrem Rahmen sind (iii) dem Alltag diese Spannungen vertraut und als solche pragmatisch zur Bewältigung stets neu aufgegeben; und es ist (iv) die Pluralität der stets gruppenbezogenen Ausbildung von Deutungsmustern, die auf der Ebene des Alltags die konstitutiv partikularen Transformationsmodi zur Überführung des Unver-

---

80 Ebenda, S. 158.
81 Vgl. dazu Alfred Schütz, *Das Problem der Relevanz*, a.a.O., S. 187ff.; ders., »Begriffs- und Theoriebildung in den Sozialwissenschaften«, a.a.O., S. 63f.; ders., »Strukturen der Lebenswelt«, a.a.O., S. 157f. Für die Interpretation ergibt sich in diesem Zusammenhang insofern eine Schwierigkeit, als Schütz hier in wissenstheoretischer Hinsicht zu einem Kognitivismus neigt, der mit seiner pragmatisch akzentuierten Fassung des Vertrautheitsbegriffs in einem Spannungsverhältnis steht. So sieht er das »Vertrautheitswissen« »unter dem Postulat der Klarheit, Bestimmtheit und Widerspruchslosigkeit« stehen, während er für das »Bekanntheitswissen« von einem »mehr oder weniger vagen und ungeklärten Wissen« spricht. Systematisch gesehen scheint es aber gerade der vage Charakter des Bekanntheitswissens zu sein, der der für das Phänomen des Vertrauens charakteristischen Toleranz für Varianzen näher steht.

trauten ins Vertraute in Kontrast zueinander setzt und damit gleichsam auf einer zweiten Stufe eine Spannung des Vertrauten und Unvertrauten in der Lebenswelt zentral werden lässt.

4.

In gegenwartsanalytischer Hinsicht stellt sich nach diesen Überlegungen die Frage nach der für moderne Gesellschaften womöglich spezifischen Typik von Vertrauens- und Vertrautheitsverhältnissen sowie nach der für diese gegebenenfalls spezifischen Spannung des Vertrauten und Unvertrauten. Zugleich ist nach möglichen historischen Verschiebungen der Gewichte und dem »Ort« alltäglicher Kontingenzerfahrungen zu fragen. Die kritischen Schlussfolgerungen in zeitanalytischer Hinsicht ergeben insgesamt eine im Vergleich zu den eingangs angedeuteten Selbstverständlichkeiten des gegenwärtigen soziologischen Vertrauensdiskurses und angesichts vorliegender Krisendiagnosen gegenläufige Perspektivierung. Einige Andeutungen müssen hier genügen:

(1) In entwicklungsgeschichtlicher Perspektive kann – so eine erste Konsequenz – nicht dahingehend argumentiert werden, dass im Zuge der Auflösung starrer Statusstrukturen im Übergang von stratifizierten zu funktional-differenzierten Gesellschaften personales Vertrauen zunehmend durch Systemvertrauen – im Sinne einer reflexiven Praxis des Wahlhandelns[82] – ersetzt werde. Unterscheidet man zwischen der strukturellen Basis der Ausbildung von Vertrauenskonstellationen und ihrer konkreten gesellschaftlichen Typik, dann wird deutlich, dass die historisch offenkundig zu konstatierenden Veränderungen nicht das zugrunde liegende Strukturphänomen selbst betreffen, sondern seine situativ-variablen Rahmenbedingungen. Das heißt, die für das menschliche Weltverhältnis konstitutive Spannung von Vertrautheit und Unvertrautheit ist als solche nicht relativ auf die soziohistorische Ausprägung gesellschaftlicher Ordnungsformen und damit ebenso für vormoderne Gesellschaftsformen charakteristisch. Insofern lässt sich auf strukturtheoretischer Ebene keineswegs von einem mit dem Übergang zu funktional differenzierten Gesellschaften einhergehenden Ersatz eines personalen durch ein Systemvertrauen sprechen.

---

82 Niklas Luhmann, *Vertrauen*, a.a.O., S. 66.

(2) Der angeführte Gesichtspunkt leitet über zur Frage der Vertrautheit als Grundlage von Vertrauen. Auch für diese Frage ist eine Differenzierung erforderlich. Wird in evolutionstheoretisch ansetzenden Arbeiten der Verlust von Vertrautheit als Grundlage des Vertrauens im Übergang von vormodernen zu modernen Gesellschaften herausgestellt, so ist dort ein Vertrautheitsbegriff leitend, der am ehesten als umfassender Weltglaube zu charakterisieren ist. Vertrautheit meint dann die grundsätzliche Selbstverständlichkeit und den unbefragten Glauben an die gesamte umgebende gesellschaftliche Welt, ihre Einrichtungen und Institutionen. Dieser Typus einer – wenn auch nur vorgestellten – »dichten« Welt hat sich offenkundig im Zuge der gesellschaftlichen Entwicklungspfade zur Moderne mehr oder weniger verflüchtigt. Von dieser Dimension prinzipiell zu unterscheiden ist allerdings die Dimension der Vertrautheit von interaktiven Kontexten, also der Welt in Reichweite. Es ist diese Dimension von Vertrautheit, die für Vertrauen konstitutiv ist und deren *Struktur* pragmatischer Verfügbarkeit von der Ebene *historischen* gesellschaftlichen Wandels abzuheben ist.

(3) Gleichwohl scheint aufgrund der allererst im Übergang zu modernen Gesellschaften erfolgenden weitgehenden Herauslösung der Einzelnen aus eher starren, zumeist als Abhängigkeitsverhältnissen strukturierten und institutionalisierten Sozialbeziehungen Vertrauen gerade auf interpersonaler Ebene zu einem gewichtigeren Problem für die Handlungskoordinierung zu werden. Und dies in den Gegenwartsgesellschaften in einem womöglich noch gesteigerten Maße, insofern eben eine generelle Vertrautheit mit der gesellschaftlichen Welt heute zumindest tendenziell brüchig geworden ist und diese erst über interaktive Bezüge regelmäßig (zumindest partiell) hergestellt werden muss. Vertrautheit bildet demzufolge nach wie vor die Grundlage von Vertrauen, lediglich deren Reichweite (in räumlicher, zeitlicher und sozialer Hinsicht) hat sich womöglich (mehr oder weniger) gewandelt. Insgesamt bedeutet das aber, dass wir gerade umgekehrt von einer eher wachsenden Bedeutung personalen Vertrauens auszugehen haben (vgl. Giddens' Betonung der sogenannten »Zugangspunkte«.)

(4) Ein weiterer Gesichtspunkt rückt mit diesen Überlegungen ins Blickfeld. Die Typik von Vertrauensverhältnissen und die Genese von Vertrautheitskontexten zeigt aufgrund der offenkundig weitgehenden Verflüchtigung umfassenden Vertrauens in gesamtgesellschaftliche Regelungsprozesse in modernen Gesellschaften ein verändertes Bild. Entstanden ist in ihrem Rahmen ein historisch zunehmend expandierendes System institu-

tioneller Vertrauensgeneratoren, das heißt ein weitreichendes Netz von »Intermediären« der Vertrauensbildung. Anzuführen sind hier beispielsweise Einrichtungen wie die »Stiftung Warentest«, der »TÜV« oder auch die zahlreichen Verbrauchereinrichtungen.[83] Von besonderer Bedeutung für moderne Gesellschaften sind in diesem Zusammenhang Beratungseinrichtungen unterschiedlichster Couleur, die ebenso als Generatoren der Vertrauensbildung fungieren. Dieser Aspekt verweist zurück auf die im Rahmen der einführenden Analyse des Vertrautheitsbegriffs angedeutete Zunahme institutionell vermittelten Vertrauens. Vertrauen zu Institutionen erweist sich damit in zugespitzter Weise als moderne Problemfolie.[84]

(5) Gleichwohl signalisiert diese Ebene expandierender intermediärer Konfigurationen im Zusammenspiel mit der unterstellten wachsenden Bedeutung interpersonalen Vertrauens, dass hier eine spezifische Problemlage entsteht bzw. entstanden ist. Insofern Individuen in modernen Gesellschaften offenkundig viel stärker zu permanenten Kontextwechseln gezwungen sind, frühere Sozialordnungen also in höherem Maße verdichtetes Orientierungswissen bereitstellten, sind hier wohl gesteigerte Anforderungen an ein kontinuierliches Flexibilitätsmanagement zu konstatieren: Für moderne Gesellschaften ist von einer Dynamisierung der Grenzziehungen und damit der Spannungsverhältnisse zwischen den Sphären des Vertrauten und Unvertrauten auszugehen, die zu forcierten Überlappungen und Enklavenbildungen geführt haben.

(6) Darüber hinaus ergibt sich aus der Zunahme der Bedeutung institutionell vermittelten Vertrauens eine spezifisch wissenssoziologische Konsequenz: Die soziale Verteilung des Wissens in modernen Gesellschaften führt aus dieser Perspektive konsequent zu einer Forcierung der Spannung von Vertrauen-Können und Vertrauen-Müssen. Wenn Vertrautheit die Grundlage der Ausbildung von Vertrauen darstellt, und wenn diese Vertrautheit in Bezug auf institutionelle Kontexte über auf diese bezogenes Wissen vermittelt und erworben wird, dann führt die soziale Verteilung des Wissens notwendig zu einer Verschärfung unterschiedlich privilegierter Zugänge zur Dimension institutionell vermittelten Vertrauens:

---

83 Vgl. Hermann Strasser & Stephan Vosswinkel, »Vertrauen im gesellschaftlichen Wandel«, in: Martin K. W. Schweer (Hg.), *Interpersonales Vertrauen. Theorien und empirische Befunde*, Opladen 1997, S. 226ff.
84 M. Rainer Lepsius, »Vertrauen zu Institutionen«, in: Stefan Hradil (Hg.), *Differenz und Integration. Die Zukunft moderner Gesellschaften*, Frankfurt/M. 1997.

Aufgrund des jeweils verfügbaren relevanten Wissens bilden sich Formen sozialer Ungleichheit aus hinsichtlich des Vertrauen-Könnens beispielsweise in Dienstleistungsangebote oder professionelle Handlungskontexte und des aufgrund entsprechender Defizite notwendigen Vertrauen-Müssens in diese.

(7) Jenseits dieser Veränderungen auf der Ebene der historischen Typik für die Analyse des Vertrauensphänomens bleibt jedoch auf die sich ihr gegenüber durchhaltende Struktur hinzuweisen. Wenn die alltäglichen Typisierungsprozesse wesentliche Voraussetzungen für die Ausbildung von Vertrautheitskonstellationen als Grundlage von Vertrauensbeziehungen darstellen, dann werden diese Prozesse unter dem Gesichtspunkt der für die Lebenswelt prinzipiell konstitutiven Differenz von Auffassungsperspektiven auch dann in ihrem Strukturmuster nicht aufgelöst, wenn wir es im Zuge der historischen Entwicklung mit einer fortschreitenden Pluralisierung und Partikularisierung von Deutungsangeboten zu tun haben. Der Möglichkeitsüberschuss aufgrund der Vielfältigkeit der Sinnsetzungsoptionen und die Erfahrung der Kontingenz angesichts der Pluralität von Deutungsperspektiven mögen im Einzelfall oder in spezifischen Feldern Grenzen intersubjektiv erfolgreicher, das heißt gelingender Typisierungsprozesse und damit der Ausbildung fungierenden Vertrauens markieren. Keineswegs jedoch ist damit ein historischer Strukturbruch namhaft zu machen, da das allgemeine Muster bestenfalls eine Dynamisierung erfährt. Entsprechend sind mit dieser Feststellung auch keineswegs Grenzen der Chancen einer Ausbildung kooperativer Handlungszusammenhänge benannt.

Dieser Hinweis ist allerdings ebensowenig wie die vorgenannten Aspekte im Sinne einer, kulturpessimistische oder modernitätskritische Melodien in fortschrittsoptimistischer Diktion konterkarierenden Polemik zu verstehen. Angezielt ist die strukturtheoretische Ebene der in Frage stehenden Zusammenhänge, die es nicht erlaubt, zeitanalytische Beobachtungen als epochale Brüche von Generierungsmustern zu interpretieren, die sich bei genauerer Analyse historisch als Resultate sich durchhaltender Strukturen verdanken.

(8) Selbst dann, wenn es in intergenerationellen wie in intragenerationellen Lebenszusammenhängen schwieriger wird, eingeschliffene Praxisformen auszubilden und zu tradieren, wenn also für die Moderne – mit Karl Mannheim gesprochen – eine »experimentelle Lebenseinstellung« konstitutiv wird, dann kann aufgrund dieses fortschreitenden Reflexivwerdens

der Lebensvollzüge und Weltbezüge nicht darauf geschlossen werden, dass die Ausbildung fungierenden Vertrauens nicht mehr möglich ist.[85] Denn diese Prozesse greifen nicht auf die vorstehend angezielte Ebene durch, sodass ein prinzipielles Aufbrechen der Struktur beispielsweise von Habitualisierungsprozessen aufweisbar wäre und damit elementare Prozesse der Genese von Vertrautheitskontexten erodiert wären oder erodieren würden.

(9) In gleicher Richtung folgt aus der systemtheoretischen Konzeptualisierung gesellschaftlicher Entwicklungsprozesse als Ausdifferenzierungslogik, derzufolge Menschen zunehmend in heterogene Funktionsbereiche und ihnen zugeordnete Deutungsmuster eingegliedert sind, nicht, dass die Ausbildung konsistenter und miteinander kompatibler Formen der Lebensführung wie auch die intersubjektive Verschränkung entsprechender Einstellungsmodi und Handlungsformen sich nicht mehr selbstverständlich vollziehen kann. Denn auch hier gilt: Das strukturelle Grundmuster wechselseitiger Typisierungsprozesse und des in face-to-face Interaktionen ausbildbaren und wirkenden fungierenden Vertrauens bleibt davon prinzipiell zunächst unberührt, auch wenn die Rahmenbedingungen und institutionellen Kontexte der Generierung entsprechender Muster im Übergang zu modernen Gesellschaften eine fortschreitende Öffnung erfahren haben. Aus der erörterten Pluralisierung und Partikularisierung von Weltorientierungen und Deutungsmustern, die die Lebenswelt selbst als konfliktreichen Ort auswiesen, folgt, dass eine zunehmende Anzahl von verschiedenartigen Selbstverständlichkeitsmustern in Konkurenz zueinander tritt, dass also der Selbstverständlichkeitscharakter selbst vermehrt zum Gegenstand von Aushandlungsprozessen wird. Ein Gesichtspunkt der auf das angesprochene Flexibilitätsmanagement verweist.

(10) Für die vorstehend angezielte Perspektive der Analyse stellt sich so insbesondere die Frage, inwiefern es eine – gleichsam lebensweltinterne – Dynamik der Spannung des Vertrauten-Unvertrauten gibt. Zwei Gesichtspunkte sind hier abschließend zu vermerken: Einmal ist offen, welche und wieviele »geschlossene Sinnprovinzen« es gibt bzw. geben kann, sodass es zumindest grundlagentheoretisch denkbar wäre, von einer weiterhin fortschreitenden Pluralisierung auszugehen. Zweitens wäre aber

---

85 So unter anderem Richard Sennett, *Der flexible Mensch. Die Kultur des neuen Kapitalismus*, Berlin 1998, S. 38 u. S. 194ff.

auch zu fragen, inwiefern wir es noch mit hinreichend »geschlossenen Sinnprovinzen« zu tun haben oder ob diese Sinnprovinzen selbst womöglich aufgrund und im Zuge der angedeuteten Pluralisierungs- und Partikularisierungsprozesse zunehmend »ausfransen«, wie man im Anschluss an William James sagen könnte. Wäre letzteres der Fall, dann wäre von einer weiterhin zunehmenden Bedeutung der Dimension institutionell vermittelten Vertrauens auszugehen. Auf jeden Fall jedoch rechtfertigen die vorgetragenen Überlegungen keineswegs den Schluss auf eine aporetische Situation, wie dies manche Beobachter tun, die einerseits eine zunehmende Problematik der Herausbildung von Vertrauensverhältnissen identifizieren und zugleich für das Funktionieren moderner Gesellschaften einen steigenden gesellschaftlichen Bedarf an Vertrauen ausmachen. Denn mit der angeführten Ebene intermediärer Konfigurationen der Vertrauensvermittlung kontinuieren sich die aufgewiesenen Strukturmuster der Generierung von Vertrautheit und Vertrauen.

Vertrauen ist, so lässt sich formulieren, die aufgrund des für Menschen konstitutiven Weltverhältnisses adäquate Antwort auf das Problem des Umgangs mit der für dieses Weltverhältnis unaufhebbaren Spannung von Vertrautheit und Fremdheit. Und dies als Modus der Negation jener ursprünglichen Negation, der sich Vertrauen verdankt. Der für das Vertrauensphänomen charakteristische Weltbezug lässt sich eben nicht in einem eindeutig fixierbaren propositionalen Wissen zum Ausdruck bringen: Die Thematisierung des Vertrauens ist selbst bereits eine Problemanzeige und überführt dieses aus seinem fungierenden Modus in den Bezugsrahmen von Wahl und Entscheidung. Und nur in diesem, seinem primären Charakter enthoben und somit reduzierten Sinne kommt Vertrauen in risikotheoretischen Modellierungen verkürzt in den Blick.[86]

---

86 Ich bedanke mich bei Martin Hartmann, Joachim Renn und Bernd Schüler für die kritische Kommentierung früherer Fassungen dieses Beitrages.

Können wir dem Vertrauen vertrauen?

Diego Gambetta

In diesem Aufsatz behandle ich die Fragen, die meiner Ansicht nach für das Phänomen Vertrauen zentral sind.[1] Im ersten Abschnitt relativiere ich zunächst kurz die Behauptung, dass ein gewisser Grad rationaler Kooperation existieren sollte, aber nicht existiert. Außerdem gebe ich einen einleitenden Hinweis auf die Wichtigkeit derjenigen unserer Überzeugungen, die sich auf andere beziehen und die zur Wichtigkeit unserer möglichen Kooperationsmotive hinzukommen. Im zweiten Abschnitt definiere ich Vertrauen und die allgemeinen Bedingungen, unter denen es für Kooperation an Relevanz gewinnt. Im dritten Abschnitt diskutiere ich, in welchem Ausmaß Kooperation unabhängig von Vertrauen zustande kommen kann und ob Vertrauen eher ein Ergebnis als eine Bedingung von Kooperation ist. Im letzten Abschnitt gehe ich schließlich auf die Frage ein, ob es rationale Gründe gibt zu vertrauen – und insbesondere, ob es

---

1 Dieser Aufsatz verdankt den einzelnen Beiträgen eines von mir herausgegebenen Sammelbandes zu dem Thema sehr viel: Diego Gambetta (Hg.), *Trust: Making and Breaking Cooperative Relations*, Oxford 1988. Dieser Sammelband war das Resultat mehrerer von 1985 bis 1986 am King's College in Cambridge durchgeführter Seminare und ist nun auch im Internet unter http://www.sociology. ox.ac.uk/trustbook.html als Volltextversion abrufbar.
Sehr hilfreich für mich waren außerdem Gedanken, die mir im Laufe vieler geduldiger Gespräche mitgeteilt wurden und die meine Ideen zum Vertrauen geprägt und verändert haben. Ich bin allen beteiligten Personen äußerst dankbar. Das ganze Seminar hindurch konnte ich mich auf die unschätzbare Hilfe von Geoffrey Hawthorn verlassen. Dieser Aufsatz hat aber auch vom Austausch mit verschiedenen anderen Personen auf verschiedenen Stufen des Seminars profitiert. Mein besonderer Dank gilt Luca Anderlini, Elisabetta Galeotti, Albert Hirschman, Caroline Humphrey, Alan Macfarlane, Andy Martin, Paul Ryan, Hamid Sabourian und Allan Silver. Ein großer Dank gilt auch Heather Pratt, die mir bei der Herausgabe des Bandes behilflich war und mein unbeholfenes Englisch aufpoliert hat.

Gründe gibt, dem Vertrauen zu vertrauen und, dementsprechend, dem Misstrauen zu misstrauen.

1.

Die uneingeschränkte Behauptung, dass ein über das Übliche hinausgehendes Maß an Kooperation[2] wünschenswert wäre, ist im Allgemeinen steril, oft von irritierender rhetorischer Schwammigkeit, und sie kann bei zu häufiger Wiederholung dazu führen, dass Kooperation an Attraktivität verliert.[3] Sie lässt sich außerdem auf verschiedene Weise anfechten und wird auch tatsächlich angefochten. Ziehen wir zunächst in Erwägung, ob wir notwendigerweise mehr Kooperation brauchen, wobei wir vorläufig den Unterschied zwischen Kooperation und Vertrauen verschwimmen lassen und ihre Beziehung implizit halten.

»Wenn es eine Gesellschaft zwischen Räubern und Mördern gibt, dann müssen sie, einem ganz alltäglichen Gemeinplatz zufolge, sich wenigstens des Raubens und Mordens untereinander enthalten.«[4] Dieser »Gemeinplatz« dient einem doppelten Zweck: Er erinnert uns daran, dass grundlegende Formen der Kooperation unvermeidbar sind, wenn eine Gesellschaft überhaupt lebensfähig sein soll. Aber er weist auch, vielleicht ungewollt, darauf hin, dass es Fälle von Kooperation gibt – vor allem die unter Räubern und Mördern –, die wir eher verhindern als verbessern möchten. Unter Umständen wollen wir lieber *weniger* Kooperation (und Vertrau-

---

2 In diesem Aufsatz wird »Kooperation« in einem weiten Sinne gebraucht: Akteure wie zum Beispiel Individuen, Firmen und Regierungen einigen sich auf ein beliebiges Regelwerk – einen »Vertrag« –, das im Verlauf der Interaktion eingehalten werden soll. Vgl. dazu Ken Binmore & Partha Dasgupta, »Game Theory: A Survey«, in: Ken Binmore & Partha Dasgupta (Hg.), *Economic Organizations as Games*, Oxford 1986, S. 3. Übereinkünfte müssen nicht das Resultat vorheriger Kommunikation sein, sondern können implizit aus dem Verlauf der Interaktion hervorgehen; auch müssen die Regeln nicht niedergeschrieben werden, sondern können durch Gewohnheit, lehrreiche Erfahrung, die Methode von Versuch und Irrtum etc. eingeführt werden.
3 Siehe Albert Hirschman, »Against Parsimony: Three Easy Ways of Complicating Some Categories of Economic Discourse«, in: *American Economic Review Proceedings*, 74, 1984, S. 88-96.
4 Adam Smith, *Theorie der ethischen Gefühle*, hg. v. Walther Eckstein, Hamburg 1977, S. 128 (Teil 2, Abschnitt 2, Kapitel 3).

en) als mehr, besonders unter denen, die uns bedrohen und deren Kooperation die unsere behindert. *A priori* können wir also nicht immer feststellen, ob größeres Vertrauen und mehr Kooperation tatsächlich wünschenswert sind.[5]

Das Problem liegt jedoch nicht nur in unserem Wunsch nach weniger Kooperation unter unseren Feinden, sondern auch darin, dass wir sie gegebenenfalls auch untereinander nicht befürworten, zumindest nicht jederzeit.[6] Nicht nur wollen wir vielleicht aus Trägheit nicht kooperieren, wir wollen vielleicht sogar etwas ganz anderes, sagen wir mehr Wettbewerb. Die ideologische Haltung, die behauptet, Wettbewerb und der »Kampf ums Überleben« seien die Grundstrukturen des Lebens, ist größtenteils unzulänglich. In dem Maße, wie sie zu ihrer Legitimation auf Analogien aus dem Tierreich zurückgreift, ist sie schlicht falsch,[7] und wenn die Position wörtlich genommen wird, muss man nicht erst auf Hobbes zurückgreifen, um zu sehen, dass soziales Leben durch sie unmöglich oder zumindest sehr unerfreulich wäre. Dennoch ist ein gewisses Maß an Wettbewerb bekanntermaßen vorteilhaft, wenn es darum geht, Leistung zu steigern, technologische Innovationen voranzutreiben, Dienstleistungen zu verbessern, Ressourcen zu verteilen, die geeignetsten Gene an kommende Generationen weiterzugeben, Vorzüglichkeit zu erzielen, Machtmissbrauch zu verhindern – kurzum, um das menschliche Los zu verbessern. Der Grund für diese Ansicht liegt darin, dass nicht nur diejenigen vom Wettbewerb profitieren, die erfolgreich sind, da der positive Einfluss des Wettbewerbs wahrscheinlich allgemeinere Auswirkungen hat.

Selbst wenn wir aber davon überzeugt sind, dass es Menschen gibt, deren Kooperation wir gern verringern würden, und auch davon, dass die

---

5 Vgl. Thomas C. Schelling, »Strategic Analysis and Social Problems«, in: ders., *Choice and Consequence*, Cambridge/Mass. 1984, S. 211.
6 Es gibt zudem Fälle, in denen wir universelle Kooperation ablehnen könnten, weil – jenseits einer gewissen Schwelle – zusätzliche Kooperationspartner die Effektivität von Kooperation gefährden; vgl. dazu Jon Elster, »The Norm of Fairness«, unpubliziertes Manuskript.
7 Vgl. Patrick Bateson, »Sociobiology and Human Politics«, in: Steven Rose & Lisa Appignanesi (Hg.), *Science and Beyond*, Oxford 1986 und ders., »The Biological Evolution of Cooperation and Trust«, in: Diego Gambetta (Hg.), *Trust*, a.a.O., S. 14-30. Siehe auch Robert Hinde, »Trust, Cooperation, Commitment and International Relationships«, Vortrag auf dem Treffen »Psychologists for Peace«, Helsinki 1986.

Argumente für den Wettbewerb in genügend Fällen empirisch und theoretisch gültig sind, um Relevanz zu besitzen, so ist damit nicht die Behauptung widerlegt, dass es eine große Bandbreite von Fällen gibt, in denen die Verbesserung von Kooperation wünschenswert wäre. Im Gegenteil, diese Behauptung gilt sowohl für Beziehungen zwischen Staaten als auch (in unterschiedlichem Maße) innerhalb von Staaten, ob sozialistisch oder kapitalistisch, entwickelt oder unterentwickelt. Ganz allgemein ausgedrückt, scheint das Problem eher darin zu liegen, ein optimales Mischungsverhältnis von Kooperation und Wettbewerb zu bestimmen, als darin, sich für ein Extrem zu entscheiden. Kooperation und Wettbewerb sind nicht notwendigerweise Alternativen; sie können sowohl in der Tierwelt als auch bei den Menschen koexistieren, was sie auch tatsächlich tun. Sehr wenige Menschen würden jedoch so weit gehen zu behaupten, dass wir in der Welt, wie sie ist, das richtige Mischungsverhältnis gefunden hätten. Weder die unsichtbare Hand noch, was Menschen angeht, die natürliche Evolution scheinen sonderlich hilfreich zu sein, wenn es um die optimale Auswahl unter diesen beiden Zuständen geht; im Übrigen wissen wir noch immer sehr wenig über die Art, in der wir die Kausalität beherrschen könnten, die für diese Zustände verantwortlich ist.

Noch wichtiger ist, dass die Möglichkeit von Wettbewerb in viel größerem Ausmaß von Kooperation abhängen könnte, als allgemein anerkannt wird, besonders in kapitalistischen Ländern:[8] Die grundlegendste Form menschlicher Kooperation, die Enthaltung von gegenseitiger Verletzung, ist ohne Zweifel eine Voraussetzung potenziell vorteilhafter Kooperation.[9] Wie Robert Hinde dargelegt hat,[10] besteht ein Unterschied zwischen dem Ausstechen und dem Erstechen eines Konkurrenten; konkurrierende Tiere neigen innerhalb der eigenen Art in viel stärkerem Maße zu ersterem als zu letzterem. Selbst um auf gegenseitig nicht-destruktive Weise zu konkurrieren, muss man von einer bestimmten Stufe an darauf *vertrauen*, dass der Konkurrent sich an bestimmte Regeln halten wird.

Dies gilt gleichermaßen für politische und ökonomische Vorhaben, wobei das Bewusstsein von einer solchen Notwendigkeit natürlich nicht besonders neu ist. Obwohl Hobbes in unserer Überlieferung als der Theo-

---

8 Vgl. Fred Hirsch, *Social Limits to Growth*, London 1977.
9 Daraus folgt nicht, dass eine Kausalbeziehung besteht, wonach Kooperation vorteilhaften Wettbewerb erzeugt. Das Gegenteil ist wahrscheinlicher, das heißt schädlicher Wettbewerb könnte ein Motiv dafür sein, Kooperation anzustreben.
10 Robert Hinde, »Trust, Cooperation, Commitment and International Relationships«, a.a.O.

retiker der Unausweichlichkeit des Zwangs im Umgang mit menschlichen Angelegenheiten dasteht, war er sich der entscheidenden Rolle des Entstehens von Vertrauen zwischen politischen Parteien beim Aufbau lebensfähiger Gesellschaften bewusst.[11] Dasselbe gilt hinsichtlich des Wirtschaftslebens für Adam Smith. Seiner Auffassung nach unterscheidet sich der Eigennutz nicht nur von »höherem« Verhalten durch die Abwesenheit von Wohlwollen, wie überwiegend betont wird, sondern auch von »niederem« Verhalten durch die Abwesenheit räuberischer Züge.[12] Und schliesslich machte Weber die für ihn charakteristische historische Bemerkung, wonach die universelle Ausbreitung von Skrupellosigkeit bei der Verfolgung des Eigennutzes in vorkapitalistischen Gesellschaften weitaus häufiger vorkam als in ihren vermeintlich wettbewerbsorientierteren kapitalistischen Pendants.[13]

Der ausschlaggebende Punkt ist jedoch nicht nur, dass uns jene Grundform einer dem Wettbewerb förderlichen Kooperation fehlen könnte, was in unterentwickelten Staaten oft der Fall ist. Auch besteht er nicht darin, dass dort Wettbewerb existiert, wo eine Mehrheit Kooperation bevorzugen würde – hier können wir die internationalen Beziehungen zwischen den Großmächten als wichtigstes Beispiel heranziehen.[14] Es könnte schlicht ein Mangel an gegenseitig vorteilhafter Kooperation existieren, ohne etwas, das sie ersetzen könnte. Die Spieltheorie hat uns besser verstehen lassen, warum Kooperation auch dann nicht entsteht, wenn sie für die meisten Beteiligten vorteilhaft wäre. Binmore und Dasgupta konstatieren in ihrer Studie zu dem Thema: »Es ist ein großer und fundamentaler Fehler, selbstverständlich davon auszugehen, dass rationale Individuen bestimmte kooperative Verhaltensformen an den Tag legen, weil sie jedem Individuum in einer Gruppe Vorteile bringen.«[15] Ungeachtet indi-

---

11 Siehe Frederick D. Weil, »The Stranger, Prudence, and Trust in Hobbes's Theory«, in: *Theory and Society*, 5, 1986, S. 759-88.
12 Adam Smith, *Theorie der ethischen Gefühle*, a.a.O., S. 128 (Teil 2, Abschnitt 2, Kapitel 3); siehe auch Istvan Hont & Michael Ignatieff, »Needs and Justice in the *Wealth of Nations*: An Introductory Essay«, in: dies. (Hg.), *Wealth and Virtue: The Shaping of Political Economy in the Scottish Enlightenment*, Cambridge 1983.
13 Max Weber, *Gesammelte Aufsätze zur Religionssoziologie I*, Tübingen 1988, S. 4 (Vorbemerkung).
14 Siehe wiederum Robert Hinde, »Trust, Cooperation, Commitment and International Relationships«, a.a.O.
15 Ken Binmore & Partha Dasgupta, »Game Theory: A Survey«, a.a.O., S. 24.

vidueller Rationalität und Motivation kann Kooperation dennoch scheitern.

In dieser Hinsicht ist eine der interessantesten und beängstigendsten Lehren der Spieltheorie, dass Kooperation selbst dann auf viele Hindernisse stößt, wenn die Motive der Menschen nicht blind egoistisch sind. Dieses Ergebnis ist viel bemerkenswerter als der Nachweis, dass Rationalität bei der Verfolgung des Eigeninteresses nicht ausreichen könnte. Betrachten wir zum Beispiel den bekannten Fall des Gefangenendilemmas und anderer verwandter Spiele: Die bloße Erwartung, dass der zweite Spieler sich für eine nicht-kooperative Strategie entscheiden könnte (defection), kann den ersten Spieler dazu bringen, das Gleiche zu tun, und sei es nur, um sich selbst zu verteidigen. Die Erwartung des ersten Spielers bezüglich der nicht-kooperativen Strategie des zweiten könnte sich schlicht auf die Überzeugung stützen, dass der zweite Spieler bedingungslos nicht-kooperativ ist. Aber, tragischer noch, der erste Spieler könnte auch befürchten, dass der zweite Spieler kein Vertrauen in *seine* Kooperationsbereitschaft hat und deswegen nicht kooperiert. Deshalb nähert sich das Ergebnis einem suboptimalen Gleichgewicht, *selbst wenn* beide Spieler *unter Vorbehalt* zur Kooperation geneigt waren.[16] Das Problem ist somit im Wesentlichen eines der Kommunikation: Selbst wenn Menschen vollkommen angemessene Motive zur Kooperation haben, müssen sie immer noch etwas über die Motive der anderen wissen, um sich gegenseitig zu vertrauen oder zumindest der Wirksamkeit ihrer Motive. Es ist nicht nur notwendig, vor einer kooperativen Handlung anderen zu vertrauen, sondern auch zu glauben, dass einem *von* anderen Vertrauen geschenkt wird.

Dieser fehlende Glaube sollte nicht mit einem fehlenden Motiv für Kooperation verwechselt werden. Motive für Kooperation sind natürlich wesentlich. Aber dem »großen und fundamentalen Fehler«, rationale Kooperation für selbstverständlich zu halten, entspricht ein anderer fundamentaler Fehler, nämlich aus dem Nichtzustandekommen von Kooperation zu folgern, dass es keine rationalen Motive für Kooperation gibt und dass Menschen eigentlich ihre Abwesenheit *bevorzugen*. Das allgegenwärtige Problem der Verkehrsstaus zum Beispiel wird häufig als Anzeichen eines Vorherrschens schädlicher Präferenzen für die Fortbewegung mit dem Auto statt mit anderen Fortbewegungsmitteln gesehen. Obwohl dies

---

16 Vgl. Bernard Williams, »Formal Structures and Social Reality«, in: Diego Gambetta (Hg.), *Trust*, a.a.O.

bis zu einem gewissen Grade richtig sein mag, gibt es auch gewichtige Gründe für die Annahme,[17] dass Kooperationsmotive – etwa die Bereitschaft, Fahrräder und öffentliche Verkehrsmittel zu nutzen – durchaus vorhanden sind. Was fehlt, ist die Überzeugung, dass alle anderen kooperieren werden. Dies zieht die Angst nach sich, der einzige »Dummkopf« zu sein, der auf dem Sattel schwitzt, und die damit einhergehende fehlende Bereitschaft, selbst zu kooperieren. Rational motivierte Kooperation kann so nicht entstehen, aber wenn sie das nicht tut, muss man nicht auf ein Fehlen rationaler Motive schließen, die mit einer Steigerung kollektiver Wohlfahrt verträglich wären, sondern schlicht auf einen Mangel an Menschen, die darauf vertrauen, dass andere von diesen Motiven geleitet sind. Offengelegte Präferenzen offenbaren dann einfach die Tatsache, dass sie von unseren Überzeugungen abhängig sind: Wenn die Überzeugungen sich ändern, werden sich die Präferenzen entsprechend ändern.

Hier hilft die traditionelle Spieltheorie nicht weiter, weil sie Überzeugungen für viel unbestimmter hält, als sie tatsächlich sind, und weil sie weiterhin annimmt, dass sie allgemein bekannt sind. Im Ergebnis verliert die Spieltheorie ihre prognostische Kraft, weil sie mehr Gleichgewichte »findet« – üblicherweise mehr unkooperative[18] – als tatsächlich in der realen Welt existieren. Aber: »Warum sollten Überzeugungen, die verschiedene Individuen (oder Typen von Individuen) innehaben, allgemein bekannt sein? Tatsächlich ist unser Verständnis der menschlichen Psychologie ... hoffnungslos unvollkommen. Wir wissen insbesondere wenig darüber, wie sich Individuen Überzeugungen aneignen.«[19] Unter diesen Überzeugungen ist Vertrauen – eine spezielle Erwartung bezüglich des wahrscheinlichen Verhaltens anderer – von fundamentaler Bedeutung.

---

17 Dieser Verdacht wird durch Beweise erhärtet: In einem in Mailand durchgeführten Referendum gaben fast 70 Prozent der Bevölkerung an, eine Schließung des Stadtzentrums für den privaten Verkehr und für diejenigen, die keine Anwohner sind, vorzuziehen – das sind weitaus mehr Personen als die Zahl überzeugter Fußgänger.
18 So sagt Woody Allen in »Hannah und ihre Schwestern«, der Grund dafür, dass wir die Frage »Wie konnte der Holocaust geschehen?« nicht beantworten können, liege darin, dass die Frage falsch ist. Wir sollten vielmehr fragen: »Warum geschieht er nicht öfter?« Entsprechend sollten wir fragen, warum unkooperatives Verhalten nicht so oft zustande kommt, wie die Spieltheorie voraussagt.
19 Ken Binmore & Partha Dasgupta, »Game Theory: A Survey«, a.a.O., S. 11.

2.

Viele der existierenden Definitionen von Vertrauen weisen gewisse Übereinstimmungen auf, die wie folgt zusammengefasst werden können: Vertrauen (oder, entsprechend, Misstrauen) ist ein bestimmter Grad der subjektiven Wahrscheinlichkeit, mit der ein Akteur annimmt, dass eine bestimmte Handlung durch einen anderen Akteur oder eine Gruppe von Akteuren ausgeführt wird, und zwar sowohl *bevor* er eine solche Handlung beobachten kann (oder unabhängig von seiner Fähigkeit, sie jemals beobachten zu können) *als auch* in einem Kontext, in dem sie Auswirkungen auf *seine eigene* Handlung hat (siehe besonders Luhmann in diesem Band).[20] Wenn wir sagen, dass wir jemandem vertrauen oder dass jemand vertrauenswürdig ist, dann meinen wir implizit, dass die Wahrscheinlichkeit, mit der er eine Handlung ausführen wird, die für uns vorteilhaft oder zumindest nicht schädlich ist, hoch genug ist, sodass wir in Erwägung ziehen, uns auf eine Art von Kooperation mit ihm einzulassen. Wenn wir sagen, jemand sei nicht vertrauenswürdig, dann meinen wir entsprechend, diese Wahrscheinlichkeit sei niedrig genug, um uns daran zu hindern, eine derartige Kooperation in Erwägung zu ziehen.

Diese Definition grenzt den Blickwinkel unseres Interesses am Vertrauen auf verschiedene Weise ein.[21] Zunächst zeigt sie uns, dass Vertrauen am besten als ein Schwellenwert betrachtet werden sollte, der im Rahmen einer Wahrscheinlichkeitsverteilung[22] allgemeinerer Erwartungen lokalisiert ist. Diese Erwartungen können verschiedene Werte zwischen vollkommenem Misstrauen (0) und vollkommenem Vertrauen (1) annehmen und sind um den Mittelwert (0.50) angeordnet, der Unsicherheit anzeigt. Dementsprechend stehen *blindes* Vertrauen oder Misstrauen für die lexikographische Neigung, der Wahrscheinlichkeit Extremwerte zuzuordnen und diese Werte ungeachtet der Faktenlage bedingungslos beizubehal-

---

20 Siehe auch Partha Dasgupta, »Trust as a Commodity«, in: Diego Gambetta (Hg.), *Trust*, a.a.O.
21 Siehe Antonio Mutti, »La fiducia«, in: *Rassegna italiana di sociologia*, 2, 1987, für eine interessante Besprechung der verschiedenen Perspektiven, die die Sozialwissenschaften auf das Vertrauen werfen.
22 Die Wahrscheinlichkeitsverteilung der Erwartungen kann auch als ein Ausdruck der *Reputation* anderer betrachtet werden (vgl. Partha Dasgupta, »Trust as a Commodity«, a.a.O.).

ten.²³ Weiterhin betont die Definition die Tatsache, dass Vertrauen besonders unter Bedingungen der *Unwissenheit* (oder Unsicherheit) relevant wird, einer Unwissenheit, die dem Handeln anderer gilt, über das wir dann entweder nichts wissen oder sogar nichts wissen können.²⁴ In dieser Hinsicht betrifft Vertrauen nicht zukünftige Handlungen im Allgemeinen, sondern all die zukünftigen Handlungen, die unsere aktuellen Entscheidungen beeinflussen. Drittens stellt diese Definition fest, dass unsere eigenen Handlungen von dieser Wahrscheinlichkeit *abhängig* sind und schließt damit die Fälle aus, in denen das Vertrauen in jemanden keinen Einfluss auf unsere Entscheidungen hat. Schließlich begrenzt die Definition unser Interesse auf Vertrauen zwischen Akteuren und schließt das zwischen Akteuren und natürlichen Ereignissen aus. Auf diesem Abstraktionsniveau spiegelt die Definition das Vertrauen darauf wider, dass andere nicht die Absicht haben, uns zu betrügen, und auch darauf, dass sie die Kenntnise und die Fähigkeiten besitzen, die nötig sind, um ihre Absichten angemessen umzusetzen.²⁵

Der Zustand der Unwissenheit oder Unsicherheit hinsichtlich des Verhaltens anderer ist zentral für den Begriff des Vertrauens. Er steht in Beziehung zu den Grenzen unserer Fähigkeit, jemals vollständiges Wissen über andere, über ihre Motive oder über ihre Reaktionen auf innere und äußere Veränderungen zu erlangen. Vertrauen ist eine vorsichtige und an sich zerbrechliche Antwort auf unser Unwissen, eine Art, mit den »Grenzen unserer Voraussicht«²⁶ umzugehen, die kaum jemals auf dem oberen Ende der Wahrscheinlichkeitsverteilung angesiedelt ist. Wenn ich mit einer unbegrenzten Verarbeitungskapazität gesegnet wäre, um für alle möglichen Eventualitäten in sanktionsbewährten Verträgen Vorsorge zu treffen, dann wäre Vertrauen kein Problem.

---

23 *Loyalität* kann in diesem Kontext unter Umständen als Aufrechterhalten eines *globalen* Vertrauens betrachtet werden – in eine Person, eine Partei, eine Institution –, und zwar selbst dann, wenn *lokale* Enttäuschungen seinen Entzug nahelegen.
24 Siehe auch Harts Definition von Vertrauen als etwas, das zwischen Glauben und Zuversicht angesiedelt ist, und Luhmanns Bemerkung (in diesem Band, S. 147f.) über den Unterschied zwischen Zuversicht und Vertrauen; Keith Hart, »Kinship, Contract, and Trust: The Economic Organization of Migrants in an African City Slum«, in: Diego Gambetta (Hg.), *Trust*, a.a.O., S. 187.
25 Vgl. Bernard Barber, *The Logic and Limits of Trust*, New Brunswick/N.J. 1983, und Luhmann (in diesem Band) für eine Diskussion dieser Unterscheidungen.
26 Judith Shklar, *Ordinary Vices*, Cambridge/Mass. 1984, S. 151.

Vertrauen steht auch in Beziehung zu der Tatsache, dass Akteure einen gewissen Grad an Freiheit besitzen, unsere Erwartungen zu enttäuschen. Damit Vertrauen relevant wird, muss eine Möglichkeit des Ausstiegs, des Betrugs oder des unkooperativen Verahaltens gegeben sein. Wenn die Handlungen anderer stark eingeschränkt wären, dann würde Vertrauen bei der Leitung unserer Handlungen eine proportional kleinere Rolle spielen, denn je begrenzter die menschliche Freiheit ist, desto beschränkter ist der Bereich derjenigen Handlungen, deren wahrscheinliches Auftreten wir *ex ante* erraten müssen. Vertauen kann ganz allgemein als ein Mittel zum Umgang mit der Freiheit anderer definiert werden.[27]

Die Herrscher über eine Sklavengesellschaft – wenn wir annehmen, dass ihnen egal ist, was Sklaven *denken* – können ihr Vertrauen in die Sklaven und in die Lebensfähigkeit ihrer Gesellschaft auf die Überzeugung begrenzen, dass die Sklaven keinen Massenselbstmord begehen werden. Sie vertrauen schlicht auf die Tatsache – die nicht unweigerlich durch historische Beweise bestätigt wird –, dass die meisten Menschen selbst unter extremen Bedingungen eine Präferenzordnung haben, in der Leben über dem Tod rangiert. Vertrauen muss hier in dem begrenzten Sinne von Vertrauen in die Effektivität des Zwangs als einem Kooperationsmotiv verstanden werden. Im Gegensatz dazu wird Vertrauen in steigendem Maße für unsere Entscheidungen und Handlungen relevant, je größer die Menge möglicher Alternativen ist, die anderen offen stehen.

Die Freiheit anderer ist jedoch nicht an sich ausreichend für die Charakterisierung der Bedingungen, unter denen Vertrauen zum Thema wird. Unsere Beziehung zu Menschen, die in einem gewissen Grade frei sind, muss selbst durch *begrenzte Freiheit* geprägt sein. Es ist Freiheit in dem Sinne, dass wir die Wahl haben müssen, ob wir uns auf eine potenziell risikoreiche Beziehung einlassen oder sie aufrechterhalten sollen: Wir müssen die Möglichkeit haben, das Handeln zu unterlassen. Mit anderen Worten, das Problem des Vertrauens würde sich uns nicht stellen, wenn nur die anderen frei wären, während wir nur die Alternative hätten, uns auf sie zu verlassen: In einem solche Fall würden wir eher hoffen als vertrauen. Die Freiheit ist in dem Sinne begrenzt, dass sich der Druck, einer

---

27 Vgl. Niklas Luhmann, *Vertrauen. Ein Mechanismus der Reduktion sozialer Komplexität*, Stuttgart 1989, S. 43; siehe auch John Dunn, »The Concept of Trust in the Politics of John Locke«, in: Richard Rorty et al. (Hg.), *Philosophy in History: Essays on the Historiography of Philosopy*, Cambridge 1984.

ganz bestimmten Person zu vertrauen, tendenziell verringert, wenn die Menge möglicher Alternativen *zu groß* ist.[28]

Abschließend lässt sich sagen: Einer Person zu vertrauen bedeutet zu glauben, dass sie sich nicht in einer uns schädlichen Art und Weise verhalten wird, wenn sich ihr die Gelegenheit bietet. Vertrauen wird *normalerweise* dann relevant, wenn wenigstens eine Partei die Freiheit hat, die andere zu enttäuschen, genügend Freiheit auch, eine risikoreiche Beziehung zu vermeiden, *und* wenn sie einem ausreichend großen Maß an Beschränkungen unterworfen ist, durch die die Beziehung zu einer attraktiven Option für sie wird. Kurz, Vertrauen liegt, natürlich in unterschiedlichem Maße, dem größeren Teil menschlicher Erfahrungen zugrunde.

Kooperation stellt häufig einige Anforderungen an den Grad des Vertrauens, besonders den des gegenseitigen Vertrauens. Wenn vollständiges *Misstrauen* herrscht, dann scheitert Kooperation zwischen freien Akteuren. Wenn Vertrauen nur einseitig existiert, kann Kooperation ebenfalls scheitern, und wenn das Vertrauen blind ist, kann es eher einen Anreiz zum Betrug darstellen. Abhängig vom Grad der jeweiligen Restriktionen, Risiken und Interessen kann Vertrauen als Voraussetzung von Kooperation jedoch Anforderungen verschiedener Intensität unterworfen werden: Es kann in verschiedenem Maße *gebraucht* werden, abhängig von der Kraft der Mechanismen, die unsere kooperativen Entscheidungen im Allgemeinen lenken, und von den gesellschaftlichen Arrangements, in denen diese Entscheidungen gefällt werden.

Wenn dieser Schluss normativ betrachtet wird, dann legt er weiterhin nahe, dass wir das Ausmaß eingrenzen können, in dem wir Akteuren vertrauen oder im Falle von Misstrauen mit ihnen umgehen müssen. Eine große Bandbreite menschlicher Bemühungen ist auf dieses Ziel gerichtet: Vom Zwang bis zur Verpflichtung, vom Vertrag bis zum Versprechen – Männer und Frauen haben mit unterschiedlicher Ausprägung an Subtilität, Gegenseitigkeit, Legitimation und Erfolg versucht, das Problem des Vertrauens durch die Veränderung der Menge möglicher Alternativen zu überwinden, die anderen, aber auch ihnen selbst offen stehen.

Zwang, oder zumindest seine glaubwürdige Androhung, wurde und wird häufig als Mittel zur Sicherstellung von Kooperation eingesetzt; in seiner extremen Form mit dem Ziel, Unterwerfung und Gehorsam zu ge-

---

28 Siehe die Diskussion zu den Ausstiegsmöglichkeiten auf Märkten von Edward H. Lorenz, »Neither Friends nor Strangers: Informal Networks of Subcontracting in French Industry«, in: Diego Gambetta (Hg.), *Trust*, a.a.O.

währleisten. Aber Zwang ist weit davon entfernt, eine brauchbare Alternative zum Vertrauen zu sein. Er begrenzt das Ausmaß, in dem wir uns über Vertrauen Gedanken machen, aber er erhöht nicht das Vertrauen. Im Gegenteil: Zwang, der gegen den Willen der Subjekte ausgeübt wird – gegen Menschen, die keine Selbstverpflichtung eingegangen sind, um sich davon abzuhalten, bestimmte Handlungen auszuführen, oder die die Legitimität der Durchsetzung bestimmter Rechte nicht anerkennen –, dieser Zwang stellt zwar weniger Ansprüche an unser Vertrauen in andere, kann gleichzeitig aber das Vertrauen *reduzieren*, das andere in uns haben.[29] Zwang führt eine Asymmetrie ein, die *gegenseitiges* Vertrauen beseitigt und stattdessen Macht und Hass fördert. Zwang kann *selbstzerstörend* sein, wie das starke Vorkommen paranoiden Verhaltens bei Diktatoren nahe legt. Denn während Zwang »Kooperation« in Hinblick auf bestimmte Handlungen erzwingen kann, erhöht er auch die Wahrscheinlichkeit von Verrat – man denke an Betrug, unkooperatives Verhalten oder an den klassischen Dolchstoß in den Rücken.[30] (Eine subtilere Art, Akteuren gegen ihren Willen Beschränkungen aufzuerlegen, besteht darin, *ihr* gegenseitiges Misstrauen zu verstärken und auszunutzen. Seit der Antike ist dies als *divide et impera* bekannt. Einige der Konsequenzen habe ich in meiner Abhandlung über die Mafia aufgegriffen.[31])

Zwang muss nicht illegitim sein, und er kann ausgeübt werden, um gemeinsame Rechte durchzusetzen. In diesem Fall ist Zwang nicht ein einseitiger Akt, sondern Teil derjenigen kooperativen Übereinkünfte, deren Absicht darin besteht, ein Vertrauen zu verstärken und zu erneuern, das der Einhaltung der vormals erzielten Übereinkünfte hinsichtlich dieser Rechte gilt. Aber selbst wenn die kontrollierte Ausübung von Zwang ein legitimes Ansehen hätte, wäre sie im Allgemeinen kein erschöpfendes »funktionales Äquivalent« für Vertrauen. Gesellschaften, die stark auf die

---

29 Dies kann die Vorteile des Zwangs für die, die ihn ausüben, begrenzen, denn wie Paul Veyne, *Le pain et le cirque*, Paris 1976, und Jon Elster, »The Norm of Fairness«, a.a.O., nahelegen, kann extrem erfolgreicher und umfassender Zwang Menschen dazu bringen, die Herrscher umzubringen.
30 Wie ich in meiner Abhandlung über die Mafia ausführe, sind Mafiosi trotz ihrer andauernden Bemühungen, die Motive für Kooperation absolut sicherzustellen, oft von dem Gedanken an Betrug und Täuschung besessen; Diego Gambetta, »Mafia: The Price of Distrust«, in: ders. (Hg.), *Trust*, a.a.O.
31 Ebenda, S. 161. Vgl. auch Anthony Padgen, »The Destruction of Trust and its Economic Consequences in the Case of Eighteenth Century Naples«, in: Diego Gambetta (Hg.), *Trust*, a.a.O.

Ausübung von Gewalt angewiesen sind, wären immer noch ineffizienter, kostenintensiver und unerfreulicher als die, in denen Vertrauen auf anderem Wege aufrechterhalten wird. Ressourcen tendieren in Zwangsgesellschaften dazu, von ökonomischen Unternehmungen abgezogen und für Zwang,[32] Überwachung und Informationsbeschaffung aufgewendet zu werden; außerdem besteht ein geringer Anreiz, sich auf kooperative Handlungen einzulassen.[33]

Restriktionen sind nicht nur relevant, damit wir entscheiden können, wie weit wir mit unserem Vertrauen in andere gehen können, sie sind auch relevant, damit andere entscheiden können, wie weit sie mit ihrem Vertrauen in *uns* gehen können. Es ist wichtig zu vertrauen, aber es könnte gleichermaßen wichtig sein, dass einem *vertraut wird*. Die Selbstverpflichtung ist in ihren verschiedenen ein- und beidseitigen Ausprägungen ein Mittel, mit dem wir uns selbst Beschränkungen auferlegen können. Damit beschränken wir das Ausmaß, in dem sich andere über unsere Vertrauenswürdigkeit Gedanken machen müssen. Im Fall von Odysseus wurde Selbstverpflichtung vielleicht eingesetzt, um einem Mangel an Selbstvertrauen zu begegnen,[34] aber sie wird im Allgemeinen eingesetzt, um den Anspruch herunterzuschrauben, den unsere Vertrauenswürdigkeit an andere stellt. Wie effektiv Selbstverpflichtung wirklich sein kann, ist im höchsten Maße bemerkenswert, und die Bandbreite von Möglichkeiten ist viel zu groß, als dass man versuchen könnte, irgendein allgemeines Prinzip anzuwenden. Sicherlich kann Selbstverpflichtung sich positiv auswirken, wenn sie externe Ursachen erzeugt, also zum Beispiel, wenn zwei Individuen Schlüssel zu demselben Safe aufbewahren. Sie kann aber auch mit hohen Kosten verbunden sein und

---

32 Siehe Reuven Brenner, »The Social Basis of Economic Development«, in: John E. Roemer (Hg.), *Analytical Marxism*, Cambridge 1986. Brenner liefert dort Gründe dafür, warum in vorindustriellen Gesellschaften der ökonomische Überschuss meist dafür verwendet wurde, außerökonomischen Zwang auszubauen.

33 Manche der schwerfälligen Aspekte der italienische Bürokratie (im Vergleich zur britischen) erklären sich aus der Tatsache, dass die italienische ausnahmslos von der Annahme ausgeht, die Öffentlichkeit sei im Allgemeinen ein Haufen, dem nicht zu vertrauen ist, sodass ihre Schritte sorgsam kontrolliert werden müssen. Abgesehen von dem wahrscheinlichen Effekt einer sich selbst erfüllenden Prophezeiung ist der Verdacht begründet, dass die Kosten eines solchen Systems selbst die Kosten einer weit verbreiteten Betrugsmoral überwiegen könnten.

34 Siehe Jon Elster, *Ulysses and the Sirens: Studies in Rationality and Irrationality*, Cambridge 1979 (teilweise auf deutsch in Jon Elster, *Subversion der Rationalität*, Frankfurt/M. 1987).

schmerzliches Bedauern mit sich führen. Denken wir an die Person, die einen Keuschheitsgürtel anlegt und den Schlüssel in einen Fluss wirft. Im Allgemeinen kann ein Handeln, das sich auf externe Ursachen hin selbst verpflichtet, als das Spiegelbild von Zwang definiert werden, weil es das Problem des Vertrauens in mehr oder weniger bedeutsamer Weise einer kleinen Untergruppe von Optionen zuweist: Der Bankier muss *nur* darauf vertrauen, dass sein Partner ihn nicht umbringt oder ihm den Schlüssel entwendet; der abreisende Liebhaber muss *nur* davon überzeugt sein, dass es keinen Zweitschlüssel gibt.

Verträge und Versprechen stellen schwächere Formen von Selbstverpflichtung dar, die bestimmte Handlungen nicht vollständig ausschließen, aber ihnen höhere Kosten auferlegen. Verträge verlagern den Fokus des Vertrauens auf die Wirksamkeit von Sanktionen und die Fähigkeit, dass wir oder eine dritte Partei sie durchsetzen können, wenn ein Vertrag gebrochen wird. Versprechen liefern einen interessanten Aspekt, weil die Sanktionen, die sie beinhalten, selbst die Form von Vertrauen annehmen können: »Sagt ein Mensch, dass *er irgend etwas verspricht*, so drückt er in der Tat den *Entschluss* aus, das Versprochene zu leisten; gleichzeitig unterwirft er sich durch den Gebrauch dieser *Wortformel* für den Fall, dass er die Leistung unterlässt, einer Strafe, nämlich der Strafe, die darin besteht, dass ihm nicht wieder getraut wird.«[35]

Verträge und Versprechen legen nahe, dass die Bedeutung des Vertrauens bei der Beeinflussung von Handlungen nicht nur von Zwängen abhängt; mit anderen Worten, es ist nicht nur eine Frage möglicher Alternativen, sondern auch des *Interesses*, des relativen Reizes möglicher Alternativen, des Grades an Risiko und an Sanktionen, der mit diesen Alternativen einhergeht. Das Interesse ist auf zweifache Weise bedeutungsvoll: Man kann es als Handlungssteuerung betrachten, die *unabhängig* von einem bestimmten Vertrauensgrad ist, aber es kann sich auch auf Vertrauen selbst auswirken, indem es Verhalten berechenbarer macht. Das erste trifft zu, wenn wir Vertrauen – im Sinne eines bestimmten Wahrscheinlichkeitswertes p – als eine Einschätzung betrachten, die der Einschätzung der Interessen anderer Personen vorausgeht, während das letztere dann zutreffen kann, wenn zu einem gewissen Grade Informationen über die Interessen der anderen zur Verfügung stehen. Im Folgenden wer-

---

35 David Hume, *Ein Traktat über die menschliche Natur*, hg. v. Reinhard Brand, 2 Bände, Hamburg 1978, S. 269 (Band 2, Buch III, Teil 2, Abschnitt 5, Hervorhebungen von Hume).

de ich den ersten Fall einleitend behandeln und den komplexeren zweiten Fall auf den nächsten Abschnitt verlegen.

Wenn wir von einer *apriorischen* Einschätzung der Wahrscheinlichkeit ausgehen, mit der eine Person eine bestimmte Handlung ausführen wird, das heißt einem bestimmten Vertrauensgrad, der sich auf alle möglichen Evidenzen stützt, die mit den Interessen der Person unmittelbar nichts zu tun haben (Freundschaft, Mitgliedschaft in einer Gruppe, Kleidungsstil), dann stellt sich folgende Frage: Wie hoch muss diese Wahrscheinlichkeit sein, damit wir uns auf eine Handlung einlassen, deren Erfolg davon abhängt, ob diese Person oder diese Personen sich kooperativ verhalten? Die Antwort ist, dass die *optimale Schwelle* der Wahrscheinlichkeit, mit der wir davon überzeugt sind, dass wir jemandem stark genug vertrauen können, um uns auf solche Handlungen einzulassen, nicht unter allen Umständen die gleiche ist. In diesem Sinne sind Handlungen, die von der Kooperation anderer Personen abhängig sind, *unabhängig* von Vertrauen: sie können auf der Basis beliebiger Vertrauensgrade ausgeführt werden oder nicht, je nach unseren besonderen Neigungen und Interessen. Das heißt, wir können nicht nur erwarten, dass die Schwelle aufgrund der individuellen Neigungen *subjektiv* variiert (also aufgrund der Bereitschaft, Risiken einzugehen, oder aufgrund der Toleranz gegenüber potenziellen Enttäuschungen); wir können auch erwarten, dass sie mit den *objektiven* Bedingungen variiert.[36] Zum Beispiel liegt die Schwelle höher, wenn die Kosten, Vertrauen an falscher Stelle entgegenzubringen, potenziell höher sind als diejenigen, die entstehen, wenn Vertrauen überhaupt nicht gegeben wird und Handlungen unterlassen werden: Wer in einer für den Feind sichtbaren Weise in einem Schützengraben herumläuft (um ein Beispiel von Robert Axelrod aufzugreifen[37]), vertraut in extrem hohem Maße darauf, dass der Feind die implizite Waffenruhe einhält, wobei die Kosten eines Irrtums schwerwiegender sein könnten als die, die entstehen, wenn man den Kopf unten behält. Wir können der Wahrscheinlichkeit, dass jemand vertrauenswürdig ist, einen bestimmten Wert p zuordnen, aber wenn er eine Waffe hat oder gar über eine Atombome verfügt, stellt dies sehr hohe Anforderungen an den Wert p und entsprechend an unser Handeln dar. Der Druck, *nicht* zu vertrauen und unser Handeln nur von einem sehr hohen Schwellenwert des Vertrauens leiten zu lassen, ist hier

---

36 Sehr hilfreich dazu Niklas Luhmann, »Vertrautheit, Zuversicht, Vertrauen«, in diesem Band.
37 Robert Axelrod, *Die Evolution der Kooperation*, München 1997 (vierte Auflage).

sehr hoch.³⁸ Wenn wir im Gegensatz dazu erwarten, dass eine Handlung – deren Erfolg von einer kooperativen Erwiderung abhängt – höhere Erträge mit sich bringt als die Alternativen, dann könnte das, was wir in Gefahr sind zu verlieren, sollten wir das Vertrauensspiel abbrechen, groß genug sein, um uns auch dann fortfahren zu lassen, wenn p klein ist. Der Druck, selbst einen niedrigen Grad an Vertrauen als Basis kooperativer Handlungen zu akzeptieren, ist hier stärker. Unter Umständen müssen wir *blind* vertrauen, nicht, weil wir nicht wissen oder nicht wissen wollen, wie wenig vertrauenswürdig andere sind, sondern einfach, weil die Alternativen schlimmer sind.

Ein interessanter Fall entsteht, wenn eine *Spannung* zwischen der Intensität unseres Interesses am Ausführen einer Handlung und dem Wert von p existiert. Es könnte sein, dass wir nicht wissen, ob wir vertrauen sollen, ja, wir könnten sogar um unser Misstrauen wissen und dennoch: Wenn wir davon Abstand nehmen, an der Kooperation teilzunehmen (oder auch nur den Versuch einer Teilnahme in Angriff zu nehmen), könnten unsere Verluste unannehmbar hoch sein. Es gibt zwar die Option des Ausstiegs, aber wir würden einen hohen Preis dafür bezahlen. Ein individueller Akteur könnte eine bestimmte Beziehung vermeiden oder sie beenden, aber diese Option geht verloren, wenn wir in Aggregaten denken: Wir können vielleicht wählen, in welchem Restaurant wir die Möglichkeit einer Lebensmittelvergiftung für unwahrscheinlich halten, aber es gibt Umstände, in denen wir es uns schlecht leisten können, allen Restaurants zu misstrauen, da wir sonst wohl unangenehme Konsequenzen erleiden müssten. Der Druck ist hoch, den Schwellenwert für Vertrauen zu senken und sich für *eines* der Restaurants zu entscheiden. Wenn wir zudem keine genaue Vorstellung davon haben, ob wir einem bestimmten Individuum vertrauen können – die Wahrscheinlichkeit liegt bei 0.50 –, werden wir das Problem vielleicht dadurch lösen, den Zufall entscheiden zu lassen. Wie im Fall des erzwungenen Vertrauens in jemanden ist dies auch eher eine Frage der Hoffnung als des Vertrauens – zumindest anfangs, wenn wir keine Hinweise für die richtige Entscheidung haben.

Wenn der Handlungsdruck groß ist, obwohl der Schwellenwerts des Vertrauens unter 0.50 liegt – ein Zeichen für Misstrauen –, dann kann die Spannung zwischen Handlung und Überzeugung durch Wunschdenken und durch das Vermeiden kognitiver Dissonanzen täuschende Überzeu-

---

38 Siehe David Good, »Individuals, Interpersonal Relations, and Trust«, in: Diego Gambetta (Hg.), *Trust*, a.a.O.

gungsänderungen bewirken. Deshalb gibt es Personen, die ganzen Kategorien von Menschen misstrauen, außer dem Mitglied dieser Kategorie, zu dem sie eine besondere Beziehung unterhalten. In Mozarts *Così fan tutte* verweist Lorenzo da Ponte deutlich auf dieses Argument. Don Alfonso sagt: »Die Treue der Frauen ist wie der Phönix von Arabien; dass es ihn gibt, behauptet ein jeder, wo er ist, weiß keiner.« Und die Liebenden antworten entsprechend: »Der Phönix ist Dorabella!« und »Der Phönix ist Fiordiligi!« Beide behaupten kühn und in gegenseitigem Widerspruch, alle Frauen seien untreu, nur die nicht, mit der sie verlobt sind.

Abschließend sei darauf hingewiesen, dass die oben angeführten Beispiele nichts darüber aussagen, wie ein bestimmter Grad an Vertrauen erreicht wird. Stattdessen weisen sie nur darauf hin, dass Vertrauen, einmal erreicht, sich effektiv auf Handlungen auswirken kann, weil es auf verschiedene Weise, abhängig von den Beschränkungen, Kosten und Gewinnen, die in den speziellen Situationen angelegt sind, das Potenzial zur Kooperation in sich birgt. Je höher der Grad des Vertrauens, desto höher ist die Wahrscheinlichkeit der Kooperation. Aber kooperatives Verhalten ist nicht allein von Vertrauen abhängig, und der optimale Schwellenwert von Vertrauen wird je nach Gelegenheit schwanken. Ausserdem verwies unser letztes Beispiel darauf, dass die Spannung zwischen unseren Bedürfnissen und unseren Überzeugungen stark genug sein kann, um zu irrationalen, fideistischen Reaktionen zu führen. Zuversicht könnte im Sinne von Luhmann (in diesem Band) als eine Art des blinden Vertrauens definiert werden, bei der die Beziehungen, auf die wir uns, unter den gegebenen Umständen, einlassen, wenig von unseren Handlungen und Entscheidungen abhängen oder abzuhängen scheinen. Mit anderen Worten: Zuversicht könnte auch einem Wunschdenken und einer Reduktion kognitiver Dissonanz entspringen; es wäre dann der Hoffnung ähnlicher als dem Vertrauen. Wir wissen jedoch immer noch wenig darüber, wie ein bestimmter Vertrauensgrad erreicht und gefördert wird oder werden kann.

3.

Die erste Frage lautet: Warum sollen wir uns damit überhaupt beschäftigen? Warum sollen wir uns mit Vertrauen befassen, wenn Kooperation auf anderem Wege erzeugt werden kann? Eine Lösung liegt in der Tat im

Nicht-Befassen, in der Manipulation der situativen Beschränkungen und Interessen als denjenigen Bedingungen der Kooperation, auf die wir absichtlich und am effektivsten Einfluss nehmen können. Wir können darauf abzielen, so viel Kooperation wie möglich zu fördern, indem wir einen angemessenen Grad an Zwang ausüben und Einrichtungen unterstützen, die eine am Eigeninteresse orientierte Kooperation fördern. Dadurch stellen wir niedrige Anforderungen an das Vertrauen. Wenn wir das Glück haben, in einer Gesellschaft zu leben, in der einige moralische und religiöse Überzeugungen in Geltung sind – die den Nebeneffekt haben, eine Kooperation zu motivieren, die um ihrer eigenen Tugenden willen geschieht –, dann können wir daraus großen Nutzen ziehen. Aber wir können uns nicht darauf verlassen, dass diese Überzeugungen einfach zu Verfügung stehen.

Dies ist nicht nur *eine* Lösung: Es ist vielleicht *die* Standardlösung. Durch Machiavelli, Hobbes, Hume und Smith gefiltert, wurde sie bis heute als die realistischste, ökonomischste und realisierbarste Lösung überliefert. Vertrauen wird hier – wie Altruismus und Solidarität – als *knappe Ressource* angesehen. Jon Elster und Karl Ove Moene verdeutlichen das Argument, das für diese Lösung spricht, mit Blick auf angestrebte Wirtschaftsreformen: »Ein gewisses Maß an Vertrauen muss in der Tat in jedem komplexen System vorhanden sein, und es ist nicht unvorstellbar, dass Systeme mit einem höheren Grad allgemeinen Vertrauens entstehen könnten. Es wäre jedoch riskant, einen höheren Grad an Vertrauen zu einem Grundstein ökonomischer Reform zu machen. Wir können hoffen, dass Vertrauen als Nebenprodukt eines guten ökonomischen Systems entsteht (und das System damit sogar noch verbessert), aber man würde das Pferd beim Schwanz aufzäumen, wenn man sich auf Vertrauen, Solidarität und Altruismus als Bedingungen von Reformen verlassen würde.«[39]

Über diese Strategie kann viel gesagt werden, was man unter die Überschrift des *sparsamen Umgangs mit Vertrauen* (economizing on trust) stellen könnte. In der vorhandenen Literatur werden allerdings gelegentlich drei Aspekte hervorgehoben, die mit diesem Ansatz nicht zu vereinbaren sind. Zum einen ist Vertrauen *nicht* knapp im Sinne einer Ressource, die sich durch Gebrauch verringert; zweitens ist Vertrauen zwar oft, aber nicht immer ein Nebenprodukt; und drittens gibt es äußerst wichtige Fäl-

---

39 Jon Elster & Karl Ove Moene (Hg.), *Alternatives to Capitalism*, Cambridge 1988, S. 4-5.

le, in denen sich selbstverstärkende Arrangements, die an Interessen ausgerichtet sind, entweder in der Implementation als zu kostspielig (oder zu unangenehm) erweisen oder sowieso nicht verfügbar sind, weil Vertrauen äußerst knapp ist. Ich werde diese Punkte in Kürze ausführen, doch zunächst müssen wir einen Schritt zurückgehen.

Die ökonomischste Strategie liegt nicht darin, sich nicht auf Vertrauen stützen zu müssen, sondern darin, sich noch nicht einmal auf die Manipulation kooperativer Arrangements verlassen zu müssen. Dem liegt die Annahme zugrunde, dass rationale – also optimale – Kooperation von selbst entsteht. Patrick Bateson untersucht einige Formen von Kooperation in der Tierwelt.[40] Die Existenz von Kooperation unter Tieren scheint nahe zu legen, dass Kooperation entstehen kann, ohne notwendig Vertrauen zu postulieren; Vertrauen ist eine Überzeugung, die Tiere mit großer Wahrscheinlichkeit nicht haben. Nach Bateson könnte das im Entstehen begriffene Verhalten sozialer Gruppen zu ihrem Erfolg beitragen: Einige Merkmale sind für die Individuen deshalb in der Evolution erfolgreich, weil sie sich mit Merkmalen verbinden, die von anderen Individuen in der selben Gruppe entwickelt werden. Ob eine Gruppe überlebt oder nicht hängt, mit anderen Worten, von der Aussendung und dem Empfang von Signalen ab, die Kooperation fördern, jedenfalls wenn wir davon ausgehen, dass Kooperation die Anpassungsfähigkeiten einer bestimmten Gruppe verbessert.

Auf die Menschen übertragen könnte der Ansatz der Evolutionstheorie *a fortiori* nahe legen, dass Vertrauen eher als Resultat denn als Bedingung von Kooperation verstanden werden sollte. Vertrauen existiert nach diesem Ansatz in Gesellschaften und Gruppen, die aufgrund ihrer Fähigkeit zur Kooperation erfolgreich sind, und es besteht aus nichts weiter als dem Vertrauen in den Erfolg früherer Kooperation. Kooperation wird nicht durch Vertrauen, sondern einfach durch eine Reihe erfolgreicher Praktiken ausgelöst, die zunächst zufällig, dann selektiv beibehalten werden (mit unterschiedlichen Graden des Lernens und der Intentionalität).[41]

---

40 Patrick Bateson, »The Biological Evolution of Cooperation and Trust«, in: Diego Gambetta (Hg.), *Trust*, a.a.O.
41 Friedrich A. Hayek sollte wohl als einer der theoretischen Väter dieser Perspektive angesehen werden; vgl. ders., *The Three Sources of Human Values*, L.T. Hobhouse Memorial Trust Lecture, the London School of Economics and Political Science 1978. Richard R. Nelson & Sidney G. Winter, *An Evolutionary Theory of*

Die Idee, dass Vertrauen der Kooperation folgen, statt vorangehen könnte, wird von spieltheoretischen Studien wie denen von Axelrod unterstützt.⁴² Er zeigt, dass selbst bei sehr begrenztem Vertrauen und sehr begrenzten Möglichkeiten zur Kommunikation – wie zwischen Feinden, die sich in Schützengräben gegenüberstehen – Vertrauen entstehen kann, sofern nur einige andere Bedingungen gegeben sind. Die Bedingungen, die Axelrod in Bezug auf ein iteriertes Gefangenendilemma angibt, sind: a) dass die beteiligten Parteien der Konfrontation nicht ausweichen können (sie haben nur die Wahl zwischen Kooperation und Wettbewerb); b) ausserdem wissen sie, dass sie eine lange Zeit in dieser Situation gefangen sind, deren Ende nicht abzusehen ist; und schließlich c) muss die Diskontierungsrate zukünftiger Gewinne niedrig genug sein. Selbst wenn die beteiligten Parteien sich selbst nicht im voraus verpflichten können, wenn sie nicht vor dem Ereignis das relevante Verhalten der anderen Partei kontrollieren können und keine vorgängige Vorstellung davon haben, ob und in welchem Maße sie einander vertrauen können – selbst unter diesen Bedingungen kann Kooperation durch ein zufälliges »Signal« ausgelöst werden, welches dann wegen des Erfolgs seiner Konsequenzen beibehalten wird.

Betrachten wir zum Beispiel die Kooperation des »leben und leben lassen«, die im ersten Weltkrieg zwischen verfeindeten Soldaten gedieh. Dieses Phänomen kann auf verschiedene Weise erklärt werden. Es könnte dadurch entstanden sein, dass ein Soldat – aus Ablenkung, Langeweile oder Nervosität – auf ein deutlich nicht-menschliches Ziel im gegnerischen Graben schoss. Oder es könnte sein, dass die Soldaten auf beiden Seiten in regelmäßigen Abständen das Schießen einstellten, weil sie zufällig zur selben Zeit ihre Mahlzeiten einnahmen. Solche zufälligen Signale könnten schließlich von der einen Seite als eine Neigung der anderen Seite zu einem impliziten Waffenstillstand »interpretiert« werden, auf die sie dann mit anderen Signalen antwortet; zunächst nur, um mögliche Missverständnisse auszuschließen, dann mit zunehmender Überzeugung, bis der Austausch langsam die Merkmale eines stabilen, kooperativen Ver-

---

Economic Change, Cambridge/Mass. 1982, würden wahrscheinlich zustimmen, dass kooperative Arrangements und Vertrauen bisweilen zu den erfolgreichen unternehmerischen Praktiken gehören können, auf die Märkte positiv reagieren, obwohl die Autoren Vertrauen nicht als ein Merkmal des ökonomischen Erfolgs individueller Unternehmer erwähnen.

42 Robert Axelrod, *Die Evolution der Kooperation*, a.a.O.

zichts auf gegenseitige Verletzung annimmt. Darüber hinaus kann, was zufällig entsteht, anschließend *gelernt* werden – die Soldaten haben anscheinend verschiedene Methoden gelernt, dem »Feind« ihre Bereitschaft zur Kooperation zu signalisieren.

Es ist nicht so sehr der Fall, dass Vertrauen hier nicht beteiligt ist, vielmehr scheint es keine Voraussetzung von Kooperation zu sein. Die Bedingungen, unter denen Kooperation ohne Vertrauen entsteht, liegen im Wesentlichen teils in den objektiven Umständen und teils in einem wachsenden Wissen mit Blick auf die gemeinsamen Interessen und die potenzielle Befriedigung dieser Interessen durch kooperatives Verhalten. Die Wahrscheinlichkeit eines von der anderen Partei ohne schädliche Absicht ausgeführten Handelns steigt durch die Einsicht, dass das gemeinsame Interesse eine nicht-kooperative Strategie teuer genug macht, um sie zu verhindern. Die Überzeugung der Soldaten, dass sie einander vertrauen können, ist das Ergebnis einer Schlussfolgerung, die der Effektivität ihrer Interessen als einem Motiv für rationale Handlungen gilt, das ausreicht, um Kooperation zu initiieren und aufrecht zu erhalten. *P* wird also im Verlaufe der Kooperation selbst angehoben, ohne dass irgendeine Annahme bezüglich vorausgehender Stufen gemacht wird: »Der kooperative wechselseitige Austausch von Zurückhaltung änderte sogar den Charakter der Interaktion. Er führte dazu, dass beide Interesse für das Wohlergehen der jeweils anderen Seite entwickelten.«[43] Im vorangehenden Abschnitt sahen wir, dass das Interesse, unabhängig von Vertrauen, Kooperation wahrscheinlicher macht, schlicht indem es Handlungen eine höhere Dringlichkeit gibt. Bei näherer Untersuchung stellen wir fest, dass Kooperation motiviert ist und als Ergebnis das Vertrauen selbst steigt, wenn der Druck gemeinsam geteilt wird *und* diese Tatsache beiden Seiten bekannt ist.

Hume hat diesen Prozess sehr deutlich beschrieben: »Bemerkt das einzelne Individuum bei allen seinen Mitmenschen das gleiche Verständnis für sein eigenes Interesse, so vollzieht es an seinem Teile den durch das Versprechen geschlossenen Kontrakt, weil es überzeugt ist, dass die anderen es auch ihrerseits daran nicht werden fehlen lassen. Alle beteiligen sich im wechselseitigen Einverständnis an einem System von Handlungen, das auf das Allgemeinwohl berechnet ist, und kommen überein, ihr Wort zu halten. Zur Bildung dieses Einverständnisses oder dieser Abmachung ist aber nichts weiter nötig, als dass jeder sich des eigenen Interes-

---

43 Robert Axelrod, *Die Evolution der Kooperation*, a.a.O., S. 25.

ses bewusst ist, das er an der treuen Erfüllung seiner Verpflichtungen hat und dass er dies Bewusstsein anderen Gliedern der Gesellschaft ausspricht. Dies weckt unmittelbar das gleiche Interesse bei den anderen. Dies *Interesse* ist der *erste* Grund der Verpflichtung zur Erfüllung von Versprechungen. Später unterstützt das Sittlichkeitsgefühl das Interesse und schafft eine neue Verpflichtung für die Menschen.«[44]

Axelrods Werk legt nahe, dass ein solches »wechselseitiges Einverständnis« selbst der kleinsten Chance entspringen kann, dem »Verständnis für das Interesse [des anderen] Ausdruck zu verleihen«, sogar in einer der Kooperation offensichtlich so abträglichen Situation wie dem Krieg, durch den die Akteure viel eher zu Misstrauen geneigt sind.

Was die Verallgemeinerung des evolutionären Ansatzes angeht, bestehen verschiedene Probleme. Ich meine damit nicht den Einwand, dass es schwierig ist, Experimente, in denen jeder Akteur durch eine Computerstrategie repräsentiert wird, zu verallgemeinern, oder dass die Bedingungen, die ein kooperatives Ergebnis fördern – wie das Wissen über die gegenseitigen Interessen – manchmal nur schwer zu erfüllen sind. Ganz unabhängig von diesen Einwänden würde ich behaupten, dass die spontane Evolution eines kooperativen Gleichgewichts zwischen Menschen – unter Berücksichtigung der für eine Generation relevanten Zeitspanne – nur *ebenso wahrscheinlich* ist wie ein nicht-kooperatives Gleichgewicht, es sei denn, wir beschränken die Überzeugungen der Akteure in einigen Punkten.

Obwohl Axelrod behauptet, Kooperation könne ohne Vertrauen entstehen, ist die Strategie, die sich am jeweiligen Zug des anderen orientiert (seinen Experimenten zufolge die optimale Strategie im Gefangenendilemma) mit Blick auf Menschen undenkbar, ohne dass eine Neigung zum Vertrauen schon vorläge: Wenn das Spiel keine Vergangenheit hat, dann ist ein kooperativer erster Zug essentiell, um es auf die richtige Bahn zu bringen; bedingungsloses Misstrauen wird einen solchen Zug aber nie nach sich ziehen. Wenn eine Gruppe Soldaten aus irgendeinem Grund glaubt, einem Mob unkontrollierter Krieger gegenüber zu stehen und weder deren Zeitpräferenzen noch deren Rationalität traut, dann werden »friedliche« Signale mit größerer Wahrscheinlichkeit als Falle interpretiert. Dieses Problem kann umgangen werden durch die Annahme unsicherer Überzeugungen und einer Zufallsverteilung, die der Wahrschein-

---

44 David Hume, *Ein Traktat über die menschliche Natur*, a.a.O., S. 270 (Band 2, Buch III, Teil 2, Abschnitt 5, Hervorhebungen im Original).

lichkeit Rechnung trägt, dass der richtige erste Zug ausgeführt und »korrekt« interpretiert wird. Doch es gibt keinen Grund zu glauben, derartige Überzeugungen wären der Normalfall; ferner wird uns der optimale Zug schwerlich durch Zufall einfallen (andererseits möchten wir auch nicht gerade darauf warten, dass er uns einfällt). Wenn es zutrifft, dass Menschen sich durch einen Mangel an Feingefühl und einen Hang zu Extremen auszeichnen,[45] dann ist die Annahme, dass Vertrauen auf natürlichem Wege entstehen könnte, äußerst ungerechtfertigt.

Ein einseitiges blindes Vertrauen wäre aber nicht weniger schädlich, denn wenn der andere die nicht-kooperative Strategie wählt, führt ein Festhalten an vertrauensvollen Spielzügen eher ins Unglück als zur Kooperation. Mit anderen Worten, wenn man Axelrods Experimente entweder durch ein einseitiges blindes Vertrauen oder durch blindes Misstrauen – ob ein- oder beidseitig – ergänzt, dann wird das Spiel nicht auf eine kooperative Lösung hinauslaufen. Diese hängt von der Abwesenheit der zwei genannten lexikographischen Neigungen und dem Vorhandensein einer grundlegenden Disposition zu *bedingtem* Vertrauen ab. Die Tatsache, dass eine Strategie, die sich am jeweiligen Zug des anderen orientiert (tit for tat), im iterierten Gefangenendilemma und bei der Erzeugung eines kooperativen Ergebnisses als optimale Lösung betrachtet werden muss, legt auch nahe, dass das Misstrauen nach einem einseitigen unkooperativen Handeln nicht gerinnen sollte. Am besten wäre es, keine Erinnerung zu haben,[46] also zu vergessen, dass das vergangene unkooperative Handeln in nachfolgenden Zügen wiederholt werden könnte. Aber wenn es um Individuen geht, die mit einem (endlichen) Maß an Erinnerung ausgestattet *sind*, hieße das, das Vermeiden eines bedingungslosen Misstrauens als rational vorzuschreiben, selbst *nachdem* evident geworden ist, dass ein solches Misstrauen ratsam wäre. Dieser Argumentation folgend, sollte eine zugefügte »Wunde« dann keinen hinreichenden Grund für fortgesetzte Vergeltungen darstellen, wenn die andere Partei durch den ersten Vergeltungsakt gezähmt wurde. Kurz, ein gewisser Grad an offenbarten Präferenzen für nicht-kooperative Stategien impliziert nicht, so will es diese Deutung, die Abwesenheit eines Interesses an Kooperation.

---

45 Vgl. Jon Elster, *Sour Grapes: Studies in the Subversion of Rationality*, Cambridge 1983 (dt. teilweise in Jon Elster, *Subversionen der Rationalität*, a.a.O.).
46 Genauer, ein Erinnerungsvermögen, das nur eine »Spielzeit« umfasst, sodass man auf den je letzten Zug des anderen Spielers reagiert.

Kooperation wird von der Überzeugung bedingt, dass die andere Partei nicht »dumm« ist (also nicht bereit ist, Vertauen blind zu schenken), aber auch von der Überzeugung, dass sie uns wohlwollend gegenübersteht, wenn wir den richtigen Zug machen. Die Strategie, sich am jeweiligen Zug des anderen zu orientieren, wird dementsprechend nur dann zu einem Gleichgewicht führen, wenn beide Spieler davon überzeugt sind, dass der andere sich an sie halten wird. Andernfalls sind andere Gleichgewichte genauso wahrscheinlich und selbstverstärkend. Um zu zeigen, dass es wirklich nicht um Vertrauen geht, hätte Axelrod zeigen müssen, dass das Spiel *unabhängig* vom ersten Zug und der Folge weiterer Züge dazu tendiert, sich am jeweiligen Zug des anderen zu orientieren. Tatsächlich liefert er plausible Gründe, die erläutern können, warum – unter gewissen Bedingungen und selbst bei Abwesenheit eines beispielsweise durch Freundschaft oder religiöse Identität erzeugten Vertrauens – eine grundsätzliche Neigung *zu vertrauen* selbst von moderat vorausschauenden Egoisten als rational erkannt und übernommen werden kann. Wir lernen daraus, dass wir eventuell und unter Vorbehalt dem Vertrauen vertrauen und dem Misstrauen misstrauen können, lernen, dass es lohnend sein kann, sich so zu verhalten, *als ob* wir selbst in wenig erfolgversprechenden Situationen zum Vertrauen bereit sind.[47]

Wir könnten uns die verschiedenen Züge – kooperativ oder nicht-kooperativ – natürlich so vorstellen, als würden sie einfach in zufälliger Folge auftauchen, bis die optimale Mischung gefunden ist und sich über Generationen hinweg, die auf diese Weise einer Auslese unterzogen werden, ausbreitet. Wir könnten sogar behaupten, dass im Universum in einigen Milliarden Jahren nur die Planeten – oder unterentwickelte Länder – existieren werden, deren Einwohner zufällig auf die richtige Reihenfolge kooperativer Züge gestoßen sind und sich gerade im richtigen Maße so verhalten haben, *als ob* sie sich gegenseitig vertrauten. Auf der anderen Seite wäre es uns auch recht, wenn die Erde – und damit unsere Kinder – unter diesen Planeten wäre. Die Evolution hat uns den zwiespältigen Segen eines beabsichtigten Als-ob-Verhaltens vererbt. Dessen gewahr, können wir schwerlich die Verantwortung umgehen, Vertrauen als eine Wahl, statt als glückliches Nebenprodukt der Evolution zu betrachten.

---

47 Siehe die von Kenneth Oye herausgegebene Aufsatzsammlung *Cooperation Under Anarchy,* Princeton 1986, wo sich ein hervorragendes Beispiel findet.

4.

Die Strategie des sparsamen Umgangs mit Vertrauen impliziert natürlich nicht, dass wir warten sollen, bis Vertrauen von selbst entsteht. Sie beansprucht nur, dass wir unseren Blick mehr auf Kooperation und weniger auf Vertrauen richten sollten. Mit anderen Worten: Wir sollten die richtigen Bedingungen für Kooperation fördern, indem wir vor allem auf Restriktionen und Interessen bauen, ohne davon auszugehen, dass der Anfangsgrad von Vertrauen schließlich hoch genug sein wird, um aus sich selbst heraus Kooperation generieren. Obwohl Hirschman es ablehnt, die Strategie des sparsamen Umgangs mit Vertrauen zu weit zu führen,[48] liefert er in seinem »abweichenden Bekenntnis«[49] wichtige Gründe dafür, die Teufelskreise in unterentwickelten Ländern zu durchbrechen, indem Systeme mit technologisch schwerwiegenden Restriktionen implementiert werden, die in der Lage sind, Vertrauen zu erzeugen und nicht bloß vorauszusetzen: »Meiner Ansicht nach können die Einstellungen, die angeblich Voraussetzung der Industrialisierung sind, gleichsam ›en passant‹ erworben werden, und zwar durch ganz bestimmte Eigenschaften der Industrialisierung selbst.«[50]

Wie attraktiv diese Strategie auch sein mag – sie geht an der fundamentalen Frage vorbei, was getan werden soll, wenn p entweder so niedrig ist, dass kooperationsfördernde Bedingungen von vornherein nicht verfügbar sind, oder wenn p nicht hoch genug ist, um potenziell vorteilhafte Kooperation dort aufrechtzuerhalten, wo diese Bedingungen zu komplex, kostenintensiv oder unangenehm sind, um eine vorstellbare Alternative zum Vertrauen darzustellen. Das Wettrüsten könnte in diese letzte Kategorie fallen, die meisten unterentwickelten Länder fallen in die erste (Kenneth Arrow schreibt: »Fast jede Handelstransaktion beinhaltet ein Element von Vertrauen und sicherlich jede Transaktion, die über einen längeren Zeitraum durchgeführt wird. Es lässt sich glaubhaft darlegen, dass ein Großteil der ökonomischen Rückständigkeit auf der

---

[48] Vgl. Albert O. Hirschman, »Against Parsimony: Three Easy Ways of Complicating Some Categories of Economic Discourse«, a.a.O.
[49] Albert O. Hirschman, »A Dissenter's Confession«, in: Gerald M. Meier & Dudley Seers (Hg.), *Pioneers of Development*, New York 1984.
[50] Ebenda, S. 99. Siehe auch Albert O. Hirschman, *Development Projects Observed*, Washington 1967 und ders., *Leidenschaften und Interessen*, Frankfurt/M. 1987. Geoffrey Hawthorn, »Three Ironies in Trust«, in: Diego Gambetta (Hg.), *Trust*, a.a.O., S. 115-118, diskutiert die Grenzen dieses Ansatzes.

Welt durch einen Mangel an gegenseitigem Vertrauen erklärt werden kann.«).⁵¹

Es geht nicht um die Relevanz einer weitergehenden Erforschung der Kausalität jener Kooperationsformen, die von Vertrauen unabhängig sind. Vielmehr geht es um die Tatsache, dass der *sparsame Umgang mit Vertrauen* keine so verallgemeinerbare Strategie ist, wie es auf den ersten Blick erscheint, und dass das Risiko, sich auf Vertrauen zu verlassen, in nichts dem Risiko nachsteht, nicht zu verstehen, wie Vertrauen funktioniert, welche Kräfte jenseits erfolgreicher Kooperation es hervorbringen und in welcher Relation es zu den Bedingungen von Kooperation steht. Wenn wir die kaum vorhandene Literatur zu diesem äußerst wichtigen Thema betrachten, dann sieht es so aus, als ob der sparsame Umgang mit Vertrauen und der sparsame Umgang mit dem Verständnis dieses Phänomens ungerechtfertigterweise miteinander verwoben wurden.

Um diese Zusammenhänge besser zu verstehen, sollten Kooperationsmotive und andere Faktoren jenseits des Vertrauens, die diese Motive wirksam machen, Berücksichtigung finden; ferner wird sich die weitere Forschung der an Axelrods Studie anknüpfenden Tradition in sehr naher Zukunft wahrscheinlich als fruchtbar erweisen.⁵² David Good berücksichtigt empirische Beweise, die auf die fundamentale Bedeutung folgender Aspekte hindeuten: langfristige Arrangements, die Abwesenheit potenziell aggressiver Mittel, die Eindeutigkeit der Kooperationsgründe und die schrittweise Erhöhung des Risikos, das mit der Kooperation einhergeht.⁵³ Jede dieser Bedingungen kann sich unabhängig vom gegebenen Vertrauensgrad auf die Kooperation auswirken, indem sie Restriktionen und Interessen beeinflusst. Wenn sie erfolgreich sind, können sie dazu beitragen, Vertrauen selbst zu verstärken. Doch wie Williams zeigt, kön-

---

51 Kenneth Arrow, »Gifts and Exchanges«, in: *Philosophy and Public Affairs*, 1:4, 1972, S. 343-62, hier S. 357. Siehe auch Edward C. Banfield, *The Moral Basis of a Backward Society*, Glencoe 1958, und Peter Mathias, »Capital, Credit and Enterprise in the Industrial Revolution«, in: ders. (Hg.), *The Transformation of England*, London 1979, zur Bedeutung von Vertrauen für die ökonomische Entwicklung.
52 In seinen neueren Arbeiten betont Axelrod viel stärker die herausragende Bedeutung von Überzeugungen und den Interpretationen der Situationen, die Akteure innehaben; siehe Robert Axelrod & Robert O. Keohane, »Achieving Cooperation under Anarchy: Strategies and Institutions«, in: Kenneth Oye (Hg.), *Cooperation under Anarchy*, a.a.O.
53 David Good, »Individuals, Interpersonal Relations, and Trust«, in: Diego Gambetta (Hg.), *Trust*, a.a.O., S. 34-37.

nen solche Bedingungen nicht vorausgesetzt werden:⁵⁴ Formale Strukturen und soziale Realität haben die bedauerliche Eigenschaft, bisweilen stark voneinander abzuweichen. In die von dieser Abweichung verursachte Lücke muss Vertrauen »hineingezwängt« werden, und wenn *la fortuna* nicht hilft, dann muss Absicht, basierend auf dem Als-ob-Spiel, eingesetzt werden. Die Frage ist nun, in welchem Ausmaß Absicht eingesetzt werden *kann*.

Vertrauen erscheint *prima facie* als einer jener Zustände, die sowohl hinsichtlich der eigenen Person als auch hinsichtlich anderer nicht willentlich herbeigerufen werden können. Hinsichtlich der eigenen Person liegt der Grund darin, dass rationale Individuen sich nicht einfach dafür entscheiden können zu glauben, dass sie jemandem vertrauen, wenn sie es nicht tun;⁵⁵ hinsichtlich anderer liegt er darin, dass sie nicht einfach willentlich darangehen können, auf jemanden einen vertrauenswürdigen Eindruck zu machen (so heißt es bei Elster: »[Diese Zustände] scheinen die Eigenschaft zu besitzen, dass sie nur als Nebenprodukt von Handlungen entstehen können, die zu anderen Zwecken unternommen werden. Das heißt, sie verdanken sich weder kluger Einsicht noch können sie je absichtlich hervorgebracht werden, weil der bloße Versuch dazu den angestrebten Zustand ausschließt.«⁵⁶). Vertrauen kann als Nebenprodukt von Vertrautheit und Freundschaft entstehen, die beide beinhalten, dass die Beteiligten über ein gewisses Maß an Wissen übereinander verfügen und dem Wohlergehen des anderen Respekt entgegenbringen. Ebenso kann Vertrauen als Nebenprodukt einer Moral und religiöser Werte hervorgehen, die Ehrlichkeit und Nächstenliebe vorschreiben.

Persönliche Bindungen und moralische Werte können nur dann Handlungen und Kooperation anregen, wenn wir an diese Konzepte glauben. Motiv und Überzeugung gehören hier zusammen: Sie sind Teil der Identität einer Person, sie entstehen aus ihren Leidenschaften und Gefühlen. Den eigenen Freunden innerhalb der Grenzen von Charakter und Fähigkeit stärker zu vertrauen als Fremden ist konstituierend für die Definition

---

54 Bernard Williams, »Formal Structures and Social Reality«, in: Diego Gambetta (Hg.), *Trust*, a.a.O.
55 Vgl Bernard Williams, »Kann man sich dazu entscheiden, etwas zu glauben?«, in: ders., *Probleme des Selbst. Philosophische Aufsätze 1956-1972*, Stuttgart 1978.
56 Jon Elster, *Subversion der Rationalität*, a.a.O., S. 141.

persönlicher Bindungen.⁵⁷ Wenn dies nicht der Fall wäre, dann würde sich das Motiv für Handlungen auf der Basis persönlicher Bindungen auflösen. Ein ähnliches Argument gilt für Werte: Man kann beispielsweise schwerlich aus Angst vor Gott handeln, wenn man keinen Glauben an seine Existenz hat.

Zudem kann keine dieser potenziellen Quellen von Vertrauen willentlich erzeugt werden: Ich kann mich nicht dazu zwingen zu glauben, dass X mein Freund ist, ich kann nur glauben, dass er es ist. Auch können diese Quellen nicht leicht beeinflusst werden, *um* gegenseitiges Vertrauen und fruchtbare Kooperation zu erzeugen: Wenn X hinter meiner Bekundung von Freundschaft Instrumentalisierung entdeckt, wird er mich eher ablehnen und mir sogar weniger vertrauen.⁵⁸ Also können wir zwar die Entstehung von Vertrauen als Effekt moralischer und religiöser Gefühle erklären – ein Punkt, den Weber bekanntermaßen verfolgte –, oder uns auf die Bande der Freundschaft als seiner primären Quelle berufen. Aber als rationale Individuen können wir weder erwarten, diese Gefühle herbeiführen zu können, nur weil sie nützlich sein werden, noch können wir unser Leben an der Erwartung entlangführen, uns oder andere systematisch für irgendeine Zeitspanne zu täuschen. Es scheint eine Frage sozialen Glücks zu sein, wenn solche Gefühle existieren, dem Glück aber können wir nicht vertrauen. Zudem können wie uns auf persönliche Bindungen und Werte als Fundament von Kooperation in komplexen Gesellschaften nicht verlassen, nicht nur, weil sie nicht willentlich herbeigeführt werden können, sondern auch wegen ihrer Zerbrechlichkeit in einer entzauberten Welt und weil sie notwendigerweise nur begrenzt wirksam sind: Ich könnte an Gott glauben, aber immer noch meine Zweifel haben, ob

---

57 Vertrauen in Freunde hängt stark davon ab, in welcher Hinsicht wir ihnen vertrauen müssen. In vormodernen Gesellschaften waren Vertrauen und Freundschaft viel enger miteinander verknüpft. In dem Maße, in dem die moderne Gesellschaft unsere Abhängigkeit von Freunden bei der Aneignung und Erhaltung von Ressourcen gelockert und unsere Beziehungen über die begrenzte Vertrautheit hinaus ausgedehnt und »spezialisiert« hat, in diesem Maße hat sie uns auch die Freiheit gegeben, in unseren Freundeskreis sehr unzuverlässige Personen aufzunehmen. Es geht aber darum, dass wir die Freiheit haben, nicht von ihnen abhängig zu sein. Bei manchen Handlungen könnten wir sogar anderen viel stärker vertrauen als unseren *Freunden*. Siehe Allan Silver, »Friendship and Trust as Moral Ideals: Historical Approach«, in: *European Journal of Sociology*, 30:2, 1989, S. 274-297, für eine umfassende Diskussion von Freundschaft und Vertrauen.
58 Siehe wiederum Jon Elster, *Sour Grapes*, a.a.O.

andere es auch tun; selbst im Iran wird der religiöse Glaube durch massiven Zwang gestützt, nur um denen, die ein Fehlverhalten an den Tag legen, einen Vorgeschmack auf Gottes Strafe zu geben.

Nun kollidiert diese Perspektive allerdings stark mit der umfangreichen historischen und anthropologischen Sammlung von Fällen, in denen die Bande von Freundschaft und Vertrautheit in ritualisierte und kodifizierte Formen übertragen wurden – manchmal weit über die gesellschaftlich engen Grenzen »wahrer« Freundschaft und »wahren« Glaubens hinaus.[59] Und sie kollidiert mit Fällen, in denen sich Menschen, die nur auf begrenzte und wahrhaft knappe Ressourcen familiärer Bande zurückgreifen können, in einem Maße der Fiktion des Als-ob-Verhaltens hingeben, dass ein geschicktes und absichtsvolles Verhalten nur schwer von dem zufälligen Auftreten einer mehr oder weniger erfolgreichen Praxis unterschieden werden kann. Dies gilt gleichermaßen für die »guten Jungs« wie für die »bösen«, für die florentinischen Bankiers des späten Mittelalters[60] wie für die Mafia-Netzwerke der »Freunde von Freunden«. So zerbrechlich diese »Aristokratien« (ein Begriff Hawthorns[61]), die fortwährend auf externe Verstärkung durch Sanktionen und Erfolge (indem sie zumindest die Interessen einiger befriedigen) angewiesen sind, auch sein mögen, sie stellen häufig das einzige Mittel dar, eine kooperative Beziehung zu initiieren, die andernfalls aufgrund von Unsicherheit oder geronnenem Misstrauen scheitern würde. Velez-Ibanez untersuchte die Vereinigungen für rotierende Kredite der Mexikaner.[62] Dort existiert ein deutliches »kulturelles Konstrukt«, bekannt als *confianza en confianza*, Vertrauen in gegenseitiges Vertrauen: Vertrauen wird innerhalb der Grenzen der »Aristokratien« auf einen Wert gesetzt, der hoch genug ist, um vorsichtige Kooperation nicht durch lähmendes Misstrauen zu hemmen.[63]

Begriffliche und theoretische Argumente legen gleichermaßen nahe, dass die Aufrechterhaltung von Vertrauen durch die Ausdehnung von Vereinigungen, die auf persönlichen Bindungen beruhen, ein Element rationalen Verhaltens beinhalten könnte. Obwohl Vertrauen ein potenziel-

---

59 Vgl. Shmuel N. Eisenstadt & Luis Roniger, *Patrons, Clients and Friends: Interpersonel Relations and the Structure of Trust in Society*, Cambridge 1984.
60 Vgl. Marvin B. Becker, *Medieval Italy*, Bloomington 1981.
61 Geoffrey Hawthorn, »Three Ironies in Trust, a.a.O.
62 Carlos G. Velez-Ibanez, *Bonds of Mutual Trust*, New Brunswick/N.J. 1983.
63 Siehe auch James S. Coleman, »Introducing Social Structure into Economic Analysis«, in: *American Economic Review Proceedings*, 74, 1984, S. 84-88, der auf ähnliche Gesellschaften in Südostasien und Japan Bezug nimmt.

les Nebenprodukt von Vertrautheit, Freundschaft und moralischen Werten darstellt, sollte es nicht mit ihnen verwechselt werden, denn es hat recht unterschiedliche Eigenschaften (siehe Luhmann in diesem Band). Vielleicht hat diese Verwechslung zu dem Schluss geführt, dass wir Vertrauen sowohl als äußerst knappe Ressource als auch als bloßes Nebenprodukt ansehen sollten. Dies trägt unserer Fähigkeit nicht angemessen Rechnung, Signale und Handlungen auszuführen, zu simulieren, auszuprobieren, zu lernen, anzuwenden und zu kodifizieren, die sich anfangs auf nicht-intentionale Zustände gegründet haben mögen, die aber weit über ihren Ursprung hinaus in Form von Als-ob-Verhalten reproduziert werden können. Natürlich kann Vertrauen die Konnotationen einer Leidenschaft annehmen,[64] die durch Gefühle wie Zuneigung, Abneigung und irrationale oder intuitive Überzeugungen verstärkt oder unterminiert werden kann (nichts davon kann willentlich herbeigeführt werden). Man kann letztere wie eine knappe ökonomische Ressource verstehen, also davon ausgehen, dass die rechte Menge an Gefühlen und Überzeugungen sich schlicht nicht einstellt. Aber selbst in Abwesenheit dieser Menge und des »dichten« Vertrauens, das mit ihr einhergehen könnte, und selbst wenn wir nicht an die gesellschaftliche Lebensfähigkeit oder die moralische Wünschbarkeit der darauf bauenden »Aristokratien« glauben, folgt daraus immer noch nicht, dass wir mit Vertrauen ökonomisch umgehen oder es auf den Status eines Nebenprodukts herabsetzen sollten.

Die Grenzen dieses Ansatzes sind wahrscheinlich interessanter als der Ansatz selbst. Es gibt eine große Bandbreite an anekdotischen, historischen und sozialpsychologischen Beweisen, die nahe legen, dass unsere Fähigkeit zur Selbsttäuschung noch die rationalsten optimistischen Erwartungen weit übertrifft, sodass wir in der Tat uns und andere dazu bringen können zu »glauben«. Vertrauen ist für uns genau dann von historischem Interesse, wenn es unangebracht ist: Es könnte nicht ohne den Betrug,[65] die Täuschung und Enttäuschung existieren, die durch unsere Dummheit unterstützt werden. Gehen wir aber vorerst von der freundlichen Annahme aus, dass der typische Fall der ist, dass Menschen bei der Bildung ihrer Überzeugungen mit Vorsicht rationale Strategien anwenden und der Selbst- und Fremdtäuschung ein gewisses Maß an gesundem

---

64 Vgl. John Dunn, »Trust and Political Agency«, in: Diego Gambetta (Hg.), *Trust*, a.a.O. Siehe auch Antonio Mutti, »La fiducia«, in: *Rassegna italiana di sociologia*, 2, 1987.
65 Siehe Judith Shklar, *Ordinary Vices*, a.a.O., S. 138-191.

Widerstand entgegensetzen. Wir erwarten im Grunde, dass rationale Personen Beweise für ihre Überzeugungen suchen und diese Beweise anderen vorlegen. Innerhalb gewisser Grenzen können wir unser p steigern (oder senken), indem wir Informationen über die Merkmale und das vergangene Verhalten anderer sammeln. Wann immer die durch asymmetrische Information und Unsicherheit verursachten Lücken uns schädlich erscheinen, können wir versuchen, sie durch die rationale Steigerung unserer Reputation als vertrauenswürdige Person, durch Selbstverpflichtung und Versprechen zu überbrücken. Eine Reputation der Vertrauenswürdigkeit berührt ein gutes Wirtschaftssystem nicht nur am Rande: Jeder, der an letzterem interessiert ist, strebt absichtsvoll nach diesem Gut und ist kontinuierlich darum bemüht.[66] Interesse könnte den Druck erzeugen, ehrlich zu sein, aber Reputation und Selbstverpflichtung sind die Mittel, die andere von der Wirksamkeit dieses Drucks überzeugen: »Wer Handel treibt, fürchtet um den Verlust seines Ansehens und hält deswegen jede Abmachung genau ein. Was man durch 20 Verträge, an einem Tag geschlossen, einnimmt, kann man nicht durch Betrug erwerben, da schon der *bloße Anschein* des Betrugs Verluste mit sich bringt.«.[67] Bedingungen, die der Ehrlichkeit und Kooperation förderlich sind – also eine gesunde Wirtschaft – *und* eine Reputation der Vertrauenswürdigkeit müssen sich gegenseitig verstärken, damit ein »wechselseitiges Einverständnis« stattfindet. Es mag schwer sein, auf Altruismus zu bauen, aber es ist weitaus schwerer zu vermeiden, sich auf eine Reputation der Vertrauenswürdigkeit zu verlassen: Wie alle Bankiers (und Gebrauchtwagenhändler) wissen, ist eine gute Reputation ihr bestes Kapital.

Wenn Beweise jedoch das Problem des Vertrauens lösen könnten, dann wäre Vertrauen gar kein Problem. Nicht nur die Aneignung und der Austausch von Informationen kann teuer, schwierig oder gar unmöglich zu erreichen sein. Und nicht nur Hinweise aus der Vergangenheit können das Risiko eines zukünftig abweichenden Verhaltens nicht vollkommen eliminieren. Es geht vielmehr darum, dass Vertrauen selbst die Beweise beeinflusst, die wir suchen. Während es nie schwer ist, Beweise für ein Verhalten zu finden, das nicht vertrauenswürdig ist, so ist es praktisch unmöglich, dessen positives Spiegelbild zu beweisen.[68] So hat Tony Tan-

---

66 Vgl. George A. Akerlof, *An Economic Theorist's Book of Tales*, Cambridge 1984.
67 Adam Smith, *Lectures on Jurisprudence*, Oxford 1978, S. 538-539, Hervorhebung von mir. Ich danke Eduardo da Fonseca dafür, mich auf diese Passage aufmerksam gemacht zu haben.
68 Siehe Niklas Luhmann, *Vertrauen*, a.a.O.

ner darauf hingewiesen,[69] dass dieser Aspekt der Natur des Vertrauens in Shakespeares *Othello* hervortritt. Othello bittet Jago um einen »sichtbaren Beweis« für Desdemonas Untreue. Er hätte begreiflicherweise nicht um einen direkten Beweis ihrer Treue bitten können: Der einzige sichtbare Beweis von (zukünftiger) Treue ist eine Leiche. Und aufgrund von Othellos Erwartungen ist es für Jago nur zu leicht, den geforderten Beweis zu »finden«. Zweifel ist bei weitem heimtückischer als Sicherheit, und Misstrauen kann zur Quelle seines eigenen Beweises werden.

Vertrauen ist eine eigenartige Überzeugung, die nicht auf Beweisen, sondern auf einem Mangel an *Gegenbeweisen* gründet – eine Eigenschaft, die es für mutwillige Zerstörung anfällig macht. Tiefes Misstrauen ist dagegen nur mit großen Schwierigkeiten durch Erfahrung zu entkräften, denn entweder hält es Menschen davon ab, sich auf das angemessene soziale Experiment einzulassen, oder, schlimmer noch, führt zu einem Verhalten, das die Gültigkeit von Misstrauen selbst stützt.[70] Wenn Misstrauen einmal einsetzt, ist es bald unmöglich zu wissen, ob es jemals tatsächlich gerechtfertigt war, denn es hat die Fähigkeit zur *Selbsterfüllung*, zur Erzeugung einer Realität, die mit ihm übereinstimmt. Es wird dann individuell »rational«, sich dementsprechend zu verhalten, selbst für diejenigen, die sich im Vorfeld entschlossen haben, auf Basis optimistischerer Erwartungen zu agieren. Nur der Zufall oder eine dritte Partei könnte das richtige »Experiment« aufbauen, um das Misstrauen als unbegründet zu erweisen (und selbst dann könnte kognitive Trägheit Menschen davon abhalten, ihre Überzeugungen zu ändern).

Diese Eigenschaften geben zwei allgemeine Gründe dafür an, warum es – selbst bei Abwesenheit von »dichtem« Vertrauen – rational sein kann, dem Vertrauen zu vertrauen und dem Misstrauen zu misstrauen, das heißt, bewusst einen Testwert von p zu wählen, der so hoch ist, dass wir uns auf vorsichtige Handlungen einlassen, aber auch so niedrig, dass das Risiko und der Grad möglicher Enttäuschung in annehmbarer Weise reduziert werden. Der erste Grund ist ganz simpel: Wenn wir nicht dem Vertrauen vertrauen und dem Misstrauen misstrauen, dann werden wir nie herausfinden, ob es so ist. Vertrauen beginnt, indem man offen für Beweise bleibt, handelt, *als ob* man vertraute, zumindest bis zusätzliche stabile Überzeugungen auf der Basis weiterer Informationen gewonnen werden

---

69 In einem persönlichen Gespräch.
70 Siehe meinen Aufsatz »Mafia: The Price of Distrust«, a.a.O.

können.⁷¹ Der zweite Grund besteht darin, dass Vertrauen keine Ressource ist, die sich durch Gebrauch verringert; im Gegenteil, je mehr sie genutzt wird, desto mehr gibt es wahrscheinlich von ihr.⁷² Nach Hirschman wird Vertrauen dadurch gemindert, dass es *nicht* genutzt wird.⁷³

Damit kann Verschiedenes gemeint sein. Erstens: Das Vertrauen wächst durch Inanspruchnahme, denn wenn es nicht gerade ohne Bedingungen gewährt wird, kann es auf Empfängerseite einen stärkeren Sinn für Verantwortung erzeugen. Sagen wir zu jemandem: »Ich vertraue dir«, drücken wir aus, dass wir durch unser Vertrauen an die Verpflichtung glauben und auch zu ihr ermutigen.⁷⁴ Das heißt, die Gewährung von Vertrauen kann genau das Verhalten erzeugen, das logisch gesehen seine Bedingung zu sein scheint.⁷⁵ Zweitens: Wenn sich Verhalten durch Lern- und Imitationsprozesse ausbreitet, dann kann ein anhaltendes Misstrauen entstehen. Vertrauen kann nie zu schlimmeren Folgen führen, selbst wenn es *immer* unangebracht ist, und die Erwartung, dass es wenigstens geringfügig bessere Ergebnisse mit sich bringt, ist deshalb plausibel. Doch während die vorangegangenen Gründe rationale Individuen zum Vertrauen motivieren *können* – wenigstens dazu, dem Vertrauen zu vertrauen –, kann es dieser Grund allein nicht. Denn obwohl man ihn allgemein anerkennen könnte, will niemand der Erste sein, der das Risiko des Vertrauens eingeht, wenn das Risiko als sehr hoch eingeschätzt wird, Vertrauen an falscher Stelle zu vergeben. Der Grund *ist* jedoch ausreichend, um zur Suche nach solchen sozialen Arrangements zu motivieren, die die Menschen dazu reizen, Risiken einzugehen.

Um es allgemeiner auszudrücken: Vertrauen bringt schlafende Präferenzen für Kooperation ans Tageslicht, die unter den vorher sichtbaren und scheinbar sichereren Decken defensiver und aggressiver Präferenzen stecken. Gewiss, es gibt Fälle – wie in Sizilien –, bei denen diese Präferenzen, falls sie jemals wach waren, so lange geschlafen haben, dass sie ver-

---

71 Vgl. Amartya Sen, »Choice Orderings and Morality«, in: Stephan Koerner (Hg.), *Practical Reason*, Oxford 1974, für die Bedeutung der Als-ob-Handlungen für eine Lösung des Gefangenendilemmas und verwandter Spiele. Siehe auch Allan Silver, »Friendship and Trust«, a.a.O., zum »Verzicht auf Misstrauen«.
72 Siehe auch Patrick Bateson, »Sociobiology and Human Politics«, a.a.O.
73 Albert O. Hirschman, »Against Parsimony«, a.a.O. Siehe auch Fred Hirsch, *Social Limits to Growth*, a.a.O.
74 Siehe auch Antonio Mutti, »La fiducia«, a.a.O.
75 Vgl. Thomas C. Schelling, *Micromotives and Macrobehavior*, New York 1978, zur selbsterfüllenden Natur von Überzeugungen.

mutlich tot sind – sie glimmen nur noch als Asche historisch reduzierter kognitiver Dissonanzen. Ist dies aber der Fall, dann können wir ebenso gut aufgeben, den Ort seinem Schicksal überlassen oder schlicht darauf vertrauen, dass eine kollektive Katastrophe Gründe für einen Wandel liefert. Sind wir allerdings nicht bereit, uns auf Vertrauen zu stützen, dann werden die Alternativen in vielen Fällen so drastisch, schmerzhaft und wahrscheinlich sogar so unmoralisch sein, dass man sie nie leichthin in Erwägung ziehen wird. Sich zu irren ist ein unvermeidlicher Teil der Wette und des Lernprozesses, der sich zwischen Erfolg und Enttäuschung erstreckt. Und nur, wenn wir bereit sind, letztere zu ertragen, können wir hoffen, ersteren zu genießen. Wer zu wenig vom Vertrauen verlangt, ist genauso schlecht beraten wie der, der zu viel von ihm verlangt.

Aus dem Englischen von Catrin Yazdani

Teil III
Zur politischen Theorie des Vertrauens

Wie können wir unseren Mitbürgern vertrauen?

Claus Offe

Vertrauen ist ein interessantes, schwieriges und erst neuerdings gründlicher untersuchtes soziales Phänomen. Das wachsende Interesse an diesem Phänomen[1] und verwandten Phänomenen wie »*social capital*« (»Sozialvermögen«), Respekt, Anerkennung, Institutionenvertrauen, der Bereitschaft, sich in organisierter Weise zusammenzuschließen (»Assoziationsbereitschaft«), sozialer »Kohäsion« und »Zivilgesellschaft« mag zusammenhängen mit einer verbreiteten, wenn auch eher impliziten Diagnose von Grundproblemen der politischen Steuerung und sozialen Koordination, ja letztendlich mit dem Problem der Aufrechterhaltung sozialer Ordnung selbst. Wissenssoziologen werden sich darüber Gedanken machen müssen, warum diese ungelösten Fragen der Sozialtheorie heute in solchen »weichen« Kategorien angesprochen werden, die sich auf informelle und sub-institutionelle soziale Phänomene beziehen. Es kann jedoch keinen Zweifel darüber geben, dass die kognitiven Rahmen und moralischen Dispositionen, die an der Basis sozialen Lebens wirksam sind, von Sozialtheoretikern als eine kritische Variable betrachtet werden, von der die Leistungs- und Lebensfähigkeit formaler Institutionen und ihres Ordnungspotenzials abhängt.

---

1 Siehe Francis Fukuyama, *Trust: The Social Virtues and the Creation of Prosperity*, New York 1995; Adam B. Seligman, »Trust and the Meaning of Civil Society«, in: *International Journal of Politics, Culture and Society*, 6, 1992, S. 5-21; Diego Gambetta, »Können wir dem Vertrauen vertrauen?«, in diesem Band; Anthony Giddens, *Konsequenzen der Moderne*, Frankfurt/M. 1995; Margaret Levi, »A State of Trust«, unpubliziertes Manuskript; Barbara Misztal, *Trust in Modern Societies*, Cambridge 1996; Robert Putnam, *Making Democracy Work*, Princeton 1993; Shmuel N. Eisenstadt, *Power, Trust, and Meaning: Essays in Sociological Theory*, Chicago 1995; ders., »Vertrauen, kollektive Identität und Demokratie«, in diesem Band.

Das wachsende Interesse an Vertrauen und verwandten Themen gründet sich, wie mir scheint, auf eine Vermutung, die in drei Schritten einer skeptischen Argumentation nachgezeichnet werden kann:

Erstens wird soziale Ordnung in modernen Gesellschaften durch das Zusammenwirken von drei Medien der Koordination reproduziert. *Geld* koordiniert das Handeln von Markteilnehmern. Demokratisch konstituierte politische *Herrschaft*, gestützt auf legitime Gewalt, limitiert und lizensiert das Handeln von Bürgern durch rechtliche Regeln, ihre gerichtliche Durchsetzung und exekutivische Anwendung. *Wissen*, das durch systematische Beobachtung, Datenerhebung und Forschung über soziale und nicht-soziale Wirklichkeitsausschnitte gewonnen wird, generiert ebenso wie die Speicherung und Verbreitung dieses Wissens über Netze bürokratischer und professioneller Organisationen, über Massenmedien und Bildungseinrichtungen, gesellschaftsweite Aufmerksamkeit und kognitive Fähigkeiten zur Beurteilung dessen, was sich den Akteuren an akuten und absehbaren Problemen stellt und wie diese am besten bewältigt werden könnten.

Zweitens ist das aus der Synthese dieser drei Koordinationsmedien gewonnene Ideal, welches man das Ideal einer intelligent beherrschten Marktwirtschaft nennen könnte, eine noch unvollendete Vorstellung sozialer Ordnung – unvollendet auch deswegen, weil es informelle Modi der sozialen Koordination nicht vorsieht oder ihnen eine zu geringe Rolle zuweist. Diese informellen Modi der sozialen Koordination beruhen auf Bindungen, die auf lebensweltlich generierten Vorstellungen und Erwartungen gründen, die Menschen moderner Gesellschaften von anderen Menschen in diesen Gesellschaften haben, und nach denen diese Menschen handeln. *Vertrauen* ist eines der besten Beispiele für solche kulturellen und moralischen Ressourcen, die informellen Weisen sozialer Koordination zugrunde liegen. Die Intuition, auf die ich mich hier beziehe, ist die, dass die Koordination sozialen Handelns auch *nach* der effektiven Etablierung von geldvermittelten Marktmechanismen, demokratisch legitimiertem Recht und seiner Durchsetzung sowie theoretisch validiertem, systematisiertem und formalisiertem Wissen unzulänglich bleibt. Das liegt daran, dass erfolgreiche Koordination von Kooperation abhängt, letztere aber wiederum auf Wahrnehmungen, Dispositionen und Erwartungen aufbaut, die Akteure dazu veranlassen zu kooperieren.

Drittens haben diese informellen kognitiven und normativen Dispositionen eine negative Qualität gemeinsam: Sie entziehen sich der Logik jeder der drei genannten Medien (Geld, Herrschaft, Wissen) in dem Sinne, dass sie sich sowohl strategischer Manipulation als auch förmlicher Verordnung widersetzen. Sie können weder gekauft, noch befohlen oder im Rahmen eines formalen Lehrplans (wie Wissen) gelehrt werden. Das bedeutet, dass sie in einem gegebenen sozialen Zusammenhang entweder vorhanden sind oder fehlen, aber durch strategisches oder zweckrationales Handeln kaum hervorgerufen und erzeugt werden können. Wenn es uns an Wissen fehlt, forschen wir; was aber können wir tun, wenn wir meinen, es fehle an Vertrauen, Wohlwollen oder Bereitschaft zur Kooperation? Aus diesem Gesichtspunkt kann man folgern, dass sich die Qualität sozialer Ordnung wie die Effizienz des Einsatzes der Medien Macht, Geld und Wissen wesentlich verbessern würden, wenn nur die Ressource des Vertrauens im Dienste der Handlungskoordination besser erhalten und aktiviert werden könnte.

Zur Illustration kann man etwa auf die Rolle »vertrauensbildender Maßnahmen« für friedliche internationale Beziehungen verweisen. Aber kann man der vertrauensbildenden Potenz solcher »Maßnahmen« (bzw. den ehrlichen Absichten ihrer Urheber) selber trauen? Wenn sie von der jeweils »anderen« Seite nicht als vertrauenswürdig, sondern als trügerische Inszenierungen wahrgenommen werden, die nur strategischen Interessen dienen, werden sie nicht Vertrauen, sondern gerade im Gegenteil Zynismus hervorrufen. Das Problem stellt sich nicht nur in den internationalen Beziehungen. Auch die Effizienz der industriellen Produktion oder der Erzeugung von Dienstleistungen, ebenso die Legitimität von Regierungen würden durch größeres Vertrauen gesteigert. Der rasche und erfolgreiche Übergang zu post-autoritären Regierungsformen und die Konsolidierung einer liberaldemokratischen Regimeform wird, so ist zu vermuten, durch fehlendes Vertrauen stark behindert. Ein höheres Maß von Vertrauen würde allen Beteiligten die Ressourcen einsparen helfen, die sie ohne dieses Vertrauen für die Vorbereitung auf »böse Überraschungen« in Reserve halten müssen. Das gleiche gilt für die Beziehungen zwischen Arbeitgebern und Arbeitnehmern. In all diesen Fällen trifft das oben beschriebene Argument in seinen drei Schritten zu: Wir würden alle gewinnen, wenn die Akteure einander vertrauen. Doch gibt es, selbst wenn alle Beteiligten dies wissen, keinen klaren und eindeutigen Weg, um diesen offensichtlich vorzugswürdigen Zustand tatsächlich zu erreichen. Schlimmer noch: Untaugliche Versuche zur Vertrauensbildung können Misstrauen hervorrufen und so zum Boomerang werden. Das Vertrauen in die Vertrauenswürdigkeit der Urheber vertrauensbildender Maßnahmen muss schon vorhanden sein, wenn diese mit ihren Maßnahmen zum Erfolg kommen sollen.

Soziales Vertrauen, also die Unterstellung generell wohlwollender, zumindest nicht-feindseliger Absichten von Interaktionspartnern, kann in verschiedenen Dimensionen untersucht werden. Wenn wir die beiden Dimensionen Massen *versus* Eliten und horizontal *versus* vertikal dichotomisieren, ergeben sich vier Sphären, in denen sich Vertrauensbeziehungen entfalten können. Erstens ist da das Vertrauen von Bürgern zu sämtlichen Mitbürgern oder zu Teilen des Universums »aller anderen«. Zweitens kann Vertrauen sich entfalten zwischen Bürgern und politischen, regionalen oder sektoralen repräsentativen Eliten, zum Beispiel Repräsentanten der Kirche, der Medien, des Militärs, der Polizei, der Gerichte oder der Ärzteschaft. Drittens können zwischen den politischen und anderen sektoralen Eliten horizontale Vertrauensbeziehungen bestehen. Und viertens sind vertikale Vertrauensbeziehungen von Interesse, die von Eliten ausgehen und sich auf die Dispositionen der Wählerschaft oder der Öffentlichkeit insgesamt beziehen. Die zweite dieser Vertrauensbeziehungen, also das Vertrauen, das Bürger ihren Repräsentanten entgegenbringen, ist bisher wohl am häufigsten untersucht worden. Statt dessen möchte ich mich auf die erste Dimension, die horizontalen Vertrauensbeziehungen zwischen normalen Bürgern (»Nicht-Eliten«) konzentrieren. Daher die Titelfrage: wie können wir unseren Mitbürgern vertrauen? Wie sind die Bedingungen beschaffen, die derartige horizontale Vertrauensbeziehungen begünstigen? Und warum ist Vertrauen überhaupt wünschenswert, vorteilhaft und möglicherweise sogar unersetzlich als Faktor sozialer Integration in modernen demokratischen Marktgesellschaften?

»Vertrauen« ist in einem gewissen Sinn das Gegenteil von »subjektiver Gewissheit« (*confidence*), obwohl beide Begriffe oft gleichsinnig verwendet werden. »Gewissheit« verhält sich zu Vertrauen wie sich Tatsachen zu Handlungen verhalten. Jemandem zu vertrauen, der sich dann als nicht vertrauenswürdig herausstellt, ist ein Fehler dessen, der vertraut hat; er hat unbedacht und ohne zureichende Gründe vertraut, zum Beispiel wenn er jemandem sein Auto geliehen hat, der es aus reiner Nachlässigkeit nicht zur verabredeten Zeit zurückgibt. Der Besitzer wird seine falsche Beurteilung der Vertrauenswürdigkeit des anderen bereuen und sich mit der Folge korrigieren, dass er seine Vertrauensbeziehung abbricht. Wenn aber nicht mein Vertrauen, sondern meine subjektive Gewissheit über das Eintreten von Bedingungen, auf die ich mich verlassen hatte, enttäuscht wird, so ist dies dem Pech, dem Zufall, einer ungünstigen und nicht absehbaren

Fügung,[2] nicht aber mir selbst zuzuschreiben. Im Fall des verliehenen Autos wird meine zuversichtliche Gewissheit enttäuscht, wenn der Entleiher das Auto nur aus dem Grund nicht zum verabredeten Zeitpunkt zurückgibt, weil er sich wegen eines unfallbedingten Verkehrsstaus und trotz ernsthafter (und nachweislicher) Absichten verspätet hat, sodass ihm die Einhaltung seines Versprechens entgegen bester Absichten unmöglich war. In diesem Fall wird meine Reaktion nicht Reue über unbedacht gewährtes Vertrauen, sondern die einer (unangenehmen) Überraschung sein, die indes keinen Grund darstellt, der anderen Person mein Vertrauen zu entziehen (es sei denn, ich habe Anlass zu der Vermutung, dass diese ihre Nachlässigkeit oder unlauteren Absichten durch den Verweis auf äußere Umstände nur zu vertuschen sucht). Schließlich konnte ich mich darauf verlassen, dass mit einem solchen misslichen Zwischenfall nicht zu rechnen war.

Diese analytische Unterscheidung von Vertrauen und subjektiver Gewissheit ist wichtig, weil sie uns erlaubt, die eigentlich unklare, wenn auch häufig vertretene Vorstellung eines »Institutionenvertrauens« beiseite zu legen. Institutionen sind faktische Arrangements, die Akteuren, welche in diesen Institutionen leben oder darin involviert sind, Anreize und Handlungsoptionen bieten. Sie schränken die Handlungsfreiheit faktisch ein und können in ihrer Dauerhaftigkeit und Gültigkeit mit zuversichtlicher Gewissheit beurteilt werden. Vertrauen kann jedoch nur bestimmten Akteuren und ihrem rollen- und erwartungsgebundenen Handeln innerhalb von Institutionen entgegengebracht werden.

Das Phänomen des Vertrauens erscheint auch deswegen gedanklich so reizvoll, weil es offensichtlich die Schwelle zwischen Mikro- und Makroebene in der Sozialtheorie zu überbrücken vermag. Vertrauen ist die Voraussetzung, unter der individuelle oder kollektive Akteure in Interaktion mit anderen treten. Diese kognitive Prämisse bezieht sich auf die Präferenzen von anderen Akteuren, ihre Kooperationsbereitschaft und ihre Disposition, sich eigennütziger, opportunistischer und feindseliger Handlungen zu enthalten. Diese Mikrophänomene, die aus der laufenden Einschätzung des wahrscheinlichen Verhaltens aller anderen Akteure resul-

---

2 Eine etwas andere Unterscheidung zwischen den beiden Phänomenen treffen Todd R. La Porte und Daniel S. Metley, »Hazards and Institutional Trustworthiness: Facing a Deficit of Trust«, in: *Public Administration Review*, 56:4, 1996, S. 341-347. Für sie ist »Vertrauen« eine subjektive Gewissheit über die Intentionen eines Akteurs, »Zuversicht« dagegen die Einstellung, in der man sich darauf verlässt, dass er diese Intentionen auch befolgen *kann*.

tieren, sind wichtige Bestimmungsgrößen der Optionen und Problemlösungskapazitäten, die politischen Eliten zur Verfügung stehen. Wenn zum Beispiel in einer politischen Gemeinschaft generell unterstellt wird, dass alle Akteure den Versuchungen individuell-rationalen Handelns (»*moral hazards*«) erliegen werden, wie sie sich aus einer bestimmten Konfiguration von Anreizen ergeben, dann wird sich für Politiken, die solchen Versuchungen Raum geben, kaum demokratische Unterstützung mobilisieren lassen. Werden solche »riskanten« Politiken dennoch implementiert, so ist die Wahrscheinlichkeit groß, dass sie tatsächlich mißbräuchlich benutzt werden, weil die »allen anderen« misstrauisch unterstellte Neigung, nicht-kooperative und am individuellen Vorteil orientierte Optionen zu verfolgen, jeden einzelnen mit einer exzellenten Ausrede dafür versorgt, ebenso zu handeln, wie er es als eine Disposition von allen anderen annimmt. So wird das Universum der als »realistisch« und »effektiv« in Betracht kommenden staatlichen Politiken und unternehmerischer Investitionsstrategien durch kognitive Prämissen über die Vertrauenswürdigkeit von relevanten Interaktionspartnern bestimmt und beschränkt. Aus dieser Perspektive scheint die politische Ökonomie und die sie regulierenden Institutionen geradezu als ein »Überbau«, der auf der weichen Grundlage von Wahrnehmungen, Vorstellungen, und Erwartungen aufruht, die sich Menschen von anderen Menschen machen. Worauf es bei politischen und ökonomischen Makro-Strategien (zum Beispiel bei einer Gesundheitsreform oder der Entscheidung über bestimmte Auslandsinvestitionen) ankommt, das sind generalisierte Unterstellungen darüber, welchen Kategorien von Menschen in welcher Hinsicht und in welchem Ausmaß die Qualität der Vertrauenswürdigkeit zugestanden oder abgesprochen wird, die sich dann in Mikro-Interaktionen zwischen konkreten Partnern zu erweisen hat.

Ich möchte diese Verbindung zwischen Mikro- und Makroebene durch das Beispiel eines Politikproblems erläutern, in dem Vertrauen eine Schlüsseldeterminante für erfolgreiche Problemlösung ist. Konkret geht es um die Verstopfung von Städten mit Individualverkehr und dessen negativen Auswirkungen auf die Umwelt und die Funktionsfähigkeit der Städte. Diego Gambetta führt folgendes Beispiel an: »Das allgegenwärtige Problem des Verkehrsstaus ... wird häufig als Anzeichen eines Vorherrschens schädlicher Präferenzen für die Fortbewegung mit dem Auto statt mit anderen Fortbewegungsmitteln gesehen. ... [Es] gibt [aber] auch gewichtige Gründe für die Annahme, dass Kooperationsmotive – etwa die Bereitschaft, Fahrräder und öffentliche Verkehrsmittel zu nutzen – durchaus vorhanden sind. Was fehlt, ist die Überzeugung, dass alle anderen kooperieren werden.«³ Gleichzeitig zeigen Untersuchungen, die Gambetta anführt, dass eine große Mehrheit der Bevölkerung es befürworten würde, wenn die Zentren der Städte (abgesehen von Lieferverkehr und Anwohnern) für privaten Automobilverkehr gesperrt würden.⁴ Doch die (in diesem Falle offenbar falschen, aber gleichwohl allgemein für zutreffend *gehaltenen*) Unterstellungen über eine unkooperative und eigennützige Verhaltensneigung »aller anderen« verhindert, dass die von der Mehrheit tatsächlich bevorzugte Lösung gewählt wird. Mehr noch: Die für wahr gehaltene misstrauische Prämisse über die wahrscheinlichen Reaktionen von »allen anderen« (zum Beispiel die Erwartung, es würden Proteststürme gegen Verkehrsbeschränkungen ausbrechen, oder niemand würde sich an diese halten) verhindert auch noch, dass diese Prämisse jemals getestet wird, weil auf die Problemlösung einer radikalen Verkehrsbeschränkung verzichtet wird und diese deshalb gar keine Chance hat, sich als eine eventuell durchaus praktikable und effektive Lösung herauszustellen.

Die Argumentation, die hier entwickelt werden soll, ist womöglich experimenteller und vielleicht sogar zirkulärer Natur. Wenn horizontales

---

3 Diego Gambetta, »Können wir dem Vertrauen vertrauen?«, in diesem Band, S. 209-210.
4 An diesem Fall lassen sich auch die (wohl prohibitiven) Kosten der Implementierung solcher mehrheitlich bevorzugter Maßnahmen illustrieren. Zu ihnen gehören Kosten für die Registrierung der Autos der Anwohner (was aber wird aus dem Besuchsverkehr?), die Kosten für Überwachung, die öffentlichen wie privaten Kosten für die Regulierung des Lieferverkehrs und die Kosten für zusätzliche Nahverkehrskapazität. Wenn die Haushaltsmittel für alle diese Ausgaben erschöpft sind, sind die Verkehrsstaus keineswegs verschwunden (dafür ist das Gebiet viel zu klein, für das man sich die Neuregelung leisten kann), und mithin gibt es auch keine wesentliche Verbesserung der Luftqualität. Das wirft die Frage auf, ob sich solche »halben« Maßnahmen überhaupt lohnen. Die Kosten ließen sich wesentlich senken, wenn es eine Grundlage für das Vertrauen aller Beteiligten in den Bürgersinn und die Kooperationsbereitschaft aller anderen Bürger gäbe. Selbst wenn das der Fall sein sollte, ist zu bedenken, dass das Ausmaß dieses Vertrauens selbst-limitierend sein kann: Je mehr Menschen sich an die Regeln halten und fortan Fahrrad fahren, desto weniger verstopft sind die Straßen; desto größer ist aber auch die Versuchung der verbleibenden Autofahrer, sich diesem löblichen Verhalten nicht auch ihrerseits anzuschließen, sondern weiterhin ihr Auto zu benutzen (zumal die Straßen ja jetzt weniger überlastet sind und sie sich wegen zusätzlicher Luftverschmutzung kein schlechtes Gewissen zu machen brauchen). Dieses Beispiel und seine Dynamik verdeutlichen die Notwendigkeit, das Mischungsverhältnis von Vertrauen und Rechtszwang zu optimieren statt auf Vertrauen allein zu vertrauen.

Vertrauen (oder genauer: generalisierte Vertrauenswürdigkeitsunterstellungen) sowohl auf Elitenebene wie unter normalen Bürgern für die Effektivität politischer Problemlösungen und ökonomischer Strategien maßgeblich ist, was ist dann ausschlaggebend dafür, dass Vertrauen als eine kognitive (und sogar moralische) Ressource für Kooperation entsteht und Bestand hat? Meine tentative Antwort wäre: Die Qualität der institutionellen und konstitutionellen Ordnung, in der »wir alle« leben, und die nicht nur Bindungen und Verpflichtungen für »mich selbst« impliziert, sondern auch die Erwartung, dass andere an diese Verpflichtungen gleichermaßen gebunden sind. Bevor ich diese These weiter erörtere, möchte ich aber die Funktionen und Bedingungen des Phänomens des Vertrauens genereller betrachten.

1. Der Begriff des Vertrauens

Vertrauen kann zum Teil an negativen Handlungsmerkmalen beobachtet und gemessen werden – als das Ausbleiben oder Unterlassen von Handlungen, mit denen im Falle von Misstrauen zu rechnen wäre. Vertrauensvolle Personen *unterlassen* manche Arten von Handlungen. »Vertrauen kann an niedrigen persönlichen Investitionen in Information, Kontrolle und Sanktionspotenziale gemessen werden, und zwar in Situationen, in denen ein Risiko besteht, dass der, dem vertraut wird, nicht gemäß den Erwartungen des Vertrauenden handelt, und in denen für letzteren dadurch hohe Kosten entstehen.«[5] Es muss aber ergänzt werden, dass Vertrauen auch an positivem Handeln gemessen werden kann, nämlich an der Bereitschaft, Beziehungen einzugehen, in denen Kontrolle nicht möglich oder zu kostspielig ist, bzw. an der Häufigkeit solcher Beziehungen und der Dauer, über die sie aufrechterhalten werden. Hier geht es also um die Bereitschaft zu risikobelasteten Interaktionen. Zum Beispiel leiht jemand einer anderen Person ihr Auto, weil er darauf vertraut, dass der andere vorsichtig fahren und das Auto zum verabredeten Zeitpunkt am verabredeten Ort zurückgeben wird. Die Abwesenheit von Vertrauen könnte entweder über das beobachtbare Zögern von Menschen, solche Beziehungen einzugehen, oder aber, im Falle das solche Beziehungen zustande kommen, über beobachtbar gesteigerte Kontroll- oder Überwachungsbe-

---
5 Margaret Levi, »A State of Trust«, a.a.O., S. 7.

mühungen gemessen werden. Misstrauen ist eine das Handeln lenkende Einschätzung einer sozialen Interaktion als riskant – und zwar als riskant nicht wegen der mangelnden *Fähigkeit* anderer Personen, die in sie gesetzten Erwartungen zu erfüllen, sondern wegen deren mangelnder *Bereitschaft*. Vertrauen und Misstrauen können im Hinblick ihrer sozialen Reichweite gemessen werden (wie viele Angehörige seiner sozialen Umwelt werden von einem Akteur als vertrauenswürdig, bzw. vertrauensunwürdig eingeschätzt?) sowie im Hinblick auf die Handlungsfelder, in denen sie relevant sind (in welchen Angelegenheiten »verlässt« sich ein Akteur auf andere und begegnet ihnen in der Einstellung des Vertrauens?). So kann ich zum Beispiel A und B, nicht aber C vertrauen. A vertraue ich in Bezug auf einen breiten Bereich von Handlungen, Intentionen, und Urteilen, während ich B zum Beispiel nur in Hinblick auf musikalischen Geschmack oder finanzielle Ratschläge vertraue. »Zu vielen« Menschen in »zu vielerlei« Hinsicht zu vertrauen, erhöht das Risiko, dass man leichtfertig vertraut.

Vertrauen ist eine Überzeugung über das Handeln des anderen. Diese Überzeugung bezieht sich auf die Wahrscheinlichkeit, dass bestimmte Gruppen von anderen in einer bestimmten Weise handeln oder nicht handeln werden, wobei diese Handlungen/Unterlassungen das Wohlergehen dessen, der vertraut (oder einer für ihn relevanten Gruppe) betreffen. Vertrauen ist demnach die kognitive Erwartung, dass andere durch ihr Handeln oder Unterlassen zum Wohlergehen eines einzelnen oder einer Gruppe beitragen, jedenfalls von schädigenden Handlungen absehen. Diese Überzeugung manifestiert sich in bestimmten Typen von Handlungen, die dem Interaktionspartner und Dritten das Ausmaß des Vertrauensverhältnisses signalisieren. Wie jede Überzeugung kann auch die über die Vertrauenswürdigkeit bestimmter Personen(kategorien) unbegründet sein. Da Vertrauen eine Überzeugung ist, die sich auf die Auswirkungen des Handelns anderer auf das eigene Wohlergehen bezieht, verbindet sich mit ihr ein doppeltes Risiko – das des Irrtums und das des Schadens, der als Folge eines Irrtums eintritt.

Normalerweise ist der Vertrauende sich dieser Risiken bewusst. Daher ist das mit Bedacht zuerteilte Vertrauen (im Gegensatz zu »leichtfertigem« oder gar »blindem« Vertrauen) eine reflexiv fehlbare Vermutung über das Handeln der anderen, die sich auf eine Abschätzung ihres zukünftigen Handelns gründet. Sie folgt der Logik: »Ich weiß, ›es *kann* passieren, aber ich gehe davon aus, dass ›es‹ nicht passieren *wird*« – wobei »es« ein unerwünschtes Ereignis ist, das durch das Handeln dessen, dem vertraut wird, verursacht wird (und nicht etwa durch Umstände außerhalb seiner Kontrolle). Dieses Risiko, dessen sich der Vertauende bewusst ist, zeigt die Unfähigkeit des Vertrauenden an, *mit Sicherheit zu wissen* oder praktisch *sicherzustellen*, dass der, dem er vertraut, im Sinne seiner Erwartungen handeln wird. Mittel, mit denen er die Erwartungskonformität fremden Handelns wirklich sicherstellen könnte, zum Beispiel physischer Zwang, ökonomische Anreize oder erwiesenes Wissen aufgrund direkter Beobachtung oder bewährter kausaler Theorien, stehen dem Vertrauenden nicht zur Verfügung. Vertrauen erlaubt es, die Interaktion auch über die Reichweite dieser Ressourcen hinaus noch aufrechtzuerhalten.

Das zentrale Problem ist hier das der Bewältigung von Undurchsichtigkeit, Unwissen und soialer Kontingenz. »Wie die anderen handeln werden, ist nicht mit Sicherheit vorauszusagen.«[6] Vertrauen ist grundsätzlich riskant, weil ich mein Handeln an meinen Erwartungen über zukünftige günstige Reaktionen anderer ausrichte, die ich weder erzwingen, noch »kaufen«, noch sicher prognostizieren kann, und deren Ausbleiben mir Nachteile und Verluste eintragen kann. In dieser für alles soziale Handeln konstitutiven Situation ergibt sich die Notwendigkeit, aufgrund »zweitbester« Indikatoren das zukünftige Handeln anderer zu beurteilen; jedenfalls dann, wenn man mit ihnen »riskante«, das heißt durch unerwartete Handlungen schadensträchtige und ausbeutbare Beziehungen eingeht, seien es Geschäftsbeziehungen, politische Beziehungen, Liebesbeziehungen oder die Beziehung eines Klienten zu einem Angehörigen der Professionen. Auch diese Operation erfordert, dass man »Anhaltspunkte« oder »Urteilsgrundlagen« erwirbt, wenn auch solche »zweitbester« und deshalb mit einem gewissen Irrtumsrisiko belasteter Art.[7] Es wäre ganz irrational, auf diese »Investition« in den Erwerb von Urteilsgrundlagen zu verzichten, indem man die Interaktion auf bereits existierende und in der Vergangenheit bewährte Vertrauensbeziehungen beschränkt und das lokale Optimum wählt (was jemand tut, der mangels der Bereitschaft, neue Vertrauensbeziehungen zu be-

---

6 Piotr Sztompka, »Vertrauen. Die fehlende Ressource in der postkommunistischen Gesellschaft«, in: Birgitta Nedelmann (Hg.), *Politische Institutionen im Wandel* (Sonderband der *Kölner Zeitschrift für Soziologie und Sozialpsychologie*, 35), Opladen 1995, S. 254-276, hier S. 255.
7 Es sei denn, der Vertrauende ist mit einem ungewöhnlichen »Maß an Menschenkenntnis« ausgestattet (Margaret Levi, »A State of Trust«, a.a.O., S. 5.).

gründen, seine Tanzschulfreundin heiratet oder grundsätzlich den Hausarzt konsultiert, wo ein noch nicht vertrauter Spezialist vonnöten wäre; das ist das Muster, das Banfield als »amoralischen Familismus« kennzeichnet). Aus solcher Risiko-Aversion ergibt sich im absurden Extrem die Maxime, niemandem zu vertrauen, der nicht bereits zur vertrauten sozialen Umwelt gehört. *Wenn* er aber dazu gehört, so wäre Vertrauen als die reflexiv fallible Praxis einer gebildeten Einschätzung kaum mehr erforderlich. Irrational ist das vertrauensscheue Festhalten am bereits Vertrauten deswegen, weil die potenziellen Gewinne, die wir aus neu aufgebauten Vetrauensbeziehungen ziehen können, damit unzugänglich werden.

Allerdings gibt es kein Kalkül, das man verwenden kann, um die Frage zu beantworten: Wieviel »Investition« in Beobachtung anderer Personen und in deren in der Vergangenheit liegendes Handeln und welche Beobachtungen sind notwendig, damit wir sagen können, dass es gerechtfertigt ist, sie als vertrauenswürdig einzuschätzen und die Überzeugung von ihrer Vertrauenswürdigkeit zu bilden? Nachdem diese Prüf-Prozedur, die zur Ausbildung von Vertrauen führt, einmal abgeschlossen ist, erübrigen sich weitere Investitionen in Beobachtung und Beurteilung; eine Vertrauensbeziehung hat sich eingestellt und besteht fort bis zum Eintreten von Wahrnehmungen, die gegebenenfalls das Vertrauen »erschüttern«. Diese Routine bietet dem Vertrauenden den Vorteil, Informations- und Kontrollkosten einsparen zu können. Das Streben nach diesem Vorteil kann, ganz ähnlich wie das Streben nach kognitiver Gewissheit zu »Wunschdenken« verführt, voreilig und leichtfertig erteiltes »Wunsch-Vertrauen« zum Ergebnis haben – insbesondere dann, wenn die Kosten für eine adäquate Fundierung von Vertrauensverhältnissen durch aufwendige Kontrolle und Beobachtung hoch sind.[8] Man vertraut dann den Behandlungsvorschlägen eines Zahnarztes, bloß weil sein Wartezimmer hübsch möbliert ist. Wenn allerdings die Kosten der Vorbereitung von Vertrauensbeziehungen (gleichsam als Bringschuld) auf die Seite dessen verschoben werden können, der Vertrauen (zum Beispiel von Klienten) sucht und der es »verdienen« will, ist die Gefahr leichtfertiger Vertrauensgewährung gemindert. Hier hängt alles von der Beweislastverteilungsregel ab, die beim Zustandekommen von Vertrauensbeziehungen gilt.

---

8 Vgl. Niklas Luhmann, *Vertrauen. Ein Mechanismus der Reduktion sozialer Komplexität*, Stuttgart 1989.

Der Punkt, an dem die Entscheidung⁹ gefällt wird, jemandem zu vertrauen, kann dann sehr früh eintreten (das heißt auf einer recht oberflächlichen Beurteilung der Vertrauenswürdigkeit einer anderen Person beruhen), wenn der Vertrauende im Falle eines Vertrauensbruches kaum etwas verlieren würde. Vertrauen kann auch leichtfertig und opportunistisch erteilt werden, wenn erhebliche Vorteile für den Fall erwartet werden, dass sich die angenommene Vertrauenswürdigkeit tatsächlich bestätigt. Immer dann, wenn die möglichen Nachteile unzulänglich fundierter Vertrauensverhältnisse für den Vertrauenden mehr als belanglos sind, werden rationale Akteure sich um eine gründlichere Einschätzungen bemühen; das gilt auch dann, wenn potenzielle Verluste diffuser Natur und über eine längere Zeitstrecke wirksam sind, vergleichen mit Situationen, in denen die Schadenswirkung kurzfristig und spezifisch ist.

Vertrauen beruht auf einer Einschätzung, deren der Vertrauende nicht sicher sein kann. Dieser grundlegende Zusammenhang von Vertrauen und Risiko wirft die Frage auf, warum Menschen überhaupt die Risiken des Vertrauens auf sich nehmen. Die Antwort ergibt sich aus dem Umstand, dass sich Akteure, wenn sie konsequent die mit Vertrauensbeziehungen verbundenen Risiken vermeiden, in wiederum höchst riskanter Weise ihre Handlungsoptionen einschränken. »Zu wenigen« Personen in »zu wenigen« Hinsichten zu vertrauen ist deshalb irrational, weil es dazu verleitet, sich aus Argwohn gegen Kooperation zu entscheiden und so die Koope-

---

9 Es ist nicht ganz klar, ob der Beginn einer Vertrauensbeziehung als »Entscheidung« aufgefasst werden kann – oder eher als eine nicht-intendierte Nebenfolge von Interaktionen. (Gambetta, »Können wir dem Vertrauen vertrauen?«, in diesem Band, S. 230). Wir können uns sehr wohl *dagegen* entscheiden, Vertrauen zu gewähren, wenn wir Anlass zu der Einschätzung haben, dass die vorliegenden Anhaltspunkte für Vertrauenswürdigkeit nicht (mehr) ausreichen. Eine Asymmetrie besteht also darin, dass Misstrauen durchaus auf Entscheidung beruht, Vertrauen jedoch etwas ist, das »sich einstellt«. Folgt man dieser Überlegung, dann wäre Vertrauen eine Residualgröße, die übrigbleibt, nachdem man alle Entscheidungen für Misstrauen getroffen hat. Vertrauen beruht darauf, dass auch bei wiederholten Prüfungen kein Anlass zu Misstrauen zutage getreten ist. La Porte und Metley (»Hazards and Institutional Trusworthiness«, a.a.O.) sagen unter Verweis auf Paul Slovic (»Perceived Risk, Trust, and Democracy«, in: *Risk Analysis*, 13, 1993, S. 675-682): »Wenn es darum geht, Vertrauen zu gewinnen, ist das Spielfeld nicht eben. Es neigt sich dem Misstrauen zu.« Aber andererseits gilt auch: »Misstrauen kann zur Quelle seines eigenen Beweises werden« (Gambetta, in diesem Band, S. 235), zumindest wenn Misstrauen so intensiv und generalisiert ist, dass es an Zynismus grenzt.

rationsgewinne zu verpassen, die sich aus einem großzügigeren Glauben an die Vertrauenswürdigkeit relevanter anderer ergeben. So ist strikte Risiko-Aversion selbst höchst riskant. Aber auch ein exzessives (»blindes«) Vertrauen ist riskant, weil es den Vertrauenden verletzbar macht. Die Gewährung von Vertrauen ist daher ein Optimierungsproblem, obwohl es nicht *als* solches (wie bei der Berechnung der Kosten *versus* Risiken einer Investition) *gelöst* werden kann. Wie auch immer Vertrauensbeziehungen typischerweise zustandekommen – sicher nicht aufgrund einer Berechnung, ob sich in einer gegebenen Situation Vertrauen mehr »lohnt« als Nicht-Vertrauen. Vertrauen ist eine Überzeugung, die sich auf Wahrnehmungen von und Vorstellungen über die Eigenschaften anderer Personen gründet. Es wäre ein psychologisch unwahrscheinlicher und in jedem Fall instabiler Akt der Selbstmanipulation, würden wir anderen Personen nicht aufgrund dessen vertrauen, was sie nach unseren Wahrnehmungen »sind«, sondern aufgrund der Nettogewinne, die wir uns von der Etablierung unserer eigenen Vertrauensbeziehungen erwarten.

Wenn es also kein Investitionskalkül ist, das Menschen dazu veranlasst, Vertrauen zu gewähren oder vorzuenthalten, bleibt die Frage, wie wir uns das Zustandekommen von Vertrauensbeziehungen erklären können.

2. Vertrauen schenken und Vertrauen gewinnen

Am einfachsten ist es, Vertrauen mit Personen aufzubauen, die wir bereits lange kennen und mit denen wir wiederholt interagiert haben. Das könnte man »Vertrauen aus Erfahrung« nennen. Die Dynamik der Vertrauensbildung kann hier auf der Zeitachse bestimmt werden. Aus der Erfahrung in der Vergangenheit entwickeln sich gegenwärtige Annahmen über zukünftiges Verhalten. Das ist allerdings kaum mehr als eine Tautologie: Wir vertrauen denen, denen wir immer schon vertraut haben.

Aber in der Vergangenheit gewonnene Erfahrung ist nicht die einzige Grundlage gegenwärtigen Vertrauens in das zukünftige Handeln und Unterlassen anderer. Ebenso wichtig für die Befestigung einer Vertrauensbeziehung ist, dass die Beteiligten einer solchen Beziehung sich einer Interaktionsgeschichte bewusst sind, in denen der eine *Gründe* für das in ihn gesetzte Vertrauen geboten und der andere das Risiko des Vertrauens auf sich genommen hat. Dies wirft die moralische (und nicht nur empirische) Frage nach der Kontinuität der Vertrauensbeziehung auf. Waren die

Gründe gut genug und die Risiken tragbar? Der »Empfänger« von Vertrauen erweist sich dieses »Kredits« nämlich keineswegs aus bloßer Gewohnheit seines bisherigen Handelns als »würdig« (und bestätigt dadurch die Vertrauensbeziehung); er kann dies auch deswegen tun, weil er sich moralisch verpflichtet sieht, das in ihn gesetzte Vertrauen als eine Vorleistung des »Spenders« von Vertrauen zu würdigen und nicht zu enttäuschen. Angesichts der Dauer des bereits gewährten Vertrauens oder der Risiken, die der Spender eingegangen ist, so könnte man sich die Überlegung des Empfängers vorstellen, wäre es äußerst *unfair*, die Erwartung des Vertrauenden zu enttäuschen. Im Gegensatz zu dem »empirischen« Vertrauen könnte man hier von einer moralischen Reziprozitätsverpflichtung sprechen, an die der Adressat des Vertrauens durch die Vorleistung des Spenders von Vertrauen gebunden ist. Erwiesenes Vertrauen verpflichtet, und die Enttäuschung eines gewährten Vertrauens ist mit moralischem Stigma belegt. Deswegen sind es nicht nur die in der Vergangenheit kumulierten Erfahrungen dessen, der *vertraut*, sondern auch die moralischen Verpflichtungen desjenigen, dem *vertraut wird*, worauf sich der Vertrauende im Hinblick auf die Kontinuität der Vertrauensbeziehung und das zukünftige Handeln des Empfängers von Vertrauen verlassen kann. Einmal *in verpflichtender Weise gewährtes* und von der Gegenseite erinnertes Vertrauen schafft die Voraussetzungen für die Fortsetzung des Vertrauens mit gemindertem Risiko. »Die Gewährung von Vertrauen kann genau das Verhalten erzeugen, das logisch gesehen seine Bedingung zu sein scheint.«[10] Die Kraft der moralischen Verpflichtung, die daraus erwächst, dass Vertrauen geschenkt wird, kann Vertrauen zu einer sich selbst erfüllenden Erwartung machen.

Aber die Empfindung einer moralischen Verpflichtung, die den Empfänger von Vertrauen bindet, ist nicht die einzige Weise, wie sich Vertrauensbeziehungen selbst stabilisieren. Ein weiterer Mechanismus liegt in der rationalen Wahrnehmung eigener Interessen auf der Seite dessen, dem Vertrauen gewährt wird. Diese Interessen können ihm nahe legen, das in ihn gesetzte Vertrauen zu bestätigen und auf diese Weise zu kontinuieren. Auch ohne Anerkennung moralischer Pflichten kann er ein starkes eigenes Interesse haben, die Vertrauensbeziehung aufrechtzuerhalten. An der Enttäuschung des in ihn gesetzten Vertrauens hindern ihn negative Anreize, zum Beispiel ein drohender Verlust der Glaubwürdigkeit, die er bei Dritten genießt. Je nach dem Grad der Sichtbarkeit[11] eines individuellen

---

10 Diego Gambetta, »Können wir dem Vertrauen vertrauen?«, in diesem Band, S. 236.

Vertrauensbruchs schließt die verlorene Glaubwürdigkeit nicht nur eine Wiederherstellung eines Vertrauensverhältnisses mit dem aus, dessen Vertrauen konkret enttäuscht wurde, sondern darüber hinaus eventuell auch die Aufrechterhaltung oder Neubegründung von Vertrauensverhältnissen mit Dritten. Ein positiver Anreiz, ein bestehendes Vertrauensverhältnis reziprok zu »bedienen«, besteht im Erwerb des »sozialen Kapitals« von Achtung, Ehre, Respekt, Reputation und Kreditwürdigkeit. Dieses »Kapital« kann vielfältig verwendet, aber auch verschwendet und verspielt werden.[12]

Vertrauen ist eine wichtige Ressource auch für den, der es empfängt. Dies gilt weit über den Standardfall der Vertrauens- und Kreditwürdigkeit in wirtschaftlichen Kontexten hinaus. Innerhalb von Organisationen kann Vertrauen Abweichungen von der Routine und den Vorschriften abfedern – sei es im Sinne von Innovation und Experiment, sei es im Falle von Pannen und Fehlleistungen. Beides wird (wenn auch nur bis zu einem gewissen Punkt) leichter hingenommen und vergeben, wenn der Abweichler Vertrauen genießt.[13] In jedem Fall vergrößert erworbenes Vertrauen eines Akteurs seine Autonomie und seine Handlungsoptionen.

Es gibt also zwei Wege, auf denen Vertrauen sich selbst verstärkt und bestätigt: Die Befolgung von Reziprozitätspflichten und die Verfolgung eigener Interessen von Akteuren, die Vertrauen genießen. Aber dieselben beiden Mechanismen können auch ein Spiel mit weniger günstigen Ergebnissen ingangsetzen. Das ist dann der Fall, wenn auf der Seite des *Empfängers* von Vertrauen moralische Verpflichtungen strategisch eingesetzt werden. Derjenige, dem vertraut wird, kann bloß vorgeben, bei der getreulichen Erfüllung der an ihn gerichteten Erwartung einer moralischen Pflicht zu genügen. Dadurch gelangt er in die Lage, die Vorteile, die ihm die Vertrauensbeziehung bringt, ausbeuten zu können. Ein Schuld-

---

11 Die Sichtbarkeit kann freilich selbst manipuliert werden, zum Beispiel durch die Verfahrensregeln des Konkursrechts.
12 Wichtig ist die zeitliche Asymmetrie: Während der Aufbau von Vertrauensbeziehungen eine zeitaufwendige Angelegenheit ist, kann die Zerstörung von Vertrauen ein Sekundenphänomen sein (Paul Slovic, »Perceived Risk, Trust, and Democracy«, a.a.O., S. 677).
13 Sozialpolitische Kürzungsmaßnahmen und stabilitätsorientierte Einkommenspolitiken lassen sich, jedenfalls in gewissen Grenzen, leichter von »linken« als von neoliberalen Regierungen durchzusetzen. Dies deswegen, weil die Wähler linken Regierungen und Parteien eher vertrauen, dass sie keine »unnötigen« Grausamkeiten begehen und sich auf »notwendige« Einschnitte beschränken werden.

ner kann sich zum Beispiel überlegen, von t_1 bis t_n ganz im Sinne des in ihn gesetzten Vertrauens zu handeln, so das Vertrauen des Kreditgebers eine Zeit lang stabilisieren, um dann zum Zeitpunkt t_{n+1} seinen »vertrauensselig« gewordenen Partner zu überrumpeln und sich mit Gewinn davonzumachen. Die umgekehrte strategische Ausbeutung von Vertrauensbeziehungen seitens des (unaufrichtigen) *Spenders* von Vertrauen ist die, dass der Vertrauende nur vorgibt, dass ihm durch vergangenes Handeln des anderen gute Gründe gegeben wären, ihm zu vertrauen, um diesen so zu verpflichten, ein bloß vorgetäuschtes Vertrauen durch erwartungskonformes Handeln zu bedienen. Ein Bettler könnte zum Beispiel die Reputation des Reichen für seine Großzügigkeit rühmen, nur um ihn strategisch zu veranlassen, seinem Ruf durch generöse Gaben Genüge zu tun.

Die Notwendigkeit dieser Reflexionsschleife – der andere verpflichtet mich zu einem Handeln, weil er mir sein Vertrauen geschenkt hat, das ich nicht enttäuschen darf, bzw. ich nutze das mir entgegengebrachte Vertrauen für die Förderung eigener Interessen – lässt sich leicht an dem komplett sinnlosen Satz demonstrieren: »Ich vertraue meinem Fahrrad«. Es kann ja sein, dass das Fahrrad immer gut funktioniert hat. Aber mein »Vertrauen« ist lediglich eine (fehlbare) Extrapolation vergangener Erfahrungen bzw. die subjektive Gewissheit, die ich mir aufgrund dieser kontinuierlich gemachten Erfahrung und ihrer *Regelmäßigkeit* gebildet habe. Das hat nichts mit dem zu tun, was die entscheidende Eigenschaft von Vertrauen als einer soziologischen Kategorie ist: nicht nur die Erfahrung auf Seiten des Vertrauenden, dass eine Reihe von beobachteten Handlungen auf der Seite seines Gegenübers konsistent sind, sondern das *Bewusstsein* des Vertrauensempfängers vom Bestehen dieser Beziehung und die daraus resultierende normative oder strategische Reaktion. Es ist also nicht die empirische Regelmäßigkeit, sondern die moralische *Regel* (oder Regel strategischer Klugheit), die uns dazu verpflichtet oder veranlasst (aber nicht, wie bei empirischen Regelmäßigkeiten, kausal bewirkt), dass wir in Reaktion auf bekundetes Vertrauen einen bestimmten Handlungspfad einschlagen. Damit Regeln eingehalten werden, müssen sie von den Handelnden anerkannt und als normativ bindend oder strategisch geboten befolgt werden. Robuste Vertrauensbeziehungen entstehen als Resultat einer strategisch und moralisch geregelten Koproduktion von Empfängerseite wie Geberseite von Vertrauen. Vertrauen ist ein Phänomen der Reziprozität. Ohne die soziale Norm, gewährtes Vertrauen nicht zu brechen, oder die Klugheitsregel, eine bestehendes Vertrauens- »kapital« umsichtig auszuwerten, wäre Vertrauen viel zu riskant für den

Vertrauenden; Vertrauensbeziehungen würden sich deshalb rasch auflösen.

Der stabile Zustand, kontinuierlich Vertrauen zu gewähren und es zu gewinnen, hat verschiedene vorteilhafte *Funktionen* sowohl für den Vertrauenden als auch für den Empfänger von Vertrauen. Die Kenntnis dieser Funktionen kann rationale Akteure veranlassen, Vertrauensbeziehungen zu suchen, auch wenn die meisten dieser positiven Funktionen eher den Charakter willkommener Nebeneffekte als direkt intendierbarer Handlungsfolgen haben. Vertrauensbeziehungen haben erwünschte Funktionen, aber die Beteiligten können sie nicht *im Blick auf* diese Funktionen etablieren. Insofern sind auch »vertrauensbildende Maßnahmen« ein Oxymoron. Sobald nämlich eine vertrauensgenerierende Handlung von Seiten des Vertrauenden vom anderen als instrumentell und vorteilsuchend motiviert wahrgenommen wird, wird sich bei ihm keineswegs das Gefühl einer moralischen Pflicht einstellen, dieses Vertrauen nicht zu enttäuschen. Im Ergebnis wird der Anbieter von Vertrauen, sobald er die nicht-reziproke Reaktion der anderen Seite registriert, sein Vertrauensangebot zurückziehen. Insgesamt lässt sich schwer vorstellen, dass Vertrauensbeziehungen *wegen* der von ihnen erwarteten positiven Funktionen eingegangen werden; allenfalls wird man ein funktional motiviertes rückblickendes Interesse an der *Erhaltung* und Pflege von einmal eingegangenen Vertrauensbeziehungen unterstellen dürfen. Das Zustandekommen solcher Beziehungen muss aber als intrinsisch motiviert gedacht werden, also durch den beiderseits geschätzten Eigenwert der Beziehung selbst.

Worin bestehen die positiven Funktionen von Vertrauen? Anbieter von Vertrauen erlangen wichtige Vorteile durch (gerechtfertigtes) Vertrauen. Vertrauen substituiert Ressourcen sozialer Kontrolle und mindert Transaktionskosten. Ich muss die, denen ich vertraue, nicht überwachen, noch muss ich kaufen, was sie mir umsonst geben werden (wie zum Beispiel den gelegentlichen Gebrauch ihres Autos), noch muss ich sie dazu zwingen, das zu tun, was ich von ihnen erwarte, oder Dritte (wie zum Beispiel Gerichte) hinzuziehen, um meine Ansprüche durchzusetzen. Vertrauen eröffnet dem Vertrauenden einen Spielraum an Optionen und Handlungen über das hinaus, was erzwungen, erkauft oder sicher gewusst werden kann. Vertrauen beginnt dort, wo diese Medien der Kontrolle enden oder wo wir aufhören zu berechnen, zu erzwingen und zu überwachen – und sei es allein aufgrund des Wissens, welches wir aus vorangegangener Überwachung und Beobachtung gewonnen haben. Insbesondere eignet sich

Vertrauen dazu, Geld zu sparen.¹⁴ Wenn einem Akteur vertraut wird, und er der reziproken Norm folgt, dass gewährtes Vertrauen nicht enttäuscht werden darf, wird ein Grad von Handlungskoordination erreicht, der andernfalls erzwungen oder bezahlt werden müsste – sei es durch Preise und Prämien, sei es durch Bestechung.¹⁵ Vertrauen ist deshalb ein attraktives Mittel zur Bewältigung von ubiquitären Problemen vertikaler Handlungskoordination in formalen Organisationen (so genannte »*principal-agent*«-Probleme).

Auf der anderen Seite können Akteure auch rationale Gründe haben, Vertrauen *gewinnen* zu wollen. Es ist ihnen wichtig, Vertrauen zu genießen. Vertrauenswürdig sein heißt kreditwürdig sein. Dieser Kredit kann dazu verwendet werden, kleinere Abweichungen zu neutralisieren, direkte Kontrolle abzuwehren und einen »Spielraum für Nonkonformität, Innovation und Originalität« zu eröffnen, der durch Vertrauen gedeckt wird.¹⁶ Innovation und Experiment werden durch die durch gewährtes Vertrauen gewonnenen Freiheit ermutigt und können zur Entdeckung und Auswertung generell vorteilhafter Neuerungen führen, die ohne Vertrauen und im Rahmen einer erzwungenen Regelbefolgung unentdeckt geblieben wären. Mangelndes Vertrauen hingegen legt mit hoher Wahrscheinlichkeit Akteuren ein Verhalten nahe, dass rigide und ritualistisch Anweisungen folgt und sich hinter etablierten Regeln und Routinen versteckt.

Trotz solcher Vorteile von Vertrauensbeziehungen machen diese den Vertrauenden immer verwundbar. Der Anbieter von Vertrauen kann enttäuscht und betrogen werden, und der Empfänger von Vertrauen kann es verlieren oder verspielen – typischerweise mit der gravierenden Folge, dass er es nicht schnell oder überhaupt nicht wiedergewinnen kann. Um diese spiegelbildlichen Risiken zu mindern ohne gleichzeitig auf die Vorteile von Vertrauen zu verzichten, sind Akteure nicht nur wählerisch in der Auswahl derjenigen, denen sie vertrauen, sondern sind zusätzlich bestrebt, Vertrauen durch andere Ressourcen zu ergänzen. Man hört nicht auf, die-

---

14 Ein Beispiel dafür wie Vertrauen Geld sparen kann, stammt wiederum aus dem Bereich des Nahverkehrs. Wenn ich meinen Mitbürgern Vertrauen entgegenbringe, werde ich nicht zögern, auch bei Nacht öffentliche Verkehrsmittel zu benutzen. Vertraue ich ihnen nicht, muss ich entweder die Kosten für ein Taxi inkauf nehmen oder die Opportunitätskosten verpasster Gelegenheiten und zu Hause bleiben.
15 Jon Elster, *Solomonic Judgements*, Cambridge 1989, S. 266.
16 Piotr Sztompka, »Vertrauen«, a.a.O., S. 260; Niklas Luhmann, *Vertrauen*, a.a.O.

jenigen, denen man vertraut, zu beobachten und für den Fall, dass die Vertrauensbeziehung sich nicht bewähren sollte, Rechts- und Geldmittel schadensbegrenzend in Reserve zu halten. Je leichter man auf diese alternativen Ressourcen – Geld, Macht und Wissen – zurückgreifen kann desto weniger verwundbar ist man im Falle einer manifesten Störung der Vertrauensbeziehung. Die Wohlhabenden, die Mächtigen und die gut Informierten können sich deshalb eher leisten zu vertrauen, weil sie davon ausgehen können, die Eventualität eines Vertrauensbruchs vergleichsweise komfortabler zu überstehen als diejenigen, die weniger gut ausgestattet sind.

Eine solche »Portfolio«-Perspektive, in der Vertrauen nur eine (und wohl die spekulativste) Anlageform unter mehreren ist, macht deutlich, dass Vertrauen sich zu anderen Ressourcen der Interaktion auch komplementär verhält, nicht nur substitutiv. Je wohlhabender jemand ist, desto leichter kann er vertrauen und vom erwiderten Vertrauen anderer profitieren.[17] Wohlstand, ein guter Überblick und Macht erleichtern es, anderen Personen zu vertrauen, weil sie die implizierten Risiken mindern. Prekäre soziale Beziehungen dagegen lassen wenig Raum für Vertrauen. Daher Lenins Diktum (»Vertrauen ist gut, Kontrolle ist besser!«), das ein klares Verständnis für die Eventualitäten einer revolutionären Situation erkennen lässt, in der ein einzelner Verräter die gesamte kollektive Leistung zunichte machen kann und man dann wegen der (noch) fehlenden alternativen Interaktionsressourcen mit leeren Händen dastehen würde. Anders gesagt: Wenn man in puncto Reichtum, Wissen und Macht obenauf ist, kann man sich Vertrauen leichter leisten, weil man sich gegen die mit Vertrauensbeziehungen implizierten Risiken anderweitig absichern kann.

Wohlausgestattete Akteure benötigen keine Vertrauensbeziehung, aber sie können sich solche Beziehungen leichter leisten als andere. Sie können sich sagen: Sollte sich jemand meinen Wünschen und Erwartungen widersetzen, kann ich dessen Willen brechen und sie zum Gehorsam zwingen. Da ihnen das bekannt ist, werden sie ihre entgegenstehenden Präferenzen gar nicht erst erkennbar werden lassen. Andererseits: Wenn man sich allein auf Zwang und Kontrolle verlässt, läuft man Gefahr, die verfügbaren

---

17 Ein krasses Beispiel ist der spektakuläre Fall des deutschen Bauunternehmers Schneider, dessen betrügerische Aktivitäten von der Deutschen Bank in einer unglaublich nachlässigen (das heißt nahezu »blind« vertrauenden) Weise finanziert wurden.

Ressourcen unklug – und zwar nicht nur ineffizient, sondern letztlich auch ineffektiv[18] einzusetzen. Keine Befehlskette, keine Überwachung, kein Vertrag ist dicht genug, um Vertrauen völlig überflüssig zu machen. Auch wenn man die Notwendigkeit von Vertrauen minimieren kann, wird man dies mit hohen Transaktionskosten bezahlen.[19] Erneut zeigt sich Vertrauen als ein Mittel der Macht-Ersparnis. Ein bestehendes Vertrauensverhältnis entbürdet Akteure von den Anstrengungen, die sie anderenfalls auf Kontrolle und Überwachung verwenden müssten.[20] Hier sehen wir ein Paradox bzw. einen Teufelskreis: Schlechtgestellte Akteure, denen es an Macht, materiellen Ressourcen und Wissen fehlt, können sich Vertrauen gar nicht leisten, weil sie die Enttäuschung desselben nicht durchstehen könnten. So müssen sie die spärlichen Ressourcen, die ihnen überhaupt zur Verfügung stehen, in Maßnahmen investieren, die ihren Bedarf an Vertrauen minimieren. Diese Fehlinvestition hat zur Konsequenz, dass sie ihre Armut perpetuieren. Das Paradox liegt also darin, dass diejenigen, die am meisten auf Vertrauen angewiesen wären (weil ihnen sonst nichts zur Verfügung steht), das eingegangene Risiko am wenigsten tragen können, während diejenigen, die es am wenigsten benötigen, sich Vertrauen am leichtesten leisten und daraus Vorteile erzielen können. Der dem Anschein nach widersinnige Militarismus und die riesigen Militärausgaben von Staaten der Dritten Welt könnten mit dieser Überlegung erhellt werden.

3. Vertrauensbildung unter Fremden

Das Hauptproblem bei der Begründung und Stabilisierung von Vertrauensbeziehungen ist mit der Frage bezeichnet: Wie können wir denen vertrauen, die uns nicht bereits vertraut sind? Wie lassen sich die Grenzen des Nahbereichs-Vertrauens überwinden, das auf quasi-familialen Beziehungen und langjähriger Erfahrung aufruht? Ich vertraue meinen Freunden und unter Umständen auch den Freunden meiner Freunde. Ich mag auch meinen langjährigen Angestellten und Geschäftspartnern oder der

---

18 Vgl. Diego Gambetta, »Können wir dem Vertrauen vertrauen?«, in diesem Band, S. 220f.
19 Vgl. das Napoleon zugeschriebene Diktum: »Das einzige, was man mit Bajonetten nicht tun kann, ist darauf sitzen.«
20 Piotr Sztompka, »Vertrauen«, a.a.O., S. 260.

Gesamtheit der Kollegen in meinem Betrieb mit seiner »*corporate identity*«[21] vertrauen. Aber in einer Gesellschaft mit hoher Mobilität und mit hohem Bedarf an verlässlicher Kooperation mit »Fremden« – mit Personen, mit denen wir keine persönliche Erfahrung und geteilte Lebenswelt haben und wegen der erwartbaren Flüchtigkeit des Kontaktes mit ihnen auch nicht die Gelegenheit, solche Erfahrungen aufzubauen – ist die Vertrauensbasis eingelebter Verhältnisse und Vertrautheiten wenig hilfreich. Wer sich auf sie beschränkt, verzichtet zu seinem eigenen Nachteil auf mögliche Kooperationen.

Bisher haben wir Beispiele von Vertrauensbeziehungen zwischen Personen erörtert, die sich kennen. Das Problem ist aber Vertrauen zwischen Fremden. Vertrauen wächst am leichtesten in Situationen der Vertrautheit und Bekanntschaft. Eisenstadt schreibt dazu: »Die Bedingungen, die der Bewahrung von Vertrauen zugutekommen, werden am besten in Situationen geringer Reichweite sozialer Handlungen erfüllt, wie zum Beispiel in der Familie oder in Verwandtschaftsgruppen, in denen soziale Interaktion durch primordiale oder partikularistische Kriterien geregelt ist.« Daher ist das Bezugsproblem aller soziologischer Analysen des Vertrauens-Phänomens in modernen Gesellschaften die »effektive Ausweitung der Reichweite von ... Vertrauen über den engen Minimalbereich primordialer Einheiten hinaus«.[22]

Menschen, die nicht zur primordialen Einheit gehören, müssen Vertrauen »aufbauen«, wenn sie die Vorteile, die von beide Seiten aus einer Vertrauensbeziehung gewonnen werden können, genießen wollen. Vor dem stabilen Zustand reziproken Vertrauens liegt eine vom Eigenwert der Vertrauensverhältnisse motivierte Phase, in der Vertrauen durch Prüfung und Erprobung der Vertrauenswürdigkeit relevanter Interaktionspartner aufgebaut wird. Vertrauen ist ein durch und durch kognitives Phänomen. Es hängt ganz wesentlich von meinem Wissen und den Überzeugungen ab, die ich mir von anderen bilde. »Fremde« haben keinen Grund, Vertrauen zu gewähren oder zu empfangen. Sie begegnen sich in wechselseitiger Unkenntnis und daher mit Vorsicht und Misstrauen als geteilten Null-Hypothesen über ihr jeweiliges Verhalten. Das Vertrauen, das entsteht, ist eine Restmenge, die sich aus der wiederholten Erfahrung sedimentiert, dass es zu Misstrauen und Argwohn keinen Anlass gibt. »Wie ist es denn gekommen, dass irgend jemandes Urteil wirklich das Vertrau-

---

21 Francis Fukuyama, *Trust*, a.a.O.
22 Shmuel N. Eisenstadt, *Power, Trust, and Meaning*, a.a.O., S. 312-313 u. S. 366-367.

en rechtfertigt? Weil er sich für die Kritik seiner Worte und Taten offen hielt. Weil er auf all das zu hören pflegte, was man gegen ihn sagen konnte.«[23] Analog ist eine vertrauenswürdige Person eine, die sich der kontinuierlichen und genauen Prüfung durch andere bereitwillig aussetzt, ohne dabei Anlässe für eine negative Beurteilung ihrer Vertrauenswürdigkeit zu bieten. Als Ergebnis einer solchen bereitwillig akzeptierten Prüfprozedur hat sie sich Vertrauen »verdient«.

Verallgemeinertes Vertrauen, das heißt das Vertrauen, das großen und unspezifischen Kategorien von »fremden« Personen entgegengebracht wird, ist ein Rückstand, der sich bildet, nachdem Gründe für Misstrauen einmal methodisch widerlegt sind. Dies, so werden wir sehen, ist die Grundlage für politisches Vertrauen in Demokratien. Diese Grundlage besteht in der Tatsache, dass vielfältige Möglichkeiten (zum Beispiel Wahlkämpfe und regelmäßige Wahlen, Meinungs- und Pressefreiheit) institutionalisiert sind und auch genutzt werden, um zu prüfen, ob es zu Misstrauen irgendeinen Anlass gibt. Politisches Vertrauen der »vertikalen« Art, als das Vertrauen von Nicht-Eliten in Eliten, ist das, was übrigbleibt, wenn diese institutionellen Testverfahren kontinuierlich zu negativen Befunden führen.[24] Aber wie rigoros müssen diese Testverfahren angesetzt werden? Konservative befürchten oft, dass Demokratie (oder doch zumindest »zu viel« Demokratie) die Autorität von Regierungen unterminiert; Liberale verlassen sich darauf, dass die institutionellen Testverfahren zureichend leistungsfähig sind und dass den Vertretern staatlicher Institutionen, vor allem den Mitgliedern der Regierung dann und so lange vertraut werden kann und muss, wenn und wie sie den Test der genannten Institutionen unbeanstandet überstehen. Radikale gehen im Gegensatz zu beiden Positionen in der Regel davon aus, dass die institutionellen Verfahren zur Prüfung von Vertrauenswürdigkeit selbst unzulänglich sind und deshalb nicht die zuversichtliche Erwartung verdienen, bestehende Misstrauensanlässe wirklich zuverlässig ans Licht bringen zu können.

Vertrauen in Personen entsteht aus der *Erfahrung* mit konkreten Personen. Jemand »hat mich noch nie enttäuscht«, sondern immer konsistent und kompetent gehandelt. Hier ist die Frage, wie viel Erfahrung über welche Zeitdauer hinweg ausreicht, um Vertrauen zu begründen. Ein Pro-

---

23 John Stuart Mill, *Über die Freiheit*, hg. v. Manfred Schlenke, Stuttgart 1974, S. 30.
24 Vgl. Mark Warren, »What Should We Expect From More Democracy? Radically Democratic Responses to Politics«, in: *Political Theory*, 24:2, 1996, S. 241-270, hier S. 259.

blem dabei ist, dass das Verhalten des anderen ausreichend offen und durchschaubar sein und ich über eine gewisse Zeit die Möglichkeit haben muss, dieses Verhalten zu beobachten, damit ich aufgrund der gemachten Erfahrungen Vertrauen aufbauen kann. Darüber hinaus muss der Empfänger von Vertrauen sich dessen bewusst sein, dass er das Vertrauen genießt, um daraufhin die oben beschriebene moralische Verpflichtung gegenüber dem Vertrauenden auszubilden.

Das alles sind völlig unrealistische Voraussetzungen außerhalb stabiler mikro-sozialer Handlungskontexte. Im Rahmen einer modernen Sozialstruktur, in dem das meiste Verhalten der meisten anderen für die meiste Zeit opak bleibt, ist es sehr unwahrscheinlich, dass die genannten Bedingungen erfüllt werden können. Weder hat der Vertrauende genug Information über andere, als dass er ihnen Vertrauen entegegenbringen könnte, noch sind die, denen Vertrauen entgegengebracht wird, sich dessen zwangsläufig bewusst und schon deswegen außerstande, einer Pflicht zur Würdigung des erwiesenen Vertrauens konkreten einzelnen gegenüber zu folgen. Deshalb kann man wohl in einer Gesellschaft, die mobil, komplex, differenziert und für ihre Angehörigen weitgehend undurchsichtig ist, von einem strukturellen Mangel an Gelegenheiten sprechen, personales Vertrauen aufzubauen, solide Gründe für Vertrauen zu gewinnen oder das Privileg des gewonnenen Vertrauens durch dessen reziproke Würdigung zu erwidern.

Dieser Mangel an Gelegenheiten zur personalen Vertrauensbildung ist in Demokratien ein besonders relevantes Problem. In einem autoritären System kann ich die konkreten Machthaber beobachten, unter Umständen sogar mit ihnen sprechen, und mir darüber eine wie auch immer verzerrte Meinung über das Maß ihrer Vertrauenswürdigkeit bilden. In einer Demokratie ist dies in diesem Sinne nicht möglich: Da hier Wahlergebnisse vom souveränen Wählervolk erzeugt werden, das heißt durch die Mehrheit »aller anderen«, und da ich nicht wissen kann, wie dieses aus anonymen Einzelpersonen bestehende Kollektiv der Wählerschaft tatsächlich wählen wird, ist anzunehmen, dass ein unüberwindbar hohes Maß an Misstrauen und Argwohn gegenüber dem anonymen und unansprechbaren »Volkssouverän« in Demokratien zur Regel wird. Es ist ja ein Kennzeichen von Demokratien, dass der Status des Aktivbürgers nicht an irgendwelche Kriterien personaler Qualifikation, gar besonderer »Vertrauenswürdigkeit« gebunden werden kann, sondern als ein nicht-entziehbares Recht allen (erwachsenen) Bürgern zukommt. Entsprechend schwach ist die Vertrauensgrundlage, die mich mit »allen anderen« Mitbürgern verbinden kann – mit Mitbürgern, die gleichwohl meine »Ko-Autoren« bei der Auswahl von Regierungen und repräsentativen Gesetzgebungsorganen sind und von deren Entscheidungsverhalten gleichwohl wichtige materielle und ideelle Interessen jedes einzelnen berührt werden. Wir können uns unsere Mitbürger weder aussuchen noch sie in relevantem Umfang persönlich kennen, erst recht kein unmittelbares Vertrauensverhältnis zu ihnen unterhalten – und dennoch können wir unter Umständen auf Gedeih' und Verderb von den Folgen ihres Handelns berührt sein. Demokratien verbinden also ein Minimum an Gelegenheiten zur Vertrauensbildung zwischen mir und »allen anderen« mit einem Maximum an Wirkungen, die »alle anderen« auf mich zur Geltung bringen können. Das ist das Problem des »horizontalen« Vertrauens: Warum sollte »ich« bereit sein, mich dem folgenreichen Votum einer Wählerschaft auszusetzen, deren Mitgliedern »ich« bestenfalls ein Null-Vertrauen und typischerweise sogar einen gewissen Argwohn entgegenbringen kann?

Es ist demnach rätselhaft, wie in einer Demokratie überhaupt gegenseitiges Vertrauen unter sich »fremden« Angehörigen der Massen-Öffentlichkeit unter den Bedingungen von Anonymität und sozio-politischer Differenzierung entstehen kann. Wenn »emphatisches Verstehen, das aus Liebe, Zuneigung, Freundschaft, Nachbarschaftlichkeit und ähnlichem entsteht«,[25] Grundlage bürgerlicher Tugend ist, wie kann es in einer Massendemokratie entstehen? Dahl weist überzeugend darauf hin, dass »schon die Größe moderner und postmoderner Gesellschaften der Entwicklung von Handlungsdispositionen bürgerlicher Tugend sowohl kognitive wie auch affektive Hindernisse in den Weg legt«.[26]

Gerade weil in Demokratien so viel Entscheidungskompetenz in den Händen der Bürger (in ihrer Gesamtheit als Wählerschaft) liegt, ist nicht klar, warum der einzelne Bürger »allen anderen« vertrauen sollte, also Grund für die Überzeugung hätte, diese anderen seien bei ihren Entscheidungen von Motiven des »Wohlwollens« (*benevolence*) geleitet. Viel plausibler wäre ein Haltung methodischen Misstrauens und Argwohns aller gegen alle. Zur Illustration wollen wir uns einen rationalen Wähler in einer Situation vorstellen, in der über eine Verfassung zu entscheiden ist, durch die ein autoritäres Regime abgelöst werden soll. Zum einen wird er überlegen, dass durch die Begrenzung staatlicher Willkür mittels rechts-

---

25 Robert Dahl, »The Problem of Civic Competence«, in: *Journal of Democracy*, 3:4, 1992, S. 45-59, hier S. 53.
26 Ebenda.

staatlicher Prinzipien, durch die Kontrolle der Regierung auf dem Wege über allgemeine und faire Wahlen usw. der Neigung von Regierungen, ihren Bürgern ungerechte Lasten aufzubürden und ihre Freiheiten einzuschränken, ein wirksamer Riegel vorgeschoben werden könnte. Auf der anderen Seite, so mag der vorgestellte Bürger seine Überlegung fortsetzen, impliziert die Entscheidung für eine liberale Demokratie auch Risiken: Wenn »ich« auch dann nicht mehr Objekt autokratischer Herrschaft sein werde, so bin ich doch fortan Objekt einer »Herrschaft der Vielen« (*polyarchy*) oder womöglich gar einer (von mir so erfahrenen) »Tyrannei der Mehrheit«. Denn sich für die liberale Demokratie zu entscheiden heißt nichts anderes, als sich für die Ermächtigung der großen Mehrheit »aller anderen« zu entscheiden. Wenn »ich« mich also für die Demokratie entscheide, so wirft das die Frage auf, warum ich von einem autokratischen (aber zumindest potenziell wohltätigem) Regime mehr zu fürchten habe als von dem (eventuell für meine Werte und Interessen höchst bedrohlichen) legislativen Willen demokratisch gebildeter repräsentativer Organe und gewählter Regierungen. Der Beweggrund für eine pro-demokratische Lösung dieses Entscheidungsproblems kann nur darin liegen, dass der Bürger die »Vertrauensfrage« so beantwortet: Es besteht mehr Anlass zum generalisierten Vertrauen in die Urteilsfähigkeit und das Wohlwollen der Gesamtheit von Mitbürgern als zum Vertrauen in dieselben Eigenschaften autokratischer oder parteimonopolistischer Herrschaftsträger.

Aber wie könnte ein solches komparatives Urteil begründet sein? Drei Möglichkeiten kommen in Betracht. Zum einen könnte man auf Qualitäten demokratisch gewählter *Eliten* verweisen. Demnach ist die Demokratie einer autoritären Regimeform deshalb vorzuziehen, weil demokratisch gewählte Vertreter von Parteien in Parlamenten, Regierungen und Gebietskörperschaften ausreichend verantwortungsvoll handeln und unabhängig vom Wahlausgang auch »meine« grundlegenden Interessen schützen und fördern werden, weil sie im Rahmen der demokratischen Verfassung zur Respektierung meiner Grundrechte gezwungen und im Übrigen daran interessiert sind, im Hinblick auf die Machterhaltung bei den nächsten Wahlen auch auf »meine« Stimme rechnen zu können. Dann vertraue ich zwar nicht meinen Mitbürgern, aber bin doch zuversichtlich, dass das demokratische Verfahren Eliten mit den genannten Qualitätsmerkmalen hervorbringen wird.

Ein zweiter Ausweg aus dem Problem des horizontalen Vertrauens besteht darin, dass wir den strukturellen Mangel an Gewissheit über die Vertrauenswürdigkeit unserer Mitbürger durch das Vertrauen in die Beständigkeit und Dauerhaftigkeit von Institutionen ersetzen, besonders durch das Vertrauen in das institutionelle System der liberalen Demokratie. Ist dieses erst einmal institutionalisiert, so werden seine inneren Strukturen und Dynamiken (die Grundrechte, die Gewaltenteilung) es verhindern, dass selbst eine meinen Werten und Interessen feindlich gesonnene Mehrheit mir (»tyrannisch«) einen allzu großen Schaden zufügen kann. Ich vertraue dann zwar nicht meinen Mitbürgern, aber bin zuversichtlich, dass die Verfassungsordnung selbst in der Lage sein wird, die bei meinen Mitbürgern zu beargwöhnenden schädlichen Präferenzen zuverlässig zu neutralisieren. Diese Antwort überzeugt offensichtlich nur dann, wenn die Verfassung sich selbst verbürgen und mit »Ewigkeit« ausstatten könnte (vgl. Art. 79, 3 GG) und der Bestand der Verfassungsordnung selbst völlig immun wäre gegen die von der Massenöffentlichkeit und den politischen Eliten zur Geltung gebrachten politischen Präferenzen. Dagegen liegt es auf der Hand, dass nicht nur autoritäre Regimes (wie nach 1989 in Mittel- und Osteuropa), sondern auch liberale Demokratien (wie unter anderem 1933 in Deutschland) in eine Dynamik der Selbstabschaffung geraten können, und zwar durchaus im Rahmen eines »demokratisch« bekundeten Volkswillens. Ein solcher Volkswille zur Abschaffung der liberalen Demokratie kann unter unterschiedlichen Bedingungen in Erscheinung treten: Wenn demokratische Regierungen als unfähig zur Bewältigung wirtschaftlicher oder militärischer Krisen wahrgenommen werden, wenn politischer Wettbewerb als eine zerstörerische Dynamik erfahren und denunziert wird oder in permanente Pattsituationen führt oder wenn die Wahrnehmung entsteht, dass politische Eliten die Präferenzen der Massenöffentlichkeit nur manipulieren.

Eine dritte Möglichkeit besteht darin, das Problem fehlender horizontaler Vertrauensbeziehungen unter den Bürgern dadurch zu überwinden, dass die Gesamtheit der Bürger zu Angehörigen einer verpflichtenden und vertrauensbildenden politischen Gemeinschaft erklärt werden. Eine solche Konstruktion kann an Kategorien einer ethno-nationalen Identität, also der Gemeinsamkeit von Kultur, Geschichte und Territorium ansetzen. Sie kann auch – in verfassungspatriotisch-republikanischer Lesart – an der Verfassung und anderen Institutionen sowie an die aus der gemeinsamen Geschichte hergeleitete Verantwortung und Verpflichtung anknüpfen. Politische Integration und das Vertrauen in die Wohlgesonnenheit der »mir« jeweils fremden und unvertrauten Mitbürger entsteht solchen Vorstellungen zufolge auf dem indirekten Wege einer identitätsbezogenen Vergemeinschaftung. Die Bürger sollen sich im Geiste zumindest einer Bereitschaft zu gegenseitigem Vertrauen begegnen, weil sie voneinander wissen, dass sie ein und derselben umfassenden Gemeinschaft angehören – sei es der »nationalen« oder der angesichts ihrer Geschichte verteidigenswerten Ordnung einer liberalen und demokratischen Republik und der ihr geschuldeten Loyalität und Gemeinwohlorientierung. Auch hier liegen die Schwierigkeiten auf der Hand: Die post-nationale Konstellation des europäischen Integrationsprozesses untergräbt die Plausibilität sowohl nationalistischer *wie* demokratisch-republikanischer Gemeinschaftsdeutungen. Außerdem lassen sich in einer zunehmend multi-ethnischen Wohnbevölkerung die Vertrauensbeziehungen nicht generalisieren, die aus der gemeinsamen Teilhabe einer zunehmend fiktiven »deutschen Leitkultur« hervorgehen sollen. Solche Vergemeinschaftungsprojekte werden weiter geschwächt durch einen fortschreitenden Prozess »multikultureller« und ökonomischer Fragmentierungen, die entlang regionaler, religiöser, ethnischer, Alters-, Geschlechts- und anderer Differenzen auftreten (und im Namen einer »Politik der Differenz« offensiv vertreten werden).

Auf der Ebene der Eliten und bei horizontalen Vertrauensbeziehungen zwischen sektoralen Eliten ist das Problem der Anonymität sehr viel einfacher zu überbrücken. Angehörige von Eliten haben in der Regel die Möglichkeit, Überzeugungen vom Grad der Gutwilligkeit, Verständigkeit und Fähigkeit zum unvoreingenommenen Urteil über einander auszubilden und laufend zu testen. Sie haben auch, gerade in einer »Verhandlungsdemokratie« mit starken korporatistischen Traditionen und Strukturen und unter dem Diktat des dort herrschenden »Gesetzes des Wiedersehens« (Luhmann), ein Interesse an einer solchen laufenden wechselseitigen Validierung von Vertrauenswürdigkeit. Diese Formen der Konfliktregelung sind äußerst empfindlich gegen Vertrauensstörungen. Im Prinzip stehen Verhandlungspartnern Taktiken der Schädigung ihres Gegenübers zur Verfügung. Sie bestehen zum Beispiel darin, das Gebot der Vertraulichkeit zu verletzen und der Öffentlichkeit bzw. »Basis« des Verhandlungspartners Informationen über den Stand der Auseinandersetzungen zuzuspielen; oder darin, die Verhandlungen einseitig von einer Runde zur nächsten abzubrechen (»Politik des leeren Stuhls«) oder im Regelfall des intertemporalen Tausches die von der anderen Seite bereits konzedierten Vorleistungen zu »vergessen«. In der Regel können solche un-kooperativen Taktiken in der Verhandlungssituation zwischen sektoralen Führungsgruppen selbst nicht unmittelbar sanktioniert werden; das bedeutet, dass das Vertrauen zwischen konkreten Personen letztlich die Prämisse ist, die Verhandlungen zwischen repräsentativen Eliten in Gang hält.[27]

Vertikale Vertrauensbeziehungen zwischen Eliten von Verbänden und ihrer jeweiligen Klientel oder den Wählern können leichter aufgebaut werden als horizontale Vertrauensbeziehungen innerhalb der Bürgerschaft insgesamt. In diesen Fällen »vertikalen« Vertrauens können diejenigen, denen man Vertrauen gewährt, beobachtet werden, und sie können ihrerseits diese Beobachtungen beeinflussen, indem sie Signale ihrer Vertrauenswürdigkeit aussenden.[28] Aber auch die »vertikale« Vertrauensbildung, bei der das Massenpublikum politischen Eliten Vertrauen erteilt, trifft in der Demokratie auf ganz eigene Hindernisse. Keiner der bisher diskutierten vertrauensbildenden Mechanismen, weder der Erfahrungshintergrund einer längeren persönlichen Interaktion noch ein geteilter subkultureller Zusammenhang stehen normalerweise für die Ausbildung des Vertrauens zur Verfügung, das Wähler oder Parteimitglieder den je-

---

27 In Interviews mit Angehörigen der Führung von Arbeitgeberverbänden habe ich bei ihnen eine besorgte Aufmerksamkeit für Generationswechsel auf der anderen Seite des Verhandlungstisches, also bei der Leitung von Gewerkschaften festgestellt. Man äußerte die Besorgnis, ob die »neuen Gesichter« überhaupt die Codes und informellen Regeln, die in zurückliegenden Verhandlungen aufgebaut worden waren, kennen und einhalten oder eher bestrebt sein würden, ihre Interessenposition durch unkooperative Taktiken zu stärken. Das Innenleben von Koalitionsregierungen scheint ähnliche Empfindlichkeiten aufzuweisen, die erst in einer längeren Interaktionsgeschichte konkreter Personen neutralisiert werden können.

28 Eine Taktik des Vertrauensgewinns folgt der Potlatch-Logik. Man fügt sich selbst ostentativ materielle oder politische Nachteile zu. Bei Abrüstungsverhandlungen konzediert man großzügige Inspektionsrechte, oder Automobilhersteller starten kostspielige und groß publizierte Rückrufaktionen, um damit gleichzeitig ihr Verantwortungsgefühl für die Sicherheit ihrer Produkte zur Schau zu stellen. Nachkommunistische Regierungen treffen Privatisierungsmaßnahmen, die demonstrativ (und nach der Logik der verbrannten Brücken) weit über das ökonomisch Notwendige und Gebotene hinausgehen, um so ihre Entschlossenheit herauszustellen, jede Rückkehr in die Planwirtschaft auszuschließen und so ein günstiges Investitionsklima zu erzeugen (Frank Bönker & Claus Offe, »The Morality of Restitution: Reflections on Some Normative Questions Raised by the Transition to a Private Economy«, in: Claus Offe, *Varieties of Transition: East European & East German Experience*, Cambridge 1996, S. 105-130). Solche Taktiken, zu denen auch verschwenderische Werbekampagnen und Sponsorenprojekte von Großunternehmen gehören, scheinen auf den Nachweis abzuzielen, wie gut eine Firma den freiwillig eingegangenen Aufwand verkraften kann – und wieviel Vertrauen (von Kunden und Aktionären) sie deshalb aufgrund dieser Signale verdient.

weiligen Führungsgruppen entgegenbringen könnten. Ein Grund für das Vertrauensdefizit ist der Mangel an Transparenz des demokratischen politischen Prozesses, der zudem durch die unübersichtliche Vielzahl und das ständige »Kommen und Gehen« von Elitenpersonal charakterisiert ist: Wem welche politischen »Leistungen« persönlich zugute gehalten werden dürfen, wer sich durch Erfüllung seiner Versprechungen bewährt hat und für welche uneingelösten Versprechen wer genau persönlich verantwortlich ist, das sind kategorial deplazierte und meist nicht einmal durch Forschung aufzuhellende Fragen. Der direkte Blick auf Eliten-Aktivitäten ist den Nicht-Eliten im Normalfall verstellt. Da Eliten wissen, dass sie nicht gesehen werden können und dennoch auf Vertrauen angewiesen sind, müssen sie sich »zeigen«. Sie versuchen dann typischerweise, durch personalisierende dramaturgische Medienkampagnen und mit anderen Techniken der *public relations* die Intransparenz ihres Tuns zu kompensieren und auf diesem Umweg Vertrauen zu gewinnen bzw. zu erhalten. Solche strategischen Bemühungen liegen nicht nur »neben der Sache«, sondern sind auch aus Gründen einer verfehlten »Hyperrationalität« (Elster) eher kontraproduktiv; das Publikum reagiert nicht mit der Zuerteilung von Vertrauen, sondern nach dem Grundsatz: »*Man merkt die Absicht und man ist verstimmt.*«

Nun mag zunächst nicht unmittelbar evident sein, wieso vertikales Vertrauen tatsächlich »eine notwendige Bedingung für Zivilgesellschaft und Demokratie« sind.[29] Da die Masse der Wähler einer Demokratie ja periodisch an der Wahlurne über die Mittel verfügen, Vertreter der politischen Elite zu sanktionieren, kann das Erfordernis bezweifelt werden, dass die Wähler ihr Vertrauen in politische Eliten setzen: Da »wir« »sie« mit dem Stimmzettel sanktionieren können, *müssen* wir ihnen nicht auch noch vertrauen. Diese These scheint aber zweifelhaft zu sein, wenn wir die Möglichkeiten in Betracht ziehen, die Inhaber von Elite-Positionen haben, etablierte Gesetze und Verfahren in ihrem Interesse an Machterhalt oder Machterweiterung zu verletzen und die ihnen im Rahmen ihres Amtes zur Verfügung stehende Macht für illegitime Zwecke persönlicher Bereicherung zu verwenden. Trotz der Bemühungen der Medien, der Gerichte und der Opposition kann es sehr wohl geschehen, dass solche Regelverletzungen den Wählern nicht oder verspätet bekannt werden. Daher können Wähler ihre Wahlentscheidungen nicht allein retrospektiv auf die er-

---

29 Richard Rose, »Postcommunism and the Problem of Trust«, in: *Journal of Democracy*, 5:3, 1994, S. 18-30, hier S. 18.

kennbaren *Erfolge* (oder Misserfolge) einer Regierung in der vergangenen Legislaturperiode stützen, sondern müssen auch prospektive Urteile über die Vertrauenswürdigkeit des Regierungspersonals bilden und sich auf glaubwürdige *Intentionen* von Kandidaten beziehen, wenn sie ihre Wahlentscheidung treffen. Bei dieser prospektiven Seite der Wahlentscheidung kann der Wähler deshalb auf eine Einschätzung der Vertrauenswürdigkeit des politischen Führungspersonals und dessen Immunität gegen die Versuchungen des Amts- und Machtmissbrauchs nicht verzichten.

Für unorganisierte Individuen modernen Gesellschaften gibt es erst recht keine hinreichenden Gründe, denen in der »horizontalen« Dimension zu vertrauen, mit denen wir in Interaktion treten. Die Strukturmerkmale der Mobilität, Komplexität, Differenzierung und Intransparenz bringen es mit sich, dass die meisten Interaktionen weder retrospektiv noch prospektiv eine größere zeitliche »Tiefe« haben. Normalerweise haben wir wenig Grund zu der Annahme, dass sich, und sei es nur im Verhältnis des »Stammkunden«, unsere Interaktionen weit in die Zukunft hinein fortsetzen werden. Wäre das anders, so wären wir rationalerweise veranlasst, in Vertrauen zu investieren, Vertrauenswürdigkeit zu signalisieren und unter Beweis zu stellen.[30] Diese Hindernisse der Vertrauensbildung werden mit einer Steigerung von Transaktionskosten bezahlt: Die am schnellsten gestiegenen Kosten des amerikanischen Gesundheitswesens sind angeblich die Versicherungsprämien, die Ärzte für die Absicherung gegen Kunstfehler-Prozesse aufzubringen (und auf die Patienten umzulegen) sich veranlasst sehen. Wo es an Vertrauen mangelt (sowohl des Patienten in den Arzt wie des Arztes in seine Patienten), muss man sich auf allen Seiten auf formelle Methoden der Durchsetzung wechselseitiger Ansprüche zurückziehen. Das steigert die Kontrollkosten. Situationen niedrigen

---

30 Auch bei wiederholter Interaktion ist es häufig unmöglich, die Kompetenz und das Engagement relevanter Akteure annähernd objektiv zu beurteilen. Das gilt zum Beispiel für das Verhältnis zwischen Klienten und Angehörigen der Professionen. Wegen der oft extremen Informations-Asymmetrie hat der Klient selbst *ex post* keine Möglichkeit, die Qualität der erbrachten Leistungen wirklich zu beurteilen, weil auch im Falle des Misserfolges (eines Gerichtsverfahrens, einer ärztlichen Therapie) für ihn nicht erkennbar ist, ob der unerwünschte Ausgang der mangelnden Kompetenz des Experten oder unabänderlichen Randbedingungen zuzurechnen ist. Daher vertraue ich meinem Zahnarzt oder meinem Steuerberater (sofern ich ihm vertraue) eher aufgrund von Ersatz-Signalen, etwa den Kunstwerken, mit denen er das Wartezimmer dekoriert hat.

Vertrauens sind auch wegen der »verpassten Gelegenheiten« von Kooperationen kostenträchtig, die mangels formeller Durchsetzungsmöglichkeiten ungenutzt bleiben.

4. Ersatzlösungen für unmittelbare Erfahrung: Kategorisches Vertrauen

Die Wirkungskette, die dazu führt, dass man ein eingeräumtes Vertrauen anerkennt, sich darauf einer moralischen Verpflichtung bewusst wird, dieses nicht zu enttäuschen, und außerdem ein Interesse daran entwickelt, dieses Vertrauen zu nutzen und so die Vertrauensbeziehung auf Dauer zu stellen, braucht nicht unbedingt durch lange Bekanntschaft und Interaktion konkreter Personen ausgelöst werden. Sie kann auch auf symbolischen Repräsentationen von Gemeinschaften oder Pseudo-Gemeinschaften beruhen. Dann wird *Zugehörigkeit* zu einer nicht erfahrungsabhängigen Regel, nach der Vertrauenswürdigkeit zuerkannt wird. »Ich« vertraue »dir« dann nicht, weil ich dich »kenne«, sondern deduziere deine Vertrauenswürdigkeit aus deiner mir erkennbaren Zugehörigkeit zu einer sozialen Kategorie, deren Angehörige insgesamt für einander als vertrauenswürdig gelten. Die Berufung auf gemeinsame Zugehörigkeit zu irgendeiner Gemeinschaft – einer Großfamilie, einer religiösen Gruppe, einer örtlichen Gemeinschaft, einer Schule, einer militärischen Einheit, einer Nation usw. – kann dieselbe Kettenwirkung von Vertrauen, Verpflichtung, interessenorientierter Auswertung und Stabilisierung der Beziehung auslösen. Ein solches kategoriales Vertrauensverhältnis kann nicht nur Angehörige derselben Gruppe miteinander verbinden, sondern auch zwischen füreinander deutlich abgegrenzten Gruppen bestehen. Das gilt *zwischen* Gruppen auch im negativen Sinne eines kategorialen Argwohns, den Gruppen und soziale Kategorien füreinander hegen, während diese kategoriale Negativbeziehung *innerhalb* einer Gruppe zumindest als explizite Einstellung nur im Witz vorkommt: »Ich hasse es, Mitglied eines Clubs zu sein, der Leute wie mich aufnimmt.« (Groucho Marx)

Solche Codes für Vertrauenswürdigkeit und Vertrauenserwiderungspflicht knüpfen sich an geteilte Eigenschaften der Gruppenmitglieder, die leicht wahrnehmbar und außerdem in einer robusten Weise exklusiv sind; will sagen: die entsprechenden Merkmale und Eigenschaften können in der Regel weder von denen, die sie nicht haben, erworben, noch von denen, die sie haben, abgelegt werden. Unter anderem ist das Alter einer Person eine Eigenschaft von Personen, die alle drei Kriterien ideal erfüllt. Zusammenfassend könnte man sagen, dass solche Gruppeneigenschaften sich zum Anknüpfungspunkt für Vertrauen eignen, die vom Vertrauenden als Signale *gelesen* werden können, aber vom Empfänger des Vertrauens nicht als Signal benutzt und manipuliert werden können.

Signale kategorischer Vertrauenswürdigkeit, die von hier als »Pseudo-Gemeinschaften« charakterisierten Gruppen eingesetzt werden, sind dagegen bestimmte (visuellen) *Darstellungen* der Zugehörigkeit zu Kategorien wie Geschlecht, Alter, Ethnizität, auch die *Selbstinszenierung* des körperlichen Erscheinungsbildes zu dem Zweck, die Zugehörigkeit zu bestimmten Wert- und Lebensstilgemeinden zu signalisieren. Aber dieser Gebrauch von Selbstmarkierungen und Signalen macht sie anfällig gegen den Verdacht der »Verkleidung«, der strategischen *Vertrauenserschleichung*. Markierungen, die Vertrauen hervorrufen sollen, sind bestimmte Uniformen (militärische, religiöse oder andere Berufskleidungen) oder nach Mode und Lebensstil gewählte sichtbare Zeichen wie Haarschnitt, Kleidungsstil und andere körperbezogenen Ausdrücke von Identität und Zugehörigkeit. Sie haben den Vorteil, dass sie von Ferne und auch ohne vorangehende Kommunikation oder Interaktion wahrgenommen werden können. Die Laute der gesprochenen Sprache signalisieren nicht nur über den Gebrauch einer Landessprache, sondern auch über den Gebrauch spezifischer linguistischer Stile und Dialekte besondere Lebensstile und damit auch gruppenspezifisch zugeschriebene Vertrauenswürdigkeit und Vertrauensneigungen. Schließlich gibt es auch visuelle Demonstrationen der Lebensgeschichte, wie zum Beispiel die an den Wänden von Büros und Läden ausgestellten Zertifikate und Diplome, die Vertrauen hervorrufen sollen, sei es das Vertrauen zwischen Gruppenmitgliedern oder das Vertrauen der Allgemeinheit in die Angehörigen der Gruppe.[31]

Im Ergebnis kann sich allerdings beim Versuch einer Gemeinschafts- und Vertrauensbildung durch Selbstinszenierung eine inflationäre Spirale

---

31 Die Ziernarben (»Schmisse«), die sich deutsche Studenten bis in die Zeit nach dem Zweiten Weltkrieg hinein in rituellen Duellen beibrachten, sind ein besonders drastisches Beispiel. Die Funktion solcher Markierungen, Vertrauen zu übertragen und hervorzurufen, verschwindet dann, wenn sie käuflich werden. Militärische Orden aus dem »großen vaterländischen Krieg« spielten in der Sowjetunion eine bedeutende Rolle; sie verschafften denen, die sie trugen, Achtung und Vertrauen. Nach 1991 entwickelte sich allerdings ein Markt für solche Orden, der den Wert dieser Symbole zunichte machte.

entwickeln: Die zunehmende Nutzung von Zeichen und Markierungen, die Vertrauenswürdigkeit signalisieren sollen, wird durch den zunehmenden Zweifel am Informationsgehalt dieser Zeichen konterkariert; und um diesen Verschleiß zu kompensieren, werden die Zeichen in immer höheren Dosen eingesetzt und beschleunigt neu erfunden. Im Falle authentischerer Gemeinschaften (mit weniger manipulierbaren Markierungen der Zugehörigkeit, wie zum Beispiel religiöse oder ethno-linguistische Gruppen) ist die soziale Reichweite deutlich begrenzt, für die diese »echten« Zeichen als Katalysator von Vertrauen funktionieren. Sie verbindet die Angehörigen von Gruppen, die jene Zeichen »an sich haben«, aber nicht »angelegt haben«. Grundlage des so generierten Vertrauens ist eine »starke Loyalität gegenüber der Binnengruppe (Ethnie, Familie oder Herkunft)«, die von »Xenophobie« begleitet wird.[32] Man könnte hier eine Summenkonstanz postulieren: Je mehr Vertrauen auf Gruppenzugehörigkeit und Gruppenidentität beruht, die als Ersatz für die aus direkter Interaktion gewonnene Erfahrung benutzt wird, desto begrenzter ist der Kreis der so abgegrenzten »Vertrauenspersonen«, und desto größer ist der Kreis derjenigen, denen als Fremden Vertrauen verweigert wird. Diese Regel kann zur massiven Diskriminierung und aggressivem Argwohn gegenüber denen gehören, die nicht eindeutig und ersichtlich zu »uns« gehören. Man kann hier auf die intensiven Vertrauensbeziehungen innerhalb jugendlicher Protestkulturen der 60er Jahre verweisen, die mit offener Altersdiskriminierung nach der Parole »Trau keinem über 30!« einher gingen.

Wenn man den inflationären Konsequenzen von Versuchen entgehen will, Vertrauensbeziehungen über frei gewählte Zeichen der Zugehörigkeit herzustellen, so können *Rituale* als Mittel der Erzeugung von Vertrauens verwendet werden. Durchaus zweck- und interessenbezogene Interaktionen werden dann angereichert mit einer Dramaturgie der Pseudo-Vertrautheit, die in so vertrauten Ritualen wie dem unvermittelten Gebrauch des Vornamens, großem Zeitaufwand für gemeinsames Speisen und Trinken, *»name-dropping«* und der Einbeziehung von Themen und sozial unter Umständen riskanten Mitteilungen, die nicht »zur Sache« gehören. Insbesondere der »Klatsch« ist ein Ritual der Demonstration von Vertrauen, weil er dem »ins Vertrauen gezogenen« Adressaten gegenüber die Zuversicht signalisiert, dass er von vertraulichen und für Dritte potenziell nachteiligen Mitteilungen gewiss keinen unpassenden Gebrauch machen werde.

---

32 Piotr Sztompka, »Vertrauen«, a.a.O., S. 261.

5. Institutionen als Substitute für personales Vertrauen?

Ein trügerisch einfacher Weg, dem strukturellen Mangel an Vertrauen in allen seinen Dimensionen zu entkommen, besteht darin, sich auf Institutionen zu verlassen. Da wir sowieso keinen Anlass haben, den Leuten zu vertrauen, müssen wir uns wohl darauf verlassen, dass die Institutionen als Lückenbüßer einspringen. Bei Institutionen kann ich zuversichtlich erwarten, dass sie weiterhin nach den mir vertrauten Regeln operieren – sodass etwa die Postverwaltung dafür sorgt, dass die Briefsachen ins Haus kommen. Weshalb sollte ich in diesem Punkte dem Briefträger »vertrauen«? Man verlässt sich auf institutionelle Regeln, weil sie immer weiter gelten, wenn sie einmal in Geltung gesetzt sind; und je länger das der Fall ist, desto mehr verfestigen sie sich in »pfadabhängiger« Weise und schreiben sich »selbst-exekutierend« ein in die Routine-Handlungen der beteiligten Akteure. Und falls eine Institution doch einmal aus dem Ruder laufen sollte, gibt es andere, zum Beispiel die Verwaltungsgerichte, die für Korrektur sorgen werden. So ist davon auszugehen, dass in einer konsolidierten Demokratie ein militärischer Staatsstreich praktisch nicht vorkommen kann. Insofern muss ich auch nicht den (mir gänzlich unvertrauten) Angehörigen der Streitkräfte »vertrauen«, sondern kann mich zuversichtlich auf die in die Institutionen eingebauten Abwehrkräfte verlassen, deren Präsenz und Sichtbarkeit Putschabsichten, so sie aufkommen, im Kein ersticken und entmutigen würden. Ebensowenig ist es erforderlich (oder auch möglich), dass mich mit dem Hersteller meines Autos irgendeine personale Vertrauensbeziehung verbindet, weil Markt, Wettbewerb und gegebenenfalls vorgesehene Aufsichtsbehörden ihn normalerweise automatisch dazu anhalten werden, sich so zu verhalten, als wäre er persönlich vertrauenswürdig. Auch das vielbeschworene »Vertrauen der Wirtschaft« (*business confidence*) in investitionsfreundliche Absichten von Regierungen gründet sich ja in der Regel nicht auf irgendwelche persönliche Kontakte zwischen Regierungspersonal und Spitzenmanagern, sondern eher auf darauf, dass für alle Beteiligten die institutionelle Realität als bekannt vorausgesetzt werden kann – die Realität nämlich, dass eine »investitions*feindliche*« Politik der Regierung sie über kurz oder lang sowohl Steuereinnahmen wie Wählerstimmen kosten würde. Nach derselben »institutionellen« Logik muss ich auch dem »Arzt meines Vertrauens« im wesentlichen nicht als einer Person trauen, sondern als einem personifizierten Erzeugnis gut ausgestatteter und kontrollierter medizinischer Ausbildung und Berufspraxis, das nur marginal durch persönliche

Qualitäten modifiziert wird. In all diesen Fällen wird davon ausgegangen, dass in die Institutionen Mechanismen der Selbstverbürgung und Selbstkorrektur eingebaut sind, die größere Abweichungen von der erwarteten und absehbaren Arbeitsweise verhindern. Man verlässt sich auf Institutionen, weil sie von Dauer sind und Selbstverständlichkeit erlangen, sobald sie einmal etabliert sind. Die unpersönliche Operationsform sich selbst erhaltender Mechanismen macht persönliches Vertrauen gleichzeitig *unmöglich* und *überflüssig*. Worauf man sich verlassen kann, dem muss man nicht vertrauen.

Gegen diese Sichtweise möchte ich behaupten, dass dieser »institutionalistische« Ausweg aus dem Dilemma des Vertrauens naiv und verfehlt ist und auf einem verdinglichten Institutionenbegriff beruht. Dies aus zwei Gründen: Institutionen sind (a) immer »unvollständig« und sie sind (b) immer »umstritten«.

Institutionelle Regeln gelten nie »flächendeckend«. Institutionelle Strukturen sind löchrige Gebilde, deren Regeln nie alle Eventualitäten abdecken können. Sie bieten den Akteuren ständig Gelegenheiten, die in sie eingebauten Mechanismen der Selbsterhaltung zu unterlaufen und zu stören. Sowohl Verträge als auch Märkte sind bekanntlich unvollkommen, und das gleiche gilt für Gesetze und Verfassungen. Allgegenwärtig sind Gelegenheiten und die entsprechenden Anreize, institutionelle Regeln relativ gefahrlos zu verletzen. Regeln sind nicht sakrosankt, unpersönlich und ewig, sondern ihre Geltung ist kontextabhängig und unvollständig. Manchmal müssen sie veränderten Umständen angepasst werden,[33] und manchmal müssen sie gegen Regelverletzungen und Abweichungen verteidigt werden. Daher spielen *Entscheidungen* eine ebenso wichtige Rolle wie *Regeln* – auch (und gerade) wenn Entscheidungen allein dem Schutz, der Durchsetzung, der Aufrechterhaltung oder der Interpretation von Regeln gelten. Man kann ganz sorglos in einem Flugzeug fliegen, das von einem Autopiloten gesteuert wird – solange der Pilot an seinem Platz ist und seine Aufgaben erfüllt. Will sagen: Institutionen sind unserer Zuver-

---

33 Manchmal müssen Regeln verändert werden, und unter Umständen in einer Weise, die nicht durch Meta-Regeln (also verfassungsmäßige Regeln der Verfassungsänderung) vorgezeichnet ist, sondern durch rechtswissenschaftliche oder justizielle Interpretationsakte. Der Verzicht auf solche Regelverletzungen kann nie auf dem Wege formeller Sanktionen allein ausgeschlossen werden. Verfassungen sind Instrumente »halb-rigider« Selbstbindung und können nicht wirklich mit den physischen und sozialen Vorkehrungen gleichgesetzt werden, die bekanntlich Odysseus gegen die Sirenen unternommen hat.

sicht auf ihr Funktionieren nur in dem Maße würdig, wie wir den Akteuren vertrauen können, die dafür zuständig sind, diese Institutionen zu verteidigen, sie zu interpretieren, sie zu erneuern und ihre Regeln loyal in Handlungen umzusetzen.

Zweitens sind Institutionen selten bloße »Konventionen«, die sich definitionsgemäß selbst implementieren, sobald sie einmal eingerichtet sind; eher im Gegenteil: sie sind prekäre, weil immer potenziell umstrittene Muster der Kooperation. Es gehört geradezu zum Wesen jeder Institution, dass sie anfechtbar ist im Namen einer alternativen (gerechteren, effektiveren, legitimeren usw.) Institution. Institutionen regulieren die Verteilung von Werten und Lebenschancen in einer Weise, die potenziell immer strittig ist.[34] Daher ist Vertrauen in die anonymen Mechanismen von Institutionen allein durch das Vertrauen in Personen gerechtfertigt, die jene Regeln verstehen, anerkennen und befolgen; bzw. durch das Vertrauen in diejenigen, die für die Überwachung und Durchsetzung dieser Regeln zuständig sind. Da ständig mit der Eventualität zu rechnen ist, dass die Regeln verletzt werden, kann Vertrauen in *Personen* nicht (zumindest nicht völlig) durch die Zuversicht in Institutionen und ihren Bestand ersetzt werden.[35]

Institutionalisierte Regeln sind darauf angewiesen, von Handelnden »ausgeführt« (*enacted*) zu werden, können aber den erforderlichen Gehorsam oder die Folgebereitschaft nicht immer und zuverlässig von sich aus generieren. Wenn es anders wäre, könnte man sich in der Tat auf Institutionen verlassen statt Personen zu trauen. Zudem sind in modernen Gesellschaften institutionelle Regeln in einer reflexiven Weise »positiv«: Jeder Beteiligte weiß, dass sie *gemacht* sind und *geändert* werden können. Sie sind »Setzungen«, die Akteuren und ihren Entscheidungen zugerechnet werden können. Außerdem ist die tatsächliche handlungslenkende

---

34 Claus Offe, »Designing Institutions for East European Transitions«, in: Robert E. Goodin (Hg.), *The Theory of Institutional Design*, Cambridge 1995, S. 199-226.

35 Angesichts dieses Dilemmas – der Tatsache, dass wir uns nicht auf Vertrauensbeziehungen innerhalb einer Gemeinschaft verlassen können, Institutionen aber andererseits keinen vollständigen Ersatz bieten – könnten wir versucht sein, die libertäre Lösung zu wählen, die eine Minimierung des Vertrauensbedarfs vorsieht: Wenn es nur Gerichte gibt, die Verträge durchsetzbar machen, uneingeschränkte Abwanderungsoptionen (aus Verträgen wie aus Territorien) und im Übrigen das Recht, für den (jederzeit zu gewärtigenden) Notwehrfall eine Schusswaffe bei sich zu führen, dann kann uns das Niveau allgemeinen Vertrauens völlig gleichgültig bleiben.

Wirkung von Regeln nicht allein von ihrem Inhalt, sondern auch von den Handlungen von Akteuren abhängig, die für ihre Durchsetzung zuständig sind. Und schließlich ist der tatsächliche Gehorsam gegenüber einer institutionellen Regel – und damit wird das Webersche zweipolige Modell von Herrschaft und Gehorsam um eine dritte »spieltheoretische« Dimension erweitert – abhängig von der vertrauensvollen Erwartung, dass auch Dritte, für die eine Regel gilt, ebenso wie »ich« Folge leisten werden.[36] Anders gesagt, »meine« Gehorsamsdisposition variiert mit dem Grad meines Vertrauens, dass auch »alle anderen« Folge leisten werden, weil ich als einziger Loyaler zugleich »der Dumme« wäre.

So kommen wir zu der (Titel-)Frage zurück, wie ich dieses umfassende und abstrakte Vertrauen in die kooperativen Dispositionen all jener entwickeln kann, für welche die gleichen institutionellen Regeln Geltung beanspruchen wie für mich, ohne eine relevante Zahl dieser Akteure persönlich zu kennen oder sie über gemeinschaftliche oder quasi-gemeinschaftliche Zeichen und Erkennungsmerkmale einschätzen zu können? Das ist die Frage, die wir beantworten müssen, wenn wir die faktische Geltung von institutionellen Regeln verstehen wollen, die nicht anders als durch »Vertrauen zu Fremden« zu erklären ist. Ich möchte hier die These vertreten und begründen, dass es substantielle Qualitäten von Institutionen sind, die vertrauensgenerierend wirken und insofern die Voraussetzungen für ihre eigene Geltung schaffen und miterzeugen, vor allem also »meine« Erwartung, dass »alle anderen« sich (ebenso wie ich) an sie halten werden.

Es geht also um auszeichnende Qualitätsmerkmale von solchen Institutionen, die nicht nur die Fähigkeit haben, »mich« zu verpflichten, sondern (als notwendige Voraussetzung hierfür) in mir das Vertrauen wecken, dass »alle anderen«, obwohl ich diese nicht »kenne«, sich ebenso verpflichtet fühlen werden wie ich. Institutionen, die diesen Qualitätsmerkmalen genügen, können uns dazu befähigen, Menschen zu vertrauen, denen wir nie zuvor begegnet sind, und mit denen uns keinerlei gemeinschaftliche Loyalitäten verbinden. Es ist allerdings nicht leicht zu erkennen, welches diese Qualitäten von Institutionen sein könnten oder müssten, die sie zu Katalysatoren von Vertrauensverhältnissen unter Fremden machen könnten. Mindestvoraussetzung ist sicher, dass die fraglichen Institutionen und die Regeln, aus denen sie bestehen, einen erkennbaren moralischen Sinn aufweisen, von dem »ich« erwarte, dass er in dem Maße,

---

36 Vgl. Margaret Levi, »A State of Trust«, a.a.O.

wie er mich verpflichtet (und über alle Differenzen hinweg, die zwischen »uns« bestehen mögen), auch »allen anderen« einleuchtet – und zwar sowohl hinsichtlich ihrer normativen Validität wie hinsichtlich der Zweckmäßigkeit und Leistungsfähigkeit ihres Funktionierens.

Selbstverständlich werden nicht alle Institutionen in dieser Weise Brücken zwischen Fremden bauen und so Vertrauen unter den Beteiligten auslösen können, sondern wohl nur diejenigen, deren moralischer Sinn und deren Zweckmäßigkeit so evident und explizit sind, dass »ich« davon ausgehen kann, dass sie für »alle anderen« eine ähnliche Bedeutung, Überzeugungskraft und Glaubwürdigkeit besitzen. Institutionen, denen die Eigenschaft der moralischen und pragmatischen Plausibilität abgeht, deren Bedeutung für mich undurchsichtig bleibt und die ich deshalb als leere Rituale erlebe, sind ungeeignet für die katalysatorische Funktion der Vertrauensvermittlung. Es stellt sich also die Frage, welche Eigenschaften Institutionen haben müssen, damit sie »hegemonial« werden und sich dafür eignen, Vertrauen in andere zu vermitteln und Brücken des Vertrauens zwischen Fremden zu bauen. Unter der Einwirkung solcher Institutionen vertraue ich anderen nicht deswegen, weil ich sie »kenne« und mich eine geteilte Interaktionsgeschichte mit ihnen verbindet, sondern einfach deswegen, weil ich davon ausgehen kann, dass sie im gleichen institutionellen Regime zu Hause sind.[37]

Institutionen, die diese sinn- und vertrauensvermittelnde Funktion überzeugend erfüllen – man mag an Märkte, die organisierte Wissenschaft, religiöse Institutionen, das Justizwesen oder das allegemeinbildende Schulwesen denken – teilen den beteiligten Akteuren ihren Sinngehalt mit und orientieren ihr Handeln in konvergenter Weise. Ihr »Bildungswert« besteht darin, dass sie den Beteiligten wie ein »heimlicher Lehrplan« beständig klarmachen, worum es geht, worauf es ankommt, was zu erwarten und zu vermeiden ist und womit man rechnen kann. Mitbürger, die in das Spiel nach denselben Regeln verwickelt und demselben »heimlichen Lehrplan« ausgesetzt sind, werden aufgrund der so gewonnenen konvergenten Orientierungen zu vertrauenswürdigen »Quasi-Bekannten«, weil wir mit ihnen das

---

37 Institutionen sind nicht nur (wie »Organisationen«) instrumentelle Arrangements zur Erfüllung bestimmter Funktionen, sondern sie haben auch einen eigenen Orientierungs- und Bildungswert für die Akteure, die in ihnen handeln: »Institutionen, die kollektive Entscheidungen radikaldemokratisch treffen, werden neue Formen der Solidarität, der Kooperation und der zivilen Bindung erzeugen« (Mark Warren, »What Should We Expect From More Democracy?«, a.a.O., S. 241).

gleiche, durch die genannten und andere Institutionen bestimmte soziale Territorium teilen. Weiterhin ermöglichen Institutionen, denen von den Beteiligten diese Fähigkeit zur kognitiven und motivationalen Koordination zugetraut wird, die Minderung des Risikos, dass mein Vertrauen enttäuscht oder gar strategisch missbraucht wird. Wer das tun würde, so kann ich als Beteiligter einer institutionell geregelten sozialen Interaktion unterstellen, der würde zwar unter Umständen Vorteile erlangen und mich ausbeuten können, zugleich aber diese Vorteile damit bezahlen müssen, dass er sich außerhalb des gegebenen institutionellen Zusammenhanges stellt und sich insofern »unmöglich« macht, das heißt sich als Objekt von Vertrauensbeziehungen selbst liquidiert. Institutionen leisten eine Art Risikoausgleich: Wer »mein« Risiko aktualisiert, also mein Vertrauen enttäuscht, geht damit selbst das Risiko ein, seinen Kredit als loyaler und kompetenter Spieler zu verspielen. Dieser eingebaute Abschreckungseffekt wird sogar noch verstärkt, wenn Institutionen, wie es zumindest bei formalen Institutionen die Regel ist, nicht nur das Handeln orientieren, sondern auch Abweichungen sanktionieren. Der Schaden für den, der Vertauen missbraucht, wird größer, und das Erteilen von Vertrauen wird weniger riskant.[38]

---

38 Vertrauen kann nicht nur den Einsatz von Machtmitteln einsparen, sondern das umgekehrte Substitutionsverhältnis gilt ebenfalls. Staatliche Regelsetzung und Sanktionsgewalt mindert offensichtlich die Risiken, die in Abwesenheit solcher Kontrollen durch Vertrauensbeziehungen abgedeckt werden müssten. Aber auch eine komplementäre Beziehung ist denkbar: Vertrauensbeziehungen können leichter eingegangen werden, wenn ein wichtiger Teil der Risiken durch formelle Kontrollmechanismen bereits abgedeckt ist. Es ist allerdings nicht klar, ob die substitutive oder die komplementäre Beziehung zwischen den beiden Ressourcen des Handelns dominiert. Ein Beispiel: Vor der Einführung der gesetzlichen Rentenversicherungen mussten die Arbeiter darauf vertrauen, dass ihre Kinder oder andere Verwandte sie im Falle von Alter und Invalidität versorgen würden. Sobald es Sozialversicherungen gibt, ist dieses Vertrauen nicht mehr erforderlich. Das kann entweder zur Folge haben, dass Vetrauensbeziehungen zwischen den Generationen schwächer werden (wie konservative Kritiker des Wohlfahrtsstaats postulieren) oder dass im Gegenteil solche Beziehungen intensiviert und auf die wechselseitige Hilfs- und Unterstützungsbereitschaft generalisiert werden, weil sie von der Eventualität gravierender Einkommensumverteilungen zwischen den Generationen entlastet sind. Dieselbe Alternative stellt sich bei allen formellen »Subventionierungen« von Transaktionskosten, beginnend zum Beispiel mit dem öffentlichen Meldewesen und dem Passzwang; sie erlauben es Gläubigern, den Aufenthaltsort von Schuldnern ausfindig zu machen.(vgl. Douglas North, *Institutional Change and Economic Performance*, Cambridge 1990 und Francis Fukuyama, *Trust*, a.a.O.).

Je stärker meine gesetzlich verbürgten Rechte sind, die sich ja als Sanktionsdrohungen gegen potenzielle Verletzer meiner Rechte auswirken, desto leichter und weniger riskant wird es für mich, Vertrauensbeziehungen einzugehen. Ich kann mich dann sozusagen darauf verlassen, dass Dritte (zum Beispiel Gerichte) mir schadensbegrenzend zur Hilfe kommen werden. Aber auch der umgekehrte Zusammenhang ist denkbar: Je mehr schützende Rechtsansprüche ich habe, desto weniger habe ich Anlass, mich auf vertrauensbasierte Interaktionen einzulassen. Ich kann mir dann das (immer gegebene) Risiko des Vertrauens sparen und mich Handlungspartnern gegenüber konsequent misstrauisch und argwöhnisch verhalten. Beide Spekulationen zusammengenommen führen zu der Denkmöglichkeit, dass starke gesetzliche Schutzrechte den paradoxen Effekt haben, Vertrauen sowohl – nach der Logik der Begrenzung von Vertrauensrisiken – zu erleichtern *wie* – nach der Logik der Substitution von Vertrauensbeziehungen durch Rechtstitel – verzichtbar zu machen.

Zurück zu der Frage nach den materialen Qualitäten von Institutionen, die auf dem Wege der von ihnen ausgehenden Bildungseffekte, dank ihrer moralischen Plausibilität und wegen des Effekts der Risikominderung als Katalysator für Vertrauen in Betracht kommen. Die hypothetische (und überprüfbare) Antwort, die ich auf diese Frage vorschlagen möchte, ist folgende: Institutionen, die sich als Katalysator von generalisiertem (das heißt sich auch auf »Fremde« erstreckendem) Vertrauen bewähren können, sind solche, die nicht irgendwelche Werte oder Lebensformen normieren, sondern die beiden Bezugswerte *Wahrheit* und *Gerechtigkeit*. Die Institutionen, die diesen Werten dienen und deren Sozialisations- und Bildungswirkungen zugleich diese beiden Werte an die Beteiligten vermitteln, können das jeweils in einem »passiven« und »aktiven« Sinne tun, im Modus des »Unterlassens« oder des »Handelns« – will sagen: Sie können (a) Verletzungen der Werte Wahrheit und Gerechtigkeit sanktionieren und (zusätzlich noch) (b) Steigerungen dieser Werte durch Handeln vorsehen und nahe legen. Im Hinblick auf den Wahrheitswert geht es also (a) um das Unterlassen von Lügen und Täuschungen und (b) die Einhaltung von Versprechungen und Verträgen; beim Gerechtigkeitswert (a) um die Vermeidung unfairer Diskriminierung und Benachteiligung sowie (b) um den aktiven Ausgleich von Nachteilen, die sich aus der ungerechten Ausstattung mit Rechten und Gütern ergeben.

	Wahrheit	*Gerechtigkeit*
»*Unterlassen*«	die Wahrheit sagen	Fairness
»*Handeln*«	Versprechen halten	Solidarität

(1) Institutionen generalisieren Vertrauen in dem Maße, in dem sie ihre Mitglieder auf die Tugend festlegen können, die Wahrheit zu sagen, und in dem sie Verletzungen dieser Norm (sei es absichtlich durch Lügen oder unabsichtlich durch Irrtum) überwachen und effektiv feststellen können. Ich vertraue anonymen anderen, wenn ich ihnen im Rahmen institutionalisierter Ehrlichkeit und Authentizität begegne. Wahrheit als zentraler Bezugswert der Vertrauensbildung wird in zahlreichen institutionellen Mustern sichtbar, wie der Pressefreiheit oder formalen und öffentlichen Gerichtsverfahren; sie reichen von Prinzipien der geordneten Buchhaltung bis zur Einrichtung von Archiven und Bibliotheken, von Experten-Kommissionen bis zu Forschungsorganisationen, von akademischen Examen bis zu unabhängiger Produktprüfung. Sie alle dienen der unvoreingenommenen Beobachtung, Dokumentation, Verbreitung und dem Ausdruck von Wahrheit über Fakten der Welt, die zu verschweigen oder zu leugnen oder nicht wahrzunehmen bestimmten Interessen zuträglich und anderen abträglich sein könnte. Solange deutlich wird, bzw. es so wahrgenommen wird, dass Akteure in institutionellen Mustern eingebettet sind, die Wahrheit erzwingen, dass sie in diesen Mustern sozialisiert wurden und ihr Handeln durch sie gelenkt wird, wird man diesen Akteuren eher vertrauen, als wenn solch eine Einbettung fehlt.[39] So ist das Vertrauen, das Klienten in die Professionen setzen, zu einem großen Teil darin begründet, dass letztere Absolventen akademischer Institutionen sind, von denen man annimmt, dass sie das Ethos dieser Institutionen teilen, wahres Wissen zu generieren, weiterzugeben, anzuwenden und laufend auf Irrtümer zu prüfen.

---

39 In den staatssozialistischen Gesellschaften haben Institutionen, die Wahrhaftigkeit gewährleistet hätten, nahezu vollständig gefehlt. Das hat intellektuelle Dissidenten wie Václav Havel oder György Konrad veranlasst, den Grundsatz »in der Wahrheit zu leben« zum vorrangigen Ziel der nachkommunistischen Politik zu erklären. Diese einseitige Privilegierung von Wahrheits- gegenüber Gerechtigkeitswerten ist jedoch eine Eigentümlichkeit relativ kleiner Dissidenteneliten geblieben.

(2) Die Einlösung von Versprechungen, vor allem die Tugend der *Vertragstreue* ist nur die aktive Form der Wahrheitsliebe. Es geht hier darum, nicht die Wahrheit über Tatsachen in der Welt zu sagen, sondern aktiv Erwartungen über eigenes zukünftiges Verhalten zu erfüllen, das heißt sie wahr zu *machen*. Auch hier ist an eine Reihe von institutionellen Mustern zu denken, die dafür sorgen, dass sich Akteure an ihre Versprechen halten. So kann die Einhaltung von (vertraglichen) Zusagen durch das Gerichtswesen erzwungen werden. Die Einhaltung politischer Versprechen von Eliten und politischen Parteien werden durch Parteienkonkurrenz und Wahlen sanktioniert. Wenn Zusagen uneingelöst bleiben, ergibt sich das Beurteilungsproblem, ob dies mangels der Bereitschaft der Verpflichteten, ihr Versprechen zu halten, oder aber wegen einer (für sie nicht voraussehbaren) Unmöglichkeit der Fall war, den entsprechenden Erwartungen zu genügen. In dieser Situation verschiebt sich das Problem der institutionellen Sicherung von Vertrauen auf Verfahren, die unparteilich nachzuprüfen erlauben, ob das Versäumnis der praktischen Einlösung von Versprechungen schuldhaft oder vielmehr durch nicht voraussehbare Kontingenzen entschuldbar war. Ein generalisiertes Vertrauen gegenüber »allen anderen« wird nur solange Bestand haben können, wie Institutionen (zum Beispiel Massenmedien, Wissenschaft, Verwaltungsgerichtsbarkeit) intakt sind, die diese Differenz darzustellen imstande sind.

(3) Die Verallgemeinerung von Vertrauen kann auch durch Institutionen befördert werden, die Praktiken im Dienste der Werte von Fairness, Neutralität und Unparteilichkeit gewidmet sind. Die Gleichheit vor dem Gesetz bzw. vor staatlichen Exekutivorganen und die diskriminierungsfreie Gleichheit politischer Rechte sind Standardbeispiele für Gerechtigkeitspraktiken, die vom »Ansehen der Person« abstrahieren.[40] Damit ein institutionelles Regime Vertrauen unter Fremden verbreiten kann, muss es gegenüber seinen Bürgern bzw. Klienten neutral und »farbenblind« und gleichgültig sein und ohne Bevorzugung, Voreingenommenheit oder Diskriminierung operieren.

---

40 Hier ist die Komplikation zu berücksichtigen, dass den Amtswaltern staatlicher Bürokratien gerade dann Vertrauen geschenkt wird, wenn sie strikt regelgebunden und unpersönlich handeln. Sie sind also dann vertrauenswürdig, wenn sie *nicht* um Vertrauen werben oder zwischen ihren Klienten nach dem eingeschätzten Grad ihrer Vertrauenswürdigkeit differenzieren. Generalisiertes Vertrauen, das in eine Verwaltung gesetzt wird, wäre demnach durch die operative Irrelevanz von Vertrauenskategorien in der Interaktion zwischen Verwaltungsangehörigen und ihren Klienten begründet.

(4) Schließlich kann Vertrauen auch durch ein institutionelles Regime generalisiert werden, das sich aktiv auf »relevante« Differenzen bezieht und deren Kompensation in dem Maße in Aussicht stellt, wie ein Minimum an Lebenschancen unterschritten ist (zum Beispiel »Armut«) und diese Differenz nicht durch »Eigenverantwortung« oder »Selbsthilfe« der Betroffenen behoben werden kann. »Soziale« Rechte, die über die Gleichheit »vor« dem Gesetz hinausgehen und die (redistributive) Sicherung von Minimalbedingungen »durch« das Gesetz gewährleisten, sind die Basis der vertrauensbildenden Potenziale von institutionalisierter Solidarität.

Institutionen generieren Vertrauen unter Fremden (vertikal wie horizontal), wenn sie als Verkörperungen dieser Werte wahrgenommen werden und ihnen die Fähigkeit zuerkannt wird, Akteure sowohl im Sinne dieser Werte zu motivieren wie abweichend motiviertes Handeln zu sanktionieren. Umgekehrt hat es den Anschein, dass der Eindruck, bestimmte institutionelle Sektoren (Regierungen, Medien, Professionen, die institutionalisierte Wissenschaft usw.) versagten in der Erfüllung dieser vier Kriterien, verantwortlich dafür ist, ihren repräsentativen Akteuren und letztlich auch »allen anderen« generalisiertes Vertrauen zu entziehen. Wo immer es Anhaltspunkte dafür gibt, dass das System der Institutionen es *nicht* vermag, Lügen und Irrtümer aufzudecken, die Beteiligten zur Einhaltung von Verträgen zu verpflichten, Diskriminierung und Privilegierung auszuschließen oder nicht individuell behebbare soziale Notlagen zu korrigieren, generieren diese Evidenzen Misstrauen und Zynismus in der vertikalen wie in der horizontalen Dimension. Dieses Versagen wird als Beweis dafür gewertet, dass (einzelne) Institutionen nicht in der Lage sind, den Beteiligten einen in ihnen verkörperten verpflichtenden Sinn mitzuteilen und sie so zu loyalen Bürgern und »Bewohnern« dieser Institutionen zu machen. »Ich« sehe mich dann in der Situation, dass ich fremden potenziellen Handlungspartnern deswegen nicht vertrauen kann, weil die für »uns alle« geltenden Institutionen sich »mir« in ihrer Funktion als fragwürdig darstellen, aus jenen »fremden« Handlungspartnern »vertrauenswürdige« zu machen. Die Wahrnehmung solchen institutionellen Versagens ist verantwortlich dafür, dass der Horizont vertrauensbasierter Interaktionen den universalistischen Idealfall einer »Republik« verfehlt und zusammenschrumpft auf den Kreis der Angehörigen von kommunitären Gemeinschaften, »Stände«, »Stämme«, persönliche Bekanntschaften oder Familien.

6. Die Re-Personalisierung von Vertrauensbeziehungen: Populismus

Der höchst voraussetzungsreiche indirekte Weg der Vertrauensbildung unter demokratischen Bürgern, der nicht über persönliche Vertrautheit zwischen ihnen verläuft, sondern über die »moralisch plausiblen« Institutionen, in die sie einbezogen sind, wirft für die liberale Demokratie eine Reihe von Problemen auf. Wie sollen diese Bürger schließlich »wissen«, ob die Institutionen verlässlich nach den deklarierten Regeln verfahren, und ob die Tatsache, dass sich zu Argwohn (einstweilen) kein Anlass findet, bereits ein hinreichender Grund zu Vertrauen ist – und nicht nur ein Grund für die Vermutung, dass die institutionellen Mechanismen, welche die Werte der Wahrheit und der Gerechtigkeit zur Geltung bringen sollen, bloß ganz unzulänglich funktionieren? Wie können wir uns auf die vertrauensstiftenden Institutionen verlassen? Sollten wir ihrem Anspruch, Transparenz und Fairness zu verbürgen, nicht besser selbst misstrauen?

Ich denke, man kann den »Populismus« als einen typischen und verbreiteten Reflex auf den kognitiven Notstand interpretieren, der ausbricht, sobald man sich diesen skeptischen Fragen stellt. Populismus ist zunächst einmal eine Re-personalisierung der Politik: weil man nicht weiß, ob man sich auf die Institutionen von Staat und Politik bezüglich ihrer Fähigkeit, Täuschung und Betrug, Diskriminierung und Ausbeutung unter Kontrolle zu bringen, wirklich verlassen kann, nimmt man ersatzweise Wahrnehmungen von Charakter, Persönlichkeit und Charisma[41] führender Personen zum Angelpunkt eines solchen Urteils. Populismus ist eine Form von Politik, in der über Institutionen vermittelte Glaubwürdigkeit wenig gilt,[42] und alles von der Fähigkeit der Führer abhängt, charismatische Eigenschaften zur Schau zu stellen und institutionell unvermittelte Popularität und Akklamation hervorzurufen. Eine

---

41 Shmuel N. Eisenstadt, *Power, Trust and Meaning*, a.a.O., S. 313.
42 Ronald Reagan und Margaret Thatcher haben gern als »Anti-Politiker« posiert und »normale« Amtsinhaber verächtlich gemacht, indem sie sich selbst als Verächter der Amtsroutine und charakterstarke Führungspersönlichkeiten in Szene gesetzt haben. Populistische Politiker und solche, die es werden wollen, stilisieren sich regelmäßig zu »Anti-Politikern« und lassen gern wissen, dass die Anfänge ihrer Karriere (wie mögliche Rückzugspositionen) außerhalb der Politik liegen, – zum Beispiel in der Unterhaltungsindustrie, im Sport, in den Medien, im Unternehmenssektor, in der Kirche oder im Militär.

zweite Eigenschaft populistischer Politik ist es, für die Mobilisierung von Unterstützung nicht irgendwelche sozialstrukturellen Kollektive innerhalb der Zivilgesellschaft zur Hilfe zu nehmen (zum Beispiel Klassen, Regionen, Religion, Interessengruppen, ideologische Formationen), sondern das »Volk« als eine ungegliederte und amorphe Vielzahl von konkreten Personen, in deren Vertrauen sich Führungspersonen durch geeignete Taktiken der medialen Präsentation einzuschleichen bestrebt sind. Die artifizielle Intimität, mit der im populistischen Diskurs Eliten ihrer Basis als »Menschen wie du und ich« (und nicht als Repräsentanten, Machtinteressenten und Amtsträger der Interessen und Ideen des Publikums) gegenübertreten, lässt den Populismus als einen außer-institutionellen Abkürzungsweg in Situationen erscheinen, in denen es nicht gelingt, Vertrauen auf dem Weg über »überzeugende« Institutionen zu generieren.

7. Vertrauen in postkommunistischen Transformationsregimes

Die charakteristische Schwäche post-autoritärer neuer Demokratien wird oft im Mangel an vertikalem Vertrauen der Bürger zu den Inhabern von Herrschaftspositionen gesehen. Mit verbreitetem Zynismus begegnen sie sowohl den verbliebenen Eliten des alten Regimes wie auch den politischen »Neureichen« und Glücksrittern, von denen oft unerkennbar bleibt, was sie im Sinn haben und wofür sie stehen. Da es keinen Satz konsolidierter und vertrauter Institutionen gibt, die ihren ethischen Gehalt an die Bürger vermitteln und so Vertrauen generalisieren könnten, müssen diese sich auf ihre persönliche Erfahrung bzw. auf Merkmale und Signale der Zugehörigkeit zu Gruppen und Gemeinschaften verlassen, wenn sie Vertrauen erteilen oder vorenthalten.

Neben der Orientierung an relativ kleinräumigen Gemeinschaften, deren Angehörige für einander (vermeintlich) vertraut und vertrauenswürdig sind, generieren schwache und schlecht konsolidierte Institutionen das kognitive Muster des Fatalismus. Da die Ereignisse nicht durch Institutionen gelenkt werden und in diesem Sinne nicht »mit rechten Dingen« zugehen, bleibt nichts übrig, als ihren Verlauf dem Schicksal, dunklen Mächten, dem Glück oder der »Vorsehung« zuzurechnen – also Faktoren, die außerhalb der Kontrolle normaler Menschen liegen. Die Verbreitung eines solchen Musters der Wahrnehmung scheint ein Charakteristikum zumindest einiger postkommunistischer Transformations-Gesellschaften zu sein.[43] In Mittel- und Osteuropa sowie in der Russischen Föderation kann das Versagen institutionell vermittelter Vertrauensbildung deutlich beobachtet werden. Neue Institutionen hatten bisher kaum die Gelegenheit, ihre Bildungs- und Sozialisationseffekte zu entfalten und als »normal« erfahrene Abläufe zu prägen. Was die Inhaber von Ämtern tun, wird ihnen als Personen zugeschrieben, nicht als Amtsträgern. Zumindest während der Phase des Regimewechsels bleiben die politischen und ökonomischen Regelsysteme ohne einheitsstiftenden Sinn, weil sie aus alten und neuen Institutionen, altem und neuem Leitungspersonal zusammengestückelt sind. Die Erfahrungen von Korruption, institutioneller Inkonsistenz, unklar definierten und deshalb ständig umstrittenen Geltungsbereichen (zum Beispiel von kommunalen, regionalen und nationalen Regierungen und ihren jeweiligen Kompetenzen, Sanktionspotenzialen und Steuerquellen), die überall gemacht und publizistisch dramatisiert werden, machen es unmöglich, eine auf bestimmte Prinzipien zurückführbare Gestaltwahrnehmung von dem neuen Regime entstehen zu lassen. Diese Undeutlichkeit betrifft nicht nur die Teilung der politischen Gewalten (zwischen Präsident, Regierung und Parlament; zwischen Zentralstaat und föderalen Einheiten; zwischen Staat und Unternehmer- und Interessenverbänden), sondern auch die Eigentumsrechte. Ihre jeweiligen Zuständigkeitsbereiche und ihre Arbeitsweise sind regelmäßig dem auf »höchster Ebene« geübten Ermessen oder Entscheidungsprozessen unterworfen, die hinter den Kulissen ablaufen[44]. Maßgeblich sind Entscheidungsträger, die nicht »in« den Institutionen agieren, sondern »über« ihnen stehen.[45]

---

43 Das Glücksspiel und die Rede von der »Vorsehung« sind in diesen Gesellschaften auffallend populär (Piotr Sztompka, »Vertrauen«, a.a.O., S. 265). In Unterhaltungen mit russischen Sozialwissenschaftlern habe ich wiederholt den Verweis auf irgendwelche unbegreiflichen und unsichtbaren Mächte zu hören bekommen, die als Letzterklärung für aktuelle Ereignisse herangezogen wurden, zum Beispiel die »Mächte hinter den Kulissen« und die »Mentalität der einfachen Leute«. Dabei handelt es sich offensichtlich nur um andere Benennungen für die Rolle intransparenter, der Erkenntnis unzugänglicher Machtausübung, die im alten Regime von der Parteiführung eingenommen wurde.
44 Vgl. den Aphorismus von Nadezhda Mandelstam, den Rose (»Postcommunism and the Problem of Trust«, a.a.O., S. 21) zitiert: »In Russland geschieht alles ganz weit oben.«
45 Jon Elster et al. (Hg.), *Institutional Design in Post-Communist Societies: Rebuilding the Ship at Sea*, Cambridge 1998; Claus Offe, »Designing Institutions for East European Transitions«, a.a.O.

Weil verfestigte und für alle geltende Institutionen fehlen, sind Vertrauensbeziehungen nicht über diese, sondern über kleinräumige Interaktionsmuster vermittelt: Vertrauen wird, wenn überhaupt, über *persönliche Interaktion*[46] und auf der Grundlage *askriptiver Gruppenzugehörigkeiten* generiert. Ohne institutionell vermittelte und generalisierte Vertrauensbildung tendieren Interaktionen dazu, »lokal«, tribalistisch und auch auf den zeitlichen Nahbereich kurzer Fristen[47] fixiert zu bleiben. Das Niveau des politischen und ökonomischen »Patriotismus« ist niedrig, Abwanderungsoptionen[48] spielen eine allgegenwärtige Rolle.

Unter den Bedingungen des Postkommunismus sind es nicht staatliche Institutionen und Strukturen, sondern eher Netzwerke von Freunden oder Kollegen oder lokale und primordiale Gemeinschaften, denen Vertrauen entgegengebracht wird:[49] Clans und Stämme eher als große und in sich plurale politische Assoziationen und ihre Repräsentanten. Denen zu vertrauen, die wir kennen, und niemandem sonst, mag eine kluge Strategie sein, um Enttäuschungen zu vermeiden; wenn die Transformation aber gelingen und umfassende politische und wirtschaftliche Ziele erreicht werden sollen, muss es Vertrauen in die geben, die wir nicht persönlich »kennen«. Vertrauensvermittelnde Institutionen sind unabdingbar, um das Handeln von Entscheidungsträgern wie das der Bevölkerung insgesamt sowohl in die erwünschten Bahnen zu lenken wie kontrollierbar zu machen.

Die Analysen von Rose und Sztompka legen zwei diametral entgegengesetzte Wege nahe, auf denen das Vertrauensdefizit postkommunistischer Gesellschaften zu bewältigen wäre. Diese können folgendermaßen unterschieden werden: Rose plädiert für eine Perspektive »von unten nach oben«. Vertrauen muss, soweit es überhaupt »geschaffen« werden kann,

---

46 »Osteuropäer kennen die, denen sie vertrauen, und sie vertrauen denen, die sie kennen« (Richard Rose, »Postcommunism and the Problem of Trust«, a.a.O., S. 29).

47 Dies wird zum Beispiel an der extrem niedrigen Sparquote deutlich, sowie daran, dass vorzugsweise in relativ liquiditätsnahe Anlageformen investiert wird (Handel, Dienstleistungen, Finanzen), weniger in Sektoren wie Industrie und Baugewerbe (Piotr Sztompka, »Vertrauen«, a.a.O., S. 264).

48 Dies bezieht sich auf politische Formen von »*Exit*« (niedrige Wahlbeteiligung, geringe Bereitschaft zur Mitgliedschaft in Verbänden) wie auf wirtschaftlich relevante Verhaltensweisen (Auswanderung, Kapitalflucht und Flucht in Fremdwährungen, Präferenz für ausländische Konsumgüter).

49 Richard Rose, »Postcommunism and the Problem of Trust«, a.a.O., S. 29.

auf persönlichen Bekanntschaften und gegenseitigen Verpflichtungen aufbauen, die innerhalb des kleinen Kreises von Familien, Clans, Stämmen und lokalen Netzwerken der Kooperation (einigen Autoren zufolge auch solchen krimineller Art) wirksam eingefordert und sanktioniert werden können. Diese sind in dieser Perspektive die einzigen Quellen von Vertrauen, die zumindest für einige Zeit ihren personalistischen und kommunitären Charakter beibehalten und irgendwann gegebenenfalls in weitere Horizonte hinein diffundieren. Demgegenüber vertritt Sztompka eine vielleicht etwas heroische »republikanische« Perspektive auf mögliche Auswege aus dem Vertrauensdefizit im Postkommunismus. Dieser Auffassung zufolge kann Vertrauen »von oben« wiedergewonnen werden, und zwar dadurch, dass die Errichtung eines transparenten und konsolidierten Institutionensystems gelingt und auf diese Weise[50] Willkür, Monozentrismus, Geheimniskrämerei, Inkompetenz und korrupte Machtausübung zuverlässig und ersichtlich aus der Arbeitsweise politischer Institutionen verbannt werden.

Der Streit zwischen »kommunitären« Theorien, die darauf bestehen, das Problem »von unten« anzugehen, und republikanischen Theorien darüber, wie Vertrauen über lokale, tribale, familiale und auch nationale Ebenen »von oben« hinaus ausgedehnt werden kann, kann hier weder für Osteuropa noch für andere Anwendungsfälle (wie zum Beispiel für die entstehende europäische Gemeinschaft als einem neuen Typus politischer Gemeinschaft) entschieden werden. Die Perspektive »von unten« geht davon aus, dass sich Vertrauen über die Zeit ausdehnen kann, weil primordiale Loyalitäten sich vermischen und überschneiden und repräsentative Eliten religiöser, ethnischer, linguistischer und regionaler Gemeinschaften miteinander kooperieren.[51] Der Ansatz »von oben« geht im Gegensatz dazu davon aus, dass universalistische republikanische Prinzipien und ihre moralische Überzeugungskraft lokale Identitäten relativieren und neue Zugehörigkeitsmuster, gegenseitige Verpflichtungen und Vertrauen hervorrufen, welche in einem ausreichenden Maße abstrakt sind, um die heterogenen Teile der politischen Gemeinschaft zu umfassen.[52]

---

50 Piotr Sztompka, »Vertrauen«, a.a.O., S. 272ff.
51 Siehe auch Eisenstadt in diesem Band.
52 Vgl. Jürgen Habermas, *Die Einbeziehung des Anderen. Studien zur politischen Theorie*, Frankfurt/M. 1996.

8. Durchsetzungsprobleme, Sozialvermögen und das »Angebot« an Vertrauen

Die verschiedenen (Teil)lösungen des Vertrauensproblems werden nicht nur bei der Regimetransformation in Osteuropa und dem Aufbau neuer supranationaler politischer Gemeinschaften in Westeuropa akut. Sie machen sich auch auf der Ebene einzelner Politiken und ihrer Implementation bemerkbar. Zur Verdeutlichung dieses Zusammenhanges möchte ich zwei Dimensionen unterscheiden, in denen sich der Umfang messen lässt, in dem politische Steuerung (*policies*) vom vertikalen Vertrauen der Bürger in die Inhaber von Ämtern wie in andere Bürger abhängig ist. Die eine Dimension ist die der Kostspieligkeit der Überwachung: Wie groß ist der Aufwand, der erforderlich ist, um die Befolgung der an den Bürger adressierten Pflichten zu messen und die Verletzung der entsprechenden Rechtspflichten zu sanktionieren? Manche Regel- bzw. Pflichtverletzungen sind relativ leicht zu ermitteln und zu sanktionieren (zum Beispiel die Regel, dass jedes Auto registriert sein und jedes Gebäude den Baunormen entsprechen muss); andere, nämlich »interaktionsnahe« Rechtsgebote dagegen (zum Beispiel zivil- und strafrechtliche Regelungen familieninterner Verhältnisse oder der Interaktion zwischen Professionellen und ihren Klienten) sind schwer und gegebenenfalls nur unter Aufbietung hoher Kosten (und bei Inkaufnahme kontraproduktiver Effekte) zu überwachen und zu sanktionieren. Je mehr wir uns diesem zweiten Typ von politisch-gesetzlichen Interventionen annähern, desto mehr hängt der Regelungserfolg vom erzieherischen Orientierungs- und Disziplinierungseffekt ab, der von den Regeln selbst ausgeht. Diese erlangen nicht deshalb ihre Wirkung, weil die Behörden mit Strafe drohen, sondern weil sie die Aura moralischer Vernünftigkeit an sich tragen und jedem »billig und gerecht Denkenden« insofern einleuchten können. Wenn die Akteure in Gesetzgebung und Verwaltung den Kredit und das Vertrauen genießen, nur und regelmäßig solche »einleuchtenden« und plausiblen Pflichten zu normieren, dann können sie dadurch eine hegemoniale Kraft erlangen, die Defizite formeller Implementations- und Kontrollkapazitäten ausgleicht. Vertrauen würde dann als ein Servo-Mechanismus wirksam: Gesetze werden nicht allein aus Angst vor Strafe oder wegen der Aussicht auf individuelle Vorteile, sondern auch deswegen befolgt, weil sie »Sinn machen« und der Bürger sich aus dieser Einsicht nach ihnen richtet und sie befolgt. Die Bereitschaft dazu wird ihrerseits durch die Erwartung angeregt, dass »allen anderen« dieser Sinn ebenso einleuchten wird wie »mir«.

Die andere Dimension bezieht sich auf die Reichweite positiver Externalitäten von Gesetzen und *policies*. Die meisten Normen des Zivilrechts schützen *konkrete* Rechtsgüter und Interessen *bestimmter* Kategorien von Akteuren – seien es Schuldner, Ehepartner, Mieter, Arbeitnehmer, Konsumenten o. ä. Am anderen Ende der entsprechenden Skala finden wir Rechtsnormen und Programme, deren Begünstigungseffekte eher diffus sind und mehr oder weniger spezifizierbare Belange der Allgemeinheit zu fördern oder Schaden von ihr abzuwenden bestimmt sind. Sie »schützen« nicht spezifische, sondern »fördern« allgemeine Interessen und Kollektivgüter; sie entfalten, wie zum Beispiel staatliche Programme der Regionalförderung, Wirkungsketten, die diffus bleiben und nicht bei benennbaren Destinatären enden. Die politische Unterstützung für und die Kooperationsbereitschaft gegenüber solche(n) Programme(n) ist nun, wie Levi überzeugend dargelegt hat, von der horizontalen Vertrauensbeziehung zwischen denjenigen abhängig, die an der Realisierung von Programmzielen und damit an der Erzeugung der Kollektivgüter mitwirken.[53]

Regeln zu befolgen macht nur Sinn, wenn der Befolgende davon ausgehen kann, dass andere sie ebenfalls befolgen. Wenn nicht zu erwarten ist, dass die Einhaltung dieser Regeln von dritter Seite – staatlichen Behörden – durch Überwachung und Androhung von Sanktionen zustande zu bringen ist, dann ist (zumindest in einer »nicht-kantianischen« Welt) allein das Vertrauen in die vernünftigen und gesetzestreuen Dispositionen der Mitbürger die Voraussetzung dafür, dass jeder für sich die Regeln befolgt. Wenn »alle anderen« dies verweigern, schädigt man sich durch eigene Regelkonformität unter Umständen selbst, relativ zu anderen oder sogar absolut. Das Standardbeispiel für den Extremfall dieser Selbstschädigung ist dieses: Wenn man sich bei nebligem Wetter an die vorgeschriebene, aber von anderen Verkehrsteilnehmern nicht eingehaltene Höchstgeschwindigkeit hält, dann erhöht man die eigene Gefahr. Wenn eine Akteur allein kooperiert, alle anderen aber »eigennützige« Strategien wählen (können), fügt sich der regelkonforme Akteur einen relativen Schaden zu: er ist »der Dumme« (»*the sucker*«). Außerdem trägt der »gute Bürger«, der *allein* als guter Bürger handelt, zum Entstehen des mit der Norm angestrebten Kollektivgutes nur in infinitesimal geringem Umfang bei und macht das eigene Handeln auch hinsichtlich seiner Konsequenzen sinnlos (wer als einziger seinen Müll sortiert, kann es ebensogut lassen). Diese

---

53 Margaret Levi, »A State of Trust«, a.a.O.

Logik beherrscht zahlreiche Gebiete politischer Steuerung, darunter so wichtige wie Arbeitsmarkt-, Gesundheits-, Berufsbildungs-, Drogen-, Ausländer- und europäische Integrationspolitik. Überall ist der eigene Beitrag sinnlos und selbstschädigend, wenn die Voraussetzungen dafür fehlen, dass die anderen den ihren leisten.[54] Für alle diese Bereiche gilt eine bestimmte Kombination von Ausprägungen unserer beiden Variablen: eine geringe Kontroll- und Erzwingungskapazität der (an rechtsstaatliche Schranken gebundenen) staatlichen Behörden trifft zusammen mit diffuser Nutzeninzidenz. Es ist diese Kombination von Merkmalen, bei der Steuerungserfolge der staatlichen Politik ganz und gar auf das horizontale Vertrauen angewiesen sind, das die Bürger in die Einsicht und Disziplin anderer Bürger setzen. Dabei kann sich die Steigerungsdynamik ergeben, dass der sichtbare Beweis kooperativer Vorleistungen anderer ein verpflichtendes Vorbild für »mein« Handeln wird. Aber weil das (unter Umständen vorbildliche) Handeln der anderen selten als solches wirklich sichtbar und zurechenbar ist, kann sich im Falle mangelnden Vertrauens auch die Abwärtsspirale ergeben, dass jeder Akteur alle anderen als potenzielle Trittbrettfahrer beargwöhnt und sich auf diese Weise von eigenen kooperativen Beiträgen moralisch dispensiert.

So oder so gilt in diesen Modellen die Voraussetzung, dass die seitens staatlicher Programme eher zur Orientierung empfohlenen als wirklich erzwungenen Handlungsorientierungen ihrerseits geeignet sind, im Falle kooperativer Befolgung zur Erzeugung von Kollektivgütern wirklich beizutragen. Hier kommt die Frage des »vertikalen« Vertrauens der Bürger in die Qualität politischer Programme ins Spiel, also des Vertrauens in die Ehrlichkeit von Zielvorgaben und die Eignung der empfohlenen Mittel, zur Realisierung der angegebenen Ziele einen nennenswerten Beitrag zu leisten.

Man kann zwei Modelle unterscheiden, nach denen sich die Entwicklung von staatlichen Kompetenzen und Kapazitäten einerseits und des Vertrauens der Bürger andererseits hypothetisch darstellen lässt. Das eine

---

54 Aidskampagnen sind ein extremes Beispiel für eine Schwierigkeit politischer Steuerung, die darin besteht, dass die im Handeln gelegenen Ursachen des Problems völlig außerhalb des Horizonts staatlich verfügbarer Beobachtungs- und Kontrollmöglichkeiten liegen. Die Staatsgewalt ist deshalb weithin auf den Appell an guten Willen, Verantwortung und Gemeinsinn angewiesen – hier wie gegenüber den politischen Problemen der Ausländerintegration, der Bekämpfung organisierter Kriminalität, des Immissionsschutzes, der Drogenpolitik, ja der Finanzverwaltung.

Modell – das optimistischere – ist das einer umgekehrten U-Kurve. Mit ihr soll dargestellt werden, dass Aufgaben der Handlungskoordination, die in einer ersten Phase spontan (wenn auch unvollständig und mangelhaft) über eine ständische und lokale Selbstorganisation der Zivilgesellschaft erfüllt worden sind, dann in einer zweiten Phase zunehmend verstaatlicht und von Verwaltungen übernommen und erledigt worden sind. Schließlich gibt es eine aktuelle dritte Phase, in der eine Trendumkehrung zu beobachten ist, weil die staatliche Handlungs- und Steuerungsfähigkeit sich als zu schwach erweist, um mit eigenen hoheitlichen Mitteln das Handeln zu koordinieren; die staatlich eingesetzten Ressourcen Geld, Macht und Information reichen nicht aus zur Lösung der fraglichen Probleme, da es zusätzlich auf das horizontale Vertrauen der Bürger und ihre Kooperationsbereitschaft ankommt. Dieser relativ neuen Problemlage verdankt wohl der Begriff der »Zivilgesellschaft« seine Karriere, ebenso die überall in Wissenschaft uns Politik anzutreffende Programmformel von einem wünschenswerten Übergang »vom Wohlfahrtsstaat zur Wohlfahrtsgesellschaft«.

Eine andere Modellierung der Entwicklung ist weniger gefällig und inspirierend. Sie bemüht die Intuition einer »Modernisierungsfalle« und unterstellt als fraglich, ob es überhaupt möglich ist, eine solche Rückkehr zur »Wohlfahrtsgesellschaft« auf den Weg zu bringen, nachdem einmal die gemeinschaftlichen Kräfte spontaner Kooperation, Solidarität und Selbstkoordination durch staatliche Reglementierung und »Daseinsvorsorge« einerseits, aber andererseits auch durch die Erfahrung einer durchdringenden Marktvergesellschaftung außer Kraft gesetzt sind und nicht in dem benötigten Maße wiederbelebt werden können. So betrachtet wäre die Rückkehr zu einem an Tocqueville orientierten Begriff eines autonomen zivilgesellschaftlichen Assoziationswesens[55] bestenfalls ein utopisches und schlimmstenfalls ein reaktionäres Projekt.

Das Schlüsselproblem ist unter (post)modernen Gesellschaftsverhältnissen, dass »die anderen« buchstäblich anonym bleiben. Sie stehen zu »mir« nicht im Verhältnis vertrauter Nachbarn, sondern stellen sich dar als eine Vielzahl fremder Akteure, über deren Handlungsdispositionen ich nichts wissen kann und die weder ansprechbar noch durch irgend jemanden vertreten sind, der ansprechbar wäre. Diese Situation radikaler Anonymität und Fremdheit gilt allerdings dort nicht, wo Interessen sich aggregieren und vertreten lassen und so auf dem Wege zwischenverband-

---

55 Vgl. Robert Putnam, *Making Democracy Work*, a.a.O.

licher Kommunikationen »spruchreif« werden. Soweit dies der Fall ist, können Vertrauensbeziehungen zwischen den Akteuren sektoraler Eliten an den entsprechenden Verhandlungstischen aufgebaut werden und sich bewähren.[56] Aber genau diese Vertrauensbeziehung kommt auf der Ebene von Alltags-Interaktionen zwischen Fremden nicht zustande, bei denen Kooperationsgewinne zwar sehr wohl möglich, aber wegen des Fehlens einer assoziativen Verfestigung der involvierten Interessen auch sehr schwer zu realisieren sind. Drogenprobleme an Schulen ließen sich unter Umständen durch vertrauensgestützte Kooperation zwischen Erziehungsberechtigten bewältigen, ebenso wie xenophobische Gewaltakte durch die vertrauensgestützte Eingriffsbereitschaft von »Umstehenden« unter Kontrolle bringen ließen. Aber »meine« Initiative zu solchen kooperativen Problemlösungen wird hier wie in vielen anderen Situationen durch den Umstand gelähmt, dass ich nicht weiß, wer sie »sind« und wie sie ihrerseits handeln werden.

Die umstrittene Diagnose vom »Schwinden des Vertrauens«[57] kann absolut oder relativ interpretiert werden. Versteht man sie absolut, können Zeitreihen aufgestellt werden, die anzeigen, dass Indikatoren für Vertrauen bei bestimmten Kategorien von Akteuren abnehmen. Versteht man sie relativ, wird so wird eine Lücke zwischen gewährtem und »benötigtem« Vertrauen sichtbar; auch wenn gewährtes Vertrauen konstant bleibt oder sogar wächst, kann doch der Bedarf an Vertrauen in noch stärkerem Maße zunehmen. Dabei kann es, wie in den soeben angedeuteten Beispielen, um ein relatives Defizit an horizontalem Vertrauen gehen. Um ein Defizit an vertikalem Vertrauen geht es überall dort, wo den Inhabern von Ämtern aller Art die Bereitschaft, Kompetenz und Verantwortlichkeit abgesprochen wird, mit Risiken und entsprechenden Problemen der Schadensabwehr politisch adäquat umzugehen. Die verbreitete Besorgnis ist die, dass Politiken (zum Beispiel auf dem Gebiet der Atomenergie und Atommüllbeseitigung, der Informationstechnologie, der Regulierung von Nahrungsmitteln, chemischen Produkten und der Biotechnik, der Sicherheits- und Verteidigungsstrategie, aber auch der Europäischen Integration und der Währungsunion) aufgrund einer kurzfristigen und selektiven

---

56 Vgl. Giovanni Sartori, »Will Democracy Kill Democracy? Decision-Making by Majorities and by Committees«, in: *Government and Opposition*, 10, 1975, S. 131-158.
57 Robert Putnam, »Bowling Alone: America's Declining Social Capital«, in: *Journal of Democracy*, 6:1, 1995, S. 65-78.

Abwägung von Vorteilen und Nachteilen, die bei ihrer Konzipierung Pate stehen, langfristige nicht-intendierte Folgen in Gestalt von irreparablen und irreversiblen Langzeitschäden nach sich ziehen werden.[58] Das, was die Regierungen tun und tun können, trifft auf pauschaliertes und zynisch getöntes Misstrauen, weil ihnen die Kompetenz und Verantwortlichkeit nicht zugetraut wird, die zu adäquaten Problemlösungen führen würde. Und das, was die Regierung mit staatseigenen Interventions- und Steuerungsmitteln allein nicht tun kann, da es von zivilgesellschaftlichen Potenzialen der Kooperationsbereitschaft und Selbstkoordination abhängt, scheitert am Fehlen jenes horizontalen Vertrauens unter Bürgern, dessen Grundlagen unter individualisierten und anonymen Sozialverhältnissen nicht leicht zu rekonstruieren sind. In beiderlei Hinsicht erscheint der Begriff des Vertrauens heute als eine Schlüsselvariable für die Pathologien des politischen und gesellschaftlichen Lebens.

Autorisierte Übersetzung aus dem Englischen von Julia Eckert

---

58 Vgl. Paul Slovic, »Perceived Risk, Trust, and Democracy«, a.a.O. La Porte und Metley (»Hazards and Institutional Trustworthiness«, a.a.O.) beschreiben, welche außerordentlichen Anstrengungen das Energieministerium der USA darauf verwendet (und nach Meinung der Autoren auch verwenden muss), das Vertrauen der Bevölkerung in die Programme der Atommülllagerung zu pflegen.

Die Alltagsepistemologie von Vertrauen

Russell Hardin

1. Vertrauen als eingeschlossenes Interesse

Einer verbreiteten Auffassung zufolge sind Vertrauen und Misstrauen im Wesentlichen rational. James S. Coleman beispielsweise gründet seine Darstellung von Vertrauen auf komplexe rationale Erwartungen.[1] Das Rational-Choice-Konzept von Vertrauen beinhaltet zwei zentrale Elemente: Anreize des Vertrauensnehmers, das Vertrauen zu erfüllen, und Wissen, das dem Vertrauensgeber ermöglicht zu vertrauen (oder zu misstrauen). Das in diesem Zusammenhang relevante Wissen ist selbstverständlich das des potenziellen Vertrauensgebers und nicht das Wissen, über das der Theoretiker oder Sozialwissenschaftler verfügt, der Vertrauen beobachtet oder analysiert. Insofern benötigen wir eine Darstellung der Epistemologie individuellen Wissens oder individueller Überzeugungen, eine Alltags-Epistemologie, um die rationale Theorie des Vertrauens zu vervollständigen.

Eine vollständige Beschreibung der rationalen Theorie unter Einbeziehung der Anreiz- und Wissenseffekte würde ungefähr folgendermaßen aussehen: Wir vertrauen einer anderen Person, wenn wir über genügend Gründe verfügen, um zu glauben, dass es im Interesse dieser Person liegen wird, zum relevanten Zeitpunkt in den relevanten Hinsichten vertrauenswürdig zu sein.[2] Das Vertrauen bezieht sich nicht auf die eigenen Interessen, sondern auf die des Vertrauensnehmers. Es ist in die eigene Einschätzung dieser Interessen eingeschlossen (encapsulated). Einige An-

---

[1] James S. Coleman, *Foundations of Social Theory*, Cambridge/Mass. 1990, Kapitel 5; dt. *Grundlagen der Sozialtheorie*, 3 Bände, München 1991 (Band 1).
[2] Russell Hardin, »Trusting Persons, Trusting Institutions«, in: Richard Zeckhauser (Hg.), *The Strategy of Choice*, Cambridge/Mass. 1991.

sätze beinhalten nicht speziell diesen Bezug auf das Interesse des Vertrauensnehmers an Vertrauenswürdigkeit, sondern erfordern lediglich eine Erwartung, dass der Vertrauensnehmer das Vertrauen erfüllen wird.[3] Üblicherweise wird diese Erwartung zum großen Teil mit vergangener Erfahrung und mit als wahrscheinlich angesehenen zukünftigen Anreizen begründet. Annette Baier befasst sich mit der Motivation des Vertrauensnehmers in Bezug auf den Vertrauensgeber, aber es ist unklar, ob sie dies mit dem Anreiz des Vertrauensnehmers, das Vertrauen zu erfüllen, gleichsetzt.[4] Coleman bezieht die Anreize des Vertrauensnehmers implizit mit ein, wenn er bemerkt, dass eine reziproke Vertrauensbeziehung auf die Vertrauensgeber wechselseitig verstärkend wirkt.[5] Der Grund hierfür liegt darin, dass jede Person dann einen zusätzlichen Anreiz hat, um vertrauenswürdig zu sein. Ich vertraue dir, weil es in deinem Interesse liegt, meinem Vertrauen entgegenzukommen. Bleibt bei einseitigen Vertrauensbeziehungen oft ein über die rationalen Erwartungen hinausgehender unerklärter Rest, so ist für diesen Rest weniger Raum im Rahmen dieses geradlinigen, selbstinteressierten Austauschs.

Um die Gründe für die relevanten Erwartungen zu untersuchen, muss sich die Darstellung des eingeschlossenen Interesses einen Schritt weit von einer einfacheren Darstellung der Erwartungen entfernen. Auf der individuellen Ebene besteht der wohl prototypische Fall aus einer Interaktion, die Teil einer langen Reihe von Interaktionen zwischen denselben Parteien ist. Jeder Austausch ist schlicht die Lösung eines Gefangenendilemmas.[6] Eine Sequenz von Austauschaktionen ist somit ein iteriertes Gefangenendilemma, das Variationen in den Auszahlungen jedes Austauschs aufweisen kann. Deshalb besteht der Anreiz eines bestimmten Austauschs, in dem einem Vertrauen geschenkt wird, aus dem potenziellen Gewinn, der aus der Fortsetzung der Folge von Interaktionen entstünde. Wie weiter unten ausgeführt wird, ist dies das übliche Modell für dichte Beziehungen, in denen die Parteien sich gegenseitig gut kennen und star-

---

3 Bernard Barber, *The Logic and Limits of Trust*, New Brunswick/N.J. 1983; Diego Gambetta, »Können wir dem Vertrauen vertrauen?«, in diesem Band, S. 211-212; Partha Dasgupta, »Trust as a Commodity«, in: Diego Gambetta (Hg.), *Trust: Making and Breaking Cooperative Relations*, Oxford 1988, S. 49-72.
4 Annette Baier, »Vertrauen und seine Grenzen«, in diesem Band.
5 James S. Coleman, *Foundations of Social Theory*, S. 177-180; dt. *Grundlagen der Sozialtheorie*, a.a.O., S. 227-231 (Band 1).
6 Russell Hardin, »Exchange Theory on Strategic Bases«, in: *Social Science Information*, 21, 1982, S. 251-272.

ke Anreize für Vertrauenswürdigkeit in der Beziehung selbst liegen. Aber Anreize, vertrauenswürdig zu sein, können auch in anderen Beziehungen begründet sein als den dichten und direkten Beziehungen mit den Personen, deren Vertrauen wir erfüllen.

Baier zufolge wird das Gefangenendilemma in moralphilosophischen Diskussionen überbewertet, was besonders hinsichtlich der Diskussion über das Vertrauen ein Fehler sei. Aber Baier hat eine formale Perspektive auf das Gefangenendilemma, sodass sie es inhärent nur bei Verträgen und festgelegten Auszahlungen für geeignet hält.[7] Weil jedoch viele Beziehungen die Struktur eines Gefangenendilemmas haben, spielt das Vertrauen auch in ihnen eine Rolle. Hinzu kommt, dass eine annähernde Gleichheit der Parteien keine Bedingung des Gefangenendilemmas sein muss. Nach Baier unterscheidet sich Vertrauen stark vom Einhalten eines Versprechens, »weil sehr unbestimmt bleibt, was genau wir von diesen Leuten [denen wir vertrauen] erwarten oder auch nicht erwarten«. Sie vertritt die Ansicht, dass Verträge und kindliches Vertrauen die beiden Extreme des Vertrauens bilden. »Das Vertrauen auf die anderen Vertragsparteien ist ein Grenzfall des Vertrauens, bei dem wir weniger Risiken eingehen, um uns Güter zu sichern, die nicht ganz so bedeutend sind.«[8]

Luhmann widerspricht scheinbar der Darstellung des eingeschlossenen Interesses: »Er [der Partner bzw. Vertrauensnehmer] darf nicht schon von sich aus, in eigenem Interesse, auf der Vertrauenslinie laufen.«[9] Diese nicht weiter ausgeführte Bemerkung widerspricht seiner eigenen allgemeinen Ausführung, derzufolge die ausschlaggebende Überlegung darin besteht, dass die beiden Parteien einer Vertrauensbeziehung sich üblicherweise wieder begegnen[10] – vermutlich in einem iterierten Gefangenendilemma, in dem das Interesse an einer Fortsetzung der Iteration einen wichtigen Grund für Vertrauenswürdigkeit darstellt.

Vertrauen ist eine dreistellige Relation: A vertraut darauf, dass B X tun wird.[11] Typischerweise vertraue ich darauf, dass du bestimmte Dinge tust. Mit Blick auf andere Dinge könnte ich dir misstrauen, aber es

---

7 Annette Baier, »Vertrauen und seine Grenzen«, in diesem Band, S. 70.
8 Ebenda, S. 69.
9 Niklas Luhmann, *Vertrauen. Ein Mechanismus der Reduktion sozialer Komplexität*, Stuttgart 1989 (dritte Auflage), S. 45. Siehe auch Lars Hertzberg, »On the Attitude of Trust«, in: *Inquiry*, 31, 1988, S. 307-322.
10 Niklas Luhmann, *Vertrauen*, a.a.O., S. 37.
11 Annette Baier, »Vertrauen und seine Grenzen«, in diesem Band, S. 45; Niklas Luhmann, *Vertrauen*, a.a.O., S. 27.

gibt auch Dinge, da könnte ich lediglich skeptisch oder unsicher sein. Die Aussage »Ich vertraue dir« scheint fast immer elliptisch zu sein, es ist, als ob wir eine Aussage wie »X zu tun« oder »in Bezug auf Y« schon voraussetzen. Nur ein kleines Kind, ein Liebender, Abraham im Gespräch mit Gott oder ein fanatischer Anhänger eines charismatischen Führers könnte in der Lage sein, ohne implizite Einschränkung »Ich vertraue dir« zu sagen. Sogar in diesen Fällen glauben wir wahrscheinlich, dass diese Menschen sowohl sich selbst als auch die Objekte ihres Vertrauens verkennen.

Fast alle Autoren, die sich mit Vertrauen befassen, sind sich einig darüber, dass wir als Vertrauende anderen Personen einen Ermessensspielraum einräumen, der es ihnen erlaubt, unsere Interessen zu berühren. Dieser Schritt birgt von Natur aus das Risiko des Missbrauchs der mit dem Ermessensspielraum einhergehenden Macht in sich. Wie Hume sagt: »Man kann das Gute unmöglich von dem Übel trennen.«[12] Die meisten Autoren nehmen zudem zumindest implizit an, dass Vertrauen potenziell *die weitaus produktivste Option ist*. Misstrauen führt zu verschenkten Gelegenheiten, Vertrauen kann in erfolgreicher und gegenseitig vorteilhafter Interaktion münden. Allgemeiner gesprochen: Vertrauen führt zu einer größeren Bandbreite an verschiedensten Ergebnissen, weil es sowohl größere potenzielle Gewinne als auch größere potenzielle Verluste ermöglicht. Coleman zufolge birgt unangebrachtes Vertrauen einen großen Verlust in sich, während der Verzicht auf Vertrauen nur zu einem kleinen Verlust führt.[13] Ein Verzicht beinhaltet jedoch dann enorme Verluste, wenn er den Aufbau einer längerfristigen Beziehung verhindert.[14] Misstrauen erzeugt ein Aggregat verpasster Gelegenheiten, jede davon ist regelmäßig und vorhersagbar. Vertrauen führt zu einem Aggregat einiger realer Verluste und einiger realer Gewinne. Auf der Aggregatsebene können die Gewinne die Verluste bei weitem aufwiegen, sodass die Gewinne aus dem Vertrauen die Ersparnisse des Misstrauens bei weitem überwiegen.

---

12 David Hume, *Ein Traktat über die menschliche Natur*, hg. v. Reinhard Brandt, 2 Bände, Hamburg 1978, S. 241 (Band 2, Buch III, Teil 2, Abschnitt 2).
13 James S. Coleman, *Foundations of Social Theory*, a.a.O., S. 101; dt. *Grundlagen der Sozialtheorie*, a.a.O., S. 127-129 (Band 1).
14 Erik H. Erikson, *Kindheit und Gesellschaft*, Stuttgart 1971, S. 241-245.

2. Die Epistemologie von Vertrauen

Die philosophische Erkenntnistheorie ist eine hoch entwickelte Disziplin. Ein Schwerpunkt liegt auf bestimmten Überzeugungen oder Überzeugungstypen sowie den Kriterien für Wahrheit oder gerechtfertigte wahre Überzeugung. Für das Verständnis von Vertrauen (und anderen Verhaltensformen) benötigen wir keine philosophisch allgemeine Erkenntnistheorie, sondern eine Alltagsepistemologie. Die ökonomische Theorie von Überzeugungen konzentriert sich auf das Individuum, das eine Erkenntnis hat, und nicht auf den Gegenstand dieser Erkenntnis (zum Beispiel die Höhe des Mont Blanc); sie konzentriert sich auf die Kosten und Vorteile, die für den Einzelnen mit dem Erwerb der verschiedenen Erkenntnisse verbunden sind.[15] Im Rahmen einer solchen Theorie können wir nicht tout court von einer Rechtfertigung der Überzeugung X sprechen; stattdessen müssen wir von der Rechtfertigung der Überzeugung X durch Person A sprechen. Hierfür benötigen wir eine Theorie, die sich auf das Individuum konzentriert und auf die Art und Weise, wie das Individuum Wissen oder Überzeugungen über relevante Gegenstände erwirbt, also zum Beispiel darüber, wie vertrauenswürdig eine andere Person ist.

Zusätzlich brauchen wir eine Theorie darüber, wie wir auf der Basis eines relevanten Alltagswissens handeln sollen. Ich werde von der Annahme ausgehen, dass diese Entscheidungstheorie mehr oder weniger einem Bayesianismus* des gesunden Menschenverstands entspricht, vielleicht einem instinktiven Bayesianismus. Jemand könnte anfangs über so begrenzte Informationen über mich verfügen, dass er nur schätzen kann, wie wahrscheinlich es ist, dass eine typische Person in meiner Situation mit Blick auf einen mir möglicherweise anzuvertrauenden Gegenstand

---

15 Russell Hardin, »The Economics of Knowledge and Utilitarian Morality«, in: Brad Hooker (Hg.), *Rationality, Rules, and Utility: New Essays on the Moral Philosophy of Richard B. Brandt*, Boulder 1994.

* [In Anlehnung an den Geistlichen Thomas Bayes (1702-1761) und dessen postum veröffentlichten »Essay Towards Solving a Problem in the Doctrine of Chances« (1763). Der Bayesianismus, die Bayessche Regel, die Bayessche Formel etc. spielen in der Statistik, der Spieltheorie und der Ökonomie eine wichtige Rolle. Grob gesprochen geht es um die Möglichkeit der Berechnung der subjektiven Wahrscheinlichkeit, mit der ein Ereignis unter bestimmten Bedingungen eintritt. Ausgangspunkt ist eine Situation unvollständiger Information. Neue Informationen und Erkenntnisse verändern die ursprüngliche Wahrscheinlichkeitsverteilung, sodass Lernen möglich wird. Anm. d. Hg.]

vertrauenswürdig sein kann. Seine Informationen könnten sogar so begrenzt sein, dass er nur auf der Basis vergangener Erfahrung beurteilen kann, ob sich Vertrauen unter ähnlichen Umständen gelohnt hat. Angenommen, es hat sich gelohnt und er vertraut mir. (Das bedeutet nicht, dass er sich *entscheidet*, mir zu vertrauen. Eher erscheint es ihm rational, auf mich zu wetten. Das bedeutet nur, dass er mir in einem gewissen Ausmaß vertraut.) Durch das Vertrauen kann er gewinnen oder verlieren, und diese Erfahrung addiert sich zu seinen bayesschen Beweisen für Vertrauenswürdigkeit, die sich auf zukünftige Gelegenheiten beziehen. Wenn ich in seiner Erfahrung eine neue Art von Person darstelle, dann ist seine anfängliche Einschätzung unter Umständen sehr instabil und mein Verhalten könnte seine bayessche Einschätzung stark zugunsten oder zuungunsten meinesgleichen in zukünftigen Begegnungen beeinflussen.

Wenn wir das Vertrauen realer Personen verstehen wollen, brauchen wir ein Verständnis der Fähigkeit zur Verpflichtung und zum Vertrauen, Fähigkeiten, die zum großen Teil erlernt werden müssen. Also müssen wir Vertrauen aus der Sicht der Alltagsepistemologie desjenigen Individuums heraus verstehen, das in der Position ist, zu vertrauen oder zu misstrauen. Man kann nicht einfach anfangen, den Leuten vom nächsten Tag an vertrauen, wenn sich die Leute, mit denen man zu tun hat, nicht vom nächsten Tag an in relevanten Hinsichten plötzlich und glaubwürdig anders verhalten. Wenn ich einen Fremden treffe, mit dem ich Umgang haben möchte oder muss, werde ich ihm wohl zunächst beträchtliche Skepsis entgegenbringen. Aber meine Skepsis wird sich nicht vorrangig gegen diese spezielle unbekannte Person richten. Unter Umständen weiß ich noch nicht genug über die Person, um ihre Vertrauenswürdigkeit oder ihre Rationalität hinsichtlich der Vertrauenswürdigkeit einschätzen zu können. Ich treffe mein skeptisches Urteil größtenteils durch die Generalisierung vergangener Begegnungen mit anderen Personen. In diesem Sinne ist mein Grad des Vertrauens in die unbekannte Person erlernt.

Meine vergangenen Erfahrungen mit Vertrauen könnten so positiv gewesen sein, dass ich dieser Person voller Optimismus vertraue. Oder sie waren so niederschmetternd, dass ich ihr pessimistisch misstraue. Die unbekannte Person ist in beiden Fällen dieselbe; meine unterschiedlichen Erfahrungen, die ganz unabhängig von dieser Person sind, sind die Ursache für den Unterschied. Erfahrung formt die Psychologie des Vertrauens. Wenn meine vergangene Erfahrung zu starke Gründe für oder gegen Vertrauen nahe legt, kann vermutlich nur eine Serie gegensätzlicher Erfahrungen meine Einschätzung und, demzufolge, meine aktuellen psychologischen Fähigkeiten korrigieren.

Diese Fähigkeiten repräsentieren einen wahrscheinlich unausgesprochenen Bayesianismus des gesunden Menschenverstandes. Meine Fähigkeiten sind durch das Gewicht vergangener Erfahrung begrenzt, durch sämtliche der durch diese Erfahrung ausgelösten erneuerten bayesschen Abwägungen und Aktualisierungen. Vertrauen muss erlernt werden, genau wie jede andere Form der Verallgemeinerung.[16] Insofern mein Vertrauen eine Verallgemeinerung angesichts neuer Personen darstellt, bedeutet dies lediglich, dass die Fähigkeit zu vertrauen, die optimistische bayessche Einschätzung von Vertrauenswürdigkeit, im Verlauf langer Erfahrung erlernt wurde.

Raymond Chandlers zynischer, misstrauischer Filmmogul sagt reuevoll: »Eines Tages ... werde ich mit jemandem ein Geschäft machen, auf den ich mich verlassen kann, und ich werde einfach zu clever sein, um ihm wirklich zu vertrauen.«[17] In seinem Milieu ist er, leider, wohl so klug wie er sein muss, und ein Teil der Kosten dieser Klugheit liegt darin, dass er gelegentlich einen Irrtum begeht, wenn er nicht kooperiert. Die nicht so kluge Person, die mit dem vertrauenswürdigen Mann kooperieren würde, würde jedoch auch mit Personen kooperieren, die nicht vertrauenswürdig sind. Vielleicht vertraute der Filmmogul auf dem optimalen Niveau. Epistemologisch gesehen geht es nicht besser.

Weil eine starke Fähigkeit zu vertrauen – das heißt ein allgemeiner Optimismus bezüglich der Vertrauenswürdigkeit anderer – uns in die Lage versetzt, Beziehungen zu gegenseitigem Vorteil einzugehen, könnten wir bereitwillig folgern, dass ein Utilitarist Vertrauen fördern sollte. Es folgt jedoch nicht, dass ein Utilitarist stärker vertraut, denn der Vertrauensgrad einer Person wird durch die Alltagsepistemologie von Vertrauen bestimmt. Der Utilitarist sollte lediglich die misstrauischen Pessimisten ermutigen, bis zu dem Grade zu vertrauen, den er in der betreffenden Bevölkerung für gerechtfertigt hält. Nach dem Modell, das weiter unten diskutiert wird (Abb. 1), könnte man sogar noch weiter gehen und behaupten, der Utilitarist müsse Menschen ermutigen, mehr zu vertrauen, als er selbst auf der Basis aktueller Erwartungen für angebracht hält, weil die Person mit dem größeren Vertrauen mehr Möglichkeiten hat, aus Erfahrung zu lernen als die misstrauischere Person. Ein Irrtum aus der Position des Optimisten heraus wird deswegen bereitwilliger korrigiert als ein Irrtum aus pessimistischer Warte.

---

16 Niklas Luhmann, *Vertrauen*, a.a.O., S. 27.
17 Zitiert nach James S. Coleman, *Foundations of Social Theory*, a.a.O., S. 100; dt. *Grundlagen der Sozialtheorie*, a.a.O., S. 127 (Band 1).

Abbildung 1: Niedriges, optimales und hohes Vertrauen

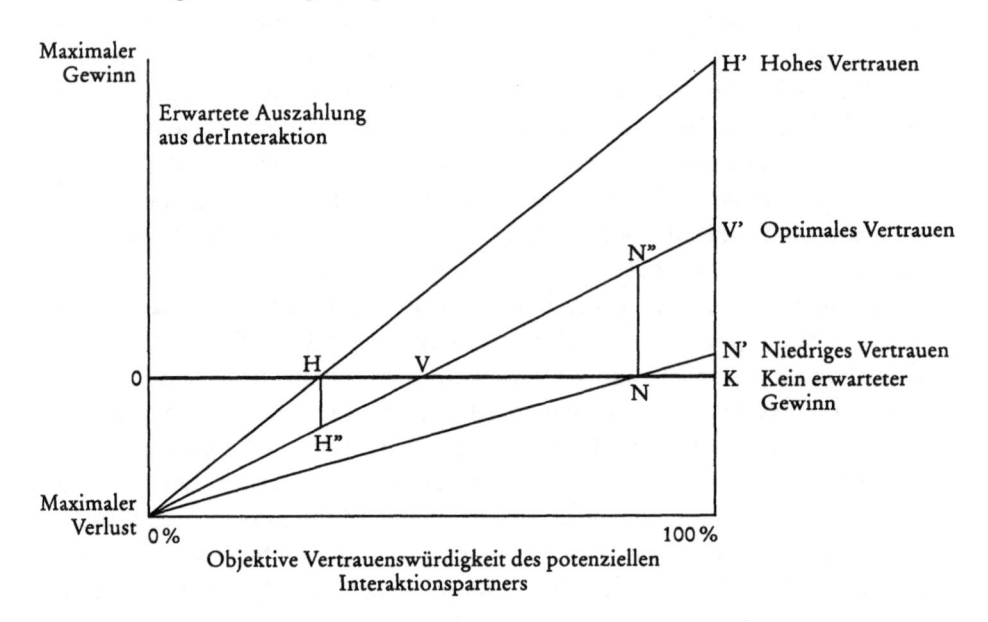

Maximaler Gewinn

Erwartete Auszahlung aus der Interaktion

H' Hohes Vertrauen

V' Optimales Vertrauen

N' Niedriges Vertrauen
K Kein erwarteter Gewinn

Maximaler Verlust

0 %   100 %
Objektive Vertrauenswürdigkeit des potenziellen Interaktionspartners

Betrachten wir die Art der Überzeugungen über einen anderen, die notwendig sind, um diesem anderen zu vertrauen. Der Darstellung des eingeschlossenen Interesses zufolge müssen wir etwas darüber wissen, welche Anreize der andere hat, das Vertrauen zu erfüllen. Dies wird an einem merkwürdig wichtigen, aber einfachen Fall deutlich. Während des kürzlich beendeten Kalten Krieges proklamierten fanatische Anti-Kommunisten in den Vereinigten Staaten: »Sie können den Kommunisten vertrauen.« Was bedeutet das? Es bedeutet nicht, man könne darauf vertrauen, dass sie ihren expliziten Interessen folgen würden. Es bedeutet, man könne darauf vertrauen, dass sie ihrer mehr oder weniger böswilligen Ideologie folgen würden. Warum aber würde irgendjemand einer solchen Ideologie folgen? Diejenigen, die dachten, man könne den Kommunisten vertrauen, konnten diese Frage nur so beantworten: »Ich weiß es nicht, es ist verrückt, dass irgendjemand dieser Ideologie folgen würde, die konträr zu menschlichen Interessen verläuft, und die mit Sicherheit die Interessenstruktur der Smithschen Wirtschafts- und Sozialtheorie verletzt.« Diese Vertrauensgeber müssen ernsthaft von der gläubigen Anhängerschaft der Kommunisten überzeugt gewesen sein, das heißt, sie müssen ernsthaft an die fortgesetzte Dummheit der Kommunisten geglaubt haben. Das ist eine seltsame Einstellung. Man kann sich mit Recht fragen, wie diese Überzeugungen zustande gekommen sind.

Viele Marktökonomen nahmen lange an, dass die Bevölkerung der östlichen Nationen eines Tages die kommunistische Planwirtschaft verwerfen würde. Interessen müssten schließlich eine Ideologie aushebeln, die im Gegensatz zu den Interessen stand. Marktökonomen und fanatische Antikommunisten stimmen darin überein, dass diese Ideologie den Interessen widerspricht. Aber die Ökonomen hatten einen stärkeren (und allgemeiner anwendbaren) Grund dafür, den Einwohnern der kommunistischen Staaten zu vertrauen als die extreme Rechte Amerikas. Ihre Schlüsse basierten auf der Annahme von Rationalität, nicht auf der Annahme von Irrationalität.

3. Die Vertrauenstheorie der dichten Beziehung

Bernard Williams neigt dazu, die Frage unseres Vertrauens in politische Führer als exakte Analogie eines vertrauteren Problems zu betrachten. Verwandte, enge Freunde sowie eine kleine Anzahl von Kollegen und anderen, mit denen wir regelmäßig zu tun haben, kennen wir unter Umständen gut genug, um die Grenzen ihrer Vertrauenswürdigkeit abschätzen zu können. Wir wissen also, welcher dieser Personen wir in Bezug worauf vertrauen können. Nennen wir dies eine Vertrauenstheorie der dichten Beziehungen. Da wir über den typischen politischen Führer nicht genug wissen können, um ihm oder ihr zu vertrauen, greift diese Theorie mit Blick auf solche Beziehungen offenkundig nicht.[18] Diese Schlussfolgerung ist jedoch zum Teil falsch. Wir können über ausreichendes Wissen darüber verfügen, ob die Anreize, die sich jemandem in diesem Amt bieten, in die richtige Richtung weisen. Bezüglich unserer nahen Verwandten können wir annehmen, dass ihre Anreize darin bestehen, speziell uns einige Unterstützung zukommen zu lassen, sodass wir ihnen aus diesem Grunde vertrauen können. Der Inhaber eines politischen Amtes hat kein spezielles Interesse an uns, muss uns noch nicht einmal kennen, aber er kann ein starkes Interesse daran haben, Menschen in unserer Position in

---

18 Bernard Williams, »Formal Structures and Social Reality«, in: Diego Gambetta (Hg.), *Trust*, a.a.O., S. 3-13; siehe auch Geoffrey Hawthorn, »Three Ironies in Trust«, ebenda, S. 111-126.

relevanter Hinsicht zu unterstützen. Dass politischen Führern nicht vertraut werden kann, ist nach Williams, Hawthorn und manchmal auch Luhmann schlicht eine Frage der Logik großer Zahlen und der Unmöglichkeit dichter Beziehungen mit sehr vielen Menschen. Luhmann zufolge ist Vertrauen in persönlichen Beziehungen noch lebendig, aber die Teilnahme an funktionalen Systemen wie Wirtschaft oder Politik ist nicht mehr eine Angelegenheit persönlicher Beziehungen. Hier ist Zuversicht (confidence) gefragt und nicht Vertrauen.[19] F.G. Bailey spricht, als anthropologischer Beobachter sehr kleiner Gesellschaften, vom Vertrauen in politische Führer, das durch die Instrumente eines »familiären« Stils und einzigartige Fähigkeiten wie Intuition hergestellt wird.[20]

Gegen die Ansichten von Williams, Hawthorn, Luhmann (teilweise), Bailey (vermutlich) und anderer sollten dichte Beziehungen korrekterweise als *eine mögliche Quelle des Wissens* betrachtet werden, durch die der Vertrauensgeber über die Vertrauenswürdigkeit anderer erfährt, und *als eine mögliche Quelle von Anreizen für den Vertrauensnehmer*, vertrauenswürdig zu sein. Die erste Rolle ist im Wesentlichen epistemologisch. Aber offensichtlich bergen enge Beziehungen nur einen Teil unseres Wissens über andere. Sie stellen eine von vielen möglichen epistemologischen Erwägungen dar. Warum aber sollte unsere Theorie sich mit solchen epistemologischen Erwägungen bescheiden, die die Klasse dichter Beziehungen abdecken? In der Praxis genießt diese Klasse vor allem in unseren dichten, gesichtsabhängigen Beziehungen eine gewisse Priorität als Quelle des Wissens. Aber diese deskriptive Tatsache begründet noch keinen begrifflichen oder theoretischen Vorrang. Eine vollständig ausgearbeitete Theorie wird diese Klasse als einen Teil, nicht als das Ganze einer Epistemologie des Vertrauens betrachten. Es herrscht wahrscheinlich Einigkeit über die Aussage, dass das Wissen über die Vertrauenswürdigkeit eines anderen andere Quellen haben kann als dichte Beziehungen.

Desgleichen ist eine dichte Beziehung zu jemandem nur eine von vielen Möglichkeiten, diesem anderen den Anreiz zu geben, vertrauenswürdig zu sein. Eine dichte Beziehung zu dem Vertrauensgeber wirkt wie ein iteriertes Gefangenendilemma reziproker Kooperation und gibt dem Ver-

---

19 Niklas Luhmann, »Vertrautheit, Zuversicht, Vertrauen«, in diesem Band, S. 155. Wie weiter unten angemerkt, schrieb Luhmann früher von einem »Systemvertrauen«, das interpersonelle (dichte) Beziehungen transzendieren muss (*Vertrauen*, a.a.O., S. 22-23 u. S. 50ff.).
20 Frederick G. Bailey, »The Creation of Trust«, in: ders., *Humbuggery and Manipulation*, Ithaca 1988, S. 85-86 u. S. 91.

trauensnehmer so den Anreiz, vertrauenswürdig zu sein. Dies hat sicher einen sehr wichtigen Effekt auf die Vertrauenswürdigkeit innerhalb von vertrauten Beziehungen.[21] Aber man kann ebenso Gründe dafür haben, den Auswirkungen auf die eigene Reputation, institutionellen Belohnungen und Sanktionen, anderen drittparteilichen Effekten[22] und weiteren Aspekten Aufmerksamkeit zu schenken.

Zusammenfassend lässt sich sagen: Wenn wir von einer allgemeinen Anreiz-Theorie der Vertrauenswürdigkeit ausgehen, dann kann die Theorie dichter Beziehungen nur ein Spezialfall davon sein. Vor allem geht diese Theorie dichter Beziehungen vollkommen in der Theorie des eingeschlossenen Interesses auf.

Verwandt mit der Theorie des Vertrauens in dichten Beziehungen ist das schnelle Verschwimmen der Grenzen zwischen individuellen und institutionellen Problemen. Dies ist einer der häufigsten Fehler in allen Schriften über Vertrauen. Er ist häufiger in philosophischen Schriften anzutreffen, am seltensten in den soziologischen. Aber Autoren aller Disziplinen ziehen bisweilen eine schlichte Analogie von individuellen zu institutionellen Fragen und abstrahieren damit von institutionellen Restriktionen. Für einige Theorien über Vertrauen und seine Mechanismen mag Williams' These, wonach Vertrauen nicht über eine kleine Zahl von Personen hinaus verallgemeinert werden kann, durchaus folgerichtig sein. Aus anderen Theorien mag leicht ersichtlich werden, dass Vertrauen auf individueller und institutioneller Ebene begrifflich verwandt sind, obwohl verschiedene Arten von Daten oder Beweisen als funktionale Variable bei Anwendungen auf verschiedenen Ebenen zum Tragen kommen mögen. In jeder Theorie muss die Begrenzung auf übersichtliche, dichte Beziehungen aus anderen Prinzipien abgeleitet werden. Auf diese Prinzipien zurückzugreifen ist ein erster Schritt hin zur Verallgemeinerung der Theorie.

Seltsamerweise betreibt Williams Metatheorie. Er stellt keine Theorie des Vertrauens auf, und er kritisiert keine existierende Theorie. Er versucht nur, einige Grenzen der Vertrauenstheorie insgesamt aufzuzeigen. Aber seine metatheoretischen Ansprüche werden durch eine implizite Theorie des Vertrauens getrübt – die Theorie der dichten Beziehungen. Noch einmal: Diese Theorie, die auf dichten Beziehung zwischen Ver-

---

21 Vgl. Russell Hardin, »Trusting Persons, Trusting Institutions«, a.a.O.
22 James S. Coleman, *Foundations of Social Theory*, a.a.O., S. 180-185; dt. *Grundlagen der Sozialtheorie*, a.a.O., S. 231-239 (Band 1).

trauensnehmer und Vertrauensgeber basiert, könnte nur einen Spezialfall größerer Theorien darstellen. Partha Dasguptas Beispiel vom Mut der Gurkhas ist ein zwingender Fall, der für die Möglichkeit spricht, jemandem zu vertrauen, ohne irgendeine Beziehung zu ihm oder ihr zu haben.[23] Warum könnte ich darauf vertrauen, dass ein Gurkha bestimmte Dinge tut? Epistemologisch gesehen weiß ich vielleicht sehr viel über das Verhalten der Gurkhas bei verschiedenen Gelegenheiten, und dieses Verhalten war konsistent. Von den Anreizen her gesehen, vertraue ich vielleicht der Effektivität, mit der soziale Restriktionen das Verhalten des typischen Gurkhas beeinflussen.

John Dunn und andere wollen auch in gößeren Zusammenhängen, wie in der Politik, in jedem Fall von Vertrauen sprechen. Obgleich Luhmann mit Williams darin übereinzustimmen scheint, dass Vertrauen nur in übersichtlichen Kontexten wie im Kooperationsmodell des iterierten Gefangenendilemmas auftritt,[24] hat er doch in seiner frühen, großen Arbeit einen Begriff des Systemvertrauens ausgearbeitet.[25] Locke befasste sich mit dem Vertrauen in die Regierenden. Er hielt die Abwesenheit von Vertrauen für umso wahrscheinlicher, je komplexer und ökonomisch differenzierter die jeweilige Gesellschaft ist.[26] Ein Großteil seiner Position scheint die Notwendigkeit von etwas wie direkten Interaktionen zu implizieren, sodass nur kleine Gesellschaften gemeint sein können. Eine zentrale Forderung des anti-föderalistischen Programms der konstitutionellen Ära in den Vereinigten Staaten lief auf die Repräsentation durch seinesgleichen hinaus. Der Grund hierfür liegt darin, dass man seinesgleichen trauen kann, die eigenen Interessen hinsichtlich verschiedener legislativer Belange zu teilen. In dieser Hinsicht sind sich die heutigen Kommunitaristen mit den Anti-Föderalisten und Dunns Locke einig. Bailey argumentiert ähnlich, wenn er sagt, dass Menschen eher dazu neigen, Menschen zu mögen, zu denen sie eine Ähnlichkeit entdecken.[27] Dies könnte lediglich damit zusammenhängen, dass wir das Verhalten von denen, die uns am ähnlichsten sind, besser vorhersagen können.

---

23 Partha Dasgupta, »Trust as a Commodity«, in: Diego Gambetta (Hg.), *Trust*, a.a.O., S. 63. [Gurkhas sind Soldaten einer nepalesischen Spezialtruppe in der indischen Armee; sie gelten als besonders tapfer; Anm. d. Übers.]
24 Niklas Luhmann, »Vertrautheit, Zuversicht, Vertrauen«, in diesem Band.
25 Niklas Luhmann, *Vertrauen*, a.a.O., S. 22 u. S. 50ff.
26 John Dunn, »Trust and Political Agency«, in: Diego Gambetta (Hg.), *Trust*, a.a.O., S. 83.
27 Frederick G. Bailey, »The Creation of Trust«, a.a.O., S. 85.

4. Vertrauen und Vertrauenswürdigkeit

Viele Diskussionen über Vertrauen vermengen Vertrauen und Vertrauenswürdigkeit und machen Aussagen über Vertrauen, die zwar auf Vertrauenswürdigkeit zutreffen, aber für das Vertrauen abwegig sind. Vor allem beschenken manche Autoren das Vertrauen oft mit einer moralischen Billigung, die eher auf die Vertrauenswürdigkeit anwendbar ist. Unabhängig davon, ob die Eigenschaft, vertrauenswürdig zu sein oder nicht, eine moralische Dimension hat, Vertrauen jedenfalls lässt sich vollständig als eine Fähigkeit oder ein Produkt rationaler Erwartungen erklären, ohne einen moralischen Rest. Ich gebrauche Vertrauen als einen moralfreien Begriff, wie es auch Coleman und viele andere gemeinhin tun. Ein Großteil der Argumentation würde sogar innerhalb eines moralisierten Konzepts von Vertrauen Bestand haben, in dem der potenzielle Vertrauensgeber für ein versagtes Vertrauen moralisch verantwortlich gemacht wird. Das Argument könnte insofern für den moralischen Begriff von besonderer Bedeutung sein, als es die Beschränkungen der Fähigkeit, Vertrauenswürdigkeit zu antizipieren, thematisiert.

Von einem erstaunlich großen Teil der Literatur über Vertrauen wird Vertrauenswürdigkeit kaum erwähnt, obwohl es dort hauptsächlich um Vertrauenswürdigkeit und nicht um Vertrauen geht. Unter dem Vorwand, Vertrauen zu diskutieren, stellt Williams[28] die Möglichkeit allgemeiner Vertrauenswürdigkeit dar, aus der Vertrauen lediglich abgeleitet wird. Auch Roland McKean wendet sich vorgeblich der Ökonomie des Vertrauens zu,[29] aber sein eigentliches Problem ist das der Vertrauenswürdigkeit. Nicht Vertrauen per se ist das Kollektivgut in seinem Ansatz, sondern Vertrauenswürdigkeit. Die Einrichtung von Institutionen, die Vertrauenswürdigkeit garantieren, leistet so einen Beitrag zur Unterstützung oder Erzeugung von Vertrauen.

Wenn gerechtfertigtes Vertrauen vorhanden ist, gibt es mehr Möglichkeiten des Erfahrens und Handelns. Nach Luhmann stellt Vertrauen eine effektivere Form der Reduktion von Komplexität dar,[30] was mir aber eine sehr elliptische Behauptung zu sein scheint. Vertrauen allein stellt gar

---

28 Bernard Williams, »Formal Structures and Social Reality«, a.a.O.
29 Roland McKean, »Economics of Trust, Altruism, and Corporate Responsibility«, in: Edmund S. Phelps (Hg.), *Altruism, Morality, and Economic Theory*, New York 1975.
30 Niklas Luhmann, *Vertrauen*, a.a.O., Kapitel 1.

nichts dar. Vermutlich meint Luhmann, dass wir große Komplexität nicht bewältigen können, wenn nicht andere de facto in unserem Interesse agieren. Aber wenn wir uns darauf nicht verlassen können, dann werden wir sie nur ungern zu etwas ermächtigen oder ihrem Rat folgen. Was immer also ihre Vertrauenswürdigkeit in unseren Augen stark genug sichern kann, hilft uns bei der Bewältigung von Komplexität. Das heißt, dass zentrale Problem ist wieder Vertrauenswürdigkeit und nicht Vertrauen.

In seinem Roman *Was vom Tage übrig blieb* porträtiert Kazuo Ishiguro Mr. Stevens, einen alternden Butler, der sein Leben mit seinem verstorbenen Herrn überdenkt. In einer fiktiven Diskussion mit einem anderen Diener bemerkt Stevens: »Gewöhnliche Menschen wie unsereiner [werden] nie imstande sein ..., die großen Angelegenheiten der heutigen Welt zu erfassen, und ... es [ist] deshalb stets das beste ..., wenn wir unser Vertrauen einem Dienstherrn schenken, den wir für klug und ehrenwert halten, und all unsere Kräfte der Aufgabe widmen, ihm nach bestem Vermögen zu dienen.«[31] Im Lichte der Ansichten anderer, die die verwerflichen und törichten politischen Ansichten des Grafen verabscheuten, nimmt er nach und nach eine Neubewertung seines Herrn vor: »Zumindest war es ihm gegeben, am Ende seines Lebens sagen zu können, er habe seine eigenenFehler gemacht. ... Was mich betrifft, so kann ich nicht einmal das für mich in Anspruch nehmen. Sehen Sie, ich habe *vertraut*. Ich habe auf seiner Lordschaft Klugheit vertraut. All die Jahre, die ich ihm diente, habe ich darauf vertraut, dass ich etwas tue, was der Mühe wert ist. Ich kann nicht einmal sagen, dass ich meine eigenen Fehler gemacht hätte. Wirklich – man muss sich das fragen –, welche Würde liegt überhaupt darin?«[32] Vertrauen kann letztlich auch töricht sein, es kann sogar schuldig machen. Einfach per se zu vertrauen muss offensichtlich nicht zwangsläufig zur gelungenen Bewältigung von Komplexität beitragen – es kann zu kläglichen Resultaten führen, den schnellen Ruin eingeschlossen. Noch einmal: Der Kern von Luhmanns Darstellung der Rolle von Vertrauen muss eine Darstellung der Bedeutung von Vertrauenswürdigkeit sein. Wenn Luhmann wirklich nahe legt, in jeden Fall Vertrauen zu schenken, dann wird Stevens schuldhafte Dummheit emporgehoben. Vertrauen ermöglichte Stevens nicht eine Bewältigung der Komplexität, sondern machte ihn zu ihrem Opfer.

---

31 Kazuo Ishiguro, *Was vom Tage übrig blieb*, Hamburg 1994, S. 235.
32 Ebenda, S. 283 Hervorhebung im Original.

5. Vertrauen als erlernte Fähigkeit

Manche Autoren sprechen von der größeren Fähigkeit zu vertrauen. Typischerweise lassen sie die wahrscheinliche Beschaffenheit der Welt – ob die, denen Vertrauen geschenkt wird, sich als vertrauenswürdig erweisen – in diese Fähigkeit eingehen. Aber es besteht ein tief greifendes Problem darin, ob ich unabhängig von der äußeren Welt, die ich gerade wahrnehme, vertrauen kann. Dieses Problem hängt einzig von meinen Fähigkeiten ab, wie sie sich bis zum jetzigen Moment entwickelt haben. Angenommen, in meiner gegenwärtigen Gemeinschaft existiert ein vernünftiges Maß an Vertrauenswürdigkeit. Wenn ich jetzt eine angemessene Fähigkeit zu Vertrauen habe, werde ich profitieren. Wem eine solche Fähigkeit fehlt, der wird, relativ gesehen, ein Verlierer sein. Ganz allgemein gesprochen können wir der folgenden Behauptung McKeans eine wörtliche Bedeutung geben: »Eine ausgeprägtere Fähigkeit, gegenseitig darauf zu vertrauen, dass man sich an vereinbarte Regeln hält, würde viele Kosten einsparen und das Leben viel angenehmer gestalten.«[33] Oder, nach Dasgupta: Vertrauen ist wichtig, weil »seine Gegenwart oder Abwesenheit beeinflusst, was wir uns zu tun entscheiden und, in vielen Fällen, was wir tun *können*«.[34]

Die besten Bedingungen für Menschen liegen in einer Umwelt, der sie glücklicherweise voll wohlbegründeter Zuversicht begegnen können.[35] Das ist kein Problem der individuellen, sondern der kollektiven Ebene. Mich nicht darauf verlassen zu müssen, mein Heim oder mein Geschäft abzuschließen, würde voraussetzen, dass ich fast jedem vertrauen müsste. Das Problem der individuellen Ebene liegt hier darin, das kollektive Verhalten bezüglich der Vertrauenswürdigkeit richtig einschätzen zu können.

Ein optimistischer Vertrauensgeber zu sein eröffnet die Möglichkeit großer Verluste oder hoher Gewinne. Keines von beiden wäre möglich, ohne sich auf das Risiko Vertrauen einzulassen. Wenn optimistisches Ver-

---

33 Roland N. McKean, »Economics of Trust, Altruism, and Corporate Responsibility«, a.a.O., S. 29. Im hier diskutierten Zusammenhang scheint dies eine Aussage über die Vertrauenswürdigkeit derer zu sein, denen wir vertrauen können.
34 Partha Dasgupta, »Trust as a Commodity«, a.a.O., S. 51, siehe auch S. 64; vgl. auch George Akerlof, »The Market for ›Lemons‹: Qualitative Uncertainty and the Market Mechanism«, in: *Quarterly Journal of Economics*, 84, 1970, S. 488-500; Kenneth J. Arrow, *The Limits of Organization*, New York 1974.
35 John Dunn, »Trust and Political Agency«, a.a.O., S. 84.

trauen im Schnitt zu guten Resultaten führt, dann schafft Vertrauen Werte. Tatsächlich könnte ein Individuum von einem gesteigerten Vertrauen stärker profitieren als von einer gesteigerten Vertrauenswürdigkeit, und die externen Effekte eines größeren Vertrauens könnten die externen Effekte größerer Vertrauenswürdigkeit überwiegen. Es gibt keinen Grund a priori, anzunehmen, dass entweder Vertrauen oder Vertrauenswürdigkeit allgemein die dominante Überlegung ist. Unseren Kindern Vertrauenswürdigkeit beizubringen, ist wahrscheinlich gut für sie. Aber ihnen Vertrauen beizubringen – zum Beispiel indem wir im Umgang mit ihnen vertrauenswürdig sind, ihr Vertrauen unterstützen und ihnen viele Gelegenheiten geben, unsere Vertrauenswürdigkeit zu testen –, könnte sogar besser für sie sein. Vertrauen ist in diesem Sinne, wie Gambetta sagt, eher ein Ergebnis denn eine Bedingung von Kooperation,[36] obwohl es natürlich sowohl ein Resultat vergangener Kooperation als auch normalerweise die Bedingung dafür ist, sich auf zukünftige Kooperation einzulassen. Aus einer Hobbesschen Perspektive muss Vertrauen eine Vorbedingung von Kooperation sein, und Vertrauen wird getragen von einer starken Regierung, die Verträge durchsetzt und Diebstähle bestraft. Ohne eine solche Regierung wäre Vertrauen nahezu unmöglich und Vertrauen wäre irrational.

Wenn die eher unpräzisen Darstellungen des kindlichen Vertrauens und der späteren Fähigkeit des optimistischen Vertrauens richtig sind,[37] dann sind zwei große Gruppen auf verhängnisvolle Weise benachteiligt: diejenigen, deren frühen Jahre von brüchigen Bedingungen der Launenhaftigkeit und Vernachlässigung geprägt waren – man denke an die vielen Kinder in den durch Armut, Drogen und zerbrochene Familien zerstörten amerikanischen Innenstädten. Und diejenigen, wahrscheinlich besonders Frauen, die in ihren frühen Jahren erheblichen Missbrauch erleiden mussten, und zwar durch dieselben Personen, die ihnen die erste Erfahrung von Vertrauenswürdigkeit hätten vermitteln können.

Der Eindruck, dass die obere Mittelschicht gegenüber anderen enorme soziale Vorteile hat, basiert zum Teil auf der größeren Neigung ihrer Kinder, anderen Vertrauen entgegenzubringen, also Beziehungen zu wagen, die vorteilhaft für sie sein könnten. Diese Neigung könnte während der Kleinkind- und Kinderzeit durch ein offensichtlich gerechtfertigtes Ver-

---

36 Diego Gambetta, »Können wir dem Vertrauen vertrauen?«, in diesem Band, S. 222.
37 Annette Baier, »Vertrauen und seine Grenzen«, in diesem Band; Russell Hardin, »Trusting Persons, Trusting Institutions«, a.a.O.

trauen in die Familie, in Freunde und in andere erlernt worden sein. Die furchtbare Vision einer ewigen Unterschicht in amerikanischen Stadt-Ghettos könnte ihre Grundlage in der Lektion haben, die den Ghetto-Kindern nur allzu erfolgreich beigebracht wird – dass sie anderen nicht vertrauen können, insbesondere nicht Außenstehenden oder Fremden, doch noch nicht einmal engeren Bekannten. Für den eingefleischt misstrauischen Menschen, der nicht in der Lage ist, mit Optimismus zu vertrauen, um die vorhandenen Chancen, die auch ein Betrugsrisiko in sich bergen, zu nutzen, bringt das Bereitstellen von Mobilitätschancen im Bildungs- und Wirtschaftsbereich keine Gleichstellung.

Ebenso könnten Erwachsenen, die als sehr junge Kinder missbraucht wurden – häufig von Eltern oder sehr nahen Verwandten –, die üblichen Beweise dafür, dass Vertrauen gerechtfertigt ist, vorenthalten worden sein. In ihrer Sicht war dies häufig genug nicht der Fall. Ihre Unfähigkeit, sich auf Beziehungen mit anderen einzulassen, ist lediglich gut gelerntes Misstrauen – wie zum Beispiel die Frau, die als Kind sexuell missbraucht wurde, als Erwachsene Schwierigkeiten damit haben kann, anderen gegenüber sexuell unbefangen oder gar ihnen nahe zu sein. Wenn die Bedingungen der Welt, in die diese Frau hineingewachsen ist, das Misstrauen nicht mehr rechtfertigen, dann wird der frühe Missbrauch und das damit verbundene tiefe Misstrauen zusätzliche schmerzhafte Kosten nach sich ziehen.[38] Eine ganze Reihe weiterer Erfahrungen wären notwendig, um die bayessche Einschätzung allgemein mangelnder Vertrauenswürdigkeit zu aktualisieren.

Nach dieser Darstellung muss Vertrauen in manchen Gesellschaften ein Gewinn sein – genauer: zu Gewinnen führen. Es würde daher im Eigenin-

---

38 Ein starkes posttraumatisches Stress-Syndrom (PTSS) kann unter denen besonders häufig auftreten, die in sehr jungen Jahren missbraucht wurden. Eine neuere niederländische Studie ergab, dass 62 Prozent der Frauen, die in ihrer Kindheit Opfer von Inzest waren, am PTSS litten. Eine Kontrollgruppe von Frauen mit »gewöhnlichen negativen Lebensereignissen« während der Kindheit litt nicht am PTSS (Francine Albach & Walter Everaerd, »Posttraumatic Stress Symptoms in Victims of Childhood Incest«, in: *Psychotherapy and Psychosomatics*, 57, 1992, S. 143-152). Das PTSS, das erstmals ausführlich bei Soldaten mit grausamen Kriegserfahrungen untersucht wurde, scheint nun missbrauchte Kinder und Frauen sogar stärker zu betreffen. Es wird zum Beispiel angenommen, dass die multiple Persönlichkeitsstörung eine schwere Form des posttraumatischen Stress-Syndroms als Folge von Missbrauch in der Kindheit darstellt. Ein zentrales Problem effektiver Therapie liegt darin, das Vertrauen von Patienten zu erlangen, die nicht bereitwillig vertrauen (»Post-Traumatic Stress: Part II«, in: *Harvard Mental Health Letter*, 7:4, März 1991, S. 1-4).

teresse liegen, es zu pflegen. Und es würde im Interesse der Kinder liegen, dass man ihnen optimistisches Vertrauen beibringt. Zwar kann Vertrauen nicht nach Belieben hergestellt werden,[39] aber es kann immerhin, wie bei Kindern, bewusst anerzogen werden. Darüber hinaus kann ein Als-ob-Vertrauen wiederholt »gewollt« werden,[40] sodass man langsam optimistisches Vertrauen entwickelt – so wie man nach Pascal willentlich beginnen kann, religiöse Bräuche auszuüben, um zum Glauben zu gelangen. Viele potenziell iterierte Gefangenendilemma-Interaktionen sollte man mit einem kooperativen Zug eröffnen, in der Hoffnung, den anderen dazu zu verpflichten, sich ebenfalls kooperativ zu verhalten. Dies ist nicht nur eine moralische Forderung. Es ist eine rationale Forderung des Eigeninteresses.[41] Man sollte mit Kooperation beginnen, wenn der erwartete langfristige Nutzen der iterierten Kooperation das kurzfristige Risiko des Verlustes überwiegt.

Aber optimistisches Vertrauen ist nur dann vorteilhaft, wenn die allgemeinen sozialen Bedingungen, denen sich der Vertrauensgeber gegenüber sieht, relativ günstig sind, sodass die Akte des Vertrauens statistisch gesehen mit Vertrauenswürdigkeit belohnt werden. Das große Genre aktueller postapokalyptischer Filme und Romane schildert Bedingungen, unter denen Vertrauen im Allgemeinen nicht gerechtfertigt ist. Das Leben ist über die Maße verarmt, die Anforderungen des Überlebens und des Kampfes haben Vorrang vor fast allem anderen. Unter diesen Bedingungen optimistisches Vertrauen zu haben kann selbstmörderisch sein. Zentral für optimistisches Vertrauen ist, wie gut vergangene Erfahrung mit zukünftigen Möglichkeiten korrespondiert.

In seiner Darstellung des so genannten Naturzustandes porträtiert Hobbes eine Situation, in der jedes signifikante Ausmaß an Vertrauen selbstzerstörerisch und sogar selbstmörderisch wäre. Hobbes eigentliche Sicht ist vermutlich relativ gemäßigt, trotz seiner gewalttätigen Vision vom Naturzustand. Er nimmt an, dass bei Abwesenheit von Zwang, die wenigen, die andere übervorteilen, diese schließlich in eine so große Defensive treiben, dass sie nicht mehr in die vorteilhaften Beziehungen eintreten werden, die sie ohne die Bedrohung durch die wenigen problemlos aufrechterhalten hätten. Im Wesentlichen läuft Hobbes' Argumentation darauf hinaus, dass die potenziellen Kosten unangebrachten Vertrauens die

---

39 Diego Gambetta, »Können wir dem Vertrauen vertrauen?«, in diesem Band, S. 230.
40 Ebenda, S. 233.
41 Vgl. Russell Hardin, »Trusting Persons, Trusting Institutions«, a.a.O., S. 187-188.

potenziellen Vorteile angebrachten Vertrauens überwiegen, wenn es keine politische Ordnung gibt, die ein gewisses Maß an Zuverlässigkeit sichert. Vertrauen ist also in einem Hobbesschen Naturzustand praktisch irrational.

Die psychologische Entwicklung einer Neigung zu Vertrauen erfordert umfangreiche Investitionen, *besonders vonseiten anderer – etwa der Eltern*. Wenn während der frühen Jahre nur wenig investiert wurde, könnten in späteren Jahren weitaus größere Investitionen erforderlich sein, um die Unterlassungen zu kompensieren. Nach Robert Franks Verständnis der Rolle der Emotionen in Handlungen wie dem Vertrauen[42] könnte es sich für uns als sehr schwer erweisen, so zu tun, als würden wir vertrauen, wenn wir es nicht tun. Frühes Vertrauen kann ausreichend belohnt werden, um seine weitere Entwicklung und Verstärkung anzuregen. Weil in meine Entwicklung entsprechende Investitionen getätigt wurden, habe ich irgendwann oft genug vertraut, um recht gut zu lernen, wann Vertrauen angebracht ist und wann nicht, sodass ich Vertrauen sehr gut einsetze. Wenn entsprechende Investitionen nicht getätigt wurden, führt das wahrscheinlich zu einem pessimistischen Misstrauen oder, bestenfalls, einer großen Vorsicht, sodass ich wenig oder nichts über den Wert des Vertrauens lernen werde. Ich werde es selten auch nur auf die Probe gestellt haben. Das Versagen meiner Eltern bei der Investition muss nicht mit mangelnder Vertrauenswürdigkeit meiner Partner im späteren Leben korrelieren. Aber es könnte. Die Tatsache, dass es mir schwer fällt, sogar denen zu trauen, die sich als vertrauenswürdig erweisen könnten, könnte bedeuten, dass es mir nicht gelingt, dauerhafte kooperative Beziehungen zu diesen Menschen zu unterhalten. Deshalb sehe ich mich überproportional häufig kurzfristigen Beziehungen mit Menschen gegenüber, die durchschnittlich weniger vertrauenswürdig sind und mich deshalb in meiner misstrauischen oder vorsichtigen Einstellung bestärken. Vertrauensgeber und Vertrauenswürdige interagieren hauptsächlich untereinander und überlassen misstrauischen und nicht vertrauenswürdigen Menschen weniger Gelegenheiten für erfolgreiche Interaktionen.

Eine verhaltensorientierte Lerntheorie der Entwicklung wie die von Erik Erikson ist wesentlicher Teil einer ökonomischen oder rationalen Darstellung von Vertrauen. Es geht um die Untersuchung der Entstehung bestimmter Erwartungen aus der Erfahrung. Solche Erwartungen sind

---

42 Robert Frank, »A Theory of Moral Sentiments«, in: Jane J. Mansbridge (Hg.), *Beyond Self-Interest*, Chicago 1990.

natürlich zentral für den rationalen Ansatz: »Die feste Prägung dauerhafter Verhaltensformen für die Lösung der Kernkonflikte von Urvertrauen und Urmisstrauen in bezug auf das Leben an sich ist also die erste Aufgabe des Ich und daher auch die vornehmste pflegerische Aufgabe der Mutter.« Nötig sind nicht nur Quantitäten an Nahrung und Ähnlichem, sondern eine Qualität der Beziehung zur Mutter: »Die Mutter [erweckt] in dem Kinde dieses Vertrauensgefühl durch eine Pflege ..., die ihrer Qualität nach mit der einfühlenden Befriedigung der individuellen Bedürfnisse des Kindes zugleich auch ein starkes Gefühl von persönlicher Zuverlässigkeit ... vermittelt.«[43]

Wenn Vertrauen aus Erfahrung gelernt wird, dann macht die mancherorts geäußerte Behauptung keinen Sinn, Vertrauen sei eine mehr oder weniger bewusst gewählte Strategie des Umgangs mit der Freiheit anderer menschlicher Akteure oder Handlungsinstanzen.[44] Ich vertraue einfach, oder ich vertraue nicht; ich *entscheide* mich nicht, in einem unmittelbaren Fall zu vertrauen. Vertrauen muss nicht absichtsvoll sein.[45] Ich vertraue dir nicht, um aus der Interaktion mit dir zu profitieren. Aber weil ich dir vertraue, kann ich erwarten, von der Interaktion mit dir zu profitieren, wenn sich eine entsprechende Gelegenheit bietet. Das ist die ganze Bedeutung der Aussage, dass ich dir vertraue. Ich könnte mich dafür entscheiden, in Bezug auf jemanden ein Risiko einzugehen, das über das Maß hinausgeht, in dem ich ihm vertraue. Aber der Grad meines Vertrauens ist festgelegt, entweder recht genau durch die Erfahrung mit dieser Person, oder nur vage durch die bayessche Verallgemeinerung meiner, unter Umständen sehr begrenzten, Erfahrung mit anderen.

Aus einer vernünftigen Interpretation der Epistemologie des Vertrauens folgt auch, dass die üblichen Behauptungen, Vertrauen sei ein Spiel oder eine risikoreiche Investition, entweder zu kurz greifen oder vielleicht

---

43 Erik H. Erikson, *Kindheit und Gesellschaft*, a.a.O., S. 243. John Bowlby und seine Mitarbeiter nahmen an, dass das Kind während seiner Entwicklung ethologischen Einschränkungen gegenübersteht. Wenn zum Beispiel Sprache nicht vor einem gewissen frühen Alter erlernt wird, kann sie danach nicht mehr erlernt werden. Ebenso könnte es unterschiedliche Stufen der Bindungsfähigkeit (Inge Bretherton, »The Origins of Attachment Theory: John Bowlby and Mary Ainsworth«, in: *Development Psychology*, 28, 1992, S. 759-775, hier S. 762) und des Vertrauens geben.
44 John Dunn, »Trust and Political Agency«, a.a.O., S. 73 u. S. 80; Niklas Luhmann, *Vertrauen*, a.a.O., S. 19.
45 Annette Baier, »Vertrauen und seine Grenzen«, in diesem Band, S. 43.

sogar verworren sind. Baier zufolge ist Vertrauen immer ein Risiko, »angesichts der partiellen Undurchsichtigkeit der Gründe und Motive derjenigen, denen wir vertrauen und mit denen wir kooperieren«.[46] Vertrauen ist kein Risiko und kein Spiel. Es ist natürlich risikoreich, sich selbst in eine Position zu begeben, in der andere einem schaden oder nützen können. Aber ich kalkuliere nicht erst das Risiko und entscheide mich dann zusätzlich, jemandem zu vertrauen; meine Einschätzung des Risikos zeigt vielmehr, in welchem Maße ich einer Person vertraue. Noch einmal: Normalerweise entscheide ich mich nicht zu vertrauen, um dann zu handeln; ich vertraue vielmehr und entscheide mich dann zu handeln. Der Grad meines Vertrauens in jemanden entspricht genau der erwarteten Wahrscheinlichkeit, dass diese Abhängigkeit gut funktioniert. Nach Luhmanns allgemeiner Darstellung ist Vertrauen ein Weg, mit den Risiken umzugehen, die in der Komplexität begründet liegen. Zusätzlich zu behaupten, wie er es tut, dass Vertrauen selbst ein Risiko ist, bedeutet, das einzig vorhandene Risiko zu vergrößern.[47]

6. Starke und schwache Ausprägung der Vertrauensfähigkeit

Nach der bayesschen Lerntheorie sind diejenigen, deren Leben schlecht anfängt, aufgrund andauernder (Güter-)Verluste in Form verpasster Chancen benachteiligt, Verluste, deren Quelle ihr geringes Vertrauensvermögen ist. Dieser Nachteil setzt sich zwangsläufig fort, bis diese Personen genug Erfahrung gesammelt haben, um ihre Einschätzung der allgemeinen Vertrauenswürdigkeit zu aktualisieren. Vergegenwärtigen wir uns, wie verheerend sich der frühzeitige Missbrauch und die Entwicklung von geringem Vertrauen Bayes zufolge auswirken. Nehmen wir an, ein vernünftiges Vertrauensniveau lohnt sich normalerweise in unserer Gesellschaft. Wenn ich als sehr junges Kind jedoch so stark missbraucht wurde, dass ich nun erwarte, fast keine Interaktion werde sich lohnen, dann werde ich nur in sehr wenige der sich bietenden Interaktionen eintreten. Ich

---

46 Annette Baier, »What Do Women Want in a Moral Theory?«, in: dies., *Moral Prejudices: Essays on Ethics*, Cambridge/Mass. 1994, S. 15; siehe auch Diego Gambetta, »Können wir dem Vertrauen vertrauen«, in diesem Band, S. 236-237.
47 Niklas Luhmann, *Vertrauen*, a.a.O., S. 23-24.

werde an dem leiden, was der ehemalige Präsident Jimmy Carter eine
»wohlbegründete Hoffnungslosigkeit« nennt.[48] Meine eigenen Einschätzungen sind objektiv falsch, aber aufgrund meiner eigenen schlimmen
Erfahrung sind die Einschätzungen überaus rational.

Als ein Bayesianer des gesunden Menschenverstandes werde ich vielleicht irgendwann meine früheren Einschätzungen der schlechten Aussichten korrigieren. Um das zu tun, müsste ich viele Interaktionen eingegangen sein, die sich im Regelfall gelohnt haben; meine aggregierte
Erfahrung, von früher bis heute, nähert sich dann allmählich der durchschnittlichen Erfahrung. Aber weil ich so niedrige Erwartungen habe, bin
ich bereit, mich nur auf sehr wenige Interaktionen einzulassen. Wenn eine
Person eine generell gute Erfahrung mit den Vorteilen des Vertrauens hätte, würde sie sich bereitwillig auf weitaus mehr dieser Interaktionen einlassen. Deshalb würde ich länger brauchen, um Informationen zu sammeln, die mir nahe legen, meine pessimistischen Einschätzungen zu ändern. Während der ganzen Zeit lasse ich mich weiter auf weniger
Interaktionen ein und profitiere deshalb weniger als die andere Person,
die sich auf viele Interaktionen einlässt, die sich, durchschnittlich, positiv
rechnen. Wenn wir auf ähnlichen Stufen des Wohlstands beginnen, wird
sie mich bald überholen. Nehmen wir auf der anderen Seite an, mein Leben hätte so behütet begonnen, dass ich jetzt eine zu optimistische Einstellung gegenüber dem Vertrauen in andere hätte, sodass ich es oft übertreibe und mir die »Finger verbrenne«. Weil ich vertraue, trete ich in viele
Interaktionen ein und sammle sehr schnell Informationen, um meine
bayessche Einschätzung zu aktualisieren. Meine aggregierte Erfahrung erreicht schnell das Durchschnittsniveau, und ich erreiche eine optimale Stufe des Vertrauens, die sich in den meisten meiner Interaktionen rentiert,
mehr als genug, um mich für die Gelegenheiten zu entschädigen, in denen
ich irrtümlich die Vertrauenswürdigkeit eines anderen überbewerte. Wenn
Eltern sich darum in der einen oder anderen Hinsicht irren, wenn sie ihrem Kind eine Überzeugung über die Vertrauenswürdigkeit anderer beibringen, dann legt eine streng bayessche Sichtweise merkwürdigerweise
nahe, dass der Irrtum aufseiten eines größeren Optimismus liegen sollte,
als die Eltern objektiv für gerechtfertigt halten.

---

48 Jimmy Carters Bemerkung bei der Russell Sage Foundation, New York, 24.
September 1992, während einer kurzen Darstellung eines Armutsprojektes in Atlanta.

Die Modellierung des bayesschen Vertrauens

Die alternativen Zustände eines starken oder schwachen Vermögens zu Vertrauen können einfach wie in Abbildung 1 modelliert werden. Um das Problem zu vereinfachen, machen wir folgende Annahmen.

1. Nehmen wir an, in der objektiven Welt, der wir uns augenblicklich gegenüber sehen, ist Vertrauenswürdigkeit linear von 0 Prozent bis zu 100 Prozent verteilt.

2. Wir sind alle in der Lage, die *relative* Vertrauenswürdigkeit von Menschen einzuschätzen, aber wir können unterschiedliche durchschnittliche Einschätzungen über ihre *absolute* Vertrauenswürdigkeit haben. Das heißt, sie und ich würden beide dieselbe Art von Menschen als am vertrauenswürdigsten und dieselbe Art als am wenigsten vertrauenswürdig einstufen. Aber sie werden optimistisch annehmen, dass alle Menschen mit größerer Wahrscheinlichkeit vertrauenswürdig sind als nicht, während ich pessimistisch erwarte, dass alle mit größerer Wahrscheinlichkeit nicht vertrauenswürdig sind als vertrauenswürdig.

3. Aus dem Vertrauen in jemanden, der das Vertrauen erfüllt, folgt eine positive Nettoauszahlung; eine negative Auszahlung folgt aus dem Vertrauen in jemanden, der das Vertrauen enttäuscht.

4. Der objektive Wert des potenziellen Verlustes und Gewinnes ist für alle potenziellen Interaktionspartner gleich, aber die Wahrscheinlichkeit eines Gewinns rangiert von 0 Prozent bis 100 Prozent. Deshalb wird die (objektiv) erwartete Auszahlung des Vertrauens in (objektiv) weniger vertrauenswürdige Personen niedriger sein als die des Vertrauens in vertrauenswürdigere Personen.

Es gibt eine objektive Gewinnschwelle, bei der Vertrauen in eine Person dieses Grades an Vertrauenswürdigkeit durchschnittlich weder einen Gewinn noch einen Verlust darstellt. Der Unterschied zwischen einem sehr optimistischen Vertrauensgeber und einem sehr pessimistischen misstrauischen Menschen liegt darin, dass der zweite annimmt, diese Gewinnschwelle werde nur bei Interaktionen mit (objektiv) sehr vertrauenswürdigen Menschen erreicht, während der erste annimmt, diese Schwelle werde schon auf signifikant niedrigen Graden (objektiver) Vertrauenswürdigkeit erreicht. Jemand, der innerhalb dieser Gruppe auf dem optimalen Niveau vertraut, vermutet die Gewinnschwelle dort, wo sie tatsächlich ist.

Die Gewinnschwelle liegt für die Person mit niedrigem Vertrauen in Abbildung 1 (in der subjektiven Einschätzung des wenig Vertrauenden) bei N, das heißt bei circa 85 Prozent objektiver Vertrauenswürdigkeit. Für den optimal Vertrauenden liegt sie bei V, das heißt bei circa 50 Prozent, und für den hoch Vertrauenden bei H, oder bei circa 30 Prozent Vertrauenswürdigkeit. Alle drei werden Vertrauen nur oberhalb der jeweiligen Gewinnschwelle vergeben, und sie werden unterhalb der Schwelle nicht vertrauen. Die Person auf dem niedrigen Vertrauensniveau wird deshalb relativ selten vertrauen, nur im Bereich zwischen N und K. Der übermäßig optimistische Vertrauensgeber wird sehr oft vertrauen, aber er wird im Bereich zwischen H und V Verluste machen. Diese Verluste werden von den Gewinnen aus dem Vertrauen im Bereich zwischen V und K aufgewogen. Der optimal Vertrauende wird im Bereich zwischen V und K vertrauen und wird im gesamten Bereich einen erwarteten Nettogewinn erzielen.

Der optimal Vertrauende wird die größte reale Auszahlung aus dem Wagnis des Vertrauens erzielen, wie aus dem großen Dreieck VKV' ersichtlich ist (das rechte schattierte Dreieck in Abbildung 2. Der Misstrauische erwartet die viel kleinere Auszahlung, dargestellt durch das kleine Dreieck NKN', aber er erreicht eine größere reale Auszahlung, dargestellt durch das Trapez NKV'N" unter der Linie optimalen Vertrauens rechts von N. Der stark Vertrauende erwartet die Auszahlung des sehr großen Dreiecks HKH', erzielt aber die kleinere reale Auszahlung, die sich aus der Auszahlung optimalen Vertrauens minus dem Verlust, der in dem kleinen Dreieck HVH" dargestellt ist, ergibt (das linke schattierte Dreieck in Abbildung 2). Dieses Dreieck repräsentiert die Verluste, die aus zu optimistischem Vertrauen in die, deren Vertrauenswürdigkeit zu unwahrscheinlich ist, resultieren. Die Differenz zwischen den Auszahlungen der drei Vertrauensniveaus können enorm sein, der optimal Vertrauende erzielt dann viele Male mehr als der auf dem niedrigen Vertrauensniveau. Bezogen auf die Werte in Abbildung 1 ist die Auszahlung auf optimalem Vertrauensniveau ein wenig größer als die auf hohem Vertrauensniveau und ungefähr zweieinhalb Mal größer als die des niedrigen Vertrauensniveaus.

Schließlich ist anzumerken, dass der stark Vertrauende sich auf bei weitem mehr Interaktionen einlassen wird als der Misstrauische. Er wird deshalb viel mehr Gelegenheiten haben, sein Urteil über die Gewinnschwelle und die reale Verteilung von Vertrauenswürdigkeit zu korrigieren. Der Misstrauische wird viel weniger direkte Gelegenheiten haben, sein Urteil

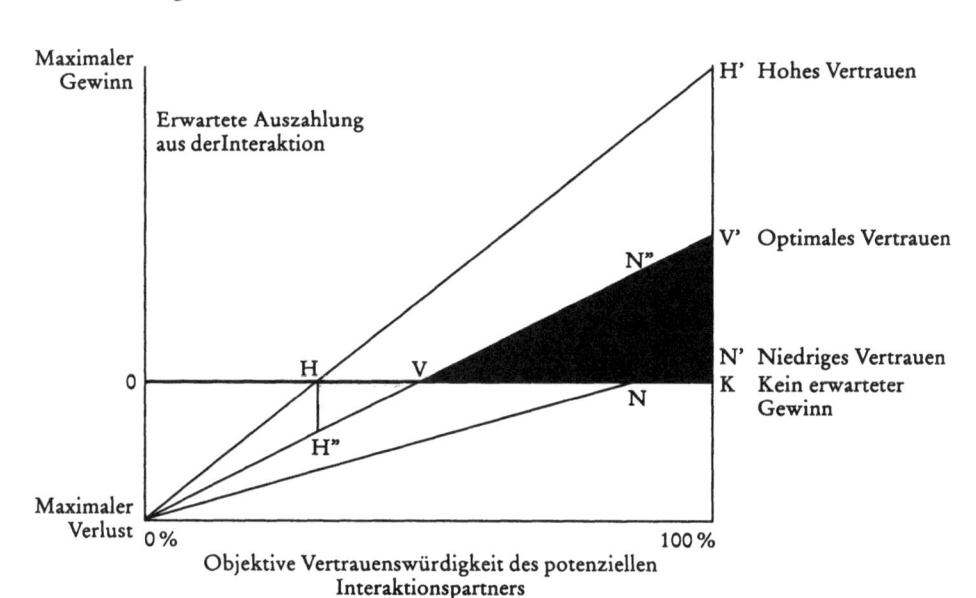

Abbildung 2: Hohes Vertrauen, reale Gewinne und Verluste.

zu korrigieren, und er wird deshalb sogar verglichen mit jemandem verlieren, der in die Gesellschaft als ein idealisierter Bayesianer eingetreten ist und nur rät, dass die Durchschnittsperson auf dem 50-Prozent-Niveau kooperiert.

Ein hohes Misstrauen beinhaltet im Wesentlichen einen erwarteten Verlust aus den meisten Interaktionen, wie im großen Dreieck dargestellt, das durch das Segment ON und den Punkt unten links definiert wird. Die Fläche dieses Dreiecks ist sehr viel größer als der erwartete Gewinn, die Fläche NKN' des wenig Vertrauenden. Vollkommenes Misstrauen würde anscheinend zu keinen Interaktionen führen, mit dem Resultat einer Auszahlung von Null, ohne Gewinne und Verluste. Wie Dunn kunstvoll bemerkt: »Verallgemeinerte man die Entschlossenheit, kein ›Dummkopf‹ (sucker) zu sein, auf die Menschheit, dann würde das die Sozialität des Menschen mehr oder weniger vollständig zerstören.«[49] Es wäre sogar noch schlimmer: Es würde die individuelle Existenz ebenfalls völlig untergra-

---

49 John Dunn, »Trust and Political Agency«, a.a.O., S. 85; siehe auch Niklas Luhmann, *Vertrauen*, a.a.O., S. 86-87.

ben. Bei einer völligen Abwesenheit von Vertrauen wäre man katatonisch und könnte morgens noch nicht einmal aufstehen.[50]

Luhmann zufolge sind weder Vertrauen noch Misstrauen als universelle Einstellung realisierbar.[51] Dies gilt als analytische Behauptung für Misstrauen. Für Vertrauen ist diese Behauptung jedoch empirisch und falsch. Als universelle Einstellung kann sich Vertrauen für jemanden in einer sehr günstigen Welt lohnen, in der das Vertrauensniveau relativ hoch ist. Es gab sicherlich solche Welten, obwohl Luhmanns Behauptung wahrscheinlich für die meisten Menschen in modernen Industriestaaten gilt. Selbst in unseren mäßig unterstützenden Welten kann es jedoch vorteilhaft sein, eine optimistische Haltung gegenüber dem Vertrauen in andere einzunehmen. Sie birgt Risiken, aber die Gewinne könnten die Verluste überwiegen. Oder vielleicht sollte man nicht davon sprechen, eine optimistische Haltung einzunehmen, sondern davon, das Verhalten eines optimistischen Vertrauensgebers an den Tag zu legen. Dieses Verhalten eröffnet die Möglichkeit, die Vertrauenswürdigen zu entdecken.

Großes Vertrauen impliziert die Erwartung eines Gewinns aus den meisten Interaktionen, wie im Dreieck HKH'. Wenn die Linie optimalen Vertrauens die Gewinnschwelle bei 50 Prozent kreuzt, dann haben die Optionen, nie zu vertrauen und immer zu vertrauen, die gleiche Netto-Auszahlung von keinem Gewinn oder Verlust. Aber der 100 Prozent-Vertrauensgeber hat viele Interaktionen, in denen er mehr über die Welt lernen kann; der 0 Prozent-Vertrauensgeber hat keine. Der stark Vertrauende führt das Äquivalent zu einem Als-ob-Test aus; der Misstrauische nicht. Angenommen, wir wollten die Mängel beheben, mit denen die schwach Vertrauenden der Welt gegenüber stehen. *Dieses Ziel lässt sich mit der Herstellung von Chancengleichheit allein nicht erreichen.* In Abbildung 1 und die ganze Argumentation hindurch wurde davon ausgegangen, dass die verschiedenen Vertrauensgeber im Moment ihrer aktuellen Interaktionen den gleichen Gelegenheiten gegenüber stehen. Der wenig Vertrauende verliert dennoch den Boden und erleidet schwere relative Verluste an Wohlfahrt. Ein Programm zur Herstellung von Chancengleichheit kann diesen misslichen Trend nicht stoppen.[52] Die Verluste beziehen sich

---

50 Niklas Luhmann, *Vertrauen*, a.a.O., S. 1.
51 Ebenda, S. 79.
52 Vielleicht ist dies die Bedeutung von Luhmanns Behauptung (*Vertrauen*, a.a.O., S. 82), dass Misstrauen selbstverstärkend wirkt: Es erzeugt nicht genügend Informationen, damit der Misstrauende seine Perspektive der Möglichkeiten korrigieren kann.

nicht nur auf Chancen oder Gelegenheiten, sie beziehen sich auf die Fähigkeit, aus diesen Gelegenheiten Kapital zu schlagen.

Unter Umständen gibt es andere in frühem Lernen begründete Korrelate für das starke und schwache Vermögen zu vertrauen. Zum Beispiel könnte man eine Fähigkeit zur Spontaneität entwickeln, weil man in der Lage ist, darauf zu vertrauen, dass Personen nicht nur nicht negativ, sondern sogar positiv auf die eigenen merkwürdigen Idiosynkrasien und Vorlieben reagieren. Narzissten haben auch einen spontanen Charakter – aber sie gewinnen diese Eigenschaft nicht durch unterstützenden Einfluss. Es wird sogar angenommen, dass die Ursache für eine narzisstische Persönlichkeitsstörung eher in starker Vernachlässigung als im Missbrauch begründet liegt. Wenn Eltern und andere Aufsichtspersonen sich während der ersten ein oder zwei Lebensjahre eines Kindes vernachlässigend verhalten, vielleicht aufgrund von Alkoholismus oder schwerer Krankheit, dann kann das Kind lernen, andere nicht zu berücksichtigen, ihnen weder zu vertrauen noch zu misstrauen.[53]

Schwächen des Modells

Es gibt viele Komplikationen, die von dem Modell in Abbildung 1 nicht erfasst werden. Hierzu gehören die erwähnten vereinfachenden Annahmen wie zum Beispiel die lineare Verteilung von objektiver und erwarteter Vertrauenswürdigkeit. Hinzu kommen die folgenden Punkte:

Erstens vernachlässigt das Modell die relative Größe der riskierten Verluste und Gewinne. Wenn die Nachteile, die sich aus dem Risiko einer Interaktion ergeben, extrem hoch sind verglichen mit den Vorzügen einer erfolgreichen Interaktion, dann ist eine viel höhere Gewinn-Wahrscheinlichkeit erforderlich, um die gelegentlichen Verluste aufzuwiegen. Die Gewinnschwelle würde sich in Abbildung 1 nach rechts verschieben. Experimente zum iterierten Gefangenendilemma zeigen: Wenn der Verlust aus der Kooperation mit einem Spieler, der nicht kooperiert (das heißt die Auszahlung des »Dummkopfs«), größer wird, dann sinkt die Anzahl kooperativer Spiele, sodass schließlich keine Kooperation zustande kommt. Diesem Mangel kann ohne Probleme in dem Modell Rechnung getragen werden.

---

53 Dies könnte eine andere ethologische Beschränkung der Entwicklung sein (siehe Fn. 43 oben).

In Anlehnung an die erste Grenze des Modells findet zweitens die Möglichkeit der unterschiedlichen Gewichte potenzieller Interaktionen in dem Modell keine Berücksichtigung. Solche Unterschiede sind implizit in der Aussage enthalten, dass Vertrauen eine Dreier-Relation ist: A vertraut darauf, dass B X tun wird. In der einen Interaktion vertraue ich vielleicht lediglich darauf, dass jemand eine Münze in meine Parkuhr wirft, während ich in einer anderen Interaktion hoffe, dass ich darauf vertrauen kann, dass jemand auf mein kleines Kind aufpasst. Ich könnte jemand einen oder tausend Dollar leihen. Wenn es keine Korrelation zwischen der Bedeutung dessen, worauf vertraut wird, und der Wahrscheinlichkeit der Vertrauenswürdigkeit einer Person, dieses Vertrauen zu erfüllen, gäbe, dann wäre dieser Punkt irrelevant. Aber es scheint generell unwahrscheinlich, dass es eine solche Korrelation nicht gibt. Jeder befindet sich eher auf einem niedrigen Vertrauensniveau, wenn es um hohe Einsätze geht, als wenn sie niedrig sind.

Drittens vernachlässigt das Modell strategische Effekte wie Als-ob-Vertrauenshandlungen, die dazu dienen, die Vertrauenswürdigkeit von bestimmten Menschen zu testen und, allgemeiner, den Anreizeffekt wiederholter Interaktion mit denselben Personen. Es scheint wahrscheinlich, dass man anfangs dazu neigt, einer unbekannten Person nur begrenzt zu vertrauen; geht es um wichtigere Angelegenheiten vertraut man nur, nachdem man sich vorsichtig herangetastet hat.[54] Swinths Experimente ergaben, dass Als-ob-Tests weniger wichtig sind, als man annehmen könnte.[55]

Viertens teilt das Modell die Mängel der Cournot-Modelle ökonomischer Prozesse: Es existiert die Annahme strategischer Kalkulation hinsichtlich der Überlegung des potenziellen Vertrauensgebers, ob er sich auf die Interaktion einlässt, aber in Bezug auf den potenziellen Vertrauensnehmer werden keine Reflexionsannahmen gemacht. Das Modell ist nur halb-strategisch.

Fünftens berücksichtigt das Modell nicht die Komplexität möglicher Arten des Lernens. Man kann sowohl indirekt aus den Erfahrungen anderer lernen als auch direkt aus eigener Erfahrung. Im Lichte der oben ausgeführten zweiten Schwäche des Modells können wir bemerken, dass Lernen sowohl recht billig und nur mit geringen Risiken verbunden sein kann

---

54 Dies ist ein häufiges Thema der Literatur über Vertrauen, besonders im Bereich der Sozialpsychologie. Siehe zum Beispiel Robert L. Swinth, »Establishment of the Trust Relationship«, in: *Journal of Conflict Resolution*, 11, 1967, S. 335-344.
55 Robert H. Swinth, »Establishment of the Trust Relationship«, a.a.O., S. 343.

als auch äußerst teuer und risikoreich. Zudem hat das Lernen in Kontexten wahrscheinlicher iterierter Interaktion einen größeren Wert.

Sechstens trägt das Modell unter Umständen nicht komplexen »Schieflagen« des Vertrauens Rechnung; dabei geht es zum Beispiel um das Vertrauen, das Menschen auf Führungsebenen oder Fachmännern häufig automatisch entgegengebracht wird, selbst in Belangen, die außerhalb ihrer beruflichen Kompetenz liegen (Coleman diskutiert verschiedene intermediäre Effekte).[56] Diesem Mangel kann jedoch leicht innerhalb des vereinfachten bayesschen Modells begegnet werden.

Die schwerwiegendste dieser Schwächen einer Darstellung von Vertrauen als eingeschlossenem Interesse liegt im dem Versagen, strategische Interaktionen miteinzubeziehen, besonders die Anreizeffekte der Iteration (entweder direkt oder durch Effekte auf die Reputation). Anderen Problemen kann in der allgemeineren Darstellung des Vertrauens als eingeschlossenem Interesse leicht begegnet werden. Und manche können problemlos in das Modell in Abbildung 1 integriert werden. Selbst mit seinen Schwächen beinhaltet das Modell den Großteil von Julian Rotters Standardfolgerungen über interpersonales Vertrauen. Rotter stellt fest, dass Personen auf einem hohen Vertrauensniveau anderen mit größerer Wahrscheinlichkeit eine zweite Chance geben (dies hat einen beinahe definitorischen Beiklang), und sie sind mit geringerer Wahrscheinlichkeit unglücklich und werden mit größerer Wahrscheinlichkeit von anderen gemocht.[57] Wenn sie sich in einer Umwelt befinden, in der Vertrauen durchschnittlich zu mehr Gewinnen als Verlusten führt, sollten sie weniger unglücklich sein. Und ihre Offenheit, Vertrauen in andere zu setzen, sollte die anderen dazu bringen, sie in verschiedenen Aktivitäten als Partner auszuwählen.

7. Weitere Implikationen des bayesschen Vertrauens

Betrachten wir weitere wichtige Folgerungen aus dem bayesschen Ansatz erlernten Vertrauens. Erstens kann ein Neuling in einer Gemeinschaft in einer Art und Weise benachteiligt werden, die hochgradig selbstverstär-

---

56 James S. Coleman, *Foundations of Social Theory*, a.a.O., S. 180-185; dt. *Grundlagen der Sozialtheorie*, a.a.O., S. 232-239 (Band 1).
57 Julian B. Rotter, »Interpersonal Trust, Trustworthiness, and Gullibility«, in: *American Psychologist*, 35, 1980, S. 1-7.

kend ist. Zweitens können Zwang und Sanktionen einen starken positiven Effekt auf die Fähigkeit haben, in Kontexten weit außerhalb der Reichweite der Sanktionen zu vertrauen. Und schließlich unterminiert der bayessche Ansatz des Lernens die begrifflich gemeinte Behauptung, Vertrauen sei eine Form von Humankapital.[58]

Der Außenseiter

Betrachten wir die Situation eines Außenseiters oder neuen Einwanderers in einer Gemeinschaft. Der Außenseiter wird den anderen in der Gemeinschaft anfangs nicht vertrauenswürdig erscheinen. Dies könnte lediglich die Folge bayesschen Ratens sein, ein Urteil, dass diese Personen mit geringerer Wahrscheinlichkeit vertrauenswürdig ist als die, die schon lange gut bekannt sind. Bis mehr Wissen über die Vertrauenswürdigkeit erzeugt wird, erhält diese Person weniger Gelegenheiten, ihre Vertrauenswürdigkeit zu demonstrieren. Also kann es für diese Person enttäuschend lange dauern, bis ihr Vertrauen entgegengebracht wird. Weil die Kombination aus Vertrauen und Vertraut-Werden wieder Vorteile in Form von verschiedenen Arten des Austauschs und gegenseitiger Hilfe befördert, hat der Außenseiter größere Schwierigkeiten, voranzukommen, und er kann schließlich weniger kompetent und achtbar erscheinen. Oberflächlich betrachtet, könnte man annehmen, eine Gruppe, die es lange Zeit vermeidet, einem Außenseiter zu vertrauen, sei mit rassistischen oder ähnlichen Vorurteilen behaftet. Aber das rationale Vorurteil des Bayesianers könnte ausreichen, die Einstellung der Gemeinschaft zu erklären.

Alejandro Portes und Julia Sensenbrenner beschreiben ein informelles Finanzsystem in der kubanischen Immigrantengemeinschaft in den sechziger Jahren in Miami, nachdem Fidel Castro an die Macht gekommen war. Neu angekommene Immigranten ohne Sicherheiten konnten so genannte »Charakter-Kredite« aufnehmen, die auf der unternehmerischen Reputation beruhten, die sie in Kuba hatten. Wie es heißt, wurden diese Kredite, die zwischen 10000 und 30000 Dollar lagen, unweigerlich zurückgezahlt und ihre Empfänger erzielten oft großen Reichtum.[59]

---

58 Andere lerntheoretische Ansätze könnten ähnliche Implikationen haben.
59 Alejandro Portes & Julia Sensenbrenner, »Embeddedness and Immigration: Notes on the Social Determinants of Economic Action«, in: *American Journal of Sociology*, 98, 1993, S. 1320-1350.

Diese Kredite beinhalteten das Vertrauen der lateinamerikanischen Bankiers, die sie vergaben. Portes und Sensenbrenner bezeichnen dieses Vertrauen als durchsetzbar, denn die kubanischen Exilanten waren praktisch gefangen. Sie konnten in der verpflanzten kubanischen Gemeinschaft nur prosperieren, wenn sie sich hinsichtlich der Rückzahlung ihrer Schulden als verlässlich erwiesen. Aber es gab keinen anderen Ort, an dem sie Reichtum erlangen konnten. Sie konnten nicht nach Kuba zurückkehren, und es gab nirgends sonst eine Gemeinschaft, die sie willkommen geheißen hätte. Es gab keine andere Gemeinschaft von Menschen, die einen natürlichen Zugriff auf ihren Ruf hatte und die ihnen vertrauen konnte – vertrauen in dem Sinne, dass es einen guten Grund gab zu glauben, dass ihr Anreiz, vertrauenswürdig zu sein, zwingend, gar übermächtig war. Die Exilanten waren ein ungewöhnlicher Fall: Außenseiter mit einem beinahe Insiderstatus in einer exklusiven Gemeinschaft, von der sie vollkommen abhängig waren. Dieser Status war nur kurze Zeit verfügbar. 1973 gab es keine Charakterkredite mehr, weil die neu ankommenden Kubaner der lokalen Bankengemeinschaft nicht mehr bekannt waren. Außerdem hatten sie wahrscheinlich keinen unternehmerischen Erfolg in Kuba, auf den sie einen Ruf hätten aufbauen können.

Natürlich könnten viele von uns, unbekannten Personen oder Personen, die uns in unbekannten Gebieten begegnen, Vertrauen entgegenbringen. Doch selbst dann würden wir bei sehr wichtigen Belangen ohne eine gehaltvolle vorangegangene Geschichte von Vertrauenswürdigkeit nicht vertrauen. Als Außenseitern könnte uns Als-ob-Vertrauen offen stehen, um überhaupt einen Fuß auf die Erde zu bekommen. Aber wenn wir komplette Außenseiter wären oder wenn wir uns noch an andere Gemeinschaften wenden könnten, dann könnten wir uns angesichts großer Schwierigkeiten leicht als nicht vertrauenswürdig erweisen. Also könnte man uns nicht so bereitwillig vertrauen wie den Kubanern in den Sechzigern in Miami.

Sanktionen und Vertrauen

Soziologische Veröffentlichungen zum Thema Vertrauen befassen sich in der Regel mit den sozialen Mechanismen, die Vertrauen erzeugen.[60] Luh-

---

60 Siehe zum Beispiel Niklas Luhmann, »Vertrautheit, Zuversicht, Vertrauen«, in diesem Band, S. 144.

mann nimmt an, die Struktur der Vertrauensbeziehungen setze voraus, dass die Kalkulation des Risikos verborgen bleibt. Vertragliche Beziehungen könnten jedoch erfordern, dass solche Kalkulationen offen und präsent sind, erzeugten dann aber eine Atmosphäre, die sich unvorteilhaft auf Vertrauen auswirken würde. Wenn eine solche Interdependenz schon existiert, sodass die Risiken allen offen zutage liegen und eine Diskussion sich erübrigt, dann könnten gegenseitiges Verständnis und Vertrauen verstärkt werden.

Dies bedeutet lediglich, wie der Alltags-Bayesianer auch annehmen sollte, dass der Übergang von einer informellen zu einer formellen Regulierung von Beziehungen heikel sein könnte. Neue Bedingungen, die mit unscharfen Wahrscheinlichkeitserwartungen verbunden sind, führen im Allgemeinen zu anfänglicher Instabilität. Aber das Ergebnis eines erfolgreichen Abschlusses des Überganges kann in der Verstärkung von Vertrauen liegen.[61]

Nach Coleman fördert die Entwicklung von Normen, die mit Sanktionen verbunden sind, Kooperation.[62] Dies entspricht der Theorie von Hobbes: Die Einrichtung von starken Sanktionen, die jeden Einzelnen schützen, führt zu einer Besserstellung von jedermann. Nach Hobbes' Darstellung der Notwendigkeit eines mächtigen Staates brauchen die meisten Menschen lediglich genügend Sicherheit, um sich auf Austauschbeziehungen mit anderen einlassen zu können, und zwar ohne die Angst, aufgrund ihres Besitzes oder lediglich präventiv getötet zu werden.[63] Ohne polizeilichen Schutz im Hintergrund wären wir gegenüber anderen insgesamt wachsam. Mit polizeilichem Schutz könnten wir uns bereitwillig auf verschiedene, gegenseitig vorteilhafte Aktivitäten einlassen. Wenn wir uns nicht mehr misstrauisch fragen müssen, ob andere vielleicht sehr gewaltsame Motive uns gegenüber haben, dann können wir anfangen, ihren harmloseren Wünschen nach profitabler Interaktion Vertrauen zu schenken.

Auf der einfacheren Ebene des täglichen Lebens können wir mit Bernard Barber[64] bemerken, dass Vertrauen dadurch verstärkt werden kann, dass Misstrauen und Instrumente sozialer Kontrolle effektiver gestaltet werden. Doch wie kann Vertrauen durch einen durchsetzbaren Vertrag

---

61 Niklas Luhmann, *Vertrauen*, a.a.O., S. 38.
62 James S. Coleman, *Foundations of Social Theory*, a.a.O., S. 114; dt. *Grundlagen der Sozialtheorie*, a.a.O., S. 146 (Band 1).
63 Russell Hardin, »Hobbesian Political Order«, in: *Political Theory*, 19, 1991, S. 156-180.
64 Bernard Barber, *The Logic and Limits of Trust*, a.a.O., S. 170.

verstärkt werden (oder durch Kontrolle und Androhung von Sanktionen)? Der Vertrag oder die Kontrolle vermögen eine Beziehung gegen die schlimmsten Risiken zu schützen, die in ihr enthalten sein können. Dadurch ermöglichen diese Instrumente den Parteien, mit Blick auf weniger riskante Belange zu kooperieren. Ohne die Androhung von Sanktionen wären sie dazu nicht in der Lage gewesen. Vergegenwärtigen wir uns das oben erwähnte Problem von Gefangenendilemmaspielen mit hohen »Dummkopf«-Auszahlungen. Wenn wir es einrichten können, dass die schlimmstmöglichen Auszahlungen ausgeschlossen sind – wenn nötig durch rechtliche Sanktionen –, dann können wir unsere gegenseitig vorteilhafte Interaktion fortsetzen. McKean zufolge schätzen wir diese Zwangsmechanismen zum Teil deshalb, weil wir erkennen, »wie teuer das Leben ohne Vertrauen wäre, selbst wenn die Grundlagen durch derartige Zwangsmechanismen geschaffen werden.«[65]

Betrachten wir einen besonders interessanten Fall. Unter ausländischem (habsburgischem) Recht waren Sizilianer und Süditaliener weder in der Lage, sich auf die Gerechtigkeit, noch auf den Schutz des Gesetzes zu verlassen.[66] Sie befanden sich nicht ganz und gar in einem Hobbesschen Naturzustand, aber ihr Zustand hatte Hobbessche Züge. Unter solchen Bedingungen erzeugt Misstrauen einleuchtenderweise Misstrauen, und heute, lange nachdem die Habsburger die Bühne verlassen haben, dauert das Misstrauen an. Das Unvermögen, dem Staat zu vertrauen, führt zu dem Unvermögen, anderen Individuen zu vertrauen.[67] Menschen kooperieren nicht, auch wenn es zu ihrem gegenseitigen Vorteil wäre; sie konkurrieren auf schädliche Weise; sie enthalten sich in solchen Situationen der Konkurrenz, durch die alle vom Wettbewerb profitieren könnten.[68] Sie fördern Misstrauen und beuten es selektiv aus.[69]

---

65 Roland N. McKean, »Economics of Trust«, a.a.O., S. 31.
66 Anthony Pagden, »The Destruction of Trust and its Economic Consequences in the Case of Eighteenth-Century Naples«, in: Diego Gambetta (Hg.), Trust, a.a.O.127-141; siehe auch Diego Gambetta, »Mafia: The Price of Distrust«, in: ders. (Hg.), Trust, a.a.O., S. 162.
67 Ebenda, S. 163.
68 Ebenda, S. 158.
69 Ebenda, S. 159. Weitere Faktoren belasten ebenfalls die sizilianische Gesellschaft. Zum Beispiel ermöglicht ökonomische Rückständigkeit wenig Aufstiegsmöglichkeiten. Eine gängige Art, voranzukommen, besteht in der Durchsetzung gegen andere in der eigenen Gesellschaft – somit ist der Aufstieg ein positionales Gut (ebenda, S. 163).

Ein stärkeres Regime, das in der Lage wäre, den Einfluss der Mafia mit Zwang aufzuheben, könnte die Basis für Vertrauen verbessern. Die meisten Sizilianer würden nicht von Gesetzen unterdrückt, die der Mafia mit Zwang begegnen. Sie würden stattdessen von der Unterdrückung durch die Mafia befreit werden, wenn ein solches Gesetz wirksam wäre.

Sanktionen müssen natürlich nicht von der Staatsgewalt ausgehen. Gemeinhin werden sie durch Iteration und die Erwartung eines andauernden Gewinns, der den kurzfristigen Gewinn eines nicht-kooperativen Handelns überwiegt, erzeugt. Der Anreiz zu kooperieren (oder Vertrauen zu erfüllen) und die Sanktion, wenn man dies nicht tut, sind ein und dasselbe. Es sind die Gewinne zukünftiger Interaktion, die von gegenwärtiger Vertrauenswürdigkeit abhängig sind. Coleman schildert als einen offensichtlichen Extremfall einen 200000 Pfund-Sofortkredit der Londoner Hambros Handelsbank an eine ausländische Speditionsfirma, der direkt telefonisch ausgehandelt und augenblicklich zugestellt wurde. Nach Coleman basierte der Kredit auf keinen Eigenschaften, die solider gewesen wären als die Intention des Spediteurs, den Kredit zurückzuzahlen, und dem Glauben des Hambros-Mitarbeiters an die Ehrlichkeit des Spediteurs und an seine Rückzahlungsfähigkeit.[70] Es scheint unwahrscheinlich, dass dies wirklich der Wahrheit entsprach. Es gab eine (sicherlich unerwähnt gebliebene) Androhung eines Prozesses und gerichtlicher Implementation. Selbst wenn die Implementation nicht garantiert wäre, hätte man einen Prozess anstrengen können, der, einmal in Gang gekommen, Auswirkungen auf die Reputation gehabt hätte, Auswirkungen, die für den Spediteur mit hohen zukünftigen Kosten verbunden wären. Aber selbst diese Sanktion ist zum Großteil informell.

Um den Hambros-Kredit gänzlich beurteilen zu können, müssen wir Abstand zu diesem speziellen Fall gewinnen und die Frage betrachten, ob es im Interesse derartiger Bankiers ist zu tun, was Hambros tat. Die Antwort ist wahrscheinlich ein Ja, wenn ein ausreichend hoher Grad an Vertrauenswürdigkeit durch rechtliche, auf den Ruf bezogene oder andere Anreize gesichert werden kann. Vertrauen schafft die Möglichkeit, Geschäfte zu machen.

---

[70] James S. Coleman, *Foundations of Social Theory*, a.a.O., S. 92; dt. *Grundlagen der Sozialtheorie*, a.a.O., S. 116-117 (Band 1).

Vertrauen als Kapital

Man könnte Vertrauen oder die Fähigkeit zu vertrauen als eine Form von Humankapital betrachten. Aber es ist eine merkwürdige Form. Von dem, was als Humankapital bezeichnet wird, nimmt man oft an, dass in seine Erzeugung direkt investiert wird angesichts der Opportunitätskosten anderer, nicht ausgeführter Handlungen. Die Fähigkeit zu vertrauen könnte durch die absichtliche Investition in die Entwicklung eines Kindes entstehen. Oft muss die Fähigkeit zu vertrauen jedoch eher wie ein unbeabsichtigtes Nebenprodukt von Aktivitäten erscheinen, die dem Kind zwar die Erfahrung von lohnendem Vertrauen geben, aber nicht zu diesem Zweck ausgeführt wurden. Vertrauen muss gelernt werden, aber die wichtigsten Lernprozesse haben die Tendenz, unbeabsichtigt zu sein. Somit ist eine starke Fähigkeit zu vertrauen ein Nebenprodukt vorteilhafter Erfahrung. Wie in dem Witz über das Leben im Allgemeinen ist Vertrauen oder Misstrauen das, was uns passiert, während wir andere Pläne schmieden. Dennoch beziehen sich Luhmann, Dasgupta und andere auf Vertrauen als eine Form von Humankapital.[71] Das ist eine irreführende Art der Charakterisierung, vielleicht extrem irreführend.

Dies kann folgendermaßen ausgeführt werden. Im Gegensatz zur Formulierung in den vorangehenden Absätzen könnte »Investition« insgesamt der falsche Begriff sein für das, was einem typischen Kleinkind und Kind die Fähigkeit zu vertrauen vermittelt. Eltern können aus Liebe oder augenblicklicher Freude an ihrem Kind Dinge für es tun und nicht aus einem geplanten Programm heraus, das verlangt, ein bestimmtes Maß an Zeit in die Entwicklung der Vertrauensfähigkeit des Kindes zu stecken. (Ein bedauerlich irregeleiteter Kantianer oder Utilitarist könnte Zeit in ein Kind investieren, allein um seine Entwicklung zu fördern.) Diese Fähigkeit stellt deshalb keine vollständige Analogie zu Standardauffassungen vom Humankapital dar. Ein typischer olympischer Schwimmer verfügt über großes Humankapital, weil er seinem Training extrem viel Zeit widmet, mal im Wasser, mal im Kraftraum. Ein Kind wächst unter Um-

---

71 Luhmann spricht von Vertrauen als Kapital in einem Abschnitt, in dem das Thema nicht Vertrauen sondern eher Vertrauenswürdigkeit zu sein scheint (*Vertrauen*, a.a.O., S. 69). Man könne direkt in die eigene Vertrauenswürdigkeit oder in die Reputation der Vertrauenswürdigkeit investieren. Das Vertrauenswürdig-Erscheinen kann deshalb in einigen Fällen ein Kapital sein. Aber es ist verwirrend, Vertrauen als Humankapital zu behandeln.

ständen mit einer Liebe zum Schwimmen auf, verbringt viele Stunden im Schwimmbad und ist deshalb recht gut. Aber das Kind hat nichts aufgegeben, um ein besserer Schwimmer zu werden; es könnte zu der Zeit das Schwimmen jeder anderen verfügbaren Betätigung vorgezogen haben. Für den Olympiaschwimmer könnten das Schwimmen oder Gewichtheben dagegen oft eine Tortur gewesen sein. Weil das Kind die Tätigkeit des Schwimmens während der Ausübung genossen und sogar anderen Tätigkeiten vorgezogen hat, besaßen das faktisch vorhandene Training und die weitere Entwicklung, die beide mit dem Schwimmen verbunden waren, geringe oder keine Opportunitätskosten. Die Entwicklung war nur ein zufälliges Nebenprodukt des Vergnügens.

Die Entwicklung einer Fähigkeit zu vertrauen, entweder im Kleinkindalter oder im späteren Leben, hat mehr Gemeinsamkeiten mit der Entwicklung der Schwimmfähigkeiten des nicht-olympischen Kindes als mit dem anstrengenden Training des Olympioniken. Sie ist nur ein zufälliges Nebenprodukt eigeninteressierter Betätigungen. Sie ist sogar noch zufälliger. Sie ist in hohem Maße das Nebenprodukt von Erfahrungen, über die das Individuum kaum Kontrolle hatte, Erfahrungen, die das Individuum noch nicht einmal gesucht hat. Zum Beispiel könnten wir eine große Vertrauensfähigkeit haben, weil wir in einer wunderbar unterstützenden Familie aufgewachsen sind und weil unser späteres Leben in einer Gesellschaft stattfindet, in der sich optimistisches Vertrauen reichlich auszahlt. Wir sind nur für einen kleinen oder aber für gar keinen Teil unserer Fähigkeit verantwortlich, wir sind lediglich ihr Nutznießer. Jeder konkrete Fall unseres Vertrauens in jemanden wird von dieser vergangenen Erfahrung abhängen und selbstverständlich auch von den offensichtlichen zukünftigen Anreizen des Vertrauensnehmers, das zu tun, worauf wir vertrauen.

8. Abschließende Bemerkungen

Folgt man vielen Darstellungen von Vertrauen, auch Colemans streng rationalem Ansatz,[72] könnte man annehmen, dass diejenigen, die vertrauen schenken, im folgenden Sinne alle untereinander austauschbar sind: Unter der Voraussetzung gleicher Anreize (potenzielle objektive Auszahlun-

---

72 James S. Coleman, *Foundations of Social Theory*, a.a.O.; dt. *Grundlagen der Sozialtheorie*, a.a.O.

gen) würden wir alle in gleichem Maße vertrauen. Aber ein wichtiges Element, das manche als psychologisch bezeichnen würden, geht dem voran: Wir könnten verschiedene Fähigkeiten zu vertrauen haben. Dieser Punkt sollte nicht als psychologisch gelten im Sinne von: irrational oder nicht rational zu rechtfertigen, sondern stattdessen als wesentlich epistemologisch und somit pragmatisch rational. Die bisweilen aufgestellte Behauptung, es gebe eine psychologische Dimension von Vertrauen, die sich von der kognitiven oder kalkulierenden oder rationalen unterscheide,[73] ist wohl wenig mehr als die aufkommende Anerkennung dieses epistemologischen Problems.

Ein Problem der Darstellung von Vertrauen als eingeschlossenem Interesse liegt darin, dass sie von Natur aus im folgenden Sinne subjektiv ist: *Was ein gegebenes Individuum vernünftigerweise erwarten kann, hängt stark davon ab, was das Individuum weiß, sowohl über die Vergangenheit als auch über die Zukunft der Person oder der anderen Partei, der vertraut werden soll.* Offensichtlich haben Einschätzungen der Zukunft Auswirkungen auf die Analyse der Erwartungen. Aber warum die Vergangenheit? Teilweise wegen der Reputation. Aber außerdem enthüllt die Vergangenheit die Fähigkeit des anderen, zu vertrauen und sich als vertrauenswürdig zu erweisen. Dies entspricht zu einem sehr großen Teil lediglich der Fähigkeit, die wahrscheinlichen Risiken und Vorteile des Aufnehmens von Vertrauensbeziehungen zu beurteilen.

Diese retrospektiven und prospektiven Perspektiven legen nahe, dass es zwei, wahrscheinlich kausal verbundene, Arten des Wissens über andere gibt, die bei der Einschätzung von Vertrauenswürdigkeit eine Rolle spielen. Erstens gibt es einfaches induktives Wissen, das sich auf die Reputation bezieht. Die oben erwähnten amerikanischen Antikommunisten besaßen ein bißchen induktives Wissen, auf dass sie ihre Schlüsse stützten. Die zweite Art des Wissens ist theoretischer Natur. Die Ökonomen besaßen theoretisches Wissen über Menschen im Allgemeinen und über den Mechanismus von zentralistisch und marktförmig determinierten ökonomischen Ergebnissen. Viele Ökonomen dachten, dass ihr theoretisches Wissen letztlich das induktive Wissen über die Loyalität zur kommunistischen Ideologie ausstechen würde.

Ein allgemeines Problem induktiven Wissens, wenn es vollständig a-theoretisch ist, besteht in seiner Unfähigkeit, die Behauptung zu recht-

---

73 Siehe zum Beispiel John L. Aguilar, »Trust and Exchange: Expressive and Instrumental Dimensions of Reciprocity in a Peasant Society«, in: *Ethos*, 12, 1984, S. 3-29.

fertigen, dass das, was immer passiert ist, wieder passieren wird. Die meisten von uns sind bereit, mit der Schlussfolgerungen zu leben, dass verschiedene Dinge weiter in der Art und Weise geschehen werden wie bisher. Aber wir neigen zu der Annahme, dass es dafür Gründe gibt, auch wenn wir diese Gründe nicht kennen. Das theoretische Wissen der Ökonomen über die ökonomische Produktivität liefert eine (vielleicht falsche) Erklärung dafür, warum der Trend der Loyalität zum Kommunismus schließlich an ein Ende kommen wird. Eine relevante Antwort auf die Ökonomen müsste auf einer alternativen theoretischen Behauptung fußen. Die Antikommunisten unterbreiteten im Allgemeinen keine alternative Theorie, sie gingen lediglich von der Sicherheit andauernder kommunistischer Irrationalität aus.

Eine vollständige Darstellung rationalen Vertrauens muss auf Gründen für die Erwartung basieren, dass ein anderer das Vertrauen erfüllt sowie auf Gründen für allgemeine Überzeugungen hinsichtlich der Vertrauenswürdigkeit. Diese Gründe werden, jeder für sich, zum einen in der Anreiztheorie von Vertrauenswürdigkeit angesprochen, die Vertrauen rechtfertigt und erklärt, und zum anderen in der auf den gesunden Menschenverstand bezogenen Darstellung des bayesschen Modells erlernten Vertrauens. Der Bayesianer mit gesundem Menschenverstand ist wenig mehr als ein Induktivist, der verallgemeinernd aus der Vergangenheit in die Zukunft schließt, wie in dem Modell in Abbildung 1. Um den Einfluss einer schlechten und irreführenden Vergangenheit zu durchbrechen, benötigt der Bayesianer viele neue Erfahrungen oder ein wenig Theorie, die früheren Erfahrungen widerspricht. Das Modell in Abbildung 1 legt nahe, dass sich die ausschließliche Korrektur pessimistischer bayesscher Einschätzungen von Vertrauenswürdigkeit durch die Anhäufung besserer Erfahrungen möglicherweise sehr langsam vollzieht, was zu Fehleinschätzungen und einer langen Folge verpasster Gelegenheiten führen kann. Die mit dem Modell des Vertrauens als eingeschlossenem Interesse verbundene Einsicht, dass andere vertrauenswürdig sind, wenn ihnen die richtigen Anreize vorliegen, könnte die Aussicht erhöhen, diese Gelegenheiten zu ergreifen. Dies setzt freilich voraus, die Entscheidungen anderer aus ihrer Perspektive zu betrachten, um ihre Anreize zu verstehen. Vertrauen wird vollständig strategisch. Es ist nicht länger lediglich eine Induktion aus sinnlosen Tatsachen.

Aus dem Englischen von Catrin Yazdani

Vertrauen, kollektive Identität und Demokratie

Shmuel N. Eisenstadt

Vertrauen und Institutionenbildung:
Das Problem der Verallgemeinerbarkeit von Vertrauen

1.

In diesem Essay sollen einige Beziehungen zwischen dem Aufbau von Vertrauen, der Bildung kollektiver Identität und der Entwicklung und Beständigkeit moderner demokratisch-konstitutioneller Regime untersucht werden. Die Rolle, die Vertrauen im Prozess der Bildung von Institutionen und in der Institutionendynamik spielt, war bekanntlich das Hauptinteresse Durkheims, als er die Bedeutung vorvertraglicher Elemente für die Erfüllung von Verträgen hervorgehoben hat, die auf scheinbar rein »utilitaristischen« Elementen beruhen.[1] Aber dieser entscheidenden Einsicht – und Problematik – wurde bisher in der sozialwissenschaftlichen Literatur nicht systematisch nachgegangen. Erst kürzlich wurde sie wieder aufgenommen und zwar anfänglich paradoxerweise innerhalb verschiedener Rational-Choice-Ansätze, die zu der Einsicht gekommen waren, dass die Beständigkeit sozialer Interaktionsmuster und institutioneller Strukturen nicht allein durch rational-nutzenorientierte Motive zu erklären ist.[2] Gleichzeitig haben die neueren Analysen auch einige der Komplexitäten, Paradoxien und Probleme im Aufbau von Vertrauen in der sozialen Interaktion und in der Institutionenbildung hervorgehoben.

---

1 Emile Durkheim, *Über soziale Arbeitsteilung. Eine Studie über die Organisation höherer Gesellschaften*, Frankfurt/M. 1988.
2 Valerie Braithwaite & Margaret Levi (Hg.), *Trust and Governance*, New York 1998; Roderick Kramer & Tom R. Tyler, *Trust in Organizations: Frontiers of Theory and Research*, London 1993.

2.

Das grundsätzliche Paradox besteht darin, dass Vertrauen zwar eine Vorbedingung für die Beständigkeit aller weitreichenden sozialen Interaktionen ist, gleichzeitig aber nichts Natürliches ist, sondern fortwährend konstruiert und rekonstruiert wird – und somit potenziell zerbrechlich ist.

Was die Definition von Vertrauen angeht, folge ich Claus Offe: »Vertrauen ist die *Überzeugung*, dass andere bestimmte Dinge tun oder nicht tun. Der Vertrauende weiß, dass die Handlungen derer, denen er vertraut, sein eigenes Wohlergehen betreffen, und deshalb liegt *Risiko* im Vertrauen. Vertrauen ist eine bewusst fallible *ex ante*-Vermutung. Es folgt der Logik: ›Ich weiß, dass es passieren *kann*, aber ich glaube, dass es nicht passieren *wird*‹, wobei ›es‹ ein von den anderen hervorgerufenes, unerwünschtes Ereignis ist. Die Dynamik von Vertrauensbildung kann auf einer Zeitachse dargestellt werden. Sobald die notwendigen und hinreichenden Bedingungen erfüllt sind, ist Vertrauen ein Gleichgewichtszustand, der sich selbst reproduzieren kann. Zu diesem Gleichgewichtszustand gehört die Wahrnehmung von Vorhersehbarkeit, Konsistenz und Stabilität im Verhalten der relevanten anderen. ... Wer vertraut, sollte weiterhin geteilten Überzeugungen und Werten treu bleiben und wird es günstigenfalls auch tun, es sei denn, dass irritierende Ereignisse und Wahrnehmungen den Akteur dazu bringen, seine Entscheidung zu überdenken, wem er wieweit und worin vertrauen sollte. Fehlen solche irritierenden Ereignisse, ist eine Vertrauensbeziehung selbstverstärkend.«[3]

Vertrauen ist wesentlich zerbrechlich, weil es mit einem starke Unsicherheits- und Risikomoment verbunden ist. Dieses Risiko folgt laut Margaret Levi »aus der Tatsache, dass der Vertrauende unmöglich vollständig *sicherstellen* kann, dass die andere Person tatsächlich in der gewünschten Weise handelt. Die Mittel, die dies sicherstellen könnten – *Zwang*, als *Anreize* eingesetzte ökonomische Ressourcen und sicheres, aus direkter Beobachtung oder überprüften Kausaltheorien abgeleitetes *Wissen* –, stehen dem Vertrauenden nicht zur Verfügung.«[4]

---

3 Claus Offe, »Trust and Knowledge, Rules and Decisions: Exploring a Difficult Conceptual Terrain«, Vortragsmanuskript auf der Konferenz »Democracy and Trust«, Georgetown University, Washington DC, 7. bis 9. November 1996, S. 34.
4 Zitiert nach Claus Offe, a.a.O., S. 3.

3.

Die Zerbrechlichkeit von Vertrauen wird in jedem weiteren institutionellen Rahmen durch die Tatsache verschärft, dass die Bedingungen, die die Erhaltung von Vertrauen ermöglichen, am besten in relativ begrenzten Sphären sozialer Aktivität und Interaktion erfüllt sind, zum Beispiel in Familien- und Verwandtschaftsbeziehungen oder in kleinen, regional begrenzten Gruppen, in denen soziale Interaktion nach primordialen und/ oder partikularistischen Kriterien geregelt wird. Solche begrenzten Sphären sozialer Interaktion scheinen die nötigen Minimalbedingungen für das anfängliche Entstehen von Vertrauen zu sein, auch wenn selbst dort seine Stabilität nicht sichergestellt ist. Gleichzeitig stehen genau diese Bedingungen der Entwicklung solcher Ressourcen und Maßnahmen entgegen, die für die Entstehung und Institutionalisierung größerer Strukturen nötig sind, wobei wiederum die Prozesse, die die nötigen Ressourcen für die Bildung größerer institutioneller Strukturen erzeugen, dazu neigen, das eher innerhalb der Familien, der Verwandtschaftsgruppen und der kleinen Gemeinschaften entstehende Vertrauen zu untergraben. Eine solche Strukturbildung kommt aber ohne starke, eingebaute Vertrauenskomponenten nicht aus.

Die Institutionalisierung derartiger Strukturen hängt von der Verfügbarkeit »freier« Ressourcen ab, die nicht in relativ geschlossene und begrenzte askriptive Kontexte eingebunden sind.[5] Aber wenn der Gebrauch dieser Ressourcen nicht geregelt ist, kann ihre Entfaltung eine anarchische oder ungeregelt konflikthafte Situation erzeugen, die fast dem Hobbesschen Naturzustand entspricht. Eine solche Regulierung könnte natürlich im Prinzip mithilfe reiner Zwangsmittel erfolgen. Aber selbst wenn Zwangselemente eine entschiedene Komponente jeder Regulierung sind, ist die Wirksamkeit reiner Zwangsregulierung für eine kreative Institutionenbildung in einem weiteren Rahmen ziemlich begrenzt. Beständige Institutionenbildung, das Herauskristallisieren und die Beständigkeit und Veränderbarkeit breiter institutioneller Strukturen hängen zu keinem geringen Anteil von der Verwobenheit von rein nutzenorientierten Überlegungen und Zwangskomponenten mit der Bildung breiter Vertrauensverhältnisse ab; das heißt, sie hängen von einer wirksamen Ausdehnung der Reichweite, der Symbole und der implizierten normativen Verpflichtungen des Vertrauens jenseits der engen Minimalsphäre primor-

---

5 Shmuel N. Eisenstadt, *Political Systems of Empires*, New Brunswick/N.J. 1993.

dialer Einheiten ab. Eine solche Ausdehnung findet sich zum Beispiel darin, dass man die Herrscher als die »Väter« ihrer Länder betrachtet.[6]

Erfolgt eine derartige Ausdehnung, können wir von einer *Verallgemeinerbarkeit* des Vertrauens sprechen, das sich damit auf einen Bereich erstreckt, der jenseits verschiedener »enger«, partikularistischer Rahmen liegt. Aber diese Verallgemeinerbarkeit, die in größeren institutionellen Strukturen an einem Vertrauen hängt, das mit nutzenorientierten Überlegungen und Zwangskomponenten der Regulation verbunden ist, erzeugt notwendigerweise Spannungen und Widersprüche mit Bezug auf die Kriterien sozialer Interaktion und Ressourcenverteilung. Diese Spannungen und Widersprüche entstehen erstens zwischen Kriterien, die in relativ kleinen und partikularistischen Zusammenhängen verwurzelt sind, und solchen, die aus umfassenderen abgeleitet sind. Zweitens entstehen Spannungen zwischen Kriterien, die aus verschiedenen umfassenderen Zusammenhängen, zum Beispiel aus religiösen oder politischen Gemeinsamkeiten abgeleitet sind, und die jeweils von verschiedenen sozialen Akteuren und besonders von Eliten und deren Gefolge und Koalitionspartnern vertreten werden.

4.

Diese Probleme der Erweiterung und Verallgemeinerbarkeit von Vertrauen existieren in allen Gesellschaften. Sie werden aber besonders sichtbar in komplexeren und stärker differenzierten Gesellschaften, in denen sich besondere soziale Mechanismen herausbilden, diese Probleme – mit unterschiedlichem Erfolg – zu bewältigen. Aber die Art der Probleme und der Mechanismen unterscheidet sich stark, je nach Gesellschaft oder Gesellschaftstyp. So bildeten sich zum Beispiel in den Achsenkulturen autonome Eliten heraus, die entscheidend zur Herauskristallisierung verschiedener institutioneller Strukturtypen beigetragen haben, von denen wir sagen können, dass sie nicht mit besonderen geschlossenen askriptiven Kontexten wie Familie, Verwandtschaft oder Region verbunden waren, also zum Beispiel kulturelle oder religiöse Gruppen.[7] Ebenso entstanden

---

6 Shmuel N. Eisenstadt, *Power, Trust, and Meaning*, Chicago 1995.
7 Zu den Achsenkulturen vgl. Shmuel N. Eisenstadt, »The Axial Age: The Emergence of Transcendental Visions and the Rise of Clerics«, in: *European Journal of Sociology*, 23, 1982, S. 294-314; ders. (Hg.), *The Origins and Diversity of Axial-Age Civilizations*, Albany 1986; ders., *Kulturen der Achsenzeit. Ihre institutionelle und kulturelle Dynamik*, 2 Bände, Frankfurt/M. 1987.

verschiedene Typen von autonomen, gemäß umfassenden universalistischen Prinzipen konstruierten und von ihren Peripherien deutlich unterschiedenen Zentren; schließlich wurde der Einfluss des Zentrums auf die Familieneinheiten (und die Peripherie im Allgemeinen) zumindest teilweise mit universalistischen Prinzipien legitimiert. Es entstand ein Bruch im Übergang von den verschiedenen partikularistischen – familiären, lokalen etc. – zu den umfassenderen Kontexten und damit ein potenzieller Konflikt zwischen partikularistisch verstandenem Vertrauen und den Ansprüchen verschiedener universalistischer Prinzipien. In allen diesen Kulturen war es umstritten, wie man die primordial-partikularistischen mit den universalistischen Orientierungen verbinden konnte. Die konfuzianistische Kontroverse über den relativen Vorrang der kindlichen Pflichten der Loyalität dem Lehnsherrn gegenüber ist nur ein Beispiel für die potenziellen Konflikte, die in allen Achsenkulturen entstanden waren. Gleichzeitig konnten sich in allen diesen Gesellschaften heftige Kämpfe zwischen den Vertretern verschiedener, besonders universalistischer – politischer, religiöser oder allgemeinerer kultureller – Prinzipien entwikkeln. Diese Spannungen, die sich aus der Ausweitung des Vertrauens von relativ engen auf größere Kontexten ergaben, haben sich in modernen Gesellschaften noch verschärft. Moderne Gesellschaften sind durch einen hohen Grad struktureller Differenzierung, durch autonome institutionelle Systeme und die spezifischen Merkmale des modernen politischen Prozesses gekennzeichnet, insbesondere durch seine Offenheit. In modernen Gesellschaften haben sich verschiedene regulative Rahmen herausgebildet, zum Beispiel rechtliche und bürokratische Regelungen, aber auch freiwillige Zusammenschlüsse und Öffentlichkeiten, die sich ohne Einbettung in geschlossene, partikularistische Kontexte an formalen und rationalen universalistischen Prinzipien orientieren und mit wechselndem Erfolg versuchen, die konfligierenden Ansprüche zu regulieren und miteinander zu vermitteln; diese freiwilligen Zusammenschlüsse und Öffentlichkeiten waren es auch, die die beständige Generalisierung und den Fluss des Vertrauens aufrechterhalten konnten.

Die Wirksamkeit einer solchen Regulierung hängt zu keinem geringen Ausmaß davon ab, ob diese Rahmenbedingungen legitimiert sind, und zwar nicht nur in Bezug auf ihre eigenen formalen rationalen Kriterien, sondern auch in Bezug auf die allgemeineren Symbole kollektiver Identität und Solidarität und die zentrale Symbolik der jeweiligen Gesellschaften. Nur wenn diese Legitimation in Kraft ist, kann das Vertrauen, das in verschiedenen engen, gewöhnlicherweise partikularistischen Kontexten verwurzelt ist, erfolgreich verallgemeinert und erweitert werden; die Härte des Übergangs zu breiteren Kontexten und zu universalistisch organisierten institutionellen Strukturen kann so abgemildert werden, und der Strom von generalisiertem Vertrauen zwischen verschiedenen Gesellschaftssektoren und zwischen ihnen und den breiteren Strukturen und zentralen Institutionen ihrer jeweiligen Gesellschaften kann fließen.

Die Verallgemeinerbarkeit von Vertrauen in modernen Gesellschaften und die Offenheit des kulturellen und politischen Programms der Moderne

5.

Aber Legitimation ist weder naturgegeben noch in jeder Gesellschaft mit Garantie vorhanden. Dass sie in modernen Gesellschaften nicht garantiert ist, liegt vor allem an der Offenheit des politischen Prozesses oder des politischen Spiels in diesen Gesellschaften, die (wie wir später noch sehen werden) besonders bezüglich der Lebensfähigkeit und potenziellen Zerbrechlichkeit moderner Demokratien von großer Bedeutung ist. Diese Offenheit hat ihre Wurzeln sowohl in der ideologischen und institutionellen Geschichte moderner politischer Strukturen als auch im kulturellen und politischen Programm der Moderne.

Das Programm der Moderne bringt eine bedeutsame Verschiebung im Verständnis dessen mit sich, was menschliche Handlungsfähigkeit bedeutet, wie autonom sie ist und welchen Platz sie im Fluss der Zeit einnimmt. So führt das kulturelle Programm und Projekt der Moderne, wie es sich zuerst im Westen, in West- und Mitteleuropa entwickelt hat, eine verschärfte Spannung zwischen den konstruktiven und den destruktiven Seiten im Entstehungsprozess sozialer Ordnungen herbei und stellt die Herausforderung menschlicher Autonomie und Selbstbestimmung sowie deren Bewusstwerdung in den Vordergrund.[8] Dieses Programm entwirft

---

[8] Die Analysen des kulturellen Programms der Moderne und der verschiedenen modernen historischen Erfahrungen, besonders der europäischen Gesellschaften, basieren auf Shmuel N. Eisenstadt, *Paradoxes of Democracy: Fragility, Continuity, and Change*, Baltimore 1999; ders., *Fundamentalism, Sectarianism, and Revolutions: The Jacobin Dimension of Modernity*, Cambridge 1999 (dort auch nähere bibliographische Angaben); ders., *Die Vielfalt der Moderne*, Weilerswist 2000.

dabei ein Verständnis von Zukunft als Raum vielfältiger Möglichkeiten, die durch autonome menschliche Handlungen realisiert oder durch den Fortschritt der Geschichte eröffnet werden können.

Der Kern dieses Programms wurde am erfolgreichsten von Max Weber formuliert. Man kann James D. Faubions Formulierung von Webers Vorstellung der Moderne folgen: »Weber erkennt die existenzielle Schwelle zur Moderne in einer Dekonstruktion dessen, was er das ethische Postulat nennt, wonach die Welt ein gottgewollter und dadurch bedeutsamer und sittlich ausgerichteter Kosmos sei. ... Seine These ist – das kann man zumindest aus seinen Aussagen schließen –, dass die Schwelle zur Moderne genau in dem Augenblick überschritten wird, in dem die Geltung des Postulats eines göttlich vorbestimmten und schicksalshaften Kosmos zu bröckeln beginnt. Die Moderne hebt an oder kann in der einen oder anderen Form erst dann anheben, wenn die Legitimität des postulierten Kosmos nicht mehr als selbstverständlich und über jeden Widerspruch erhaben akzeptiert wird. Die Antimodernen verwerfen diesen Einspruch und halten trotzdem an ihrem Glauben fest. ... Man kann dem zwei Thesen entnehmen: Was immer sie auch sonst sein mögen, die verschiedenen Varianten der Moderne sind Antworten auf dieselbe existenzielle Problematik. Zweitens: Was immer sie auch sonst sein mögen, die verschiedenen Varianten der Moderne sind Antworten, die die fragliche Problematik intakt lassen und Vorstellungen vom Leben und Handeln nicht jenseits oder alternativ zu dieser Problematik, sondern aus ihr heraus oder sogar in Ehrfurcht vor ihr formulieren.«[9]

Weil die Antworten die Problematik intakt lassen, ging die im Zuge des modernen Programms entwickelte Reflexivität weit über das hinaus, was sich in den Achsenkulturen herauskristallisiert hatte. Diese Reflexivität hat nicht nur die mögliche Interpretationsvielfalt bezüglich der in einer Gesellschaft oder Kultur herrschenden Jenseitsvorstellungen und grundlegenden ontologischen Überzeugungen ins Zentrum gerückt, sondern auch ganz langsam die Gegebenheit dieser Überzeugungen und Bilder und der mit ihnen verbundenen institutionalisierten Deutungsmuster in Frage gestellt. Sie hat ein Bewusstsein dafür möglich gemacht, dass es eine Vielzahl solcher Überzeugungen und Deutungsmuster gibt und dass sie bestritten und umkämpft werden können. Mit diesem Bewusstsein ging als zentraler Bestandteil des kulturellen Programms die Betonung der Auto-

---

9 James D. Faubion, *Modern Greek Lessons: A Primer in Historical Constructivism*, Princeton 1993, S. 113-115.

nomie des Menschen einher. Autonomie wurde als – in der ursprünglichen Formulierung sicherlich den Männern vorbehaltene – Emanzipation von den Fesseln traditioneller politischer und kultureller Autoritäten verstanden und als fortwährende Erweiterung der persönlichen und institutionellen Freiheit, des menschlichen Handelns und der Kreativität. Gleichzeitig stellte dieses Programm die autonome Teilnahme der Gesellschaftsmitglieder am Aufbau der sozialen und politischen Ordnung und die autonome Zugangsmöglichkeit tatsächlich aller Gesellschaftsmitglieder zu diesen Ordnungen und Zentren heraus.

Aus der Verbindung dieser verschiedenen Vorstellungen ergab sich die Überzeugung, dass man die Gesellschaft durch bewusstes menschliches Handeln aktiv gestalten kann, und es entwickelten sich zwei komplementäre, aber potenziell widersprüchliche Vorstellungen davon, wie eine solche Gestaltung innerhalb dieses Programms aussehen könne. Der ersten Richtung zufolge hat sich das Programm vor allem in den Großen Revolutionen und später in verwandter Form in den romantischen Bewegungen herauskristallisiert. Es hat, vielleicht zum ersten Mal in der Geschichte der Menschheit, den Glauben daran möglich gemacht, dass die Kluft zwischen jenseitiger und diesseitiger Ordnung überbrückt werden kann und dass einige der utopischen, eschatologischen Visionen durch bewusstes menschliches Handeln im Diesseits verwirklicht werden können. Die zweite Richtung stützt sich auf die Überzeugung, dass verschiedene Ziele und Interessen von Individuen und Gruppen legitim sein können und dass es vielfältige Interpretation des Gemeinwohls geben kann.

6.

Diese Charakteristika des kulturellen Programms der Moderne – die Idee einer offenen Zukunft, verbunden mit einer Vorstellung von Autonomie und dem Glauben an die Gestaltbarkeit der Gesellschaft durch bewusstes menschliches Handeln – haben auch die Voraussetzungen für die moderne politische Ordnung und die kollektiven Identitäten samt ihrer Grenzen geprägt – vor allem aber die Offenheit dieser Ordnung und dieser Identitäten. Der Kern des politischen Programms der Moderne bestand im Zerbrechen der traditionellen Legitimität der politischen Ordnung, das begleitet wurde von sich bietenden Möglichkeiten der Konstruktion einer solchen politischen Ordnung und des Streits über die Art und Weise dieser Konstruktion. Das Programm verband Tendenzen zu Rebellion, Protest und intellektuellem Antinomismus mit einer Ausrichtung auf die Bildung von Zentren und Institutionen und hat derart soziale Bewegungen und Protestbewegungen zu dauerhaften Komponenten des politischen Prozesses gemacht.[10]

Einerseits wurden die Zentren als charismatische Autoritäten anerkannt, andererseits wurden in diesen Zentren Protestsymbole und Protestmotive verankert, die als legitime und fundamentale Bestandteile der Prämissen dieser Zentren in die modernen Weltauffassungen einflossen. Protestsymbole und -motive – Freiheit und Gleichheit, Gerechtigkeit und Autonomie, Solidarität und Identität – wurden zentrale Artikulationen im modernen Emanzipationsprojekt. Genau die Einführung solcher Protestmotive in das Zentrum kündigte die spätere radikale Umformung sektiererischer Utopien in zentrale Elemente des politischen und kulturellen Programms der Moderne an.[11]

Gleichzeitig wurden die Grenzziehungen um moderne Kollektive und kollektive Identitäten fortwährend reflexiv problematisiert.[12] Kollektive Identitäten und Abgrenzungen wurden nicht als vorgegeben oder als von einer transzendenten Autorität oder ewigen Sitten vorbestimmt anerkannt. Sie waren nicht nur Gegenstand von Reflexion, sondern auch erbitterten Streits, der oft in hochideologischen Begriffen und von den verschiedenen, besonders nationalen und nationalistischen Bewegungen geführt wurde. Dieser Streit drehte sich in erster Linie um die relative Bedeutung der einzelnen Grundelemente kollektiver Identitäten, das heißt der primordialen, zivilen und transzendenten, »sakralen« Komponenten kollektiver Identität und um die Weise ihrer Institutionalisierung. Darüber hinaus wurde darum gestritten, in welchem Ausmaß und wie sich politische Grenzziehungen nach territorialen Kriterien mit den Grenzziehungen kultureller Gruppen vereinbaren lassen. Schließlich waren die Beziehungen zwischen den territorialen und/oder partikularistischen und den umfassenderen, potenziell universalistischen Komponenten dieser kulturellen Gruppen strittig.

---

10 Vgl. Shmuel N. Eisenstadt, *Paradoxes of Democracy*, a.a.O.
11 Eric Voegelin, *From Enlightenment to Revolution*, hg. v. John H. Hallowell, Durham 1975; Adam Seligman (Hg.), *Order and Transcendence*, Leiden 1989; und Shmuel N. Eisenstadt, *Fundamentalism, Sectarianism, and Revolutions*, a.a.O.
12 Edward Shils, »Primordial, Personal, Sacred and Civil Ties«, in: ders., *Center and Periphery: Essays in Macrosociology*, Chicago 1975, S. 111-126; vgl. Shmuel N. Eisenstadt & Bernhard Giesen, »The Construction of Collective Identity«, in: *European Journal of Sociology*, 36, 1995, S. 72-102.

Die Kombination dieser verschiedenen Entwicklungen wurde zum Mittelpunkt des politischen Prozesses und der Dynamik moderner Gesellschaften: Es ging um Veränderungen in der Bewertung und Kontrolle der Herrschenden, die Einarbeitung von Protestsymbolen und -artikulationen in das zentrale symbolische Repertoire der Gesellschaft, die Anerkennung der Legitimität vielfältiger Interessen und die kontinuierliche Umstrukturierung der Beziehungen zwischen Zentrum und Peripherie. Die verschiedenen, sich fortsetzenden Strukturveränderungs- und Entgrenzungsprozesse in modernen Gesellschaften waren die Folge ökonomischer Umwälzungen, der Urbanisierung, des Aufkommens neuer Kommunikationsmedien, der Entwicklung des Kapitalismus und neuer politischer Strukturen. Sie führten in modernen Gesellschaften nicht nur zur Artikulation konkreter Forderungen und Ansprüche durch einzelne Gruppen, sondern auch zu einem wachsenden Anspruch auf Partizipation in Politik und Gesellschaft sowie ihren zentralen Arenen und auf Einbeziehung der Peripherien in die Zentren der jeweiligen Gesellschaften.

Das politische Programm der Moderne – Pluralistische versus totalistische Tendenzen

7.

Das Programm und die Kultur der Moderne, die sich zuerst im Westen entwickelt haben, waren wie alle anderen großen kulturellen Visionen, zum Beispiel die der Achsenkulturen, von internen Antinomien und Widersprüchen befallen, die einen kontinuierlichen kritischen Diskurs über die Beziehungen, Spannungen und Widersprüchlichkeiten zwischen ihren Prämissen einerseits und zwischen ihren Prämissen und den institutionellen Entwicklungen in modernen Gesellschaften andererseits erzeugt haben.[13]

Was die Entwicklung verschiedener ideologischer und institutioneller Deutungsmuster angeht, war die schärfste Spannung die zwischen verabsolutierenden, totalisierenden und anderen stärker pluralistischen, mehrdimensionalen Vorstellungen und Praktiken. Die Anerkennung verschie-

---

13 Die Analyse folgt hier Shmuel N. Eisenstadt, *Paradoxes of Democracy*, a.a.O.; ders., *Fundamentalism, Sectarianism, and Revolutions*, a.a.O.

dener Werte, Verpflichtungen und Rationalitäten stand einer die Unterschiede verwischenden, totalisierenden und zur Verabsolutierung neigenden Sicht entgegen. Diese Spannung wurde in der politischen Arena sichtbar als Konflikt zwischen der vermeintlichen Legitimität pluraler Einzel- und Gruppeninteressen, verschiedener Vorstellungen vom Gemeinwohl sowie vom moralisch Richtigen einerseits und totalisierenden Perspektiven, die die Legitimität eines solchen Wertpluralismus leugneten, andererseits.

Eine bestimmte Form dieser totalisierenden Ideologie betonte den Vorrang der Gemeinschaft (besonders der nationalen Gemeinschaft), die als eigenständige ontologische Entität auf der Grundlage gemeinsamer primordialer und/oder geistiger Eigenschaften betrachtet wurde. Die Vertreter dieser totalisierenden Ansicht neigten dazu, den individuellen oder kollektiven Willen gegen die Vernunft und die Nutzenorientierung auszuspielen; oft wurde auch die ästhetische und emotionale Seite der menschlichen Existenz in primordialen Begriffen hervorgehoben.

Eine andere totalisierende Ideologie war der Jakobinismus, der historisch auf eschtologische und gnostische Quellen des Mittelalters zurückgeführt werden kann und dessen Kernaussage darin besteht, die Veränderung der Gesellschaft durch die Mobilisierung eines gemeinsamen politischen Handelns für möglich zu halten. Die jakobinischen Ideologien propagieren den Vorrang der Politik und die Transformierbarkeit der Gesellschaft mit politischen Mitteln, was sich an der entscheidenden Rolle zeigt, die einem sozialen und kulturellen Aktivismus und der menschlichen Fähigkeit zur politischen Veränderung der Gesellschaft unter Bezug auf transzendente Visionen im Jakobinismus eingeräumt werden; hinzu kommt der ausgeprägte Hang, zentrale Dimensionen menschlicher Erfahrung, wie etwa die wichtigsten Komponenten kollektiver Identität, zu verabsolutieren. Die ersten jakobinischen Bewegungen neigten dabei nicht nur zu einer totalistischen Weltsicht, sondern auch zu allumfassenden totalitären Ideologien, zum Anspruch auf eine totale Veränderung der sozialen und politischen Ordnung und zu einem missionarischen Eifer, der häufig universalistische Züge trug. Diese Orientierungen wurden besonders in den Versuchen einer Veränderung der Zentren der jeweiligen Gesellschaften sichtbar; die Grenzen zwischen Zentrum und Peripherie wurden verwischt, und den vermittelnden Institutionen und Verbänden der sogenannten Zivilgesellschaft wurde das Existenzrecht abgesprochen, weil die Zivilgesellschaft mit der politischen Gemeinschaft als ganzer gleichgesetzt wurde.

Trotz aller Unterschiede zwischen den verschiedenen kollektivistischen und verabsolutierenden Ideologien eint sie ein tiefes Misstrauen gegenüber offenen politischen Prozessen und Institutionen, besonders den repräsentativen Organen und öffentlichen Diskussionsforen, sowie eine stark autokratische Tendenz, die einhergeht mit einem Hang zum Ausschluss und zur Dämonisierung anderer.

Diese allgegenwärtige Spannung zwischen einer allumfassenden, totalistischen und potenziell totalitären Sicht der Welt und der Gesellschaft und einem grundsätzlichen Pluralismus bildete ein prägendes Element aller modernen Regime und ihrer politischen Dynamik.

Der politische Prozess in modernen Gesellschaften: Protestbewegungen und die Neudefinition des Politischen

8.

Die wahre Bedeutung dieser Spannungen für die Dynamik moderner Regime und ihre Auswirkungen auf die Zerbrechlichkeit oder Beständigkeit konstitutionell-demokratischer Regime lässt sich nur in Verbindung mit zwei Merkmalen des offenen politischen Prozesses in diesen Regimen (mit ihren kontinuierlichen Interaktionen zwischen Zentren und Peripherien und ihrem Hinzufügen von Protestsymbolen zu den zentralen Symbolen) verstehen. Das erste Merkmal ist der gewöhnlicherweise hohe Grad an Politisiertheit, was die Forderungen einzelner Gesellschaftssektoren und die Konflikte zwischen ihnen betrifft (diese Eigenschaft ist einzigartig, vielleicht mit der partiellen Ausnahme einiger antiker Stadtstaaten). Das zweite Merkmal ist der ständige Kampf um die Abgrenzung der politischen Sphäre. Das erste zeigt sich in der beständigen Verwobenheit von Kämpfen um besondere Einzel- und Gruppeninteressen mit Kämpfen um die Durchsetzung verschiedener Konzeptionen des Allgemeinwillens und der kollektiven Identität.[14]

Zusätzlich entstand in allen modernen Regimen eine starke Tendenz zur kontinuierlichen Neudefinition der Grenzen der offenen politischen Arena. Der Übergang von einer – in Wirklichkeit nie vollständig umgesetzten – *Laissez-faire*-Auffassung des Staates zur keynesianische Len-

---

14 Alessandro Pizzorno, *Le radici della politica assoluta*, Milano 1994.

kungspolitik und zur Institutionalisierung des Wohlfahrtsstaates nach dem Zweiten Weltkrieg illustriert diese Neudefinition vielleicht am besten, ist aber doch nur die Spitze des Eisbergs.[15] In Wahrheit haben diese Veränderungen während der gesamten Geschichte dieser Gesellschaften stattgefunden. Die Bestimmung der Grenzen des Politischen selbst war – anders als in den meisten anderen politischen Regimen der Weltgeschichte – ein Hauptgegenstand politischen Streits.

Diese Neudefinitionen des Politischen schließen gewöhnlich Versuche zur Neubestimmung des Gemeinwohls ein, was auch am Beispiel des Wohlfahrtsstaates zu sehen ist. Im Gegenzug hatte eine veränderte Vorstellung vom Gemeinwohl oft eine Neudefinition der Rechte und Ansprüche der Gemeinschaftsglieder auf öffentliche Verteilung privater Güter zur Folge, besonders aber des Anrechts auf Zugang zu öffentlichen Gütern und eine Umgestaltung der Kriterien zur Schaffung von öffentlichem Raum.

Die Forderungen nach Restrukturierung des öffentlichen Raums gaben oft Anlass zu zahlreichen Spannungen und Konflikten. Dazu zählten Spannungen zwischen verschiedenen Auffassungen von Demokratie (besonders zwischen jakobinischen und pluralistischen Varianten des politischen Programms der Moderne), Konfrontationen zwischen der Autonomie der Zivilgesellschaft und der Staatsmacht, Legitimationsstreitigkeiten zwischen Konstitutionalisten und Anhängern anderer, oft »endgültiger« politischer Visionen (die in primordialen und/oder sakralen Kategorien formuliert wurden) und schließlich Spannungen zwischen den »routinemäßigen« und den »revolutionären« Aspekten der Politik.[16]

In diesem Kontext ist die zentrale Rolle der sozialen Bewegungen im politischen Prozess besonders wichtig. Denn sie haben die im Programm der Moderne liegenden Dichotomien, Spannungen und Protestthemen zum Ausdruck gebracht. Viele soziale Bewegungen haben in der Moderne die Transformation der verschiedenen Heterodoxien der Achsenkulturen zustande gebracht, besonders die, die auf eine Realisierung und Errichtung

---

15 Vgl. Charles S. Maier (Hg.), *Changing Boundaries of the Political*, Cambridge 1987 und Adam Przeworski, *Capitalism and Social Democracy*, Cambridge 1985.
16 Bruce Ackerman, *We The People*, Cambridge 1991; Shmuel N. Eisenstadt, »Barbarei und Moderne«, in: Max Miller & Hans-Georg Soeffner (Hg.), *Modernität und Barbarei. Soziologische Zeitdiagnosen am Ende des 20. Jahrhunderts*, Frankfurt/M. 1996; Melvin Lasky, »The Birth of a Metaphor: On the Origins of Utopia and Revolution«, in: *Encounter*, 34, 1970, S. 35-45 (H. 2), S. 30-42 (H. 3); ders., *Utopia and Revolution*, Chicago 1976.

des Reichs Gottes durch politisches Handeln zielten. Viele dieser Bewegungen verkörperten die Suche nach einer Umsetzung der idealen Ordnung in einer konkreten sozialen und politischen Ordnung. Sie waren wahrscheinlich die Hauptträger utopischer Visionen in modernen Gesellschaften, was auch heißt, dass sich in ihnen die utopische Dimension des modernen politischen Lebens mit Blick auf die politischen Rahmenwerke und den politischen Pluralismus manifestiert hat. Diese Entwicklung hing eng mit der charismatischen Auszeichnung des Zentrums als eines Raums zusammen, in dem solche Visionen verwirklicht werden konnten und sollten.

Die kontinuierlich wechselnden Bewegungen entwickelten sich nebeneinander und wurden vom 18. Jahrhundert an ein zentrales Element der modernen politischen und sozialen Dynamik sowie des Diskurses der Moderne. Aber weil sie verschiedene Visionen einer sozialen und politischen Ordnung vertraten, gerieten sie unter bestimmten Bedingungen in einen scharfen ideologischen und politischen Konflikt miteinander, so zum Beispiel im Falle des in den 30er Jahren ausgetragenen Kampfes zwischen kommunistischen und faschistischen Bewegungen, aber auch im Falle der Auseinandersetzungen zwischen den kommunistischen und demokratischen Ideologien des Kalten Krieges.

Die visionären sozialen Bewegungen und ihre Wirkung auf die politische Dynamik ihrer jeweiligen Gesellschaften entwickelten sich vor dem institutionellen Hintergrund moderner Regime zunächst in Europa, später aber auch über Europa hinaus. Sie alle entstanden als Reaktion auf die Industrialisierung, die Entstehung und Ausweitung des Kapitalismus, die Konstruktion neuer moderner politischer Strukturen, Regime und internationaler Strukturen sowie auf die damit verbundenen neuen Typen von Kollektiven, Nationen und Nationalstaaten. Jenseits Westeuropas entstanden diese Bewegungen als Ausfluss einer weltweiten Ausdehnung der Moderne in ihren imperialistischen, ökonomischen, militärischen und ideologischen Dimensionen und inmitten der Konfrontation zwischen der westlichen Hegemonie und den mittel- und osteuropäischen, den asiatischen und afrikanischen Traditionen und Kulturen.

Das Hauptziel eines bestimmten Typs dieser Bewegungen war die Umgestaltung der Zentren ihrer jeweiligen Gesellschaften.[17] Manche die-

---

17 Für allgemeinere Analysen der sozialen Bewegungen vgl. Sidney Tarrow, *Power in Movement. Social Movements, Collective Action, and Politics*, Cambridge 1994; Alessandro Pizzorno, *Le radici della politica assoluta*, a.a.O.; Harry H. Bash, *Social Problems and Social Movements: An Exploration into the Sociological Con-*

ser zentrumsorientierten Bewegungen zielten auf eine Veränderung der Machtverteilung und Machtstrukturen innerhalb der Gesellschaft. Am wichtigsten waren in der Moderne zum einen die Bewegungen, die für eine politische Einbeziehung weiterer Gesellschaftsschichten kämpften (durch die Ausweitung des Wahlrechts), dann aber zum anderen auch die sozialistischen und kommunistischen Bewegungen, die zusätzlich eine Umgestaltung der politisch-ökonomischen Strukturen forderten. Diese Ziel sollte durch eine Veränderung der ökonomischen Verhältnisse und eine Zerschlagung der hierarchischen Bedingungen der jeweiligen Zentren erreicht werden. Ein zweiter Typ, nämlich nationalistische und ethnische Bewegungen, forderte die Umgestaltung der politischen Grenzen.

In der letzten Zeit sind neue Typen sozialer Bewegungen prominent geworden, die auch auf das Zentrum hin ausgerichtet sind.[18] Dazu zählen die Frauenbewegung und verschiedene Minderheitenbewegungen, die alle veränderte Zugangs- und Verteilungsprinzipien für öffentliche Ressourcen fordern. Auf eine vergleichbare Weise haben sich viele fundamentalistische und religiöse Gemeinschaftsbewegungen in den letzten Jahrzehnten des 20. Jahrhunderts auf das Zentrum hin ausgerichtet und sind dort teilweise sogar dominant geworden. Diese Bewegungen vertreten normalerweise nicht nur spezifische partikulare Forderungen, sondern verbinden sie mit größeren, umfassenderen Visionen, die oft stark jakobinische Komponenten aufweisen.

Neben diesen zentrumsorientierten Bewegungen haben sich auch religiöse Reformbewegungen, genossenschaftliche oder syndikalistische Bewegungen entwickelt, die das Ziel hatten, einzelne Lebensaspekte in bestimm-

---

struction of Alternative Realities, Atlantic Highland/N.J. 1995; Aldon Morris & Carol McClurg Mueller (Hg.), *Frontiers in Social Movement Theory*, New Haven 1992; Philip Snowden, *Socialism and Syndicalism*, London 1953; Georges Sorel, *Über die Gewalt*, Frankfurt/M. 1961; ders., *Materiaux d'une théorie du prolétariat*, Paris 1919; William Y. Elliot, *The Pragmatic Revolt in Politics: Syndicalism, Fascism and the Constitutional State*, New York 1968; James Joll, *The Anarchists*, London 1964.

18 Über die »Neuen Sozialen Bewegungen« vgl. Stanley Aronowitz, *The Politics of Identity: Class, Culture, Social Movements*, New York 1992; Kenneth Karst, *Law's Promise, Law's Expression: Visions of Power in the Politics of Race, Gender, and Religion*, New Haven 1993; Olive Banks, *Faces of Feminism: A Study of Feminism as a Social Movement*, Oxford 1981; Giuda West & Rhoda Lois Blumberg (Hg.), *Women and Social Protest*, New York 1990; Elizabeth Jelin (Hg.), *Women and Social Change in Latin America*, Genf 1990; Alessandro Pizzorno, *Le radici della politica assoluta*, a.a.O.

ten Gesellschaftssektoren zu verändern; es enstanden anarchistische Bewegungen, die den Staat grundsätzlich ablehnten, und Volksbewegungen, die die Unabhängigkeit der politischen Partizipation von zentraler oder bürokratischer Herrschaft forderten. Viele dieser Strömungen lehnten die zentralen Prämissen der Moderne und ihre institutionellen Implikationen ab. Einige wiesen, zumindest auf den ersten Blick gesehen, die Orientierung am Zentrum zurück, zum Beispiel frühe religiös-reformerische oder »syndikalistische« Bewegungen. Auch viele postmoderne Bewegungen forderten tendenziell die Konstruktion mehr oder weniger zentrumsunabhängiger Räume. In der Realität allerdings überschnitten sich die Ausrichtung auf das Zentrum und die Konstruktion neuer Räume fast immer. Die konkreten Themen, die in diesen neuen Räumen verhandelt wurden, verwandelten sich später oft in Fragen, die einen Bezug auf das Zentrum hatten.

Die Präsenz dieser Bewegungen, die Forderungen nach Umgestaltung der politischen Sphäre und der damit verbundene drohende Widerspruch zwischen einer umfassenden, totalistischen, potenziell totalitären sozialen Vision und einer pluralistischen Auffassung haben jedes Regime und jede politische Dynamik der Moderne geprägt. Unter den modernen konstitutionellen und/oder liberalen Demokratien konnte – oder kann – sich keine des jakobinischen Elements, besonders in seiner utopischen Dimension, ganz entledigen. Sie können primordiale oder »sakrale« religiöse Komponenten kollektiver Identität und die aus ihnen gespeiste politische Legitimität nicht ausmerzen.

9.

Die Vielfältigkeit und Veränderbarkeit politischer Streitpunkte, die Menge der politischen Ziele, die sich beständig verändernden Grenzen des Politischen und die tendenzielle Politisierung sozialer Konflikterfahrungen – die am deutlichsten die Offenheit des politischen Prozesses und des politischen Spiels in modernen konstitutionellen Regimen ausdrücken –, all diese Phänomene zeigen, dass diese Regime vor einer doppelten Herausforderung stehen.

Die erste Herausforderung besteht darin, nicht nur die Einhaltung der Spielregeln durch die politischen Hauptakteure sicherzustellen, sondern auch Protest in das Zentrum einzubeziehen, die Grenzen des Politischen neu zu definieren und, als Konsequenz daraus, die Legitimationsfundamente der Gesellschaft umzugestalten. Diese Umgestaltung zeigt sich vor allem in der Neudefinition der politischen Sphäre, der Rechte der Gemeinschaftsglieder und der Verteilung und Zugänglichkeit privater Güter. Dies kann sich in verschiedenen, sich überschneidenden Richtungen vollziehen: 1. durch Rekonstruktion oder Neudefinition der Symbole kollektiver Identität und Zentren; 2. durch Neudefinition zumindest einiger der Legitimationsprämissen und -muster der Regime; 3. durch politische Maßnahmen mit dem Ziel der Ressourcenumverteilung; und 4. durch die Konstruktion sozialer Räume, in denen sich bestimmte einzelne kollektive Identitäten und Varianten sozialen, kulturellen und ökonomischen Lebens entfalten können.

Die zweite große Herausforderung für moderne konstitutionelle Regime ist die Schaffung und Erhaltung eines gemeinsamen Rahmens, innerhalb dessen verschieden Vorstellungen vom Gemeinwohl konkurrieren können, ohne das ganze System in Frage zu stellen. Damit stellt sich die Frage nach dem gemeinsamen Fundament oder den Fundamenten für die Akzeptanz dieser Regime, die über eine bloße Akteptanz der Spielregeln noch hinausgehen soll, und es eröffnet sich die Möglichkeit, dass ein solches gemeinsames Element vielleicht darin bestehen könnte, verschiedene Legitimationsfundamente miteinander koexistieren zu lassen, solange nicht eines die anderen dominiert.

Die zentrale Herausforderung für die Beständigkeit dieser Regime besteht in der Frage, ob sie solche Differenzen weitgehend innerhalb der institutionellen Arenen der konstitutionellen Demokratie und durch Veränderungen in ihnen lösen können. Genau diese Möglichkeit verkörpert das Paradox der Veränderbarkeit moderner Regime. Entscheidend ist, dass jede gravierende Veränderung eine »Metalegitimation« über die geltenden Regeln hinaus voraussetzt, während sie sich doch gleichzeitig innerhalb der Rahmenbedingungen konstitutioneller demokratischer Regime abspielt.

Die Nullsummenspiel-Konzeption der Politik und die Struktur von Vertrauen in modernen Gesellschaften

10.

Einer der entscheidenden Prüfsteine für moderne, besonders konstitutionell-demokratische Regime ist ihre Fähigkeit, Protestthemen und -symbole aus verschiedenen Bevölkerungsbereichen in ihr zentrales Bezugssystem einzubauen, wozu auch Versuche gehören, die *volonté générale* oder die Vorstellungen vom kollektiven Willen umzugestalten. Nur durch einen solchen Einbau können Regime transformiert und kann ihre Beständigkeit gesichert werden, ohne dass die konstitutionellen Rahmenbedingungen und grundlegenden demokratischen Prämissen aufs Spiel gesetzt würden.

Aber nicht alle konstitutionell-demokratischen Regime waren dieser Herausforderung gewachsen. Die Vereinigten Staaten während des Bürgerkriegs oder die mitteleuropäischen Staaten in den 30er Jahren zum Beispiel konnten diesen Einbau nicht vollziehen. Przeworski hat vor einiger Zeit darauf hingewiesen, dass die charakteristische Offenheit politischer Prozesse in diesen Gesellschaften das Unsicherheitsmoment in der Natur politischer Kämpfe in diesen Regimen noch verschärft.[19] Der Ausgang jedes einzelnen politischen Streitfalls, jeder Wahl und jeder Implementierungsstreitigkeit ist ungewiss; kein politischer Akteur, keine Gruppe von tatsächlichen und vermeintlichen Entscheidungsträgern kann die Ergebnisse politischer Prozesse antizipieren. Sie können sich bestenfalls einer zweite Chance in der nächsten Runde des politischen Geschehens sicher sein. Diese Unsicherheit wird natürlich noch verstärkt, wenn Protestthemen und -symbole und Forderungen nach einer Neudefinition des Politischen einbezogen werden müssen. Denn eine Erfüllung dieser Forderungen impliziert notwendigerweise die Umverteilung von Ressourcen und der relativen Macht verschiedener Gesellschaftsgruppen und -sektoren und verschärft die Frage, wieso politische Akteure freiwillig ihre Machtpositionen aufgeben sollten. Paradoxerweise fördert aber die charakteristische Offenheit des modernen politischen Spiels genau diese Bereitschaft.

Die meisten Regime in der Geschichte der Menschheit betrachteten den politischen Kampf als ein mehr oder weniger konstantes Nullsummenspiel. Gewinne eines oder mehrerer Kontrahenten zu einem bestimmten Zeitpunkt werden durch Verluste von anderen ausgeglichen. Die Menge potenzieller politischer Ziele in modernen konstitutionell-demokrati-

---

19 Adam Przeworski, »Democracy as a Contingent Outcome of Conflicts«, in: Jon Elster & Rune Slagstad (Hg.), *Constitutionalism and Democracy*, Cambridge 1993; ders., »Some Problems in the Study of the Transition to Democracy«, in: Guillermo O'Donnell et al. (Hg.), *Transitions from Authoritarian Rule: Comparative Perspectives*, Baltimore 1986, S. 47-63; vgl. auch Guillermo O'Donnell & Philippe Schmitter, *Transitions from Authoritarian Rule: Tentative Conclusions about Uncertain Democracies*, Baltimore 1986.

schen Regimen hat sich aber in einem Ausmaß erweitert, dass sich das Wesen des politischen Spiels selbst geändert hat. Natürlich ist diese Menge zu einer bestimmten Zeit in einem konkreten Regime nicht unbegrenzt; es lassen sich immer die zentralen und die eher vernachlässigten oder ausgeschlossenen Themen des politischen Kampfs identifizieren. Die allgemeinste Einschränkung der Menge möglicher Ziele liegt in der Beziehung zwischen Kapitalismus und konstitutioneller Demokratie. Besonders von der Linken wurde kritisiert, dass diese Regime die kapitalistische Ordnung nie überwinden konnten. Dagegen wurde meist von der Rechten (zumindest bis vor kurzem) behauptet, die Marktwirtschaft sei eine *conditio sine qua non* konstitutioneller Demokratien. Ohne diese prinzipielle und komplexe Debatte führen zu wollen, lässt sich sicher sagen, dass die kapitalistischen Regime des späten 20. Jahrhunderts offensichtlich weit von denen im 19. oder frühen 20. Jahrhundert entfernt sind. Sie sind zumindest unter dem Einfluss sozialer Bewegungen (besonders sozialistischer Strömungen) »gezähmt« oder durchgreifend transformiert worden, wobei die Rolle dieser Bewegungen darin bestand, den Spielraum der politischen Ziele und den Bereich des Politischen zu verändern. Diese Veränderungen verkörpern die Möglichkeit der kontinuierlichen Ausweitung des politischen Spiels und die paradoxe Beziehung, die zwischen der Offenheit des politischen Prozesses in modernen Gesellschaften und der Zerbrechlichkeit und Beständigkeit moderner demokratischer Regime besteht.

Die Schwierigkeit dieses Paradoxes besteht darin, dass einerseits zwar die Ausweitung des politischen Spiels eine vollkommen neue Dimension von Unsicherheit in das politische Spiel eingeführt hat, durch die die Zerbrechlichkeit dieser Regime potenziell gefördert wird, dass andererseits aber diese Ausweitung das Spiel selbst verändern kann, indem sie ein anderes schafft, das gerade kein Nullsummenspiel mehr ist und damit die Möglichkeit eines einseitigen und totalen Verlustes verringert. Die Entwicklung einer solchen Konzeption, die notwendig eine starke und offene Zukunftsorientierung impliziert, kann politische Akteure zur Aufgabe von Macht im Rahmen der konstitutionellen Spielregeln bewegen. Obwohl sie Machtpositionen verlieren können, wenn neue Ansprüche einbezogen und die Grenzen des Politischen umgestaltet werden, kann ihnen ihre Flexibilität später doch helfen, diese Positionen wiederzugewinnen, ihre eigenen Vorstellungen umzusetzen und neue Ziele zu erreichen.

Wenn sich also in einer Gesellschaft die Einsicht entwickelt und durchsetzt, dass Politik kein Nullsummenspiel ist, entwickelt sich leichter die

Fähigkeit zum Einbau von Protestsymbolen und zur Berücksichtigung vielfältiger Forderungen, besonders wenn sie die Umgestaltung der politischen Sphäre betreffen. Das verstärkt die potenzielle Transformierbarkeit konstitutionell-demokratischer Regime und rüstet sie zur Bewältigung ihres Stabilitätsproblems.

11.

Das Entstehen und dauerhafte Bestehen jener Konzeptionen, die in der Politik kein Nullsummenspiel sehen, und die damit einhergehende Möglichkeit, Protest in das Zentrum zu integrieren, werden aber nicht automatisch durch die Einrichtung konstitutionell-demokratischer Regime und das Verkünden von Verfassungen garantiert. Entscheidend sind hier vielmehr ganz spezifische Bedingungen, die teilweise ausgiebig in jener sehr reichhaltigen Forschungsliteratur analysiert worden sind, die sich den Bedingungen oder Voraussetzungen der Demokratie widmet. Diese Literatur hat besonders drei Aspekte herausgestellt: 1. die Ressourcen- und Machtverteilung in der Gesellschaft, besonders die kontinuierliche Fähigkeit verschiedener Akteure, mit ausreichender Ressourcenausstattung in das politische Spiel einzutreten und dauerhaft an ihm teilzunehmen; 2. die Beziehungen zwischen den Hauptzentren sozialer und ökonomischer Macht und den zentralen politischen Institutionen und Arenen; und 3. die damit eng verwandte Konstruktion und »Reproduktion« autonomer Sphären von Öffentlichkeit.[20]

Als wichtigste Variable in dieser ersten Menge von Bedingungen gilt, dass die zentralen Ressourcen und Machtquellen in der Gesellschaft nicht von einer Gruppe oder einem Sektor monopolisiert werden, sodass es eine Vielfalt verschiedenartiger Machtzentren gibt, die jenseits des Zugriffs der politischen (absolutistischen, republikanischen oder revolutionär-kommunalistischen) Mächte liegen und potenziell Zugriff auf die Zentren der jeweiligen Gesellschaften haben. Als zweite Menge von Bedingungen, die für die Beständigkeit konstitutionell-demokratischer Regime entscheidend ist, gilt das fortgesetzte Entstehen autonomer Zugangsmöglichkeiten einzelner sozialer Gruppen zu den zentralen politischen Arenen, und zwar nicht nur im formalen Sinn des Wahlrechts, sondern im vollen Sinne tatsächlicher Partizipations- und Einflussmöglichkeiten. Dieser Zugang

---

[20] Diese Analyse folgt Shmuel N. Eisenstadt, *Paradoxes of Democracy*, a.a.O.

setzt voraus, dass sich institutionelle Arenen und Organisationen entwikkeln und bewähren, die als Vermittler und Brücken zwischen diesen Sektoren und den politischen Arenen dienen. In diesem Kontext sind die autonomen Öffentlichkeiten besonders wichtig, die weder in den Staat noch in »fixierte« askriptive oder korporative Kontexte einzelner Gesellschaftssektoren eingebunden sind. Um ihre Entwicklung sicherzustellen, dürfen sie nicht vom Staat kontrolliert werden, aber ihre Teilnehmer können Zugang zum Staat haben. Zu den wichtigsten Arenen zählen die zentralen Institutionen politischer Repräsentation und Organisation, wie etwa Parteien und andere politische Assoziationen, ebenso aber die Kommunikationskanäle und Diskurse, in denen die politisch relevanten Informationen fließen.

Die Bedeutung dieser institutionellen Bedingungen für die Beständigkeit konstitutionell-demokratischer Regime wurde eingehend analysiert, aber es ist nicht analysiert worden, wie sich diese Bedingungen zu den Konzeptionen verhalten, die in der Politik kein Nullsummenspiel sehen, sodass letztlich auch die Bedingungen, unter denen sich diese institutionellen Arrangements entwickeln und stabil bleiben, ohne Analyse geblieben sind. Was bisher unbeachtet blieb, ist der kontinuierliche Aufbau von Solidaritäts- und Vertrauensnetzwerken zwischen verschiedenen Sektoren der Gesellschaft und zwischen ihnen und weiteren institutionellen Arenen. Dieser Aufbau von Netzwerken und Beziehungen kann die beständige Verallgemeinerbarkeit von Vertrauen in Gesellschaften und die Legitimation der Rahmenbedingungen sicherstellen, die diese Verallgemeinerbarkeit regeln.

Der Aufbau von Vertrauensnetzwerken ist allerdings in demokratischen Gesellschaften hochproblematisch. Mark Warren hat es so ausgedrückt: »Das Paradox liegt in der komplexen Beziehung zwischen Demokratie und Vertrauen: Konflikte zeigen an, dass Vertrauen fehlt und möglicherweise unangemessen ist. Aber jede Problemlösungsstrategie, die kein Nullsummenspiel sein will, setzt voraus, dass 1. der Konflikt durch andere, Vertrauen einschließende Beziehungen (und Institutionen) in Grenzen gehalten werden kann und dass 2. der Konfliktlösungsprozess selbst Vertrauen erzeugt. Ohne diese Voraussetzungen ist Demokratie bestenfalls brüchig.«[21]

Aber auch diese Voraussetzungen hängen ihrerseits von mehreren Bedingungen ab. Dabei ist die Konstruktion kollektiver Identitäten in mo-

---

21 Dieses Zitat verdanke ich einer privaten Korrespondenz mit dem Autor.

dernen Gesellschaften, vor allem aber in Europa, von besonderer Bedeutung und bisher nicht systematisch analysiert worden.

12.

Diese Konstruktion verschiedener Typen kollektiver Identität war in Europa – und über Europa hinaus – mit den oben genannten spezifischen institutionellen Bedingungen verbunden, vor allem mit der Flexibilität der Zentren, der wechselseitigen Offenheit der Eliten und ihrer Verbindung zu breiteren gesellschaftlichen Schichten. In Europa, später aber auch in anderen Gesellschaften, gingen die verabsolutierenden Typen kollektiver Identität und die verschiedenen Typen absolutistischer Regime und rigider Zentren eine enge Wahlverwandtschaft mit den vielfältigen Mustern kollektiver Identität ein, in denen die primordialen, zivilen und sakralen Komponenten kontinuierlich mit der Entwicklung relativ offener und flexibler Zentren sowie der wechselseitigen Öffnung verschiedener Schichten verwoben waren. Das gleichzeitige Entstehen relativ starker, aber flexibler und offener Zentren, vielfältiger Arten kollektiver Identität und autonomer Zugangsmöglichkeiten für breite Schichten zum Zentrum bildete den Rahmen, in dem sich ein bestimmter Typ von Zivilgesellschaft entwickeln und erhalten konnte, also eine autonome Gesellschaft, die gleichzeitig in Abgrenzung *vom* und *im* Staat Autonomie besaß, über einen autonomem Zugang zum Staat verfügte und ein Mitspracherecht genoss, das die Formulierung der Regeln des politischen Spiels betraf. Innerhalb dieses Typs konnte sich ein beständiger Auf- und Umbau von Vertrauensnetzwerken abspielen, die die Transformierbarkeit, aber auch die Gefährdung moderner konstitutioneller, später konstitutionell-demokratischer Regime ausmachte.

Diese Zivilgesellschaft ermöglichte den beständigen Auf- und Umbau von Solidaritäts- und Vertrauensnetzwerken in und zwischen verschiedenen Gesellschaftssektoren und zwischen ihnen und den größeren institutionellen Arenen, die sich in ihren Zentren und Institutionen symbolisch verkörperten; sie wurde aber selbst durch diesen beständigen Aufbau von Vertrauen verstärkt und stabilisiert. Die kontinuierliche Rekonstruktion dieser Netzwerke konnte die fortlaufende Erweiterung und Verallgemeinerbarkeit von Vertrauen in der jeweiligen Gesellschaft und die Legitimation der Rahmenbedingungen dieser Erweiterung sicherstellen.

Einige neuere Analysen des Zusammenbruchs der Weimarer Republik sind sehr hilfreich, um zu verstehen, in welchem Maße sich Gesellschaften, in denen konstitutionell-demokratische Regime zusammengebrochen sind oder nicht, mit Blick auf die Frage nach einem Ausweiten des Vertrauens und der Bildung einer Zivilgesellschaft voneinander unterscheiden. Die wichtigste Neuerung dieser Analysen im Verhältnis zu früheren Arbeiten, die die Entpolitisierung und Pauperisierung der Mittelklassen und die folgende Entstehung einer formlosen Massengesellschaft betont haben, besteht in der Erkenntnis, dass nicht so sehr das Fehlen oder die Schwäche einer Zivilgesellschaft, sondern eher die Dissoziation verschiedener organisierter Sektoren voneinander und vom Zentrum maßgeblich für den Zusammenbruch waren. Außerdem spielten die Einstellungen zum Zentrum, das Fehlen von Vertrauen zwischen den Sektoren und gegenüber dem Zentrum sowie die Schwäche der vermittelnden Instanzen eine entscheidende Rolle.[22]

Für Europa war, wie Thomas Ertman gezeigt hat, die Beziehung zwischen den politischen Parteien und den zivilgesellschaftlichen Assoziationen besonders wichtig, um in den Blick zu bekommen, wie sich die verschiedenen Sektoren der Gesellschaft untereinander und mit dem Zentrum verbunden haben: »Die ältere und neuere Forschungsliteratur deutet an, dass politische Veränderungen und der Charakter der Zivilgesellschaft im Europa des späten 19. Jahrhundert zusammenwirkten, um die spezifischen Muster im Verhältnis zwischen politischen Parteien und zivilgesellschaftlichen Assoziationen zu erzeugen, die den verschiedenen Zwischenkriegssituationen zugrundelagen. Konkreter gesagt, wo Parteien und Parteienkonkurrenz vor 1914 im Mittelpunkt des politischen Lebens standen und wo es eine Vielzahl von Assoziationen gab (wie in Großbritannien, Frankreich, Skandinavien, der Schweiz, Belgien und den Niederlanden), haben sich beide gegenseitig verstärkt und so zu einer stärkeren Demokratisierung und Stabilisierung der nach 1918 entstehenden Regime beigetragen. Wo es andererseits eine reiche Landschaft von Assoziationen gab, aber Parteien und Parteienkonkurrenz nicht im Zentrum des politischen Lebens standen (wie in Deutschland und Italien), waren die konservativen politischen Kräfte fragmentiert und nur schwach mit bürgerlichen oder agrarischen Kreisen verbunden. Diese Situation hat den plötzlichen Erfolg der rechtsextremen Bewegungen in diesen Kreisen während der Krisensituation der Zwischenkriegszeit begünstigt.

---

22 Thomas Ertman, »Democracy and Dictatorship in Interwar Western Europe Revisited« (Rezensionsartikel), in: *World Politics,* 50, 1998, S. 475-505.

Die entgegengesetzte Situation, schwache Assoziationen vor 1914, aber eine starke Parteienherrschaft, führte zur Stärkung von Patronagebeziehungen und der damit verbundenen Bonzenpolitik. Als nach 1918 moderne rechtsgerichtete Parteien als Reaktion auf linke Parteien entstanden, die fest in Assoziationssubkulturen verwurzelt waren, blieben sie zunächst schwach und untereinander gespalten, was dazu führte, dass sie ihre Anhänger dazu brachten, mit militärischer Unterstützung gegen die Bedrohung von links vorzugehen. Außerhalb Europas besaß Russland weder eine parteienzentrierte Politik noch eine besonders ausgeprägte Assoziationslandschaft vor 1914. Folglich existierten nur sehr schwache Parteien neben konspirativen Organisationen, was den bolschewistischen Sturz der Kerensky-Regierung ermöglicht hat. Vielleicht können zusätzliche historische Details die Logik des Arguments deutlicher machen. In der zweiten Hälfte des 19. Jahrhunderts war in Großbritannien, Frankreich, Norwegen, Dänemark und Schweden ein enormes Wachstum der Anzahl und Mitgliederzahlen freiwilliger Assoziationen zu verzeichnen: Gewerkschaften, Kooperativen, Landwirtschaftsverbände, Erziehungsverbände, Temperenzvereine und Dissenter-Sekten in Großbritannien und Skandinavien; Gewerkschaften, Landwirtschaftsverbände, Erziehungsverbände, Lesezirkel und Freimaurerlogen in Frankreich. Diese Organisationen haben dazu beigetragen, Bürger zu mobilisieren, aneinander zu binden und in einer Zeit massiver sozialer Orientierungslosigkeit mit öffentlichen Angelegenheiten zu beschäftigen. Gleichzeitig erlangten in allen diesen Staaten Parteien und Parteienkonkurrenz ihre zentrale Bedeutung im politischen Leben. In Großbritannien, Frankreich und Norwegen war das eine Folge einer vollen Durchsetzung des Parlamentarismus (mit einer nur der Parlamentsmehrheit verantwortlichen Exekutive) und des allgemeinen Wahlrechts. In Dänemark und Schweden war es das Ergebnis der Wahlrechtserweiterung und eines anhaltenden Kampfes um den Parlamentarismus, der liberale und konservative Kräfte in der nationalen Gesetzgebung gegeneinander aufbrachte.

Konfrontiert mit verschiedensten und gut organisierten Zivilgesellschaften, versuchten die entstehenden Parteien, Verbindungen mit Assoziationen zu knüpfen und deren Mitglieder für sich zu gewinnen, aber die Überschneidung von Assoziationen- und Parteienlandschaft war kaum vollkommen zu nennen. So haben bekanntermaßen die britischen Gewerkschaftler die Konservativen (wenn auch nicht so zahlreich), die Liberalen und später Labour unterstützt; die Dissenter wiederum haben die Liberalen und Labour unterstützt. In Skandinavien haben die Grundbesitzer ihre Stimmen zwischen den Konservativen, den Liberalen, den Sozialdemokraten und später der Bauernpartei aufgeteilt; Dissenter wählten die Konservativen, die Liberalen und die Bauernpartei; Gewerkschaftler wählten die Liberalen und Sozialdemokraten. Schließlich konnten sich in Frankreich die Assoziationsmitglieder zu jedem Zeitpunkt zwischen mindestens zwei politischen Gruppierungen auf verschiedenen Seiten des politischen Spektrums entscheiden.

Diese fehlende Entsprechung zwischen Assoziations- und Parteienzugehörigkeit hatte eine hilfreiche Auswirkung auf die politische Langzeitentwicklung dieser Nationen. Einerseits konnten einzelne Bürger mit ansonsten stark abweichenden Überzeugungen gemeinsame Reformunternehmungen jenseits der Parteien- und Klassengrenzen anstrengen, wie es zum Beispiel mit den Themen Freihandel, Mäßigung und Wahlrecht sowohl in Großbritannien als auch in Skandinavien geschehen ist. Andererseits waren die Parteien auf diese Weise gezwungen, in ihren Positionen pragmatisch und flexibel zu bleiben, um die Unterstützung einer breiten Menge von Interessengruppen zu gewinnen und auf neue Strömungen innerhalb der Zivilgesellschaft zu reagieren.«[23]

13.

Für die erfolgreiche Ausweitung und Verallgemeinerbarkeit von Vertrauen in modernen Gesellschaften und den kontinuierlichen Fluss des Vertrauens zwischen den Gesellschaftssektoren und den verschiedenen Zentren waren also entscheidend: die gleichzeitige Entwicklung von und die beständige Rückkopplung zwischen »offenen« oder vielfältigen Typen kollektiver Identität, relativ starken, aber flexiblen Zentren und einem autonomen Zugang größerer Gesellschaftsschichten zum Zentrum.

Eine kontinuierliche Rückkopplung zwischen diesen Sphären garantiert die Entwicklung und den Erhalt spezifischer Beziehungstypen zwischen »Staat« und Gesellschaft, einiger besonderer Aspekte der Zivilgesellschaft, garantiert aber besonders die Entwicklung und den Erhalt von relativ unabhängigen Machtzentren und Sphären des sozialen Lebens. Diese liegen potenziell jenseits des Zugriffs der politischen (absolutistischen, republikanischen oder kommunalistischen) Mächte, haben aber gleichzeitig potenziell Zugang zu diesen Zentren, auch wenn die Struktur

---

23 Ebenda, S. 499-501.

dieser autonomen Sphären in verschiedenen Gesellschaften unterschiedlich sein kann und sich auch innerhalb jeder einzelnen Gesellschaft kontinuierlich verändert.

Zugleich ist das Vorherrschen solcher öffentlichen Arenen und eines fortlaufenden Kommunikations- und Informationsflusses in ihnen und zwischen ihnen, aber auch zwischen ihnen und den Zentren – was vor allem durch die Kombination des Assoziations- und des politischen Lebens geschieht –, entscheidend, um den autonomen Zugang zentraler sozialer Sektoren zur politischen Arena zu erleichtern, die dann kontinuierlich am politischen Leben partizipieren und die Regierenden zur Rechenschaft ziehen können. Diese Bedingungen verstärken die interne Solidarität der wichtigsten Eliten und ihre Verpflichtung den politischen Institutionen gegenüber und garantieren so, zumindest bis zu einem gewissen Grad, deren Effizienz. So konnte in der politischen Arena eine Kombination von Effizienz und Legitimität entstehen, auf deren Bedeutung für die Kontinuität konstitutionell-demokratischer Regime in der Forschungsliteratur oft hingewiesen wurde.

Darüber hinaus hat das Zusammenspiel dieser Bedingungen einen Einfluss darauf, in welchem Ausmaß sich an Knotenpunkten bedeutender sozialer Umwälzungen möglicherweise eine Neukombination der Komponenten kollektiver Identität und der verschiedenen Legitimationsgrundlagen des politischen Regimes ergeben kann (ohne dass die verschiedenen gesellschaftlichen Sektoren in eine totale Konfrontation geraten); auch entscheidet dieses Zusammenspiel darüber, ob sich eine Orientierung an einer geteilten kollektiven Identität oder das Bewusstsein eines gemeinsamens »Textes«, auf den sich verschiedene Gruppen der Bevölkerung beziehen, entwickeln wird.

Die Kombination dieser Bedingungen und die Rückkopplungen zwischen ihnen – besonders das Entstehen eines gemeinsamen »Textes« und die Bildung und Umgestaltung von Öffentlichkeiten und politischen Organisationen, zusammen mit einer kontinuierlichen Zerstreuung von Zentren der Macht und einer Entkopplung von Macht, Reichtum und Prestige – ermöglichen eine kontinuierliche Neuinterpretation und Bekräftigung der Legitimität der Spielregeln, indem nämlich primordiale, kulturelle oder zivile Orientierungen miteinander verwoben werden, ohne dass allen Gesellschaftssektoren eine ideologische Homogenität aufgezwungen würde. Möglich wird so auch die Reproduktion der Metalegitimation der Spielregeln konstitutionell-demokratischer Regime.

14.

Die kontinuierliche Rekonstruktion von Vertrauen, die Vorstellung, dass Politik kein Nullsummenspiel ist und die daraus folgende Transformierbarkeit konstitutionell-demokratischer Regime wurden in allen Gesellschaften von der Kombination der genannten Faktoren beeinflusst. Aber in verschiedenen Gesellschaften unterscheiden sich die konkreten Weisen dieser Kombination und die entsprechenden Muster der Entstehung von generalisiertem Vertrauen beträchtlich.

Die relative Bedeutung dieser verschiedenen Bedingungen, zum Beispiel des zeitlichen Ablaufs der Errichtung von politischen Zentren und verschiedenen Kollektiven, kann in verschiedenen Gesellschaften und historischen Kontexten stark variieren. Zuerst können sich Unterschiede in der relativen Bedeutung interner und externer Bedingungen für die Errichtung eines Rahmens für diese Lernprozesse herausstellen. Tatsächlich ist eine der interessantesten Erfahrungen der Gegenwart, die in vielen Hinsichten frühere historische Erfahrungen wiederholt, der starke Einfluss internationaler Kräfte (wie zum Beispiel der Demokratisierungsdruck) auf die für diese Prozesse entscheidenden Rahmen, wobei der Einfluss sogar dann gegeben ist, wenn einige der internen Bedingungen relativ schwach sind.

Aber die Existenz dieser Voraussetzungen garantiert nicht von selbst, dass sich zwischen den jeweiligen Akteuren das für die Kontinuität ihrer Regime nötige Vertrauen entwickelt. Der Aufbau von Vertrauen und seine Beziehung zur Ressourcenverteilung entstehen oft unter dem Einfluss verschiedener historischer Kontingenzen, besonders im Gefolge relativ intensiver interner Konflikte und unter dem Druck internationaler Ereignisse. Der Lernprozess während der Entwicklung der konstitutionellen Regime in Europa, der schon vor langer Zeit von Rustow[24] und kürzlich von Burton, Gunther und Higley nachgewiesen wurde, war entscheidend für das Entstehen dieses Vertrauens.[25]

---

24 Dankwart A. Rustow, »Transition to Democracy: Toward a Dynamic Model«, in: *Comparative Politics*, 2, 1970, S. 337-363.
25 Vgl. Michael Burton et al., »Elites and Democratic Consolidation in: Latin America and Southern Europe: An Overview«, in: John Higley & Richard Gunther (Hg.), *Elites and Democratic Consolidation in Latin America and Southern Europe*, Cambridge 1992.

Die mögliche Erosion des Vertrauens und der öffentlichen Sphäre in konstitutionell-demokratischen Regimen

15.

Es liegt im Wesen der kontinuierlichen Entwicklung konstitutionell-demokratischer Regime, dass das Vorliegen günstiger Funktionsvoraussetzungen für diese Regime zu gegebenen Zeitpunkten ihre Kontinuität und Reproduktionsfähigkeit nicht garantiert. In dem Maße etwa, in dem sich moderne Regime unter ständig wechselnden Umständen entwickeln und in dem sich soziale, politische und ökonomische Veränderungen vollziehen, kann sich die Machtverteilung ändern, was die Erosion vieler Machtzentren nach sich zieht. Darüber hinaus kann genau die Politik, die ursprünglich eine Schwächung existierender semi-monopolistischer Machtzentren herbeiführen sollte, zum Beispiel die, die mit dem Wohlfahrtsstaat verbunden sind, zu einer Stärkung der Staatsmacht in ihren verschiedenen politischen und administrativen Organen führen, sodass unabhängige Machtinstanzen überflüssig werden. Die Bürokratisierung zentraler Bereiche des sozialen und auch des politischen Lebens hat diese Möglichkeit geschaffen – ihr Schreckbild hat das moderne soziale Denken regelmäßig heimgesucht, was Tocqueville, Marx und Weber bezeugen. Die Kraft dieses Schreckbilds wurde natürlich von der Entstehung totalitärer Regime noch verstärkt.

Eine andere Möglichkeit zur Überkonzentration von Macht hängt mit einem der zentralen Nervenstränge des demokratischen Prozesses zusammen: der Produktion und Reproduktion von Information, dem Zugang zu Information und der wachsenden Professionalisierung und »Technokratisierung« von politisch relevantem Wissen. Weil für Experten und politische Führungsschichten die Möglichkeit besteht, dieses Wissen so zu präsentieren, dass es für breitere Gesellschaftsschichten unverständlich bleibt, kann sie zu politischer Apathie und zu einem Rückzug von politischer Partizipation führen. Diese Entwicklungen können auch das Gleichgewicht innerhalb der politischen Arena und besonders zwischen verschiedenen Regierungsorganen unterhöhlen und die Macht der Exekutive erhöhen.

Außerdem können die Autonomie und Effizienz der verschiedenen Eliten, des Zentrums und verschiedener Öffentlichkeiten in Situationen intensiver Veränderung untergraben werden. Autonome Gesellschaftssektoren der Zivilgesellschaft und die öffentlichen Sphären können erodieren, so wie Hindernisse für die Umgestaltung der Beziehung zwischen Zivilgesellschaft und Staat durch Versuche entstehen können, die Grenzen des Politischen neu zu definieren, zum Beispiel durch Forderungen nach Ausweitung des Wahlrechts.

In allen diesen Situationen wächst bei denen, die nach Umgestaltung verlangen, der Verdacht, dass die existierenden repräsentativen Institutionen nicht dem Gemeinwohl dienen. Oft erhalten die tatsächlichen Machthaber – dazu zählen oft starke, semi-monopolistische, oligarchische Gruppen – bestimmte Rechte, besonders aber Eigentumsrechte aufrecht, die ihnen eine Vorzugsposition gegenüber den neuen Gruppen garantieren. Die neuen Gruppen dagegen klagen oft die Bedeutung ganz verschiedener Rechte ein, die in ihren Augen den engen Interessen einer kleinen exklusiven Gemeinschaft gegenüberstehen, zu der *de jure* oder *de facto* nur Mitglieder der oberen Klassen Zutritt haben. Diese Vorwürfe werden natürlich vor allem von linken Kritikern gegen demokratische Regime gerichtet, und sie finden ihre pointierteste Formulierung in Anatole Frances berühmtem Diktum, dass der Bettler unter der Brücke die »gleichen« Rechte hat wie der reiche Bürger. Gleichzeitig behaupten die »alten« Gruppen oft, dass sie die Verteidiger des Gemeinwohls gegen die »Neulinge« sind, denen sie die Verfolgung ihrer eigenen engen und egoistischen Ziele vorwerfen, für die sie die repräsentativen Institutionen angeblich nur benutzen wollen.

Die Umgestaltung der Zivilgesellschaft, die sich in solchen Situationen vollzieht, impliziert fast definitionsgemäß eine Konfrontation zwischen den grundlegenden demokratischen Prinzipien (Verfassung und Partizipation) und den pluralistischen und jakobinischen Orientierungen im modernen Programm. Alle diese Möglichkeiten verkörpern das Paradox der Transformierbarkeit moderner konstitutioneller Regime. Es besteht, wie wir gesehen haben, darin, dass jede Transformation Metalegitimationen jenseits der (existierenden) Spielregeln in Anspruch nimmt und doch gleichzeitig nur innerhalb des Rahmens konstitutionell-demokratischer Regime und durch ihre Institutionen vollzogen werden kann.

Diese Prozesse können partielle Änderungen eines Regimes auslösen, wie zum Beispiel den Übergang von der vierten zur fünften Republik in Frankreich. Solche Änderungen haben sich in vielen Gesellschaften der Gegenwart abgespielt, in den Vereinigten Staaten, in Israel und Indien und, auf weniger dramatische Weise, in Europa. Die zentralen Aspekte dieser Veränderungen sind 1. die Schwächung der Parteien und der repräsentativen Institutionen gegenüber einer direkten und unvermittelten Beziehungen zwischen politischen Akten und verschiedenen politischen Akteuren, 2. das Wachstum und die Bedeutung der Medien im politischen Prozess und 3. die wachsende Bedeutung der Exekutive bei einem gleichzeitigen möglichen Machtzuwachs des Rechtssystems.

Diese Veränderungen sind eng mit den möglichen partiellen Regimeänderungen verbunden, die ich oben diskutiert habe. Die Kombination dieser Entwicklungen kann im Extremfall zur Auflösung oder »Dekonsolidierung« vieler Institutions- und Assoziationsfundamente konstitutionell-demokratischer Regime führen, um Diamonds glückliche Formulierung zu verwenden.[26] Sie können zur Schwächung oder Erosion der verfassungsmäßigen Komponenten führen, die bisher für den Rechtsstaat maßgeblich waren, etwa was die Nichteinmischung der politischen Autoritäten in die private und öffentliche Sphäre angeht.

In vielen konstitutionell-demokratischen Regimen der Gegenwart erleben wir, wie Dahrendorf gezeigt hat, eine solche Schwächung oder Erosion der Fundamente und Rahmenbedingungen der Zivilgesellschaft.[27] Dies kann man vielleicht im Fall der lateinamerikanischen Länder als Stärkung der formalen und Schwächung der partizipatorischen Aspekte der Demokratie beschreiben.[28] Paradoxerweise vollzieht sich diese Entwicklung in einer historischen Situation, in der die ideologisch-totalitären – faschistischen oder kommunistischen – Rivalen der konstitutionellen Demokratie von der Bildfläche verschwunden sind. Eine Häufung solcher Prozesse kann Misstrauen und Apathie erzeugen, die wiederum eine Erosion von Vertrauen in die zentralen Institutionen oder – am anderen Extrem – eine Hinwendung zu verschiedenen extremistischen Bewegungen und die Entwicklung neuer Richtungen des politischen Handelns produzieren können.

Vielleicht erleben wir heute sowohl in den konstitutionell-demokratischen Regimen wie in vielen semi-demokratischen autoritären Regimen in der ganzen Welt die Entstehung neuer Typen politischen Handelns, die

---

26 Larry Diamond, »Conclusion. Causes and Effects«, in: ders. (Hg.), *Political Culture and Democracy in Developing Countries*, Boulder 1993, S. 411-436; Juan J. Linz & Alfred Stepan, *Problems of Democratic Transition and Consolidation*, Baltimore 1996.
27 Ralf Dahrendorf, *Der moderne soziale Konflikt. Ein Essay zur Politik der Freiheit*, Stuttgart 1992.
28 Evelyne Huber et al., »The Paradoxes of Contemporary Democracy: Formal, Participatory, and Social Democracy«, in: *Comparative Politics*, 29, 1997, S. 323-343.

eng mit weitreichenden »kulturellen« Veränderungen und Umbrüchen in den Legitimationsfundamenten dieser Regime verbunden sind. Diese Entwicklungen sind zwar direkt auf die hier analysierten Probleme bezogen, liegen aber jenseits der Reichweite dieses Essays.

Aus dem Englischen von Martin Saar

Nachwort: Offene Fragen und Anwendungen in der Forschung

Claus Offe

Die interdisziplinäre Forschung zum sozialen Phänomen des Vertrauens ist in diesem Band in exemplarischen Beiträgen dargestellt worden. Dabei sind – das kann nicht anders sein – eine Reihe von Aspekten ausgeblendet worden oder zu kurz gekommen. Einige dieser Lücken sollen hier in einem knappen systematisierenden Rückblick nicht etwa geschlossen, sondern als solche markiert werden. Aber auch diese Übersicht über die verbliebenen Lücken wird vermutlich lückenhaft bleiben. Es geht um Begriffs- und Messprobleme, um Voraussetzungen und Funktionen von Vertrauen.

Einer der Reize des Vertrauensbegriff besteht darin, dass er in sozialwissenschaftlichen Diskursen ebenso vorkommt wie in politischen und Alltagsdiskursen. Für beide Ebenen gilt zudem, dass Vertrauen ein Phänomen ist, das auf eine außerordentliche Vielfalt sozialer Sphären Anwendung findet: Akteure suchen, vermissen, oder gewähren Vertrauen im Rahmen von internationalen Beziehungen, Beziehungen zwischen den Generationen, der Interaktion von Vertrags- und Verhandlungspartnern, zwischen Konsumenten und Erzeugern von Gütern, freien Berufen und ihren Klienten, Mitgliedern von Vereinen und Verbänden, Leitern und Beschäftigten in formalen Organisationen, Wählern und Parteien und als Partner von Liebes- und Ehebeziehungen bzw. Familien. Wie wenige andere sozialwissenschaftliche Begriffe – der Begriff der sozialen Macht wäre ein Kandidat – ist der Begriff des Vertrauens offensichtlich auf sämtliche Teilstrukturen, Situationen und institutionelle Sektoren anwendbar, in denen sich soziales Handeln abspielt.

Das bedeutet jedoch nicht, dass wir den Schlüssel für die Beantwortung der Frage in der Hand hätten, wie wir jenes ubiquitär auftauchende Phänomen operational erfassen und vergleichend – vielleicht sogar im sozialhistorisch vergleichenden Längsschnitt – beschreiben können. Wenn

Sozialwissenschaftler das Phänomen, das sie beschreiben und beobachten möchten, begrifflich selbst noch nicht genau erfasst haben, nehmen sie oft (und durchaus voreilig) zum Instrument der Befragung Zuflucht. Das heißt, sie treten ihre Zuständigkeit für den Begriff an diejenigen ab, von denen sie Interviewdaten gewinnen möchten. Fragen vom Typus »Wieviel Vertrauen haben Sie in ...?« begegnen insofern einer Fülle von methodischen Einwänden. Sie setzen zunächst einmal voraus, dass es eine gefestigte Alltagssemantik für das Phänomen »Vertrauen« gibt und alle Befragten annähernd dasselbe meinen, wenn sie den Begriff verwenden und entsprechende Fragen beantworten. Das ist offensichtlich eine kühne Prämisse. Zum zweiten sind Befragungen dieser Art nur dann sinnvoll, wenn unterstellt werden kann, dass Befragte zu einer zutreffenden Beurteilung von Maß und Art ihres eigenen Vertrauens überhaupt in der Lage sind. Wenn Vertrauen aber, wie es verschiedene in den Beiträgen dieses Bandes vorgestellte Gedankengänge nahelegen, ein »prä-reflexives« Phänomen ist, dann besteht in diesem Punkt wenig Anlass zu Zuversicht. Wieviel Vertrauen man »hat«, das »kann« man unter Umständen gar nicht wissen, weil es sich erst in gewissen Interaktionen und Konflikten manifestiert. (Wenn man Wohnungsmieter nach der Höhe ihrer Mietzahlungen befragt, besteht gute Aussicht auf valide Daten; aber wenn man Patienten nach bei ihnen vorliegenden Allergien oder Medikamentenempfindlichkeiten befragt, kann die Bekanntschaft mit dem erfragten Phänomen weniger selbstverständlich vorausgesetzt werden.) Zum dritten ist Vertrauen ein emotional in ambivalenter Weise besetztes Phänomen, was Probleme der Zuverlässigkeit von Antworten nach sich zieht: Wir wünschen uns und legen Wert darauf, uns als vertrauens*würdig* darzustellen, aber wir würden es gleichzeitig gern vermeiden, als vertrauens*selig* zu gelten.

Neben der Befragung kommt das Instrument der Beobachtung von Handlungsabläufen in Betracht. So könnte man das Niveau des Vertrauens einer Bevölkerung messen, indem man (gegebenenfalls im Rahmen eines experimentellen Designs) feststellt, ob Versuchspersonen fremden Personen (zum Beispiel Vertretern oder sozialwissenschaftlichen Interviewern) bereitwillig ihre Wohnungstür öffnen. Nicht durch solche einfache Beobachtung messbar ist jedoch der wohl häufige Fall, dass sich Vertrauen durch ein »Unterlassen« bekundet: Der Vertrauende verzichtet (»bewusst«) darauf, abends die Wohnungstür zu verriegeln, oder darauf, im Falle größerer Vermögenstransaktionen die Dienste einer Auskunft in Anspruch zu nehmen, die über die Kreditwürdigkeit eines Geschäftspartners Auskunft geben könnte. Solche Unterlassungen sind jedoch schwer nach dem Kriterium zu klassifizieren, ob sie gewohnheitsmäßig zustandekommen oder aber als pauschalierte Vertrauensbekundungen »gemeint« sind. Empirisch ist daher das Phänomen des Vertrauens wohl nur durch eine Kombination experimenteller Designs mit qualitativen/narrativen Erhebungsmethoden zu fassen.

Abgesehen vom »Ausmaß« des Vertrauens, das eine Person zeigt oder das in einer (Teil)bevölkerung angetroffen werden kann interessiert der sachliche Bezug einer Vertrauensbeziehung: In Bezug »auf was« schenke ich anderen Vertrauen, und wie hoch ist die Inter-Korrelation zwischen den sachlich spezialisierten Vertrauensbezügen, die ein Akteur zu anderen unterhält? Manifestiert eine bereitwillig eingegangene Vertrauensbeziehung zu Ärzten und Rechtsanwälten eine generelle Disposition, die ein und dieselbe Person auch gegenüber Verkäufern oder Verwandten aufbringt, oder müssen wir mit sachlichen Differenzierungen des Potenzials an Vertrauen, also mit nach Lebenssphären differenzierten Risikoneigungen rechnen? Eine analoge Frage stellt sich im Hinblick auf die soziale Reichweite des Vertrauens: Gilt es allen Menschen, allen Mitbürgern, allen Bekannten, allen Altersgenossen – oder nur wenigen erprobten Interaktionspartnern (über die »ich« dann gegebenenfalls bereits so viel weiß, dass ich mich »auf sie verlassen« kann und ihnen gegenüber nicht mehr das Risiko eingehe, das für Vertrauensbeziehungen begriffsnotwendig ist)? Umfragedaten, die für ganze Bevölkerungen das Niveau ihres Vertrauenspotenzials darstellen, bleiben auf solche differenzierenden Nachfragen die Antwort jedenfalls schuldig.

Ungeklärt ist auch die Frage, wie die Skala beschaffen ist, auf der Vertrauen gemessen werden könnte. Zumindest implizit ist zwischen einigen der in diesem Bande repräsentierten Autoren die Frage strittig, ob Vertrauen empirisch zwischen einem Nullpunkt und einem Extremwert »hohen« Vertrauens zu messen ist oder ob die Skala auch einen negativen Ast hat, auf dem die Intensität des *Miss*trauens zu markieren wäre. Im letzteren Falle wäre dann unter Umständen die empirisch ermittelte Intensität des Vertrauens gegenüber einer bestimmten Kategorie von Handlungspartnern zu saldieren gegenüber dem selektiven Misstrauen, das anderen Handlungspartnern entgegengebracht wird. Je nachdem, wie man diese Frage entscheidet, können Problemdiagnosen sich beziehen auf die Feststellung »zu geringen« Vertrauens oder aber sozial und sachlich »ungleichmäßig verteilten« Vertrauens.

Wie schon Hobbes wusste, ist Vertrauen ein Phänomen intertemporaler Handlungskoordination. Ich »brauche« Vertrauen, um erwarten zu können, dass zu einem mehr oder weniger unbestimmten zukünftigen Zeitpunkt ein Handlungspartner in der erwünschten Weise tatsächlich handeln, zum Beispiel die bestellte Ware liefern oder die verabredeten Dienste erbringen wird. Die Erwartungsgewissheit gegenüber zukünftigem fremden Handeln kann aber sehr verschiedener Natur sein, das heißt auf sehr verschiedenen Annahmen über die Handlungsmotive des anderen Akteurs beruhen. Die bescheidenste Annahme ist, dass jener Akteur mein Handeln seinerseits mit interessenrationalen Reaktionen quittieren wird, also zum Beispiel *seinen eigenen* (langfristigen) Vorteil nicht leichtfertig aufs Spiel setzen oder sich für erwartungswidriges Handeln negative Sanktionen von dritter Seite zuziehen wird. Eine ganz andere Frage ist, ob ich darüber hinaus auch Anlass für die Erwartung sehe, dass sich ein Interaktionspartner auch rational gegenüber *unserem gemeinsamen* Vorteil verhalten und sich Kooperationsnormen eines »Gemeinwohls« gegenüber verpflichtet fühlen wird. Noch einen Schritt anspruchsvoller ist die Erwartung, dass er das entgegengebrachte Vertrauen »mir« gegenüber mit tätigem »Wohlwollen« beantworten und auf diese Weise *meinen* Interessen und Bedürfnissen dienen wird. Quer zu diesen Unterscheidungen liegt eine weitere, nämlich eine kognitive Erwartung, auf die sich Vertrauen richten kann. Sie ist die kritische Variable in allen Verhandlungssystemen – also in sozialen Situationen, in denen man sich des Handelns relevanter Partner weder durch Macht noch durch Wissen noch durch Kaufkraft versichern kann. In solchen Situationen geht es um die vertrauensgestützte Erwartung der »Vernünftigkeit« der anderen Seite. Diese Erwartung richtet sich auf das Maß, in dem es trotz entgegengesetzter Interessen möglich sein wird, zu einer beiderseits übereinstimmenden Realitätsdeutung zu kommen, normative Verpflichtungen nicht opportunistisch zur Disposition zu stellen und Kompromissspielräume als solche zu erkennen.

Solche Erwartungen mögen zwar sehr wohl ex post als Rechtfertigungen für einmal gewährtes Vertrauen herangezogen werden, und dann gegebenenfalls auch für dessen *Fortbestand*; es fragt sich aber, ob das Vorliegen solcher Gründe und reflektierter Annahmen ex ante für die *Entstehung* von Vertrauen verantwortlich ist – oder ob dieses dem Vertrauenden als eine prä-reflexive Einstellung oder habituelle »Haltung« anhaftet, die gerade um so robuster ist, je weniger sie auf zureichenden *Gründen* basiert (sondern allenfalls auf soziale und psychische *Ursachen* zurückgeht, die u. a. in der Sozialisationsgeschichte von Individuen wurzeln). Auf begrifflicher Ebene scheint jedenfalls ungeklärt, ob man sich das Vorkommen von Vertrauen überhaupt als Ergebnis einer »Entscheidung« vorstellen kann oder nicht vielmehr als eine Disposition kennzeichnen muss, die Personen nur »zukommt«. In diesem Fall wäre die Frage nach den unabhängigen Variablen weit offen, die für Niveau, Art und sozialer Reichweite von Vertrauensbeziehungen erklärungskräftig sind. Neben der individuellen Sozialisationsgeschichte (beginnend mit der Dynamik der Mutter-Kind-Dyade) und vorherrschenden Erziehungsstilen können die Bildungsgeschichte, die Erfahrung von Prosperität und Sicherheit, religiöse und andere zivilgesellschaftliche Strukturen, Art und Geschwindigkeit des sozialökonomischen Wandels, der Struktur von Arbeitsorganisationen, Funktionen der Massenmedien, generationenprägende Ereignisse der nationalen Geschichte, soziale Gleichheit und kulturelle Homogenität einer Gesellschaft sowie politisch-institutionelle Merkmale einer staatlich verfassten Gesellschaft als vertrauensgenerierende und -begrenzende Faktoren hypothetisch in Betracht gezogen werden. Solche Forschungsfragen sind heute kaum erschöpfend zu formulieren, geschweige denn in einer synthetischen Weise zu beantworten.

Wenn, wie es scheint, Vertrauen eine prä-reflexive Kategorie ist (im Gegensatz zu einer wohlerwogenen Entscheidung), so gilt dasselbe sicher nicht für den Gegenbegriff des Misstrauens. Die Asymmetrie der beiden Extreme einer analytischen Skala könnte darin bestehen, dass Vertrauen grundlos sein kann, Misstrauen aber durchaus auf einer Entscheidung, die zum Beispiel aus der Erfahrung einer enttäuschten Erwartung resultiert, beruhen kann. Auch in Alltagsinteraktionen werden für Bekundungen von Misstrauen Gründe eingefordert, für Vertrauensbezeugungen dagegen nicht. Misstrauen kann bewusst, intentional und methodisch praktiziert, ja sogar (wie in jedem System von *checks and balances*) institutionalisiert werden, Vertrauen dagegen »ergibt sich«, »stellt sich ein« und ist womöglich die Restmenge (noch) nicht zureichend begründbaren Misstrauens.

Im Anschluss an die knapp berührten Probleme von Begriff und Messbarkeit von Vertrauen sowie an die Frage den unabhängigen Variablen, die für Vertrauen und Misstrauen verantwortlich sind, sollen hier einige Überlegungen zu Funktion und Folgen von Vertrauen die kursorische Übersicht über offene Forschungsfragen abschließen. Für die Froschperspektive der Teilnehmer von Alltagsinteraktionen wie für den Adlerblick von Systemtheoretikern ist die übereinstimmende Bewertungsregel charakteristisch, dass Vertrauen einen Eigenwert hat und dass »mehr« Vertrauen (solange es nicht durch Täuschung konditioniert oder

Nachwort: Offene Fragen und Anwendungen in der Forschung

naiv und leichtfertig zugestanden und deshalb ausbeutbar wird) vorzugswürdig ist gegenüber »weniger« Vertrauen oder gar manifestem Misstrauen. Abgesehen von diesem Eigenwert des Vertrauens gibt es eine Fülle von mehr oder weniger gut gestützten Vermutungen über den Beitrag, den Vertrauen (bestimmter Art, bestimmter Reichweite usw.) für die Bewältigung von Ordnungs-, Steuerungs- und Stabilitätsproblemen moderner Gesellschaften leisten kann. Bestimmte Kontrakte, bestimmte Verhandlungssysteme, bestimmte politische Regimeformen (wie die liberale Demokratie), bestimmte Typen staatlicher Politiken »benötigen« Vertrauensbeziehungen als eine funktionsnotwendige Ressource, seien es weitgespannte »horizontale« Vertrauensbeziehungen zwischen den Teilnehmern großer Sozialsysteme oder »vertikale« Beziehungen zwischen ihnen und repräsentativen Eliten. Mehrere Beiträge des vorliegenden Bandes legen eine solche Bedarfsdiagnose zumindest nahe. An sie schließt sich unmittelbar die ebenfalls breit erörterte Frage an, wie es mit dem »Angebot« an jener Ressource »Vertrauen« steht und wie eine diagnostizierte Bedarfslücke gegebenenfalls geschlossen werden kann.

Das damit angesprochene Problem stellt sich als besonders dornig dann dar, wenn an einem »prä-reflexiven« Begriff von Vertrauen tatsächlich festzuhalten ist. Will sagen: Wenn Vertrauen allenfalls durch Täuschung (und gerade dann nur bis zum Punkt der zwangsläufigen *Ent*täuschung) erschlichen, nicht aber angeordnet, durch Überzeugungsarbeit hervorgerufen, gelehrt oder durch materielle Anreize konditioniert werden kann, dann ist nicht leicht zu sehen, wie das vielfach modellierte Missverhältnis zwischen Bedarf und Bestand an Vertrauen von der Angebotsseite her ausgeglichen werden kann. Wenn man sich nicht auf die klassische Notlösung einlassen und an dieser Stelle auf »charismatische« Ideen und Personen als die Katalysatoren von Vertrauen zurückgreifen will, dann dürfte als Antwort auf diese auch praktisch-politisch akute Frage keine andere in Betracht kommen als die der Pflege von Institutionen, welche die habituelle Praxis von Vertrauen möglicherweise zu ermutigen vermögen, ohne sie freilich vollends rational motivieren zu können.

Autorinnen und Autoren

ANNETTE BAIER war bis zu ihrer Emeritierung im Jahre 1995 Professorin für Philosophie an der University of Pittsburgh. Zu ihren Veröffentlichungen zählen *Postures of the Mind: Essays on Mind and Morals* (1985), *A Progress of Sentiments: Reflections on Hume's Treatise* (1991), *Moral Prejudices: Essays on Ethics* (1994) und *The Commons of the Mind* (1997).

SHMUEL EISENSTADT ist Professor für Soziologie an der Hebräischen Universität in Jerusalem. Zu seinen Veröffentlichungen in deutscher Sprache gehören *Tradition, Wandel und Modernität* (1978), *Die Transformation der israelischen Gesellschaft* (1987), (Hg.) *Kulturen der Achsenzeit. Ihre Ursprünge und ihre Vielfalt* (1987), (Hg.) *Kulturen der Achsenzeit II* (1992), *Die Antinomien der Moderne* (1998) und *Die Vielfalt der Moderne* (2000).

MARTIN ENDRESS ist Wissenschaftlicher Mitarbeiter am Institut für Soziologie der Universität Tübingen. Er hat unter anderem veröffentlicht (Hg.) *Zur Grundlegung einer integrativen Ethik* (1995), (Hg.) *Karl Mannheims Analyse der Moderne* (2000), (Hg.) *Anthropologie und Moral* (2000) sowie *Vertrauen* (erscheint 2001).

DIEGO GAMBETTA lehrt Soziologie an der University of Oxford und ist Fellow am All Souls College. Zu seinen wichtigsten Veröffentlichungen zählen *Were They Pushed or Did They Jump? Individual Decision Mechanisms in Education* (1987), (Hg.) *Trust: Making and Breaking Cooperative Relations* (1988), und *The Sicilian Mafia: The Business of Private Protection* (1993, dt. *Die Firma der Paten*, 1994).

Autorinnen und Autoren 371

RUSSELL HARDIN ist Professor für Politikwissenschaft an der New York University. Er hat unter anderem veröffentlicht *Collective Action* (1982), *Morality Within the Limits of Reason* (1988), *One for All: The Logic of Group Conflict* (1995), und *Liberalism, Constitutionalism, and Democracy* (2000).

HARALD KÖHL, Dr. phil., ist Lehrbeauftragter am Institut für Philosophie der Technischen Universität Darmstadt und war Wissenschaftlicher Mitarbeiter an der FU Berlin und in Göttingen. Er ist der Autor von *Kants Gesinnungsethik* (1990).

OLLI LAGERSPETZ lehrt Philosophie an der University of Wales in Swansea und an der Åbo Academy in Finland. Von ihm erschienen ist *Trust: The Tacit Demand* (1998).

NIKLAS LUHMANN (1927-1998) war Professor für Soziologie an der Universität Bielefeld. Zu seinen zahlreichen Veröffentlichungen zählen *Zweckbegriff und Rationalität* (1973), *Liebe als Passion. Zur Codierung von Intimität* (1982), *Legitimation durch Verfahren* (1983), *Soziale Systeme* (1984), *Die Wirtschaft der Gesellschaft* (1988), *Die Wissenschaft der Gesellschaft* (1990), *Das Recht der Gesellschaft* (1993), *Die Kunst der Gesellschaft* (1995) und *Die Gesellschaft der Gesellschaft* (1997).

CLAUS OFFE ist Professor für Politikwissenschaft an der Humboldt Universität in Berlin. Zu seinen jüngsten Veröffentlichungen zählen *Contradictions of the Welfare State* (1984), *Disorganized Capitalism* (1985) und *Der Tunnel am Ende des Lichts. Erkundungen der politischen Transformation im Neuen Osten* (1994).

Drucknachweise

Annette Baier, »Trust and Antitrust«, in: *Ethics*, 96, 1986, S. 231-260.

Diego Gambetta, »Can We Trust Trust?«, in: ders. (Hg.), *Trust: Making and Breaking Cooperative Relations*, Oxford: Basil Blackwell 1988, S. 213-237.

Russell Hardin, »The Street-Level Epistemology of Trust«, in: *Analyse und Kritik*, 14, 1992, S. 152-176.

Niklas Luhmann, »Familiarity, Confidence, Trust: Problems and Alternatives«, in: Diego Gambetta (Hg.), *Trust: Making and Breaking Cooperative Relations*, Oxford: Basil Blackwell 1988, S. 94-107.

Claus Offe, »How Can We Trust Our Fellow Citizens?«, in: Mark Warren (Hg.) *Democracy and Trust*, Cambridge: Cambridge University Press 1999, S. 42-87. Der Text wurde für die vorliegende Ausgabe leicht verändert und gekürzt.

Bibliographie

Accetto, Torquato, »Della dissimulazione onesta«, in: Benedetto Croce & Santino Caramella (Hg.), *Politici e moralisti del seicento*, Bari 1930.
Ackerman, Bruce, *We The People*, Cambridge 1991.
Aguilar, John L., »Trust and Exchange: Expressive and Instrumental Dimensions of Reciprocity in a Peasant Community«, in: *Ethos*, 12, 1984, S. 3-29.
Akerlof, George A., *An Economic Theorist's Book of Tales*, Cambridge 1984.
–, »The Market for ›Lemons‹: Qualitative Uncertainty and the Market Mechanism«, in: *Quarterly Journal of Economics*, 84, 1970, S. 488-500.
Albach, Francine & Everaerd, Walter, »Posttraumatic Stress Symptoms in Victims of Childhood Incest«, in: *Psychotherapy and Psychosomatics*, 57, 1992, S. 143-52.
Anscombe, Elizabeth, »Modern Moral Philosophy«, in: dies., *Ethics, Religion, and Politics: Collected Papers 3*, Oxford 1981; dt. »Moderne Moralphilosophie«, in: Günther Grewendorf & Georg Meggle (Hg.), *Seminar Sprache und Ethik*, Frankfurt/M. 1974.
Aronowitz, Stanley, *The Politics of Identity: Class, Culture, Social Movements*, New York 1992.
Arrow, Kenneth J., *The Limits of Organization*, New York 1974.
–, »Gifts and Exchanges«, in: *Philosophy and Public Affairs*, 1:4, 1972, S. 343-62.
Assmann, Jan, *Ägypten. Theologie und Frömmigkeit einer frühen Hochkultur*, Stuttgart 1984.
Axelrod, Robert, *The Evolution of Cooperation*, New York 1984; dt. *Die Evolution der Kooperation*, München 1997 (vierte Auflage).
Axelrod, Robert & Keohane, Robert O., »Achieving Cooperation under Anarchy: Strategies and Institutions«, in: Kenneth Oye (Hg.), *Cooperation under Anarchy*, Princeton 1986.

Bacon, Francis, »Über Verstellung und Heuchelei«, in: ders., *Essays oder praktische und moralische Ratschläge*, hg. v. Levin L. Schücking, Stuttgart 1993.
Baier, Annette, »Reply to Olli Lagerspetz«, in: Lilli Alanen et al. (Hg.), *Commonality and Particularity in Ethics*, Houndmills 1997.
–, *Moral Prejudices: Essays on Ethics*, Cambridge/Mass. 1994.
–, »What Do Women Want in a Moral Theory?«, in: Baier 1994.

–, »Trust and Its Vulnerabilities«, in: Baier 1994.
–, »Trusting People«, in: Baier 1994.
–, »Hume, the Women's Moral Theorist?«, in: Baier 1994.
–, »Promises, Promises, Promises«, in: dies., *Postures of the Mind: Essays on Mind and Morals*, Minneapolis 1985.
–, »Doing Without Moral Theory?«, in: Baier 1985.
Baker, Judith, »Trust and Rationality«, in: *Pacific Philosophical Quarterly*, 68, 1987, S. 1-13.
Banfield, Edward C., *The Moral Basis of a Backward Society*, Glencoe 1958.
Banks, Olive, *Faces of Feminism: A Study of Feminism as a Social Movement*, Oxford 1981.
Barber, Bernard, *The Logic and Limits of Trust*, New Brunswick/N.J. 1983.
–, »Trust in Science: A Paper in Honor of Professor Ben-David«, unpubliziertes Manuskript.
Bash, Harry H., *Social Problems and Social Movements: An Exploration into the Sociological Construction of Alternative Realities*, Atlantic Highland/N.J. 1995.
Bates, Robert, »Contra Contractarianism: Some Reflections on the New Institutionalism«, in: *Politics & Society*, 16:2-3, 1988, S. 387-401.
Bateson, Patrick, »The Biological Evolution of Cooperation and Trust«, in: Gambetta 1988.
–, »Sociobiology and Human Politics«, in: Steven Rose & Lisa Appignanesi (Hg.), *Science and Beyond*, Oxford 1986.
Bailey, Frederick G., »The Creation of Trust«, in: ders., *Humbuggery and Manipulation*, Ithaca 1988.
Becker, Marvin B., *Medieval Italy*, Bloomington 1981.
Berger, Peter L. & Luckmann, Thomas, *Die gesellschaftliche Konstruktion der Wirklichkeit. Eine Theorie der Wissenssoziologie*, Frankfurt/M. 1969.
Binmore, Ken & Dasgupta, Partha, »Game Theory: A Survey«, in: Ken Binmore & Partha Dasgupta (Hg.), *Economic Organizations as Games*, Oxford 1986.
Bönker, Frank & Offe, Claus, »The Morality of Restitution: Reflections on Some Normative Questions Raised by the Transition to a Private Economy«, in: Claus Offe, *Varieties of Transition: East European & East German Experience*, Cambridge 1996.
Bok, Sissela, *Lying*, New York 1978.Bourdieu, Pierre, *Die feinen Unterschiede*, Frankfurt/M. 1987.
Braithwaite, Valerie & Levi, Margaret (Hg.), *Trust and Governance*, New York 1998.
Braun, Norman, »Altruismus, Moralität und Vertrauen«, in: *Analyse & Kritik*, 14, 1992, S. 177-186.
Brenner, Reuven, »The Social Basis of Economic Development«, in: John Roemer (Hg.), *Analytical Marxism*, Cambridge 1986.
Bretherton, Inge, »The Origins of Attachment Theory: John Bowlby and Mary Ainsworth«, in: *Development Psychology*, 28, 1992, S. 759-775.
Burton, Michael et al., »Elites and Democratic Consolidation Latin America and Southern Europe: An Overview«, in: John Higley & Richard Gunther (Hg.), *Elites and Democratic Consolidation in Latin America and Southern Europe*, Cambridge 1992.

Coleman, James, *Foundations of Social Theory*, Cambridge/Mass. 1990; dt. *Grundlagen der Sozialtheorie*, 3 Bände, München 1991.
–, »Introducing Social Structure into Economic Analysis«, in: *American Economic Review Proceedings*, 1984, 74, S. 84-88.

Dahl, Robert A., »The Problem of Civic Competence«, in: *Journal of Democracy*, 3:4, 1992, S. 45-59.
Dahrendorf, Ralf, *Der moderne soziale Konflikt. Ein Essay zur Politik der Freiheit*, Stuttgart 1992.
Dasgupta, Partha, »Trust as a Commodity«, in: Gambetta 1988.
DeCerteau, Michel, *L'invention du quotidien*, Paris 1980.
Dennett, Daniel, »Real Patterns«, in: *Journal of Philosophy*, 88, 1991, S. 27-51.
Deutsch, Morton, »Cooperation and Trust: Some Theoretical Notes«, in: *Nebraska Symposion on Motivation*, 1962, S. 275-319.
–, »Trust and Suspicion«, in: *The Journal of Conflict Resolution*, 2, 1958, S. 265-279.
Diamond, Larry, »Conclusion. Causes and Effects«, in: ders. (Hg.), *Political Culture and Democracy in Developing Countries*, Boulder 1993.
DuBose, Edwin, *The Illusion of Trust*, Dordrecht 1995.
Dunn, John, »Trust and Political Agency«, in: Gambetta 1988.
–, »The Concept of ›Trust‹ in the Politics of John Locke«, in: Richard Rorty et al. (Hg.), *Philosophy in History: Essays on the Historiography of Philosophy*, Cambridge 1984.
Durkheim, Emile, *Über soziale Arbeitsteilung. Eine Studie über die Organisation höherer Gesellschaften*, Frankfurt/M. 1988.
Dworkin, Richard, *Taking Rights Seriously*, London 1977; dt. *Bürgerrechte ernstgenommen*, Frankfurt/M. 1984.

Eisenstadt, Shmuel N., *Die Vielfalt der Moderne*, Weilerswist 2000.
–, *Paradoxes of Democracy: Fragility, Continuity, and Change*, Baltimore 1999.
–, *Fundamentalism, Sectarianism, and Revolutions: The Jacobin Dimension of Modernity*, Cambridge 1999.
–, »Barbarei und Moderne«, in: Max Miller & Hans-Georg Soeffner (Hg.), *Modernität und Barbarei. Soziologische Zeitdiagnosen am Ende des 20. Jahrhunderts*, Frankfurt/M. 1996.
–, *Power, Trust, and Meaning: Essays in Sociological Theory and Analysis*, Chicago 1995.
–, *Political Systems of Empires*, New Brunswick/N.J. 1993.
–, *Kulturen der Achsenzeit. Ihre institutionelle und kulturelle Dynamik*, 2 Bände, Frankfurt/M. 1987.
–, (Hg.), *The Origins and Diversity of Axial-Age Civilizations*, Albany 1986.
–, »The Axial Age: The Emergence of Transcendental Visions and the Rise of Clerics«, in: *European Journal of Sociology*, 23, 1982, S. 294-314.
Eisenstadt, Shmuel N. & Giesen, Bernhard, »The Construction of Collective Identity«, in: *European Journal of Sociology*, 36:1, 1995, S. 72-102.
Eisenstadt, Shmuel N. & Roniger, Luis, *Patrons, Clients and Friends: Interpersonal Relations and the Structure of Trust in Society*, Cambridge 1985.

Elliot, William Y., *The Pragmatic Revolt in Politics: Syndicalism, Fascism and the Constitutional State*, New York 1968.
Elster, Jon, *The Roundtable Talks & the Breakdown of Communism*, Chicago 1996.
–, *Nuts and Bolts for the Social Sciences*, Cambridge 1989.
–, *Solomonic Judgements*, Cambridge 1989.
–, *Sour Grapes: Studies in the Subversion of Rationality*, Cambridge, 1983.
–, *Ulysses and the Sirens: Studies in Rationality and Irrationality*, Cambridge 1979.
–, »The Norm of Fairness«, unveröffentlichtes Manuskript.
Elster, Jon & Offe, Claus & Preuss, Ulrich K., *Institutional Design in Post-Communist Societies: Rebuilding the Ship at Sea*, Cambridge 1998.
Elster, Jon & Moene, Karl Ove (Hg.), *Alternatives to Capitalism* New York 1988.
Erikson, Erik H., *Identität und Lebenszyklus. Drei Aufsätze*, Frankfurt/M. 1973.
–, *Kindheit und Gesellschaft*, Stuttgart 1971 (vierte Auflage).
Ertman, Thomas, »Democracy and Dictatorship in Interwar Western Europe Revisited«, in: *World Politics*, 50, 1998, S. 475-505.
Esser, Hartmut, *Soziologie. Allgemeine Grundlagen*, Frankfurt/M. 1996 (zweite Auflage).

Faubion, James D., *Modern Greek Lessons: A Primer in Historical Constructivism*, Princeton 1993.
Fischhoff, Baruch et al., *Acceptable Risk*, Cambridge 1981.
Frank, Robert, »A Theory of Moral Sentiments«, in: Jane J. Mansbridge (Hg.),*Beyond Self-Interest*, Chicago 1990.
Frevert, Ute, »Vertrauen. Historische Annäherung an eine Gefühlshaltung«, in: Claudia Benthien et al. (Hg.), *Emotionalität. Zur Geschichte der Gefühle*, Köln 2000.
Fukuyama, Francis, *Trust: The Social Virtues and the Creation of Prosperity*, New York 1995.

Gaita, Raimond, *Good and Evil: An Absolute Conception*, Houndmills 1991.
Gambetta, Diego (Hg.), *Trust: Making and Breaking Cooperative Relations*, Oxford 1988.
–, »Mafia: The Price of Distrust«, in: Gambetta 1988.
Garfinkel, Harold, »Studies of the Routine Grounds of Everyday Activities«, in: ders., *Studies in Ethnomethodology*, Cambridge 1994.
Giddens, Anthony, *Konsequenzen der Moderne*, Frankfurt/M. 1995.
Gilligan, Carol, *Die andere Stimme. Lebenskonflikte und Moral der Frau*, München 1984.
Goffman, Erving, »Strategic Interaction«, in: ders., *Strategic Interaction*, New York 1975 (zweite Auflage).
Good, David, »Individuals, Interpersonal Relations, and Trust«, in: Gambetta 1988.
Govier, Trudy, *Social Trust and Human Communities*, Montreal 1997.
–, »An Epistemology of Trust«, in: *International Journal of Moral and Social Studies*, 8, 1993, S. 155-174.
Green, Donald & Shapiro Ian, *Rational Choice. Eine Kritik am Beispiel von Anwendungen in der Politischen Wissenschaft*, München 1999.

Gunn, John A. W., *Politics and the Public Interest in the Seventeenth Century*, London 1969.
–, »Interest Will Not Lie: A Seventeenth-Century Political Maxim«, in: *Journal of the History of Ideas*, 19, 1968, S. 551-564.
Gunnel, John G., *Political Philosophy and Time*, Middletown 1968.

Habermas, Jürgen, *Die Einbeziehugn des Anderen. Studien zur politischen Theorie*, Frankfurt/M. 1996.
–, »Eine genealogische Betrachtung zum kognitiven Gehalt der Moral«, in: Habermas 1996.
–, »Erläuterungen zur Diskursethik«, in: ders., *Erläuterungen zur Diskursethik*, Frankfurt/M. 1991.
Hahn, Alois, »Religiöse Wurzeln des Zivilisationsprozesses«, in: Hans Braun & Alois Hahn (Hg.), *Kultur im Zeitalter der Sozialwissenschaften. Friedrich H. Tenbruck zum 65. Geburtstag*, Berlin 1984.
Hardin, Russell, »The Economics of Knowledge and Utilitarian Morality«, in: Brad Hooker (Hg.), *Rationality, Rules, and Utility: New Essays on the Moral Philosophy of Richard B. Brandt*, Boulder 1994.
–, »Trusting Persons, Trusting Institutions«, in: Richard Zeckhauser (Hg.), *The Strategy of Choice*. Cambridge/Mass. 1991.
–, »Hobbesian Political Order«, in: *Political Theory*, 19, 1991, S. 156-180.
–, »Exchange Theory on Strategic Bases«, in: *Social Science Information*, 21, 1982, S. 251-272.
Hart, Keith, »Kinship, Contract, and Trust: The Economic Organization of Migrants in an African City Slum«, in: Gambetta 1988.
Hartmann, Nicolai, *Ethik*, Berlin 1962.
Hartmann, Martin, »Vertrauen als demokratische Erfahrung«, in: Rainer Schmalz-Bruns & Reinhard Zintl (Hg.), *Politisches Vertrauen*, Baden-Baden, im Erscheinen.
–, »Eine soziale Ressource allerersten Ranges. Vertrauen unter Fremden«, in: *Frankfurter Rundschau*, 20. Juli 1999, S. 7.
Hawthorn, Geoffrey, »Three Ironies in Trust«, in: Gambetta 1988.
Hayek, Friedrich A., *The Three Sources of Human Values*, L. T. Hobhouse Memorial Trust Lecture, The London School of Economics and Political Science 1978.
Heidegger, Martin, *Sein und Zeit*, Tübingen 1976.
Held, Virginia, *Rights and Goods*, New York 1984.
Henslin, James M., »Trust and the Cab Driver«, in: Marcello Truzzi (Hg.), *Sociology and Everyday Life*, Englewood Cliffs/N.J. 1968.
Hertzberg, Lars, »On the Attitude of Trust«, in: *Inquiry*, 31, 1988, S. 307-322.
Hinde, Robert A., »Trust, Cooperation, Commitment and International Relationships«, Vortrag auf dem Treffem »Psychologists for Peace«, Helsinki 1986.
Hirsch, Fred, *Social Limits to Growth*, London 1977.
Hirschman, Albert, *Leidenschaften und Interessen*, Frankfurt/M. 1987.
–, »Against Parsimony: Three Easy Ways of Complicating Some Categories of Economic Discourse«, *American Economic Review Proceedings*, 74, 1984, S. 88-96.

–, »A Dissenter's Confession«, in: Gerald M. Meier & Dudley Seers (Hg.), *Pioneers of Development*, New York 1984.
–, *Development Projects Observed*, Washington 1967.
Hobbes, Thomas, *Leviathan*, hg. v. Iring Fetscher, Frankfurt/M. 1984.
–, *Naturrecht und allgemeines Staatsrecht in den Anfangsgründen*, Darmstadt 1983.
Hollis, Martin, *Trust Within Reason*, Cambridge 1998.
Honneth, Axel, »Anerkennung und moralische Verpflichtung«, in: *Zeitschrift für philosophische Forschung*, 51, 1997, S. 25-41.
Hont, Istvan & Ignatieff, Michael, »Needs and Justice in the Wealth of Nations: An Introductory Essay«, in: dies. (Hg.), *Wealth and Virtue: The Shaping of Political Economy in the Scottish Enlightenment*, Cambridge 1983.
Horton, R., »African Traditional Thought and Western Science«, in: *Africa*, 31, 1967, S. 155-187.
Horwitz, Morton J., *The Transformation of American Law 1780-1860*, Cambridge/Mass. 1977.
Huber; Evelyne et al., »The Paradoxes of Contemporary Democracy: Formal, Participatory, and Social Democracy«, in: *Comparative Politics*, 29, 1997, S. 323-343.
Hume David, *Ein Traktat über die menschliche Natur*, 2 Bände, hg. v. Reinhard Brand, Hamburg 1989 (Band 1) u. 1978 (Band 2).
Husserl, Edmund, *Die Krisis der europäischen Wissenschaften und die transzendentale Phänomenologie*, in: *Husserliana VI*, hg. v. Walter Biemel, Den Haag 1954.

Ishiguro, Kazuo, *Was vom Tage übrig blieb*, Hamburg 1994.

Jaspers, Karl, *Wohin treibt die Bundesrepublik? Tatsachen – Gefahren – Chancen*, München 1966.
Jelin, Elizabeth (Hg.), *Women and Social Change in Latin America*, Genf 1990.
Johnson, Peter, *Frames of Deceit: A Study of the Loss and the Recovery of Public and Private Trust*, Cambridge 1993.
Joll, James, *The Anarchists*, London 1964.
Jones, Karen, »Trust as an Affective Attitude«, in: *Ethics*, 107, 1996, S. 4-25.

Kant, Immanuel, *Kritik der reinen Vernunft*, Akademie-Ausgabe (AA) IV, Berlin 1968.
–, *Grundlegung zur Metaphysik der Sitten*, Akademie-Ausgabe (AA) IV, Berlin 1968.
Kaase, Max & Newton, Kenneth (Hg.), *Beliefs in Government*, Oxford 1995.
Karst, Kenneth, *Law's Promise, Law's Expression: Visions of Power in the Politics of Race, Gender, and Religion*, New Haven 1993.
Klingemann, Hans-Dieter & Fuchs, Dieter (Hg.), *Citizens and the State*, Oxford 1995.
Köhl, Harald, »Moral und Klugheit. Rortys Kritik an einer kantischen Unterscheidung«, in: *Deutsche Zeitschrift für Philosophie*, 49:1, 2001.
–, »Schopenhauers Kritik am moralischen Sollen«, in: *Schopenhauer-Jahrbuch 1997*.
–, »Die Theorie des moralischen Gefühls bei Kant und Schopenhauer«, in: Hinrich Fink-Eitel & Georg Lohmann (Hg.), *Zur Philosophie der Gefühle*, Frankfurt/M. 1993.

–, *Kants Gesinnungsethik*, Berlin 1990.
Kogan, Nathan & Wallach, Michael, »Risk Taking as a Function of the Situation, the Person, and the Group«, in: *New Directions in Psychology III*, New York 1967.
Kolnai, Aurel, »Forgiveness«, in: Bernard Williams & David Wiggins (Hg.), *Ethics, Value and Reality*, Indianapolis 1978.
Korsgaard, Christine, »Kant's Analysis of Obligation: The Argument of *Groundwork I*«, in: dies., *Creating the Kingdom of Ends*, Cambridge 1996.
Kramer, Roderick & Tyler, Tom R., *Trust in Organizations: Frontiers of Theory and Research*, London 1993.

Lagerspetz, Eerik, »Money as Social Contract«, in: *Theory and Decision*, 17, 1984, S. 1-9.
Lagerspetz, Olli, *Trust: The Tacit Demand*, Dordrecht 1998.
La Porte, Todd R. & Metlay, Daniel S. , »Hazards and Institutional Trustworthiness: Facing a Deficit of Trust«, *Public Administration Review*, 56:4, 1996, S. 341-347.
Lasky, Melvin, *Utopia and Revolution*, Chicago 1976.
–, »The Birth of a Metaphor: On the Origins of Utopia and Revolution«, in: *Encounter*, 34, 1970, S. 35-45 (H. 2), S. 30-42 (H. 3).
Lepsius, M. Rainer, »Vertrauen zu Institutionen«, in: Stefan Hradil (Hg.), *Differenz und Integration. Die Zukunft moderner Gesellschaften*, Frankfurt/M. 1997.
Levi, Margaret, »A State of Trust«, in: Braithwaite & Levi 1998.
–, »A State of Trust«, unveröffentlichtes Manuskript, University of Washington: Department of Political Science 1996.
–, »Social and Unsocial Capital: A Review Essay of Robert Putnam's *Making Democracy Work*«, in: *Politics & Society*, 24:1, 1996, S. 45-55.
Lewis, David & Weigert, Andrew, »Social Atomism, Holism, and Trust«, in: *The Sociological Quarterly*, 26:4, 1985, S. 455-471.
–, »Trust as a Social Reality«, in: *Social Forces* 63, 1985, S. 967-985.
Linz; Juan J., & Stepan, Alfred, *Problems of Democratic Transition and Consolidation*, Baltimore 1996.
Locke, John, *Über die Regierung*, hg. v. Peter Cornelius Mayer-Tasch, Stuttgart 1974.
–, *Two Treatises on Government*, hg. v. Peter Laslett, Cambridge 1960.
Løgstrup, Knud, *Die Ethische Forderung*, Tübingen 1959.
Lorenz, Edward H., »Neither Friends nor Strangers: Informal Networks of Subcontracting in French Industry«, in: Gambetta 1988.
Loubser, J. J., »Calvinism, Equality, and Inclusion: The Case of Africaner Calvinism«, in: Shmuel Eisenstadt (Hg.), *The Protestant Ethic and Modernization: A Comparative View*, New York 1968.
Luhmann, Niklas, *Vertrauen. Ein Mechanismus der Reduktion sozialer Komplexität*, Stuttgart 1989 (dritte Auflage).
–, »Die Lebenswelt – nach Rücksprache mit Phänomenologen«, in: *Archiv für Rechts- und Sozialphilosophie*, 72, 1986, S. 176-194.
–, »Society, Meaning, Religion – Based on Self-Reference«, in: *Sociological Analysis*, 46, 1985, S. 5-20.
–, *Religious Dogmatics and the Evolution of Societies*, New York 1984.

–, *Soziale Systeme. Grundriss einer allgemeinen Theorie*, Frankfurt/M. 1984.

Maier, Charles S. (Hg.), *Changing Boundaries of the Political*, Cambridge 1987.
Malcolm, Norman, »Wittgenstein and Moore in the Sense of ›I know‹«, in: ders. (Hg.), *Thought and Knowledge*, London 1977.
Mansbridge, Jane J., »Altruistic Trust«, in: Warren 1999.
March, James & Olsen, Johan, »The New Institutionalism: Organizational Factors in Political Life«, in: *The American Political Science Review*, 78, 1984, S. 734-749.
Margalit, Avishai, *The Decent Society*, Cambridge/Mass. 1996; dt. *Politik der Würde*, Frankfurt/M. 1999.
Mathias, Peter, »Capital, Credit and Enterprise in the Industrial Revolution«, in: ders. (Hg.), *The Transformation of England*, London 1979.
McKean, Roland N., »Economics of Trust, Altruism, and Corporate Responsibility«, in: Edmund S. Phelps (Hg.), *Altruism, Morality, and Economic Theory*, New York 1975.
Merleau-Ponty, Maurice, *Die Struktur des Verhaltens*, Berlin 1976.
Mill, John Stuart, *Über die Freiheit*, hg. v. Manfred Schlenke, Stuttgart 1974.
Misztal, Barbara A., *Trust in Modern Societies: The Search for the Bases of Social Order*, Cambridge 1996.
Moore, George E., »A Proof of the External World«, in: *Proceedings the the British Academy*, XXV, 1939.
Morris, Aldon & Mueller McClurg, Carol (Hg.), *Frontiers in Social Movement Theory*, New Haven 1992.
Müller, Hans-Peter & Schmid, Michael (Hg.), *Norm, Herrschaft, Vertrauen. Beiträge zu James Colemans Grundlagen der Sozialtheorie*, Opladen 1998.
Müri, Walter, *Symbolon. Wort- und sachgeschichtliche Studie*, Bern 1931.
Murrell, Peter, »Commitment and Cooperation: A Theory of Contract Applied to Franchising«, Manuskript.
Mutti, Antonio, »La fiducia«, in: *Rassegna italiana di sociologia*, 2, 1987.

Nagel, Thomas, »Subjective and Objective«, in: ders., *Mortal Questions*, Cambridge 1991; dt. »Subjektiv und Objektiv«, in: *Letzte Fragen*, Bodenheim 1996.
Nelson, Richard G. & Winter, Sidney, *An Evolutionary Theory of Economic Change*, Cambridge/Mass. 1982.
Nietzsche, Friedrich, *Jenseits von Gut und Böse*, in: ders., *Kritische Studienausgabe*, Band 5, hg. v. Giorgio Colli & Mazzino Montinari, München 1988 (zweite Auflage).
–, *Zur Genealogie der Moral. Eine Streitschrift*, in: ders., *Kritische Studienausgabe*, Band 5, hg. v. Giorgio Colli & Mazzino Montinari, München 1988 (zweite Auflage).
North, Douglas, *Institutional Change and Economic Performance*, Cambridge 1990.

O'Donnell, Guillermo & Schmitter, Philippe, *Transitions from Authoritarian Rule: Tentative Conclusions about Uncertain Democracies*, Baltimore 1986.
Offe, Claus, »Demokratie und Vertrauen«, in: *Transit*, 18, 1999, S. 118-131.

–, *Varieties of Transition*, Cambridge 1996.
–, »Trust and Knowledge, Rules and Decisions: Exploring a Difficult Conceptual Terrain«, Vortragsmanuskript auf der Konferenz »Democracy and Trust«, Georgetown University, Washington DC, 7. bis 9. November 1996.
–, »Designing Institutions for East European Transitions«, in: Robert E. Goodin (Hg.), *The Theory of Institutional Design.*, Cambridge 1995.
Ong, Walter, *Interfaces of the Word: Studies in the Evolution of Consciousness and Culture*, Ithaca 1977.
–, *Rhetoric, Romance, and Technology: Studies in the Interaction of Expression and Culture*, Ithaca 1971.
–, *The Presence of the Word: Some Prolegomena for Cultural and Religious History*, New Haven 1967.
Oye, Kenneth (Hg.), *Cooperation under Anarchy*, Princeton 1986.

Pagden, Anthony: »The Destruction of Trust and Its Economic Consequences in the Case of Eighteenth-Century Naples«, in: Gambetta 1988.
Petermann, Franz, *Psychologie des Vertrauens*, Salzburg 1985.
Pharr, Susan & Putnam, Robert (Hg.), *Disaffected Democracies: What's Troubling the Trilateral Countries?*, Princeton 2000.
Pizzorno, Alessandro, *Le radici della politica assoluta*, Milano 1994.
Platon, *Gesetze*, in: ders., *Sämtliche Dialoge*, Band VII, hg. v. Otto Apelt, Hamburg 1988.
Plessner, Helmuth, *Grenzen der Gemeinschaft. Eine Kritik des sozialen Radikalismus*, in: ders., *Gesammelte Schriften V*, hg. v. Günter Dux et al., Frankfurt/M. 1981.
–, *Macht und menschliche Natur. Ein Versuch zur Anthropologie der geschichtlichen Weltansicht*, in: ders., *Gesammelte Schriften V*, hg. v. Günter Dux et al., Frankfurt/M. 1981.
–, *Die Stufen des Organischen und der Mensch. Einleitung in die philosophische Anthropologie*, Berlin 1975 (dritte Auflage).
Portes, Alejandro & Sensenbrenner, Julia, »Embeddedness and Immigration: Notes on the Social Determinants of Economic Action«, *American Journal of Sociology*, 98, 1993, S. 1320-1350.
Przeworski, Adam, »Democracy as a Contingent Outcome of Conflicts«, in: Jon Elster & Rune Slagstad (Hg.), *Constitutionalism and Democracy*, Cambridge 1993.
–, »Some Problems in the Study of the Transition to Democracy«, in: Guillermo O'Donnell et al. (Hg.), *Transitions from Authoritarian Rule: Comparative Perspectives*, Baltimore 1986.
–, *Capitalism and Social Democracy*, Cambridge 1985.
Preisendörfer, Peter, »Vertrauen als soziologische Kategorie. Möglichkeiten und Grenzen einer entscheidungstheoretischen Fundierung des Vertrauenskonzepts«, in: *Zeitschrift für Soziologie*, 24, 1995, S. 263-272.
Putnam, Robert, *Bowling Alone: The Collapse and Revival of American Community*, New York 2000.
–, »Bowling Alone: America's Declining Social Capital«, in: *Journal of Democracy*, 6:1, 1995, S. 65-78.

–, *Making Democracy Work. Civic Traditions in Modern Italy*, Princeton 1993.
Raab, Felix, *The English Face of Machiavelli: A Changing Interpretation 1500-1700*, London 1965.
Ramírez de Prado, L., *Consejo y consejero de príncipes*, Madrid 1958 (1617).
Raub, Werner, »Eine Notiz über die Stabilisierung von Vertrauen durch eine Mischung von wiederholten Interaktionen und glaubwürdigen Festlegungen«, in: *Analyse & Kritik*, 14, 1992, S. 187-194.
Rorty, Richard, »Ethics Without Principles«, in: ders., *Philosophy and Social Hope*, London 1999.
–, »Human Rights, Rationality, and Sentimentality«, in: ders., *Truth and Progress*, Cambridge 1998; dt. »Menschenrechte, Rationalität und Gefühl«, in: Stephen Shute & Susan Hurley (Hg.), *Die Idee der Menschenrechte*, Frankfurt/M. 1996.
–, »Feminism and Pragmatism«, in: Rorty 1998.
–, *Hoffnung statt Erkenntnis*, Wien 1994.
–, »Sind Aussagen universelle Geltungsansprüche?«, in: *Deutsche Zeitschrift für Philosophie*, 42:6, 1994, S. 975-988.
Rose, Richard, »Postcommunism and the Problem of Trust«, in: *Journal of Democracy*, 5:3, 1994, S. 18-30.
Ross, Edward A., *Sin and Society: An Analysis of Latter-Day Iniquity*, Boston 1907.
Rotter, Julian B., »Interpersonal Trust, Trustworthiness, and Gullibility«, in: *American Psychologist*, 35, 1980, S. 1-7.
Rustow, Dankwart A., »Transition to Democracy: Toward a Dynamic Model«, in: *Comparative Politics*, 2, 1970, S. 337-364.

Sa'adah, Anne, *Germany's Second Chance: Trust, Justice, and Democratization*, Cambridge/Mass. 1998.
Sartori, Giovanni, »Will Democracy Kill Democracy? Decision-Making by Majorities and by Committees«, in: *Government and Opposition*, 10, 1975, S. 131-158.
Scanlon, Thomas, »Promises and Practices«, in: *Philosophy and Public Affairs*, 19, 1990, S. 199-226.
Schell Deutsche (Hg.), *Jugend 2000*, 2 Bände, Opladen 2000.
Schelling, Thomas C., »Strategic Analysis and Social Problems«, in: ders., *Choice and Consequence*, Cambridge/Mass. 1984.
–, *Micromotives and Macrobehaviour*, New York 1978. Schneewind, Jerome, *The Invention of Autonomy*, Cambridge 1998. Schopenhauer, Arthur, *Preisschrift über die Grundlage der Moral*, in: ders., *Zürcher Ausgabe*, Band VI, Zürich 1977.
Schütz, Alfred, *Der sinnhafte Aufbau der sozialen Welt. Eine Einleitung in die verstehende Soziologie*, Frankfurt/M. 1974.
–, »Über die mannigfaltigen Wirklichkeiten«, in: ders., *Gesammelte Aufsätze I*, hg. v. Maurice Natanson, Den Haag 1971.
–, *Das Problem der Relevanz*, hg. v. Richard M. Zaner, Frankfurt/M. 1971.
–, »Begriffs- und Theoriebildung in den Sozialwissenschaften«, in: ders., *Gesammelte Aufsätze I*, hg. v. Maurice Natanson, Den Haag 1971.
–, »Strukturen der Lebenswelt«, in: ders., *Gesammelte Aufsätze III*, hg. v. Ilse Schütz, Den Haag 1971.

–, »Die Gleichheit und die Sinnstruktur der sozialen Welt«, in: ders., *Gesammelte Aufsätze II*, hg. v. Arvid Brodersen, Den Haag 1972.
Seligman, Adam, *The Problem of Trust*, Princeton 1997.
–, »Trust and the Meaning of Civil Society«, in: *International Journal of Politics, Culture and Society*, 6:1, 1992, S. 5-21.
–, *Order and Transcendence*, Leiden 1989.
Sellerberg, Ann-Mari, »On Modern Confidence«, in: *Acta Sociologica*, 25, 1982, S. 39-48.
Sen, Amartya, »Choice Orderings and Morality«, in: Stephan Koerner (Hg.), *Practical Reason*, Oxford 1974.
Sennett, Richard, *Der flexible Mensch. Die Kultur des Neuen Kapitalismus*, Berlin 1998.
Shils, Edward, »Primordial, Personal, Sacred and Civil Ties«, in: ders., *Center and Periphery: Essays in Macrosociology*, Chicago 1975.
Silver, Allan, »Friendship and Trust as Moral Ideals: Historical Approach«, in: *European Journal of Sociology*, 30:2, 1989, S. 274-297.
–, »Trust in Social and Political Theory«, in: Gerald D. Suttles & Mayer N. Zald (Hg.), *The Challenge of Social Control: Citizenship and Institution Building in Modern Society*, Norwood/N.J. 1985.
Simmel, Georg, *Soziologie. Untersuchungen über die Formen der Vergesellschaftung*, in: ders., *Gesamtausgabe*, Band 11, hg. v. Otthein Rammstedt, Frankfurt/M. 1992.
Short, James F., »The Social Fabric of Risk«, in: *American Sociological Review*, 49, 1984, S. 711-725.
Slote, Michael, *From Morality to Virtue*, Oxford 1992.
Slovic, Paul, »Perceived Risk, Trust, and Democracy«, in: *Risk Analysis*, 13, 1993, S. 675-682.
Smith, Adam, *Lectures on Jurisprudence*, Oxford 1978 (1723).
–, *The Theory of Moral Sentiments*, hg. v. David D. Raphael & Alec L. MacFie, Oxford 1976; dt. *Theorie der ethischen Gefühle*, hg. v. Walther Eckstein, Hamburg 1977.
Snowden, Philip, *Socialism and Syndicalism*, London 1953.
Sorel, Georges, *Über die Gewalt*, Frankfurt/M. 1961.
–, *Materiaux d'une théorie du prolétariat*, Paris 1919.
Spencer-Brown, George, *Laws of Form*, London 1971.
Strasser, Hermann & Voswinkel, Stephan, »Vertrauen im gesellschaftlichen Wandel«, in: Martin K. W. Schweer (Hg.), *Interpersonales Vertrauen. Theorien und empirische Befunde*, Opladen 1997.
Strawson, Peter, »Freiheit und Übelnehmen«, in: Ulrich Pothast (Hg.), *Seminar freies Handeln und Determinismus*, Frankfurt/M. 1978.
Srubar, Ilja, »Ist die Lebenswelt ein harmloser Ort? – Zur Genese und Bedeutung des Lebensweltbegriffs«, in: Michael Wicke (Hg.), *Konfigurationen lebensweltlicher Strukturphänomene*, Opladen 1997.
Swinth, Robert L., »The Establishment of the Trust Relationship«, *Journal of Conflict Resolution*, 11, 1967, S. 335-344.
Sztompka, Piotr, *Trust: A Sociological Theory*, Cambridge 1999.

–, »Vertrauen. Die fehlende Ressource in der postkommunistischen Gesellschaft«, in: Birgitta Nedelmann (Hg.), *Politische Institutionen im Wandel* (Sonderband der *Kölner Zeitschrift für Soziologie und Sozialpsychologie*, 35), Opladen 1995.

Tarrow, Sidney, *Power in Movement: Social Movements, Collective Action, and Politics*, Cambridge 1994.
Tenbruck, Friedrich H., »Wissenschaft als Trivialisierungsprozess«, in: Nico Stehr & René König (Hg.), *Wissenschaftssoziologie. Studien und Materialien* (Sonderband der *Kölner Zeitschrift für Soziologie und Sozialpsychologie*, 18), Opladen 1975.
Thomas, Laurence, »Trust, Affirmation, and Moral Character: A Critique of Kantian Morality«, in: Owen Flanagan & Amélie Oksenberg Rorty (Hg.), *Identity, Character, and Morality: Essays in Moral Psychology*, Cambridge/Mass. 1990.
Thomas, David O., »The Duty to Trust«, in: *Aristotelian Society Proceedings*, 1970, S. 89-101.
Titmuss, Richard, *The Gift Relationship: From Human Blood to Social Policy*, London 1970.
Tugendhat, Ernst, *Vorlesungen über Ethik*, Frankfurt/M. 1993.

Velez-Ibanez, Carlos G., *Bonds of Mutual Trust*, New Brunswick/N.J. 1983.
Veyne, Paul, *Le pain et le cirque*, Paris 1976.
Voegelin, Eric, *From Enlightenment to Revolution*, hg. v. John H. Hallowell, Durham 1975.

Wagner, Gerald, »Vertrauen in Technik«, in: *Zeitschrift für Soziologie*, 23, 1994, S. 145-157.
Warnock, Geoffrey J., *The Object of Morality*, London 1971.
Warren, Mark (Hg.), *Democracy and Trust*, Cambridge 1999.
–, »What Should We Expect from More Democracy? Radically Democratic Responses to Politics«, in: *Political Theory*, 24:2, 1996, S. 241-270.
Weber, Max, *Gesammelte Aufsätze zur Religionssoziologie I*, Tübingen 1988.
Weil, Frederick D., »The Stranger, Prudence, and Trust in Hobbes's Theory«, in: *Theory and Society*, 5, 1986, S. 759-788.
West, Giuda & Lois Blumberg, Rhoda (Hg.), *Women and Social Protest*, New York 1990.
Williams, Bernard, »Formal Structures and Social Reality«, in: Gambetta 1988.
–, *Ethics and the Limits of Philosophy*, London 1985; dt. *Ethik und die Grenzen der Philosophie*, Hamburg 2000.
–, »Practical Necessity«, in: ders., *Moral Luck: Philosophical Papers 1973-1980*, Cambridge 1981; dt. *Moralischer Zufall. Philosophische Aufsätze 1973-1980*, Königstein/Ts. 1984.
–, »Kann man sich dazu entscheiden, etwas zu glauben?«, in: ders., *Probleme des Selbst. Philosophische Aufsätze 1956-1972*, Stuttgart 1978.
Williams, Melissa, *Voice, Trust, and Memory: Marginalized Groups and the Failings of Liberal Representation*, Princeton 1998.
Wilson, John R., »In One Another's Power«, in: *Ethics*, 88, 1978, S. 299-315.

Wittgenstein, Ludwig, *Zettel*, in: ders., *Werkausgabe*, Band 8, Frankfurt/M. 1984.
–, *Philosophische Untersuchungen*, in: ders., *Werkausgabe*, Band 1, Frankfurt/M. 1984.
–, *Bemerkungen über die Philosophie der Psychologie*, in: ders., *Werkausgabe*, Band 7, Frankfurt/M. 1984.
Wolf, Susan, »Above and Below the Line of Duty«, in: *Philosophical Topics*, XIV, 1986, S. 131-148.
Wolf, Ursula, *Das Tier in der Moral*, Frankfurt/M. 1990.

Personenregister

Accetto, Torquato S. 147
Ackermann, Bruce S. 345
Aguilar, John L. S. 331
Ainsworth, Mary S. 314
Akerlof, George A. S. 234, 309
Alanen, Lilli S. 89, 113
Albach, Francine S. 311
Allen, Woody S. 210
Almond, Gabriel S. 18
Anderlini, Luca S. 204
Anscombe, Elisabeth S. 117, 123
Apelt, Otto S. 40
Appignanesi, Lisa S. 206
Aquin, Thomas von S. 41
Aristoteles S. 40, 119
Aronowitz, Stanley S. 347
Arrow, Kenneth J. S. 228f., 309
Assmann, Jan S. 146
Axelrod, Robert S. 218, 223ff., 227, 229

Baier, Annette S. 11ff., 24, 27f., 30, 32, 85f., 90, 92ff., 99-103, 110f., 113, 115ff., 119f., 122, 125-133, 136f., 296f., 310, 314f.
Bailey, Frederick G. S. 304
Baker, Judith S. 85
Banfield, Edward C. S. 229, 251
Banks, Olive S. 347
Barber, Bernard S. 53, 85, 144, 158, 162f., 177, 221, 326
Bash, Harry H. S. 346
Bates, Robert S. 18, 23

Bateson, Patrick S. 206, 222, 236
Bayes, Thomas S. 299, 315
Becker, Marvin B. S. 232
Bentham, Jeremy S. 65
Benthien, Claudia S. 9
Berger, Peter S. 174, 189
Biemel, Walter S. 188
Binmore, Ken S. 205, 208, 210
Blumberg, Rhoda Lois S. 347
Bok, Sissela S. 37f., 40, 53, 115
Bönker, Frank S. 268
Bourdieu, Pierre S. 18, 158
Bowlby, John S. 314
Bradley, Francis Herbert S. 64
Braithwaite, Valerie S. 19, 23, 333
Brand, Reinhard S. 50
Brandt, Richard B. S. 299
Braun, Hans S. 149
Braun, Norman S. 162f., 192
Brenner, Reuven S. 216
Bretherton, Inge S 314
Burton, Michael S. 359
Butler, Joseph S. 65

Caramella, Santino S. 147
Carter, Jimmy S. 316
Cereau, Michel de S. 158
Chandler, Raymond S. 301
Clinton, Bill S. 114
Cockburn, David S 89, 113
Coleman, James S. S. 17, 21, 162f., 174, 185, 193, 232, 295f., 298, 301,

305, 307, 323, 326, 328, 330
Colli, Giorgio S. 183
Cooper, John S. 37, 40
Croce, Benedetto S. 147
Crusoe, Robinson S. 153

da Fonseca, Eduardo S. 234
da Ponte, Lorenzo S. 220
Dahl, Robert S. 264
Dahrendorf, Ralf S. 362
Dasgupta, Partha S. 104, 205, 208, 210f., 296, 306, 309, 329
Dennett, Daniel S. 97
Desdemona S. 235
Deutsch, Morton S. 148
Dewey, John S. 120, 127
Diamond, Larry S. 362
Don Alfonso S. 220
DuBose, Edwin S. 104
Dunn, John S. 12, 213, 233, 306, 309, 314, 319
Durkheim, Emile S. 333
Dux, Günter S. 179
Dworkin, Ronald S. 119

Eckstein, Walther S. 205
Eisenstadt, Shmuel N. S. 32, 143, 156, 161, 163, 232, 241, 284, 288, 335f., 338, 341f., 352
Elliot, William Y. S. 347
Elster, Jon S. 89, 115, 206, 215f., 221, 226, 230f., 258, 269, 286, 350
Endreß, Martin S. 14, 24
Erikson, Erik H. S. 94, 176, 298, 313f.
Ertman, Thomas S. 355
Esser, Hartmut S. 186
Everaerd, Walter S. 311

Faubion, James D. S. 339
Fetscher, Iring S. 10
Filmer, Robert S. 71
Fink-Eitel, Hinrich S. 117
Fischhoff, Baruch S. 152
Flanagan, Owen S. 126
Fontane, Theodor S. 127

Frank, Robert S. 313
Frevert, Ute S. 9
Fuchs, Dieter S. 22,
Fukuyama, Francis S. 85, 241, 261, 279

Gaita, Raimond S. 91
Galeotti, Elisabetta S. 204
Gambetta, Diego S. 10, 17, 29, 85, 101, 103f., 131, 163, 204, 206, 208, 211f., 214f., 219, 222, 228f., 233, 241, 245f., 252, 260, 296, 303, 306, 310, 312, 315, 327
Giddens, Anthony S. 15, 27, 32, 162f., 199, 241
Giesen, Bernhard S. 341
Gilligan, Carol S. 66
Goffman, Erving S. 193
Good, David S. 219, 229
Goodin, Robert E. S. 276
Govier, Trudy S. 85, 87, 98, 100f.
Green, Donald S. 17
Grewendorf, Günther S. 117
Gunn, John A. W. S. 154
Gunnel, John G. S. 151
Gunther, Richard S. 359

Habermas, Jürgen S. 121, 132, 288
Hahn, Alois S. 149
Hallowell, John H. S. 341
Hardin, Russell S. 10, 17, 295f., 299, 305, 310, 312, 326
Hart, Keith S. 101, 104, 212
Hartmann, Martin S. 20, 32, 203
Hartmann, Nicolai S. 40
Hawthorn, Geoffrey S. 204, 228, 232, 303f.
Hayek, Friedrich A. S. 222
Hegel, G.W.F. S. 53, 64, 119
Heidegger, Martin S. 192
Held, Virginia S. 40
Henslin, James M. S. 193
Hertzberg, Lars S. 85, 98, 106, 113, 297
Higley, John S. 359
Hinde, Robert S. 206ff.
Hirsch, Fred S. 207, 236

Hirschman, Albert S. 154, 204f., 228, 236
Hobbes, Thomas S. 10ff.,16, 23, 33, 41, 54, 65, 71f., 89, 206f., 221, 312, 326, 366
Hobhouse, L.T. S. 222
Hollis, Martin S. 11, 13, 29, 85
Honneth, Axel S. 119, 135
Hont, Istvan S.208
Hooker, Brad S. 299
Hornstein, Norbert S. 68
Horton, R. S. 153
Horwitz, Morton J. S. 155
Hradil, Stefan S. 200
Huber, Evelyne S. 362
Hume, David S. 50, 57-64, 67, 70, 72, 83, 105, 115, 119, 122, 132ff., 217, 221, 224f., 298
Humphrey, Caroline S. 204
Hurley, Susan S. 116
Husserl, Edmund S. 166, 188, 190

Ignatieff, Michael S. 208
Inglehart, Ronald S. 18
Ishiguro, Kazuo S. 308

Jago S. 235
James, William S. 197, 203
Jaspers, Karl S. 31
Jelin, Elizabeth S. 347
Johnson, Peter S. 85, 101f.
Joll, James S. 347
Jones, Karen S. 27,
Junge, Kay S. 162

Kaase, Max S. 22
Kant, Immanuel S. 65, 72, 109f., 116f., 120ff.,125ff., 132
Karst, Kenneth S. 347
Keohane, Robert S. 229
Klingemann, Hans-Dieter S. 22
Koerner, Stephan S. 236
Kogan, Nathan S. 152
Köhl, Harald S. 13, 117, 120-123
Kohl, Helmut S. 114

Kolnai, Aurel S. 40
König, René S. 155
Korsgaard, Christine S. 124
Kramer, Roderick S. 333

La Porte, Todd R. S. 245, 252, 294
Lagerspetz, Eerik S. 150
Lagerspetz, Oliver S. 11, 24f., 89f., 98, 113
Lasky, Melvin S. 345
Laslett, Peter S. 12
Lenin S. 259
Lepsius, M. Rainer S. 200
Levi, Margaret S. 19, 22f., 25, 241, 248, 250, 277, 290, 333f.
Lewis, David J. S. 14, 162, 186
Linz, Juan J. S. 362
Lloyd, Ieuan S. 105
Locke, John S. 10f., 40f., 45, 72, 213
Løgstrup, Knud S. 112
Lohmann, Georg S. 117
Lorenz, Edward H. S. 214
Loubser, J. J. S. 156
Luckmann, Thomas S. 174, 189
Luhmann, Niklas S. 7, 14, 24ff., 34, 49, 53, 58, 83, 85, 93, 101, 110, 144ff., 151, 162ff., 168, 171-175, 177, 188, 191f, 198, 211ff., 218, 220, 233ff., 251, 258, 267, 287, 301, 304, 306, 308, 314f., 320, 325f., 329

Macfarlane, Alan S. 204
MacFie, Alec L. S. 127
Machiavelli, Niccolò S. 221
MacIntyre, Alasdair S. 118
Maier, Charles S. S. 345
Malcolm, Norman S .92
Mandelstam, Nadezhda S. 286
Mannheim, Karl S. 201
Mansbridge, Jane J. S. 28
March, James S. 22,
Margalit, Avishai S. 139
Martin, Andy S. 204
Marx, Groucho S. 271
Mathias, Peter S. 229

Personenregister

Mayer-Tasch, Peter Cornelius S. 12
McClurg Mueller, Carol S. 347
McKean, Roland N. S. 307, 309, 327
Meggle, Georg S. 117
Meier, Gerald M. S. 228
Merleau-Ponty, Maurice S. 195
Metley, Daniel S. S. 245, 252, 294
Mill, J. S. S. 64, 262
Miller, Max S. 345
Misztal, Barbara S. 162f., 241
Moene, Karl Ove S. 115, 221
Montinari, Mazzino S.183
Moore, George E. S. 92
Morris, Aldon S. 347
Müller, Hans-Peter S. 17, 162
Müri, Walter S. 146
Murrell, Peter S. 68
Mutti, Antonio S. 211, 233, 236

Nagel, Thomas S. 109
Napoleon S. 260
Natanson, Maurice S. 187
Nedelmann, Brigitta S. 20, 250
Nehamas, Alexander S. 37
Nelson, Richard R. S. 222
Newton, Kennth S. 22
Nietzsche, Friedrich S. 62f., 65f., 183
North, Douglas S. 279
Nozick, Robert S. 119

O'Donnell, Guillermo S. 350
Offe, Claus S. 22, 25, 29, 31f., 268, 276, 286, 334
Oksenberg, Amélie S. 126
Olsen, Johan S. 22
Ong, Walter S. 154
Othello S. 235
Oye, Kenneth S. 227

Padgen, Anthony S. 215, 327
Paine, Thomas S. 119
Parsons, Talcott S.170
Petermann, Franz S. 148
Pharr, Susan S. 22
Pizzorno, Alessandro S. 344, 346f.

Platon S. 39f.
Plessner, Helmuth S. 164, 177ff., 181ff., 185ff., 189, 192, 197
Portes, Alejandro S. 324f.
Pratt, Heather S. 204
Preisendörfer, Peter S. 162f., 185, 192
Przeworski, Adam S. 345, 350
Putman, Robert S. 18, 20ff., 33, 241, 292f.

Raab, Felix S. 154
Ramírez de Prado, L. S. 147
Rammstedt, Otthein S. 14
Raphael, David D. S. 127
Raub, Werner S. 163, 192f.
Rawls, John S. 53, 72, 119, 128,
Reagan, Ronald S. 284
Renn, Joachim S. 203
Roemer, John E. S. 216
Roniger, Luis S. 143, 232
Rorty, Richard S. 12, 116ff., 120, 122, 125ff., 131ff., 135, 213
Rose, Richard S. 269, 286f.
Rose, Steven S. 206
Ross, David S. 124
Ross, Edward A. S. 151
Rotter, Julan B. S. 323
Rustow, Dankwart A. S. 359
Ryan, Paul S. 204

Sa'adah, Anne S. 28, 31
Sabourian, Hamid S.204
Santayana, George S. 197
Sartori, Giovanni S. 293
Scanlon, Thomas S. 58
Scheler, Max S. 190f.
Schell, Deutsche S. 33
Schelling, Thomas C. S. 206, 236
Schiller, Friedrich S. 120
Schlenke, Manfred S. 262
Schmid, Michael S. 17, 162
Schmitter, Philippe S. 350
Schneewind, Jerome B. S. 117ff.
Schneider, Jürgen 259
Schopenhauer, Arthur S. 119, 123

Schücking, Levin L.   S. 147
Schüler, Bernd   S. 203
Schütz, Alfred   S. 164, 166, 169, 177f., 187-197, 193-197
Schweer, Martin K. W.   S. 200
Seers, Dudley   S. 228
Seligmann, Adam B.   S. 16, 28, 241, 341
Sellerberg, Ann-Mari   S. 163, 193
Sen, Amartya   S. 236
Sennett, Richard   S. 34, 202
Sensenbrenner, Julia   S. 324f.
Shapiro, Ian   S. 17
Shils, Edward   S. 341
Shklar, Judith   S. 212, 233
Short, James F.   S. 147
Shute, Steven   S. 116,
Shylock   S. 69f.
Sidgwick, Henry   S. 64, 72
Silver, Allan   S. 162, 204, 231, 236
Simmel, Georg   S. 14, 162, 168, 170, 174, 177, 183
Slagstad, Rune   S. 350
Slote, Michael   S. 118
Slovic, Paul   S. 252, 255, 294
Smith, Adam   S. 118f., 127, 205, 208, 221, 234
Snowden, Philip   S. 347
Soeffner, Hans-Georg   S. 345
Sokrates   S. 66
Sorel, Georges   S. 347
Spencer-Brown, George   S.144f.
Srubar, Ilja   S. 194
Stehr, Nico   S. 155
Stepan, Alfred   S. 362
Strasser, Hermann   S. 200
Strawson, Peter   S. 30
Suttles, Gerald D.   S. 162
Swinth, Robert L.   S. 322
Sztompka, Piotr   S. 8, 18ff., 24, 250, 258, 260, 273, 286ff.

Tanner, Tony   S. 234
Tarrow, Sidney   S. 346

Taylor, Harriet   S. 64
Tenbruck, Friedrich H.   S. 149, 155
Thatcher, Margaret   S. 284
Thomas, David O.   S. 40
Thomas, Laurence   S. 126f., 131
Titmuss, Richard   S. 21
Toqueville, Alexis de   S. 292
Truzzi, Marcello   S. 193
Tugendhat, Ernst   S. 117f., 121, 129, 134-137, 139f.
Tyler, Tom R.   S. 333

Velez-Ibanez, CarlosG.   S. 232
Verba, Sidney   S. 18
Veyne, Paul   S. 215
Voegelin, Eric   S. 341
Vossinkel, Stephan   S. 200

Wagner, Gerald   S. 192f.
Wallach, Michael   S. 152
Warnock, Geoffrey J.   S. 132
Warren, Mark   S. 19, 28, 262, 278, 352
Weber, Max   S. 208, 277, 339
Weigert, Andrew J.   S. 14, 162, 186
Weil, Frederick D.   S. 208
West, Guida   S. 347
Wicke, Michael   S. 194
Wiggins, David   S. 40
Wildt, Andreas   S. 119
Williams, Bernard   S. 40, 124f., 131, 209, 229f., 303-307
Williams, Melissa   S. 32
Wilson, John R.   S. 40
Winter, Sidney G.   S. 222
Wittgenstein, Ludwig   S. 85, 87f., 90, 92, 96, 97, 98
Wolf, Susan   S. 124
Wolf, Ursula   S. 117
Wolgast, Elizabeth   S. 92,

Zald, Mayer N.   S. 162,
Zaner, Richard M.   S.191
Zeckhauser, Richard   S. 295

Theorie und Gesellschaft

Seyla Benhabib
Kosmopolitismus und Demokratie. Eine Debatte
Band 66, 2008, 192 Seiten, ISBN 978-3-593-38640-9

David Miller
Grundsätze sozialer Gerechtigkeit
Band 58, 2008, 382 Seiten, ISBN 978-3-593-38152-7

Mattias Iser
Empörung und Fortschritt
Grundlagen einer kritischen Theorie
der Gesellschaft
Band 64, 2008, 329 Seiten, ISBN 978-3-593-38474-0

Philip Manow
Religion und Sozialstaat
Die konfessionellen Grundlagen europäischer
Wohlfahrtsstaatsregime
Band 68, 2008, 197 Seiten, ISBN 978-3-593-38752-9

Wolfgang Knöbl
Die Kontingenz der Moderne
Wege in Europa, Asien und Amerika
Band 61, 2007, 361 Seiten, ISBN 978-3-593-38477-1

Jens Beckert, Rainer Diaz-Bone,
Heiner Ganßmann (Hg.)
Märkte als soziale Strukturen
Band 63, 2007, 335 Seiten, ISBN 978-3-593-38471-9

Mehr Informationen unter
www.campus.de

campus
Frankfurt · New York